공기업 합격을 위한
추가 혜택

JN389709

본 교재 인강
2만원 할인쿠폰

7E5EDKA7K7F0E000

이용방법 해커스잡 사이트(ejob.Hackers.com) 접속 후 로그인 ▶
사이트 메인 우측 상단 [나의 정보] 클릭 ▶
[나의 쿠폰 - 쿠폰/수강권 등록]에 위 쿠폰번호 입력 후 강의 결제 시 사용

* ID당 1회에 한해 등록 가능
* 본 교재 인강 외 이벤트 강의 및 프로모션 강의에는 적용 불가, 쿠폰 중복 할인 불가합니다.

매일 한 장 어휘/
어법 문제(PDF)

EK64GN4L5D78JWJQ

이용방법 해커스잡 사이트(ejob.Hackers.com) 접속 후 로그인 ▶
사이트 메인 중앙 [교재정보 - 교재 무료자료] 클릭 ▶
교재 확인 후 이용하길 원하는 무료자료의 [다운로드] 버튼 클릭 ▶
위 쿠폰번호 입력 후 다운로드

PSAT형 NCS
온라인 모의고사
응시권

K457DKA35884A000

이용방법 해커스잡 사이트(ejob.Hackers.com) 접속 후 로그인 ▶
사이트 메인 우측 상단 [나의 정보] 클릭 ▶
[나의 쿠폰 - 쿠폰/수강권 등록]에 위 쿠폰번호 입력 ▶
[마이클래스 - 모의고사]에서 응시 가능

* ID당 1회에 한해 등록 가능
* 쿠폰 등록 시점 직후부터 30일 이내 PC에서 응시 가능합니다.

* 이 외 쿠폰 관련 문의는 해커스 고객센터(02-537-5000)로 연락 바랍니다.

취업강의 1위, 해커스잡 **ejob.Hackers.com**

헤럴드 선정 2018 대학생 선호 브랜드 대상 '취업강의' 부문 1위

매일 실력 점검표

풀이 속도와 정확도 모두 중요한 NCS!
매일 실력 점검표를 작성해보면서 하루하루 실력이 향상되는지 확인해보세요.
만약 '하' 를 체크한 날이 있다면 꼼꼼히 복습하여 독해 실력을 높여보세요.

> 풀이 시간 내에 풀이를 완료하고, 적정 정답 개수(전체 문제의 80%) 이상의 문제를 맞혔다면 '상', 둘 중 하나만 만족했다면 '중', 하나도 만족하지 못하면 '하'에 체크하세요.

학습 내용	학습 날짜	풀이 시간	맞은 문제	독해 실력	학습 내용	학습 날짜	풀이 시간	맞은 문제	독해 실력
DAY 01	__월__일	/12분	/7문제	상 중 하	DAY 16	__월__일	/10분	/6문제	상 중 하
DAY 02	__월__일	/10분	/6문제	상 중 하	DAY 17	__월__일	/15분 20초	/9문제	상 중 하
DAY 03	__월__일	/12분	/7문제	상 중 하	DAY 18	__월__일	/10분	/6문제	상 중 하
DAY 04	__월__일	/10분	/6문제	상 중 하	DAY 19	__월__일	/12분	/7문제	상 중 하
DAY 05	__월__일	/12분	/7문제	상 중 하	DAY 20	__월__일	/10분	/6문제	상 중 하
DAY 06	__월__일	/10분	/6문제	상 중 하	DAY 21	__월__일	/10분	/6문제	상 중 하
DAY 07	__월__일	/12분	/7문제	상 중 하	DAY 22	__월__일	/10분	/6문제	상 중 하
DAY 08	__월__일	/10분	/6문제	상 중 하	DAY 23	__월__일	/10분	/6문제	상 중 하
DAY 09	__월__일	/12분	/7문제	상 중 하	DAY 24	__월__일	/10분	/6문제	상 중 하
DAY 10	__월__일	/10분	/6문제	상 중 하	DAY 25	__월__일	/12분	/7문제	상 중 하
DAY 11	__월__일	/10분	/6문제	상 중 하	DAY 26	__월__일	/12분	/7문제	상 중 하
DAY 12	__월__일	/10분	/6문제	상 중 하	DAY 27	__월__일	/10분	/6문제	상 중 하
DAY 13	__월__일	/10분	/6문제	상 중 하	DAY 28	__월__일	/10분	/6문제	상 중 하
DAY 14	__월__일	/12분	/7문제	상 중 하	DAY 29	__월__일	/7분 30초	/5문제	상 중 하
DAY 15	__월__일	/12분	/7문제	상 중 하	DAY 30	__월__일	/7분 30초	/5문제	상 중 하

* 단기간에 NCS를 대비해야 한다면 하루에 2일치씩 풀어 빠르고 효율적으로 학습해 보세요.
* 심화 학습을 원할 경우 해커스잡 사이트(ejob.Hackers.com)에서 유료로 제공되는 본 교재의 동영상 강의를 수강해 보세요.

해커스공기업

PSAT 기출로 끝내는

NCS

의사소통능력

취업강의 1위, 해커스잡
ejob.Hackers.com

서문

"매일 독해 문제를 풀고 싶은데,
풀 만한 교재가 없네."

"독해 문제, 어떻게 해야 쉽게 풀릴까?"

NCS 필기시험에서 빠지지 않고 등장하는 유형의 문제, 바로 독해 문제입니다. 특히 최근 NCS 필기시험에서 영역을 가리지 않고 긴 지문과 자료가 제시되는 경우가 많아짐에 따라 독해력은 수험생들이 꼭 키워야 하는 필수 역량이 되었습니다. 하지만 독해력은 하루아침에 생기는 것이 아니기 때문에 어떻게 준비해야 할지 고민하는 수험생들이 많습니다.

그래서 해커스는 수많은 고민을 거듭한 끝에 『해커스공기업 PSAT 기출로 끝내는 NCS 의사소통능력』 개정판을 출간하게 되었습니다.

『해커스공기업 PSAT 기출로 끝내는 NCS 의사소통능력』 개정판은

1. **매일 20분, 30일 동안 연습할 수 있는 구성**으로 되어 있어 **꾸준히 독해 연습을 하기에 최적화**된 교재입니다.
2. **NCS 전문가가 엄선**한 PSAT 기출, 수능 기출 문제를 수록하여 **NCS 출제 경향에 맞는 문제들로 학습**할 수 있습니다.
3. 단순히 문제를 많이 푸는 것이 아닌, **문제 유형별·지문 유형별 접근 전략**으로 보다 **효율적으로 학습**할 수 있습니다.

『해커스공기업 PSAT 기출로 끝내는 NCS 의사소통능력』을 통한 꾸준한 독해 연습으로, NCS 채용에 대비하는 수험생 모두 합격의 기쁨을 누리시기 바랍니다.

해커스 NCS 취업교육연구소

목차

독해력 완성을 위한 이 책의 활용법　　　　　　　8

PART 1 문제 유형별 공략

문제 유형별 접근 전략　　　　　　　12

유형 1　중심 내용 파악
유형 2　세부 내용 파악
유형 3　추론
유형 4　빈칸 추론
유형 5　글의 구조 파악

DAY 01　중심 내용 파악 ①　　　　　22

1　인문　<인간 존엄성 개념에 대한 비판>
2　인문　<우리나라 교육이 변화해야 할 방향>
3　인문　<먹거리 소비의 윤리적 책임>
4　과학　<새끼 쥐의 GR 유전자 발현에 관한 연구>
5　과학　<생존과 번식에 유리한 합리적 선택>
6　사회　<민주주의의 최대주의적 관점과 사회 전반 권위 구조 민주화>
7　사회　<유럽의 분열과 중국의 통일의 상반된 영향>

DAY 02　중심 내용 파악 ②　　　　　29

1　과학　<입자이론과 파동이론의 특징>
2　인문　<진리 중립성 논제와 진리성 논제의 논쟁>
3　철학　<노인의 종에 대한 논의>
4　인문　<에피쿠로스의 자연학과 윤리학>
5　과학　<물의 온도와 어는 속도의 상관관계>

DAY 03　세부 내용 파악 ①　　　　　35

1　사회　<우리나라 행정부의 특징>
2　인문　<'국민'과 '인민' 용어의 의미>
3　역사　<태극기의 역사>
4　인문　<바르트의 언어 구분>
5　사회　<이중차분법 사건 효과 평가>
6　인문　<팔랑크스 전술>
7　역사　<고려와 조선의 교육 및 관료 선발 제도>

DAY 04　세부 내용 파악 ②　　　　　42

1　역사　<고려 시대 향도의 특징>
2　과학융합　<나이에 따른 시간 지각의 차이>
3　인문　<지눌과 요세에 따른 불교의 전개>
4　과학　<철의 종류 및 종류별 특성>
5　기술　<영상 안정화 기술>

DAY 05　추론 ①　　　　　48

1　인문　<진술 표현에 따른 가치판단의 특징>
2　사회　<미국 대통령 후보 선거제도 '코커스'>
3　과학　<입자 분포에 대한 경우의 수를 세는 법>
4　사회융합　<일본의 식량 및 군수산업 원료 약탈>
5　사회　<정규직과 비정규직 간 임금 격차의 해결 방안>
6　철학　<창조의 조건>
7　사회　<제도적 가족주의와 그 문제점>

DAY 06　추론 ②　　　　　55

1　인문　<의무에서 비롯된 행위와 심리적 성향에 따른 행위>
2　과학　<학습된 공포·안정 반응>
3　사회융합　<란체스터의 손실비 정의>
4　인문　<부재 인과>
5　인문　<식역 이하의 반복 점화>
6　사회융합　<IRB의 역할과 인간 대상 연구 심의 과정>

DAY 07　추론 ③　　　　　61

1　인문　<국제표준도서번호 부여 방식>
2　과학　<공변세포의 부피에 영향을 미치는 요소>
3　인문　<지적 작업에서 귀납적 방법의 필요성>
4　기타　<공공 기관 채용 시스템 개선안>
5　사회　<종교의 주된 포교 대상이 지니는 특징>
6　사회　<스마트폰 타자화 현상과 그 위험성>
7　과학　<수경의 원리와 발전>

DAY 08 추론 ④ — 68
1 과학 <근육 수축과 이완의 원리>
2 과학융합 <과학의 성장 여부>
3 인문 <동물의 의식과 자의식 유무에 대한 논의>
4 과학 <원인 추정 요인과 질병 간의 상관관계 연구>
5 사회 <양형 보조 프로그램 X>

DAY 09 빈칸 추론 — 74
1 기술융합 <알고리즘의 신뢰성>
2 사회 <대안적 분쟁해결절차 ADR>
3 과학 <말벌이 둥지를 찾아내는 방법>
4 사회융합 <축산업의 변화에 따른 전염병 노출 가능성>
5 기타 <정보 집합의 정합성 측정 방법>
6 사회 <기업의 사회적 책임 이행과 공유가치 창출>
7 과학 <아르곤 발견 과정>

DAY 10 글의 구조 파악 — 81
1 과학 <황화철의 산화 과정>
2 인문 <동·서양의 문화적 배경이 지각구조에 미치는 영향>
3 예술 <테레민의 음고 발생 원리>
4 기타 <마라톤 행사 기사문 초고 작성 회의>
5 인문 <아리스토텔레스의 목적론을 둘러싼 논쟁>

PART 2 지문 유형별 공략

지문 유형별 접근 전략 — 90
유형 1 설명문
유형 2 논설문
유형 3 담화문
유형 4 실용문

DAY 11 설명문 ① — 98
1 역사 <고려 대장경의 역사>
2 인문 <독서 문화의 변천과 형태>
3 인문 <단어의 뜻을 변별할 때 사용되는 음운의 특징>
4 역사 <칠궁의 역사적 배경>
5 역사 <조선과 일본의 어업 협정>
6 사회 <플랫폼 노동과 새로운 형태의 노동 통제>

DAY 12 설명문 ② — 104
1 사회 <독일 복지 정책에 관한 사회주의자, 보수주의자와 자유주의자의 입장 차>
2 과학 <르베리에와 불칸의 존재>
3 인문 <에르고딕 이론의 문제점>
4 인문 <한국어 계통 연구>
5 과학융합 <p-값과 통계 가설 검정의 원리와 오용>

DAY 13 설명문 ③ — 110
1 사회 <WTO 무역협정 방식의 정의 및 특징>
2 사회 <정책 네트워크의 세 가지 모형>
3 과학 <자연 속에 비례의 형태로 숨겨진 수학과 인체 비례>
4 인문 <미란다 원칙의 의의>
5 인문 <코드 바꾸기와 코드 뒤섞기>

DAY 14 설명문 ④ — 116
1 역사 <고려 시대 불화의 특징>
2 사회 <사적 한계순생산가치와 사회적 한계순생산가치>
3 역사 <조선 시대 가도 문화>
4 역사 <도첩 발급 규정의 변천사>
5 인문 <능숙한 독자의 특징>

목차

DAY 15 설명문 ⑤ 　　　　　　　　　　122
　1 인문 <정서주의에 따른 언어 사용의 목적>
　2 인문 <인두법과 우두법>
　3 역사 <조선왕조실록의 간행 과정>
　4 과학 <산화질소가 인체에 미치는 영향>
　5 역사 <과거제가 사회에 미친 영향>

DAY 16 설명문 ⑥ 　　　　　　　　　　128
　1 예술 <정관헌의 건축 양식 및 건축적 가치>
　2 과학 <포유동물의 폐 발달과 출산의 관계>
　3 역사 <조선 시대 4군의 탄생 배경>
　4 과학융합 <전투 신경증 발현 원인>
　5 인문 <행위자 인과 이론>

DAY 17 설명문 ⑦ 　　　　　　　　　　134
　1 인문 <단일환자방식의 특징 및 적용 사례>
　2 사회 <프레카리아트와 긱 노동자의 특징>
　3 과학 <혈액의 응고와 비타민 K의 역할>
　4 인문 <근대 도시의 삶의 양식>
　5 사회 <1950년 농지개혁법 개정안 내용에 관한 논의>

DAY 18 설명문 ⑧ 　　　　　　　　　　142
　1 인문 <IMF 자금 지원 전후의 국민 건강 지표 변화>
　2 사회 <최초진입기업과 후발진입기업이 얻는 효과>
　3 과학 <절연체가 전기력에 의해 움직이는 원리>
　4 인문 <설악산 범위의 변천>
　5 사회 <글로벌 금융 위기 이후의 경제 정책>

DAY 19 설명문 ⑨ 　　　　　　　　　　148
　1 인문 <원시 수메르어 문자 체계>
　2 인문 <방언의 개념>
　3 사회 <비경합/비배제적 소비 재화와 용역의 생산 및 배분>
　4 사회 <자녀의 양육권과 면접교섭권>
　5 사회 <BIS 비율과 바젤 협약>

DAY 20 설명문 ⑩ 　　　　　　　　　　154
　1 기술융합 <미국의 건축물 화재안전 관리체제>
　2 과학 <인체 호흡 시스템의 폐용량과 공기량 구분>
　3 인문 <고대 수메르 문명의 회계 기록 체계>
　4 사회 <계획적 진부화 시행에 따른 이익과 비판>
　5 과학융합 <개체성의 조건 및 진핵생물의 발생 과정>

DAY 21 논설문 ① 　　　　　　　　　　160
　1 사회 <지역문화콘텐츠의 발전과 향유 지속성 문제>
　2 인문 <단어의 의미 확정 방법>
　3 과학융합 <바람직한 자원 배분 방식>
　4 과학 <계통수 가설에 대한 지지>
　5 과학 <'빅뱅 이전에 아무것도 없었다'는 말의 해석>
　6 인문 <전통 한지의 가치와 보존 필요성>

DAY 22 논설문 ② 　　　　　　　　　　166
　1 사회 <불평등·재분배에 대한 좌파와 우파의 갈등>
　2 사회 <소득 불평등의 원인과 뇌 발달 간의 관계>
　3 인문융합 <공직자의 행위에 대한 정당성 판단 기준>
　4 인문 <자유로운 토론 및 의사 표현의 중요성>
　5 인문 <확증 편향에 빠지지 않기 위한 방안>
　6 인문융합 <혈액 은행 시스템에 대한 비판>

DAY 23 논설문 ③ 　　　　　　　　　　172
　1 인문 <증거와 가설 간의 관계에서 입증>
　2 인문융합 <과학과 예술의 연관성>
　3 인문 <윤리적으로 옳은 행위에 대한 판단>
　4 과학 <외계 행성의 생명체 존재 가능성>
　5 사회 <로봇세 도입 논란>
　6 기술 <기술 발전에 따른 풍요와 격차>

DAY 24 논설문 ④ 178
1 과학 <사후확신 편향이 의사결정 평가에 미치는 영향>
2 사회 <상류층의 소비행태 변화>
3 인문 <지식 상대주의에 대한 비판적 고찰>
4 사회융합 <마키아벨리아니즘>
5 철학 <대체가능성 논제와 도덕적 책임>

DAY 25 논설문 ⑤ 184
1 과학 <물체와의 거리 지각 방식>
2 과학 <유성생식의 존재 이유에 관한 논의>
3 인문 <생물 다양성의 보존 문제>
4 예술 <예술 작품의 대중적 성공과 예술 장르의 수용성 변화>
5 예술융합 <영화의 사료적 특성과 가치>

DAY 26 담화문 ① 191
1 기타 <학술연구정보망 관련 민원 처리>
2 기타 <부정 청탁 신고 관련 대화문>
3 인문 <기술이라는 용어의 정의>
4 인문 <설득>
5 인문 <허생의 처가 추구하는 행복의 조건>
6 철학융합 <외계 지성체와 지구인 간 의사소통 가능 조건>

DAY 27 담화문 ② 198
1 철학 <심적 상태의 실재성>
2 철학 <기술의 정의와 자연-인공물의 경계에 대한 논쟁>
3 예술 <정격연주>
4 인문 <법의 공정성과 준수 여부>
5 사회 <도덕적으로 정당화되는 내부자 고발>
6 기타 <"주민등록 계속성" 요건에 대한 해석>

DAY 28 담화문 ③ 204
1 과학 <코페르니쿠스의 태양 중심 체계 옹호에 대한 해석>
2 예술 <위조품의 예술적 가치>
3 기타 <A 시의 조례 제정 비율에 대한 논의>
4 인문 <인공지능 로봇에게 도덕적 지위를 부여하는 기준>
5 기타 <지역 소개글 작성 토의>

DAY 29 실용문 ① 210
1 기술 <공간정보 빅데이터 플랫폼 개선 방향 연구>
2 사회 <국토교통부 발표 에너지 사용량 통계 결과>
3 기타 <상반기 근로장려금 신청 관련 안내문>
4 사회 <전차선로 지지설비 검사기술 관련 보도자료>
5 인문 <한옥형 인테리어를 접목한 현대 건축물 사례 연구>

DAY 30 실용문 ② 216
1 사회 <산업부 수소 전(全)주기 안전관리 종합계획 수립>
2 기타 <추석 연휴 기간 업무 관련 회의록>
3 과학 <간암 급성 진행 현상에 관한 연구 보고서>
4 기타 <교육지원용 컴퓨터 공개구매 입찰 관련 공고문>
5 기타 <예술 연습실 대관 관련 안내문>

[부록] 어휘·어법 핵심 공략집

[책 속의 책] 약점 보완 해설집

해커스잡 ejob.Hackers.com

매일 한 장
어휘·어법 문제

독해력 완성을 위한 이 책의 활용법

1 매일 20분씩 꾸준히 풀면서 독해력을 향상시킨다.

『해커스공기업 PSAT 기출로 끝내는 NCS 의사소통능력』은 매일 꾸준히 풀면서 독해력을 키울 수 있도록 DAY별로 구성한 교재입니다. 매일 20분씩 30일 동안 문제 풀이 연습을 하면서 독해력을 완성하고, 실전 감각을 유지할 수 있습니다.

2 문제 유형별 · 지문 유형별 접근 전략으로, 효율적으로 학습한다.

문제 유형별 접근 전략

문제 유형별 특징과 고득점 풀이 전략 등으로 구성되어 있어 문제 유형별 공략법을 익힐 수 있으며, 대표 예제 분석을 통해 실제 문제에 어떻게 적용하면 되는지 확인할 수 있습니다.

지문 유형별 접근 전략

지문의 구조를 익혀 독해력을 향상시키고, 다양한 자료가 제시되는 NCS 의사소통에 더 완벽히 대비할 수 있도록 다양한 지문 유형을 제시하고 이에 따른 특징을 꼼꼼히 정리하였습니다.

3 NCS 전문가가 엄선한 문제로 실전을 대비한다.

양질의 PSAT 기출문제, 수능 기출문제 중에서도 실제 NCS 출제 경향을 고려하여 엄선한 문제로 NCS를 확실히 대비할 수 있습니다. 또한, DAY별 수록 문제의 난도 및 문제 수를 고려하여 산정한 적정 문제 풀이 시간을 통해 실전 감각을 충분히 유지할 수 있습니다.

4 약점 보완 해설집으로 완벽하게 정리한다.

독해력 UP 지문 분석
지문별로 꼼꼼하게 정리한 주제와 핵심 내용을 통해 독해력을 확실히 향상시킬 수 있습니다.

정답 체크&오답 체크
정답에 대한 해설은 물론 오답의 이유까지 상세하게 설명하여 틀렸던 문제에 대한 원인을 파악하고 약점을 보완할 수 있습니다.

문제 풀이 TIP
문제와 관련하여 추가로 알아두면 좋을 풀이 방법을 정리하여 보다 효율적으로 학습할 수 있습니다.

취업강의 1위, 해커스잡
ejob.Hackers.com

해커스공기업 PSAT 기출로 끝내는 NCS 의사소통능력

PART 1
문제 유형별 공략

문제 유형별 접근 전략

DAY 01 중심 내용 파악 ①
DAY 02 중심 내용 파악 ②
DAY 03 세부 내용 파악 ①
DAY 04 세부 내용 파악 ②
DAY 05 추론 ①
DAY 06 추론 ②
DAY 07 추론 ③
DAY 08 추론 ④
DAY 09 빈칸 추론
DAY 10 글의 구조 파악

문제 유형별 접근 전략

문제 유형 1 | 중심 내용 파악

유형 특징

중심 내용 파악은 글을 분석적으로 이해하여 주제 및 핵심 논지를 파악하는 유형으로, 글의 핵심 내용, 제목, 주장, 주장에 따른 반론 등을 묻는 문제들이 여기에 속한다. NCS 의사소통능력에서 꾸준히 출제되는 유형이다.

대표 기출 질문

- 다음 글의 중심 주제로 가장 적절한 것은?
- 다음 글의 주제문으로 가장 적절한 것은?
- 다음 글의 논지로 가장 적절한 것은?
- 다음 글의 핵심 주장으로 가장 적절한 것은?
- 다음 글의 결론으로 가장 적절한 것은?

고득점 문제 풀이 전략

1단계 글의 가장 핵심적인 내용이 나올 가능성이 높은 글의 앞부분과 뒷부분을 읽고 논지를 파악한다.
- 두 가지 이상의 주제나 논지가 제시되는 경우 각각의 중심 내용에 주목한다.

2단계 글의 단편적인 내용만을 다루는 선택지는 소거한다.
- 글의 내용을 선택지가 동일하게 다루더라도 일부 내용만을 언급하는 선택지는 중심 내용이 아니라는 점을 유의한다.

대표 예제 분석

다음 글의 핵심 논지로 가장 적절한 것은? 25 7급 공채 PSAT

미술에 관심이 많지 않은 사람이라도 다빈치의 「모나리자」나 미켈란젤로의 「천지창조」와 같은 유명한 그림의 미적 가치가 형편없다는 말에 동의하지 않을 것이다. 우리는 이 그림 정도는 책이나 온라인상에서 이미 수십 번을 보았을 것이고, 그 과정에서 작품 자체가 지닌 미적 가치의 위대함을 이해한다고 생각한다. 그런데 과연 미술작품의 미적 가치를 우리가 스스로 이해한 것일까?

일부 사람을 제외하면 우리 기억에 있는 「모나리자」나 「천지창조」는 원본을 사실에 가깝게 찍은 사진 이미지에 불과하다. 실제 본 적도 없으면서 우리가 「모나리자」나 「천지창조」에 감동하는 이유는 실제 그 그림에 내재된 미적 가치를 스스로 알아차렸기 때문이 아니라, 미술 분야 전문가들이 해석하는 미적 가치에 대한 설명과 해설을 들어서 생긴 일종의 학습효과 때문이다. 이것은 원본을 본 경우에도 다르지 않다. 루브르박물관이나 시스티나성당에 가서 「모나리자」와 「천지창조」를 직접 보고 올 기회가 생겼다고 하자. 그림을 보는 순간 깊이 감동받아 가슴이 떨릴 수도 있지만, 그것 역시 위대하다고 알려진 미술작품을 직접 알현한 것에 대한 흥분이지 그 대상의 미적 가치에 대한 이해와는 무관하다.

이번에는 「빌렌도르프의 비너스」나 이집트 기자에 있는 피라미드를 생각해보자. 「빌렌도르프의 비너스」는 원시시대 다산의 상징으로 만들어진 거칠고 투박한 여인상이다. 그런데 거기에 '비너스'라는 이름을 붙이고, 투박한 돌덩어리에 불과한 그것에 질박미라는 미적 가치를 부여한 것은 후대 사람이다. 다산을 기원하는 모습이라는 해석 역시 후대의 것이다. 그럼 기자의 피라미드는 어떨까? 고대 이집트인들에게 피라미드는 미술작품이 아니라, 귀신이 돌아올 육신을 보존하는 거대한 돌무덤이었다. 그런데 피라미드에 고고학적 가치뿐만 아니라 그 조형성을 바탕으로 미적 가치를 부여한 것은 후대 미술가들이다. 우리는 후대 미술가들의 설명과 해설을 기반으로 미적 가치를 이해한 것이지, 미술작품의 미적 가치를 스스로 이해한 것은 아니다.

① 미술작품의 미적 가치가 위대한지 아닌지는 학습할 수 없다.
② 미술작품의 미적 가치는 다양하기 때문에 단일한 기준으로 평가할 수 없다.
③ 미술작품의 원본을 실제로 보아야 그 작품의 미적 가치를 스스로 이해할 수 있다.
④ 미술작품의 고고학적 가치를 이해하지 않고서는 미술작품의 미적 가치를 이해하지 못한다.
✓⑤ 미술작품의 미적 가치는 우리 스스로 이해한 것이 아니라 타인의 해석을 바탕으로 이해한 것이다.

질문 파악
글의 논지를 파악한 후 전체 내용을 아우르는 내용을 찾아야 함

1단계
전반부 중심 내용
미술작품의 가치 평가가 진정한 개인적 이해에서 비롯된 것인지 의문을 제기하는 내용

후반부 중심 내용
유명 미술작품에 대한 우리의 감상은 작품 자체의 미적 가치를 스스로 발견한 것이 아니라. 전문가들의 해설과 학습된 반응에서 비롯되고, 모나리자나 천지창조처럼 유명한 작품들에 대한 감동은 미적 가치에 대한 사회적 학습에 의한 효과이며, 빌렌도르프의 비너스나 피라미드 또한 후대에 미적 가치가 부여된 것이라는 내용

2단계
오답 소거
중심 내용 파악 유형은 글에서 반복적으로 언급되는 핵심어에 관한 세부 내용을 모두 정확하게 다루고 있는 선택지를 찾아야 한다는 것에 유의한다.
①, ③이 오답인 이유는 글의 세부 내용과 부합하지 않는 선택지이기 때문이며, ②, ④는 글의 세부 내용에서 확인할 수 없는 선택지이기 때문이다.

↓

정답 선택
3문단에서 우리는 후대 미술가들의 설명과 해설을 기반으로 미적 가치를 이해한 것이지, 미술작품의 미적 가치를 스스로 이해한 것은 아니라고 하였으므로 정답은 ⑤이다.

문제 유형 2 | 세부 내용 파악

유형 특징

세부 내용 파악은 글에 나온 정보를 바탕으로 세부적인 내용의 옳고 그름을 파악하는 유형으로, NCS 의사소통능력에서 출제 비중이 크고 꾸준히 출제되는 유형이다.

대표 기출 질문

- 다음 글의 내용과 일치하는 것은?
- 다음 글의 내용과 부합하는 것은?
- 다음 글의 내용으로 적절한 것은?
- 다음 글에서 알 수 있는 것은?
- 다음 글에 대한 설명으로 적절하지 않은 것은?

고득점 문제 풀이 전략

1단계 **선택지를 먼저 읽고 각 선택지의 핵심 키워드를 추려낸다.**
- 선택지의 고유명사, 숫자 등 파악이 용이한 것으로 추려내어 풀이 시간을 단축한다.

2단계 **글의 내용과 선택지의 핵심 키워드와 관련된 내용을 비교하여 일치 여부를 판단한다.**
- 글에 언급되지 않은 내용은 정답이 될 수 없음에 유의한다.

대표 예제 분석

다음 글의 내용과 부합하는 것은? 25 5급 공채 PSAT

> 물은 모든 인간이 이용해야 할 보편적 재화이다. 19세기 서구 국가들은 물 공급을 공공 서비스로 여기고 국가 재정을 통해 인프라를 구축했다. 그러나 오랫동안 제국의 식민지였던 아프리카, 아시아, 라틴아메리카의 국가들은 독립 이후에도 심각한 물 부족 문제에 시달렸다. 이에 물 공급을 민영화하자는 주장이 제기됐는데, 그 주장의 핵심은 공적 자금이 부족하니 선진국의 민간 기업이 상수도 건설에 투자하도록 유도하고 사용료를 거둬 투자금을 회수할 수 있게 하자는 것이었다. 이 탈식민지 국가들은 세계 경제불황의 여파로 재정 상태가 더욱 악화되었기 때문에 이러한 주장을 받아들여 1980년대부터 물 공급 민영화를 국가 정책으로 추진했다.
>
> 한편, 영국 등 일부 선진국들에서도 재정 긴축을 명분으로 이러한 민영화가 시작되었다. 정책결정자들은 물을 다른 상품들처럼 사적 소유가 가능한 재화로 간주했으며, 시장을 통해 물의 효율적 공급과 합리적 소비가 더욱 잘 이루어질 것이라고 믿었다. 반면, 부작용을 우려하여 민영화에 반대하는 사람들은, 물이 여타의 상품이나 생활필수품과는 성격이 근본적으로 다른 재화임을 강조했다. 물은 생태계에 필수적인 자원으로서 대체재가 없으므로, 그 누구도 물의 공급을 독점해서는 안 된다는 것이다. 따라서 공적 관리가 필수적이며, 합리적 소비 또한 공동체 단위에서 더 효율적으로 이루어질 수 있다고 주장했다. 그러나 이러한 우려에도 불구하고 민영화의 흐름은 가속되었다.
>
> 1992년 더블린 국제회의에서는 물이 경제적 가치를 지닌 시장 재화로서 경쟁적 사용의 대상이 되어야 한다는 선언문이 채택되었다. 이를 계기로 물 공급을 전문으로 하는 다국적 기업의 활동이 더 본격화되었는데, 특히 프랑스와 영국의 기업들은 탈식민지 국가들에 진출하여 큰 수익을 누렸다. 시장 논리에 따라 한 국가 안에서도 인구밀도가 높고 부유한 도시부터 공략되었다. 그리고 인구밀도가 낮은 농촌 지역은 소비가 크지 않기 때문에 다국적 기업이 물 사용료를 도시보다 더 높게 책정하여 주민들의 부담이 가중되었다.

① 탈식민지 국가들은 물을 여타의 상품처럼 사적 소유가 가능한 재화로 간주하는 선진국 정책결정자들의 관점을 거부했다.
② 물 공급을 전문으로 하는 다국적 기업의 진출로 인해 한 국가 내에서 물 사용료의 지역 간 차이가 발생했다.
③ 탈식민지 국가들에서 물 공급은 국가 재정을 동원한 공적 자금의 투입을 통해 안정되었다.
④ 1992년 더블린 국제회의의 선언은 시장 논리에 따른 물 공급을 반대하기 위한 시도였다.
⑤ 선진국들에서 물 공급 민영화 정책은 이견 없이 수용되었다.

- **질문 파악**
  글에 제시된 내용과 일치하는 내용을 찾아야 함

- **2단계 정답 선택**
  한 국가 안에서도 다국적 기업의 물 공급 활동은 인구밀도가 높고 부유한 도시부터 공략되었으며, 소비가 적은 농촌 지역은 도시보다 높은 물 사용료가 책정되어 주민들의 부담이 가중되었다고 하였으므로 정답은 ②이다.

- **1단계 선택지 핵심 키워드**
  ① 탈식민지 국가, 사적 소유가 가능한 재화, 선진국 관점 거부
  ② 다국적 기업, 한 국가 내, 지역 간 차이
  ③ 탈식민지 국가, 공적 자금 투입, 안정
  ④ 더블린 국제회의, 시장 논리에 따른 물 공급 반대
  ⑤ 선진국, 민영화, 이견 없이 수용

세부 내용 파악 | 해가스공기업 PSAT 기출로 끝내는 NCS 의사소통능력

PART 1 문제 유형별 공략

문제 유형 3 | 추론

유형 특징

추론은 글에 제시된 내용을 종합적으로 이해하여 추론한 내용의 옳고 그름을 파악하는 유형으로, 세부 내용 파악 유형과 유사하지만 제시된 글을 바탕으로 전체적인 맥락을 이해하는 문제, 추론·분석한 내용의 옳고 그름을 묻는 문제가 여기에 속한다. NCS 의사소통능력에서 출제 비중이 크고 꾸준히 출제되는 유형이다.

대표 기출 질문

- 다음 글에서 추론할 수 없는 것은?
- 다음 글에 대한 이해로 적절하지 않은 것은?
- 다음 글의 밑줄 친 ㉠의 사례로 보기 어려운 것은?
- 윗글을 참고하여 <보기>를 이해한 것으로 적절하지 않은 것은?

고득점 문제 풀이 전략

1단계 **글의 전체적인 흐름과 대략적인 내용을 파악한다.**
- 글에 직접적으로 언급되지 않더라도 맥락적으로 추론할 수 있는 내용을 파악한다.

2단계 **선택지의 핵심 키워드를 추려낸다.**
- 일부 선택지는 세부 내용의 일치·불일치 여부를 통해 풀이할 수 있으므로 파악이 용이한 것으로 추려내면 풀이 시간을 단축할 수 있다.

3단계 **논리적 오류를 포함하는 선택지는 소거한다.**
- 글의 내용을 선택지가 동일하게 다루더라도 논리적 비약을 하는 것은 아닌지 유의한다.

대표 예제 분석

다음 글에서 추론할 수 있는 것은? 24 5급 공채 PSAT

> 마이크로바이옴은 특정 환경에 존재하는 모든 미생물의 집단을 말한다. 인간 몸에 존재하는 모든 미생물의 집단을 인체 마이크로바이옴이라고 한다. 인체 마이크로바이옴을 구성하는 미생물은 입 안과 피부 표면, 질 내부, 위장관 등 다양한 곳에 분포되어 있고, 그 수는 인간 몸의 세포 수보다 10배 정도 많다고 알려져 있다. 장내 마이크로바이옴은 인체 다른 부위의 마이크로바이옴보다 미생물의 수가 압도적으로 많고 그 다양성도 크다. 거주환경과 섭취하는 음식에 따라 장내 마이크로바이옴이 달라진다.
>
> 장내 마이크로바이옴은 인체에서 긍정적인 역할을 한다. 예를 들면, 장내 식이 섬유를 짧은 사슬 지방산으로 바꾸어 인체가 흡수하기 용이한 상태로 만들어 준다. 또한 병원균의 침투를 막는 방어막을 형성하고 면역 물질로 알려진 사이토카인을 생성하여 인체의 면역력을 적절한 상태로 만든다. 장내 마이크로바이옴을 구성하는 미생물의 수와 다양성이 적정 수준으로 유지된다면, 이러한 역할이 적절히 수행된다. 장내 마이크로바이옴을 구성하는 미생물의 수와 다양성이 적정 수준 이하로 떨어지면 휴면 상태로 있던 유해균이 깨어나 질병을 유발할 수 있고, 장기적으로는 아토피와 같은 피부질환, 비만이나 당뇨병과 같은 대사질환도 나타날 수 있다.
>
> 장내 마이크로바이옴은 장내 염증성 질병의 치료에 이용되기도 하는데 그 대표적인 방법은 미생물균 이식이다. 미생물균 이식은 건강한 사람의 장내 마이크로바이옴을 키운 배양체를 장내 염증성 질병을 앓고 있는 환자에게 관장 등의 방법으로 이식하는 것이다. 건강한 사람의 마이크로바이옴 배양체를 장내 염증성 질병을 앓고 있는 환자에게 이식하면, 장내 미생물의 수와 다양성이 적정 수준으로 회복되어 증상이 개선될 수 있다.

① 인체에는 장 속보다 미생물이 서식하기에 더 적합한 곳이 있다.
② 몸에 있는 미생물의 수가 몸의 세포 수보다 줄어들면 면역력이 강화된다.
③ 장내 마이크로바이옴을 구성하는 미생물의 수가 많을수록 장내 건강에 유익하다.
④ 적정 수준의 미생물 수와 다양성을 갖춘 장내 마이크로바이옴은 사이토카인을 만들어낸다.
⑤ 건강한 사람의 장내 마이크로바이옴 배양체를 장내 염증성 질환을 앓고 있는 환자에게 이식해도, 환자의 장내 마이크로바이옴의 다양성에는 변화가 없다.

접근 전략

질문 파악
글의 대략적인 흐름을 파악한 후 각 문단의 핵심 내용 또는 키워드를 찾아야 함

1단계

1문단 핵심 내용
마이크로바이옴은 특정 환경의 모든 미생물 집단을 의미하며 인체 내 미생물은 인간 세포보다 10배 많고, 특히 장내 마이크로바이옴은 수와 다양성 측면에서 다른 부위보다 압도적이며 거주환경과 식습관에 따라 달라짐

2문단 핵심 내용
장내 마이크로바이옴은 식이 섬유를 짧은 사슬 지방산으로 변환해 흡수를 돕고, 병원균을 방어하며, 면역력 조절에 기여하는 등의 역할을 하지만, 미생물의 수와 다양성이 적정 수준 이하로 떨어지면 피부질환이나 대사질환 등 다양한 질병이 발생할 수 있음

3문단 핵심 내용
미생물균 이식을 통해 건강한 사람의 장내 마이크로바이옴 배양체를 장내 염증성 질병 환자에게 이식함으로써 장내 미생물 균형을 회복하고 증상을 개선할 수 있음

2단계

선택지 핵심 키워드
① 장 속, 미생물, 적합
② 미생물의 수, 세포 수, 면역력
③ 장내 마이크로바이옴, 미생물의 수, 건강
④ 적정 수준, 장내 마이크로바이옴, 사이토카인
⑤ 장내 마이크로바이옴, 배양체, 이식

3단계

정답 선택
④가 정답인 이유는 장내 마이크로바이옴은 사이토카인을 생성하여 인체의 면역력을 적절한 상태로 만드는데, 장내 마이크로바이옴을 구성하는 미생물 수와 다양성이 적정 수준으로 유지된다면 이러한 역할이 적절히 수행된다고 하였기 때문이다.

추론 해가스공기업 PSAT 기출로 끝내는 NCS 의사소통능력

PART 1 문제 유형별 공략 17

문제 유형 4 | 빈칸 추론

유형 특징

빈칸 추론은 글의 맥락을 고려하여 빈칸에 들어갈 단어, 구절, 문장 등을 추론하는 유형이다. NCS 의사소통능력에서 꾸준히 출제되는 유형이다.

대표 기출 질문

- 다음 글의 빈칸에 들어갈 내용으로 가장 적절한 것은?
- 다음 글의 문맥상 ㉠~㉤에 들어갈 내용으로 적절하지 않은 것은?

고득점 문제 풀이 전략

1단계 빈칸에 들어갈 내용을 확인하여 빈칸에서 묻는 내용이 글 전체에서 어떤 역할을 하는지 확인한다.
- 빈칸 유형을 파악하면 정답 근거를 더 빠르게 찾을 수 있다.
- 빈칸 유형별 풀이 방법

    - 글의 중심 내용을 요약하는 구절 또는 문장이 빈칸으로 제시될 때
      → 핵심 문장을 중심으로 글 전체의 내용을 빠르게 파악하여 빈칸 내용을 추론한다.
    - 글의 흐름을 이어받거나 전환하는 문장이 빈칸으로 제시될 때
      → 그러나, 이에 따라, 결과적으로, 왜냐하면 등 연결어를 중심으로 앞·뒤 내용이 어떤 관계로 연결되는지 파악하여 빈칸 내용을 추론한다.
    - 글의 세부 내용을 나타내는 단어 또는 구절이 빈칸으로 제시될 때
      → 빈칸에서 묻는 내용과 관련된 핵심 키워드를 중심으로 내용을 파악하여 빈칸 내용을 추론한다.

2단계 빈칸 앞·뒤에 오는 1~2개의 문장을 읽고, 각각의 문장이 다루고 있는 내용과 앞 문장·뒤 문장의 연결 관계를 파악한다.

3단계 빈칸에 선택지를 하나씩 넣어보며 글의 내용이 앞·뒤 문맥 및 전체적인 글의 흐름과 가장 자연스럽게 이어지는 것을 찾는다.

대표 예제 분석

다음 글의 빈칸에 들어갈 내용으로 가장 적절한 것은? 24 7급 공채 PSAT

> 여행가들은 종종 여행으로 세계에 대한 새로운 지식을 얻었을 뿐만 아니라 차별과 편견을 제거할 수 있었다고 말한다. 이 깨달음은 신경과학자들 덕분에 사실로 입증되었다. 신경과학자들은 여행이 뇌의 전측대상피질(ACC)을 자극한다는 것을 알아냈다. ACC는 자신이 가진 세계 모델을 기초로 앞으로 들어올 지각 정보의 기대치를 결정하고 새로 들어오는 지각 정보들을 추적한다. <u>새로 들어온 정보가 기대치에 맞지 않으면 ACC는 경보를 발령하고, 이 정보에 대한 판단을 지연시켜 새로운 정보를 분석할 시간을 제공한다.</u> 정보에 대한 판단이 지연되면, 그에 대한 말과 행동 또한 미뤄진다. ACC의 경보가 발령되면 우리는 어색함을 느끼고 멈칫한다. 결국 ACC는 주변 환경을 더 면밀히 관찰하라고 촉구한다.
>
> 우리의 뇌는 의식적으로든 반사적으로든 끊임없이 판단을 내린다. 이와 관련하여 인지과학자들은 판단을 늦출수록 판단의 정확성이 높아진다는 사실을 발견했다. 오랜 시간을 들여 더 많은 관련 정보를 파악하는 것이 정확한 판단의 핵심이기 때문이다. 최후의 순간까지 정보에 대한 판단을 유보할수록 정확한 판단을 내릴 가능성이 커진다.
>
> 낯선 장소를 방문할 때 우리는 늘 어색함을 느낀다. 음식, 지리, 날씨 등 모든 게 기존의 세계 모델과 일치하지 않기 때문이다. 여행은 ACC를 자극하고, ACC의 경보 발령으로 우리는 신속한 판단이나 반사적 행동을 자제하게 된다. 따라서 더 이질적인 문화를 경험하면, 우리의 뇌는 (   ).

① ACC를 덜 활성화시킨다
② 더 적은 정보를 처리한다
③ 주변 환경에 더 친숙해진다
④ 기존의 세계 모델을 더 확신한다
⑤ 정보에 대한 판단을 더 지연시킨다

접근 전략

- **질문 파악**
  글의 맥락을 파악하여 빈칸에 들어갈 내용을 찾아야 함

- **2단계**
  - **1문단 핵심 내용**
    여행은 전측대상피질(ACC)을 자극하는데, ACC는 새로운 정보가 기존 기대와 다를 때 판단을 지연시켜 주변 환경을 더 면밀히 관찰하게 한다는 내용
  - **2문단 핵심 내용**
    판단을 늦추고 더 많은 정보를 파악할수록 더 정확한 판단을 내릴 수 있다는 내용

- **1단계**
  - **빈칸 유형 파악**
    이 문제는 1문단과 2문단의 내용을 통해 추론한 내용이 빈칸으로 제시되고 있다.
    따라서 빈칸의 내용의 근거가 되는 내용을 빠르게 파악하는 것이 중요하다.

- **3단계**
  - **오답 소거**
    빈칸 추론 유형은 빈칸의 앞뒤 문장을 고려한 맥락 속에서 추론 가능한 올바른 내용을 다루고 있는 선택지를 찾아야 한다는 것에 유의한다.
    ①, ②는 글의 내용과 상충되며, ③, ④는 글에서 알 수 없으므로 소거한다.

문제 유형 5 | 글의 구조 파악

유형 특징

글의 구조 파악은 제시된 글의 논리적 흐름을 파악하는 유형으로, 순서가 뒤섞인 문단을 올바르게 배열하는 문제, 글 뒤에 이어질 내용을 파악하는 문제, 내용 전개 방식을 파악하는 문제들이 여기에 속한다. NCS 의사소통능력에서 꾸준히 출제되는 유형이다.

대표 기출 질문

- 다음 글의 내용 흐름상 가장 적절한 문단 배열의 순서는?
- 문맥상 다음 글에 이어질 내용으로 가장 적절한 것은?
- 다음 글의 전개 방식으로 가장 적절한 것은?

고득점 문제 풀이 전략

1단계 글의 순서를 찾는 문제는 선택지를 확인하여 첫 문단을 파악하고, 글의 전개 방식을 묻는 문제는 중심 소재를 중심으로 글의 전체적인 흐름을 파악한다.
- 글의 첫 문단으로는 가장 포괄적인 내용 또는 글 전체의 화제를 제시하는 문단이 배치될 가능성이 높다.

2단계 글의 순서를 찾는 문제의 경우 바로 앞에 올 문단을 추론하는 근거가 될 수 있는 접속어, 지시어가 포함된 문단을 기준으로 순서를 유추한다.
- 접속어의 종류
  - 앞뒤의 내용이 상반될 때: 그러나, 그렇지만, 반면에, 하지만 등
  - 앞의 내용과 다른 새로운 내용을 전개할 때: 그런데, 다음으로, 한편 등
  - 앞뒤의 내용이 인과관계를 이룰 때: 그래서, 그러므로, 따라서, 왜냐하면 등
  - 앞의 내용과 관련 있는 내용을 추가할 때: 게다가, 더구나, 또한, 그뿐만 아니라 등
  - 앞의 내용을 다른 말로 바꾸어 정리할 때: 결국, 즉, 요컨대 등
  - 앞의 내용에 대한 예시를 들 때: 예컨대, 이를테면, 가령 등
- 지시어의 종류
  - 지시 대명사: 이것, 그것, 저것
  - 지시 관형사: 이, 그, 저
  - 지시 형용사: 이러하다, 그러하다, 저러하다

대표 예제 분석

다음 글의 문단을 논리적 순서에 맞게 나열한 것으로 가장 적절한 것은?

25 국회직 8급 PSAT

> 환경은 생태적 요소와 사회적 요소로 구성되어 있다. 생태적 요소는 동물, 식물 등의 생물 요소와 공기, 물, 햇빛 등 비생물 요소를 포함하며, 이 요소들은 서로 영향을 주고받는다. 사회적 요소는 건물, 도로, 철도, 댐 등과 같이 형태가 있는 것과 문화, 언어, 법규, 종교, 사회 제도 등과 같이 형태가 없는 것이 있으며, 이러한 요소들은 인간의 생활을 편리하게 하고 인간에게 많은 혜택을 준다.
>
> (가) 근대 이전까지 인류는 자연으로부터 필요한 물자만을 이용하여 자연에 해가 되지 않는 범위에서 사회적 요소를 조성하였다. 그러나 근대 이후에는 도시를 중심으로 급격한 산업화가 이루어지면서 환경 용량을 넘어서는 범위까지 생태적 요소를 이용하여 환경을 크게 훼손하였다.
>
> (나) 최근에는 도시에 숲을 가꾸거나 생태적 요소와 사회적 요소가 조화를 이루는 건물을 짓는 등 다양한 시도를 하고 있으며, 환경 용량을 넘어서는 개발을 막기 위하여 환경을 보호하는 법과 제도 등의 사회적 요소들을 도입하기도 한다.
>
> (다) 이처럼 산업화 과정에서 생태적 요소와 조화를 이루지 못한 지나친 개발로 다양한 환경 문제가 발생하자, 인간은 생태적 요소와 조화를 이루는 삶에 관심을 두게 되었다. 사회적 요소를 생태적 요소와 서로 잘 어우러지도록 개발하면 인간은 건강을 지키고 쾌적한 환경을 유지하면서도 자연으로부터 많은 혜택을 받으며 살아갈 수 있기 때문이다.
>
> (라) 인류의 역사와 문명은 생태적 요소를 이용하여 사회적 요소를 조성함으로써 발달해 왔다. 그 과정에서 사회적 요소는 생태적 요소를 통제하거나 변형하고, 생태적 요소는 사회적 요소에 영향을 미치며 상호 작용을 해 왔다.

① (가) - (나) - (다) - (라)
② (가) - (라) - (나) - (다)
③ (라) - (가) - (나) - (다)
 (라) - (가) - (다) - (나)
⑤ (라) - (다) - (가) - (나)

DAY 01 중심 내용 파악 ①

- 풀이 시간: /12분
- 맞은 문제: /7문제

1 다음 글의 A~C에 대한 평가로 적절한 것만을 <보기>에서 모두 고르면? 22 민경채 PSAT

> 인간 존엄성은 모든 인간이 단지 인간이기 때문에 갖는 것으로서, 인간의 숭고한 도덕적 지위나 인간에 대한 윤리적 대우의 근거로 여겨진다. 다음은 인간 존엄성 개념에 대한 A~C의 비판이다.
>
> A: 인간 존엄성은 그 의미가 무엇인지에 대해 사람마다 생각이 달라서 불명료할 뿐 아니라 무용한 개념이다. 가령 존엄성은 존엄사를 옹호하거나 반대하는 논증 모두에서 각각의 주장을 정당화하는 데 사용된다. 어떤 이는 존엄성이란 말을 '자율성의 존중'이라는 뜻으로, 어떤 이는 '생명의 신성함'이라는 뜻으로 사용한다. 결국 쟁점은 존엄성이 아니라 자율성의 존중이나 생명의 가치에 관한 문제이며, 존엄성이란 개념 자체는 그 논의에서 실질적으로 중요한 기여를 하지 않는다.
>
> B: 인간의 권리에 대한 문서에서 존엄성이 광범위하게 사용되는 것은 기독교 신학과 같이 인간 존엄성을 언급하는 많은 종교적 문헌의 영향으로 보인다. 이러한 종교적 뿌리는 어떤 이에게는 가치 있는 것이지만, 다른 이에겐 그런 존엄성 개념을 의심할 근거가 되기도 한다. 특히 존엄성을 신이 인간에게 부여한 독특한 지위로 생각함으로써 인간이 스스로를 지나치게 높게 보도록 했다는 점은 비판을 받아 마땅하다. 이는 인간으로 하여금 인간이 아닌 종과 환경에 대해 인간 자신들이 원하는 것을 마음대로 해도 된다는 오만을 낳았다.
>
> C: 인간 존엄성은 인간이 이성적 존재임을 들어 동물이나 세계에 대해 인간 중심적인 견해를 옹호해 온 근대 휴머니즘의 유산이다. 존엄성은 인간종이 그 자체로 다른 종이나 심지어 환경 자체보다 더 큰 가치가 있다고 생각하는 종족주의의 한 표현에 불과하다. 인간 존엄성은 우리가 서로를 가치 있게 여기도록 만들기도 하지만, 인간 외의 다른 존재에 대해서는 그 대상이 인간이라면 결코 용납하지 않았을 폭력적 처사를 정당화하는 근거로 활용된다.

<보 기>

ㄱ. 많은 논란에도 불구하고 존엄사를 인정한 연명의료결정법의 시행은 A의 주장을 약화시키는 사례이다.
ㄴ. C의 주장은 화장품의 안전성 검사를 위한 동물실험의 금지를 촉구하는 캠페인의 근거로 활용될 수 있다.
ㄷ. B와 C는 인간에게 특권적 지위를 부여하는 인간 중심적인 생각을 비판한다는 점에서 공통적이다.

① ㄱ   ② ㄷ   ③ ㄱ, ㄴ   ④ ㄴ, ㄷ   ⑤ ㄱ, ㄴ, ㄷ

2 다음 글의 중심 내용으로 가장 적절한 것은?

17 민경채 PSAT

2015년 한국직업능력개발원 보고서에 따르면 전체 대졸 취업자의 전공 불일치 비율이 6년간 3.6%p 상승했다. 이는 우리 대학교육이 취업 환경의 급속한 변화를 따라가지 못하고 있음을 보여준다. 기존의 교육 패러다임으로는 오늘 같은 직업생태계의 빠른 변화에 대응하기 어려워 보인다. 중고등학교 때부터 직업을 염두에 둔 맞춤 교육을 하는 것이 어떨까? 그것은 두 가지 점에서 어리석은 방안이다. 한 사람의 타고난 재능과 역량이 가시화되는 데 훨씬 더 오랜 시간과 경험이 필요하다는 것이 첫 번째 이유이고, 사회가 필요로 하는 직업 자체가 빠르게 변하고 있다는 것이 두 번째 이유이다.

그렇다면 학교는 우리 아이들에게 무엇을 가르쳐야 할까? 교육이 아이들의 삶뿐만 아니라 한 나라의 미래를 결정한다는 사실을 고려하면 이것은 우리 모두의 운명을 좌우할 물음이다. 문제는 세계의 환경이 급속히 변하고 있다는 것이다. 2030년이면 현존하는 직종 가운데 80%가 사라질 것이고, 2011년에 초등학교에 입학한 어린이 중 65%는 아직 존재하지도 않는 직업에 종사하게 되리라는 예측이 있다. 이런 상황에서 교육이 가장 먼저 고려해야 할 것은 변화하는 직업 환경에 성공적으로 대응하는 능력에 초점을 맞추는 일이다.

이미 세계 여러 나라가 이런 관점에서 교육을 개혁하고 있다. 핀란드는 2020년까지 학교 수업을 소통, 창의성, 비판적 사고, 협동을 강조하는 내용으로 개편한다는 계획을 발표했다. 이와 같은 능력들은 빠르게 현실화되고 있는 '초연결 사회'에서의 삶에 필수적이기 때문이다. 말레이시아의 학생들은 문제해결 능력, 네트워크형 팀워크 등을 교과과정에 포함시키고 있고, 아르헨티나는 초등학교와 중학교에서 코딩을 가르치고 있다. 우리 교육도 개혁을 생각하지 않으면 안 된다.

① 한 국가의 교육은 당대의 직업구조의 영향을 받는다.
② 미래에는 현존하는 직업 중 대부분이 사라지는 큰 변화가 있을 것이다.
③ 세계 여러 국가는 변화하는 세상에 대응하여 전통적인 교육을 개편하고 있다.
④ 빠르게 변하는 불확실성의 세계에서는 미래의 유망 직업을 예측하는 일이 중요하다.
⑤ 교육은 다음 세대가 사회 환경의 변화에 대응하는 데 필요한 역량을 함양하는 방향으로 변해야 한다.

3 다음 글의 핵심 논지로 가장 적절한 것은?

23 7급 공채 PSAT

우리는 보통 먹거리의 생산에 대해서는 책임을 묻는 것이 자연스럽다고 생각하면서도 먹거리의 소비는 책임져야 하는 행위로 생각하지 않는다. 우리는 무엇을 먹을 때 좋아하고 익숙한 것 그리고 싸고, 빠르고, 편리한 것을 찾아서 먹을 뿐이다. 그런데 먹는 일에도 윤리적 책임이 동반된다고 생각해 볼 수 있지 않을까?

먹는 행위를 두고 '잘 먹었다' 혹은 '잘 먹는다'고 말할 때 '잘'을 평가하는 기준은 무엇일까? 신체가 요구하는 영양분을 골고루 섭취하는 것은 생물학적 차원에서 잘 먹는 것이고, 섭취하는 음식을 통해 다양한 감각들을 만족시키며 개인의 취향을 계발하는 것은 문화적인 차원에서 잘 먹는 것이다. 그런데 이 경우들의 '잘'은 윤리적 의미를 띠고 있는 것 같지 않다. 이 두 경우는 먹는 행위를 개인적 경험의 차원으로 축소하기 때문이다.

'잘 먹는다'는 것의 윤리적 차원은 우리의 먹는 행위가 그저 개인적 차원에서 일어나는 일이 아니라, 다른 사람들, 동물들, 식물들, 서식지, 토양 등과 관계를 맺는 행위임을 인식하기 시작할 때 비로소 드러난다. 오늘날 먹거리의 전 지구적인 생산·유통·소비 체계 속에서, 우리는 이들을 경제적 자원으로만 간주하는 특정한 방식으로 이들과 관계를 맺고 있다. 그러한 관계의 방식은 공장식 사육, 심각한 동물 학대, 농약과 화학비료 사용에 따른 토양과 물의 오염, 동식물의 생존에 필수적인 서식지 파괴, 전통적인 농민 공동체의 파괴, 불공정한 노동 착취 등을 동반한다.

우리가 무엇을 어떻게 먹는가 하는 것은 결국 우리가 그런 관계망에 속한 인간이나 비인간 존재를 어떻게 대우하고 있는가를 드러내며, 불가피하게 이러한 관계망의 형성이나 유지 혹은 변화에 기여하게 된다. 우리의 먹는 행위에 따라 이런 관계망의 모습은 바뀔 수도 있다. 그렇기에 이러한 관계들은 먹는 행위를 윤리적 반성의 대상으로 끌어 올린다.

① 윤리적으로 잘 먹기 위해서는 육식을 지양해야 한다.
② 먹는 행위에 대해서도 윤리적 차원을 고려하여야 한다.
③ 건강 증진이나 취향 만족을 위한 먹는 행위는 개인적 차원의 평가 대상일 뿐이다.
④ 먹는 행위는 동물, 식물, 토양 등의 비인간 존재와 인간 사이의 관계를 만들어낸다.
⑤ 먹는 행위를 평가할 때에는 먹거리의 소비자보다 생산자의 윤리적 책임을 더 고려하여야 한다.

4 다음 ㉠으로 가장 적절한 것은?   18 5급 공채 PSAT

> 오늘날 유전 과학자들은 유전자의 발현에 관한 ㉠ 물음에 관심을 갖고 있다. 맥길 대학의 연구팀은 이 물음에 답하려고 연구를 수행하였다. 어미 쥐가 새끼를 핥아주는 성향에는 편차가 있다. 어떤 어미는 다른 어미보다 더 많이 핥아주었다. 많이 핥아주는 어미가 돌본 새끼들은 인색하게 핥아주는 어미가 돌본 새끼들보다 외부 스트레스에 무디게 반응했다. 게다가 많이 안 핥아주는 친어미에게서 새끼를 떼어내어 많이 핥아주는 양어미에게 두어 핥게 하면, 새끼의 스트레스 반응 정도는 양어미의 새끼 수준과 비슷해졌다.
>
> 연구팀은 어미가 누구든 많이 핥인 새끼는 그렇지 않은 새끼보다 뇌의 특정 부분, 특히 해마에서 글루코코르티코이드 수용체들, 곧 GR들이 더 많이 생겨났다는 것을 발견했다. 이렇게 생긴 GR의 수는 성체가 되어도 크게 바뀌지 않았다. GR의 수는 GR 유전자의 발현에 달려있다. 이 쥐들의 GR 유전자는 차이는 없지만 그 발현 정도에는 차이가 있을 수 있다. 이 발현을 촉진하는 인자 중 하나가 NGF 단백질인데, 많이 핥인 새끼는 그렇지 못한 새끼에 비해 NGF 수치가 더 높다.
>
> 스트레스 반응 정도는 코르티솔 민감성에 따라 결정되는데 GR이 많으면 코르티솔 민감성이 낮아지게 하는 되먹임 회로가 강화된다. 이 때문에 똑같은 스트레스를 받아도 많이 핥인 새끼는 그렇지 않은 새끼보다 더 무디게 반응한다.

① 코르티솔 유전자는 어떻게 발현되는가?
② 유전자는 어떻게 발현하여 단백질을 만드는가?
③ 핥아주는 성향의 유전자는 어떻게 발현되는가?
④ 후천 요소가 유전자의 발현에 영향을 미칠 수 있는가?
⑤ 유전자 발현에 영향을 미치는 유전 요인에는 무엇이 있는가?

5 다음 글의 ⊙과 ⓒ에 대한 평가로 적절한 것만을 <보기>에서 모두 고르면?

22 민경채 PSAT

진화론에 따르면 개체는 배우자 선택에 있어서 생존과 번식에 유리한 개체를 선호할 것으로 예측된다. 그런데 생존과 번식에 유리한 능력은 한 가지가 아니므로 합리적 선택은 단순하지 않다. 예를 들어 배우자 후보 α와 β가 있는데, 사냥 능력은 α가 우수한 반면, 위험 회피 능력은 β가 우수하다고 하자. 이 경우 개체는 더 중요하다고 판단하는 능력에 기초하여 배우자를 선택하는 것이 합리적이다. 이를테면 사냥 능력에 가중치를 둔다면 α를 선택하는 것이 합리적이라는 것이다. 그런데 α와 β보다 사냥 능력은 떨어지나 위험 회피 능력은 α와 β의 중간쯤 되는 새로운 배우자 후보 γ가 나타난 경우를 생각해 보자. 이때 개체는 애초의 판단 기준을 유지할 수도 있고 변경할 수도 있다. 즉 애초의 판단 기준에 따르면 선택이 바뀔 이유가 없음에도 불구하고, 새로운 후보의 출현에 의해 판단 기준이 바뀌어 위험 회피 능력이 우수한 β를 선택할 수 있다.

한 과학자는 동물의 배우자 선택에 있어 새로운 배우자 후보가 출현하는 경우, ⊙ <u>애초의 판단 기준을 유지한다는 가설</u>과 ⓒ <u>판단 기준에 변화가 발생한다는 가설</u>을 검증하기 위해 다음과 같은 실험을 수행하였다.

<실 험>

X 개구리의 경우, 암컷은 두 가지 기준으로 수컷을 고르는데, 수컷의 울음소리 톤이 일정할수록 선호하고 울음소리 빈도가 높을수록 <u>선호한다</u>. 세 마리의 수컷 A~C는 각각 다른 소리를 내는데, 울음소리 톤은 C가 가장 일정하고 B가 가장 일정하지 않다. 울음소리 빈도는 A가 가장 높고 C가 가장 낮다. 과학자는 A~C의 울음소리를 발정기의 암컷으로부터 동일한 거리에 있는 서로 다른 위치에서 들려주었다. 상황 1에서는 수컷 두 마리의 울음소리만을 들려주었으며, 상황 2에서는 수컷 세 마리의 울음소리를 모두 들려주고 각 상황에서 암컷이 어느 쪽으로 이동하는지 비교하였다. 암컷은 들려준 울음소리 중 가장 선호하는 쪽으로 이동한다.

<보 기>

ㄱ. 상황 1에서 암컷에게 들려준 소리가 A, B인 경우 암컷이 A로, 상황 2에서는 C로 이동했다면, ⊙은 강화되지 않지만 ⓒ은 강화된다.

ㄴ. 상황 1에서 암컷에게 들려준 소리가 B, C인 경우 암컷이 B로, 상황 2에서는 A로 이동했다면, ⊙은 강화되지만 ⓒ은 강화되지 않는다.

ㄷ. 상황 1에서 암컷에게 들려준 소리가 A, C인 경우 암컷이 C로, 상황 2에서는 A로 이동했다면, ⊙은 강화되지 않지만 ⓒ은 강화된다.

① ㄱ ② ㄷ ③ ㄱ, ㄴ ④ ㄴ, ㄷ ⑤ ㄱ, ㄴ, ㄷ

6 다음 글의 핵심 주장으로 가장 적절한 것은?

민주주의가 발달한 오늘날 사회에서도 우리는 여전히 사회 곳곳에서 불평등, 차별, 부정의의 문제에 직면해 있다. 이러한 문제는 사회 전반의 권위 구조에서 기인한다. 그렇다면 민주주의 체제는 어떻게 이 문제에 대응할 수 있을까? 민주주의의 여러 담론들 중 대표적인 것은 민주주의를 집합적 의사결정에 이르는 특정한 규칙으로 바라보는 최소주의적 관점이다. 이 관점에서는 민주주의를 일정한 가치나 규범의 집합체가 아니라 권위주의와 구별되는 정치 과정의 한 형태로 여긴다. 유권자들이 주기적인 선거를 통해 대표자를 선출하거나 교체할 수 있는 과정이 곧 민주주의인 것이다. 이러한 관점은 정치적 대상이나 문제를 협소하게 제한하여 다양한 사회문제를 민주주의와 사실상 무관한 것으로 만든다는 한계가 있다. 따라서 적극적인 대응을 위해 새로운 관점이 요청된다.

보다 진정성이 있는 정치적 이상으로서 민주주의를 구현하려는 시도는 '민주주의의 민주화'라는 표현으로 집약되는 최대주의적 관점이다. 이 관점에서 핵심은 '참여'와 그것의 교육적 기능이다. 민주주의에서 말하는 참여의 의의는 그것을 통해 개인의 이해관계를 보호하고 관철하는 데 있는 것이 아니라, 누적된 참여의 경험이 장기적으로 개인과 사회에 가져오는 변화에 있다. 시민들은 참여를 통해 자기 자신을, 사적 개인을 넘어서는 공적 시민으로 이해하는 방법을 배우고 지적·도덕적으로 성장한다. 그리고 시민들의 활발한 참여를 통해 내려진 정치적 결정은 대표자들이 일방적으로 정하고 전달한 것에 비해 정당성과 수용성 면에서도 우월하다.

이와 같은 참여는 대표자를 선출하는 좁은 의미의 정치 과정에 국한되는 것이 아니라 사회 전반에서 작동하는 확장된 개념이다. 참여의 실천은 가까운 곳에서부터 시작할 수 있다. 예컨대 일반 시민이 일과 대부분을 보내는 일터에서부터 사회의 권위 구조를 개선하는 것이다. 자신이 속한 조직에서 다른 구성원들과 함께 공적 문제를 식별하고 이에 대해 의견을 교류하며 집합적 해결책을 모색하는 것이다. 비단 일터에서뿐 아니라, 개인이 속한 다양한 조직과 공동체에서도 이러한 참여의 실천이 이루어져야 한다. 참여를 통해 사회 전반의 권위 구조를 민주화하면 오늘날의 다양한 사회문제를 해결하는 데 있어 새로운 국면을 맞을 것이다.

① 사회 전반의 권위 구조를 민주화하는 실천은 시민의 일터에서부터 시작되어야 한다.
② 민주주의는 자신의 이해관계를 보호하고 관철하려는 시민의 참여를 통해 실현되어야 한다.
③ 오늘날 사회 곳곳에서 발생하는 사회적 불평등과 부정의의 문제는 선거를 핵심으로 하는 정치 과정을 통해 해소되어야 한다.
④ 민주주의가 발전하기 위해서는 대표자의 일방적 의사결정이 아닌 시민의 정치적 의사결정이 더 존중되어야 한다.
⑤ 오늘날 사회문제를 해결하기 위해서는 시민의 참여를 통해 사회 전반의 권위 구조가 민주화되어야 한다.

7 다음 글의 주제로 가장 적절한 것은?

25 국회직 8급 PSAT

엄밀히 말하면 콜럼버스는 유럽이 분열되어 있었기 때문에 여러 유럽 군주 중 한 명을 설득하는 데 성공하여 지원을 받을 수 있었다. 또 유럽의 다른 국가들은 스페인이 아메리카에 식민지를 건설하여 부를 축적하는 것을 보았고, 곧이어 유럽의 대항해시대가 열렸다. 유럽의 대포, 전기 조명, 인쇄술, 소형화기 등 무수히 많은 혁신도 마찬가지였다. 처음에는 이런저런 이유로 한결같이 유럽 일부 지역에서 무시당하거나 반대에 부딪혔지만, 한 지역에서 채택하면 곧이어 유럽 전역에 전해졌다.

분열된 유럽에서 비롯된 이런 결과는 중국의 통일이 빚어낸 결과와 뚜렷이 대비된다. 통일된 중국 조정은 먼바다로 항해하는 것을 금지한 것 외에 때때로 다른 중요한 행위의 중단을 명령하기도 했다. 예컨대 14세기에 중국은 수력을 이용한 방적기를 더 정교하게 발전시키려는 노력을 포기함으로써 산업혁명의 문턱에서 물러섰고, 한때 시계 제작에서 세계를 선도했음에도 느닷없이 기계식 시계를 실질적으로 없애버리기도 했다. 그리하여 15세기 말 이후에는 중국의 기계 장치 및 전반적인 과학기술이 이전에 비해 퇴조하게 되었다. 통일 국가의 이런 독단적 결정이 문화대혁명으로 얼룩졌던 1960~70년대 중국에서 다시 나타났다. 그때 소수의 지도자, 아니 한 명의 지도자가 내린 결정에 전국의 모든 학교가 5년 동안이나 문을 닫아야 했다.

중국은 통일 국가이던 때가 많았고, 유럽은 언제나 분열된 상태였다. 두 가지 경우 모두 오래전부터 지속된 경향이다. 중국이 유럽에 대해 갖고 있던 정치적·과학기술적 우위를 상실한 이유를 제대로 이해하려면, 중국의 만성적인 통일 지향성과 유럽의 만성적인 분열 지향성을 이해해야 한다.

① 분열된 사회와 통일된 사회 간 차이점이 불러온 역사적 현상
② 유럽 사회에 산업혁명과 과학혁명이 발생하게 된 배경
③ 중국 사회의 정치적 혼란과 경제적 위기 극복 과정
④ 서구 열강이 행한 아메리카 대륙 침략의 부당성
⑤ 중국의 문화대혁명과 사회적 혼란이 발생하게 된 원인

DAY 02 중심 내용 파악 ②

- 풀이 시간: /10분
- 맞은 문제: /6문제

1 다음 글의 ㉠과 ㉡에 대한 평가로 적절한 것만을 <보기>에서 모두 고르면?

22 민경채 PSAT

> 18세기에는 빛의 본성에 관한 두 이론이 경쟁하고 있었다. ㉠ 입자이론은 빛이 빠르게 운동하고 있는 아주 작은 입자들의 흐름으로 구성되어 있다고 설명한다. 이에 따르면, 물속에서 빛이 굴절하는 것은 물이 빛을 끌어당기기 때문이며, 공기 중에서는 이런 현상이 발생하지 않기 때문에 결과적으로 물속에서의 빛의 속도가 공기 중에서보다 더 빠르다. 한편 ㉡ 파동이론은 빛이 매질을 통하여 파동처럼 퍼져 나간다는 가설에 기초한다. 이에 따르면, 물속에서 빛이 굴절하는 것은 파동이 전파되는 매질의 밀도가 달라지기 때문이며, 밀도가 높아질수록 파동의 속도는 느려지므로 결과적으로 물속에서의 빛의 속도가 공기 중에서보다 더 느리다.
>
> 또한 파동이론에 따르면 빛의 색깔은 파장에 따라 달라진다. 공기 중에서는 파장에 따라 파동의 속도가 달라지지 않지만, 물속에서는 파장에 따라 파동의 속도가 달라진다. 반면 입자이론에 따르면 공기 중에서건 물속에서건 빛의 속도는 색깔에 따라 달라지지 않는다.
>
> 두 이론을 검증하기 위해 다음과 같은 실험이 고안되었다. 두 빛이 같은 시점에 발진하여 경로 1 또는 경로 2를 통과한 뒤 빠른 속도로 회전하는 평면거울에 도달한다. 두 개의 경로에서 빛이 진행하는 거리는 같으나, 경로 1에서는 물속을 통과하고, 경로 2에서는 공기만을 통과한다. 평면거울에서 반사된 빛은 반사된 빛이 향하는 방향에 설치된 스크린에 맺힌다. 평면거울에 도달한 빛 중 속도가 빠른 빛은 먼저 도달하고 속도가 느린 빛은 나중에 도달하게 되는데, 평면거울이 빠르게 회전하고 있으므로 먼저 도달한 빛과 늦게 도달한 빛은 반사 각도에 차이가 생기게 된다. 따라서 두 빛이 서로 다른 속도를 가진다면 반사된 두 빛이 도착하는 지점이 서로 달라지며, 더 빨리 평면거울에 도달한 빛일수록 스크린의 오른쪽에, 더 늦게 도달한 빛일수록 스크린의 왼쪽에 맺히게 된다.

<보 기>

ㄱ. 색깔이 같은 두 빛이 각각 경로 1과 2를 통과했을 때, 경로 1을 통과한 빛이 경로 2를 통과한 빛보다 스크린의 오른쪽에 맺힌다면 ㉠은 강화되고 ㉡은 약화된다.

ㄴ. 색깔이 다른 두 빛 중 하나는 경로 1을, 다른 하나는 경로 2를 통과했을 때, 경로 1을 통과한 빛이 경로 2를 통과한 빛보다 스크린의 왼쪽에 맺힌다면 ㉠은 약화되고 ㉡은 강화된다.

ㄷ. 색깔이 다른 두 빛이 모두 경로 1을 통과했을 때, 두 빛이 스크린에 맺힌 위치가 다르다면 ㉠은 약화되고 ㉡은 강화된다.

① ㄱ ② ㄴ ③ ㄱ, ㄷ ④ ㄴ, ㄷ ⑤ ㄱ, ㄴ, ㄷ

2. 다음 글의 ㉠에 대한 비판으로 가장 적절한 것은?

"프랑스 수도가 어디지?"라는 가영의 물음에 나정이 "프랑스 수도는 로마지."라고 대답했다고 하자. 나정이 가영에게 제공한 것을 정보라고 할 수 있을까? 정보의 일반적 정의는 '올바른 문법 형식을 갖추어 의미를 갖는 자료'다. 이 정의에 따르면 나정의 대답은 정보를 담고 있다. 다음 진술은 이런 관점을 대변하는 진리 중립성 논제를 표현한다. "정보를 준다는 것이 반드시 그 내용이 참이라는 것을 의미하지는 않는다." 이 논제의 관점에서 보자면, 올바른 문법 형식을 갖추어 의미를 해석할 수 있는 자료는 모두 정보의 자격을 갖는다. 그 내용이 어떤 사태를 표상하든, 참을 말하든, 거짓을 말하든 상관없다.

그러나 이 조건만으로는 불충분하다는 지적이 있다. 철학자 플로리디는 전달된 자료를 정보라고 하려면 그 내용이 참이어야 한다고 주장한다. 즉, 정보란 올바른 문법 형식을 갖춘, 의미 있고 참인 자료라는 것이다. 이를 ㉠ 진리성 논제라고 한다. 그라이스는 이렇게 말한다. "거짓 '정보'는 저급한 종류의 정보가 아니다. 그것은 아예 정보가 아니기 때문이다." 이 점에서 그 역시 이 논제를 받아들이고 있다.

이런 논쟁은 용어법에 관한 시시한 언쟁처럼 보일 수도 있지만, 두 진영 간에는 정보 개념이 어떤 역할을 해야 하는가에 대한 근본적인 견해 차이가 있다. 진리성 논제를 비판하는 사람들은 틀린 '정보'도 정보로 인정되어야 한다고 말한다. 자료의 내용이 그것을 이해하는 주체의 인지 행위에서 분명한 역할을 수행한다는 이유에서다. '프랑스 수도가 로마'라는 말을 토대로 가영은 이런저런 행동을 할 수 있다. 가령, 프랑스어를 배우기 위해 로마로 떠날 수도 있고, 프랑스 수도를 묻는 퀴즈에서 오답을 낼 수도 있다. 거짓인 자료는 정보가 아니라고 볼 경우, '정보'라는 말이 적절하게 사용되는 사례들의 범위를 부당하게 제한하는 꼴이 된다.

① '정보'라는 표현이 일상적으로 사용되는 사례가 모두 적절한 것은 아니다.
② 올바른 문법 형식을 갖추지 못한 자료는 정보라는 지위에 도달할 수 없다.
③ 사실과 다른 내용의 자료를 숙지하고 있는 사람은 정보를 안다고 볼 수 없다.
④ 내용이 거짓인 자료를 토대로 행동을 하는 사람은 자신이 의도한 결과에 도달할 수 없다.
⑤ 거짓으로 밝혀질 자료도 그것을 믿는 사람의 인지 행위에서 분명한 역할을 한다면 정보라고 볼 수 있다.

3 다음 글의 A와 B에 대한 분석으로 적절한 것만을 <보기>에서 모두 고르면?

25 5급 공채 PSAT

'종'이란 어떤 속성을 공유하는 덕분에 유사성을 갖는 개체들의 집합이다. 종에는 '자연종', '사회종' 등이 있다. 그렇다면 노인은 어떤 종인가? 철학자 A는 노인이 자연종이라고 본다. A는 자연종과 관련해 다음 조건을 제시한다. X에 속하는 개체들이 어떤 속성을 공유하고 X의 개체들이 이러한 속성을 공유하는 점이 자연법칙에 의해 설명되면, X는 자연종이다. 예를 들어 금 개체들은 어떤 속성을 공유하며, 이것들이 왜 이러한 속성을 공유하는지는 금의 원자 구조에 의해 자연법칙적으로 설명된다. 따라서 금은 자연종이다. A는 노인도 이와 같은 이유로 자연종이라는 것이다.

철학자 B는 이러한 A의 생각에 반대한다. 우선 그는 A가 제시한 조건이 자연종을 위한 충분조건이 아니라고 본다. 예를 들어 최근 제약회사에서 개발한 '○○백신'에 속하는 개체들은 어떤 속성을 공유하는데, 그 속성은 모두 자연법칙적으로 설명된다. 그럼에도 ○○백신은 인공적으로 만들어진 것으로서 자연종이 아니라는 것이다. B에 따르면 노인 역시 A가 제시한 조건을 만족하더라도 자연종이 아닐 수 있다. 더 나아가 B는 어떤 X가 자연종이 되기 위해서는 어떤 개체가 그 X에 속하는지 그렇지 않은지에 대한 선명한 구분 기준이 존재해야 한다고 본다. 노화는 구분 기준이 모호한 생물학적 과정이므로 노인과 비노인을 구분하는 선명한 경계는 존재하지 않는다. 따라서 노인은 자연종이 아니라는 것이다.

B에 따르면, 노인은 사회종이다. 노인을 사회종이라 할 수 있는 이유는 무엇인가? B는 사회종과 관련해 다음 조건을 제시한다. X에 속하는 개체들이 어떤 속성을 공유하고 X의 개체들이 이러한 속성을 공유하는 것이 사회적 규칙이나 관행에 의해 설명되면, X는 사회종이다. 대한민국에서 노인은 65세 이상이라는 속성을 공유하며, 이 점은 대한민국의 사회적 규칙이나 관행에 의해 설명된다. B는 노인이 이와 같은 이유로 사회종이라는 것이다.

<보 기>

ㄱ. ○○백신에 속하는 개체들이 어떤 속성을 공유하고 그것들이 그러한 속성을 공유하는 것에 대한 자연법칙적 설명이 존재하면, A는 ○○백신이 자연종이라고 본다.

ㄴ. B는 금이 자연종이라면 무엇이 금인지 금이 아닌지에 대한 선명한 구분 기준이 존재한다고 본다.

ㄷ. 대한민국에서 희귀 질환으로 급격히 노화가 진행된 40세 한국인을 A는 노인이 아니라고 보지만, B는 노인이라고 본다.

① ㄱ　　　② ㄷ　　　③ ㄱ, ㄴ　　　④ ㄴ, ㄷ　　　⑤ ㄱ, ㄴ, ㄷ

[4-5] 다음 글을 읽고 물음에 답하시오.

20 평가원 6월 모평

고대 그리스 시대의 사람들은 신에 의해 우주가 운행된다고 믿는 결정론적 세계관 속에서 신에 대한 두려움이나, 신이 야기한다고 생각되는 자연재해나 천체 현상 등에 대한 두려움을 떨치지 못했다. 에피쿠로스는 당대의 사람들이 이러한 잘못된 믿음에서 벗어나도록 하는 것이 중요하다고 보았고, 이를 위해 인간이 행복에 이를 수 있도록 자연학을 바탕으로 자신의 사상을 전개하였다.

에피쿠로스는 신의 존재는 인정하나 신의 존재 방식이 인간이 생각하는 것과는 다르다고 보고, 신은 우주들 사이의 중간 세계에 살며 인간사에 개입하지 않는다는 ㉠ 이신론(理神論)적 관점을 주장한다. 그는 불사하는 존재인 신은 최고로 행복한 상태이며, 다른 어떤 것에게도 고통을 주지 않고, 모든 고통은 물론 분노와 호의와 같은 것으로부터 자유롭다고 말한다. 따라서 에피쿠로스는 인간의 세계가 신에 의해 결정되지 않으며, 인간의 행복도 자율적 존재인 인간 자신에 의해 완성된다고 본다.

한편 에피쿠로스는 인간의 영혼도 육체와 마찬가지로 미세한 입자로 구성된다고 본다. 영혼은 육체와 함께 생겨나고 육체와 상호작용하며 육체가 상처를 입으면 영혼도 고통을 받는다. 더 나아가 육체가 소멸하면 영혼도 함께 소멸하게 되어 인간은 사후(死後)에 신의 심판을 받지 않으므로, 살아 있는 동안 인간은 사후에 심판이 있다고 생각하여 두려워할 필요가 없게 된다. 이러한 생각은 인간으로 하여금 죽음에 대한 모든 두려움에서 벗어나게 하는 근거가 된다.

이러한 에피쿠로스의 ㉡ 자연학은 우주와 인간의 세계에 대한 비결정론적 이해를 가능하게 한다. 이는 원자의 운동에 관한 에피쿠로스의 설명에서도 명확히 드러난다. 그는 원자들이 수직 낙하 운동이라는 법칙에서 벗어나기도 하여 비스듬히 떨어지고 충돌해서 튕겨 나가는 우연적인 운동을 한다고 본다. 그리고 우주는 이러한 원자들에 의해 이루어졌으므로, 우주 역시 우연의 산물이라고 본다. 따라서 우주와 인간의 세계에 신의 관여는 없으며, 인간의 삶에서도 신의 섭리는 찾을 수 없다고 한다. 에피쿠로스는 이러한 생각을 인간이 필연성에 얽매이지 않고 자신의 삶을 주체적으로 살아갈 수 있게 하는 자유 의지의 단초로 삼는다.

에피쿠로스는 이를 토대로 자유로운 삶의 근본을 규명하고 인생의 궁극적 목표인 행복으로 이끄는 ㉢ 윤리학을 펼쳐 나간다. 결국 그는 인간이 신의 개입과 우주의 필연성, 사후 세계에 대한 두려움에서 벗어날 수 있도록 함으로써, 자신의 삶을 자율적이고 주체적으로 살 수 있는 길을 열어 주었다. 그리고 쾌락주의적 윤리학을 바탕으로 영혼이 안정된 상태에서 행복 실현을 추구할 수 있는 방안을 제시하였다.

4 윗글의 표제와 부제로 가장 적절한 것은?

① 에피쿠로스 사상의 성립 배경
   - 인간과 자연의 관계를 중심으로
② 에피쿠로스 사상의 목적과 의의
   - 신, 인간, 우주에 대한 이해를 중심으로
③ 에피쿠로스 사상에 대한 비판과 옹호
   - 사상의 한계와 발전적 계승을 중심으로
④ 에피쿠로스 사상을 둘러싼 논쟁과 이견
   - 당대 세계관과의 비교를 중심으로
⑤ 에피쿠로스 사상의 현대적 수용과 효용성
   - 행복과 쾌락의 상관성을 중심으로

5 ㉠~㉢에 대한 이해로 가장 적절한 것은?

① ㉠은 인간이 두려움을 갖는 이유를, ㉡과 ㉢은 신에 대한 의존에서 벗어나게 하는 방법을 제시한다.
② ㉠은 우주가 신에 의해 운행된다고 믿는 근거를, ㉡과 ㉢은 인간의 사후에 대해 탐구하는 방법을 제시한다.
③ ㉠과 ㉡은 인간이 영혼과 육체의 관계를 탐구하는 이유를, ㉢은 모든 두려움에서 벗어나는 방법을 제시한다.
④ ㉠과 ㉡은 인간이 잘못된 믿음에서 벗어날 수 있는 근거를, ㉢은 행복에 이르도록 하는 방법을 제시한다.
⑤ ㉠과 ㉡은 인간의 존재 이유와 존재 위치에 대한 탐색의 결과를, ㉢은 인간이 우주의 근원을 연구하는 방법을 제시한다.

6 다음 글의 A~C의 주장에 대한 평가로 적절한 것만을 <보기>에서 모두 고르면?

19 5급 공채 PSAT

> 같은 양의 50°C의 물과 30°C의 물을 얼렸을 때 30°C의 물이 먼저 얼 것이라는 예상과는 달리 50°C의 물이 먼저 어는 현상이 발견되었다. 이 현상의 원인에 대해 A, B, C는 다음과 같이 주장하였다.
>
> A: 이러한 현상은 물의 대류로 설명할 수 있다. 물을 얼릴 때 처음에는 전체적으로 온도가 같던 물이라도 외부에 접촉한 곳이 먼저 식고 그렇지 않은 곳은 여전히 따뜻한 상태로 있다. 이러한 온도 차가 물 내부에 흐름을 만들어 내는데 이를 대류라 한다. 대류 현상이 활발하게 일어나면 윗부분과 아랫부분의 물이 섞여 온도 차이가 작아지고, 물이 빨리 식을 것이다. 대류 현상은 차가운 물보다 따뜻한 물에서 더 활발하다. 따라서 차가운 물보다 따뜻한 물이 외부로 열을 더 빨리 뺏겨 따뜻한 물이 차가운 물보다 빨리 얼게 될 것이다.
>
> B: 따뜻한 물의 물 분자들은 차가운 물의 물 분자들보다 더 활발하게 활동하기 때문에, 차가운 물보다 따뜻한 물에서 물의 증발이 더 잘 일어난다. 따라서 따뜻한 물의 질량이 차가운 물의 질량보다 상대적으로 작아져 따뜻한 물이 차가운 물보다 더 빨리 얼게 될 것이다.
>
> C: 따뜻한 물에는 차가운 물보다 용해기체가 덜 녹아 있다. 용해기체가 많으면 어는점이 더 많이 떨어진다. 따라서 따뜻한 물보다 용해기체가 더 많은 차가운 물의 어는점이 상대적으로 낮아 따뜻한 물이 먼저 얼게 될 것이다.

— <보 기> —

ㄱ. 다른 조건은 동일하고 용기 내부에서 물의 대류를 억제하여 실험을 했을 때도 따뜻한 물이 먼저 언다면 A의 주장은 강화된다.

ㄴ. 따뜻한 물과 차가운 물을 얼리는 과정에서 차가운 물에서 증발한 물의 질량보다 따뜻한 물에서 증발한 물의 질량이 더 크다면 B의 주장은 강화된다.

ㄷ. 차가운 물을 얼린 얼음에 포함되어 있는 용해기체의 양이 따뜻한 물을 얼린 얼음에 포함되어 있는 용해기체의 양보다 많다면 C의 주장은 약화된다.

① ㄱ   ② ㄴ   ③ ㄱ, ㄷ   ④ ㄴ, ㄷ   ⑤ ㄱ, ㄴ, ㄷ

DAY 03 세부 내용 파악 ①

- 풀이 시간: /12분
- 맞은 문제: /7문제

1 다음 글의 내용과 부합하지 <u>않는</u> 것은?

20 민경채 PSAT

> 우리나라 헌법상 정부는 대통령과 행정부로 구성된다. 행정부에는 국무총리, 행정각부, 감사원 등이 있으며, 이들은 모두 대통령 소속 하에 있다. 이외에도 행정부에는 국무회의와 각종 대통령 자문기관들이 있다.
>
> 우리나라 국무회의는 정부의 중요 정책에 대한 최고 심의기관으로, 그 설치를 헌법에서 규정하고 있다. 미국 대통령제의 각료회의는 헌법에 규정이 없는 편의상의 기구라는 점에서, 영국 의원내각제의 내각은 의결기관이라는 점에서 우리나라의 국무회의는 이들과 법적 성격이 다르다.
>
> 대통령이 국무회의 심의 결과에 구속되지 않는다는 점에서 국무회의는 자문기관과 큰 차이가 없다. 그러나 일반 대통령 자문기관들은 대통령이 임의적으로 요청하는 사항에 응하여 자문을 개진하는 것과 달리 국무회의는 심의 사항이 헌법에 명시되어 있으며 해당 심의는 필수적이라는 점에서 단순한 자문기관도 아니다.
>
> 행정각부의 장은 대통령, 국무총리와 함께 국무회의를 구성하는 국무위원임과 동시에 대통령이 결정한 정책을 집행하는 행정관청이다. 그러나 행정각부의 장이 국무위원으로서 갖는 지위와 행정관청으로서 갖는 지위는 구별된다. 국무위원으로서 행정각부의 장은 대통령, 국무총리와 법적으로 동등한 지위를 갖지만, 행정관청으로서 행정각부의 장은 대통령은 물론 상급 행정관청인 국무총리의 지휘와 감독에 따라야 한다.

① 감사원은 대통령 소속 하에 있는 기관이다.
② 국무회의는 의결기관도 단순 자문기관도 아닌 심의기관이다.
③ 국무회의 심의 결과는 대통령을 구속한다는 점에서 국가의사를 표시한다.
④ 우리나라 헌법은 국무회의에서 반드시 심의하여야 할 사항을 규정하고 있다.
⑤ 국무총리와 행정각부의 장은 국무회의 심의 석상에서는 국무위원으로서 법적으로 동등한 지위를 갖는다.

2. 다음 글에서 알 수 있는 것은?

미국 헌법의 전문은 "우리 미합중국의 사람들은"이라는 구절로 시작한다. 여기서 '사람들'에 해당하는 대한민국 헌법상의 용어는 헌법 제정 주체로서의 '국민'이다. 대한민국 헌법의 전문은 "유구한 역사와 전통에 빛나는 우리 대한국민은"으로 시작한다. 이 구절들에서 '사람들'과 '국민'은 맥락상 동일한 의미를 지닌다. 그러나 이 단어들의 사전적 의미 사이에는 간극이 크다. '사람'은 보편적 인간을, '국민'은 국가의 구성원을 의미하기 때문이다. 그래서 '인민'이 '국민'보다 더 적절한 표현이라는 주장이 종종 제기되는데, 사실 대한민국의 제헌헌법 초안에서는 이 단어가 사용되었다.

대한민국 역사에서 '인민'은 개화기부터 통용된 자연스러운 말이며 정부 수립 전까지의 헌법 관련 문헌들 대부분에 빈번히 등장한다. 법학자 유진오가 기초한 제헌헌법의 초안도 "유구한 역사와 전통에 빛나는 우리들 조선 인민은"으로 시작한다. 그러나 '인민'은 공산당의 용어인데 어째서 그러한 말을 쓰려고 하느냐는 공박을 당했고, '인민'은 결국 제정된 제헌헌법에서 '국민'으로 대체되었다.

이에 유진오는 '인민'이 예부터 흔히 사용되어 온 말로 '국민'으로 환원될 수 없는 의미를 지니며, 미국 헌법에서도 국적을 가진 자들로 한정될 수 없는 경우에 '사람들'이 사용되었다고 지적했다. 또한 '국민'은 국가의 구성원이라는 점이 강조된 국가 우월적 표현이기 때문에, 국가조차도 함부로 침범할 수 없는 자유와 권리의 주체로서의 보편적 인간까지 함의하기에는 적절하지 못하다고 비판했다.

'인민'이 모두 '국민'으로 대체되면서 대한민국 헌법에서 혼란의 여지가 생긴 것은 사실이다. '국민'이 국적을 가진 자뿐만 아니라 천부인권을 지니는 보편적 인간까지 지칭하게 되었기 때문이다. 예를 들어 대한민국으로 여행을 온 외국인은 전자에 해당하지 않지만 후자에 속하는 것이 명백하다. 따라서 선거권, 사회권 등 국적을 기반으로 하는 권리까지 주어지는 것은 아니지만, 헌법상의 평등권, 자유권 등 기본적 인권은 보장되는 것이다. 이에 향후 헌법 개정이 있다면 그 기회에 보편적 인간을 의미하는 경우의 '국민'을 '사람들'로 바꾸자는 제안도 있다.

① 대한민국 역사에서 '인민'은 분단 후 공산주의 사상이 금기시되면서 사용되기 시작한 말이다.
② 대한민국으로 여행을 온 외국인은 대한민국 헌법상의 자유권을 보장받지 못한다.
③ 미국 헌법에서 '사람들'은 보편적 인간이 아니라 미국 국적을 가진 자를 의미한다.
④ 법학자 유진오는 '국민'이 보편적 인간을 의미하기에는 적절하지 않다고 비판했다.
⑤ 대한민국 제헌헌법에서는 '인민'이 사용되었으나 비판을 받아 이후의 개정을 통해 헌법에서 삭제되었다.

3 다음 글에서 알 수 있는 것은?

21 7급 공채 PSAT

우리나라 국기인 태극기에는 태극 문양과 4괘가 그려져 있는데, 중앙에 있는 태극 문양은 만물이 음양 조화로 생장한다는 것을 상징한다. 또 태극 문양의 좌측 하단에 있는 이괘는 불, 우측 상단에 있는 감괘는 물, 좌측 상단에 있는 건괘는 하늘, 우측 하단에 있는 곤괘는 땅을 각각 상징한다. 4괘가 상징하는 바는 그것이 처음 만들어질 때부터 오늘날까지 변함이 없다.

태극 문양을 그린 기는 개항 이전에도 조선 수군이 사용한 깃발 등 여러 개가 있는데, 태극 문양과 4괘만 사용한 기는 개항 후에 처음 나타났다. 1882년 5월 조미수호조규 체결을 위한 전권대신으로 임명된 이응준은 회담 장소에 내걸 국기가 없어 곤란해하다가 회담 직전 태극 문양을 활용해 기를 만들고 그것을 회담장에 걸어두었다. 그 기에 어떤 문양이 담겼는지는 오랫동안 알려지지 않았다. 그런데 2004년 1월 미국 어느 고서점에서 미국 해군부가 조미수호조규 체결 한 달 후에 만든 『해상 국가들의 깃발들』이라는 책이 발견되었다. 이 책에는 이응준이 그린 것으로 짐작되는 '조선의 기'라는 이름의 기가 실려 있다. 그 기의 중앙에는 태극 문양이 있으며 네 모서리에 괘가 하나씩 있는데, 좌측 상단에 감괘, 우측 상단에 건괘, 좌측 하단에 곤괘, 우측 하단에 이괘가 있다.

조선이 국기를 공식적으로 처음 정한 것은 1883년의 일이다. 1882년 9월에 고종은 박영효를 수신사로 삼아 일본에 보내면서, 그에게 조선을 상징하는 기를 만들어 사용해본 다음 귀국하는 즉시 제출하게 했다. 이에 박영효는 태극 문양이 가운데 있고 4개의 모서리에 각각 하나씩 괘가 있는 기를 만들어 사용한 후 그것을 고종에게 바쳤다. 고종은 이를 조선 국기로 채택하고 통리교섭사무아문으로 하여금 각국 공사관에 배포하게 했다. 이 기는 일본에 의해 강제 병합되기까지 국기로 사용되었는데, 언뜻 보기에 『해상 국가들의 깃발들』에 실린 '조선의 기'와 비슷하다. 하지만 자세히 보면 두 기는 서로 다르다. 조선 국기 좌측 상단에 있는 괘가 '조선의 기'에는 우측 상단에 있고, '조선의 기'의 좌측 상단에 있는 괘는 조선 국기의 우측 상단에 있다. 또 조선 국기의 좌측 하단에 있는 괘는 '조선의 기'의 우측 하단에 있고, '조선의 기'의 좌측 하단에 있는 괘는 조선 국기의 우측 하단에 있다.

① 미국 해군부는 통리교섭사무아문이 각국 공사관에 배포한 국기를 『해상 국가들의 깃발들』에 수록하였다.
② 조미수호조규 체결을 위한 회담 장소에서 사용하고자 이응준이 만든 기는 태극 문양이 담긴 최초의 기다.
③ 통리교섭사무아문이 배포한 기의 우측 상단에 있는 괘와 '조선의 기'의 좌측 하단에 있는 괘가 상징하는 것은 같다.
④ 오늘날 태극기의 우측 하단에 있는 괘와 고종이 조선 국기로 채택한 기의 우측 하단에 있는 괘는 모두 땅을 상징한다.
⑤ 박영효가 그린 기의 좌측 상단에 있는 괘는 물을 상징하고 이응준이 그린 기의 좌측 상단에 있는 괘는 불을 상징한다.

4 다음 글에서 알 수 있는 것은?

바르트는 언어를 '랑그', '스틸', '에크리튀르'로 구분해서 파악했다. 랑그는 영어의 'language'에 해당한다. 인간은 한국어, 중국어, 영어 등 어떤 언어를 공유하는 집단에서 태어난다. 그때 부모나 주변 사람들이 이야기하는 언어가 '모어(母語)'이고 그것이 랑그이다.

랑그에 대해 유일하게 말할 수 있는 사실은, 태어날 때부터 부모가 쓰는 언어여서 우리에게 선택권이 없다는 것이다. 인간은 '모어 속에 던져지는' 방식으로 태어나기 때문에 랑그에는 관여할 수 없다. 태어나면서 쉼 없이 랑그를 듣고 자라기 때문에 어느새 그 언어로 사고하고, 그 언어로 숫자를 세고, 그 언어로 말장난을 하고, 그 언어로 신어(新語)를 창조한다.

스틸의 사전적인 번역어는 '문체'이지만 실제 의미는 '어감'에 가깝다. 이는 언어에 대한 개인적인 호오(好惡)의 감각을 말한다. 누구나 언어의 소리나 리듬에 대한 호오가 있다. 글자 모양에 대해서도 사람마다 취향이 다르다. 이는 좋고 싫음의 문제이기 때문에 어쩔 도리가 없다. 따라서 스틸은 기호에 대한 개인적 호오라고 해도 좋다. 다시 말해 스틸은 몸에 각인된 것이어서 주체가 자유롭게 선택할 수 없다.

인간이 언어기호를 조작할 때에는 두 가지 규제가 있다. 랑그는 외적인 규제, 스틸은 내적인 규제이다. 에크리튀르는 이 두 가지 규제의 중간에 위치한다. 에크리튀르는 한국어로 옮기기 어려운데, 굳이 말하자면 '사회방언'이라고 할 수 있다. 방언은 한 언어의 큰 틀 속에 산재하고 있으며, 국소적으로 형성된 것이다. 흔히 방언이라고 하면 '지역방언'을 떠올리는데, 이는 태어나 자란 지역의 언어이므로 랑그로 분류된다. 하지만 사회적으로 형성된 방언은 직업이나 생활양식을 선택할 때 동시에 따라온다. 불량청소년의 말, 영업사원의 말 등은 우리가 선택할 수 있다.

① 랑그는 선택의 여지가 없지만, 스틸과 에크리튀르는 자유로운 선택이 가능하다.
② 방언에 대한 선택은 언어에 대한 개인의 호오 감각에 기인한다.
③ 동일한 에크리튀르를 사용하는 사람들은 같은 지역 출신이다.
④ 같은 모어를 사용하는 형제라도 스틸은 다를 수 있다.
⑤ 스틸과 에크리튀르는 언어 규제상 성격이 같다.

5 다음 글에 대한 이해로 적절하지 않은 것은?

22 평가원 6월 모평

경제학에서는 증거에 근거한 정책 논의를 위해 사건의 효과를 평가해야 할 경우가 많다. 어떤 사건의 효과를 평가한다는 것은 사건 후의 결과와 사건이 없었을 경우에 나타났을 결과를 비교하는 일이다. 그런데 가상의 결과는 관측할 수 없으므로 실제로는 사건을 경험한 표본들로 구성된 시행집단의 결과와, 사건을 경험하지 않은 표본들로 구성된 비교집단의 결과를 비교하여 사건의 효과를 평가한다. 따라서 이 작업의 관건은 그 사건 외에는 결과에 차이가 날 이유가 없는 두 집단을 구성하는 일이다. 가령 어떤 사건이 임금에 미친 효과를 평가할 때, 그 사건이 없었다면 시행집단과 비교집단의 평균 임금이 같을 수밖에 없도록 두 집단을 구성하는 것이다. 이를 위해서는 두 집단에 표본이 임의로 배정되도록 사건을 설계하는 실험적 방법이 이상적이다. 그러나 사람을 표본으로 하거나 사회 문제를 다룰 때에는 이 방법을 적용할 수 없는 경우가 많다.

이중차분법은 시행집단에서 일어난 변화에서 비교집단에서 일어난 변화를 뺀 값을 사건의 효과라고 평가하는 방법이다. 이는 사건이 없었더라도 비교집단에서 일어난 변화와 같은 크기의 변화가 시행집단에서도 일어났을 것이라는 평행추세 가정에 근거해 사건의 효과를 평가한 것이다. 이 가정이 충족되면 사건 전의 상태가 평균적으로 같도록 두 집단을 구성하지 않아도 된다.

이중차분법은 1854년에 스노가 처음 사용했다고 알려져 있다. 그는 두 수도 회사로부터 물을 공급받는 런던의 동일 지역 주민들에 주목했다. 같은 수원을 사용하던 두 회사 중 한 회사만 수원을 바꿨는데 주민들은 자신의 수원을 몰랐다. 스노는 수원이 바뀐 주민들과 바뀌지 않은 주민들의 수원 교체 전후 콜레라로 인한 사망률의 변화들을 비교함으로써 콜레라가 공기가 아닌 물을 통해 전염된다는 결론을 내렸다. 경제학에서는 1910년대에 최저임금제 도입 효과를 파악하는 데 이 방법이 처음 이용되었다.

평행추세 가정이 충족되지 않는 경우에 이중차분법을 적용하면 사건의 효과를 잘못 평가하게 된다. 예컨대 어떤 노동자 교육 프로그램의 고용 증가 효과를 평가할 때, 일자리가 급격히 줄어드는 산업에 종사하는 노동자의 비중이 비교집단에 비해 시행집단에서 더 큰 경우에는 평행추세 가정이 충족되지 않을 것이다. 그렇다고 해서 집단 간 표본의 통계적 유사성을 높이려고 사건 이전 시기의 시행집단을 비교집단으로 설정하는 것이 평행 추세 가정의 충족을 보장하는 것은 아니다. 예컨대 고용처럼 경기변동에 민감한 변화라면 집단 간 표본의 통계적 유사성보다 변화 발생의 동시성이 이 가정의 충족에서 더 중요할 수 있기 때문이다.

여러 비교집단을 구성하여 각각에 이중차분법을 적용한 평가 결과가 같음을 확인하면 평행추세 가정이 충족된다는 신뢰를 줄 수 있다. 또한 시행집단과 여러 특성에서 표본의 통계적 유사성이 높은 비교집단을 구성하면 평행 추세 가정이 위협받을 가능성을 줄일 수 있다. 이러한 방법들을 통해 이중차분법을 적용한 평가에 대한 신뢰도를 높일 수 있다.

① 실험적 방법에서는 시행집단에서 일어난 평균 임금의 사건 전후 변화를 어떤 사건이 임금에 미친 효과라고 평가한다.
② 사람을 표본으로 하거나 사회 문제를 다룰 때에도 실험적 방법을 적용하는 경우가 있다.
③ 평행추세 가정에서는 특정 사건 이외에는 두 집단의 변화에 차이가 날 이유가 없다고 전제한다.
④ 스노의 연구에서 시행집단과 비교집단의 콜레라 사망률은 사건 후뿐만 아니라 사건 전에도 차이가 있었을 수 있다.
⑤ 스노는 수원이 바뀐 주민들과 바뀌지 않은 주민들 사이에 공기의 차이는 없다고 보았을 것이다.

6 다음 글의 내용과 부합하지 <u>않는</u> 것은?

25 5급 공채 PSAT

　　페르시아의 침략에 대항하여 결성된 그리스군은 마라톤 전투에서 두 배가 넘는 수의 페르시아군을 완파하였다. 그 이유는 그리스군이 페르시아군에 비해 성능이 더 우수한 무기와 더 단단한 재질의 보호 장구를 갖추고 있었다는 것과 이러한 군장을 효율적으로 활용한 전술체계인 팔랑크스에 숙달해 있었던 것에서 찾을 수 있다.

　　그리스군의 주력 부대는 중무장한 시민 병사인 호플리테스로 구성된 보병 부대였는데, 주무기는 찌르기용 장창인 사리사였고 주된 보호 장구는 청동판을 덧댄 목재 방패인 호플론이었다. 병사들은 그 외에도 투구, 흉갑 등의 보호 장구를 착용했다.

　　팔랑크스는 그리스군의 무기와 보호 장구를 활용하여 전투력을 극대화할 수 있는 전투대형이었다. 팔랑크스는 중무장한 호플리테스가 직사각형 모양을 이룬 밀집보병대를 뜻하는데, 대개 12행 16열로 구성되었으나 지형 등 전장의 상황에 따라 규모가 축소되기도 하였다.

　　팔랑크스는 피리 등의 악기 소리에 발을 맞추어 일사불란하게 적진을 향해 전진하면서 강력한 돌파력을 발휘했다. 이때 팔랑크스의 제1행은 사리사를 허리 높이로 들어 앞으로 내민 상태에서 전진했고, 제2행과 제3행은 앞줄의 동료 병사의 어깨 위에 창을 올려놓아 적군을 겨냥하는 자세를 취했으며, 제4행 이후는 창을 하늘을 향해 수직으로 세운 채 전진했다. 전투 중 적군의 화살 등에 맞아 쓰러지는 병사가 나타나면 바로 다음 행의 병사가 재빨리 빈자리를 채움으로써 대형을 유지했다.

　　팔랑크스를 구성하는 호플리테스는 오른손으로 사리사를 사용했으므로 방패인 호플론은 왼손에 들 수밖에 없었다. 그런데 호플론은 한 사람의 신체를 방어할 수 있는 크기였으므로 각 호플리테스는 각자의 호플론으로 자신의 신체 절반과 좌측에 선 동료의 신체 절반을 방어할 수 있었다. 결국 팔랑크스의 맨 우측 열은 신체의 우측 절반이 노출된 채 전진해야 했고 이 문제에 대처하기 위해 맨 우측 열에는 경험이 풍부한 최정예 병사가 배치되었다.

① 그리스군은 마라톤 전투가 벌어질 무렵에는 팔랑크스 전투대형에 익숙해 있었다.

② 호플리테스는 호플론뿐 아니라 머리나 가슴을 보호하기 위한 다양한 보호 장구를 갖추고 전투에 임했다.

③ 팔랑크스의 제2행에 선 병사가 든 사리사와 제4행에 선 병사가 든 사리사가 각각 지면과 이룬 각도는 서로 달랐다.

④ 팔랑크스의 가장 우측 열에 선 병사는 호플론으로 자신의 신체 좌측과 바로 왼편에 선 동료의 신체 우측을 방어할 수 있었다.

⑤ 그리스군이 마라톤 전투에서 대승을 거둔 것은 열악한 무기 성능으로 인한 불리함을 효율적인 전술체계로 극복했기 때문이었다.

7 다음 글의 내용과 부합하는 것은?

　고려 성종은 개경에 국자감을 두고, 그곳에서 일정 기간 유학을 공부한 사람에게 문과 시험에 응시할 수 있는 자격을 부여했다. 국자감에서 공부할 학생을 선발하기 위한 시험은 '국자감시'라고 불렸다. 이 시험은 유교 경전에 대한 지식보다는 시와 산문을 짓는 능력을 평가하는 것이었다. 그런데 국자감시를 관장하는 감독관들은, 응시자의 능력과 관계없이 주로 자신의 친지나 친족을 선발하곤 했다. 이 때문에 국자감 입학자가 유교 경전을 학습할 수 있는 능력을 충분히 갖추고 있지 못할 때도 있었다. 그래서 국자감에서도 사서오경(四書五經)을 강의하지 않고 간단한 유교 지식을 가르치는 데 그쳤다. 고려 말 공민왕은 이를 개선하고자 국자감을 성균관으로 고치고 그 안에 오경사서재를 두었으며, '진사시'를 시행했다. 진사시 합격자들로 하여금 성균관에 들어가 먼저 기초 과정을 수강한 후 오경사서재에 들어가게 하고, 그곳에서 사서오경을 공부하게 한 것이다. 또한 진사시와 별도로 사서오경에 대한 지식을 평가하는 '생원시'에 합격한 사람도 오경사서재에 들어갈 수 있게 했다.

　조선의 태조는 성균관에서 사서오경만을 가르치게 했다. 그리고 시와 산문의 작문 능력을 평가하는 진사시가 더 이상 필요하지 않다며 이를 폐지하고 생원시만 실시했다. 그러나 진사시를 다시 시행해야 한다는 주장이 끊이지 않았고, 결국 세종이 이를 받아들임으로써 진사시가 재개되었다. 생원시와 진사시의 합격자는 각각 생원과 진사라고 불리며 모두 성균관에 입학할 수 있었다. 『경국대전』에는 생원과 진사가 성균관 원점 300점을 따야만 문과 시험에 응시할 수 있다는 내용이 있는데, 원점이란 성균관에 출석한 날의 수를 뜻한다. 문과 시험에 응시해 합격한 사람은 비로소 관직에 오를 수 있었다.

　그런데 생원이나 진사가 된 후 실제로 성균관에 출석하는 사람은 상당히 적었다. 대다수 생원과 진사는 성균관에서 공부하기보다 독학을 택했다. 그들은 정해진 규정에 아랑곳하지 않고 문과 시험에 응시했으며 조정도 이를 막지 않았다. 조정에서 규정을 엄격하게 적용하지 않다 보니, 생원과 진사가 되지 못한 유학(幼學)이라 불린 사람들까지 문과 시험에 응시하기 시작했고 이 또한 특별한 제재 없이 허용되었다.

① 고려시대에 국자감시의 감독관들은 사서오경에 대한 지식이 부족했다.
② 고려 공민왕 대 생원시에 합격하지 못한 사람은 오경사서재에 들어갈 수 없었다.
③ 조선시대에 진사시에 합격한 사람은 생원시에 응시해야 성균관에 들어갈 수 있었다.
④ 조선시대에는 생원시나 진사시를 합격하지 못한 사람이 문과 시험에 응시하기도 했다.
⑤ 조선시대에 성균관 원점 300점을 따지 못한 사람은 생원시에 응시하여 합격한 후 문과 시험에 응시해야 했다.

DAY 04 세부 내용 파악 ②

• 풀이 시간: /10분
• 맞은 문제: /6문제

1 다음 글의 내용과 부합하는 것은?

21 민경채 PSAT

고려 초기에는 지방 여러 곳에 불교 신자들이 모여 활동하는 '향도(香徒)'라는 이름의 단체가 있었다. 당시에 향도는 석탑을 만들어 사찰에 기부하는 활동과 '매향(埋香)'이라고 불리는 일을 했다. 매향이란 향나무를 갯벌에 묻어 두는 행위를 뜻한다. 오랫동안 묻어둔 향나무를 침향이라고 하는데, 그 향이 특히 좋았다. 불교 신자들은 매향한 자리에서 나는 침향의 향기를 미륵불에게 바치는 제물이라고 여겼다. 매향과 석탑 조성에는 상당한 비용이 들어갔는데, 향도는 그 비용을 구성원으로부터 거두어들여 마련했다. 고려 초기에는 향도가 주도하는 매향과 석탑 조성 공사가 많았으며, 지방 향리들이 향도를 만들어 운영하는 것이 일반적이었다. 향리가 지방에 거주하는 사람들 가운데 비교적 재산이 많기 때문이다. 고려 왕조는 건국 초에 불교를 진흥했는데, 당시 지방 향리들도 불교 신앙을 갖고 자기 지역의 불교 진흥을 위해 향도 활동에 참여했다.

향리들이 향도의 운영을 주도하던 때에는 같은 군현에 속한 향리들이 모두 힘을 합쳐 그 군현 안에 하나의 향도만 만드는 경우가 대다수였다. 그러한 곳에서는 향리들이 자신이 속한 향도가 매향과 석탑 조성 공사를 할 때마다 군현 내 주민들을 마음대로 동원해 필요한 노동을 시키는 일이 자주 벌어졌다. 그런데 12세기에 접어들어 향도가 주도하는 공사의 규모가 이전에 비해 작아지고 매향과 석탑 조성 공사의 횟수도 줄었다. 이러한 분위기 속에서도 하나의 군현 안에 여러 개의 향도가 만들어져 그 숫자가 늘었는데, 그중에는 같은 마을 주민들만을 구성원으로 한 것도 있었다. 13세기 이후를 고려 후기라고 하는데, 그 시기에는 마을마다 향도가 만들어졌다. 마을 단위로 만들어진 향도는 주민들이 자발적으로 만든 것으로서 그 대부분은 해당 마을의 모든 주민을 구성원으로 한 것이었다. 이런 향도들은 마을 사람들이 관혼상제를 치를 때 그것을 지원했으며 자기 마을 사람들을 위해 하천을 정비하거나 다리를 놓는 등의 일까지 했다.

① 고려 왕조는 불교 진흥을 위해 지방 각 군현에 향도를 조직하였다.
② 향도는 매향으로 얻은 침향을 이용해 향을 만들어 판매하는 일을 하였다.
③ 고려 후기에는 구성원이 장례식을 치를 때 그것을 돕는 일을 하는 향도가 있었다.
④ 고려 초기에는 지방 향리들이 자신이 관할하는 군현의 하천 정비를 위해 향도를 조직하였다.
⑤ 고려 후기로 갈수록 석탑 조성 공사의 횟수가 늘었으며 그로 인해 같은 마을 주민을 구성원으로 하는 향도가 나타났다.

2. 다음 글에서 알 수 있는 것은?

23 5급 공채 PSAT

나이가 들면 시간이 흘러가는 것이 젊었을 때와 다르게 느껴진다. 나이가 든 사람과 젊은 사람은 물리적 시간의 경과를 다르게 느낀다고 하는데 그 이유는 무엇일까?

연구자 A는 이 질문과 관련하여 새로운 설명을 제시하였다. A는 시간을 두 종류로 구분하였다. 하나는 객관적으로 측정할 수 있는 물리적 시간인 '시계 시간'이고 다른 하나는 마음으로 그 경과를 지각하는 '마음 시간'이다. 마음 시간은 뇌 속에서 일어나는 이미지 전환에 의해 지각된다. 이 이미지들은 감각기관의 자극을 통해 만들어지고 뇌 속에서 처리되어 저장된다. 그런데 나이가 들어 신경망의 크기와 복잡성이 커지면 신호를 전달하는 경로가 더 길어질 뿐 아니라 신호전달 경로도 활력이 떨어져 신호의 흐름이 둔해지게 된다. 결과적으로 신체가 노화하면 뇌가 이미지를 습득하고 처리하는 속도가 느려져 마음 시간도 느려진다. 따라서 똑같은 물리적 시간에 나이든 사람이 처리하는 이미지 수는 젊은 사람보다 적게 된다. 가령, 젊어서 1시간 동안 N개의 이미지를 처리하고 저장하는 사람은 N개의 이미지의 연쇄에 의해 저장된 사건들이 1시간 동안 일어난 것으로 인지하게 된다. 그런데 나이가 들어서 1시간 동안 N/2개의 이미지만을 처리할 수 있게 되면, 2시간 동안 벌어진 사건들을 N개의 이미지로 저장하게 되어, 이 N개의 이미지의 연쇄를 1시간의 경과로 인식하게 된다. 다시 말해서, 인간의 마음은 자신이 인지한 이미지가 바뀌는 것을 단위로 삼아 시간의 경과를 인식한다.

① 나이가 들면 젊었을 때보다 마음 시간이 더 빨리 간다.
② 시계 시간은 나이가 들어감에 따라 흐르는 속도가 빨라진다.
③ 마음 시간과 시계 시간의 빠르기는 신체 노화에 따라 변한다.
④ 뇌에서 이미지 처리 속도가 느려지면 시계 시간이 더 빠르게 흐르는 것으로 느끼게 된다.
⑤ 신경망의 크기와 복잡성이 클수록 같은 시계 시간 동안 처리할 수 있는 이미지의 수는 많아진다.

3 다음 글에서 알 수 있는 것은?

불교가 이 땅에 전래된 후 불교신앙을 전파하고자 신앙결사를 만든 승려가 여러 명 나타났다. 통일신라 초기에 왕실은 화엄종을 후원했는데, 화엄종 계통의 승려들은 수도에 대규모 신앙결사를 만들어 놓고 불교신앙에 관심을 가진 귀족들을 대상으로 불교 수행법을 전파했다. 통일신라가 쇠퇴기에 접어든 신라 하대에는 지방에도 신앙결사가 만들어졌다. 신라 하대에 나타난 신앙결사는 대부분 미륵 신앙을 지향하는 정토종 승려들이 만든 것이었다.

신앙결사 운동이 더욱 확장된 것은 고려 때의 일이다. 고려 시대 가장 유명한 신앙결사는 지눌의 정혜사다. 지눌은 명종 때 거조사라는 절에서 정혜사라는 이름의 신앙결사를 만들었다. 그는 돈오점수 사상을 내세우고, 조계선이라는 수행 방법을 강조했다. 지눌이 만든 신앙결사에 참여해 함께 수행하는 승려가 날로 늘었다. 그 가운데 가장 유명한 사람이 요세라는 승려다. 요세는 무신 집권자 최충헌이 명종을 쫓아내고 신종을 국왕으로 옹립한 해에 지눌과 함께 순천으로 근거지를 옮기는 도중에 따로 독립했다. 순천으로 옮겨 간 지눌은 그곳에서 정혜사라는 명칭을 수선사로 바꾸어 활동했고, 요세는 강진에서 백련사라는 결사를 새로 만들어 활동했다.

지눌의 수선사는 불교에 대한 이해가 높은 사람들을 대상으로 다소 난해한 돈오점수 사상을 전파하는 데 주력했다. 그 때문에 대중적이지 않다는 평을 받았다. 요세는 지눌과 달리 불교 지식을 갖추지 못한 평민도 쉽게 수행할 수 있도록 간명하게 수행법을 제시한 천태종을 중시했다. 또 그는 평민들이 백련사에 참여하는 것을 당연하다고 여겼다. 백련사가 세워진 후 많은 사람들이 참여하자 권력층도 관심을 갖고 후원하기 시작했다. 명종 때부터 권력을 줄곧 독차지하고 있던 최충헌을 비롯해 여러 명의 고위 관료들이 백련사에 토지와 재물을 헌납해 그 활동을 도왔다.

① 화엄종은 돈오점수 사상을 전파하고자 신앙결사를 만들어 활동하였다.
② 백련사는 수선사와는 달리 조계선이라는 수행 방법을 고수해 주목받았다.
③ 요세는 무신이 권력을 잡고 있던 시기에 불교 신앙결사를 만들어 활동하였다.
④ 정혜사는 강진에서 조직되었던 반면 백련사는 순천에 근거지를 두고 활동하였다.
⑤ 지눌은 정토종 출신의 승려인 요세가 정혜사에 참여하자 그를 설득해 천태종으로 끌어들였다.

4 다음 글에서 알 수 있는 것은?

20 5급 공채 PSAT

철은 구성 성분과 용도 그리고 단단함의 정도(강도), 질긴 정도(인성), 부드러운 정도(연성), 외부 충격에 깨지지 않고 늘어나는 정도(가단성) 등의 성질에 따라 다양한 종류로 나뉜다.

순철은 거의 100% 철로 되어있다. 순철을 가열하면 약 910°C에서 체심입방격자에서 면심입방격자로 구조 변화가 일어나면서 수축이 일어나고 이 구조는 약 1,400°C까지 유지된다. 그 이상의 온도에서는 구조가 다시 체심입방격자로 바뀌면서 팽창이 일어난다. 순철은 얇게 펼 수 있으며, 용접하기 쉽고, 쉽게 부식되지 않지만, 상온에서 매우 부드러워서 전자기 재료, 촉매, 합금용 등 그 활용 범위가 제한되어 있으며 공업적으로 조금 생산된다. 따라서 대부분의 경우 철은 순철 자체로 사용되기보다 탄소가 혼합된 형태로 사용된다.

선철은 용광로에서 철광석을 녹여 만든 철로서 탄소, 규소, 망간, 인, 황이 많이 포함되어 있고 단단하지만 부서지기 쉽다. 선철에는 탄소가 특히 많이 함유되어 있기 때문에 순철보다 인성과 가단성이 낮아 주형에 부어 주물로 만들 수는 있지만, 압력을 가해 얇게 펴거나 늘리는 가공은 어렵다. 대부분 선철은 강(鋼)을 만들기 위한 원료로 사용되며, 용광로에서 나와 가공되기 전 녹아 있는 상태의 선철을 용선이라고 한다.

제강로에 선철을 넣으면 탄소나 기타 성분이 제거되는 정련 과정이 일어나며, 이를 통해 강이 만들어진다. 강은 질기고 외부의 충격에 깨지지 않고 늘어나는 성질이 강하기 때문에 불에 달구어서 두들기거나 압연기 사이로 통과시키면서 압력을 가해 여러 형태의 판이나 봉, 관 등의 구조재를 만들 수 있다. 또한 외부 충격에 견디는 힘이 높아 그 용도가 무궁무진하다.

강은 탄소 함유량에 따라 저탄소강, 중탄소강, 고탄소강으로 구분한다. 탄소강은 가공과 열처리를 통해 성질을 다양하게 변화시킬 수 있고 값도 매우 싸기 때문에 실용 재료로써 그 가치가 매우 크다. 하지만 모든 성질이 우수한 탄소강을 만드는 것은 불가능하기에 다양한 제강 과정을 거쳐서 용도에 따른 특수강을 만들어 사용한다. 강에 특수한 성질을 주기 위하여 니켈, 크롬, 텅스텐, 몰리브덴 등의 특수 원소를 첨가하거나 탄소, 규소, 망간, 인, 황 중 일부를 첨가하여 내열강, 내마모강, 고장력강 등을 만드는데 이것을 특수강이라고 부른다.

① 순철은 연성이 높기 때문에 온도에 의한 구조 변화와 수축·팽창이 쉽게 일어난다.
② 순철은 선철보다 덜 질기고 외부 충격에 깨지지 않고 늘어나는 정도가 더 낮다.
③ 용선이 가지고 있는 탄소의 양은 저탄소강이 가지고 있는 탄소의 양보다 적다.
④ 제강로에서 일어나는 정련 과정은 선철의 인성과 가단성을 높인다.
⑤ 고장력강의 탄소 함유량은 고탄소강의 탄소 함유량보다 더 낮다.

[5-6] 다음 글을 읽고 물음에 답하시오.

21 평가원 6월 모평

일반 사용자가 디지털카메라를 들고 촬영하면 손의 미세한 떨림으로 인해 영상이 번져 흐려지고, 걷거나 뛰면서 촬영하면 식별하기 힘들 정도로 영상이 흔들리게 된다. 흔들림에 의한 영향을 최소화하는 기술이 영상 안정화 기술이다.

영상 안정화 기술에는 빛을 이용하는 광학적 기술과 소프트웨어를 이용하는 디지털 기술 등이 있다. 광학 영상 안정화(OIS) 기술을 사용하는 카메라 모듈은 렌즈 모듈, 이미지 센서, 자이로 센서, 제어 장치, 렌즈를 움직이는 장치로 구성되어 있다. 렌즈 모듈은 보정용 렌즈들을 포함한 여러 개의 렌즈들로 구성된다. 일반적으로 카메라는 렌즈를 통해 들어온 빛이 이미지 센서에 닿아 피사체의 상이 맺히고, 피사체의 한 점에 해당하는 위치인 화소마다 빛의 세기에 비례하여 발생한 전기 신호가 저장 매체에 영상으로 저장된다. 그런데 카메라가 흔들리면 이미지 센서 각각의 화소에 닿는 빛의 세기가 변한다. 이때 OIS 기술이 작동되면 자이로 센서가 카메라의 움직임을 감지하여 방향과 속도를 제어 장치에 전달한다. 제어 장치가 렌즈를 이동시키면 피사체의 상이 유지되면서 영상이 안정된다.

렌즈를 움직이는 방법 중에는 보이스 코일 모터를 이용하는 방법이 많이 쓰인다. 보이스 코일 모터를 포함한 카메라 모듈은 중앙에 위치한 렌즈 주위에 코일과 자석이 배치되어 있다. 카메라가 흔들리면 제어 장치에 의해 코일에 전류가 흘러서 자기장과 전류의 직각 방향으로 전류의 크기에 비례하는 힘이 발생한다. 이 힘이 렌즈를 이동시켜 흔들림에 의한 영향이 상쇄되고 피사체의 상이 유지된다. 이외에도 카메라가 흔들릴 때 이미지 센서를 움직여 흔들림을 감쇄하는 방식도 이용된다.

OIS 기술이 손 떨림을 훌륭하게 보정해 줄 수는 있지만, 렌즈의 이동 범위에 한계가 있어 보정할 수 있는 움직임의 폭이 좁다. 디지털 영상 안정화(DIS) 기술은 촬영 후에 소프트웨어를 사용해 흔들림을 보정하는 기술로 역동적인 상황에서 촬영한 동영상에 적용할 때 좋은 결과를 얻을 수 있다. 이 기술은 촬영된 동영상을 프레임 단위로 나눈 후 연속된 프레임 간 피사체의 움직임을 추정한다. 움직임을 추정하는 한 방법은 특징점을 이용하는 것이다. 특징점으로는 피사체의 모서리처럼 주위와 밝기가 뚜렷이 구별되며 영상이 이동하거나 회전해도 그 밝기 차이가 유지되는 부분이 선택된다.

먼저 k번째 프레임에서 특징점들을 찾고, 다음 k+1번째 프레임에서 같은 특징점들을 찾는다. 이 두 프레임 사이에서 같은 특징점이 얼마나 이동하였는지 계산하여 영상의 움직임을 추정한다. 그리고 흔들림이 발생한 곳으로 추정되는 프레임에서 위치 차이만큼 보정하여 흔들림의 영향을 줄이면 보정된 동영상은 움직임이 부드러워진다. 그러나 특징점의 수가 늘어날수록 연산이 더 오래 걸린다. 한편 영상을 보정하는 과정에서 영상을 회전하면 프레임에서 비어 있는 공간이 나타난다. 비어 있는 부분이 없도록 잘라내면 프레임들의 크기가 작아지는데, 원래의 프레임 크기를 유지하려면 화질은 떨어진다.

5 윗글을 이해한 내용으로 적절하지 <u>않은</u> 것은?

① 디지털 영상 안정화 기술은 소프트웨어를 이용하여 이미지 센서를 이동시킨다.
② 광학 영상 안정화 기술을 사용하지 않는 디지털카메라에도 이미지 센서는 필요하다.
③ 연속된 프레임에서 동일한 피사체의 위치 차이가 작을수록 동영상의 움직임이 부드러워진다.
④ 디지털카메라의 저장 매체에는 이미지 센서 각각의 화소에서 발생하는 전기 신호가 영상으로 저장된다.
⑤ 보정 기능이 없다면 손 떨림이 있을 때 이미지 센서 각각의 화소에 닿는 빛의 세기가 변하여 영상이 흐려진다.

6 윗글을 참고할 때, <보기>의 A~C에 들어갈 말을 바르게 짝지은 것은?

─── <보 기> ───

특정점으로 선택되는 점들과 주위 점들의 밝기 차이가 (A), 영상이 흔들리기 전의 밝기 차이와 후의 밝기 차이 변화가 (B) 특정점의 위치 추정이 유리하다. 그리고 특정점들이 많을수록 보정에 필요한 (C)이/가 늘어난다.

	A	B	C
①	클수록	클수록	프레임의 수
②	클수록	작을수록	시간
③	클수록	작을수록	프레임의 수
④	작을수록	클수록	시간
⑤	작을수록	작을수록	프레임의 수

약점 보완 해설집 p.12

DAY 05 추론 ①

- 풀이 시간: /12분
- 맞은 문제: /7문제

1 다음 글에서 추론할 수 <u>없는</u> 것은?

20 민경채 PSAT

아이를 엄격하게 키우는 것은 부모와 다른 사람들에 대해 반감과 공격성을 일으킬 수 있고, 그 결과 죄책감과 불안감을 낳으며, 결국에는 아이의 창조적인 잠재성을 해치게 된다. 반면에 아이를 너그럽게 키우는 것은 그와 같은 결과를 피하고, 더 행복한 인간관계를 만들며, 풍요로운 마음과 자기 신뢰를 고취하고, 자신의 잠재력을 발전시킬 수 있도록 한다. 이와 같은 진술은 과학적 탐구의 범위에 속하는 진술이다. 논의의 편의상 이 두 주장이 실제로 강력하게 입증되었다고 가정해보자. 그렇다면 우리는 이로부터 엄격한 방식보다는 너그러운 방식으로 아이를 키우는 것이 더 좋다는 점이 과학적 연구에 의해 객관적으로 확립되었다고 말할 수 있을까?

위의 연구를 통해 확립된 것은 다음과 같은 조건부 진술일 뿐이다. 만약 우리의 아이를 죄책감을 지닌 혼란스러운 영혼이 아니라 행복하고 정서적으로 안정된 창조적인 개인으로 키우고자 한다면, 아이를 엄격한 방식보다는 너그러운 방식으로 키우는 것이 더 좋다. 이와 같은 진술은 상대적인 가치판단을 나타낸다. 상대적인 가치판단은 특정한 목표를 달성하려면 어떤 행위가 좋다는 것을 진술하는데, 이런 종류의 진술은 경험적 진술이고, 경험적 진술은 모두 관찰을 통해 객관적인 과학적 테스트가 가능하다. 반면 "아이를 엄격한 방식보다는 너그러운 방식으로 키우는 것이 더 좋다."라는 문장은 가령 "살인은 악이다."와 같은 문장처럼 절대적인 가치판단을 표현한다. 그런 문장은 관찰에 의해 테스트할 수 있는 주장을 표현하지 않는다. 오히려 그런 문장은 행위의 도덕적 평가 기준 또는 행위의 규범을 표현한다. 절대적인 가치판단은 과학적 테스트를 통한 입증의 대상이 될 수 없다. 왜냐하면 그와 같은 판단은 주장을 표현하는 것이 아니라 행위의 기준이나 규범을 나타내기 때문이다.

① 아이를 엄격한 방식보다는 너그러운 방식으로 키우는 것이 더 좋다는 것은 경험적 진술이 아니다.
② 아이를 엄격한 방식보다는 너그러운 방식으로 키우는 것이 더 좋다는 것은 상대적인 가치판단이다.
③ 아이를 엄격한 방식보다는 너그러운 방식으로 키우는 것이 더 좋다는 것은 과학적 연구에 의해 객관적으로 입증될 수 있는 주장이 아니다.
④ 정서적으로 안정된 창조적 개인으로 키우려면, 아이를 엄격한 방식보다는 너그러운 방식으로 키우는 것이 더 좋다는 것은 상대적인 가치판단이다.
⑤ 정서적으로 안정된 창조적 개인으로 키우려면, 아이를 엄격한 방식보다는 너그러운 방식으로 키우는 것이 더 좋다는 것은 과학적으로 테스트할 수 있다.

2 다음 글에서 추론할 수 있는 것은?

19 5급 공채 PSAT

미국 대통령 후보 선거제도 중 '코커스'는 정당 조직의 가장 하위 단위인 기초선거구의 당원들이 모여 상위의 전당대회에 참석할 대의원을 선출하는 당원회의이다. 대의원 후보들은 자신이 대통령 후보로 누구를 지지하는지 먼저 밝힌다. 상위 전당대회에 참석할 대의원들은 각 대통령 후보에 대한 당원들의 지지율에 비례해서 선출된다. 코커스에서 선출된 대의원들은 카운티 전당대회에서 투표권을 행사하여 다시 다음 수준인 의회 선거구 전당대회에 보낼 대의원들을 선출한다. 여기서도 비슷한 과정을 거쳐 주(州) 전당대회 대의원들을 선출해내고, 거기서 다시 마지막 단계인 전국 전당대회 대의원들을 선출한다. 주에 따라 의회 선거구 전당대회는 건너뛰기도 한다.

1971년까지는 선거법에 따라 민주당과 공화당 모두 5월 둘째 월요일까지 코커스를 개최해야 했다. 그런데 민주당 전국위원회가 1972년부터는 대선후보 선출을 위한 전국 전당대회를 7월 말에 개최하도록 결정하면서 1972년 아이오와주 민주당의 코커스는 그해 1월에 열렸다. 아이오와주 민주당 규칙에 코커스, 카운티 전당대회, 의회 선거구 전당대회, 주 전당대회, 전국 전당대회 순서로 진행되는 각급 선거 간에 최소 30일의 시간적 간격을 두어야 한다는 규정이 있었기 때문이다. 이후 아이오와주에서 공화당이 1976년부터 코커스 개최 시기를 1월로 옮기면서, 아이오와주는 미국의 대선후보 선출 과정에서 민주당과 공화당 모두 가장 먼저 코커스를 실시하는 주가 되었다.

아이오와주의 선거 운영 방식은 민주당과 공화당 간에 차이가 있었다. 공화당의 경우 코커스를 포함한 하위 전당대회에서 특정 대선후보를 지지하여 당선된 대의원이 상위 전당대회에서 반드시 같은 후보를 지지해야 하는 것은 아니었다. 반면 민주당의 경우 그러한 구속력을 부여하였다. 그러나 2016년부터 공화당 역시 상위 전당대회에 참여하는 대의원에게 같은 구속력을 부여함으로써 기층 당원의 대통령 후보에 대한 지지도가 전국 전당대회에 참여할 주(州) 대의원 선출에 반영되도록 했다.

① 주 전당대회에 참석할 대의원은 모두 의회 선거구 전당대회에서 선출되었다.
② 1971년까지 아이오와주보다 이른 시기에 코커스를 실시하는 주는 없었다.
③ 1972년 아이오와주 민주당의 주 전당대회 선거는 같은 해 2월 중에 실시되었다.
④ 1972년 아이오와주에서 민주당 코커스와 공화당 코커스는 같은 달에 실시되었다.
⑤ 1976년 아이오와주 공화당 코커스에서 특정 후보를 지지한 대의원은 카운티 전당대회에서 다른 후보를 지지할 수 있었다.

3. 다음 글에서 추론할 수 있는 것만을 <보기>에서 모두 고르면?

21 7급 공채 PSAT

두 입자만으로 이루어지고 이들이 세 가지의 양자 상태 1, 2, 3 중 하나에만 있을 수 있는 계(system)가 있다고 하자. 여기서 양자 상태란 입자가 있을 수 있는 구별 가능한 어떤 상태를 지시하며, 입자는 세 가지 양자 상태 중 하나에 반드시 있어야 한다. 이때 그 계에서 입자들이 어떻게 분포할 수 있는지 경우의 수를 세는 문제는, 각 양자 상태에 대응하는 세 개의 상자 ①②③에 두 입자가 있는 경우의 수를 세는 것과 같다. 경우의 수는 입자들끼리 서로 구별 가능한지와 여러 개의 입자가 하나의 양자 상태에 동시에 있을 수 있는지에 따라 달라진다.

두 입자가 구별 가능하고, 하나의 양자 상태에 여러 개의 입자가 있을 수 있다고 가정하자. 이것을 'MB 방식'이라고 부르며, 두 입자는 각각 a, b로 표시할 수 있다. a가 1의 양자 상태에 있는 경우는 |ab| | |, |a|b| |, |a| |b|의 세 가지이고, a가 2의 양자 상태에 있는 경우와 a가 3의 양자 상태에 있는 경우도 각각 세 가지이다. 그러므로 MB 방식에서 경우의 수는 9이다.

두 입자가 구별되지 않고, 하나의 양자 상태에 여러 개의 입자가 있을 수 있다고 가정하자. 이것을 'BE 방식'이라고 부른다. 이때에는 두 입자 모두 a로 표시하게 되므로 |aa| | |, | |aa| |, | | |aa|, |a|a| |, |a| |a|, | |a|a|가 가능하다. 그러므로 BE 방식에서 경우의 수는 6이다.

두 입자가 구별되지 않고, 하나의 양자 상태에 하나의 입자만 있을 수 있다고 가정하자. 이것을 'FD 방식'이라고 부른다. 여기에서는 BE 방식과 달리 하나의 양자 상태에 두 개의 입자가 동시에 있는 경우는 허용되지 않으므로 |a|a| |, |a| |a|, | |a|a|만 가능하다. 그러므로 FD 방식에서 경우의 수는 3이다. 양자 상태의 가짓수가 다를 때에도 MB, BE, FD 방식 모두 위에서 설명한 대로 입자들이 놓이게 되고, 이때 경우의 수는 달라질 수 있다.

─── <보 기> ───

ㄱ. 두 개의 입자에 대해, 양자 상태가 두 가지이면 BE 방식에서 경우의 수는 2이다.

ㄴ. 두 개의 입자에 대해, 양자 상태의 가짓수가 많아지면 FD 방식에서 두 입자가 서로 다른 양자 상태에 각각 있는 경우의 수는 커진다.

ㄷ. 두 개의 입자에 대해, 양자 상태가 두 가지 이상이면 경우의 수는 BE 방식에서보다 MB 방식에서 언제나 크다.

① ㄱ   ② ㄷ   ③ ㄱ, ㄴ   ④ ㄴ, ㄷ   ⑤ ㄱ, ㄴ, ㄷ

4 다음 글에서 추론할 수 없는 것은?

18 민경채 PSAT

미국과 영국은 1921년 워싱턴 강화회의를 기점으로 태평양 및 중국에 대한 일본의 침략을 견제하기 시작하였다. 가중되는 외교적 고립으로 인해 일본은 광물과 곡물을 수입하는 태평양 경로를 상실할 위험에 처하였다. 이에 대처하기 위해 일본은 식민지 조선의 북부 지역에서 광물과 목재 등 군수산업 원료를 약탈하는 데 주력하게 되었다. 콩 또한 확보해야 할 주요 물자 중 하나였는데, 콩은 당시 일본에서 선호하던 식량일 뿐만 아니라 군수산업을 위한 원료이기도 하였다.

일본은 확보된 공업 원료와 식량 자원을 자국으로 수송하는 물류 거점으로 함경도를 주목하였다. 특히 청진·나진·웅기 등 대륙 종단의 시발점이 되는 항구와 조선의 최북단 지역이던 무산·회령·종성·온성을 중시하였다. 또한 조선의 남부 지방에서는 면화, 북부 지방에서는 양모 생산을 장려하였던 조선총독부의 정책에 따라 두만강을 통해 바로 만주로 진출할 수 있는 회령·종성·온성은 양을 목축하는 축산 거점으로 부상하였다. 일본은 만주와 함경도에서 생산된 광물자원과 콩, 두만강 변 원시림의 목재를 일본으로 수송하기 위해 함경선, 백무선 등의 철도를 잇따라 부설하였다. 더불어 무산과 회령, 경흥에서는 석탄 및 철광 광산을 본격적으로 개발하였다. 이에 따라 오지의 작은 읍이었던 무산·회령·종성·온성의 개발이 촉진되어 근대적 도시로 발전하였다. 일본의 정책들은 함경도를 만주와 같은 경제권으로 묶음으로써 조선의 다른 지역과 경제적으로 분리시켰다.

철도 부설 및 광산 개발을 위해 일본은 조선 노동자들을 강제 동원하였고, 수많은 조선 노동자들이 강제 노동 끝에 산록과 땅속 깊은 곳에서 비참한 삶을 마쳤다. 1935년 회령의 유선 탄광에서 폭약이 터져 800여 명의 광부가 매몰돼 사망했던 사건은 그 단적인 예이다. 영화 <아리랑>의 감독 겸 주연이었던 나운규는 그의 고향 회령에서 청진까지 부설되었던 철도 공사에 조선인 노동자들이 강제 동원되어 잔혹한 노동에 혹사되는 참상을 목도하였다. 그때 그는 노동자들이 부르던 아리랑의 애달픈 노랫가락을 듣고 영화 <아리랑>의 기본 줄거리를 착상하였다.

① 영화 <아리랑> 감독의 고향에서 탄광 폭발 사고가 발생하였다.
② 조선 최북단 지역의 몇몇 작은 읍들은 근대적 도시로 발전하였다.
③ 축산 거점에서 대륙 종단의 시발점이 되는 항구까지 부설된 철도가 있었다.
④ 군수산업 원료를 일본으로 수송하는 것이 함경선 부설의 목적 중 하나였다.
⑤ 일본은 함경도를 포함하여 한반도와 만주를 같은 경제권으로 묶는 정책을 폈다.

5 다음 A, B 학파에 대한 판단으로 적절하지 않은 것은?

18 5급 공채 PSAT

비정규 노동은 파트타임, 기간제, 파견, 용역, 호출 등의 근로 형태를 의미한다. IMF 외환위기 이후 정규직과 비정규직 사이의 차별이 사회문제로 대두되었는데 그중 가장 심각한 문제가 임금차별이다. 정규직과 비정규직 사이의 임금수준 격차는 점차 커져 비정규직 임금이 2001년에는 정규직의 63% 수준이었다가 2016년에는 53.5% 수준으로 떨어졌다. 이 문제를 어떻게 해결할 것인가를 놓고 크게 두 가지 시각이 대립한다.

A 학파는 차별적 관행을 고수하는 기업들은 비차별적 기업들과의 경쟁에서 자연적으로 도태되기 때문에 기업 간 경쟁이 임금차별 완화의 핵심이라고 이야기한다. 기업이 노동자 개인의 능력 이외에 다른 잣대를 바탕으로 차별하는 행위는 비합리적이기 때문에, 기업들 사이의 경쟁이 강화될수록 임금차별은 자연스럽게 줄어들 수밖에 없다는 것이다. 예를 들어 정규직과 비정규직 가릴 것 없이 오직 능력에 비례하여 임금을 결정하는 회사는 정규직 또는 비정규직이라는 이유만으로 무능한 직원들을 임금 면에서 우대하고 유능한 직원들을 홀대하는 회사보다 경쟁에서 앞서나갈 것이다.

B 학파는 실제로는 고용주들이 비정규직을 차별한다고 해서 기업 간 경쟁에서 불리해지지는 않는 현실을 근거로 A 학파를 비판한다. B 학파에 따르면 고용주들은 오직 사회적 비용이라는 추가적 장애물의 위협에 직면했을 때에만 정규직과 비정규직 사이의 임금차별 관행을 근본적으로 재고한다. 여기서 말하는 사회적 비용이란, 국가가 제정한 법과 제도를 수용하지 않음으로써 조직의 정당성이 낮아짐을 뜻한다. 기업의 경우엔 조직의 정당성이 낮아지게 되면 조직의 생존 가능성 역시 낮아지게 된다. 그래서 기업은 임금차별을 줄이는 강제적 제도를 수용함으로써 사회적 비용을 낮추는 선택을 하게 된다는 것이다. 따라서 B 학파는 법과 제도에 의한 규제를 통해 임금차별이 줄어들 것이라고 본다.

① A 학파에 따르면 경쟁이 치열한 산업군일수록 근로 형태에 따른 임금 격차는 더 적어진다.
② A 학파는 시장에서 기업 간 경쟁이 약화되는 것을 방지하기 위한 보완 정책이 수립되어야 한다고 본다.
③ A 학파는 정규직과 비정규직 사이의 임금차별이 어떻게 줄어드는가에 대해 B 학파와 견해를 달리한다.
④ B 학파는 기업이 자기 조직의 생존 가능성을 낮춰가면서까지 임금차별 관행을 고수하지는 않을 것이라고 전제한다.
⑤ B 학파에 따르면 다른 조건이 동일할 때 기업의 비정규직에 대한 임금차별은 주로 강제적 규제에 의해 시정될 수 있다.

6 다음 글에서 추론할 수 있는 것은?

24 5급 공채 PSAT

우주에 떠돌던 물질이 지구에 떨어져 어떤 물체가 만들어졌는데, 그것이 광화문 앞에 있는 이순신 장군상과 구별 불가능하다고 하자. 이 경우 우리는 새로운 것이 창조되었다고 생각하지 않는다. 이와 달리, 우리는 실제 이순신 장군상을 창조된 것이라고 생각한다. 이는 이순신 장군상을 만든 제작자가 있었기 때문이다.

이제 기이한 형태를 가진 콘크리트 덩어리를 상상해 보자. 이것과 관련하여 두 가지 생각을 할 수 있다. 첫 번째는 이것의 제작자가 의도를 갖고 만든 경우이다. 두 번째는 제작자가 아무런 의도 없이 우연히 첫 번째와 구별이 불가능한 것을 만든 경우이다. 첫 번째 경우에서 제작자는 새로운 것을 창조했지만, 두 번째 경우는 그렇지 않다. 왜냐하면 지구에 떨어져 우연히 만들어진 물체가 창조된 것이 아닌 것처럼, 무엇인가 창조하기 위해서는 그러한 것을 만들고자 하는 제작자의 의도가 있어야 하기 때문이다. 즉 새로운 것을 만들고자 하는 제작자의 창조 의도가 필요하다.

창조 의도만 있다고 해서 무엇인가가 창조되는 것은 아니다. 가령, 어떤 사람이 나뭇가지를 재료로 독창적인 와인 거치대를 만들 의도를 가졌다고 하자. 그런데 이 사람은 나뭇가지의 위치만 바꾸어 와인병 하나를 얹어 놓았다. 우리는 이 사람이 새로운 와인 거치대를 만들고 싶은 창조 의도가 있었음을 인정하지만, 새로운 것을 창조했다고 생각하지 않는다. 이 사람은 나뭇가지를 전혀 변형시키지 않았기 때문이다. 마찬가지로 누군가가 창조 의도를 가지고 변기를 예술 작품이라고 전시한다면, 그 변기가 예술 작품일 수는 있어도 창조된 것은 아니다.

① 예술 작품은 창조 의도를 동반하지 않는다.
② 제작자의 창조 의도가 반영된 것은 창조된 것이다.
③ 예술 작품은 작품에 사용된 재료를 변형시킨 것이다.
④ 창조된 것은 그것을 만들기 위해 사용된 재료가 변형된 것이다.
⑤ 새로운 물질로부터 기이한 모양이 만들어지면 새로운 것이 창조된 것이다.

7 다음 글에서 추론할 수 없는 것은?

24 5급 공채 PSAT

오늘날 한국 사회에서는 유교적 전통에 기반한 가부장과 부모 세대의 권위가 약화되고 결혼과 가족에 대한 자유로운 선택과 개인주의적인 삶의 방식을 추구하는 사람들이 증가하고 있다. 이런 현상은 가족주의, 즉 사회의 최소 구성단위는 개인이 아니라 가족이며 개인은 가족을 통해서만 사회와 관계를 맺을 수 있다고 보는 관념이 쇠퇴하고 그 영향력을 상실해가고 있다는 주장을 뒷받침한다. 그러나 한국 사회는 특히 제도의 측면에서 가족주의가 여전히 강하게 작동하는, 이른바 '제도적 가족주의'가 공고한 사회라고 할 수 있다. 이는 주요 사회제도들이 개인이 아닌 가족을 기본단위로 설계되고 가족주의 원리에 따라 운용되고 있다는 점에서 잘 드러난다. 서구 사회의 '제도적 개인주의'가 가족이 아닌 개인을 중심으로 제도들을 재편함으로써 개인이 삶의 단위가 되도록 유도한다면, 한국 사회의 제도적 가족주의는 제도를 통해 사회 구성원으로 하여금 가족 단위로 생존하고 가족 의존적 삶을 살아가도록 유도하는 것이다.

그 대표적인 예로 가족 부양자 모델에 근거하고 있는 다양한 종류의 소득보장제도를 들 수 있다. 국민연금제도는 1가구 1연금의 원칙에 따라 가족을 기본단위로 운용되며, 국민기초생활보장제도도 빈곤 가구에 대한 부양 책임을 우선적으로 가족에 두고 있다. 또한 육아휴직, 조부모육아수당, 가족요양보호사 등 아동 및 노인의 돌봄을 위한 정책과 효행 장려 및 지원에 관한 법률에서도 돌봄과 부양에 대한 책임을 가족에게 부과하고 있다.

그런데 가부장의 권위가 약화되고 다양한 삶의 방식이 출현하고 있는 현실에서 제도적 가족주의의 존속은 사회적 문제를 유발하고 있다. 첫째, 가족을 형성하지 않거나 못한 개인, 그리고 가족에게 돌봄을 제대로 받지 못하는 개인에게는 불이익이 초래될 수 있다. 둘째, 가족 구성원들 사이에 갈등이 발생할 수 있다. 가족 내부적으로는 가족주의 가치관을 공유하지 않음에도 불구하고, 가족 외부적으로 가족 단위의 생존과 역할을 강요당함으로써 가족 구성원들은 부양과 돌봄을 둘러싸고 갈등을 겪는 것이다.

① 제도적 가족주의의 존속은 1인 가구의 구성원에게 불리하게 작용할 수 있다.
② 제도적 개인주의는 가족이 아닌 개인을 기본단위로 사회제도를 설계하고 운영한다.
③ 한국 사회에서 관념으로서의 가족주의는 약화되고 있으나 제도로서의 가족주의는 여전히 강하게 작동한다.
④ 1가구 1연금을 원칙으로 하는 국민연금제도는 제도적 가족주의로 인해 발생하는 문제를 해결하기 위해 도입된 정책이다.
⑤ 가족관계상 부양 의무자가 있다는 이유만으로 생계가 어려운 독거노인을 국민기초생활보장제도의 대상에서 제외하는 정책은 가족 구성원들 간의 갈등을 초래할 수 있다.

DAY 06 추론 ②

- 풀이 시간: /10분
- 맞은 문제: /6문제

1 다음 글에서 추론할 수 <u>없는</u> 것은? 18 민경채 PSAT

동물의 행동을 선하다거나 악하다고 평가할 수 없는 이유는 동물이 단지 본능적 욕구에 따라 행동할 뿐이기 때문이다. 오직 인간만이 욕구와 감정에 맞서서 행동할 수 있다. 인간만이 이성을 가지고 있다. 그러나 인간이 전적으로 이성적인 존재는 아니다. 다른 동물과 마찬가지로 인간 또한 감정과 욕구를 가진 존재다. 그래서 인간은 이성과 감정의 갈등을 겪게 된다.

그러한 갈등에도 불구하고 인간이 도덕적 행위를 할 수 있는 까닭은 이성이 우리에게 도덕적인 명령을 내리기 때문이다. 도덕적 명령에 따를 때에야 비로소 우리는 의무에서 비롯된 행위를 한 것이다. 만약 어떤 행위가 이성의 명령에 따른 것이 아닐 경우 그것이 결과적으로 의무와 부합할지라도 의무에서 나온 행위는 아니다. 의무에서 나온 행위가 아니라면 심리적 성향에서 비롯된 행위가 되는데, 심리적 성향에서 비롯된 행위는 도덕성과 무관하다. 불쌍한 사람을 보고 마음이 아파서 도움을 주었다면 이는 결국 심리적 성향에 따라 행동한 것이다. 그것은 감정과 욕구에 따른 것이기 때문에 도덕적 행위일 수가 없다.

감정이나 욕구와 같은 심리적 성향에 따른 행위가 도덕적일 수 없는 또 다른 이유는, 그것이 상대적이기 때문이다. 감정이나 욕구는 주관적이어서 사람마다 다르며, 같은 사람이라도 상황에 따라 변하기 마련이다. 때문에 이는 시공간을 넘어 모든 인간에게 적용될 수 있는 보편적인 도덕의 원리가 될 수 없다. 감정이나 욕구가 어떠하든지 간에 이성의 명령에 따르는 것이 도덕이다. 이러한 입장이 사랑이나 연민과 같은 감정에서 나온 행위를 인정하지 않는다거나 가치가 없다고 평가하는 것은 아니다. 단지 사랑이나 연민은 도덕적 차원의 문제가 아닐 뿐이다.

① 동물의 행위는 도덕적 평가의 대상이 아니다.
② 감정이나 욕구는 보편적인 도덕의 원리가 될 수 없다.
③ 심리적 성향에서 비롯된 행위는 도덕적 행위일 수 없다.
④ 이성의 명령에 따른 행위가 심리적 성향에 따른 행위와 일치하는 경우는 없다.
⑤ 인간의 행위 중에는 심리적 성향에서 비롯된 것도 있고 의무에서 나온 것도 있다.

2. 다음 글에서 추론할 수 있는 것은?

생쥐가 새로운 소리 자극을 받으면 이 자극 신호는 뇌의 시상에 있는 청각시상으로 전달된다. 청각시상으로 전달된 자극 신호는 뇌의 편도에 있는 측핵으로 전달된다. 측핵에 전달된 신호는 편도의 중핵으로 전달되고, 중핵은 신체의 여러 기관에 전달할 신호를 만들어서 반응이 일어나게 한다.

연구자 K는 '공포' 또는 '안정'을 학습시켰을 때 나타나는 신경생물학적 특징을 탐구하기 위해 두 개의 실험을 수행했다.

첫 번째 실험에서 공포를 학습시켰다. 이를 위해 K는 생쥐에게 소리 자극을 준 뒤에 언제나 공포를 일으킬 만한 충격을 가하여, 생쥐에게 이 소리가 충격을 예고한다는 것을 학습시켰다. 이렇게 학습된 생쥐는 해당 소리 자극을 받으면 방어적인 행동을 취했다. 이 생쥐의 경우, 청각시상으로 전달된 소리 자극 신호는 학습을 수행하기 전 상태에서 전달되는 것보다 훨씬 센 강도의 신호로 증폭되어 측핵으로 전달된다. 이 증폭된 강도의 신호는 중핵을 거쳐 신체의 여러 기관에 전달되고 이는 학습된 공포 반응을 일으킨다.

두 번째 실험에서는 안정을 학습시켰다. 이를 위해 K는 다른 생쥐에게 소리 자극을 준 뒤에 항상 어떤 충격도 주지 않아서, 생쥐에게 이 소리가 안정을 예고한다는 것을 학습시켰다. 이렇게 학습된 생쥐는 이 소리를 들어도 방어적인 행동을 전혀 취하지 않았다. 이 경우 소리 자극 신호를 받은 청각시상에서 만들어진 신호가 측핵으로 전달되는 것이 억제되기 때문에 측핵에 전달된 신호는 매우 미약해진다. 대신 청각시상은 뇌의 선조체에서 반응을 일으킬 수 있는 자극 신호를 만들어서 선조체에 전달한다. 선조체는 안정 상태와 같은 긍정적이고 좋은 느낌을 느낄 수 있게 하는 것에 관여하는 뇌 영역인데, 선조체에서 반응이 세게 나타나면 안정감을 느끼게 되어 학습된 안정 반응을 일으킨다.

① 중핵에서 만들어진 신호의 세기가 강한 경우에는 학습된 안정 반응이 나타난다.
② 학습된 공포 반응을 일으키지 않는 소리 자극은 선조체에서 약한 반응이 일어나게 한다.
③ 학습된 공포 반응을 일으키는 소리 자극은 청각시상에서 선조체로 전달되는 자극 신호를 억제한다.
④ 학습된 안정 반응을 일으키는 청각시상에서 받는 소리 자극 신호는 학습된 공포 반응을 일으키는 청각시상에서 받는 소리 자극 신호보다 약하다.
⑤ 학습된 안정 반응을 일으키는 경우와 학습된 공포 반응을 일으키는 경우 모두, 청각시상에서 측핵으로 전달되는 신호의 세기가 학습하기 전과 달라진다.

3. 다음 글에서 추론할 수 있는 것만을 <보기>에서 모두 고르면?

20 5급 공채 PSAT

란체스터는 한 국가의 상대방 국가에 대한 군사력 우월의 정도를, 전쟁의 승패가 갈린 전쟁 종료 시점에서 자국의 손실비의 역수로 정의했다. 예컨대 전쟁이 끝났을 때 자국의 손실비가 1/2이라면 자국의 군사력은 적국보다 2배로 우월하다는 것이다. 손실비는 아래와 같이 정의된다.

$$\text{자국의 손실비} = \frac{\text{자국의 최초 병력 대비 잃은 병력 비율}}{\text{적국의 최초 병력 대비 잃은 병력 비율}}$$

A 국과 B 국이 전쟁을 벌인다고 하자. 전쟁에는 양국의 궁수들만 참가한다. A 국의 궁수는 2,000명이고, B 국은 1,000명이다. 양국 궁수들의 숙련도와 명중률 등 개인의 전투 능력, 그리고 지형, 바람 등 주어진 조건은 양국이 동일하다고 가정한다. 양측이 동시에 서로를 향해 1인당 1발씩 화살을 발사한다고 하자. 모든 화살이 적군을 맞힌다면 B 국의 궁수들은 1인 평균 2개의 화살을, A 국 궁수는 평균 0.5개의 화살을 맞을 것이다. 하지만 화살이 제대로 맞지 않거나 아예 안 맞을 수도 있으니, 발사된 전체 화살 중에서 적 병력의 손실을 발생시키는 화살의 비율은 매번 두 나라가 똑같이 1/10이라고 하자. 그렇다면 첫 발사에서 B 국은 200명, A 국은 100명의 병력을 잃을 것이다. 따라서 ㉠ 첫 발사에서의 B 국의 손실비는 $\frac{200/1,000}{100/2,000}$ 이다.

마찬가지 방식으로, 남은 A 국 궁수 1,900명은 두 번째 발사에서 B 국에 190명의 병력 손실을 발생시킨다. 이제 B 국은 병력의 39%를 잃었다. 이런 손실을 당하고도 버틸 수 있는 군대는 많지 않아서 전쟁은 B 국의 패배로 끝난다. B 국은 A 국에 첫 번째 발사에서 100명, 그다음엔 80명의 병력 손실을 발생시켰다. 전쟁이 끝날 때까지 A 국이 잃은 궁수는 최초 병력의 9%에 지나지 않는다. 이로써 ㉡ B 국에 대한 A 국의 군사력이 명확히 드러난다.

―<보 기>―

ㄱ. 다른 조건이 모두 같으면서 A 국 궁수의 수가 4,000명으로 증가하면 ㉠은 16이 될 것이다.

ㄴ. ㉡의 내용은 A 국의 군사력이 B 국보다 4배 이상으로 우월하다는 것이다.

ㄷ. 전쟁 종료 시점까지 자국과 적국의 병력 손실이 발생했고 그 수가 동일한 경우, 최초 병력의 수가 적은 쪽의 손실비가 더 크다.

① ㄱ　　② ㄷ　　③ ㄱ, ㄴ　　④ ㄴ, ㄷ　　⑤ ㄱ, ㄴ, ㄷ

4 다음 글의 ㉠에 해당하는 사례만을 <보기>에서 모두 고르면?

19 5급 공채 PSAT

'부재 인과', 즉 사건의 부재가 다른 사건의 원인이라는 주장은 일상 속에서도 쉽게 찾아볼 수 있다. 인과 관계가 원인과 결과 간에 성립하는 일종의 의존 관계로 분석될 수 있다면 부재 인과는 인과 관계의 한 유형을 표현한다. 예를 들어, 경수가 물을 주었더라면 화초가 말라 죽지 않았을 것이므로 '경수가 물을 줌'이라는 사건이 부재하는 것과 '화초가 말라 죽음'이라는 사건이 발생하는 것 사이에는 의존 관계가 성립한다. 인과 관계를 이런 의존 관계로 이해할 경우 화초가 말라 죽은 것의 원인은 경수가 물을 주지 않은 것이며 이는 상식적 판단과 일치한다. 하지만 화초가 말라 죽은 것은 단지 경수가 물을 주지 않은 것에만 의존하지 않는다. 의존 관계로 인과 관계를 이해하려는 견해에 따르면, 경수의 화초와 아무 상관 없는 영희가 그 화초에 물을 주었더라도 경수의 화초는 말라 죽지 않았을 것이므로 영희가 물을 주지 않은 것 역시 그 화초가 말라 죽은 사건의 원인이라고 해야 할 것이다. 그러나 상식적으로 경수가 물을 주지 않은 것은 그가 키우던 화초가 말라 죽은 사건의 원인이지만, 영희가 물을 주지 않은 것은 그 화초가 말라 죽은 사건의 원인이 아니다. 인과 관계를 의존 관계로 파악해 부재 인과를 인과의 한 유형으로 받아들이면, 원인이 아닌 수많은 부재마저도 원인으로 받아들여야 하는 ㉠ 문제가 생겨난다.

<보기>

ㄱ. 어제 영지는 늘 타고 다니던 기차가 고장이 나는 바람에 지각을 했다. 그 기차가 고장이 나지 않았다면 영지는 지각하지 않았을 것이다. 하지만 영지가 새벽 3시에 일어나 직장에 걸어갔더라면 지각하지 않았을 것이다. 그러므로 어제 영지가 새벽 3시에 일어나 직장에 걸어가지 않은 것이 그가 지각한 원인이라고 보아야 한다.

ㄴ. 영수가 야구공을 던져서 유리창이 깨졌다. 영수가 야구공을 던지지 않았더라면 그 유리창이 깨지지 않았을 것이다. 하지만 그 유리창을 향해 야구공을 던지지 않은 사람들은 많다. 그러므로 그 많은 사람 각각이 야구공을 던지지 않은 것을 유리창이 깨어진 사건의 원인이라고 보아야 한다.

ㄷ. 햇볕을 차단하자 화분의 식물이 시들어 죽었다. 하지만 햇볕을 과다하게 쪼이거나 지속적으로 쪼였다면 화분의 식물은 역시 시들어 죽었을 것이다. 그러므로 햇볕을 쪼이는 것은 식물의 성장 원인이 아니라고 보아야 한다.

① ㄱ   ② ㄴ   ③ ㄱ, ㄷ   ④ ㄴ, ㄷ   ⑤ ㄱ, ㄴ, ㄷ

5 다음 글의 ㉠을 강화하는 것만을 <보기>에서 모두 고르면?

20 민경채 PSAT

동물의 감각이나 반응을 일으키는 최소한의 자극을 '식역'이라고 한다. 인간의 경우 일반적으로 40밀리초 이하의 시각적 자극은 '보았다'고 답하는 경우가 거의 없다. 그렇다면 식역 이하의 시각적 자극은 우리에게 아무런 영향도 주지 않는 것일까?

연구자들은 사람들에게 식역 이하의 짧은 시간 동안 문자열을 먼저 제시한 후 뒤이어 의식적으로 지각할 수 있을 만큼 문자열을 제시하는 실험을 진행했다. 이 실험에서 연구자들은 먼저 제시된 문자열을 '프라임'으로, 뒤이어 제시된 문자열을 '타깃'으로 불렀다. 프라임을 식역 이하로 제시한 후 뒤이어 타깃을 의식적으로 볼 수 있을 만큼 제시했을 때 피험자들은 타깃 앞에 프라임이 있었다는 사실조차 알아차리지 못했다.

거듭된 실험을 통해 밝혀진 사실 가운데 하나는 피험자가 비록 보았다고 의식하지 못한 낱말일지라도 제시된 프라임이 타깃과 동일한 낱말인 경우 처리속도가 빨라진다는 것이었다. 예컨대 'radio' 앞에 'house'가 제시되었을 때보다 'radio'가 제시되었을 때 반응이 빨라졌다. 동일한 낱말의 반복이 인지 반응을 촉진한 것이었다. 식역 이하로 제시된 낱말임에도 불구하고 뒤이어 나온 낱말의 처리속도에 영향을 미친 이런 효과를 가리켜 '식역 이하의 반복 점화'라고 부른다.

흥미로운 점은, 프라임이 소문자로 된 낱말 'radio'이고 타깃이 대문자로 된 낱말 'RADIO'일 때 점화 효과가 나타났다는 것이다. 시각적으로 그 둘의 외양은 다르다. 그렇다면 두 종류의 표기에 익숙한 언어적, 문화적 관습에 따라 'radio'와 'RADIO'를 같은 낱말로 인지한 것으로 볼 수 있다. 이에 비추어 볼 때, ㉠ 식역 이하의 반복 점화는 추상적인 수준에서 나타나는 것으로 보인다.

―――――< 보 기 >―――――

ㄱ. 같은 낱말을 식역 이하로 반복하여 여러 번 눈앞에 제시해도 피험자들은 그 낱말을 인지하지 못하였다.

ㄴ. 샛별이 금성이라는 것을 아는 사람에게 프라임으로 '금성'을 식역 이하로 제시한 후 타깃으로 '샛별'을 의식적으로 볼 수 있을 만큼 제시했을 때, 점화 효과가 나타나지 않았다.

ㄷ. 한국어와 영어에 능숙한 사람에게 'five'만을 의식적으로 볼 수 있을 만큼 제시한 경우보다 프라임으로 '다섯'을 식역 이하로 제시한 후 타깃으로 'five'를 의식적으로 볼 수 있을 만큼 제시했을 때, 'five'에 대한 반응이 더 빨랐다.

① ㄱ   ② ㄷ   ③ ㄱ, ㄴ   ④ ㄴ, ㄷ   ⑤ ㄱ, ㄴ, ㄷ

6 다음 글에서 추론할 수 없는 것은?

24 5급 공채 PSAT

> 인간 대상 연구를 수행하는 자가 소속된 모든 대학이나 병원 등의 기관은 「생명윤리 및 안전에 관한 법률」에 따라 기관생명윤리위원회(IRB)를 반드시 설치해야 한다. IRB는 연구 대상자의 보호에 관한 윤리에 중점을 두고 연구를 심의한다. 인간이 연구 대상자가 되는 연구라면 모두 심의의 대상이고, 여기에는 임상시험, 실험조사, 심층 인터뷰, 설문조사 등을 수행한 경우가 포함된다. 따라서 인간 대상 연구를 수행하려는 기관 소속 연구자들은 IRB에 연구계획서를 제출하여 심의를 받고, IRB 규정을 준수해야 한다.
>
> 기본적으로 IRB의 심의 절차는 심의 규정에 따라 진행되는데, 이때 가장 중요한 평가 사항은 연구자가 연구 대상자로부터 적법한 절차에 따라 참여에 대한 동의를 받았는가이다. IRB는 연구 대상자가 서명한 동의서뿐만 아니라 연구의 잠재적 위험 가능성, 개인정보의 취득 여부와 보관 및 폐기 방법, 연구 결과의 활용 계획 등과 같은 정보가 연구계획서에 포함되어 있는지 확인한다. 그리고 연구 대상자로부터 참여 동의를 받기 이전에 이러한 내용을 충분히 설명했는지 확인한다.
>
> 이러한 심의 과정에서는 연구 대상자의 특성이 중요하게 고려된다. 예를 들어 만일 연구 대상자가 외국인일 경우 동의서 양식을 비롯한 모든 문서화된 정보는 연구 대상자가 온전히 이해할 수 있는 언어로 제공되어야 한다. 또한 정확한 의사소통을 위해 필요하다면 통역사 등을 입회자로 참석하게 하여 연구에 대한 설명과 질의응답이 원활하게 이루어질 수 있도록 해야 한다.
>
> 취약한 환경에 있는 연구 대상자에 대한 적절한 보호 여부도 IRB의 심사에서 관건이 된다. 연구 참여를 거부할 경우 조직의 위계상 상급자로부터 받게 될 불이익에 대한 우려가 참여의 결정에 영향을 줄 가능성이 있는 연구 대상자가 이러한 유형에 해당된다. 설령 연구자와 직접적인 연관이 없을지라도 같은 기관에 소속된 구성원들의 경우 이러한 유형에 해당하는 것으로 간주해야 한다. 이에 IRB는 이들의 참여 동기가 윤리적 측면에서 타당한지, 참여 결정이 위력이나 권위에 의한 것이 아니라 진정한 자발적 선택에 의한 것인지를 엄밀하게 심사한다.

① 대학 소속 연구자가 중국인 유학생들을 심층 인터뷰하는 경우 연구에 대한 설명을 위해 통역사를 입회자로 참여시킬 수 있다.
② 병원 소속 연구자가 임상시험 이전에 개발 중인 약의 효과와 안전성에 관한 문헌들을 조사하는 경우 IRB의 심의를 받아야 한다.
③ 병원 의사가 임상시험을 수행하는 경우 참여하려는 환자들에게 해당 시험의 잠재적 위험 가능성에 대해 충분히 설명해야 한다.
④ 대학원생이 학위논문을 위해 설문조사를 수행하는 경우 연구 대상자에 관한 개인정보의 보관·폐기 방법을 연구계획서에 밝혀야 한다.
⑤ 대학 교수가 소속 대학의 학생들을 대상으로 실험조사를 수행하는 경우 연구 대상자를 적절히 보호하는지 IRB의 심의를 받아야 한다.

DAY 07 추론 ③

- 풀이 시간: /12분
- 맞은 문제: /7문제

1 다음 글에서 추론할 수 있는 것은?

22 민경채 PSAT

국제표준도서번호(ISBN)는 전 세계에서 출판되는 각종 도서에 부여하는 고유한 식별 번호이다. 2007년부터는 13자리의 숫자로 구성된 ISBN인 ISBN - 13이 부여되고 있지만, 2006년까지 출판된 도서에는 10자리의 숫자로 구성된 ISBN인 ISBN - 10이 부여되었다.

ISBN - 10은 네 부분으로 되어 있다. 첫 번째 부분은 책이 출판된 국가 또는 언어 권역을 나타내며 1~5자리를 가질 수 있다. 예를 들면, 대한민국은 89, 영어권은 0, 프랑스어권은 2, 중국은 7 그리고 부탄은 99936을 쓴다. 두 번째 부분은 국가별 ISBN 기관에서 그 국가에 있는 각 출판사에 할당한 번호를 나타낸다. 세 번째 부분은 출판사에서 그 책에 임의로 붙인 번호를 나타낸다. 마지막 네 번째 부분은 확인 숫자이다. 이 숫자는 0에서 10까지의 숫자 중 하나가 되는데, 10을 써야 할 때는 로마 숫자인 X를 사용한다. 부여된 ISBN - 10이 유효한 것이라면 이 ISBN - 10의 열 개 숫자에 각각 순서대로 10, 9, …, 2, 1의 가중치를 곱해서 각 곱셈의 값을 모두 더한 값이 반드시 11로 나누어떨어져야 한다. 예를 들어, 어떤 책에 부여된 ISBN - 10인 '89 - 89422 - 42 - 6'이 유효한 것인지 검사해 보자. (8×10) + (9×9) + (8×8) + (9×7) + (4×6) + (2×5) + (2×4) + (4×3) + (2×2) + (6×1) = 352이고, 이 값은 11로 나누어떨어지기 때문에 이 ISBN - 10은 유효한 번호이다. 만약 어떤 ISBN - 10의 숫자 중 어느 하나를 잘못 입력했다면 서점에 있는 컴퓨터는 즉시 오류 메시지를 화면에 보여줄 것이다.

① ISBN - 10의 첫 번째 부분에 있는 숫자가 같으면 같은 나라에서 출판된 책이다.
② 임의의 책의 ISBN - 10에 숫자 3자리를 추가하면 그 책의 ISBN - 13을 얻는다.
③ ISBN - 10이 '0 - 285 - 00424 - 7'인 책은 해당 출판사에서 424번째로 출판한 책이다.
④ ISBN - 10의 두 번째 부분에 있는 숫자가 같은 서로 다른 두 권의 책은 동일한 출판사에서 출판된 책이다.
⑤ 확인 숫자 앞의 아홉 개의 숫자에 정해진 가중치를 곱하여 합한 값이 11의 배수인 ISBN - 10이 유효하다면 그 확인 숫자는 반드시 0이어야 한다.

2 다음 글에서 추론할 수 있는 것만을 <보기>에서 모두 고르면?

22 민경채 PSAT

식물의 잎에 있는 기공은 대기로부터 광합성에 필요한 이산화탄소를 흡수하는 통로이다. 기공은 잎에 있는 세포 중 하나인 공변세포의 부피가 커지면 열리고 부피가 작아지면 닫힌다.

그렇다면 무엇이 공변세포의 부피에 변화를 일으킬까? 햇빛이 있는 낮에, 햇빛 속에 있는 청색광이 공변세포에 있는 양성자 펌프를 작동시킨다. 양성자 펌프의 작동은 공변세포 밖에 있는 칼륨이온과 염소이온이 공변세포 안으로 들어오게 한다. 공변세포 안에 이 이온들의 양이 많아짐에 따라 물이 공변세포 안으로 들어오고, 그 결과로 공변세포의 부피가 커져서 기공이 열린다. 햇빛이 없는 밤이 되면, 공변세포에 있는 양성자 펌프가 작동하지 않고 공변세포 안에 있던 칼륨이온과 염소이온은 밖으로 빠져나간다. 이에 따라 공변세포 안에 있던 물이 밖으로 나가면서 세포의 부피가 작아져서 기공이 닫힌다.

공변세포의 부피는 식물이 겪는 수분스트레스 반응에 의해 조절될 수도 있다. 식물 안의 수분량이 줄어듦으로써 식물이 수분스트레스를 받는다. 수분스트레스를 받은 식물은 호르몬 A를 분비한다. 호르몬 A는 공변세포에 있는 수용체에 결합하여 공변세포 안에 있던 칼륨이온과 염소이온이 밖으로 빠져나가게 한다. 이에 따라 공변세포 안에 있던 물이 밖으로 나가면서 세포의 부피가 작아진다. 결국 식물이 수분스트레스를 받으면 햇빛이 있더라도 기공이 열리지 않는다.

또한 기공의 여닫힘은 미생물에 의해 조절되기도 한다. 예를 들면, 식물을 감염시킨 병원균 α는 공변세포의 양성자 펌프를 작동시키는 독소 B를 만든다. 이 독소 B는 공변세포의 부피를 늘려 기공이 닫혀 있어야 하는 때에도 열리게 하고, 결국 식물은 물을 잃어 시들게 된다.

<보기>

ㄱ. 한 식물의 동일한 공변세포 안에 있는 칼륨이온의 양은, 햇빛이 있는 낮에 햇빛의 청색광만 차단하는 필름으로 식물을 덮은 경우가 덮지 않은 경우보다 적다.

ㄴ. 수분스트레스를 받은 식물에 양성자 펌프의 작동을 못 하게 하면 햇빛이 있는 낮에 기공이 열린다.

ㄷ. 호르몬 A를 분비하는 식물이 햇빛이 있는 낮에 보이는 기공 개폐 상태와 병원균 α에 감염된 식물이 햇빛이 없는 밤에 보이는 기공 개폐 상태는 다르다.

① ㄱ   ② ㄴ   ③ ㄱ, ㄷ   ④ ㄴ, ㄷ   ⑤ ㄱ, ㄴ, ㄷ

3 다음 글의 ㉠과 ㉡에 대한 평가로 적절한 것만을 <보기>에서 모두 고르면?

21 7급 공채 PSAT

연역과 귀납, 이 두 종류의 방법은 지적 작업에서 사용될 수 있는 모든 추론을 포괄한다. 철학과 과학을 비롯한 모든 지적 작업에 연역적 방법이 필수적이라는 것을 부정하는 사람은 아무도 없다. 귀납적 방법의 경우 사정은 크게 다르다. 귀납적 방법이 철학적 작업에 들어설 여지가 없다고 믿는 사람이 있는가 하면, 한 걸음 더 나아가 어떠한 지적 작업에도 귀납적 방법이 불필요하다고 주장하는 사람들도 있다.

㉠ 귀납적 방법이 철학이라는 지적 작업에서 불필요하다는 견해는 독단적인 철학관에 근거한다. 이런 견해에 따르면 철학적 주장의 정당성은 선험적인 것으로, 경험적 지식을 확장하기 위해 사용되는 귀납적 방법에 의존할 수 없다. 그러나 이런 견해는 철학적 주장이 경험적 가설에 의존해서는 안 된다는 부당하게 편협한 철학관과 '귀납적 방법'의 모호성을 딛고 서 있다. 실제로 철학사에 나타나는 목적론적 신 존재 증명이나 외부 세계의 존재에 관한 형이상학적 논증 가운데는 귀납적 방법인 유비 논증과 귀추법을 교묘히 적용하고 있는 것도 있다.

㉡ 모든 지적 작업에서 귀납적 방법의 필요성을 부정하는 견해는 중요한 철학적 성과를 낳기도 하였다. 포퍼의 철학이 그런 사례 가운데 하나이다. 포퍼는 귀납적 방법의 정당화 가능성에 관한 회의적 결론을 받아들이고, 과학의 탐구가 귀납적 방법으로 진행된다는 견해는 근거가 없음을 보인다. 그에 따르면, 과학의 탐구 과정은 연역 논리 법칙에 따라 전개되는 추측과 반박의 작업으로 이루어진다. 이런 포퍼의 이론은 귀납적 방법의 필요성에 대한 전면적인 부정이 낳을 수 있는 흥미로운 결과 가운데 하나라고 할 수 있다.

<보 기>

ㄱ. 과학의 탐구가 귀납적 방법에 의해 진행된다는 주장은 ㉠을 반박한다.
ㄴ. 철학의 일부 논증에서 귀추법의 사용이 불가피하다는 주장은 ㉡을 반박한다.
ㄷ. 연역 논리와 경험적 가설 모두에 의존하는 지적 작업이 있다는 주장은 ㉠과 ㉡을 모두 반박한다.

① ㄱ   ② ㄴ   ③ ㄱ, ㄷ   ④ ㄴ, ㄷ   ⑤ ㄱ, ㄴ, ㄷ

4 다음 글의 ㉠~㉾에 들어갈 내용에 대한 설명으로 가장 적절한 것은?

21 7급 공채 PSAT

○○도는 2022년부터 '공공 기관 통합 채용' 시스템을 운영하여 공공 기관의 채용에 대한 체계적 관리와 비리 발생 예방을 도모할 계획이다. 기존에는 ○○도 산하 공공 기관들이 채용 전(全) 과정을 각기 주관하여 시행하였으나, 2022년부터는 ○○도가 채용 과정에 참여하기로 하였다. ○○도와 산하 공공 기관들이 '따로, 또 같이'하는 통합 채용을 통해 채용 과정의 투명성을 확보하고 기관별 특성에 맞는 인재 선발을 용이하게 하려는 것이다.

○○도는 채용 공고와 원서 접수를 하고 필기시험을 주관한다. 나머지 절차는 ○○도 산하 공공 기관이 주관하여 서류 심사 후 면접시험을 거쳐 합격자를 발표한다. 기존 채용 절차에서 서류 심사에 이어 필기시험을 치던 순서를 맞바꾸었는데, 이는 지원자에게 응시 기회를 확대 제공하기 위해서이다. 절차 변화에 대한 지원자의 혼란을 줄이기 위해 기존의 나머지 채용 절차는 그대로 유지하였다. 또 ○○도는 기존의 필기시험 과목인 영어·한국사·일반상식을 국가직무능력표준 기반 평가로 바꾸어 기존과 달리 실무 능력을 평가해서 인재를 선발할 수 있도록 제도를 보완하였다. ○○도는 이런 통합 채용 절차를 알기 쉽게 기존 채용 절차와 개선 채용 절차를 비교해서 도표로 나타내었다.

① 개선 이후 ㉠에 해당하는 기관이 주관하는 채용 업무의 양은 이전과 동일할 것이다.
② ㉠과 같은 주관 기관이 들어가는 것은 ㉴이 아니라 ㉲이다.
③ ㉡과 ㉸에는 같은 채용 절차가 들어간다.
④ ㉢과 ㉷에서 지원자들이 평가받는 능력은 같다.
⑤ ㉣을 주관하는 기관과 ㉾을 주관하는 기관은 다르다.

5 다음 글의 흐름에 맞지 않는 곳을 ㉠~㉤에서 찾아 수정할 때, 가장 적절한 것은?

경제적 차원에서 가장 불리한 계층, 예컨대 노예와 날품팔이는 ㉠ 특정한 종교 세력에 편입되거나 포교의 대상이 된 적이 없었다. 기독교 등 고대 종교의 포교활동은 이들보다는 소시민층, 즉 야심을 가지고 열심히 노동하며 경제적으로 합리적인 생활을 하는 계층을 겨냥하였다. 고대사회의 대농장에서 일하던 노예들에게 관심을 갖는 종교는 없었다.

모든 시대의 하층 수공업자 대부분은 ㉡ 독특한 소시민적 종교 경향을 지니고 있었다. 이들은 특히 공인되지 않은 종파적 종교성에 기우는 경우가 매우 흔하였다. 곤궁한 일상과 불안정한 생계 활동에 시달리며 동료의 도움에 의존해야 하는 하층 수공업자층은 공인되지 않은 신흥 종교집단이나 비주류 종교집단의 주된 포교 대상이었다.

근대에 형성된 프롤레타리아트는 ㉢ 종교에 우호적이며 관심이 많았다. 이들은 자신의 처지가 자신의 능력과 업적에 의존한다는 의식이 약하고 그 대신 사회적 상황이나 경기 변동, 법적으로 보장된 권력관계에 종속되어 있다는 의식이 강하였다. 이에 반해 자신의 처지가 주술적 힘, 신이나 우주의 섭리와 같은 것에 종속되어 있다는 견해에는 부정적이었다.

프롤레타리아트가 스스로의 힘으로 ㉣ 특정 종교 이념을 창출하는 것은 쉽지 않았다. 이들에게는 비종교적인 이념들이 삶을 지배하는 경향이 훨씬 우세했기 때문이다. 물론 프롤레타리아트 가운데 경제적으로 불안정한 최하위 계층과 지속적인 곤궁으로 인해 프롤레타리아트화의 위험에 처한 몰락하는 소시민계층은 ㉤ 종교적 포교의 대상이 되기 쉬웠다. 특히 이들을 포섭한 많은 종교는 원초적 주술을 사용하거나, 아니면 주술적·광란적 은총 수여에 대한 대용물을 제공했다. 이 계층에서 종교 윤리의 합리적 요소보다 감정적 요소가 훨씬 더 쉽게 성장할 수 있었다.

① ㉠을 '고대 종교에서는 주요한 세력이자 포섭 대상이었다'로 수정한다.
② ㉡을 '종교나 정치와는 괴리된 삶을 살았다'로 수정한다.
③ ㉢을 '종교에 우호적이지도 관심이 많지도 않았다'로 수정한다.
④ ㉣을 '특정 종교 이념을 창출한 경우가 많았다'로 수정한다.
⑤ ㉤을 '종교보다는 정치집단의 포섭 대상이 되었다'로 수정한다.

6 다음 글의 ㉠~㉤을 문맥에 맞게 수정한 것으로 가장 적절한 것은?

스마트폰이 불러온 뉴미디어의 시대는 종이책과 같은 출판물은 물론 공중파 TV와 같은 미디어까지 구시대의 유물로 만들어 버렸다. 이러한 파급력은 인류가 한 번도 겪어 본 적 없는 것이다. ㉠ 유선 인터넷망이 설치되어 이를 통한 소통이 가능하게 되었을 때만 해도 이만큼의 파급력은 없었다. 사람들은 유선 인터넷망을 통해 소통할 수 있게 되었지만, ㉡ 인터넷으로 메시지를 전하려면 적지 않은 시간과 비용이 필요했기 때문이다.

그런데 스마트폰이 등장하면서 이러한 부동성(不動性) 문제가 극복되었다. 작은 화면과 모바일 네트워크 플랫폼이 결합된 스마트폰을 통해 사용자는 언제 어디서든 온라인 네트워크에 접속할 수 있게 되었다. 어느새 스마트폰은 사람들의 일상과 완전히 밀착되었다. ㉢ 우리는 틈만 나면 스마트폰을 확인하며 늘 어딘가와 연결되어 있다는 사실에 안도한다. 스마트폰은 전화기와 같은 사물이 아니라 나에게 말을 거는 '타자'로서 존재하는 것 같은 착각을 불러온다. 내가 타자를 응시하면 타자는 똑같이 나를 바라보며 여러 가지 표정을 통해 나에게 메시지를 보내고 나를 변화시킨다. 반면 사물에는 표정이 없다. 내가 아무리 책상을 바라봐도 책상은 그저 그곳에 놓여 있을 뿐이다. 사물은 나를 변화시키는 힘을 가지고 있지 않다. ㉣ 스마트폰은 책상과 마찬가지로 사물이다. 그런데도 나는 혹시 스마트폰의 부름을 놓쳤을까 봐 전전긍긍하게 된다. 이러한 분리 불안은 스마트폰이 사물이 아닌 타자로 받아들여지기에 발생하는 것이다.

사물을 타자로 혼동하는 것은 위험하다. ㉤ 스마트폰을 타자로 인식하는 순간 나는 스마트폰에 예속된다. 도구가 오히려 나를 지배하게 되는 역전 현상이 일어나는 것이다. 만약 진정한 타자 대신 스마트폰 자체를 타자로 받아들이게 되면 진정한 타자와의 만남은 점점 사라지게 될 것이다. 스마트폰이 진정한 타자들을 대체하며 내 주변에서 타자들의 흔적을 지워갈 것이기 때문이다.

① ㉠을 "인터넷망 설치와 이를 통한 교류가 가능하게 되었을 때 직면했던 파급력에는 미치지 못했다"로 수정한다.
② ㉡을 "이러한 소통은 유선 인터넷망에 랜선으로 접속되어 있는 컴퓨터 앞에서만 이루어질 수 있었기 때문이다"로 수정한다.
③ ㉢을 "그래서 스마트폰 중독 방지를 위해 특정 시간대에는 스마트폰을 사용하지 말자는 사회적 운동이 일어나기도 했다"로 수정한다.
④ ㉣을 "스마트폰은 이런 사물과 다르게 나를 변화시키는 타자이다"로 수정한다.
⑤ ㉤을 "스마트폰을 타자로 인식하는 순간 내 삶의 영역은 이전보다 확장된다"로 수정한다.

7 다음 글에서 추론할 수 <u>없는</u> 것은? 23 7급 공채 PSAT

> 물속에서 눈을 뜨면 물체를 뚜렷하게 볼 수 없다. 이는 공기에 대한 각막의 상대 굴절률이 물에 대한 각막의 상대 굴절률과 달라서 물속에서는 상이 망막에 선명하게 맺히기 힘들기 때문이다. 그런데 수경을 쓰면 빛이 공기에서 각막으로 굴절되어 망막에 들어오므로 상이 망막에 선명하게 맺혀서 물체를 뚜렷하게 볼 수 있다.
>
> 초기 형태의 수경은 덮개 형태의 두 부분으로 구성되어 있고 두 부분은 각각 오른쪽 눈과 왼쪽 눈을 덮고 있다. 한쪽 부분 안의 공기량이 약 7.5mL인 이 수경을 쓸 경우 3m 이상 잠수하면 결막 출혈이 생길 수 있다. 이런 현상은 다음과 같은 이유로 나타난다. 잠수를 하면 몸은 물의 압력인 수압을 받게 되는데, 수압은 잠수 깊이가 깊어질수록 커진다. 잠수 시 수압에 의해 신체가 압박되어 신체의 부피가 줄어들면서 체내 압력이 커져 수압과 같아지게 되는 반면, 수경 내부 공기의 부피는 변하지 않으므로 수경 내의 공기압인 수경 내압은 변하지 않는다. 이때 체내 압력이 수경 내압보다 일정 수준 이상 커지면 안구 안팎에 큰 압력 차이가 나타나 눈의 혈관이 압력차를 견디지 못하고 파열되어 결막 출혈이 일어난다. 초기 형태의 수경을 사용하던 해녀들은 깊이 잠수해 들어갈 때 흔히 이러한 결막 출혈을 경험하였다.
>
> 이러한 문제를 극복할 수 있도록 만들어진 수경 '부글래기'는 기존 수경에 공기가 담긴 고무주머니를 추가한 것인데 이 고무주머니는 수경 내부와 연결되어 있다. 이 수경은 잠수 시 수압에 의해 고무주머니가 압축되면, 고무주머니 내의 공기가 수압과 수경 내압이 같아질 때까지 수경 내로 이동하여 안구 안팎에 압력 차이가 나타나는 것을 막아 잠수 시 나타날 수 있는 결막 출혈을 방지한다. 우리나라에서는 모슬포 지역의 해녀들이 부글래기를 사용한 적이 있다.
>
> 오늘날 해녀들은 '큰눈' 또는 '왕눈'으로 불리는, 눈뿐만 아니라 코까지 덮는 수경을 사용한다. 이런 수경을 쓰면 잠수 시 수압에 의하여 폐가 압축되어 수압과 수경 내압이 같아질 때까지 폐의 공기가 기도와 비강을 거쳐 수경 내로 들어온다. 따라서 잠수 시 결막 출혈이 일어나지 않는다.

① 부글래기를 쓰고 잠수하면 빛이 공기에서 각막으로 굴절되어 망막에 들어와 물체를 뚜렷하게 볼 수 있다.
② 수경 내압은 큰눈을 쓰고 잠수했을 때보다 초기 형태의 수경을 쓰고 잠수했을 때가 더 크다.
③ 잠수 시 결막 출혈을 방지할 수 있는 수경이 모슬포 지역에서 사용된 적이 있다.
④ 왕눈을 쓰고 잠수하면 수경 내압과 체내 압력이 같아진다.
⑤ 체내 압력은 잠수하기 전보다 잠수했을 때가 더 크다.

DAY 08 추론 ④

• 풀이 시간: /10분
• 맞은 문제: /6문제

1 다음 글에서 추론할 수 있는 것은?

24 7급 공채 PSAT

> 사람의 근육 운동은 근육 세포의 수축과 이완이 반복되면서 일어나며, 근육 세포의 수축과 이완이 정상적으로 일어나지 않으면 근육 마비가 일어난다. 근육 세포의 수축과 이완은 근육 세포와 인접해 있는 운동 신경 세포에서 아세틸콜린의 방출을 조절함으로써 일어날 수 있다.
> 운동 신경 세포에 작용하는 신호에 의해 운동 신경 세포에서 아세틸콜린이 방출된다. 방출된 아세틸콜린은 근육 세포의 막에 있는 아세틸콜린 결합 단백질에 결합하고 이 근육 세포가 수축되게 한다. 뇌의 운동피질에서 유래한 신호가 운동 신경 세포에 작용하여 이와 같은 현상을 일으킬 수 있다.
> 운동 신경 세포에서 아세틸콜린의 방출은 운동 신경 세포와 접하고 있는 억제성 신경 세포에 의해서도 조절될 수 있다. 억제성 신경 세포는 글리신을 방출하는데, 이 글리신은 운동 신경 세포에 작용하여 아세틸콜린의 방출을 막음으로써 근육 세포가 이완되게 한다.
> 사람의 근육 운동에 영향을 미치는 물질 중에는 보툴리눔 독소와 파상풍 독소가 있다. 두 독소는 각각 병원균인 보툴리눔균과 파상풍균이 분비하는 독성 단백질이다. 보툴리눔 독소는 운동 신경 세포에 작용하여 아세틸콜린이 방출되는 것을 막아 근육 세포가 이완된 상태로 있게 하여 근육 마비를 일으킨다. 파상풍 독소는 억제성 신경 세포에 작용하여 글리신이 방출되는 것을 막아 근육 세포가 수축된 상태로 있게 하여 근육 마비를 일으킨다.

① 근육 세포의 막에는 글리신 결합 단백질이 있다.
② 보툴리눔 독소는 근육 세포의 수축이 일어나지 않게 하여 근육 마비를 일으킨다.
③ 운동 신경 세포에서 방출된 아세틸콜린은 억제성 신경 세포에서 글리신의 방출을 막는다.
④ 뇌의 운동피질에서 유래된 신호는 운동 신경 세포에서 아세틸콜린의 방출을 막아서 근육의 수축을 일으킨다.
⑤ 파상풍 독소는 운동 신경 세포에서 방출된 아세틸콜린이 근육 세포의 막에 있는 결합 단백질에 결합할 수 없게 한다.

2 다음 글에 대한 분석으로 적절한 것만을 <보기>에서 모두 고르면?

20 민경채 PSAT

갑: 우리는 예전에 몰랐던 많은 과학 지식을 가지고 있다. 예를 들어, 과거에는 물이 산소와 수소로 구성된다는 것을 몰랐지만 현재는 그 사실을 알고 있다. 과거에는 어떤 기준 좌표에서 관찰하더라도 빛의 속도가 일정하다는 것을 몰랐지만 현재의 우리는 그 사실을 알고 있다. 이처럼 우리가 알게 된 과학 지식의 수는 누적적으로 증가하고 있으며, 이 점에서 과학은 성장한다고 말할 수 있다.

을: 과학의 역사에서 과거에 과학 지식이었던 것이 더 이상 과학 지식이 아닌 것으로 판정된 사례는 많다. 예를 들어, 과거에 우리는 플로지스톤 이론이 옳다고 생각했지만 현재 그 이론이 옳다고 생각하는 사람은 아무도 없다. 이런 점에서 과학 지식의 수는 누적적으로 증가하고 있지 않다.

병: 그렇다고 해서 과학이 성장한다고 말할 수 없는 것은 아니다. 과학에서 해결해야 할 문제들은 정해져 있으며, 그중 해결된 문제의 수는 증가하고 있다. 예를 들어 과거의 뉴턴 역학은 수성의 근일점 이동을 정확하게 예측할 수 없었지만 현재의 상대성 이론은 정확하게 예측할 수 있다. 따라서 해결된 문제의 수가 증가하고 있다는 이유에서 과학은 성장한다고 말할 수 있다.

정: 그렇게 말할 수 없다. 우리가 어떤 과학 이론을 받아들이냐에 따라서 해결해야 할 문제가 달라지고, 해결된 문제의 수가 증가했는지 판단할 수도 없기 때문이다. 서로 다른 이론을 받아들이는 사람들이 해결한 문제의 수는 서로 비교할 수 없다.

─── <보 기> ───

ㄱ. 갑과 병은 모두 과학의 성장 여부를 평가할 수 있는 어떤 기준이 있다는 것을 인정한다.
ㄴ. 을은 과학 지식의 수가 실제로 누적적으로 증가하지 않는다는 이유로 갑을 비판한다.
ㄷ. 정은 과학의 성장 여부를 말할 수 있는 근거의 진위를 판단할 수 없다는 점을 들어 병을 비판한다.

① ㄱ   ② ㄷ   ③ ㄱ, ㄴ   ④ ㄴ, ㄷ   ⑤ ㄱ, ㄴ, ㄷ

3 다음 갑~병의 견해에 대한 분석으로 적절한 것만으로 <보기>에서 모두 고르면?　　　20 5급 공채 PSAT

갑: 인간과 달리 여타의 동물에게는 어떤 형태의 의식도 없다. 소나 개가 상처를 입었을 때 몸을 움츠리고 신음을 내는 통증 행동을 보이기는 하지만 실제로 통증을 느끼는 것은 아니다. 동물에게는 통증을 느끼는 의식이 없으므로 동물의 행동은 통증에 대한 아무런 느낌 없이 이루어지는 것이다. 우리는 늑대를 피해 도망치는 양을 보고 양이 늑대를 두려워한다고 말한다. 그러나 두려움을 느낀다는 것은 의식적인 활동이므로 양이 두려움을 느끼는 일은 일어날 수 없다. 양의 행동은 단지 늑대의 몸에서 반사된 빛이 양의 눈을 자극한 데 따른 반사작용일 뿐이다.

을: 동물이 통증 행동을 보일 때는 실제로 통증을 의식한다고 보아야 한다. 동물은 통증을 느낄 수 있으나 다만 자의식이 없을 뿐이다. 우리는 통증을 느낄 수 있는 의식과 그 통증을 '나의 통증'이라고 느낄 수 있는 자의식을 구별해야 한다. 의식이 있어야만 자의식이 있지만, 의식이 있다고 해서 반드시 자의식을 갖는 것은 아니다. 세 번의 전기충격을 받은 쥐는 그때마다 통증을 느끼지만, '내'가 전기충격을 세 번 받았다고 느끼지는 못한다. '나의 통증'을 느끼려면 자의식이 필요하며, 통증이 '세 번' 있었다고 느끼기 위해서도 자의식이 필요하다. 자의식이 없으면 과거의 경험을 기억하는 일은 불가능하기 때문이다.

병: 동물이 아무것도 기억할 수 없다는 주장을 인정하고 나면, 동물이 무언가를 학습할 수 있다는 주장은 아예 성립할 수 없을 것이다. 그렇게 되면 동물의 학습에 관한 연구는 무의미해질 것이다. 하지만 어느 이웃에게 한 번 발로 차인 개는 그를 만날 때마다 그 사실을 기억하고 두려움을 느끼며 몸을 피한다. 그렇다면 무언가를 기억하기 위해 자의식이 꼭 필요한 것일까. 그렇지는 않아 보인다. 실은 인간조차도 아무런 자의식 없이 무언가를 기억하여 행동할 때가 있다. 하물며 동물은 말할 것도 없을 것이다. 또한, 과거에 경험한 괴로운 사건은 '나의 것'이라고 받아들이지 않고도 기억될 수 있다.

─── <보 기> ───

ㄱ. 갑과 병은 동물에게 자의식이 없다고 여긴다.
ㄴ. 갑과 을은 동물이 의식 없이 행동할 수 있다고 여긴다.
ㄷ. 을에게 기억은 의식의 충분조건이지만, 병에게 기억은 학습의 필요조건이다.

① ㄱ　　② ㄷ　　③ ㄱ, ㄴ　　④ ㄴ, ㄷ　　⑤ ㄱ, ㄴ, ㄷ

4 다음 글의 (가)~(다)에 대한 분석으로 적절한 것만을 <보기>에서 모두 고르면? 19 5급 공채 PSAT

다음은 원인으로 추정되는 요인과 결과로 추정되는 질병 사이의 상관관계를 알아본 연구 결과이다.

(가) 아스피린의 복용이 심장병 예방에 효과가 있을 수 있다는 것이 밝혀졌다. 심장병 환자와 심장병이 발병한 적이 없는 기타 환자 총 4,107명에 대한 조사 결과에 따르면, 심장병 환자 중 발병 전에 정기적으로 아스피린을 복용해 온 사람의 비율은 0.9%였지만, 기타 환자 중 정기적으로 아스피린을 복용해 온 사람의 비율은 4.9%였다. 환자 1만 542명을 대상으로 한 후속 연구에서도 유사한 결과가 나타났다. 즉 심장병 환자 중에서 3.5%만이 정기적으로 아스피린을 복용해 왔다고 말한 반면, 기타 환자 중에서 그렇게 말한 사람은 7%였다.

(나) 임신 중 고지방식 섭취가 태어날 자식의 생식기에서 종양의 발생 가능성을 높일 수 있다는 것이 밝혀졌다. 이 결과는 임신한 암쥐 261마리 중 130마리의 암쥐에게는 고지방식을, 131마리의 암쥐에게는 저지방식을 제공한 연구를 통해 얻었다. 실험 결과, 고지방식을 섭취한 암쥐에게서 태어난 새끼 가운데 54%가 생식기에 종양이 생겼지만 저지방식을 섭취한 암쥐가 낳은 새끼 중에서 그러한 종양이 생긴 것은 21%였다.

(다) 사지 중 하나 이상의 절단 수술이 심장병으로 사망할 가능성을 증가시킬 수 있다는 것이 밝혀졌다. 이것은 제2차 세계대전 중에 부상을 당한 9,000명의 군인에 대한 진료 기록을 조사한 결과이다. 이들 중 4,000명은 사지 중 하나 이상의 절단 수술을 받은 사람이었고, 5,000명은 사지 절단 수술을 받지 않았지만 중상을 입은 사람이었다. 이들에 대한 기록을 추적 조사한 결과, 사지 중 하나 이상의 절단 수술을 받은 사람이 심장병으로 사망한 비율은 그렇지 않은 사람의 1.5배였다. 즉 사지 중 하나 이상의 절단 수술을 받은 사람 중 600명은 심장병으로 사망하였고, 그렇지 않은 사람 중 500명이 심장병으로 사망하였다.

<보 기>

ㄱ. (가)와 (나)는 원인으로 추정되는 요인이 적용된 집단과 그렇지 않은 집단을 나눈 후 그에 따라 결과로 추정되는 질병의 발생 비율을 비교하는 실험을 했다.
ㄴ. (가)와 (다)에서는 원인으로 추정되는 요인이 적용된 개체들 중 결과로 추정되는 질병의 발생 비율을 알 수 있다.
ㄷ. (나)에서는 연구에 사용된 개체에게 원인으로 추정되는 요인을 적용할 것인지의 여부는 연구자에 의해서 결정되지만, (다)에서는 그렇지 않다.

① ㄱ   ② ㄷ   ③ ㄱ, ㄴ   ④ ㄴ, ㄷ   ⑤ ㄱ, ㄴ, ㄷ

[5-6] 다음 글을 읽고 물음에 답하시오.

21 7급 공채 PSAT

　미국의 일부 주에서 판사는 형량을 결정하거나 가석방을 허가하는 판단의 보조 자료로 양형 보조 프로그램 X를 활용한다. X는 유죄가 선고된 범죄자를 대상으로 그 사람의 재범 확률을 추정하여 그 결과를 최저 위험군을 뜻하는 1에서 최고 위험군을 뜻하는 10까지의 위험 지수로 평가한다.

　2016년 A는 X를 활용하는 플로리다 주 법정에서 선고받았던 7천여 명의 초범들을 대상으로 X의 예측 결과와 석방 후 2년간의 실제 재범 여부를 조사했다. 이 조사 결과를 토대로 한 ⊙ A의 주장은 X가 흑인과 백인을 차별한다는 것이다. 첫째 근거는 백인의 경우 위험 지수 1로 평가된 사람이 가장 많고 10까지 그 비율이 차츰 감소한 데 비하여 흑인의 위험 지수는 1부터 10까지 고르게 분포되었다는 관찰 결과이다. 즉 고위험군으로 분류된 사람의 비율이 백인보다 흑인이 더 크다는 것이었다. 둘째 근거는 예측의 오류와 관련된 것이다. 2년 이내 재범을 [(가)] 사람 중에서 [(나)] 으로 잘못 분류되었던 사람의 비율은 흑인의 경우 45%인 반면 백인은 23%에 불과했고, 2년 이내 재범을 [(다)] 사람 중에서 [(라)] 으로 잘못 분류되었던 사람의 비율은 흑인의 경우 28%인 반면 백인은 48%로 훨씬 컸다. 종합하자면, 재범을 저지른 사람이든 그렇지 않은 사람이든, 흑인은 편파적으로 고위험군으로 분류된 반면 백인은 편파적으로 저위험군으로 분류된 것이다.

　X를 개발한 B는 A의 주장을 반박하는 논문을 발표하였다. B는 X의 목적이 재범 가능성에 대한 예측의 정확성을 높이는 것이며, 그 정확성에는 인종 간에 차이가 나타나지 않는다고 주장했다. B에 따르면, 예측의 정확성을 판단하는 데 있어 중요한 것은 고위험군으로 분류된 사람 중 2년 이내 재범을 저지른 사람의 비율과 저위험군으로 분류된 사람 중 2년 이내 재범을 저지르지 않은 사람의 비율이다. B는 전자의 비율이 백인 59%, 흑인 63%, 후자의 비율이 백인 71%, 흑인 65%라고 분석하고, 이 비율들은 인종 간에 유의미한 차이를 드러내지 않는다고 주장했다. 또 B는 X에 의해서 고위험군 혹은 저위험군으로 분류되기 이전의 흑인과 백인의 재범률, 즉 흑인의 기저 재범률과 백인의 기저 재범률 간에는 이미 상당한 차이가 있었으며, 이런 애초의 차이가 A가 언급한 예측의 오류 차이를 만들어 냈다고 설명한다. 결국 ⓒ B의 주장은 X가 편파적으로 흑인과 백인의 위험 지수를 평가하지 않는다는 것이다.

　하지만 기저 재범률의 차이로 인종 간 위험 지수의 차이를 설명하여, X가 인종차별적이라는 주장을 반박하는 것은 잘못이다. 기저 재범률에는 미국 사회의 오래된 인종차별적 특징, 즉 흑인이 백인보다 범죄자가 되기 쉬운 사회 환경이 반영되어 있기 때문이다. 처음 범죄를 저질러서 재판을 받아야 하는 흑인을 생각해 보자. 그의 위험 지수를 판정할 때 사용되는 기저 재범률은 그와 전혀 상관없는 다른 흑인들이 만들어 낸 것이다. 그런 기저 재범률이 전혀 상관없는 사람의 형량이나 가석방 여부에 영향을 주는 것은 잘못이다. 더 나아가 이런 식으로 위험 지수를 평가받아 형량이 정해진 흑인들은 더 오랜 기간 교도소에 있게 될 것이며, 향후 재판받을 흑인들의 위험 지수를 더욱 높이는 결과를 가져오게 될 것이다. 따라서 ⓒ X의 지속적인 사용은 미국 사회의 인종차별을 고착화한다.

5 윗글의 (가)~(라)에 들어갈 말을 적절하게 나열한 것은?

	(가)	(나)	(다)	(라)
①	저지르지 않은	고위험군	저지른	저위험군
②	저지르지 않은	고위험군	저지른	고위험군
③	저지르지 않은	저위험군	저지른	저위험군
④	저지른	고위험군	저지르지 않은	저위험군
⑤	저지른	저위험군	저지르지 않은	고위험군

6 윗글의 ㉠~㉢에 대한 평가로 적절한 것만을 <보기>에서 모두 고르면?

<보 기>

ㄱ. 강력 범죄자 중 위험 지수가 10으로 평가된 사람의 비율이 흑인과 백인 사이에 차이가 없다면, ㉠은 강화된다.

ㄴ. 흑인의 기저 재범률이 높을수록 흑인에 대한 X의 재범 가능성 예측이 더 정확해진다면, ㉡은 약화된다.

ㄷ. X가 특정 범죄자의 재범률을 평가할 때 사용하는 기저 재범률이 동종 범죄를 저지른 사람들로부터 얻은 것이라면, ㉢은 강화되지 않는다.

① ㄱ ② ㄷ ③ ㄱ, ㄴ ④ ㄴ, ㄷ ⑤ ㄱ, ㄴ, ㄷ

DAY 09 빈칸 추론

・풀이 시간: /12분
・맞은 문제: /7문제

1 다음 글의 빈칸에 들어갈 내용으로 가장 적절한 것은?   20 민경채 PSAT

　　텔레비전이라는 단어는 '멀리'라는 뜻의 그리스어 '텔레'와 '시야'를 뜻하는 라틴어 '비지오'에서 왔다. 원래 텔레비전은 우리가 멀리서도 볼 수 있도록 해주는 기기로 인식됐다. 하지만 조만간 텔레비전은 멀리에서 우리를 보이게 해줄 것이다. 오웰의 <1984>에서 상상한 것처럼, 우리가 텔레비전을 보는 동안 텔레비전이 우리를 감시할 것이다. 우리는 텔레비전에서 본 내용을 대부분 잊어버리겠지만, 텔레비전에 영상을 공급하는 기업은 우리가 만들어낸 데이터를 기반으로 하여 알고리즘을 통해 우리 입맛에 맞는 영화를 골라 줄 것이다. 나아가 인생에서 중요한 것들, 이를테면 어디서 일해야 하는지, 누구와 결혼해야 하는지도 대신 결정해 줄 것이다.

　　그들의 답이 늘 옳지는 않을 것이다. 그것은 불가능하다. 데이터 부족, 프로그램 오류, 삶의 근본적인 무질서 때문에 알고리즘은 실수를 범할 수밖에 없다. 하지만 완벽해야 할 필요는 없다. 평균적으로 우리 인간보다 낫기만 하면 된다. 그 정도는 그리 어려운 일이 아니다. 왜냐하면 대부분의 사람은 자신을 잘 모르기 때문이다. 사람들은 인생의 중요한 결정을 내리면서도 끔찍한 실수를 저지를 때가 많다. 데이터 부족, 프로그램 오류, 삶의 근본적인 무질서로 인한 고충도 인간이 알고리즘보다 훨씬 더 크게 겪는다.

　　우리는 알고리즘을 둘러싼 많은 문제들을 열거하고 나서, 그렇기 때문에 사람들은 결코 알고리즘을 신뢰하지 않을 거라고 결론 내릴 수도 있다. 하지만 그것은 민주주의의 모든 결점들을 나열한 후에 '제정신인 사람이라면 그런 체제는 지지하려 들지 않을 것'이라고 결론짓는 것과 비슷하다. 처칠의 유명한 말이 있지 않은가? "민주주의는 세상에서 가장 나쁜 정치 체제다. 다른 모든 체제를 제외하면." 알고리즘에 대해서도 마찬가지로 다음과 같은 결론을 내릴 수 있다. (　　　　　　　　　　　　　　　　)

① 알고리즘의 모든 결점을 제거하면 최선의 선택이 가능할 것이다.
② 우리는 자신이 무엇을 원하는지를 알기 위해서 점점 더 알고리즘에 의존한다.
③ 데이터를 가진 기업이 다수의 사람을 은밀히 감시하는 사례는 더 늘어날 것이다.
④ 실수를 범하기는 하지만 현실적으로 알고리즘보다 더 신뢰할 만한 대안을 찾기 어렵다.
⑤ 알고리즘이 갖는 결점이 지금은 보이지 않지만, 어느 순간 이 결점 때문에 우리의 질서가 무너질 것이다.

2 다음 글의 빈칸에 들어갈 내용으로 가장 적절한 것은?

20 민경채 PSAT

대안적 분쟁해결절차(ADR)는 재판보다 분쟁을 신속하게 해결한다고 알려져 있다. 그러나 재판이 서면 심리를 중심으로 진행되는 반면, ADR은 당사자 의견도 충분히 청취하기 때문에 재판보다 더 많은 시간이 소요된다. 그럼에도 불구하고 ADR이 재판보다 신속하다고 알려진 이유는 법원에 지나치게 많은 사건이 밀려 있어 재판이 더디게 이루어지기 때문이다.

법원행정처는 재판이 너무 더디다는 비난에 대응하기 위해 일선 법원에서도 사법형 ADR인 조정제도를 적극적으로 활용할 것을 독려하고 있다. 그러나 이는 법관이 신속한 조정안 도출을 위해 사건 당사자에게 화해를 압박하는 부작용을 낳을 수 있다. 사법형 ADR 활성화 정책은 법관의 증원 없이 과도한 사건 부담 문제를 해결하려는 미봉책일 뿐이다. 결국, 사법형 ADR 활성화 정책은 사법 불신으로 이어져 재판 정당성에 대한 국민의 인식을 더욱 떨어뜨리게 한다.

또한 사법형 ADR 활성화 정책은 민간형 ADR이 활성화되는 것을 저해한다. 분쟁 당사자들이 민간형 ADR의 조정안을 따르도록 하려면, 재판에서도 거의 같은 결과가 나온다는 확신이 들게 해야 한다. 그러기 위해서는 법원이 확고한 판례를 제시하여야 한다. 그런데 사법형 ADR 활성화 정책은 새롭고 복잡한 사건을 재판보다는 ADR로 유도하게 된다. 이렇게 되면 새롭고 복잡한 사건에 대한 판례가 만들어지지 않고, 민간형 ADR에서 분쟁을 해결할 기준도 마련되지 않게 된다. 결국 판례가 없는 수많은 사건들이 끊임없이 법원으로 밀려들게 된다.

따라서 (   ) 먼저 법원은 본연의 임무인 재판을 통해 당사자의 응어리를 풀어주겠다는 의식으로 접근해야 할 것이다. 그것이 현재 법원의 실정으로 어렵다고 판단되면, 국민의 동의를 구해 예산과 인력을 확충하는 방향으로 나아가는 것이 옳은 방법이다. 법원의 인프라를 확충하고 판례를 충실히 쌓아가면, 민간형 ADR도 활성화될 것이다.

① 분쟁 해결에 대한 사회적 관심을 높이도록 유도해야 한다.
② 재판이 추구하는 목표와 ADR이 추구하는 목표는 서로 다르지 않다.
③ 법원으로 폭주하는 사건 수를 줄이기 위해 시민들의 준법의식을 강화하여야 한다.
④ 법원은 재판에 주력하여야 하며 그것이 결과적으로 민간형 ADR의 활성화에도 도움이 된다.
⑤ 민간형 ADR 기관의 전문성을 제고하여 분쟁 당사자들이 굳이 법원에 가지 않더라도 신속하게 분쟁을 해결할 수 있게 만들어야 한다.

3 다음 글의 빈칸에 들어갈 내용으로 가장 적절한 것은?

20 민경채 PSAT

A는 말벌이 어떻게 둥지를 찾아가는지 알아내고자 했다. 이에 A는 말벌이 둥지에 있을 때, 둥지를 중심으로 솔방울들을 원형으로 배치했는데, 그 말벌은 먹이를 찾아 둥지를 떠났다가 다시 둥지로 잘 돌아왔다. 이번에는 말벌이 먹이를 찾아 둥지를 떠난 사이, A가 그 솔방울들을 수거하여 둥지 부근 다른 곳으로 옮겨 똑같이 원형으로 배치했다. 그랬더니 돌아온 말벌은 솔방울들이 치워진 그 둥지로 가지 않고 원형으로 배치된 솔방울들의 중심으로 날아갔다.

이러한 결과를 관찰한 A는 말벌이 방향을 찾을 때 솔방울이라는 물체의 재질에 의존한 것인지 혹은 솔방울들로 만든 모양에 의존한 것인지를 알아내고자 하였다. 그래서 이번에는 말벌이 다시 먹이를 찾아 둥지를 떠난 사이, 앞서 원형으로 배치했던 솔방울들을 치우고 그 자리에 돌멩이들을 원형으로 배치했다. 그리고 거기 있던 솔방울들을 다시 가져와 둥지를 중심으로 삼각형으로 배치했다. 그러자 A는 돌아온 말벌이 원형으로 배치된 돌멩이들의 중심으로 날아가는 것을 관찰할 수 있었다.

이 실험을 통해 A는 먹이를 찾으러 간 말벌이 둥지로 돌아올 때, (   )는 결론에 이르렀다.

① 물체의 재질보다 물체로 만든 모양에 의존하여 방향을 찾는다
② 물체로 만든 모양보다 물체의 재질에 의존하여 방향을 찾는다
③ 물체의 재질과 물체로 만든 모양 모두에 의존하여 방향을 찾는다
④ 물체의 재질이나 물체로 만든 모양에 의존하지 않고 방향을 찾는다
⑤ 경우에 따라 물체의 재질에 의존하기도 하고 물체로 만든 모양에 의존하기도 하면서 방향을 찾는다

4 다음 글의 ㉠과 ㉡에 들어갈 말을 가장 적절하게 나열한 것은?

축산업은 지난 50여 년 동안 완전히 바뀌었다. 예를 들어, 1967년 미국에는 약 100만 곳의 돼지 농장이 있었지만, 2005년에 들어서면서 전체 돼지 농장의 수는 10만을 조금 넘게 되었다. 이러한 가운데 전체 돼지 사육 두수는 크게 증가하여 (㉠) 밀집된 형태에서 대규모로 돼지를 사육하는 농장이 출현하기 시작하였다. 이러한 농장은 경제적 효율성을 지녔지만, 사육 가축들의 병원균 전염 가능성을 높인다. 이러한 농장에서 가축들이 사육되면, 소규모 가축 사육 농장에 비해 벌레, 쥐, 박쥐 등과의 접촉으로 병원균들의 침입 가능성은 높아진다. 또한 이러한 농장의 가축 밀집 상태는 가축 간 접촉을 늘려 병원균의 전이 가능성을 높임으로써 전염병을 쉽게 확산시킨다.

축산업과 관련된 가축의 가공 과정과 소비 형태 역시 변화하였다. 과거에는 적은 수의 가축을 도축하여 고기 그 자체를 그대로 소비할 수밖에 없었다. 그러나 현대에는 소수의 대규모 육류가공기업이 많은 지역으로부터 수집한 수많은 가축의 고기를 재료로 햄이나 소시지 등의 육류가공제품을 대량으로 생산하여 소비자에게 공급한다. 이렇게 되면 오늘날의 개별 소비자들은 적은 양의 육류가공제품을 소비하더라도, 엄청나게 많은 수의 가축과 접촉한 결과를 낳는다. 이는 소비자들이 감염된 가축의 병원균에 노출될 가능성을 높인다.

정리하자면 (㉡) 결과를 야기하기 때문에, 오늘날의 변화된 축산업은 소비자들이 가축을 통해 전염병에 노출될 가능성을 높인다.

① ㉠: 농장당 돼지 사육 두수는 줄고 사육 면적당 돼지의 수도 줄어든
  ㉡: 가축 사육량과 육류가공제품 소비량이 증가하는

② ㉠: 농장당 돼지 사육 두수는 줄고 사육 면적당 돼지의 수도 줄어든
  ㉡: 가축 간 접촉이 늘고 소비자도 많은 수의 가축과 접촉한

③ ㉠: 농장당 돼지 사육 두수는 늘고 사육 면적당 돼지의 수도 늘어난
  ㉡: 가축 사육량과 육류가공제품 소비량이 증가하는

④ ㉠: 농장당 돼지 사육 두수는 늘고 사육 면적당 돼지의 수도 늘어난
  ㉡: 가축 간 접촉이 늘고 소비자도 많은 수의 가축과 접촉한

⑤ ㉠: 농장당 돼지 사육 두수는 늘고 사육 면적당 돼지의 수도 늘어난
  ㉡: 가축 간 접촉이 늘고 소비자는 적은 수의 가축과 접촉한

5. 다음 글의 빈칸에 들어갈 내용으로 가장 적절한 것은?

24 7급 공채 PSAT

갑은 이번에 들어온 신입 사원 민철에 대해서 '그는 결혼하지 않았다.'라는 정보와 '그는 비혼이다.'라는 정보를 획득했다. 한편 을은 민철에 대해서 '그는 결혼하지 않았다.'라는 정보와 '그에게는 아이가 있다.'라는 정보를 획득했다. 갑이 획득한 정보 집합과 을이 획득한 정보 집합 중에서 무엇이 더 정합적인가? 다르게 말해 어떤 집합 내 정보들이 서로 더 잘 들어맞는가? 갑의 정보 집합이 더 정합적이라고 여기는 것이 상식적이다.

그렇다면 이런 정보 집합의 정합성은 어떻게 측정할 수 있을까? 그 방법 중 하나인 C는 확률을 이용해 그 정합성의 정도, 즉 정합도를 측정한다. 여러 정보로 이루어진 정보 집합 S가 있다고 해보자. 방법 C에 따르면, S의 정합도는 (   )으로 정의된다.

그 정의에 따라 정합도를 측정하면, 위 갑과 을이 획득한 정보 집합의 정합성을 우리의 상식에 맞춰 비교할 수 있다. 갑이 획득한 정보에서 '그가 결혼하지 않았으며 비혼일 확률'과 '그가 결혼하지 않았거나 비혼일 확률'은 모두 '그가 비혼일 확률'과 같다. 왜냐하면 결혼하지 않았다는 것과 비혼이라는 것은 서로 같은 말이기 때문이다. 따라서 방법 C에 따르면 갑이 획득한 정보 집합의 정합도는 1이다.

한편, '그가 결혼하지 않았으며 아이가 있을 확률'은 '그가 결혼하지 않았거나 아이가 있을 확률'보다 낮다. 왜냐하면 그가 결혼하지 않았거나 아이가 있는 경우에 비해, 그가 결혼하지 않고 아이가 있는 경우는 드물기 때문이다. 따라서 방법 C에 따르면 을의 정보 집합의 정합도는 1보다 작다. 이런 식으로 방법 C는 갑의 정보 집합의 정합도가 을의 정보 집합의 정합도보다 크다고 말해 준다. 그리고 그 점에서 갑의 정보 집합이 을의 정보 집합보다 더 정합적이라고 판단한다. 이는 우리 상식에 부합하는 결과이다.

① S의 정보 중 적어도 하나가 참일 확률을 S의 모든 정보가 참일 확률로 나눈 값
② S의 모든 정보가 참일 확률을 S의 정보 중 적어도 하나가 참일 확률로 나눈 값
③ S의 정보 중 기껏해야 하나가 참일 확률을 S의 모든 정보가 참일 확률로 나눈 값
④ S의 모든 정보가 참일 확률을 S의 정보 중 기껏해야 하나가 참일 확률로 나눈 값
⑤ S의 정보 중 기껏해야 하나가 참일 확률을 S의 정보 중 적어도 하나가 참일 확률로 나눈 값

6 다음 글의 (가)~(다)에 들어갈 말을 적절하게 나열한 것은?

기업의 사회적 역할에 대한 기대가 높아짐에 따라 기업의 사회적 기여를 실현하기 위한 프로그램이 개발되었는데, 그 대표적인 예로 '사회적 책임 이행'을 들 수 있다. 여기에 속하는 활동은 성공적으로 진행되어 그 목표를 달성했더라도 기업의 _____(가)_____ 까지는 이어지지 못했으므로, 기업의 입장에서는 이를 장기적으로 지속하기 어려웠다.

이에 비해 최근에 주목받고 있는 '공유가치 창출'은 기업이 사회적 기여라는 역할을 수행하면서 기업 자신의 핵심 역량 강화도 실현할 수 있는 활동을 뜻한다. 공유가치 창출이란 기업이 사업과 관련된 지역공동체 자체의 역량을 강화시키고 이를 통해 기업의 경쟁력도 향상시키는 활동이라고 할 수 있다.

사회적 책임 이행과 공유가치 창출은 지향점을 달리하기 때문에 활동의 모습도 다르게 나타난다. 그 예로서 세계적인 커피 회사인 X사의 사례를 들 수 있다. X사는 원산지 커피 농부들의 소득 향상을 위해 평균 시장가격보다 높은 가격에 커피 원두를 구매하는 고가 매수 프로그램을 운영했고 이것은 기업의 _____(나)_____ 에 대한 대표적 사례로 거론된다.

그런데 X사가 새로 추진한 '캡슐커피 프로그램'은 공유가치 창출 프로그램이 종래의 사회 기여 프로그램을 어떻게 혁신할 수 있는가를 보여준다. 캡슐커피 프로그램에는 원산지 농부들에 대한 혁신적 농법 전수와 영농 자금 지원도 포함되어 있다. 이 프로그램이 정착된 지역에서는 커피 농부들의 소득이 고가 매수 프로그램만 운영되었던 시절에 비해 15배 이상 증가했다. 또한 커피 원두의 품질이 비약적으로 향상되었는데, X사의 고급 원두 시장에서의 매출액이 30% 이상 증가한 것은 이에 힘입은 것으로 평가된다.

이처럼 공유가치 창출은 장기적으로 기업과 지역사회의 건설적 관계를 추구하며 기업의 사회적 기여와 기업의 핵심 역량 강화의 _____(다)_____ (이)라는 새로운 방향을 제시한다.

	(가)	(나)	(다)
①	핵심 역량 강화	사회적 책임 이행	통합
②	핵심 역량 강화	사회적 책임 이행	분리
③	핵심 역량 강화	공유가치 창출	통합
④	사회적 기여	사회적 책임 이행	분리
⑤	사회적 기여	공유가치 창출	분리

7 다음 글의 빈칸에 들어갈 내용으로 가장 적절한 것은?

24 5급 공채 PSAT

1783년 캐번디시는 산소(O_2)를 뺀 공기, 즉 '질소'라고 알려진 기체의 성질을 탐구하기 위해 산소를 뺀 공기와 산소의 혼합물에 마찰 스파크를 일으켰다. 그는 이 실험을 통해 산소를 뺀 공기 대부분은 산소와 결합하여 질소산화물이 되지만 그중 일부는 산소와 결합하지 않는다는 것을 발견했다. 이것은 '질소'라고 알려진 기체에 질소 외에 공기의 또 다른 성분이 있다는 것을 시사했지만 그 성분의 정체는 19세기 말에 이르러서야 밝혀졌다.

1890년대에 들어 레일리는 산소를 뺀 공기, 즉 '질소'의 밀도를 측정했다. 그는 암모니아를 뜨거운 구리에 접촉시켜 환원함으로써 순수한 질소를 화학적으로 얻고 그 질소의 밀도를 측정했는데, 그 값은 공기에서 얻은 '질소'보다 1,000분의 1만큼 작았다. 그리고 램지는 1893년 4월에 공기 중에서 마그네슘을 가열하여 질소산화물을 만들고 산소, 수증기, 이산화탄소마저 제거했으나 남은 기체가 화학적으로 얻은 질소보다 무거운 것을 확인했다.

레일리와 램지 모두 공기 중에서 얻은 '질소'에 다른 물질과 결합하지 않는 비활성의 기체가 포함되어 있을 가능성을 생각했다. 위 연구 결과에 근거하여 레일리와 램지는 공기 중에 새로운 기체, 즉 비활성 성분이 존재한다고 확신했고, 1894년에 공기에 새로운 성분이 있다고 발표했다. 하지만 화학자들은 실험의 정밀성을 인정하더라도 그러한 성분의 발견에 대해서는 "(   )?"와 같은 회의적인 반응을 보였다.

그 후 이 기체의 스펙트럼 검사를 통해, 기존에 알려진 원소의 스펙트럼에 속하지 않는 빨강과 녹색 선의 그룹이 확인되자 회의적 반응을 보였던 화학자들의 의문은 해소되었다. 가시광선 영역의 스펙트럼의 선은 원소의 결합과는 무관하고 구성 원소에 의해 결정되므로, 새로운 원소의 존재를 인정하게 하는 결과였다. 램지는 일련의 확장된 실험에서 이 기체는 다른 물질과 결합하지 않는다는 것을 확인했고 마침내 그 기체에 그에 걸맞은 이름, '아르곤'을 붙여 주었다. 아르곤은 그리스어로 '게으르다'는 의미이다.

① 질소 원자의 선 스펙트럼에는 빨강과 녹색 선은 전혀 안 나타나지 않는가
② 수증기나 이산화탄소를 제거한 공기 중에 비활성의 기체가 남아 있을 수도 있는 것 아닌가
③ 암모니아를 뜨거운 구리로 가열하여 만들어지는 질소에 아르곤이 섞여 있을 수도 있지 않겠는가
④ 화학적으로 얻은 질소의 원료가 되는 암모니아 속에 수소가 더 많이 포함되어 있었을 수도 있지 않는가
⑤ 공기 중에서 마그네슘을 가열하여 질소산화물을 만들 때, 기존에 알려진 원소로 구성된 새로운 물질이 형성될 수도 있지 않는가

DAY 10 글의 구조 파악

- 풀이 시간: /10분
- 맞은 문제: /6문제

1 다음 단락들을 내용의 흐름에 따라 순서대로 나열한 것은?

09 5급 공채 PSAT

가) 매년 수백만 톤의 황산이 애팔래치아산맥에서 오하이오강으로 흘러들어 간다. 이 황산은 강을 붉게 물들이고 산성으로 변화시킨다. 이렇듯 강이 붉게 물드는 것은 티오바실러스라는 세균으로 인해 생성된 침전물 때문이다. 철2가이온(Fe^{2+})과 철3가이온(Fe^{3+})의 용해도가 이러한 침전물의 생성에 중요한 역할을 한다.

나) 애팔래치아산맥의 석탄 광산에 있는 황철광에는 황화철(FeS_2)이 함유되어 있다. 티오바실러스는 이 황철광에 포함된 황화철을 산화시켜 철2가이온(Fe^{2+})과 강한 산인 황산을 만든다. 이 과정에서 티오바실러스는 일차적으로 에너지를 얻는다. 일단 만들어진 철2가이온은 티오바실러스에 의해 다시 철3가이온(Fe^{3+})으로 산화되는데, 이 과정에서 또다시 티오바실러스는 에너지를 이차적으로 얻는다.

다) 황화철(FeS_2)의 산화는 다음과 같이 가속된다. 티오바실러스에 의해 생성된 황산은 황철광을 녹게 된다. 황철광이 녹으면 황철광 안에 들어 있던 황화철은 티오바실러스와 공기 중의 산소에 더 노출되어 화학반응이 폭발적으로 증가하게 된다. 티오바실러스의 생장과 번식에는 이와 같이 에너지의 원료가 되는 황화철과 산소 그리고 세포 구성에 필요한 무기질이 꼭 필요하다. 이러한 환경 조건이 자연적으로 완비된 광산지역에서는 일반적인 방법으로 티오바실러스의 생장을 억제하기가 힘들다. 황화철과 무기질이 다량으로 광산에 있으므로 이 경우 오하이오강의 오염을 막기 위한 방법은 광산을 밀폐시켜 산소의 공급을 차단하는 것뿐이다.

라) 철2가이온(Fe^{2+})은 강한 산(pH 3.0 이하)에서 물에 녹은 상태를 유지한다. 그러한 철2가이온은 자연 상태에서 pH 4.0~5.0 사이가 되어야 철3가이온(Fe^{3+})으로 산화된다. 놀랍게도 티오바실러스는 강한 산에서 잘 자라고 강한 산에 있는 철2가이온을 적극적으로 산화시켜 철3가이온을 만든다. 그리고 물에 녹지 않는 철3가이온은 다른 무기 이온과 결합하여 붉은 침전물을 만든다. 환경에 영향을 미칠 정도로 다량의 붉은 침전물을 만들기 위해서는 엄청난 양의 철2가이온과 강한 산이 있어야 한다. 이것들은 어떻게 만들어지는 것일까?

① 가) - 나) - 라) - 다)
② 가) - 라) - 나) - 다)
③ 라) - 가) - 다) - 나)
④ 라) - 나) - 가) - 다)
⑤ 라) - 나) - 다) - 가)

2 한 편의 완결된 글을 작성하려고 할 때, 가장 적절한 문단 배열의 순서는?

08 5급 공채 PSAT

가) 1,000분의 1초(ms) 단위로 안구운동을 측정한 결과 미국 학생은 중국 학생에 비해 180ms 빨리 물체에 주목했으며 눈길이 머문 시간도 42.8% 길었다. 그림을 본 후 처음 300~400ms 동안에는 두 그룹 사이에 별 차이가 없었으나 이후 420~1,100ms 동안 미국 학생은 중국 학생에 비해 '물체'에 주목하는 정도가 더 높았다.

나) 미국 국립과학아카데미(NAS) 회보는 동양인과 서양인이 사물을 보는 방식에 차이가 난다는 실험 결과를 소개했다. 미국 미시간대 심리학과 연구진은 백인 미국인 학생 25명과 중국인 학생 27명에게 호랑이가 정글을 어슬렁거리는 그림 등을 보여주고 눈의 움직임을 관찰했다. 실험 결과 미국 학생의 눈은 호랑이처럼 전면에 두드러진 물체에 빨리 반응하고 오래 쳐다본 반면 중국 학생의 시선은 배경에 오래 머물렀다. 또한 중국 학생은 물체와 배경을 오가며 그림 전체를 보는 것으로 나타났다.

다) 연구를 주도한 리처드 니스벳 교수는 이런 차이가 문화적 변수에 기인하는 것으로 봤다. 그는 "중국문화의 핵심은 조화에 있기 때문에 서양인보다는 타인과의 관계에 많은 신경을 써야 하는 반면 서양인은 타인에게 신경을 덜 쓰고도 일할 수 있는 개인주의적 방식을 발전시켜 왔다"고 말했다.

라) 니스벳 교수는 지각구조의 차이가 서로 다른 문화적 배경에 기인한다는 것은 미국에서 태어나고 자란 아시아계 학생들이 사물을 볼 때 아시아에서 나고 자란 학생들과 백인계 미국인의 중간 정도의 반응을 보이며 때로는 미국인에 가깝게 행동한다는 사실로도 입증된다고 덧붙였다.

마) 고대 중국의 농민들은 관개 농사를 했기 때문에 물을 나눠 쓰되 누군가가 속이지 않는다는 것을 확실히 할 필요가 있었던 반면 서양의 기원인 고대 그리스에는 개별적으로 포도와 올리브를 키우는 농민이 많았고 그들은 오늘날의 개인 사업가처럼 행동했다. 이런 삶의 방식이 지각구조에도 영향을 미쳐 철학자 아리스토텔레스는 바위가 물에 가라앉는 것은 중력 때문이고 나무가 물에 뜨는 것은 부력 때문이라고 분석하면서도 정작 물에 대해서는 아무런 언급을 하지 않았지만, 중국인들은 모든 움직임을 주변 환경과 연관시켜 생각했고 서양인보다 훨씬 전에 조류(潮流)와 자기(磁氣)를 이해했다는 것이다.

① 가) - 나) - 다) - 마) - 라)
② 나) - 가) - 다) - 라) - 마)
③ 나) - 가) - 다) - 마) - 라)
④ 마) - 라) - 나) - 가) - 다)
⑤ 마) - 라) - 다) - 나) - 가)

3 문맥상 다음 글에 이어질 내용으로 가장 적절한 것은?

15 민경채 PSAT

테레민이라는 악기는 손을 대지 않고 연주하는 악기이다. 이 악기를 연주하기 위해 연주자는 허리 높이쯤에 위치한 상자 앞에 선다. 연주자의 오른손은 상자에 수직으로 세워진 안테나 주위에서 움직인다. 오른손의 엄지와 집게 손가락으로 고리를 만들고 손을 흔들면서 나머지 손가락을 하나씩 펴면 안테나에 손이 닿지 않고서도 음이 들린다. 이때 들리는 음은 피아노 건반을 눌렀을 때 나는 것처럼 정해진 음이 아니고 현악기를 연주하는 것과 같은 연속음이며, 소리는 손과 손가락의 움직임에 따라 변한다. 왼손은 손가락을 펼친 채로 상자에서 수평으로 뻗은 안테나 위에서 서서히 오르내리면서 소리를 조절한다.

오른손으로는 수직 안테나와의 거리에 따라 음고(音高)를 조절하고 왼손으로는 수평 안테나와의 거리에 따라 음량을 조절한다. 따라서 오른손과 수직 안테나는 음고를 조절하는 회로에 속하고 왼손과 수평 안테나는 음량을 조절하는 또 다른 회로에 속한다. 이 두 회로가 하나로 합쳐지면서 두 손의 움직임에 따라 음고와 음량을 변화시킬 수 있다.

어떻게 테레민에서 다른 음고의 음이 발생되는지 알아보자. 음고를 조절하는 회로는 가청주파수 범위 바깥의 주파수를 갖는 서로 다른 두 개의 음파를 발생시킨다. 이 두 개의 음파 사이에 존재하는 주파수의 차이 값에 의해 가청주파수를 갖는 새로운 진동이 발생하는데 그것으로 소리를 만든다. 가청주파수 범위 바깥의 주파수 중 하나는 고정된 주파수를 갖고 다른 하나는 연주자의 손 움직임에 따라 주파수가 바뀐다. 이렇게 발생한 주파수의 변화에 의해 진동이 발생되고 이 진동의 주파수는 가청주파수 범위 내에 있기 때문에 그 진동을 증폭시켜 스피커로 보내면 소리가 들린다.

① 수직 안테나에 손이 닿으면 소리가 발생하는 원리
② 왼손의 손가락의 모양에 따라 음고가 바뀌는 원리
③ 수평 안테나와 왼손 사이의 거리에 따라 음량이 조절되는 원리
④ 음고를 조절하는 회로에서 가청주파수의 진동이 발생하는 원리
⑤ 오른손 손가락으로 가상의 피아노 건반을 눌러 음량을 변경하는 원리

[4-5] (가)는 학교 신문에 실을 기사문의 초고이고, (나)는 (가)를 수정하기 위한 회의이다. 물음에 답하시오.

19 평가원 수능

(가)

[표제] 성금 마련을 위해 모두가 함께해

[전문] 지난 10월 4일 우리 학교 선생님들과 학생들은 K 군을 돕기 위해 응원 메시지를 달고 사제동행 마라톤 행사를 함께했다.

[본문] 선생님 32명과 학생 174명이 함께 달린 이 행사는 K 군(2학년)의 쾌유를 기원하기 위해 학생회가 주최하였다. 한 달 전 교실에서 쓰러져 입원한 K 군의 소식이 알려지자 학생들이 병원비 모금을 위해 자발적으로 나서서 의미가 컸다. 또한 행사 참가자들은 모두 5천 원씩의 성금을 내고 학교 인근 △△공원 일대 4km 구간을 완주했다. 이날 행사에 참가한 학생들은 평소 마라톤을 즐겼던 K 군을 생각하며 응원 메시지를 가슴에 달고 뛰었다. △△공원을 찾은 많은 시민들은 이 모습을 보고 학생들과 선생님들에게 힘내라며 응원을 보냈다. 이날 많은 시민들이 △△공원을 찾았다. 마라톤이 끝난 뒤, 행사의 취지에 공감하며 성금을 기탁한 시민도 있었다. K 군의 담임 선생님은 "친구를 돕기 위해 학생회가 앞장선 모습이 무척 감동적이었다."라고 말했다.

(나)

학생 1: 사제동행 마라톤 행사를 다룬 기사문을 검토할게.

학생 2: 이 기사문은 네가 작성한 거지?

학생 3: 응, 초고라서 부족한 게 많을 것 같아.

학생 1: 우선 표제와 전문에 대해 논의하자. 표제를 수정하고, 전문은 육하원칙 중 빠진 내용을 추가해야 할 것 같아.

학생 3: 네 말을 들으니 전문은 어떤 내용을 추가해야 할지 알겠는데, 표제는 어떤 문제가 있는지 좀 더 말해 줄래?

학생 1: 표제는 중심 소재를 담고 있어야 하는데 현재 표제에는 어떤 행사가 열렸는지 드러나지 않잖아.

학생 3: 그러게, 표제에 그런 문제가 있었구나.

학생 1: 그리고 행사의 의미를 비유적 표현을 활용해서 써보는 건 어때?

학생 2: 그러면 한눈에 기사 내용을 알아보기 어렵잖아. 대신에 참가 인원수를 적자.

학생 1: 네 말대로 하면 행사 규모에 초점이 맞춰져서 행사의 의미를 드러내려는 기사문의 의도가 살지 않으니, 그렇게 하면 안 될 것 같아.

학생 3: 두 의견을 들어 보니, 네 의견대로 중심 소재를 담고 화합이라는 행사의 의미를 드러낼 수 있도록 비유적 표현을 활용해서 표제를 다시 작성하는 게 좋을 것 같아.

학생 1, 2: 응, 그래.

학생 1: 다음으로 본문에 대해 논의하자.

학생 3: 선생님과 학생이 한마음으로 행사에 참여한 모습이 드러나게 쓰려 했는데, 어때?

학생 2: 응, 그 점은 잘 드러나게 쓴 것 같아. 그런데 선생님들도 응원 메시지를 직접 써서 가슴에 달고 뛰셨는데 본문에 그 내용을 빠뜨린 것 같아. 수정이 필요해.

학생 3: 그 부분은 일부러 그렇게 쓴 건데, 이상해?

학생 2: 왜 그렇게 표현했는지 궁금해.

학생 3: 응원 메시지에 대한 아이디어를 학생들이 제안한 거라 학생의 역할을 강조하면 좋겠다고 생각해서 그랬어.

학생 2: 실제 사실에 대한 부분은 정확히 다뤄야지. 개인적인 관점에 따라 정보를 누락하면 안 돼.

학생 1: 맞아. 정보를 객관적으로 전달해야지.

학생 3: 그러게. 내가 잘못 생각했네. 수정해 올게.

학생 1: 그런데 이번 행사는 그 의미가 중요한 만큼 본문의 마지막 부분에 화합을 드러내는 내용을 담기로 하지 않았어?

학생 3: 아, 맞다. 지난 회의에서 그러자고 했는데 잊었네. 거기에 학생 인터뷰를 넣기로 했었는데 그것도 안 넣고.

학생 1: 응, 학생회장이 행사를 주최하면서 어려웠던 점에 대해 말한 인터뷰 있잖아. 그걸 넣으면 될 것 같아.

학생 2: 행사 이후 결과에 대한 내용도 포함되면 좋겠어.

학생 3: 고마워. 지금까지 나온 의견 모두 반영해서 써 볼게.
학생 1: 그런데 글의 분량도 생각해야 할 것 같아.
학생 2: 기사문이 실릴 지면이 한정되어 있으니까 추가로 작성할 내용은 많지 않아야 하지 않을까?
학생 1: 지금 다시 읽어 보니 본문에 불필요하게 중복된 내용의 문장이 있어. 그걸 삭제하면 글의 분량이 줄어들 것 같아.
학생 3: 지면의 크기도 염두에 두면서 기사를 써야 하는구나. 알겠어. 그렇게 할게.
학생 2: 아, 그리고 성금을 5천 원씩 낸 건 학생이었고, 선생님은 만 원씩 내셨어. 사실에 맞게 본문을 수정해 줘.
학생 3: 그럴게. 처음 써 본 기사문이라 부족한 게 많아.
학생 1, 2: 괜찮아. 기사 쓰느라 고생했어.

4 '학생 3'이 (나)를 참고하여 (가)를 고쳐 쓰기 위해 세운 계획으로 적절하지 <u>않은</u> 것은?

- 표제 수정하기
  → '작은 물방울들 하나 되어 희망 만든 사제동행 마라톤'으로 수정해야겠군. ········· ㉮
- 전문 수정하기
  → '지난 10월 4일 △△공원 일대에서 우리 학교 선생님들과 학생들은 K 군을 돕기 위해 응원 메시지를 달고 사제동행 마라톤 행사를 함께했다.'로 고쳐야겠군. ········· ㉯
- 본문 수정하기
  → 첫째 문단 마지막 문장을 '또한 행사 참가자들 중 선생님은 1만 원씩, 학생은 5천 원씩의 성금을 내고 학교 인근 △△공원 일대 4km 구간을 완주했다.'로 수정해야겠군. ········· ㉰
  → 둘째 문단 첫 문장을 '이날 행사에 참가한 학생들은 평소 마라톤을 즐겼던 K 군을 생각하며 응원 메시지를 직접 써서 가슴에 달고 뛰었다.'로 고쳐야겠군. ········· ㉱
  → 둘째 문단에서 '이날 많은 시민들이 △△공원을 찾았다.'를 삭제해야겠군. ········· ㉲

① ㉮　　② ㉯　　③ ㉰　　④ ㉱　　⑤ ㉲

5 (나)를 바탕으로 할 때, (가)의 마지막 부분에 추가로 작성할 내용으로 가장 적절한 것은?

① 학생회장은 "어려운 친구를 생각하며 기쁘게 완주했다."라고 밝혔다. 선생님과 학생들이 함께 달리며 뜻을 모을 수 있었던 행사였으며, 학생회에서 성금을 K 군 가족에게 전달했다.
② 학생회장은 "장소 섭외가 힘들었지만 뜻깊은 경험이었다."라고 밝혔다. 선생님과 학생들이 한마음이 되어 성공적으로 행사를 마쳤고, 모금된 성금은 K 군 가족에게 전달됐다.
③ 학생회장이 계획하고 준비한 이번 행사는 선생님과 학생들이 한마음으로 참여한 인상적인 행사였다. 행사 이후 K 군 가족은 성금을 전달받고, 학교에 감사의 뜻을 전했다.
④ 학생회장은 "준비 기간이 짧아서 부족한 점이 있었지만 무사히 마무리되어 기뻤다."라고 밝혔다. 행사에서 모인 성금은 다음 날 학생회장이 대표로 K 군 가족에게 전달했다.
⑤ 학생회장은 "행사 홍보가 힘들었지만 즐거운 경험이었다."라고 밝혔다. 선생님과 학생 누구도 중도에 포기하지 않고 함께 달린 의미 있는 행사였다.

6 다음 글의 내용 전개 방식으로 가장 적절한 것은?

18 평가원 수능

자연에서 발생하는 모든 일은 목적 지향적인가? 자기 몸통보다 더 큰 나뭇가지나 잎사귀를 허둥대며 운반하는 개미들은 분명히 목적을 가진 듯이 보인다. 그런데 가을에 지는 낙엽이나 한밤중에 쏟아지는 우박도 목적을 가질까? 아리스토텔레스는 모든 자연물이 목적을 추구하는 본성을 타고나며, 외적 원인이 아니라 내재적 본성에 따른 운동을 한다는 목적론을 제시한다. 그는 자연물이 단순히 목적을 갖는 데 그치는 것이 아니라 목적을 실현할 능력도 타고나며, 그 목적은 방해받지 않는 한 반드시 실현될 것이고, 그 본성적 목적의 실현은 운동 주체에 항상 바람직한 결과를 가져온다고 믿는다. 아리스토텔레스는 이러한 자신의 견해를 "자연은 헛된 일을 하지 않는다!"라는 말로 요약한다.

근대에 접어들어 모든 사물이 생명력을 갖지 않는 일종의 기계라는 견해가 강조되면서, 아리스토텔레스의 목적론은 비과학적이라는 이유로 많은 비판에 직면한다. 갈릴레이는 목적론적 설명이 과학적 설명으로 사용될 수 없다고 주장하며, 베이컨은 목적에 대한 탐구가 과학에 무익하다고 평가하고, 스피노자는 목적론이 자연에 대한 이해를 왜곡한다고 비판한다. 이들의 비판은 목적론이 인간 이외의 자연물도 이성을 갖는 것으로 의인화한다는 것이다. 그러나 이런 비판과는 달리 아리스토텔레스는 자연물을 생물과 무생물로, 생물을 식물·동물·인간으로 나누고, 인간만이 이성을 지닌다고 생각했다.

일부 현대 학자들은, 근대 사상가들이 당시 과학에 기초한 기계론적 모형이 더 설득력을 갖는다는 일종의 교조적 믿음에 의존했을 뿐, 아리스토텔레스의 목적론을 거부할 충분한 근거를 제시하지 못했다고 비판한다. 이런 맥락에서 볼로틴은 근대 과학이 자연에 목적이 없음을 보이지도 못했고 그렇게 하려는 시도조차 하지 않았다고 지적한다. 또한 우드필드는 목적론적 설명이 과학적 설명은 아니지만, 목적론의 옳고 그름을 확인할 수 없기 때문에 목적론이 거짓이라 할 수도 없다고 지적한다.

17세기의 과학은 실험을 통해 과학적 설명의 참·거짓을 확인할 것을 요구했고, 그런 경향은 생명체를 비롯한 세상의 모든 것이 물질로만 구성된다는 물질론으로 이어졌으며, 물질론 가운데 일부는 모든 생물학적 과정이 물리·화학 법칙으로 설명된다는 환원론으로 이어졌다. 이런 환원론은 살아 있는 생명체가 죽은 물질과 다르지 않음을 함축한다. 하지만 아리스토텔레스는 자연물의 물질적 구성 요소를 알면 그것의 본성을 모두 설명할 수 있다는 엠페도클레스의 견해를 반박했다. 이 반박은 자연물이 단순히 물질로만 이루어진 것이 아니며, 또한 그것의 본성이 단순히 물리·화학적으로 환원되지도 않는다는 주장을 내포한다.

첨단 과학의 발전에도 불구하고 생명체의 존재 원리와 이유를 정확히 규명하는 과제는 아직 진행 중이다. 자연물의 구성 요소에 대한 아리스토텔레스의 탐구는 자연물이 존재하고 운동하는 원리와 이유를 밝히려는 것이었고, 그의 목적론은 지금까지 이어지는 그러한 탐구의 출발점이라 할 수 있다.

① 특정 이론에 대한 비판들을 검토하고 그 이론에 대한 해석을 제시하여 의의를 밝히고 있다.
② 특정 이론에 대한 비판들을 시대순으로 제시하여 그 이론의 부당성을 주장하고 있다.
③ 특정 이론에 대한 다양한 비판의 타당성을 검토한 후 새로운 이론을 도출하고 있다.
④ 특정 이론에 대한 상반된 주장을 제시하여 절충 방안을 모색하고 있다.
⑤ 대립되는 두 이론을 소개하고 각 이론의 장단점을 비교하고 있다.

취업강의 1위, 해커스잡
ejob.Hackers.com

취업강의 1위, 해커스잡
ejob.Hackers.com

PART 2
지문 유형별 공략

지문 유형별 접근 전략

DAY 11 설명문 ①		**DAY 21** 논설문 ①
DAY 12 설명문 ②		**DAY 22** 논설문 ②
DAY 13 설명문 ③		**DAY 23** 논설문 ③
DAY 14 설명문 ④		**DAY 24** 논설문 ④
DAY 15 설명문 ⑤		**DAY 25** 논설문 ⑤
DAY 16 설명문 ⑥		**DAY 26** 담화문 ①
DAY 17 설명문 ⑦		**DAY 27** 담화문 ②
DAY 18 설명문 ⑧		**DAY 28** 담화문 ③
DAY 19 설명문 ⑨		**DAY 29** 실용문 ①
DAY 20 설명문 ⑩		**DAY 30** 실용문 ②

지문 유형별 접근 전략

지문 유형 1 | 설명문

유형 특징

설명문은 독자가 잘 모르고 있는 사실, 사물, 현상, 사건 등에 대해 잘 알 수 있도록 쉽게 풀어 정보를 전달하는 글로, NCS 의사소통능력에서 출제되는 독해 지문의 상당수가 설명문에 해당한다.

대표 기출 소재

설명문에는 인문, 사회, 과학, 기술, 예술 등과 관련된 소재가 출제된다.
- 인문: 상의어와 하의어, 아동의 언어 습득 이론, 단어의 변화 등
- 사회: 공공재와 사유재, 메타인지, 하이퍼텍스트와 Z세대 등
- 과학: 수소와 메탄의 에너지 효율 비교, 당뇨병 등
- 기술: 양자 컴퓨터, 원자력 발전, 인공지능 등
- 예술: 예술의 이해 등

빈출 문제 유형

설명문은 다양한 유형의 문제로 출제될 수 있으며, 특히 세부 내용 파악, 추론 유형의 문제가 높은 빈도로 출제된다.
- 세부 내용 파악: 주제나 소재와 관련된 실험 또는 연구 결과, 도입 목적, 변천사 등에 대한 내용과 일치하는 보기를 찾는 문제가 주로 출제되므로 세부 내용이 제시되는 비중이 높은 본문을 중점적으로 읽어 나가야 한다.
- 추론: 글에 제시된 내용을 바탕으로 추론할 수 있는 내용의 선택지를 찾는 문제가 주로 출제되므로 세부 내용이 제시되는 비중이 높은 본문을 중점적으로 읽어 나가야 한다.
- 빈칸 완성: 핵심 개념을 바탕으로 전체 내용을 요약하여 전달하는 전반부 또는 결론이 도출되는 후반부에 빈칸이 제시되는 문제가 주로 출제된다.

설명문의 구성 및 접근 전략

머리말	설명할 대상에 대한 간략한 설명 및 목적, 글을 쓰게 된 배경 등이 제시되는 부분으로, 독자의 관심을 유도하는 표현이 나타나므로 글에서 전달하고자 하는 핵심 키워드를 바탕으로 중심 내용을 파악한다.
본문	설명할 대상에 대한 구체적이고 자세한 설명이 제시되는 부분으로, 정의, 예시, 분류, 분석 등 다양한 설명 방식을 이용하여 많은 양의 정보가 구체화되므로 체계적으로 정리하며 읽어 나가야 한다.
맺음말	본문의 내용을 요약, 정리하며 글을 마무리하는 부분으로, 생략되는 경우도 있으나 때에 따라서 중심 내용과 관련된 전망 또는 평가 등이 제시될 수 있다는 점에 유의한다.

대표 예제 분석

다음 글에서 알 수 있는 것은? 25 5급 공채 PSAT

> 디지털 매체가 확산됨에 따라 전통적인 읽기 방식인 '집약적 읽기'보다 '훑어 읽기'가 대세가 될 것으로 전망된다. 집약적 읽기는 책의 내용을 철저히 이해하기 위하여 처음부터 끝까지 집중하여 읽는 것이다. 반면 훑어 읽기는 본래 인쇄물이 증가하면서 급속히 확산된 읽기 방식인데, 특히 정보의 양이 비약적으로 증가한 디지털 매체에서는 그 신속성으로 인해 더욱 널리 퍼지게 되었다.
>
> 훑어 읽기의 패턴으로는 케이크 패턴, 점무늬 패턴, 표지 패턴, 우회 패턴 등 다양한 것들이 있지만, F자형 패턴이 대표적이라고 알려져 있다. 인터넷 사용자들을 대상으로 한 시선 추적 실험에서 주로 F자형 패턴이 발견되었기 때문이다. 실험 참가자들은 디지털 콘텐츠 영역의 위쪽 부분을 수평으로 이동하며 읽은 뒤, 그 아래쪽은 이전보다 짧게 수평으로 이동하며 읽는다. 그리고 나서 수직으로 이동하면서 문서의 왼쪽을 훑는다. 이처럼 눈동자가 움직이는 궤적이 F자 모양과 유사하기 때문에 F자형 패턴 읽기라고 불린다. 이는 특별히 시선을 끄는 단서가 없을 때 주로 나타나는데, 예를 들어 웹페이지가 제목, 기호, 표나 그림 등 유용한 안내 단서 없이 텍스트로만 제시되는 경우가 대표적이다.
>
> 그런데 F자형 패턴 읽기에는 단점도 있다. 학습이나 업무를 수행할 때는 중요한 정보를 놓칠 수 있기 때문에 효과적이지 않다. 그럼에도 많은 사용자들이 이 방식을 사용하는 이유는 충분한 노력을 들이지 않고 웹페이지에서 작업을 신속히 마치려고 하기 때문이다. 하지만 F자형 패턴 읽기로는 웹페이지에서 정보를 충실히 파악하기 어렵다. 우리 뇌가 정보를 직접적으로 통합하지 못하고 피상적인 활동만 수행하게 된다는 점도 F자형 패턴 읽기의 또 다른 단점이다. 정보를 F자형 패턴으로 읽다 보면, 이를 장기 기억으로 저장하기 어려울 뿐 아니라 유기적으로 구성하기도 어렵다. 그 결과, 읽기를 통한 학습과 사고에 문제가 발생할 가능성이 높아진다.

① 웹페이지를 읽는 경우, F자형 패턴 읽기는 시선을 끄는 단서가 없을 때 주로 사용된다.
② F자형 패턴 읽기는 디지털 매체에서 정보가 배치된 모양에 따라 붙여진 이름이다.
③ 학습이나 업무를 수행할 때는 F자형 패턴 읽기가 거의 사용되지 않는다.
④ 훑어 읽기는 읽기의 결과를 유기적으로 구성하는 데 효과적이다.
⑤ 훑어 읽기는 디지털 매체의 등장으로 나타난 읽기 방식이다.

질문 파악
세부 내용이 제시되는 비중이 높은 본문을 중점적으로 정리하며 읽어 나가야 함

머리말
글의 화제인 '디지털 시대의 읽기 방식 변화' 제시

본문
훑어읽기의 대표적 유형인 F자형 패턴 읽기와 사용되는 경우 및 단점을 설명

정답 선택
2문단에서 F자형 패턴 읽기는 특별히 시선을 끄는 단서가 없을 때 주로 나타나는데, 예를 들어 웹페이지가 제목, 기호, 표나 그림 등 유용한 안내 단서 없이 텍스트로만 제시되는 경우가 대표적이라고 하였으므로 정답은 ①이다.

선택지 핵심 키워드
① 웹페이지, F자형 패턴 읽기, 시선을 끄는 단서
② F자형 패턴 읽기, 정보가 배치된 모양
③ 학습, 업무, F자형 패턴 읽기
④ 훑어 읽기, 유기적 구성
⑤ 훑어 읽기, 디지털 매체

지문 유형 2 | 논설문

유형 특징

논설문은 상대방을 설득하기 위해 논제에 대한 자신의 주장이나 의견을 체계적으로 밝혀 쓴 글로, NCS 의사소통능력에서 출제되는 독해 지문의 상당수가 논설문에 해당한다.

대표 기출 소재

논설문에는 인문, 사회, 과학, 기술 등과 관련된 소재가 출제된다.
- 인문: 차별 문제의 해결 방안, 칸트의 관념론을 둘러싼 철학자들의 논쟁, 보행자 안전과 교통질서 등
- 사회: 외국인의 국내 체류, 전기요금의 세금 세부 내역 공개, 지방정부와 중앙정부 연계 거버넌스 형성의 필요성, 작은 정부에서 큰 정부로의 이행 필요성 등
- 과학: 올바른 다이어트 방법에 대한 조언, 정부의 기초 과학 지원 필요성 등
- 기술: 비트코인에 대한 견해

빈출 문제 유형

논설문은 다양한 유형의 문제로 출제될 수 있으며, 특히 중심 내용 파악, 세부 내용 파악, 빈칸 완성 유형의 문제가 높은 빈도로 출제된다.
- 중심 내용 파악: 글에 제시된 핵심 주장을 추론하거나 글에 나타난 주장과 근거를 비판·반박하는 문제, 두 가지 이상의 입장이나 이론 간의 논리적 관계를 평가하는 문제가 주로 출제되므로 서론과 결론을 먼저 읽고 글의 중심 내용을 파악한다.
- 세부 내용 파악: 글에 제시된 주장이나 근거에 대한 내용과 일치하는 선택지를 찾는 문제, 두 가지 이상의 입장이나 이론 간의 공통점과 차이점을 비교하여 선택지의 옳고 그름을 판단하는 문제가 주로 출제되므로 서론과 결론을 먼저 읽고 중심 소재와 화자의 중심 주장을 파악한 뒤 본론의 구체적인 근거를 파악한다.
- 추론: 글에 제시된 내용을 통해 추론할 수 있는 것으로 옳은 것을 고르는 문제, 주장과 근거에 해당하는 사례를 찾는 문제가 주로 출제되므로 본론에 제시된 주장과 근거를 정확히 파악한다.
- 빈칸 완성: 글의 핵심 주장, 연구 또는 실험 결과, 두 가지 이상의 입장이나 이론 간의 공통점과 차이점, 핵심 소재 또는 이에 대한 핵심 서술어 등 빈칸에 들어갈 내용을 묻는 문제가 주로 출제되므로 서론과 결론을 먼저 읽고 빈칸에 들어갈 내용과 글의 중심 주장의 관계에 유의하며 문제를 풀이한다.

논설문의 구성 및 접근 전략

- **서론**: 글을 쓰게 된 배경 또는 동기 등이 제시되는 부분으로, 독자의 관심을 유도하는 표현이 나타나므로 글에서 전달하고자 하는 핵심 키워드를 바탕으로 중심 화제를 파악한다.
- **본론**: 글쓴이의 주장이 본격적으로 전개되는 부분으로, 실험, 사례, 논증, 통계 등 다양한 근거를 들며 주장을 구체화하므로 사실과 의견, 주장과 근거를 구분하여 체계적으로 정리하며 읽어 나가야 한다.
- **결론**: 본론 내용을 요약, 정리, 강조하며 글을 마무리하는 부분으로, 때에 따라 전망, 평가, 실천 방향 등이 제시될 수 있다는 점에 유의한다.

대표 예제 분석

다음 글의 ㉠을 약화하는 것으로 가장 적절한 것은?

25 7급 공채 PSAT

> 분석은 자연과 사회의 다양한 현상에 대하여 왜 그런 현상이 나타나는지를 설명하기 위한 방법이다. 널리 쓰이는 것은 요소 분석으로, 설명의 대상을 적절한 요소들로 나누어 살피는 분석법이다. 요소 분석의 요체는 분석 대상인 전체와 다른 속성을 지니면서도 합쳐지면 전체를 구성하는 부분, 즉 '요소'들을 찾아 제시하는 데 있다. 분석자는 그러한 요소들의 속성을 결합하여 대상 전체의 속성을 설명하려 할 것이다.
>
> 그런데 어째서 물이 불을 끌 수 있는가 하는, 물의 속성에 관한 물음을 해명하려는 화학자가 있다고 해 보자. 만일 그가 물을 산소와 수소라는 두 요소로 분석했다면, 그는 수소가 타는 속성을 지닌 기체이고 산소도 연소를 돕는 속성을 지녔다는 사실 앞에서 당황하게 될 것이다. 산소와 수소라는 요소들로 물이 불을 끌 수 있는 이유를 설명할 수 없기 때문이다. 이것은 요소 분석이 지닌 한계를 암시한다. 전체의 속성을 이해하려는 이가 그것을 구성하는 요소들에만 주목할 경우, 이와 유사한 당혹감을 느끼게 될 위험이 크다. 해명되어야 할 속성은 분석 과정에서 증발해 버리고 요소들 간의 관계를 피상적으로 서술하는 일에 그치게 될 위험이 있는 것이다. 그런 분석으로는 설명에 도달할 수 없다.
>
> 따라서 ㉠우리는 새로운 종류의 분석, 즉 단위 분석을 선택해야 한다. 단위 분석은 복잡하면서도 모종의 통일성을 지닌 전체를 '단위'로 나누는 분석이다. 단위란 앞에서 화학자의 분석이 주목했던 요소와 달리, 전체의 고유한 속성들을 고스란히 갖추고 있으면서 더 이상 나눌 수 없는, 전체의 살아 있는 부분을 가리킨다. 현상을 제대로 설명하려면 먼저 그런 부분들을 찾아내야 한다. 그렇게 할 때, 요소 분석의 한계를 극복하고 분석의 목적을 실현할 수 있다.

① 분석 대상을 시간 요소로 나누어 살피더라도 인과관계는 드러나지 않기 때문에 설명에 도움이 되지 않는다.
② 요소들의 결합으로 대상 전체가 어떻게 구성되는지 보여주는 데 성공하더라도 그것은 대상의 속성을 설명하는 일과 다르다.
③ 요소 분석에서는 전체를 설명하기 위하여 요소들 간의 상호 관계까지 추가로 해명해야 하기 때문에 설명의 경제성이 삭감된다.
④ ✓ **단위가 전체의 속성들을 그대로 지닌다면 설명되어야 할 대상 자체와 다를 바 없으므로 단위 분석은 설명에 기여하지 못한다.**
⑤ 설명의 적절성은 설명을 요구하는 구체적인 문제의 특성에 따라 달라지기 때문에 설명에는 다양한 단위 분석이 존재할 수 있다.

▸ **질문 파악**
㉠이 의미하는 바가 무엇인지 파악하고, ㉠의 논지를 약화하는 내용을 찾아야 함

▸ **서론**
분석은 자연과 사회 현상을 설명하기 위한 방법이며, 특히 요소 분석은 대상을 구성 요소로 나누어 살피는 방식으로 요소들의 속성을 결합하여 전체를 설명하려는 접근법임

▸ **본론**
요소 분석은 전체의 속성이 요소들의 단순 결합으로 설명되지 않을 때 한계를 드러내며, 요소들 간의 관계만 피상적으로 서술하게 될 위험이 있음
- 근거: 물이 불을 끄는 속성을 이해하기 위해 물을 산소와 수소로 분석하면, 두 요소 모두 연소를 돕거나 타는 성질을 가지므로 물의 소화 속성을 설명할 수 없음

▸ **결론**
요소 분석의 한계를 극복하기 위해 단위 분석을 대안으로 제시하는데, 단위란 전체의 고유한 속성을 그대로 지니면서도 더 이상 나눌 수 없는 부분을 의미하며, 이를 통해 현상을 제대로 설명할 수 있다고 주장함

▸ **정답 선택**
㉠은 전체를 구성하는 부분의 속성을 통해 전체의 속성을 설명하는 요소 분석은 한계가 있으므로 현상을 제대로 설명할 수 있게끔 단위 분석을 해야 한다는 내용이다. 따라서 단위가 전체의 속성들을 그대로 지닌다면 설명되어야 할 대상 자체와 다를 바 없으므로 단위 분석은 설명에 기여하지 못한다는 내용은 ㉠을 약화하므로 정답은 ④이다.

지문 유형 3 | 담화문

유형 특징

담화문은 둘 이상의 사람이 제시된 대상에 대한 의견, 주장, 논증을 대화의 형식으로 구성한 글로, NCS 의사소통능력에서 출제되는 대화, 논쟁, 토론, 토의(회의) 등이 담화문에 해당한다.

대표 기출 소재

담화문에는 사회 등과 관련된 소재가 출제된다.
- 사회: 공정 중 불량품 대처 방안에 대한 대화, 철도 관련 보도자료를 읽고 나눈 대화 등

빈출 문제 유형

담화문은 글의 형태에 따라 다양한 유형의 문제로 출제될 수 있으며, 특히 중심 내용 파악, 세부 내용 파악, 추론 유형의 문제가 높은 빈도로 출제된다.
- 중심 내용 파악: 화자의 중심 견해를 파악하는 문제, 대상에 대한 특정 관점을 취하여 그 견해를 강화 또는 약화시키는 선택지를 찾는 문제가 주로 출제된다.
- 세부 내용 파악: 글에 제시된 쟁점, 견해, 근거와 일치하는 내용으로 옳은지 그른지 파악하는 문제가 주로 출제된다.
- 추론: 두 가지 이상의 입장이나 견해의 공통점과 차이점, 논리적 관계를 분석하는 문제가 주로 출제된다.

담화문의 구성 및 접근 전략

대표 예제 분석

다음 글의 A와 B에 대한 분석으로 적절한 것만을 <보기>에서 모두 고르면?

23 5급 공채 PSAT

• 질문 파악
A와 B의 견해를 파악해야 함

유행이란 어떤 새로운 양식이나 현상이 사회에 널리 퍼지는 경향을 의미한다. 유행은 특정한 취향과 기호가 사회 구성원 다수의 승인을 받아 사회 저변으로 확대되는 과정에서 형성된다. 이러한 유행의 형성 원인을 두고 다음의 두 견해가 있다.

A: 유행은 개인의 취향과 기호를 이용하는 산업 자본에 의해 기획되고 만들어진 것이다. 패션쇼나 전시회 등으로 올해의 유행 상품을 만들어낸 기업은 그 상품을 시장에 선보이기 무섭게 바로 내년에 유행시킬 상품을 준비한다. 개인은 자신의 취향이나 기호에 따라 어떤 상품을 선택했다고 착각할 수 있지만 실은 선택해야 할 상품을 기업이 이미 정해 놓은 것이다. 어떤 유행이 오랜 기간 지속되면 기업은 이윤이 줄어들 수밖에 없으므로, 기업은 주기적으로 새로운 유행을 만들어낸다. 더 나아가 기업은 미디어를 적극 활용하여 유행의 변화 속도를 과거보다 더 빠르게 만들었다.

B: 소비자는 자기의 취향과 기호에 의해 상품을 주체적으로 선택한다고 믿지만 실제로는 그렇지 않다. 실상은 다른 사람들과 같아지지 않으면 준거집단에서 소외되어 따돌림당할지도 모른다는 불안이 상품을 선택하고 소비하게 만든다. 소외에 대한 이러한 불안은 소비자들로 하여금 자신의 주변에서 무슨 일이 벌어지고 있는지를 주목하게 한다. 나아가 그렇게 주목한 것들을 추종하고 모방하여 소비하도록 부추긴다. 바로 이와 같은 과정을 거쳐서 결과적으로 유행이 형성되는 것이다.

• 머리말
유행의 의미와 유행의 형성 과정

• A의 견해
유행은 기업이 의도적으로 만들어내는 것으로, 소비자들은 자신이 주체적으로 선택했다고 착각할 뿐이며, 기업은 이윤 창출을 위해 주기적으로 새로운 유행을 기획하고, 미디어를 통해 유행의 변화 속도를 가속화함

• B의 견해
유행은 소비자들의 사회적 소외에 대한 불안감이 만들어내는데, 소비자들이 준거집단에서 배제되지 않기 위해 타인의 행동을 관찰하고 모방하며 소비하는 과정에서 유행이 형성됨

─── <보 기> ───

ㄱ. A도 B도 유행의 형성 원인이 소비자 개인의 취향과 기호에 의한 주체적 상품 선택이라고 보지 않는다.

ㄴ. B와 달리 A는 소비자들의 모방 심리가 유행에 영향을 미치지 않는다고 주장한다.

ㄷ. A보다 B가 사회에서 유행의 발생과 변화 속도를 더 잘 설명할 수 있다.

① ㄱ   ② ㄷ   ③ ㄱ, ㄴ   ④ ㄴ, ㄷ   ⑤ ㄱ, ㄴ, ㄷ

✓ ①

• 정답 선택
ㄱ. A는 기업의 의도, B는 사회적 소외에 대한 불안감이 유행의 형성 원인이라고 주장한다.
따라서 정답은 ①이다.

접근 전략

담화문 왜 기출문제 PSAT 기출로 끝내는 NCS 의사소통능력

PART 2 지문 유형별 공략 95

지문 유형 4 | 실용문

유형 특징

실용문은 실제 생활에 필요에 따라 작성하는 글로, NCS 의사소통능력에서 출제되는 보도자료, 안내문, 보고서, 회의록 등이 실용문에 해당한다.

대표 기출 소재

실용문에는 사회, 과학, 혼합 제재 등과 관련된 소재가 출제된다.
- 사회: 차량운영소 견학 예약 안내문, 공공데이터 개방 보도자료, 원자재 수출 동향 보고서, 장애인 영아 어린이집 지원 안내문 등
- 기술: 보건의료 빅데이터 활용 성과공유 심포지엄 관련 보도자료, 하이퍼루프 관련 보도자료 등
- 과학: 블랙아이스 관련 보도자료 등
- 혼합 제재: 하반기 여성 임원 비율 증가 관련 보도자료, 은행 민원 업무 절차 안내문, 열차 출도착 데이터와 교통카드 데이터 관련 연구보고서 등

빈출 문제 유형

실용문은 문서 종류에 따라 다양한 유형의 문제로 출제될 수 있으며, 특히 중심 내용 파악, 세부 내용 파악, 추론 유형의 문제가 높은 빈도로 출제된다.
- 중심 내용 파악: 보도자료의 표제·부제를 추론하는 문제, 주제를 찾는 문제가 주로 출제된다.
- 세부 내용 파악: 문서에 제시된 내용과의 일치 여부를 묻는 문제가 주로 출제된다.
- 추론: 문서에 제시된 정보를 바탕으로 추론할 수 있는 내용의 선택지를 찾는 문제, 제시된 내용이 보고서의 개요에서 몇 장에 해당하는 내용인지 추론하는 문제, 문서에 제시된 특정 개념, 상황 등에 해당하는 사례를 찾는 문제가 주로 출제된다.

실용문의 종류 및 접근 전략

기사문	정확한 정보와 사실을 신속하고 정확하게 전달하는 글로, 표제-부제-전문-본문-해설로 구성되며, 제목 또는 중심 내용을 묻는 문제는 기사의 전체적인 내용을 요약하는 전문을 먼저 확인하여 풀이하고, 세부 내용을 묻는 문제는 선택지에 제시된 내용을 먼저 확인하여 기사의 구체적인 내용을 기술하고 있는 본문과 비교하며 풀이한다.
보고서	특정 주제에 대한 조사·연구 결과를 정리하여 정보를 제공하는 글로, 처음-중간-끝으로 구성되며, 보고서를 읽고 세부 내용을 파악하거나 추론하는 문제 등이 출제되므로 선택지에 제시된 내용과 관련된 내용을 안내문에서 찾아 대조하며 풀이한다.
안내문	타인에게 정보를 안내하는 글로, 안내문을 읽고 세부 내용을 파악하거나 적절한 사례를 찾는 문제, 안내문을 바탕으로 해야 하는 적절한 행동을 찾는 문제 등이 출제되므로 선택지에 제시된 내용과 관련된 내용을 안내문에서 찾아 대조하며 풀이한다.
회의록	특정 안건에 대한 회의의 진행 과정과 논의 내용 등을 적은 기록으로, 회의록을 읽고 세부 내용을 파악하는 문제, 가장 먼저 해야 하는 업무나 업무 진행 순서를 묻는 문제, 다른 자료와 연계하여 회의록 또는 다른 자료에서 올바르게 작성된 내용을 고르는 문제 등이 출제되므로 내용, 담당자, 업무 기한 등의 세부 내용을 주의하며 풀이한다.

대표 예제 분석

다음 글의 중심 내용으로 가장 적절한 것은?

> 몇 년 전까지만 해도 고등학교에 입학하면 입학금을 냈고, 석 달에 한 번씩 수업료를 납부하라는 가정통신문을 나눠줬다. 고등학교 별로 상이하지만 내가 졸업한 고등학교에서는 학교운영지원비까지 포함해 분기별로 40만 원 넘게 납부해야 했다. 교과서비 역시 학생들이 부담해야 했다. 한 권당 8,000~9,000원 정도였지만 과목 수를 생각하면 조금 부담이 되는 금액이다. 하지만 '고교 무상교육' 덕택으로 많은 학부모와 학생이 교육비 걱정을 덜게 됐다. 앞서 언급한 입학금, 수업료, 학교운영지원비, 교과서비가 국가에서 지원되기 때문이다.
>
> 학교장이 입학금과 수업료를 정하는 사립학교를 제외한 모든 고등학교 및 고등기술학교 학생들이 무상교육을 받을 수 있다. 초등학교, 중학교에 이어 고등학교도 경제적인 부담 없이 다닐 수 있게 됐다. 나는 고등학교 교육을 위한 교육비로 매년 약 176만 원을 납부해야 했다. 그러나 동생은 고교 무상교육으로 이 금액만큼을 절약하는 셈이 됐다. 부모님 역시 고교 무상교육의 존재감을 느끼며 이로 인한 '경제적 혜택'에 대해 얘기하셨다. 절약한 돈을 가계 지출이 필요한 부분에 사용할 수 있기 때문이다. 고등학교 교육비에 크고 작은 부담을 느꼈을 가정에 고교 무상교육은 반가운 소식이 아닐 수 없다.
>
> 여기에 기준중위소득 50% 이하의 가정에는 더 반가운 소식이 있다. 바로 초등학생, 중학생, 고등학생에게 지급되는 교육급여다. 저소득층 가정에는 고교 무상교육에 더해 연 1회 교육급여가 지원된다. 해당 가정의 초등학교, 중학교, 고등학교 학생들은 각각 28만 6000원, 37만 6000원, 44만 8000원을 지급받을 수 있다. 또한, 고교 무상교육이 시행되지 않는 학교에 재학하더라도 저소득층 가정의 학생들에게는 고등학교 입학금, 수업료, 교과서비가 무료다. 고교 무상교육 법안이 국회 법제사법위원회를 통과할 당시, OECD(경제협력개발기구) 가입국 37개국 중 우리나라만 고등학교 무상교육을 하지 않았다고 한다. 이제는 어느 지역이든, 가정환경이 어떻든 누구나 공평한 고등학교 교육을 보장받을 수 있다. 모든 국민의 기본권 실현에 가까워지게 된 셈이다.
>
> ※ 출처: 정책브리핑 보도자료

① 현재 고등학교 학생들은 수업료와 더불어 교과서비를 부담해야 해 교육비 지출이 큰 편이다.
② **무상교육이 전 학교급으로 확대됨에 따라 교육비 부담이 감경될 예정이다.** ✓
③ 고등학교 교육까지 국가가 책임질 경우 교육 격차가 줄어들 수 있다.
④ 고등학교 무상교육이 시행되지만, 일부 사립학교에서는 무상교육이 이루어지지 않을 수 있다.
⑤ 모든 고등학생에게 고교 무상교육과 연 1회의 교육급여가 지급될 예정이다.

질문 파악
보도자료를 읽고 중심 내용을 찾아야 함

전반부 중심 내용
과거 고등학교에서는 입학금, 수업료, 학교운영지원비, 교과서비 등 상당한 교육비를 학생과 학부모가 부담해야 했으나, 고교 무상교육 정책으로 이러한 부담이 크게 줄었음

중반부 중심 내용
초등학교, 중학교에 이어 고등학교까지 무상교육이 확대되어 사립학교를 제외한 모든 고등학교 학생들이 경제적 부담 없이 교육받을 수 있게 되었음

후반부 중심 내용
기준중위소득 50% 이하 저소득층 가정에는 고교 무상교육에 더해 교육급여가 추가 지원되어, 교육 기회의 평등성이 높아지고 모든 국민의 교육 기본권 실현에 기여함

정답 선택
과거 고등학교에 입학하면 입학금 및 수업료를 납부했던 것과 달리 일부 사립학교를 제외한 모든 고등학교 및 고등기술학교 학생들이 무상교육을 받을 수 있게 되어 학부모 및 학생이 교육비 부담을 덜 수 있게 되었다는 내용이므로 정답은 ②이다.

DAY 11 설명문 ①

• 풀이 시간:　　/10분
• 맞은 문제:　　/6문제

1 다음 글에서 알 수 있는 것은?

20 민경채 PSAT

　　부처의 말씀을 담은 경장과 그 해설서인 논장, 수행자의 계율을 담은 율장 외에 여러 가지 불교 관련 자료들을 모아 펴낸 것을 대장경이라고 부른다. 고려는 몇 차례 대장경 간행 사업을 벌였는데, 처음 대장경 간행에 돌입한 것은 거란의 침입을 받았던 현종 때 일이다. 당시 고려는 대장경을 만드는 데 필요한 자료들을 확보하지 못해 애를 먹다가 거란에서 만든 대장경을 수입해 분석한 후 선종 때 이를 완성했다. 이 대장경을 '초조대장경'이라고 부른다.
　　한편 고려는 몽골이 침략해 들어오자 불교 신앙으로 국난을 극복하겠다는 뜻에서 다시 대장경 제작 사업에 돌입했다. 이 대장경은 두 번째로 만든 것이라고 해서 '재조대장경'이라 불렀다. 고려는 재조대장경을 활자로 인쇄하기로 하고, 전국 각지에서 나무를 베어 경판을 만들었다. 완성된 경판의 숫자가 8만여 개에 이르기 때문에 이 대장경을 '팔만대장경'이라고도 부른다. 재조대장경을 찍어내기 위해 만든 경판은 현재까지 남아 있는데, 이는 전 세계에 남아 있는 대장경 인쇄용 경판 가운데 가장 오래된 것이다. 재조대장경판은 그 규모가 무척 커서 제작을 시작한 지 16년 만에 완성할 수 있었다.
　　재조대장경을 찍어내고자 수많은 경판을 만들었다는 사실에서 알 수 있듯이 한반도에서는 인쇄술이 일찍부터 발달해 있었다. 이를 잘 보여주는 유물이 불국사에서 발견된 <무구정광대다라니경>이다. 분석 결과, 이 유물은 통일신라 경덕왕 때 목판으로 찍어낸 것으로 밝혀졌다. <무구정광대다라니경>은 목판으로 인쇄되어 전하는 자료 가운데 세계에서 가장 오래된 것이다. 금속활자를 이용한 인쇄술도 일찍부터 발달했다. 몽골의 1차 고려 침략이 시작된 해에 세계 최초로 금속활자를 이용한 <상정고금예문>이 고려에서 발간되었다고 알려져 있다. 이처럼 고려 사람들은 선진 인쇄술을 바탕으로 문화를 발전시켜 나갔다.

① 재조대장경판의 제작이 완료되기 전에 금속활자로 <상정고금예문>을 발간한 일이 있었던 것으로 전해진다.
② 재조대장경은 고려 현종 때 외적의 침입을 막고자 거란에서 들여온 대장경을 참고해 만든 것이다.
③ 고려 시대에 만들어진 대장경판으로서 현재 남아있는 것 중 가장 오래된 것은 초조대장경판이다.
④ <무구정광대다라니경>은 목판으로 인쇄되었으며, 재조대장경은 금속활자로 인쇄되었다.
⑤ 불교 진흥을 위해 고려 시대에 만들어진 최초의 대장경은 팔만대장경이다.

2 다음 글에서 알 수 있는 것은?

24 7급 공채 PSAT

필사문화와 초기 인쇄문화에서 독서는 대개 한 사람이 자신이 속한 집단 내에서 다른 사람들에게 책을 읽어서 들려주는 사회적 활동을 의미했다. 개인이 책을 소유하고 혼자 눈으로 읽는 묵독과 같은 오늘날의 독서 방식은 당시 대다수 사람에게 익숙한 일이 아니었다. 근대 초기만 해도 문맹률이 높았기 때문에 공동체적 독서와 음독이 지속되었다.

'공동체적 독서'는 하나의 읽을거리를 가족이나 지역·직업공동체가 공유하는 것을 의미한다. 이는 같은 책을 여러 사람이 돌려 읽는 윤독이 이루어졌을 뿐 아니라, 구연을 통하여 특정 공간에 모인 사람들이 책의 내용을 공유했음을 알려준다. 여기에는 도시와 농촌의 여염집 사랑방이나 안방에서 소규모로 이루어진 가족 구성원들의 독서, 도시와 촌락의 장시에서 주로 이루어진 구연을 통한 독서가 포함된다. 공동체적 독서의 목적은 독서에 참여한 사람들로 하여금 책의 사상과 정서에 공감하게 하는 데 있다.

음독은 '소리 내어 읽음'이라는 의미로서 낭송, 낭독, 구연을 포함한다. 낭송은 혼자서 책을 읽으며 암기와 감상을 위하여 읊조리는 행위를, 낭독은 다른 사람들에게 들려주기 위하여 보다 큰 소리로 책을 읽는 행위를 의미한다. 이에 비해 구연은 좀 더 큰 규모의 청중을 상대로 하며 책을 읽는 행위가 연기의 차원으로 높아진 것을 일컫는다. 이런 점에서 볼 때 음독은 공동체적 독서와 긴밀한 연관을 가질 수밖에 없지만, 음독이 꼭 공동체적 독서라고는 할 수 없다.

전근대 사회에서는 개인적 독서의 경우에도 묵독보다는 낭송이 더 일반적인 독서 형태였다. 그렇다고 해서 도식적으로 공동체적 독서와 음독을 전근대 사회의 독서 형태라 간주하고, 개인적 독서를 근대 이후의 독서 형태라 보는 것은 곤란하다. 현대 사회에서도 필요에 따라 공동체적 독서와 음독이 많이 행해지며, 반대로 전근대 사회에서도 지배계급이나 식자층의 독서는 자주 묵독으로 이루어졌을 것이기 때문이다. 다만 '공동체적 독서'에서 '개인적 독서'로의 이행은 전근대 사회에서 근대 사회로 이행하는 과정에서 확인되는 독서 문화의 추이라고 볼 수 있다.

① 필사문화를 통해 묵독이 유행하기 시작했다.
② 전근대 사회에서 낭송은 공동체적 독서를 의미한다.
③ 공동체적 독서와 개인적 독서 모두 현대사회에서 행해지는 독서 형태이다.
④ 근대 초기 식자층의 독서 방식이었던 음독은 높은 문맹률로 인해 생겨났다.
⑤ 근대 사회에서 윤독은 주로 도시와 촌락의 장시에서 이루어진 독서 형태였다.

3 다음 글을 통해 추론한 내용으로 적절하지 않은 것은?

22 평가원 6월 모평

> 음운은 단어의 뜻을 변별하는 데 사용되는 소리로 언어마다 차이가 있다. 예컨대 국어에서는 음운으로서 'ㅅ'과 'ㅆ'을 구분하지만 영어에서는 구분하지 않는다. 음운이 실제로 발음되기 위해서는 발음의 최소 단위인 음절을 이뤄야 하는데 음절의 구조도 언어마다 다르다. 국어는 한 음절 내에서 모음 앞이나 뒤에 각각 최대 하나의 자음을 둘 수 있지만 영어는 'spring[spriŋ]'처럼 한 음절 내에서 자음군이 형성될 수 있다.
>
> 음운은 그 자체로는 뜻이 없다. 음운이 하나 이상 모여 뜻을 가지면 의미의 최소 단위인 형태소가 된다. 그리고 우리는 이러한 형태소를 결합하여 단어를 만들고 말을 한다. 이때 형태소와 형태소가 만나는 경계에서 음운이 다양하게 배열되고 발음이 결정되는데, 여기에 음운 규칙이 관여한다. 예컨대 국어에서는 '국물[궁물]'처럼 '파열음 - 비음' 순의 음운 배열이 만들어지면, 파열음은 동일 조음 위치의 비음으로 교체된다. 그런데 이런 음운 규칙도 모든 언어에 적용되는 것은 아니어서 영어에서는 'nickname[nikneim]'처럼 '파열음(k) - 비음(n)'이 배열되어도 비음화가 일어나지 않는다.
>
> 이러한 음운, 음절 구조, 음운 규칙은 말을 할 때뿐만 아니라 말을 들을 때도 작동한다. 이들은 말을 할 때는 발음을 할 수 있게 만드는 재료, 구조, 방법이 되고, 말을 들을 때는 말소리를 분류하고 인식하는 틀이 된다. 예컨대 '국'과 '밥'이 결합한 '국밥'은 된소리되기가 적용되어 늘 [국빱]으로 발음되지만, 우리는 이것을 '빱'이 아니라 '밥'과 관련된 것으로 인식한다. 그 이유는 [국빱]을 들을 때 된소리되기가 인식의 틀로 작동하여 된소리되기 이전의 음운 배열인 '국밥'으로 복원되기 때문이다. 더불어 외국어를 듣는 상황을 생각해 보자. 국어의 음절 구조와 맞지 않는 소리를 듣는다면 국어의 음절 구조에 맞게 바꾸고, 국어에 없는 소리를 듣는다면 국어에서 가장 가까운 음운으로 바꾸어 인식하게 된다. 영어 단어 'bus'를 우리말 음절 구조에 맞게 2음절로 바꾸고, 'b'를 'ㅂ' 또는 'ㅃ'으로 바꾸어 [버쓰]나 [뻐쓰]로 인식하는 것이 그 예이다.

① 국어 음절 구조의 특징을 고려하면 '몫[목]'의 발음에서 음운이 탈락하는 것을 이해할 수 있겠군.

② 국어 음운 'ㄹ'은 그 자체에는 뜻이 없지만, '갈 곳'의 'ㄹ'은 어미로 쓰이고 있으므로 뜻을 가진 최소 단위가 되겠군.

③ 국어에서 '밥만 있어'의 '밥만[밤만]'을 듣고 '밤만'으로 알았다면 그 과정에서 비음화 규칙이 인식의 틀로 작동했겠군.

④ 영어의 'spring'이 국어에서 3음절 '스프링'으로 인식되는 것은 국어 음절 구조 인식의 틀이 제대로 작동한 결과이겠군.

⑤ 영어의 'vocal'이 국어에서 '보컬'로 인식되는 것은 영어 'v'와 가장 비슷한 국어 음운이 'ㅂ'이기 때문이겠군.

4 다음 글에서 알 수 있는 것은?

20 5급 공채 PSAT

조선 시대에는 국왕의 부모에 대한 제사를 국가의례로 거행했다. 하지만 국왕의 생모가 후궁이라면, 아무리 왕을 낳았다고 해도 그에 대한 제사를 국가의례로 간주하지 않는 것이 원칙이었다. 그런데 이 원칙은 영조 때부터 무너지기 시작했다. 영조는 왕이 된 후에 자신의 생모인 숙빈 최씨를 위해 육상궁이라는 사당을 세웠다. 또 국가의례에 관한 규례가 담긴 <국조속오례의>를 편찬할 때, 육상궁에 대한 제사를 국가의례로 삼아 그 책 안에 수록해 두었다. 영조는 선조의 후궁이자, 추존왕 원종을 낳은 인빈 김씨의 사당도 매년 방문했다. 이 사당의 이름은 저경궁이다. 원종은 인조의 생부로서, 아들 인조가 국왕이 되었으므로 사후에 왕으로 추존된 인물이다. 한편 영조의 선왕이자 이복형인 경종도 그 생모 희빈 장씨를 위해 대빈궁이라는 사당을 세웠지만, 영조는 단 한 번도 대빈궁을 방문하지 않았다.

영조의 뒤를 이은 국왕 정조는 효장세자의 생모인 정빈 이씨의 사당을 만들어 연호궁이라 불렀다. 잘 알려진 바와 같이 정조는 사도세자의 아들이다. 그런데 영조는 아들인 사도세자를 죽인 후, 오래전 사망한 자기 아들인 효장세자를 정조의 부친으로 삼겠다고 공포했다. 이런 연유로 정조는 정빈 이씨를 조모로 대우하고 연호궁에서 매년 제사를 지냈다. 정조는 연호궁 외에도 사도세자의 생모인 영빈 이씨의 사당도 세워 선희궁이라는 이름을 붙이고 제사를 지냈다. 정조의 아들로서, 그 뒤를 이어 왕이 된 순조 역시 자신의 생모인 수빈 박씨를 위해 경우궁이라는 사당을 세워 제사를 지냈다.

이처럼 후궁의 사당이 늘어났으나 그 위치가 제각각이어서 관리하기가 어려웠다. 이에 순종은 1908년에 대빈궁, 연호궁, 선희궁, 저경궁, 경우궁을 육상궁 경내로 모두 옮겨 놓고 제사를 지내게 했다. 1910년에 일본이 대한제국의 국권을 강탈했으나, 이 사당들에 대한 제사는 유지되었다. 일제 강점기에는 고종의 후궁이자 영친왕 생모인 엄씨의 사당 덕안궁도 세워졌는데, 이것도 육상궁 경내에 자리 잡게 되었다. 이로써 육상궁 경내에는 육상궁을 포함해 후궁을 모신 사당이 모두 7개에 이르게 되었으며, 이때부터 그곳을 칠궁이라 부르게 되었다.

① 경종은 선희궁과 연호궁에서 거행되는 제사에 매년 참석했다.
② <국조속오례의>가 편찬될 때 대빈궁, 연호궁, 선희궁, 경우궁에 대한 제사가 국가의례에 처음 포함되었다.
③ 영빈 이씨는 영조의 후궁이었던 사람이며, 수빈 박씨는 정조의 후궁이었다.
④ 고종이 대빈궁, 연호궁, 선희궁, 저경궁, 경우궁을 육상궁 경내로 이전해 놓음에 따라 육상궁은 칠궁으로 불리게 되었다.
⑤ 조선 국왕으로 즉위해 실제로 나라를 다스린 인물의 생모에 해당하는 후궁으로서 일제 강점기 때 칠궁에 모셔져 있던 사람은 모두 5명이었다.

5 다음 글에서 알 수 있는 것은?

21 민경채 PSAT

　1883년에 조선과 일본이 맺은 조일통상장정 제41관에는 "일본인이 조선의 전라도, 경상도, 강원도, 함경도 연해에서 어업 활동을 할 수 있도록 허용한다."라는 내용이 있다. 당시 양측은 이 조항에 적시되지 않은 지방 연해에서 일본인이 어업 활동을 하는 것은 금하기로 했다. 이 장정 체결 직후에 일본은 자국의 각 부·현에 조선해통어조합을 만들어 조선 어장에 대한 정보를 제공하기 시작했다. 이러한 지원으로 조선 연해에서 조업하는 일본인이 늘었는데, 특히 제주도에는 일본인들이 많이 들어와 전복을 마구 잡는 바람에 주민들의 전복 채취량이 급감했다. 이에 제주목사는 1886년 6월에 일본인의 제주도 연해 조업을 금했다. 일본은 이 조치가 조일통상장정 제41관을 위반한 것이라며 항의했고, 조선도 이를 받아들여 조업 금지 조치를 철회하게 했다. 이후 조선은 일본인이 아무런 제약 없이 어업 활동을 하게 해서는 안 된다고 여기게 되었으며, 일본과 여러 차례 협상을 벌여 1889년에 조일통어장정을 맺었다.
　조일통어장정에는 일본인이 조일통상장정 제41관에 적시된 지방의 해안선으로부터 3해리 이내 해역에서 어업 활동을 하고자 할 때는 조업하려는 지방의 관리로부터 어업준단을 발급받아야 한다는 내용이 있다. 어업준단의 유효기간은 발급일로부터 1년이었으며, 이를 받고자 하는 자는 소정의 어업세를 먼저 내야 했다. 이 장정 체결 직후에 일본은 조선해통어조합연합회를 만들어 자국민의 어업준단 발급 신청을 지원하게 했다. 이후 일본은 1908년에 '어업에 관한 협정'을 강요해 맺었다. 여기에는 앞으로 한반도 연해에서 어업 활동을 하려는 일본인은 대한제국 어업 법령의 적용을 받도록 한다는 조항이 있다. 대한제국은 이듬해에 한반도 해역에서 어업을 영위하고자 하는 자는 먼저 어업 면허를 취득해야 한다는 내용의 어업법을 공포했고, 일본은 자국민도 이 법의 적용을 받게 해야 한다는 입장을 관철했다. 일본은 1902년에 조선해통어조합연합회를 없애고 조선해수산조합을 만들었는데, 이 조합은 어업법 공포 후 일본인의 어업 면허 신청을 대행하는 등의 일을 했다.

① 조선해통어조합은 '어업에 관한 협정'에 따라 일본인의 어업 면허 신청을 대행하는 업무를 보았다.
② 조일통어장정에는 제주도 해안선으로부터 3해리 밖에서 조선인이 어업 활동을 하는 것을 모두 금한다는 조항이 있다.
③ 조선해통어조합연합회가 만들어져 활동하던 당시에 어업준단을 발급받고자 하는 일본인은 어업세를 내도록 되어 있었다.
④ 조일통상장정에는 조선해통어조합연합회를 조직해 일본인이 한반도 연해에서 조업할 수 있도록 지원한다는 내용이 있다.
⑤ 한반도 해역에서 조업하는 일본인은 조일통상장정 제41관에 따라 조선해통어조합으로부터 어업 면허를 발급받아야 하였다.

6 다음 글의 내용과 상충하는 것은?

24 5급 공채 PSAT

'플랫폼 노동'은 웹사이트나 스마트폰 앱 등의 디지털 플랫폼을 통해 일거리를 구하고, 그 플랫폼에서 보수를 받는 노동을 말한다. 플랫폼 노동자는 디지털 플랫폼을 통해 서비스 수요자와 연결되며, 플랫폼을 운영하는 기업은 서비스 공급자와 서비스 수요자를 중개하는 대가로 이익을 취한다.

플랫폼 노동에서는 노동 과정 중 관리자에 의한 직접적인 지시나 감독이 없다. 이 점이 플랫폼 노동에서 '사용 - 종속 관계'가 부정되는 근거가 되기도 한다. 그러나 플랫폼 노동자에 대한 통제는 보이지 않는 형태로 이루어진다. 플랫폼 노동자의 작업 과정과 그 결과는 모두 데이터로 축적된다. 데이터는 플랫폼의 알고리즘에 반영되어 노동자에게 보상과 제재를 부여하는 기준이 된다. 예컨대, 음식 배달 플랫폼의 알고리즘은 픽업 시간, 배달 시간, 음식 상태 등 고객 만족도를 측정할 수 있는 별도의 평가 항목을 만들고 이에 대한 구체적인 수치를 제공한다. 그리고 이 수치가 데이터로 축적되어 알고리즘을 통해 다음 일감을 부여하는 기준이 된다. 이처럼 플랫폼 노동자는 알고리즘이 제공하는 수치에 따라 관리되며 이를 '평판에 의한 통제'라고 부른다.

평판에 의한 통제 과정은 자동으로 축적된 데이터를 바탕으로 노동자를 기술적으로 평가하는 것처럼 보이기 때문에, 관리자가 직접 개입하는 것보다 더 공정한 것처럼 여겨질 수 있다. 그런데 플랫폼 기업은 노동자의 성취에 대한 정당한 보상을 위해서 업무 평가를 진행하는 것이 아니다. 플랫폼 기업은 이윤을 극대화하기 위해 노동자의 노동 과정을 수치화하고 알고리즘에 반영하여 평가한다. 더욱이 플랫폼 노동의 구조상 노동자는 자신을 평가하는 기준이 되는 데이터를 직접 확인할 방법이 없으며, 그 데이터가 처리되는 알고리즘이 어떤 방식으로 작동하는지도 알 수 없다. 그렇게 플랫폼 노동자는 플랫폼 기업의 은밀한 통제를 받게 되고, 이는 새로운 형태의 사용 - 종속 관계라고 할 수 있다.

전통적인 사업장 노동자는 일정 시간과 기간을 두고 규칙적으로 일하지만, 플랫폼 노동자는 원하는 시간에 플랫폼에 접속해 일을 시작하고 마칠 수 있다. 전통적인 사업장처럼 공식적 근무 시간이 없기에 자기 상황에 맞춰 일과 여가를 유연하게 조정하는 것이 분명 가능하다. 이런 점에서 플랫폼 노동은 노동자의 자율성을 증가시키는 것처럼 보일 수 있다. 하지만 실제로는 고용 및 보수, 업무 내용 및 평가 등이 알고리즘의 은폐된 지휘·감독 하에 놓여 있다. 형식적으로는 자율성이 있어 보이지만 알고리즘을 이용한 플랫폼 기업의 보이지 않는 통제가 작동하고 있는 것이다.

① 플랫폼 기업은 단지 서비스 공급과 수요를 중개하는 역할을 넘어 노동자에 대한 통제를 수행한다.
② 플랫폼 기업은 축적된 데이터를 기술적으로 활용하여 노동자의 성취를 정당하게 보상하고자 업무 평가를 수행한다.
③ 플랫폼 노동과정에서 관리자의 직접적인 지시나 감독이 없더라도 플랫폼 기업과 플랫폼 노동자는 사용 - 종속 관계에 있다고 볼 수 있다.
④ 플랫폼 노동자는 전통적인 사업장 노동자에 비해 정해진 업무시간에 얽매이지 않고 자신의 노동시간을 유연하게 조정할 수 있다.
⑤ 플랫폼 서비스 이용자의 만족도 평가 데이터는 플랫폼 노동자에 대한 보상과 제재의 근거로 활용된다.

DAY 12 설명문 ②

- 풀이 시간: /10분
- 맞은 문제: /6문제

1 다음 글에서 알 수 있는 것은?

20 5급 공채 PSAT

19세기 후반 독일의 복지 제도를 주도한 비스마르크는 보수파였다. 그는 노령연금과 의료보험 정책을 통해 근대 유럽 복지 제도의 기반을 조성하였는데 이 정책의 일차적 목표는 당시 노동자를 대변하는 사회주의자들을 견제하면서 독일 노동자들이 미국으로 이탈하는 것을 방지하는 데 있었다. 그의 복지 정책은 노동자뿐 아니라 노인과 약자 등 사회의 다양한 계층으로부터 광범위한 지지를 얻을 수 있었지만, 이러한 정책을 실행하는 과정에서 각 정파들 간에 논쟁과 갈등이 발생했다. 복지 제도는 모든 국민에게 그들의 공과와는 관계없이 일정 수준 이상의 삶을 영위할 수 있도록 사회적 최소치를 보장하는 것이고 이를 위해선 지속적인 재원이 필요했다. 그런데 그 재원을 확보하고자 국가가 세금과 같은 방법을 동원할 경우 그 비용을 강제로 부담하고 있다고 생각하는 국민들의 불만은 말할 것도 없고, 실제 제공되는 복지 수준이 기대치와 다를 경우 그 수혜자들로부터도 불만을 살 우려가 있었다.

공동체적 가치를 중요시해 온 독일의 사회주의자들이나 보수주의자들은 복지 정책을 입안하고 그 집행과 관련된 각종 조세 정책을 수립하는 데에 적극적이었다. 이들은 보편적 복지를 시행하기 위한 재원을 국가가 직접 나서서 마련하는 데 찬성했다. 반면 개인주의에 기초하여 외부로부터 간섭받지 않을 권리와 자유를 최상의 가치로 간주하는 독일 자유주의자들은 여기에 소극적이었다. 이 자유주의자들은 모두를 위한 기본적인 복지보다는 개인의 사유재산권이나 절차상의 공정성을 강조하였다. 이들은 장애인이나 가난한 이들에 대한 복지를 구휼 정책이라고 간주해 찬성하지 않았다. 이들에 따르면 누군가가 선천적인 장애나 사고로 인해 매우 어려운 상황에 처해 있다고 내가 그 사람을 도와야 할 의무는 없는 것이다. 따라서 자신이 원하지도 않는 상황에서 다른 사람을 돕는다는 명목으로 국가가 강제로 개인에게 세금을 거두고자 한다면 이는 자유의 침해이자 강요된 노동이 될 수 있었다. 물론 독일 자유주의자들은 개인이 자발적으로 사회적 약자들을 돕는 것에는 반대하지 않고 적극 권장하는 입장을 취했다. 19세기 후반 독일의 보수파를 통해 도입된 복지 정책들은 이후 유럽 각국의 복지 제도 확립에 영향을 미쳤다. 그렇지만 개인의 자율성을 강조하는 자유주의자들과의 갈등들은 현재까지도 지속되고 있다.

① 독일 자유주의자들은 구휼 정책에는 반대했지만 개인적 자선활동에는 찬성하였다.
② 독일 보수주의자들은 복지 정책에 드는 재원을 마련하면서 그 부담을 특정 계층에게 전가하였다.
③ 독일 보수주의자들이 집권한 당시 독일 국민의 노동 강도는 높아졌고 개인의 자율성은 침해되었다.
④ 공동체적 가치를 강조하는 사회주의적 전통이 확립될수록 복지 정책에 대한 독일 국민들의 불만은 완화되었다.
⑤ 독일 사회주의자들이 제안한 노동자를 위한 사회 보장 정책은 독일 보수주의자들에 의해 전 국민에게로 확대되었다.

2 다음 글에서 알 수 없는 것은?

21 민경채 PSAT

1859년에 프랑스의 수학자인 르베리에는 태양과 수성 사이에 미지의 행성이 존재한다는 가설을 세웠고, 그 미지의 행성을 '불칸'이라고 이름 붙였다. 당시의 천문학자들은 르베리에를 따라 불칸의 존재를 확신하고 그 첫 번째 관찰자가 되기 위해서 노력했다. 이렇게 확신한 이유는 르베리에가 불칸을 예측하는 데 사용한 방식이 해왕성을 성공적으로 예측하는 데 사용한 방식과 동일했기 때문이다. 해왕성 예측의 성공으로 인해 르베리에에 대한, 그리고 불칸의 예측 방법에 대한 신뢰가 높았던 것이다.

르베리에 또한 죽을 때까지 불칸의 존재를 확신했는데, 그가 그렇게 확신할 수 있었던 것 역시 해왕성 예측의 성공 덕분이었다. 1781년에 천왕성이 처음 발견된 뒤, 천문학자들은 천왕성보다 더 먼 위치에 다른 행성이 존재할 경우에만 천왕성의 궤도에 대한 관찰 결과가 뉴턴의 중력 법칙에 따라 설명될 수 있다고 생각했다. 이에 르베리에는 관찰을 통해 얻은 천왕성의 궤도와 뉴턴의 중력 법칙에 따라 산출한 궤도 사이의 차이를 수학적으로 계산하여 해왕성의 위치를 예측했다. 천문학자인 갈레는 베를린 천문대에서 르베리에의 편지를 받은 그날 밤, 르베리에가 예측한 바로 그 위치에 해왕성이 존재한다는 사실을 확인하였다.

르베리에는 수성의 운동에 대해서도 일찍부터 관심을 가지고 있었다. 르베리에는 수성의 궤도에 대한 관찰 결과 역시 뉴턴의 중력 법칙으로 예측한 궤도와 차이가 있음을 제일 먼저 밝힌 뒤, 1859년에 그 이유를 천왕성 - 해왕성의 경우와 마찬가지로 수성의 궤도에 미지의 행성이 영향을 끼치기 때문이라는 가설을 세운다. 르베리에는 이 미지의 행성에 '불칸'이라는 이름까지 미리 붙였던 것이며, 마침 르베리에의 가설에 따라 이 행성을 발견했다고 주장하는 천문학자까지 나타났던 것이다. 하지만 불칸의 존재에 대해 의심하는 천문학자들 또한 있었고, 이후 아인슈타인의 상대성이론을 이용해 수성의 궤도를 정확하게 설명하는 데 성공함으로써 가상의 행성인 불칸을 상정해야 할 이유는 사라졌다.

① 르베리에에 의하면 수성의 궤도를 정확하게 설명하기 위해서는 뉴턴의 중력 법칙을 대신할 다른 법칙이 필요하지 않다.
② 르베리에에 의하면 천왕성의 궤도를 정확하게 설명하기 위해서는 뉴턴의 중력 법칙을 대신할 다른 법칙이 필요하다.
③ 수성의 궤도에 대한 르베리에의 가설에 기반하여 연구한 천문학자가 있었다.
④ 르베리에는 해왕성의 위치를 수학적으로 계산하여 추정하였다.
⑤ 르베리에는 불칸의 존재를 수학적으로 계산하여 추정하였다.

3 다음 글의 흐름에 맞지 않는 곳을 ㉠~㉤에서 찾아 수정할 때 가장 적절한 것은?   21 민경채 PSAT

　　에르고딕 이론에 따르면 그룹의 평균을 활용해 개인에 대한 예측치를 이끌어낼 수 있는데, 이를 위해서는 다음의 두 가지 조건을 먼저 충족해야 한다. 첫째는 그룹의 모든 구성원이 ㉠ 질적으로 동일해야 하며, 둘째는 그 그룹의 모든 구성원이 미래에도 여전히 동일해야 한다는 것이다. 특정 그룹이 이 두 가지 조건을 충족하면 해당 그룹은 '에르고딕'으로 인정되면서, ㉡ 그룹의 평균적 행동을 통해 해당 그룹에 속해 있는 개인에 대한 예측을 이끌어낼 수 있다.
　　그런데 이 이론에 대해 심리학자 몰레나는 다음과 같은 설명을 덧붙였다. "그룹 평균을 활용해 개인을 평가하는 것은 인간이 모두 동일하고 변하지 않는 냉동 클론이어야만 가능하겠지요? 그런데 인간은 냉동 클론이 아닙니다." 그런데도 등급화와 유형화 같은 평균주의의 결과물들은 정책 결정의 과정에서 중요한 근거로 쓰였다. 몰레나는 이와 같은 위험한 가정을 '에르고딕 스위치'라고 명명했다. 이는 평균주의의 유혹에 속아 집단의 평균에 의해 개인을 파악함으로써 ㉢ 실재하는 개인적 특성을 모조리 무시하게 되는 것을 의미한다.
　　지금 타이핑 실력이 뛰어나지 않은 당신이 타이핑 속도의 변화를 통해 오타를 줄이고 싶어 한다고 가정해 보자. 평균주의식으로 접근할 경우 여러 사람의 타이핑 실력을 측정한 뒤에 평균 타이핑 속도와 평균 오타 수를 비교하게 된다. 그 결과 평균적으로 타이핑 속도가 더 빠를수록 오타 수가 더 적은 것으로 나타났다고 하자. 이때 평균주의자는 당신이 타이핑의 오타 수를 줄이고 싶다면 ㉣ 타이핑을 더 빠른 속도로 해야 한다고 말할 것이다. 바로 여기가 '에르고딕 스위치'에 해당하는 지점인데, 사실 타이핑 속도가 빠른 사람들은 대체로 타이핑 실력이 뛰어난 편이며 그만큼 오타 수는 적을 수밖에 없다. 더구나 ㉤ 타이핑 실력이라는 요인이 통제된 상태에서 도출된 평균치를 근거로 당신에게 내린 처방은 적절하지 않을 가능성이 높다.

① ㉠을 '질적으로 다양해야 하며'로 고친다.
② ㉡을 '개인의 특성을 종합하여 집단의 특성에 대한 예측'으로 고친다.
③ ㉢을 '실재하는 그룹 간 편차를 모조리 무시'로 고친다.
④ ㉣을 '타이핑을 더 느린 속도로 해야 한다'로 고친다.
⑤ ㉤을 '타이핑 실력이라는 요인이 통제되지 않은 상태에서'로 고친다.

4 다음 글의 내용과 부합하지 않는 것은?

한국어 계통 연구 분야에서 널리 알려진 학설인 한국어의 알타이어족 설은 한국어가 알타이 어군인 튀르크어, 몽고어, 만주·퉁구스어와 함께 알타이어족에 속한다는 것이다. 이 학설은 알타이 어군과 한국어 간에는 모음조화, 어두자음군의 제약, 관계 대명사와 접속사의 부재 등에서 공통점이 있다는 비교언어학 분석에 근거하고 있다. 하지만 기초 어휘와 음운 대응의 규칙성에서는 세 어군과 한국어 간에 차이가 있어 이 학설의 비교언어학적 근거는 한계를 가지고 있다. 이 때문에, 한국어의 알타이어족 설은 알타이 어군과 한국어 사이의 친족 관계 및 공통 조상어로부터의 분화 과정을 설명하기 어렵다.

최근 한국어 계통 연구는 비교언어학 분석과 더불어, 한민족 형성 과정에 대한 유전학적 연구, 한반도에 공존했던 여러 유형의 건국 신화와 관련된 인류학적 연구를 이용하고 있다. 가령, 우리 민족의 유전 형질에는 북방계와 남방계의 특성이 모두 존재한다는 점과 북방계의 천손 신화와 남방계의 난생 신화가 한반도에서 모두 발견된다는 점은 한국어가 북방적 요소와 남방적 요소를 함께 지니고 있음을 시사해준다. 이런 연구들은 한국어 자료가 근본적으로 부족한 상황에서 비롯된 문제점을 극복하여 한국어의 조상어를 밝히는 데 일정한 실마리를 던져준다.

하지만 선사 시대의 한국어와 친족 관계를 맺고 있는 모든 어군들을 알 수는 없으며, 있다고 하더라도 그들과 한국어의 공통 조상어를 밝히기란 쉽지 않다. 지금까지의 연구에 따르면, 고대에는 고구려어, 백제어, 신라어로 나뉘어 있었다. 하지만 이들 세 언어가 서로 다른 언어인지, 아니면 방언적 차이만을 지닌 하나의 언어인지에 대해서는 이견이 있다. 고구려어가 원시 부여어에 소급되는 것과 달리 백제어와 신라어는 모두 원시 한어(韓語)로부터 왔다는 것은 이들 언어의 차이가 방언적 차이 이상이었음을 보여 준다. 이들 세 언어가 고려의 건국으로 하나의 한국어인 중세 국어로 수렴되었다는 것에 대해서는 남한과 북한의 학계가 대립된 입장을 보이지 않지만, 중세 국어가 신라어와 고구려어 중 어떤 언어로부터 분화된 것인지와 관련해서는 두 학계의 입장은 대립된다. 한편, 중세 국어가 조선 시대를 거쳐 근대 한국어로 변모하여 오늘날 우리가 사용하는 현대 한국어가 되는 과정에 대해서는 두 학계의 견해가 일치한다.

① 비교언어학적 근거의 한계로 인해 한국어의 알타이어족 설은 알타이 어군과 한국어 간의 친족 관계를 설명하기 어렵다.
② 한반도의 천손 신화에 대한 인류학적 연구는 한국어에 북방적 요소가 있음을 시사한다.
③ 최근 한국어 계통 연구는 부족한 한국어 자료를 보완하기 위해 한민족의 유전 형질에 대한 정보와 한반도에 공존한 건국 신화들을 이용한다.
④ 최근 한국어 계통 연구에서 백제어와 고구려어는 방언적 차이로 인해 서로 다른 계통으로 분류된다.
⑤ 중세 국어에서 현대 한국어에 이르는 한국어 형성 과정에 대한 남북한 학계의 견해는 일치한다.

[5-6] 다음 글을 읽고 물음에 답하시오.

24 5급 공채 PSAT

표본에 의한 통계 가설의 평가로 가장 널리 알려진 방법은 '통계 가설이 틀리더라도 표본과 비슷한 자료를 얻게 될 확률'을 이용하는 것이다. 이 확률이 제법 높다면, 해당 통계 가설은 믿을 만한 근거가 없다고 판정된다. 왜냐하면 그런 확률을 가지는 표본은 해당 통계 가설이 거짓이라도 어렵지 않게 얻을 수 있는 것이기 때문이다. 하지만 그 확률이 제법 낮다면, 특히 어떤 정해진 문턱값보다 낮다면, 통계 가설이 참이라는 것에 대한 유의미한 증거가 있다고 결론 내린다. 왜냐하면 해당 통계 가설이 거짓이라면, 그런 표본은 쉽게 얻을 수 있는 것이 아니기 때문이다. 이 방법에서 연구자들이 평가하고자 하는 통계 가설은 '대립가설'이라고 불리고, 이 대립가설이 거짓이라는 가설은 '귀무가설'이라고 불린다. 귀무가설이 참일 때 표본과 비슷한 자료를 얻게 될 확률은 'p-값'이라고 한다. 그리고 p-값과 비교되어 대립가설이 참이라는 것에 대한 유의미한 증거의 존재 여부를 판단하는 기준이 되는 문턱값은 '유의수준'이라고 불리며, 일반적으로 0.05나 0.01이 많이 사용된다. 정리하면 p-값이 유의수준보다 작을 때 대립가설이 참이라는 것에 대한 유의미한 증거가 있고, 그렇지 않을 때 대립가설이 참이라는 것에 대한 유의미한 증거가 있지 않다고 본다.

예를 들어 보자. 연구자 갑은 이번에 새로 개발된 신약 A가 콜레스테롤 수치를 낮추는 데 효과가 있는지 확인하고 싶어 한다. 그는 '신약 A는 콜레스테롤 수치를 낮춘다'는 대립가설을 세우고, 이를 평가하기 위해서 '신약 A는 콜레스테롤 수치를 낮추는 데 아무 효과가 없다'라는 귀무가설을 검증한다. 갑은 먼저 실험군과 대조군을 무작위로 나누었다. 그리고 실험군에는 신약 A를, 대조군에는 가짜약을 제공한 뒤, 두 집단의 콜레스테롤 수치 평균의 차이를 관찰하는 실험을 진행하였다. 그 결과, 갑은 p-값이 0.04에 불과한 실험 결과를 획득하였다. 그는 이 실험 결과와 0.05라는 유의수준을 이용하여 '신약 A는 콜레스테롤 수치를 낮춘다'가 참이라는 것에 대한 유의미한 증거가 있다고 발표하였다.

위 사례는 p-값을 이용해 통계 가설을 평가하는 전형적인 모습을 보여준다. 하지만 이 방법을 사용하거나 이 방법을 사용한 연구를 평가할 때는 언제나 조심해야 한다. 왜냐하면 갑이 다음과 같이 실험 결과를 내놓는 경우를 생각해 볼 수 있기 때문이다. 사실 신약 A는 콜레스테롤 수치와 아무 상관없는 것이었다. 그로 인해 갑은 30번 정도 반복된 실험에서 모두 0.05보다 큰 p-값을 얻었다. 갑의 목표는 0.05보다 작은 p-값을 가지는 실험 결과를 얻는 것이었다. 우연히 그다음 실험에서 원하던 대로 0.05보다 작은 p-값을 얻었다. 정직한 과학자라면, 자신의 실험 결과를 모두 보고하고 이를 바탕으로 적절히 평가받아야 할 것이다. 하지만 신약 A의 효과를 간절히 바랐던 갑은 그의 나머지 실험을 폐기하고 유의미한 증거가 나온 실험 결과만을 발표하였다. 이렇게 유의미한 p-값을 가지는 실험 결과가 나올 때까지 실험을 반복하고, 그 결과 중 일부만 발표하는 연구 부정 행위를 'p-해킹'이라고 부른다.

5 위 글에서 알 수 있는 것은?

① p-해킹이 일어났다는 것은 귀무가설이 거짓이라는 것에 대한 유의미한 증거이다.
② 실험군과 대조군의 분류가 완전히 무작위로 이루어졌다면 p-해킹은 일어나지 않는다.
③ 귀무가설이 참일 때 표본과 비슷한 자료를 얻게 될 확률이 높다면, 유의수준은 커질 수밖에 없다.
④ 표본 자료의 p-값이 0.05보다 크다면, 관련 대립가설이 참일 확률이 0.95보다 높다는 것에 대한 좋은 증거가 있다고 결론 내릴 수 있다.
⑤ 큰 값을 유의수준으로 사용했을 때에는 대립가설이 참이라는 것의 유의미한 증거가 되지만, 작은 값을 유의수준으로 삼았을 때에는 그런 증거가 되지 않는 표본 자료가 있을 수 있다.

6 위 글을 토대로 할 때 다음 <사례>에 대한 분석으로 적절한 것만을 <보기>에서 모두 고르면?

― <사 례> ―

을은 새로 개발된 신약 B와 콜레스테롤 수치 사이의 관계를 확인하고자 한다. 그런데 신약 B에 관심을 가지고 있는 연구자는 을만이 아니었다. 을 이외에도 약 30여 명이 그 약에 관심을 가지고 있었다. 을을 포함한 연구자 각각은 같은 실험 조건으로 연구를 진행하고 있다는 사실을 서로 모른 채 신약 B가 효과가 있다는 결과를 산출하려는 어떠한 의도도 없이 실험을 진행하였다. 그 결과 30여 명의 연구자들 중에서 을만 0.05보다 작은 p-값을 가지는 유의미한 실험 결과를 얻었다. 다른 연구자들은 신약과 콜레스테롤 수치 사이에 유의미한 결과를 산출하지 못하였기 때문에 자신의 실험 결과를 폐기하고 금방 잊어버렸다. 결국 유의미한 결과를 산출한 을의 연구만 발표되었고, 발표 결과를 들은 일부 사람들은 신약 B의 효과를 믿게 되었다.

― <보 기> ―

ㄱ. 신약 B에 대한 연구 사례는 심각한 연구 부정을 의도하지 않았어도, 대립가설이 틀렸음에도 불구하고 유의미하다고 판단되는 결과를 우연히 얻을 수 있다는 것을 보여준다.
ㄴ. 신약 A에 대한 갑의 연구 속 0.05보다 작은 p-값을 가진 실험 결과는 실제로 약효가 없음에도 불구하고 우연히 나온 결과이지만, 신약 B에 대한 을의 연구 속 0.05보다 작은 p-값을 가진 실험 결과는 그렇지 않다.
ㄷ. 신약 A에 대한 연구 속 30여 개의 실험 결과의 p-값들은 유의수준을 넘는 범위에 다양하게 분포되어 있지만, 신약 B에 대한 연구 속 30여 개의 실험 결과의 p-값들은 유의수준을 넘는 특정한 값 주변에 밀집되어 있는 양상을 띨 것이다.

① ㄱ　　② ㄴ　　③ ㄱ, ㄷ　　④ ㄴ, ㄷ　　⑤ ㄱ, ㄴ, ㄷ

DAY 13 설명문 ③

• 풀이 시간: /10분
• 맞은 문제: /6문제

1 다음 글에서 알 수 없는 것은?

20 5급 공채 PSAT

> WTO 설립협정은 GATT 체제에서 관행으로 유지되었던 의사결정 방식인 총의 제도를 명문화하였다. 동 협정은 의사결정 회의에 참석한 회원국 중 어느 회원국도 공식적으로 반대하지 않는 한, 검토를 위해 제출된 사항은 총의에 의해 결정되었다고 규정하고 있다. 또한 이에 따르면 회원국이 의사결정 회의에 불참하더라도 그 불참은 반대가 아닌 찬성으로 간주된다.
>
> 총의 제도는 회원국 간 정치·경제적 영향력의 차이를 보완하기 위하여 도입되었다. 그러나 회원국 수가 확대되고 이해관계가 첨예화되면서 현실적으로 총의가 이루어지기 쉽지 않았다. 이로 인해 WTO 체제 내에서 모든 회원국이 참여하는 새로운 무역협정이 체결되는 것이 어려웠고 결과적으로 무역자유화 촉진 및 확산이 저해되고 있다. 이러한 문제의 해결 방안으로 '부속서 4 복수국간 무역협정 방식'과 '임계질량 복수국간 무역협정 방식'이 모색되었다.
>
> '부속서 4 복수국간 무역협정 방식'은 WTO 체제 밖에서 복수국간 무역협정을 체결하고 이를 WTO 설립협정 부속서 4에 포함하여 WTO 체제로 편입하는 방식이다. 복수국간 무역협정이 부속서 4에 포함되기 위해서는 모든 WTO 회원국 대표로 구성되는 각료회의의 승인이 있어야 한다. 현재 부속서 4에의 포함 여부가 논의 중인 전자상거래협정은 협정 당사국에만 전자상거래시장을 개방하고 기술 이전을 허용한다. '부속서 4 복수국간 무역협정 방식'은 협정상 혜택을 비당사국에 허용하지 않음으로써 해당 무역협정의 혜택을 누리고자 하는 회원국들의 협정 참여를 촉진하여 결과적으로 자유무역을 확산하는 기능을 한다.
>
> '임계질량 복수국간 무역협정 방식'은 WTO 체제 밖에서 일부 회원국 간 무역협정을 채택하되 해당 협정의 혜택을 보편적으로 적용하여 무역자유화를 촉진하는 방식이다. 즉, 채택된 협정의 혜택은 최혜국대우원칙에 따라 협정 당사국뿐 아니라 모든 WTO 회원국에 적용되는 반면, 협정의 의무는 협정 당사국에만 부여된다. 다만, 해당 협정이 발효되기 위해서는 협정 당사국들의 협정 적용대상 품목의 무역량이 해당 품목의 전 세계 무역량의 90% 이상을 차지하여야 한다. '임계질량 복수국간 무역협정 방식'의 대표적인 사례는 정보통신기술(ICT) 제품의 국제무역 활성화를 위해 1996년 채택되어 1997년 발효된 정보기술협정이다.

① '임계질량 복수국간 무역협정 방식'에 따라 채택된 협정의 혜택을 받는 국가는 해당 협정의 의무를 부담하는 국가보다 적을 수 없다.
② WTO의 의사결정 회의에 제안된 특정 안건을 지지하는 경우, 총의 제도에 따르면 그 회의에 불참하더라도 해당 안건에 대한 찬성의 뜻을 유지할 수 있다.
③ WTO 회원국은 전자상거래협정에 가입하지 않는다면 동 협정의 법적 지위에 영향을 미칠 수 없다.
④ WTO 각료회의가 총의 제도를 유지한다면 '부속서 4 복수국간 무역협정 방식'의 도입 목적은 충분히 달성하기 어렵다.
⑤ 1997년 발효 당시 정보기술협정 당사국의 ICT 제품 무역 규모량의 총합은 해당 제품의 전 세계 무역량의 90% 이상일 것으로 추정할 수 있다.

2 다음 글의 A~C에 대한 판단으로 가장 적절한 것은?　　　　　21 민경채 PSAT

> 정책 네트워크는 다원주의 사회에서 정책 영역에 따라 실질적인 정책 결정권을 공유하고 있는 집합체이다. 정책 네트워크는 구성원 간의 상호 의존성, 외부로부터 다른 사회 구성원들의 참여 가능성, 의사결정의 합의 효율성, 지속성의 특징을 고려할 때 다음 세 가지 모형으로 분류될 수 있다.
>
> | 특징
모형 | 상호 의존성 | 외부 참여 가능성 | 합의 효율성 | 지속성 |
> |---|---|---|---|---|
> | A | 높음 | 낮음 | 높음 | 높음 |
> | B | 보통 | 보통 | 보통 | 보통 |
> | C | 낮음 | 높음 | 낮음 | 낮음 |
>
> A는 의회의 상임위원회, 행정 부처, 이익집단이 형성하는 정책 네트워크로서 안정성이 높아 마치 소정부와 같다. 행정부 수반의 영향력이 작은 정책 분야에서 집중적으로 나타나는 형태이다. A에서는 참여자 간의 결속과 폐쇄적 경계를 강조하며, 배타성이 매우 강해 다른 이익집단의 참여를 철저하게 배제하는 것이 특징이다.
>
> B는 특정 정책과 관련해 이해관계를 같이하는 참여자들로 구성된다. B가 특정 이슈에 대해 유기적인 연계 속에서 기능하면, 전통적인 관료제나 A의 방식보다 더 효과적으로 정책 목표를 달성할 수 있다. B의 주요 참여자는 정치인, 관료, 조직화된 이익집단, 전문가 집단이며, 정책 결정은 주요 참여자 간의 합의와 협력에 의해 일어난다.
>
> C는 특정 이슈를 중심으로 이해관계나 전문성을 가진 이익집단, 개인, 조직으로 구성되고, 참여자는 매우 자율적이고 주도적인 행위자이며 수시로 변경된다. 배타성이 강한 A만으로 정책을 모색하면 정책 결정에 영향을 미칠 수 있는 C와 같은 개방적 참여자들의 네트워크를 놓치기 쉽다. C는 관료제의 영향력이 작고 통제가 약한 분야에서 주로 작동하는데, 참여자가 많아 합의가 어려워 결국 정부가 위원회나 청문회를 활용하여 의견을 조정하려는 경우가 종종 발생한다.

① 외부 참여 가능성이 높은 모형은 관료제의 영향력이 작고 통제가 약한 분야에서 나타나기 쉽다.
② 상호 의존성이 보통인 모형에서는 배타성이 강해 다른 이익집단의 참여를 철저하게 배제한다.
③ 합의 효율성이 높은 모형이 가장 효과적으로 정책 목표를 달성할 수 있다.
④ A에 참여하는 이익집단의 정책 결정 영향력이 B에 참여하는 이익집단의 정책 결정 영향력보다 크다.
⑤ C에서는 참여자의 수가 많아질수록 네트워크의 지속성이 높아진다.

3 다음 글의 ㉠과 ㉡에 들어갈 말을 적절하게 나열한 것은?

22 민경채 PSAT

서양 사람들은 옛날부터 신이 자연 속에 진리를 감추어 놓았다고 믿고 그 진리를 찾기 위해 노력했다. 그들은 숨겨진 진리가 바로 수학이며 자연물 속에 비례의 형태로 숨어 있다고 생각했다. 또한 신이 자연물에 숨겨 놓은 수많은 진리 중에서도 인체 비례야말로 가장 아름다운 진리의 정수로 여겼다. 그래서 서양 사람들은 예로부터 이러한 신의 진리를 드러내기 위해서 완벽한 인체를 구현하는 데 몰두했다. 레오나르도 다빈치의 <인체 비례도>를 보면, 원과 정사각형을 배치하여 사람의 몸을 표현하고 있다. 가장 기본적인 기하 도형이 인체 비례와 관련 있다는 점에 착안하였던 것이다. 르네상스 시대 건축가들은 이러한 기본 기하 도형으로 건축물을 디자인하면 (㉠) 위대한 건물을 지을 수 있다고 생각했다.

건축에서 미적 표준으로 인체 비례를 활용하는 조형적 안목은 서양뿐 아니라 동양에서도 찾을 수 있다. 고대부터 중국이나 우리나라에서도 인체 비례를 건축물 축조에 활용하였다. 불국사의 청운교와 백운교는 3:4:5 비례의 직각삼각형으로 이루어져 있다. 이와 같은 비례로 건축하는 것을 '구고현(勾股弦)법'이라 한다. 뒤꿈치를 바닥에 대고 무릎을 직각으로 구부린 채 누우면 바닥과 다리 사이에 삼각형이 이루어지는데, 이것이 구고현법의 삼각형이다. 짧은 변인 구(勾)는 넓적다리에, 긴 변인 고(股)는 장딴지에 대응하고, 빗변인 현(弦)은 바닥의 선에 대응한다. 이 삼각형은 고대 서양에서 신성불가침의 삼각형이라 불렸던 것과 동일한 비례를 가지고 있다. 동일한 비례를 아름다움의 기준으로 삼았다는 점에서 (㉡)는 것을 알 수 있다.

① ㉠: 인체 비례에 숨겨진 신의 진리를 구현한
　㉡: 조형미에 대한 동서양의 안목이 유사하였다
② ㉠: 신의 진리를 넘어서는 인간의 진리를 구현한
　㉡: 인체 실측에 대한 동서양의 계산법이 동일하였다
③ ㉠: 인체 비례에 숨겨진 신의 진리를 구현한
　㉡: 건축물에 대한 동서양의 공간 활용법이 유사하였다
④ ㉠: 신의 진리를 넘어서는 인간의 진리를 구현한
　㉡: 조형미에 대한 동서양의 안목이 유사하였다
⑤ ㉠: 인체 비례에 숨겨진 신의 진리를 구현한
　㉡: 인체 실측에 대한 동서양의 계산법이 동일하였다

4 다음 글에서 알 수 있는 것은?

수사 기관이 피의자를 체포할 때 피의자에게 묵비권을 행사할 수 있고 불리한 진술을 하지 않을 권리가 있으며 변호사를 선임할 권리가 있음을 알려야 한다. 이를 '미란다 원칙'이라고 하는데, 이는 피의자로 기소되어 법정에 선 미란다에 대한 재판을 통해 확립되었다. 미란다의 변호인은 "경찰관이 미란다에게 본인의 진술이 법정에서 불리하게 쓰인다는 사실과 변호인을 선임할 권리가 있다는 사실을 말해주지 않았으므로 미란다의 자백은 공정하지 않고, 따라서 미란다의 자백을 재판 증거로 삼을 수 없다."라고 주장했다. 미국 연방대법원은 이를 인정하여, 미란다가 자신에게 묵비권과 변호사 선임권을 갖고 있다는 사실을 안 상태에서 분별력 있게 자신의 권리를 포기하고 경찰관의 신문에 진술했어야 하므로, 경찰관이 이러한 사실을 고지하였다는 것이 입증되지 않는 한, 신문 결과만으로 얻어진 진술은 그에게 불리하게 사용될 수 없다고 판결하였다.

미란다 판결 전에는 전체적인 신문 상황에서 피의자가 임의적으로 진술했다는 점이 인정되면, 즉 임의성의 원칙이 지켜졌다면 재판 증거로 사용되었다. 이때 수사 기관이 피의자에게 헌법상 권리를 알려주었는지 여부는 문제 되지 않았다. 경찰관이 고문과 같은 가혹 행위로 받아낸 자백은 효력이 없지만, 회유나 압력을 행사했더라도 제때에 음식을 주고 밤에 잠을 자게 하면서 받아낸 자백은 전체적인 상황이 강압적이지 않았다면 증거로 인정되었다. 그런데 이러한 기준은 사건마다 다르게 적용되었으며 수사 기관으로 하여금 강압적인 분위기를 조성하도록 유도했으므로, 구금되어 조사받는 상황에서의 잠재적 위협으로부터 피의자를 보호해야 할 수단이 필요했다.

수사 절차는 본질적으로 강제성을 띠기 때문에, 수사 기관과 피의자 사이에 힘의 균형은 이루어지기 어렵다. 이런 상황에서 미란다 판결이 제시한 원칙은 수사 절차에서 수사 기관과 피의자가 대등한 지위에서 법적 다툼을 해야 한다는 원칙을 구현하는 첫출발이었다. 기존의 수사 관행을 전면적으로 부정하는 미란다 판결은 자백의 증거 능력에 대해 종전의 임의성의 원칙을 버리고 절차의 적법성을 채택하여, 수사 절차를 피의자의 권리를 보호하는 방향으로 전환하는 데에 크게 기여했다.

① 미란다 원칙을 확립한 재판에서 미란다는 무죄 판정을 받았다.
② 미란다 판결은 피해자의 권리에 있어 임의성의 원칙보다는 절차적 적법성이 중시되어야 한다는 점을 부각시켰다.
③ 미란다 판결은 법원이 수사 기관이 행하는 고문과 같은 가혹 행위에 대해 수사 기관의 법적 책임을 묻는 시초가 되었다.
④ 미란다 판결 전에는 수사 과정에 강압적인 요소가 있었더라도 피의자가 임의적으로 진술한 자백의 증거 능력이 인정될 수 있었다.
⑤ 미란다 판결에서 연방대법원은 피의자가 변호사 선임권이나 묵비권을 알고 있었다면 경찰관이 이를 고지하지 않아도 피의자의 자백은 효력이 있다고 판단하였다.

[5-6] 다음 글을 읽고 물음에 답하시오.

25 5급 공채 PSAT

한 사회에서 한 언어를 사용할 때 우리는 어떤 표현을 사용할까에 대한 언어 선택을 하게 된다. 예컨대, 상황에 따라 우리는 존댓말을 쓰거나 반말을 쓰기도 한다. 다언어를 사용하는 이민 사회에서도 언어 선택 현상이 일어난다. 3대가 사는 집에서, 부모가 조부모와 대화할 때는 한국어를 쓰다가도 자식과 말할 때는 현지어를 쓰는 경우가 매우 흔하다.

다언어 사회에서 언어 선택이 일어나는 유형에는 '코드 바꾸기' 방식과 '코드 뒤섞기' 방식이 있다. 코드 바꾸기는 앞에서 언급한 사례에서처럼 한 언어를 쓰다가 다른 언어로 바꾸어 말하는 현상으로, 직장에서 영어를 쓰다가 집에 와서는 한국어를 쓰는 경우이다. 이런 언어 선택은 한 사람이 말할 때뿐만 아니라 두 사람이 대화할 때도 일어날 수 있다. 가령 아이는 계속 영어로 말하고 엄마는 계속 한국어로 말하면서 대화를 이어가는 경우가 그렇다. 이 경우, 아이와 엄마의 대화에서는 코드 바꾸기가 일어나고 있는 것이다.

코드 뒤섞기의 전형적인 사례는 어느 한 언어를 주축으로 사용하면서 다른 언어의 요소를 사이사이에 삽입하여 주축 언어의 규범을 위반하는 경우이다. 이때 삽입되는 다른 언어의 요소는 단어나 구(句)일 수도 있고 그보다 더 큰 단위일 수도 있다. 예를 들어 "그 친구는 정말 나이스해."는 코드 뒤섞기에 해당한다. '나이스'와 같은 외국어를 삽입해 쓰는 것은 주축 언어인 한국어 규범을 위반하기 때문이다. 하지만 삽입된 단어가 주축 언어에서 이미 정착된 차용어인 경우는 주축 언어의 규범을 위반하지 않는다. 그 단어가 주축 언어의 규범을 위반하지 않는다는 것은 우리가 그 단어를 더는 외국어로 취급하지 않는다는 의미이다. 가령, "나 커피 한 잔 줘."와 같은 문장은 코드 뒤섞기가 아니다. '커피'는 이미 한국어에서 정착된 차용어이기 때문이다. 그런데 만일 '커피'를 [kɔ́ːfi]로 발음하여 영어 발음 규칙에 충실한 방식으로 사용한다면 이것은 코드 뒤섞기의 범주에 들어간다.

뒤섞이는 것의 단위가 문장일 때도 같은 기준이 적용된다. 이민 사회에서 모국어가 한국어인 아이와 부모가 대화하면서 한국어와 영어를 번갈아 쓰는 상황을 상상해보자. 이 아이는 대화하면서 처음에 한국어를 계속 사용하다가 어느 시점부터는 영어로 바꾸어 말할 수도 있고, 그러다가 어떤 경우는 한 언어를 주축으로 삼아 다른 언어의 문장을 그 안에 뒤섞어 말할 수도 있다. 그 아이가 한국어를 주축 언어로 하여 "나는 정말로 I am happy다."라고 하면, 이는 (가) 코드 뒤섞기의 범주에 해당한다.

그럼, "내가 소문을 들었는데요, he was hired."라고 말하는 경우는 어떤가? 이 경우에는 한국어가 주축인지 영어가 주축인지 확정할 수 없다. 이렇게 두 언어 모두 주축 언어가 될 수 있는 경우에는 또 다른 판단 기준을 고려할 수 있다. 각 언어의 규범과 문법 중 어느 것도 위반하지 않은 경우에는 코드 바꾸기 사례에 해당하고, 어느 한 언어의 규범이나 문법을 위반한 경우에는 코드 뒤섞기 사례에 해당한다. 한국어 부분인 "내가 소문을 들었는데요"는 한국어 규범과 문법에 충실하고 영어 부분인 "he was hired"는 영어 규범과 문법에 충실하므로 위 경우는 (나) 로 볼 수 있다.

5 위 글의 (가)와 (나)에 들어갈 말을 적절하게 나열한 것은?

① (가): 주축 언어의 규범을 위반하므로
　(나): 코드 바꾸기

② (가): 주축 언어가 무엇인지를 확정할 수 없게 하므로
　(나): 코드 바꾸기

③ (가): 주축 언어의 규범을 위반하므로
　(나): 코드 뒤섞기

④ (가): 주축 언어가 아닌 언어의 규범을 위반하므로
　(나): 코드 뒤섞기

⑤ (가): 주축 언어가 아닌 언어의 규범을 위반하므로
　(나): 코드 바꾸기

6 위 글에서 추론할 수 없는 것은?

① "피아노 선율이 아름답다."라는 문장에서 '피아노'의 사용이 코드 뒤섞기가 아닌 경우, 우리는 '피아노'를 외국어로 취급하지 않는 것이다.
② 뒤섞이는 언어의 단위가 문장이고 사용되는 두 언어 중 주축 언어가 무엇인지 확정되지 않았을 때, 코드 뒤섞기는 일어나지 않는다.
③ "나는 피자를 좋아한다."라는 문장에서 '피자'를 영어 발음인 [píːtsə]로 발음하면 코드 뒤섞기가 된다.
④ 같은 언어를 모국어로 사용하는 두 사람이 대화할 때도 코드 뒤섞기 현상이 발생할 수 있다.
⑤ 다언어 사회가 아닌 곳에서도 언어 선택 현상이 일어날 수 있다.

약점 보완 해설집 p.40

DAY 14 설명문 ④

· 풀이 시간: /12분
· 맞은 문제: /7문제

1 다음 글에서 알 수 있는 것은? 20 5급 공채 PSAT

　고려 시대에는 불경에 나오는 장면이나 부처, 또는 보살의 형상을 그림으로 표현하는 일이 드물지 않았는데, 그러한 그림을 '불화'라고 부른다. 고려의 귀족들은 불화를 사들여 후손들에게 전해주면 대대로 복을 받는다고 믿었다. 이 때문에 귀족들 사이에서는 그림을 전문으로 그리는 승려로부터 불화를 구입해 자신의 개인 기도처인 원당에 걸어두는 행위가 유행처럼 번졌다.
　고려의 귀족들이 승려들에게 주문한 불화는 다양했다. 극락의 모습을 표현한 불화도 있었고, 깨달음에 이르렀지만 중생의 고통을 덜어주기 위해 열반에 들어가기를 거부했다는 보살을 그린 것도 있었다. 부처를 소재로 한 불화도 많았다. 그런데 부처를 그리는 승려들은 대개 부처만 단독으로 그리지 않았다. 부처를 소재로 한 불화에는 거의 예외 없이 관음보살이나 지장보살 등과 같은 보살이 부처와 함께 등장했다. 잘 알려진 바와 같이 불교에서 신앙하는 부처는 한 분이 아니라 석가여래, 아미타불, 미륵불 등 다양하다. 이 부처들이 그려진 불화는 보통 위아래 2단으로 구성되어 있는데, 윗단에는 부처가 그려져 있고 아랫단에 보살이 그려져 있다. 어떤 미술사학자들은 이러한 배치 구도를 두고 신분을 구별하던 고려 사회의 분위기가 반영된 것이 아닌가 생각하기도 한다.
　고려 불화의 크기는 다소 큰 편이다. 일례로 충선왕의 후궁인 숙창원비는 관음보살을 소재로 한 불화인 수월관음도를 주문 제작한 적이 있는데, 그 화폭이 세로 420cm, 가로 255cm에 달할 정도로 컸다. 그런데 관음보살을 그린 이 그림에도 아랫단에 보살을 우러러보는 중생이 작게 그려져 있다. 이렇게 윗단에는 보살을 배치하고 그 아래에 중생을 작게 그려 넣는 방식 역시, 신분을 구별하던 고려 사회의 분위기가 반영된 결과라고 보는 연구자가 적지 않다.

① 충선왕 때 숙창원비는 관음보살과 아미타불이 함께 등장하는 불화를 주문 제작해 왕궁에 보관했다.
② 고려 시대에는 승려들이 귀족의 주문을 받아 불화를 사찰에 걸어두고 그 후손들이 내세에 복을 받게 해달라고 기원했다.
③ 고려 시대에 그려진 불화에는 귀족으로 묘사된 석가여래가 그림의 윗단에 배치되어 있고, 아랫단에 평민 신분의 인물이 배치되어 있다.
④ 고려 시대에 그려진 불화의 크기가 큰 것은 당시 화가들 사이에 여러 명의 등장인물을 하나의 그림 안에 동시에 표현하는 관행이 자리 잡았기 때문이다.
⑤ 고려 시대의 불화 중 부처가 윗단에 배치되고 보살이 아랫단에 배치된 구도를 지닌 그림에는 신분을 구별하던 고려 사회의 분위기가 반영되어 있다고 보는 학자들이 있다.

2 다음 글에서 추론할 수 있는 것만을 <보기>에서 모두 고르면?

19 민경채 PSAT

생산자가 어떤 자원을 투입물로 사용해서 어떤 제품이나 서비스 등의 산출물을 만드는 생산과정을 생각하자. 산출물의 가치에서 생산하는 데 소요된 모든 비용을 뺀 것이 '순생산가치'이다. 생산자가 생산과정에서 투입물 1단위를 추가할 때 순생산가치의 증가분이 '한계순생산가치'이다. 경제학자 P는 이를 ⓐ '사적(私的) 한계순생산가치'와 ⓑ '사회적 한계순생산가치'로 구분했다.

사적 한계순생산가치란 한 기업이 생산과정에서 투입물 1단위를 추가할 때 그 기업에 직접 발생하는 순생산가치의 증가분이다. 사회적 한계순생산가치란 한 기업이 투입물 1단위를 추가할 때 발생하는 사적 한계순생산가치에 그 생산에 의해 부가적으로 발생하는 사회적 비용을 빼고 편익을 더한 것이다. 여기서 이 생산과정에서 부가적으로 발생하는 사회적 비용이나 편익에는 그 기업의 사적 한계순생산가치가 포함되지 않는다.

— <보 기> —

ㄱ. ⓐ의 크기는 기업의 생산이 사회에 부가적인 편익을 발생시키는지의 여부와 무관하게 결정된다.

ㄴ. 어떤 기업이 투입물 1단위를 추가할 때 사회에 발생하는 부가적인 편익이나 비용이 없는 경우, 이 기업이 야기하는 ⓐ와 ⓑ의 크기는 같다.

ㄷ. 기업 A와 기업 B가 동일한 투입물 1단위를 추가했을 때 각 기업에 의해 사회에 부가적으로 발생하는 비용이 같을 경우, 두 기업이 야기하는 ⓑ의 크기는 같다.

① ㄱ   ② ㄷ   ③ ㄱ, ㄴ   ④ ㄴ, ㄷ   ⑤ ㄱ, ㄴ, ㄷ

3 다음 글에서 알 수 있는 것은?

20 5급 공채 PSAT

조선 시대에는 지체 높은 관리의 행차 때 하인들이 그 앞에 서서 꾸짖는 소리를 크게 내어 행차에 방해되는 사람을 물리쳤다. 이런 행위를 '가도'라 한다. 국왕의 행차 때 하는 가도는 특별히 '봉도'라고 불렸다. 가도는 잡인들의 통행을 막는 것이기도 했기 때문에 '벽제'라고도 했으며, 이때 하는 행위를 '벽제를 잡는다.'라고 했다. 가도를 할 때는 대체로 '물렀거라', '에라, 게 들어 섰거라'고 외쳤고, 왕이 행차할 때는 '시위~'라고 소리치는 것이 정해진 법도였다. <경도잡지>라는 문헌을 보면, 정1품관인 영의정, 좌의정, 우의정의 행차 때 내는 벽제 소리는 그리 크지 않았고, 그 행차 속도도 여유가 있었다고 한다. 행차를 느리게 하는 방식으로 그 벼슬아치의 위엄을 차렸다는 것이다. 그런데 삼정승 아래 벼슬인 병조판서의 행차 때 내는 벽제 소리는 날래고 강렬했다고 한다. 병조판서의 행차답게 소리를 크게 냈다는 것이다.

애초에 가도는 벼슬아치가 행차하는 길 앞에 있는 위험한 것을 미리 치우기 위한 행위였다. 그런데 나중에는 행차 앞에 방해되는 자가 없어도 위엄을 과시하는 관례로 굳어졌다. 가도 소리를 들으면 지나가는 사람은 멀리서도 냉큼 꿇어앉아야 했다. 그 소리를 듣고도 모른 척하면 엄벌을 면치 못했다. 벼슬아치를 경호하는 관원들은 행차가 지나갈 때까지 이런 자들을 눈에 띄지 않는 곳에 가둬 두었다가 행차가 지나간 뒤 몽둥이로 마구 때렸다. 그러니 서민들로서는 벼슬아치들의 행차를 피해 다른 길로 통행하는 것이 상책이었다.

서울 종로의 피맛골은 바로 조선 시대 서민들이 종로를 오가는 벼슬아치들의 행차를 피해 오가던 뒷골목이었다. 피맛골은 서울의 숱한 서민들이 종로 근방에 일이 있을 때마다 오가던 길이었고, 그 좌우에는 허름한 술집과 밥집도 많았다. 피마란 원래 벼슬아치들이 길을 가다가 자기보다 높은 관리를 만날 때, 말에서 내려 길옆으로 피해 경의를 표하는 행위를 뜻하는 말이다. 그런데 신분이 낮은 서민들은 벼슬아치들의 행차와 그 가도를 피하기 위해 뒷골목으로 다니는 행위를 '피마'라고 불렀다. 피맛골은 서민들의 입장에서 볼 때 자유롭게 통행할 수 있는 일종의 해방구였던 셈이다.

① 삼정승 행차보다 병조판서 행차 때의 벽제 소리가 더 컸다.
② 봉도란 국왕이 행차한다는 소리를 듣고 꿇어앉는 행위를 뜻한다.
③ 벼슬아치가 행차할 때 잡인들의 통행을 막으면서 서민들에 대한 감시가 증가했다.
④ 조선 시대에 신분이 낮은 서민들은 피마라는 용어를 말에서 내려 길을 피한다는 의미로 바꿔 썼다.
⑤ 가도는 주로 서울을 중심으로 행해졌기 때문에 벼슬아치들의 행차를 피하기 위해 형성된 장소도 서울에만 있다.

4 다음 글에서 알 수 있는 것은?

조선 왕조가 개창될 당시에는 승려에게 군역을 부과하지 않는 것이 상례였는데, 이를 노리고 승려가 되어 군역을 피하는 자가 많았다. 태조 이성계는 이를 막기 위해 국왕이 되자마자 앞으로 승려가 되려는 자는 빠짐없이 일종의 승려 신분증인 도첩을 발급받으라고 명했다. 그는 도첩을 받은 자만 승려가 될 수 있으며 도첩을 신청할 때는 반드시 면포 150필을 내야 한다는 규정을 공포했다. 그런데 평범한 사람이 면포 150필을 마련하기란 쉽지 않았다. 이 때문에 도첩을 위조해 승려 행세하는 자들이 생겨났다.

태종은 이 문제를 해결하고자 즉위한 지 16년째 되는 해에 담당 관청으로 하여금 도첩을 위조해 승려 행세하는 자를 색출하게 했다. 이처럼 엄한 대응책 탓에 도첩을 위조해 승려 행세하는 사람은 크게 줄어들었다. 하지만 정식으로 도첩을 받은 후 승려 명부에 이름만 올려놓고 실제로는 승려 생활을 하지 않는 부자가 많은 것이 드러났다. 이런 자들은 불교 지식도 갖추지 않은 것으로 나타났다. 태종과 태종의 뒤를 이은 세종은 태조가 세운 방침을 준수할 뿐 이 문제에 대해 특별한 대책을 내놓지 않았다.

세조는 이 문제를 해결하기 위해 즉위하자마자 담당 관청에 대책을 세우라고 명했다. 그는 수년 후 담당 관청이 작성한 방안을 바탕으로 새 규정을 시행하였다. 이 방침에는 도첩을 신청한 자가 내야 할 면포 수량을 30필로 낮추되 불교 경전인 심경, 금강경, 살달타를 암송하는 자에게만 도첩을 준다는 내용이 있었다. 세조의 뒤를 이은 예종은 규정을 고쳐 도첩 신청자가 납부해야 할 면포 수량을 20필 더 늘리고, 암송할 불경에 법화경을 추가하였다. 이처럼 기준이 강화되자 도첩 신청자 수가 줄어들었다. 이에 성종 때에는 세조가 정한 규정으로 돌아가자는 주장이 나왔다. 하지만 성종은 이를 거부하고, 예종 때 만들어진 규정을 그대로 유지했다.

① 태종은 도첩을 위조해 승려가 된 자를 색출한 후 면포 30필을 내게 했다.
② 태조는 자신이 국왕이 되기 전부터 승려였던 자들에게 면포 150필을 일괄적으로 거두어들였다.
③ 세조가 즉위한 해부터 심경, 금강경, 살달타를 암송한 자에게만 도첩을 발급한다는 규정이 시행되었다.
④ 성종은 법화경을 암송할 수 있다는 사실을 인정받은 자가 면포 20필을 납부할 때에만 도첩을 내주게 했다.
⑤ 세종 때 도첩 신청자가 내도록 규정된 면포 수량은 예종 때 도첩 신청자가 내도록 규정된 면포 수량보다 많았다.

[5-7] 다음 글을 읽고 물음에 답하시오.

22 평가원 3월 모평

능숙한 독자는 어떤 능력과 태도를 지니고 있을까? 능숙한 독자는 글의 의미를 이해하고 재구성하기 위해 배경지식을 효과적으로 활용하는 능력을 지닌다. 배경지식은 독자의 기억 속에 존재하는 구조화된 경험과 지식의 총체이다. 능숙한 독자는 읽을 글과 관련한 배경지식을 활성화한 후, 이를 활용해 글의 내용을 정확히 이해한다. 그런데 능숙한 독자라도 배경지식이 부족해 내용이 잘 이해되지 않는 부분을 만날 수 있다. 이 경우 능숙한 독자는 글의 읽기를 중단하지 않고 글의 전후 맥락을 고려해 글의 의미를 구성한다. 그리고 필요하면 참고 자료를 찾아 관련 부분에 대한 이해를 확충한다.

능숙한 독자는 독서를 준비할 때 읽을 글의 특성을 분석하고 자신의 독서 역량을 점검하는 태도를 지닌다. 그리고 독서 목적의 달성에 필요한 독서 전략을 세운다. 그런데 막상 독서를 하다 보면 글의 특성이 예상과 다를 수 있고, 독서 환경이 변할 수도 있다. 능숙한 독자는 달라진 독서 상황을 파악하여 그에 적합한 새로운 독서 전략을 적용하고 독서 행위를 조절한다. 그리고 독서 후에는 자신이 독서의 목적과 글의 특성에 맞게 독서를 했는지를 성찰하여 평가한다.

[A] 우리 선조들도 경서를 읽으려는 독자에게 일정한 능력과 태도를 지녀야 한다고 강조했다. 경서를 읽는 목적은 글에 담긴 이치를 통해 모든 일의 섭리를 깨우칠 수 있는 경지에 이르는 것인데, 경서는 필자가 전달하려는 내용이 압축되어 있어 그 속에 담긴 의미를 쉽게 파악하기 어렵다. 따라서 일단 글의 내용에 익숙해지기 위해 반복적으로 읽는 독서 전략을 운용했다. 그 후에 독자는 이전과는 달라진 자신의 상태를 고려하여 새로운 독서 방법을 적용했고, 적극적으로 배경지식을 활용하는 등의 새로운 전략을 운용했다.

능숙한 독자는 한 편의 글을 완전하게 이해하는 데 그치지 않고 지속적인 독서 활동을 지향한다. 꾸준히 자신의 독서 이력을 점검하고 앞으로 읽을 독서 목록을 정리하여 자발적이고 균형 있는 독서를 생활화한다. 그리고 독서 경험을 통해 얻은 지식과 지혜를 자신과 사회 문제의 해결에 적극적으로 활용한다.

5 윗글의 능숙한 독자에 대한 설명으로 적절하지 <u>않은</u> 것은?

① 글을 읽기 전에 읽을 글의 특성을 파악하고 자신의 독서 능력을 점검한다.
② 글을 읽는 도중에 글과 관련한 배경지식을 활용하여 글의 내용을 정확히 이해한다.
③ 글을 읽는 도중에 독서 환경이 변했다면 변한 환경에 어울리는 독서 전략으로 수정한다.
④ 글을 읽는 도중에 글의 내용이 이해되지 않는 부분에서는 전후 맥락을 고려한 글 읽기를 지양한다.
⑤ 글 읽기를 마친 후에 독서 목적과 글의 특성에 맞는 독서를 했는지 평가한다.

6 [A]와 관련하여 <보기>를 이해한 내용으로 적절하지 <u>않은</u> 것은?

<보 기>

너는 모쪼록 지금부터 경전을 읽되 미리 의심을 일으키지 말고 오직 많이 읽도록 노력하고, 읽기가 이미 완숙하게 되면 또 반드시 활법*을 써서 마음을 활발한 경지에 두어 모든 선입견을 놓아 버린 평정한 상태로 조금의 고집이 없도록 해야 한다. 그런 다음 비로소 이미 알고 있는 것에 따라 더욱 궁구하여, 오늘 하나의 문제가 시원하게 뚫리고 내일 하나의 문제가 부드럽게 풀리게 될 것이다.

- 정조,「고식」-

※ 활법(活法): 독창적인 생각으로 유연하게 변화시키는 것

① '오직 많이 읽도록 노력하'여야 한다는 것은 글의 내용에 익숙해지기 위해 운용해야 할 독서 전략을 밝힌 것이로군.
② '반드시 활법을 써'야 한다는 것은 독자가 이전과 달라진 자신의 상태를 고려하여 새롭게 적용할 독서 방법을 제시한 것이로군.
③ '조금의 고집이 없도록 해'야 한다는 것은 자신의 독서 방법을 고수하기보다 기존의 해석에 따라서만 글의 의미를 이해하라고 제안한 것이로군.
④ '이미 알고 있는 것에 따라 더욱 궁구하'라는 것은 적극적으로 배경지식을 활용하여 글에 담긴 이치를 깨달으라고 권유한 것이로군.
⑤ '오늘 하나의 문제가 시원하게 뚫리고 내일 하나의 문제가 부드럽게 풀리'게 되는 것은 독서 목적을 달성했을 때 얻을 수 있는 효과를 나타낸 것이로군.

7 다음은 윗글을 읽은 학생의 반응이다. 이에 대한 설명으로 가장 적절한 것은?

'독서 교육 종합 지원 시스템'에 접속하여 지금까지 읽었던 책을 분야별로 정리해 보았어. 다양한 분야의 책을 꾸준히 읽었다고 생각했는데, 대부분이 과학이나 기술 관련 책이었어. 앞으로는 그동안 읽지 않았던 분야인 인문이나 사회 관련 책도 열심히 읽어야겠어.

① 자신의 독서 이력을 점검하고 균형 있는 독서를 계획하고 있다.
② 독서 목적의 달성을 위해 전문가의 조언을 구하려 하고 있다.
③ 지금까지의 독서 생활이 지속적이지 않음을 반성하며 독서의 생활화 방안을 모색하고 있다.
④ 독서를 통해 얻은 지식의 유용성을 파악하여 자신과 사회의 문제를 해결하는 데 활용하고 있다.
⑤ 독서 경험이 자신의 독서 역량에 미친 긍정적 영향을 분석하여 새로운 독서 목록을 작성하고 있다.

DAY 15 설명문 ⑤

· 풀이 시간: /12분
· 맞은 문제: /7문제

1 다음 글에서 알 수 있는 것은?

20 민경채 PSAT

도덕에 관한 이론인 정서주의는 언어 사용의 세 가지 목적에 주목한다. 첫째, 화자가 청자에게 정보를 전달하는 목적이다. 예를 들어, "세종대왕은 조선의 왕이다."라는 문장은 참 혹은 거짓을 판단할 수 있는 정보를 전달하고 있다. 둘째, 화자가 청자에게 행위를 하도록 요구하는 목적이다. "백성을 사랑하라."라는 명령문 형식의 문장은 청자에게 특정한 행위를 요구한다. 셋째, 화자의 태도를 청자에게 표현하는 목적이다. "세종대왕은 정말 멋져!"라는 감탄문 형식의 문장은 세종대왕에 대한 화자의 태도를 표현하고 있다.

정서주의자들은 도덕적 언어를 정보 전달의 목적으로 사용하는 것이 아니라, 사람의 행위에 영향을 주거나 자신의 태도를 표현하는 목적으로 사용한다고 말한다. "너는 거짓말을 해서는 안 된다."라고 말한다면, 화자는 청자가 그러한 행위를 하지 못하게 하려는 것이다. 따라서 이러한 진술은 정보를 전달하는 것이 아니라, "거짓말을 하지 마라."라고 명령하는 것이다.

정서주의자들에 따르면 태도를 표현하는 목적으로 도덕적 언어를 사용하는 것은 태도를 보고하는 것이 아니다. 만약 "나는 세종대왕을 존경한다."라고 말한다면 이 말은 화자가 세종대왕에 대해 긍정적인 태도를 지니고 있다는 사실을 보고하는 것이다. 즉, 이는 참 혹은 거짓을 판단할 수 있는 정보를 전달하는 문장이다. 반면, "세종대왕은 정말 멋져!"라고 외친다면 화자는 결코 어떤 종류에 관한 사실을 전달하거나, 태도를 갖고 있다고 보고하는 것이 아니다. 이는 화자의 세종대왕에 대한 태도를 표현하고 있는 것이다.

① 정서주의에 따르면 화자의 태도를 표현하는 문장은 참이거나 거짓이다.
② 정서주의에 따르면 도덕적 언어는 화자의 태도를 보고하는 데 사용된다.
③ 정서주의에 따르면 "세종대왕은 한글을 창제하였다."는 참도 거짓도 아니다.
④ 정서주의에 따르면 언어 사용의 가장 중요한 목적은 정보를 전달하는 것이다.
⑤ 정서주의에 따르면 도덕적 언어의 사용은 명령을 하거나 화자의 태도를 표현하기 위한 것이다.

2. 다음 글에서 알 수 없는 것은?

24 7급 공채 PSAT

의학적 원리만을 놓고 볼 때 '인두법'과 '우두법'은 전혀 차이가 없다. 둘 다 두창을 이미 앓은 개체에서 미량의 딱지나 고름을 취해서 앓지 않은 개체에게 접종하는 방식이다. 그렇지만 인두법 저작인 정약용의 『종두요지』와 우두법 저작인 지석영의 『우두신설』을 비교하면 접종대상자의 선정, 사후 관리, 접종 방식 등 세부적인 측면에서 적지 않은 차이가 발견된다.

먼저, 접종대상자의 선정 과정을 보면 인두법이 훨씬 까다롭다. 접종대상자는 반드시 생후 12개월이 지난 건강한 아이여야 했다. 중병을 앓고 얼마 되지 않은 아이, 몸이 허약한 아이, 위급한 증세가 있는 아이는 제외되었다. 이렇게 접종대상자의 몸 상태에 세심하게 신경을 쓰는 까닭은 비록 소량이라고 하더라도 사람에게서 취한 두(痘)의 독이 강력했기 때문이다. 한편, 『우두신설』에서는 생후 70~100일 정도의 아이를 접종대상자로 하며, 아이의 몸 상태에 특별히 신경을 쓰지 않는다. 이는 우두의 독력이 인두보다 약한 데서 기인한다. 우두법은 접종 시기를 크게 앞당김으로써 두창 감염에 따른 위험을 줄였고, 아이의 몸 상태에 크게 좌우되지 않는다는 장점이 있었다.

인두와 우두의 독력 차이로 사후 관리 또한 달랐음을 위 저작들에서 발견할 수 있다. 정약용은 접종 후에 나타나는 각종 후유증을 치료하기 위한 처방을 상세히 기재하고 있는 데 반해, 지석영은 그런 처방을 매우 간략하게 제시하거나 전혀 언급하지 않는다.

접종 방식의 차이도 두드러진다. 『종두요지』의 대표적인 접종 방식으로 두의 딱지를 말려 코 안으로 불어넣는 한묘법, 두의 딱지를 적셔 코 안에 접종하는 수묘법이 있다. 한묘법은 위험성이 높아서 급하게 효과를 보려고 할 때만 쓴 반면, 수묘법은 일반적으로 통용되었고 안전성 면에서도 보다 좋은 방법이었다. 이에 반해 우두 접종은 의료용 칼을 사용해서 팔뚝 부위에 일부러 흠집을 내어 접종했다. 종래의 인두법에서 코의 점막에 불어넣거나 묻혀서 접종하는 방식은 기도를 통한 발병 위험이 매우 높았기 때문이다.

① 우두법은 접종을 시작할 수 있는 나이가 인두법보다 더 어리다.
② 인두 접종 방식 가운데 수묘법이 한묘법보다 일반적으로 통용되는 접종 방식이었다.
③ 『종두요지』에는 접종 후에 나타나는 후유증을 치료하기 위한 처방이 제시되어 있었다.
④ 인두법은 의료용 칼을 사용하여 팔뚝 부위에 흠집을 낸 후 접종하는 방식이었다.
⑤ 『우두신설』에 따르면 몸이 허약한 아이에게도 접종할 수 있었다.

3 다음 글에서 추론할 수 있는 것은?

19 5급 공채 PSAT

조선왕조실록은 조선 시대 국왕의 재위 기간에 있었던 중요 사건들을 정리한 기록물로 역사적인 가치가 크다. 이에 유네스코는 태조부터 철종까지의 시기에 있었던 사건들이 담긴 조선왕조실록 총 1,893권, 888책을 세계 기록 유산으로 등재하였다.

실록의 간행 과정은 상당히 길고 복잡했다. 먼저, 사관이 국왕의 공식적 언행과 주요 사건을 매일 기록하여 사초를 만들었다. 그 국왕의 뒤를 이어 즉위한 새 왕은 전왕(前王)의 실록을 만들기 위해 실록청을 세웠다. 이 실록청은 사초에 담긴 내용을 취사선택해 실록을 만든 후 해산하였다. 이렇게 만들어진 실록은 전왕의 묘호(廟號)를 붙여 '○○실록'이라고 불렀다. 이런 식으로 일이 진행되다 보니 철종실록이 고종 때에 간행되었던 것이다.

한편 정변으로 왕이 바뀌었을 때에는 그 뒤를 이은 국왕이 실록청 대신 일기청을 설치하여 물러난 왕의 재위 기간에 있었던 일을 '○○○일기(日記)'라는 명칭으로 정리해 간행했다. 인조 때 광해군실록이 아니라 광해군일기가 간행된 것은 바로 이 때문이다. '일기'는 명칭만 '실록'이라고 부르지 않을 뿐 간행 과정은 그와 동일했다. 그렇기 때문에 '일기'도 세계 기록 유산으로 등재된 조선왕조실록에 포함된 것이다. 단종실록은 특이한 사례에 해당된다. 단종은 계유정난으로 왕위에서 쫓겨난 후에 노산군으로 불렸고, 그런 이유로 세조 때 노산군일기가 간행되었다. 그런데 숙종 24년(1698)에 노산군이 단종으로 복위된 후로 노산군일기를 단종실록으로 고쳐 부르게 되었다.

조선 후기 붕당 간의 대립은 실록 내용에도 영향을 미쳤다. 선조 때 동인과 서인이라는 붕당이 등장한 이래, 선조의 뒤를 이은 광해군과 인조 때까지만 해도 붕당 간 대립이 심하지 않았다. 그러나 인조의 뒤를 이어 효종, 현종, 숙종이 연이어 왕위에 오르는 과정에서 붕당 간 대립이 심해졌다. 효종 때부터는 집권 붕당이 다른 붕당을 폄훼하기 위해 이미 만들어져 있는 실록을 수정해 간행하는 일이 벌어졌다. 수정된 실록에는 원래의 실록과 구분해 '○○수정실록'이라는 명칭을 따로 붙였다.

① 효종실록은 현종 때 설치된 실록청이 간행했을 것이다.
② 노산군일기는 숙종 때 설치된 일기청이 간행했을 것이다.
③ 선조수정실록은 광해군 때 설치된 실록청이 간행했을 것이다.
④ 고종실록은 세계 기록 유산으로 등재된 조선왕조실록에 포함되어 있을 것이다.
⑤ 광해군일기는 세계 기록 유산으로 등재된 조선왕조실록에 포함되어 있지 않을 것이다.

4 다음 글에서 알 수 <u>없는</u> 것은?

생체에서 신호물질로 작용하는 것에는 기체 형태의 신호물질이 있다. 이 신호물질이 작용하는 표적세포는 신호물질을 만든 세포에 인접한 세포 중 신호물질에 대한 수용체를 가지고 있는 것이다. 이 신호물질과 수용체의 결합은 표적세포의 구조적 상태를 변화시키고 결국 이 세포가 있는 표적조직의 상태를 변화시켜 생리적 현상을 유도한다.

대표적인 기체 형태의 신호물질인 산화질소는 다음과 같은 경로를 통해 작용한다. 먼저 표적조직의 상태를 변화시켜 생리적 현상을 유도하는 자극이 '산화질소 합성효소'를 가지고 있는 세포에 작용한다. 이에 그 세포 안에 있는 산화질소 합성효소가 활성화된다. 활성화된 산화질소 합성효소는 그 세포 내에 있는 아르기닌과 산소로부터 산화질소를 생성하는 화학반응을 일으킨다. 만들어진 산화질소는 인접한 표적세포에 있는 수용체와 결합하여 표적세포 안에 있는 'A 효소'를 활성화시킨다. 활성화된 A 효소는 표적세포 안에서 cGMP를 생성하고, cGMP는 표적세포의 상태를 변하게 한다. 결국 표적세포의 구조적 상태가 변함에 따라 표적세포를 가지고 있는 조직의 상태가 변하게 된다.

혈관의 팽창은 산화질소에 의해 일어나는 대표적인 생리적 현상이다. 혈관에서 혈액이 흐르는 공간은 내피세포로 이루어진 내피세포층이 감싸고 있다. 이 내피세포층의 바깥쪽은 혈관 평활근세포로 된 혈관 평활근육 조직이 감싸고 있다. 혈관이 팽창되기 위해 먼저 혈관의 내피세포는 혈관의 팽창을 유도하는 자극을 받는다. 이 내피세포에서는 산화질소가 만들어지고, 산화질소는 혈관 평활근세포에 작용하여 세포 내에서 cGMP를 생성한다. cGMP의 작용으로 수축되어 있던 혈관 평활근세포가 이완되고 결국에 혈관 평활근육 조직이 이완되면서 혈관이 팽창하게 된다. 이와 같은 산화질소의 기능 때문에 산화질소를 내피세포-이완인자라고도 한다.

① cGMP는 혈관 평활근육 조직의 상태를 변화시킨다.
② 혈관의 내피세포는 산화질소 합성효소를 가지고 있다.
③ 혈관 평활근세포에서 A 효소가 활성화되면 혈관 팽창이 일어난다.
④ A 효소는 표적세포에서 아르기닌과 산소로부터 산화질소를 생성시킨다.
⑤ 혈관 평활근세포는 내피세포-이완인자에 대한 수용체를 가지고 있다.

[5-7] 다음 글을 읽고 물음에 답하시오.　　　　　　　　　　　　　　　　　　　　　　　　　　21 평가원 6월 모평

(가)

　한국, 중국 등 동아시아 사회에서 오랫동안 유지되었던 과거제는 세습적 권리와 무관하게 능력주의적인 시험을 통해 관료를 선발하는 제도라는 점에서 합리성을 갖추고 있었다. 정부의 관직을 두고 정기적으로 시행되는 공개 시험인 과거제가 도입되어, 높은 지위를 얻기 위해서는 신분이나 추천보다 시험 성적이 더욱 중요해졌다.

　명확하고 합리적인 기준에 따른 관료 선발 제도라는 공정성을 바탕으로 과거제는 보다 많은 사람들에게 사회적 지위 획득의 기회를 줌으로써 개방성을 제고하여 사회적 유동성 역시 증대시켰다. 응시 자격에 일부 제한이 있었다 하더라도, 비교적 공정한 제도였음은 부정하기 어렵다. 시험 과정에서 ⓐ <u>익명성의 확보</u>를 위한 여러 가지 장치를 도입한 것도 공정성 강화를 위한 노력을 보여 준다.

　과거제는 여러 가지 사회적 효과를 가져왔는데, 특히 학습에 강력한 동기를 제공함으로써 교육의 확대와 지식의 보급에 크게 기여했다. 그 결과 통치에 참여할 능력을 갖춘 지식인 집단이 폭넓게 형성되었다. 시험에 필요한 고전과 유교 경전이 주가 되는 학습의 내용은 도덕적인 가치 기준에 대한 광범위한 공유를 이끌어 냈다. 또한 최종 단계까지 통과하지 못한 사람들에게도 국가가 여러 특권을 부여하고 그들이 지방 사회에 기여하도록 하여 경쟁적 선발 제도가 가져올 수 있는 부작용을 완화하고자 노력했다.

　동아시아에서 과거제가 천 년이 넘게 시행된 것은 과거제의 합리성이 사회적 안정에 기여했음을 보여 준다. 과거제는 왕조의 교체와 같은 변화에도 불구하고 동질적인 엘리트층의 연속성을 가져왔다. 그리고 이러한 연속성은 관료 선발 과정뿐 아니라 관료제에 기초한 통치의 안정성에도 기여했다.

　과거제를 장기간 유지한 것은 세계적으로 드문 현상이었다. 과거제에 대한 정보는 선교사들을 통해 유럽에 전해져 많은 관심을 불러일으켰다. 일군의 유럽 계몽사상가들은 학자의 지식이 귀족의 세습적 지위보다 우위에 있는 체제를 정치적인 합리성을 갖춘 것으로 보았다. 이러한 관심은 사상적 동향뿐 아니라 실질적인 사회 제도에까지 영향을 미쳐서, 관료 선발에 시험을 통한 경쟁이 도입되기도 했다.

(나)

　조선 후기의 대표적인 관료 선발 제도 개혁론인 유형원의 공거제 구상은 능력주의적, 결과주의적 인재 선발의 약점을 극복하려는 의도와 함께 신분적 세습의 문제점도 의식한 것이었다. 중국에서는 17세기 무렵 관료 선발에서 세습과 같은 봉건적인 요소를 부분적으로 재도입하려는 개혁론이 등장했다. 고염무는 관료제의 상층에는 능력주의적 제도를 유지하되, 지방관인 지현들은 어느 정도의 검증 기간을 거친 이후 그 지위를 평생 유지시켜 주고 세습의 길까지 열어 놓는 방안을 제안했다. 황종희는 지방의 관료가 자체적으로 관리를 초빙해서 시험한 후에 추천하는 '벽소'와 같은 옛 제도를 되살리는 방법으로 과거제를 보완하자고 주장했다.

　이러한 개혁론은 갑작스럽게 등장한 것이 아니었다. 과거제를 시행했던 국가들에서는 수백 년에 걸쳐 과거제를 개선하라는 압력이 있었다. 시험 방식이 가져오는 부작용들은 과거제의 중요한 문제였다. 치열한 경쟁은 학문에 대한 깊이 있는 학습이 아니라 합격만을 목적으로 하는 형식적 학습을 하게 만들었고, 많은 인재들이 수험 생활에 장기간 매달리면서 재능을 낭비하는 현상도 낳았다. 또한 학습 능력 이외의 인성이나 실무 능력을 평가할 수 없다는 이유로 시험의 ⓑ <u>익명성에 대한 회의</u>도 있었다.

　과거제의 부작용에 대한 인식은 과거제를 통해 임용된 관리들의 활동에 대한 비판적 시각으로 연결되었다. 능력주의적 태도는 시험뿐 아니라 관리의 업무에 대한 평가에도 적용되었다. 세습적이지 않으면서 몇 년의 임기마다 다른 지역으로 이동하는 관리들은 승진을 위해서 빨리 성과를 낼 필요가 있었기에, 지역 사회를 위해 장기적인 전망을 가지고 정책을 추진하기보다 가시적이고 단기적인 결과만을 중시하는 부작용을 가져왔다. 개인적 동기가 공공성과 상충되는 현상이 나타났던 것이다. 공동체 의식의 약화 역시 과거제의 부정적 결과로 인식되었다. 과거제 출신의 관리들이 공동체에 대한 소속감이 낮고 출세 지향적이기 때문에 세습 엘리트나 지역에서 천거된 관리에 비해 공동체에 대한 충성심이 약했던 것이다.

과거제가 지속되는 시기 내내 과거제 이전에 대한 향수가 존재했던 것은 그 외의 정치 체제를 상상하기 어려웠던 상황에서, 사적이고 정서적인 관계에서 볼 수 있는 소속감과 충성심을 과거제로 확보하기 어렵다는 판단 때문이었다. 봉건적 요소를 도입하여 과거제를 보완하자는 주장은 단순히 복고적인 것이 아니었다. 합리적인 제도가 가져온 역설적 상황을 역사적 경험과 주어진 사상적 자원을 활용하여 보완하고자 하는 시도였다.

5 (가)와 (나)의 서술 방식으로 가장 적절한 것은?

① (가)와 (나) 모두 특정 제도가 사회에 미친 영향을 인과적으로 서술하고 있다.
② (가)와 (나) 모두 특정 제도를 분석하는 두 가지 이론을 구분하여 소개하고 있다.
③ (가)는 (나)와 달리 구체적 사상가들의 견해를 언급하며 특정 제도에 대한 관점을 드러내고 있다.
④ (나)는 (가)와 달리 특정 제도에 대한 선호와 비판의 근거들을 비교하면서 특정 제도의 특징을 제시하고 있다.
⑤ (가)는 특정 제도의 발전을 통시적으로, (나)는 특정 제도에 대한 학자들의 상반된 입장을 공시적으로 언급하고 있다.

6 (가)의 내용과 일치하지 않는 것은?

① 시험을 통한 관료 선발 제도는 동아시아뿐만 아니라 유럽에서도 실시되었다.
② 과거제는 폭넓은 지식인 집단을 형성하여 관료제에 기초한 통치에 기여했다.
③ 과거 시험의 최종 단계까지 통과하지 못한 사람도 국가로부터 혜택을 받을 수 있었다.
④ 경쟁을 바탕으로 한 과거제는 더 많은 사람들이 지방의 관료에 의해 초빙될 기회를 주었다.
⑤ 귀족의 지위보다 학자의 지식이 우위에 있는 체제가 합리적이라고 여긴 계몽사상가들이 있었다.

7 (가)와 (나)를 참고하여 ㉠과 ㉡을 이해한 내용으로 가장 적절한 것은?

① ㉠은 모든 사람에게 응시 기회를 보장했지만, ㉡은 결과주의의 지나친 확산에서 비롯되었다.
② ㉠은 정치적 변화에도 사회적 안정을 보장했지만, ㉡은 대대로 관직을 물려받는 문제에서 비롯되었다.
③ ㉠은 지역 공동체의 전체 이익을 증진시켰지만, ㉡은 지나친 경쟁이 유발한 국가 전체의 비효율성에서 비롯되었다.
④ ㉠은 사회적 지위 획득의 기회를 확대하는 데 기여했지만, ㉡은 관리 선발 시 됨됨이 검증의 곤란함에서 비롯되었다.
⑤ ㉠은 관료들이 지닌 도덕적 가치 기준의 다양성을 확대했지만, ㉡은 사적이고 정서적인 관계 확보의 어려움에서 비롯되었다.

DAY 16 설명문 ⑥

• 풀이 시간: /10분
• 맞은 문제: /6문제

1 다음 글에서 알 수 없는 것은?

19 5급 공채 PSAT

개항 이후 나타난 서양식 건축물은 양관(洋館)이라고 불렸다. 양관은 우리의 전통 건축 양식보다는 서양식 건축 양식에 따라 만들어진 건축물이었다. 정관헌(靜觀軒)은 대한제국 정부가 경운궁에 지은 대표적인 양관이다. 이 건축물은 고종의 연희와 휴식 장소로 쓰였는데, 한때 태조와 고종 및 순종의 영정을 이곳에 모셨다고 한다.

정관헌은 중앙의 큰 홀과 부속실로 구성되어 있으며 중앙홀 밖에는 회랑이 설치되어 있다. 이 건물의 외형은 다음과 같은 점에서 상당히 이국적이다. 우선 처마가 밖으로 길게 드러나 있지 않다. 또한 바깥쪽의 서양식 기둥과 함께 붉은 벽돌이 사용되었고, 회랑과 바깥 공간을 구분하는 난간은 화려한 색채를 띠며 내부에는 인조석으로 만든 로마네스크풍의 기둥이 위치해 있다.

그럼에도 불구하고 이 건물에서 우리 건축의 맛이 느껴지는 것은 서양에서 사용하지 않는 팔작지붕의 건물이라는 점과 회랑의 난간에 소나무와 사슴, 그리고 박쥐 등의 형상이 보이기 때문이다. 소나무와 사슴은 장수를, 박쥐는 복을 상징하기에 전통적으로 즐겨 사용되는 문양이다. 비록 서양식 정자이지만 우리의 문화와 정서가 녹아들어 있는 것이다. 물론 이 건물에는 이국적인 요소가 많다. 회랑을 덮고 있는 처마를 지지하는 바깥 기둥은 전형적인 서양식 기둥의 모습이다. 이 기둥은 19세기 말 서양의 석조 기둥이 철제 기둥으로 바뀌는 과정에서 갖게 된 날렵한 비례감을 지니고 있다. 이 때문에 그리스의 도리아, 이오니아, 코린트 기둥의 안정감 있는 비례감에 익숙한 사람들에게는 다소 어색해 보이기도 한다.

그런데 정관헌에는 서양과 달리 철이 아닌 목재가 바깥 기둥의 재료로 사용되었다. 이는 당시 정부가 철을 자유롭게 사용할 수 있을 정도의 재정적 여력을 갖지 못했기 때문이다. 정관헌의 바깥 기둥 윗부분에는 대한제국을 상징하는 오얏꽃 장식이 선명하게 자리 잡고 있다. 정관헌은 건축적 가치가 큰 궁궐 건물이었지만 규모도 크지 않고 가벼운 용도로 지어졌기 때문에 그동안 소홀히 취급되어 왔다.

① 정관헌의 바깥 기둥은 서양식 철 기둥 모양을 하고 있지만 우리 문화와 정서를 반영하기 위해 목재를 사용하였다.
② 정관헌의 난간에 보이는 동식물과 바깥 기둥에 보이는 꽃 장식은 상징성을 지니고 있다.
③ 정관헌은 그 규모와 용도 때문에 건축물로서 지닌 가치에 걸맞은 취급을 받지 못했다.
④ 정관헌에 사용된 서양식 기둥과 붉은 벽돌은 정관헌을 이국적으로 보이게 한다.
⑤ 정관헌은 동서양의 건축적 특징이 조합된 양관으로서 궁궐 건물이었다.

2 다음 글에서 추론할 수 있는 것만을 <보기>에서 모두 고르면?

23 7급 공채 PSAT

포유동물의 발생 과정에서 폐는 가장 늦게 그 기능을 발휘하는 기관 중 하나이다. 폐 내부의 폐포는 숨을 들이마시면 부풀어 오르는데 이때 폐포로 들어온 공기와 폐포를 둘러싸고 있는 모세혈관의 혈액 사이에 기체교환이 일어난다. 즉 공기 중의 산소를 혈액으로 전달하고 혈액에 있는 이산화탄소가 폐포 내에 있는 공기로 배출된다. 폐포가 정상적으로 기능을 발휘하려면 폐포가 접촉해도 서로 들러붙지 않도록 하는 충분한 양의 계면 활성제가 필요하다. 폐포 세포가 분비하는 이 계면 활성제는 임신 기간이 거의 끝날 때쯤, 즉 사람의 경우 임신 약 34주째쯤, 충분히 폐포에 분비되어 비로소 호흡할 수 있는 폐가 형성된다.

태아의 폐가 정상 기능을 하게 되면 곧이어 출산이 일어난다. 쥐 실험을 통해 호흡이 가능한 폐의 형성과 출산이 어떻게 연동되는지 확인되었다. 임신한 실험 쥐의 출산일이 다가오면, 쥐의 태아 폐포에서는 충분한 양의 계면 활성제가 분비되고 그중 일부가 양수액으로 이동하여 양수액에 있는 휴면 상태의 대식세포를 활성화시킨다. 활성화된 대식세포는 양수액에서 모태 쥐의 자궁 근육 안으로 이동하여, 자궁 근육 안에서 물질 A를 분비하게 한다. 물질 A는 비활성 상태의 효소 B에 작용하여 그것을 활성 상태로 바꾸고 활성화된 효소 B는 자궁 근육 안에서 물질 C가 만들어지게 하는데, 물질 C는 효소 B가 없으면 만들어지지 않는다. 이렇게 만들어진 물질 C가 일정 수준의 농도가 되면 자궁 근육을 수축하게 하여 쥐의 출산이 일어나게 하는데, 물질 C가 일정 수준의 농도에 이르지 않으면 자궁 근육의 수축이 일어나지 않는다.

―<보 기>―

ㄱ. 태아 시기 쥐의 폐포에서 물질 A가 충분히 발견되지 않는다면, 그 쥐의 폐는 정상적으로 기능을 발휘할 수 없다.
ㄴ. 임신 초기부터 효소 B가 모두 제거된 상태로 유지된 암쥐는 출산 시기가 되어도 자궁 근육의 수축이 일어나지 않는다.
ㄷ. 출산을 며칠 앞둔 암쥐의 자궁 근육에 물질 C를 주입하여 물질 C가 일정 수준의 농도에 이르게 되면 출산이 유도된다.

① ㄱ ② ㄴ ③ ㄱ, ㄷ ④ ㄴ, ㄷ ⑤ ㄱ, ㄴ, ㄷ

3 다음 글에서 알 수 있는 것은?

20 5급 공채 PSAT

함경도 경원부의 두만강 건너편 북쪽에 살던 여진족은 조선을 자주 침략하다가 태종 때 서쪽으로 이동해 명이 다스리는 요동의 봉주라는 곳까지 갔다. 그곳에 정착한 여진족은 한동안 조선을 침략하지 않았다. 한편 명은 봉주에 나타난 여진족을 통제하고자 건주위라는 행정단위를 두고, 여진족 추장을 책임자로 임명했다. 그런데 1424년에 봉주가 북쪽의 이민족에 의해 침략받는 일이 벌어졌다. 이에 건주위 여진족은 동쪽으로 피해 아목하라는 곳으로 이동했다. 조선의 국왕 세종은 이들이 또 조선을 침입할 가능성이 있다고 생각하고, 그 침입에 대비하고자 압록강 변 중에서 방어에 유리한 곳을 골라 여연군이라는 군사 거점을 설치했다.

세종의 예상대로 건주위 여진족은 1432년 12월에 아목하로부터 곧바로 동쪽으로 진격해 압록강을 건너 여연군을 침략했다. 이 소식을 들은 세종은 최윤덕을 지휘관으로 삼아 이듬해 3월, 건주위 여진족을 정벌하게 했다. 최윤덕의 부대는 여연군에서 서남쪽으로 수백 리 떨어진 지점에 있는 만포에서 압록강을 건넌 후 아목하까지 북진해 건주위 여진족을 토벌했다. 이후에 세종은 만포와 여연군 사이의 거리가 지나치게 멀어 여진족이 그 중간 지점에서 압록강을 건너올 경우, 막기 힘들다고 판단했다. 이에 만포의 동북쪽에 자성군을 두어 압록강을 건너오는 여진에 대비하도록 했다. 이로써 여연군의 서남쪽에 군사 거점이 하나 더 만들어지게 되었다. 자성군은 상류로부터 여연군을 거쳐 만포 방향으로 흘러가는 압록강이 보이는 요충지에 자리 잡고 있다. 세종은 자성군의 지리적 이점을 이용해 강을 건너오는 적을 공격하기 좋은 위치에 군사 기지를 만들도록 했다.

국경 방비가 이처럼 강화되었으나, 건주위 여진족은 다시 강을 넘어 여연군을 침략했다. 이에 세종은 1437년에 이천이라는 장수를 보내 재차 여진 정벌에 나섰다. 이천의 부대는 만포에서 압록강을 건너 건주위 여진족을 토벌했다. 이후 세종은 국경 방비를 더 강화하고자 여연군과 자성군 사이의 중간 지점에 우예군을 설치했으며, 여연군에서 동남쪽으로 멀리 떨어진 곳에 무창군을 설치했다. 이 네 개의 군은 4군이라 불렸으며, 조선이 북쪽 변경에 대한 방비를 강화하는 데 중요한 역할을 했다.

① 여연군이 설치되어 있던 곳에서 동쪽 방면으로 곧장 나아가면 아목하에 도착할 수 있었다.
② 최윤덕은 여연군과 무창군을 잇는 직선거리의 중간 지점에서 강을 건너 여진족을 정벌했다.
③ 이천의 두 번째 여진 정벌이 끝난 직후에 조선은 북쪽 국경의 방비를 강화하고자 자성군과 우예군, 무창군을 신설했다.
④ 세종은 여진의 침입에 대비하기 위해 경원부를 여연군으로 바꾸고, 최윤덕을 파견해 그곳 인근에 3개 군을 더 설치하게 했다.
⑤ 4군 중 하나인 여연군으로부터 압록강 물줄기를 따라 하류로 이동하면 이천의 부대가 왕명에 따라 여진을 정벌하고자 압록강을 건넜던 지역에 이를 수 있었다.

4 다음 글의 ⊙과 ⓒ에 대한 분석으로 적절한 것은?

20 5급 공채 PSAT

제1차 세계대전 이후 심리적 외상의 실재가 인정되었다. 참호 안에서 공포에 시달린 남성들은 무력감에 사로잡히고, 전멸될지 모른다는 위협에 억눌렸으며 동료들이 죽고 다치는 것을 지켜보며 히스테리 증상을 보였다. 그들은 울며 비명을 질러대고 얼어붙어 말이 없어졌으며, 자극에 반응을 보이지 않고 기억을 잃으며 감정을 느끼지 못했다. 이러한 정신적 증후군의 발병은 신체적 외상이 아니라 심리적 외상을 계기로 발생한다는 것을 알게 되었다. 폭력적인 죽음에 지속적으로 노출되어 받는 심리적 외상은 히스테리에 이르게 하는 신경증적 증후군을 유발하기에 충분했다.

전쟁에서 폭력적인 죽음에 지속적으로 노출되어 받는 심리적 외상을 계기로 발생하는 '전투 신경증'이 정신적 증후군의 하나로 실재한다는 사실을 부정할 수 없게 되었을 때, 의학계의 전통주의자들과 진보주의자들 간의 의학적 논쟁은 이제 환자의 의지력을 중심으로 이루어졌다. ⊙ 전통주의자들은 전쟁에서 영광을 누려야 할 군인이 정서적인 증세를 드러내서는 안 된다고 보았다. 이들에 따르면, 전투 신경증을 보이는 군인은 체질적으로 열등한 존재에 해당한다. 전통주의자들은 이 환자들을 의지박약자라고 기술하면서 모욕과 위협, 처벌을 중심으로 하는 치료를 옹호하였다. 반면 ⓒ 진보주의자들은 전투 신경증이 의지력 높은 군인에게도 나타날 수 있다고 주장하였다. 이들은 정신분석 원칙에 입각하여 대화를 통한 인도적 치료를 옹호하였다. 그들은 전투 신경증을 히스테리의 한 유형으로 보았지만, 히스테리라는 용어가 담고 있는 경멸적인 의미가 환자들에게 낙인을 찍는다는 사실을 깨닫고 이를 대체할 수 있는 명명법에 대한 고민을 거듭했다. 인도적 치료를 추구했던 진보주의자들은 두 가지 원칙을 확립하였다. 첫째, 용맹한 남성이라도 압도적인 두려움에는 굴복하게 된다. 둘째, 두려움을 극복할 수 있는 동기는 애국심이나 적에 대한 증오보다 강한 전우애다.

① ⊙과 ⓒ의 히스테리 치료 방식은 같다.
② ⊙과 ⓒ은 모두 전투 신경증의 증세가 실재한다고 본다.
③ ⊙과 ⓒ은 전투 신경증이 어떤 계기로 발생하는가에 대해 서로 다른 견해를 보인다.
④ ⊙과 ⓒ은 모두 환자들에게 히스테리라는 용어를 사용하는 것이 부정적인 낙인을 찍는다고 본다.
⑤ ⓒ은 ⊙보다 전투 신경증에 의한 히스테리 증상이 더 다양한 형태로 나타난다고 본다.

[5-6] 다음 글을 읽고 물음에 답하시오.

㉠멈춰 있는 흰 공에 빨간 공이 부딪쳐 흰 공이 움직였다고 하자. 흄은 빨간 공이 흰 공에 부딪힌 사건과 흰 공이 움직인 사건 사이에 인과 관계가 성립하기 위한 세 가지 요건을 제시했다. 원인이 결과보다 시간적으로 앞서 있어야 하고, 원인과 결과가 시공간적으로 이어서 나타나야 하며, 원인과 결과 사이에 '항상적 결합'이 있어야 한다는 것이다. 항상적 결합이란 비슷한 상황에서 같은 방식으로 공이 움직여 부딪친다면, 같은 식으로 공들의 움직임이 나타나는 것을 의미한다. 그러나 리드는 위 사례와 같이 흄이 말하는 세 가지 조건이 성립하는 경우에도 인과 관계가 성립하지 않는다고 보았다. 그는 오직 자유 의지를 가진 행위자만이 원인이 될 수 있다고 보았다.

행위자 인과 이론에서 리드는 원인을 '양면적 능력'을 지녔으며 그 변화에 대한 책임이 있는 존재로 규정하였다. 양면적 능력은 변화를 산출하거나 산출하지 않을 수 있는 능동적인 능력이다. 그리고 행위자는 결과를 산출할 능력을 소유하여 그 능력을 발휘할 수 있고, 그 변화에 대해 책임을 질 수 있는 주체이다. 리드는 진정한 원인은 행위자라고 주장한다. 이에 따르면 빨간 공이 흰 공에 부딪혔을 때 흰 공은 움직일 수만 있을 뿐 움직이지 않을 수는 없기 때문에 빨간 공은 행위자일 수 없다.

경험론자인 리드의 관점에서 보면 관찰의 범위 내에서 행위자는 오직 인간뿐이다. 만일 어떤 사람이 흰 공을 움직이게 하기 위해 빨간 공을 굴렸고 흰 공이 움직였다면 그 사람은 행위자이고 흰 공이 움직인 것은 결과에 해당한다. 리드는 이와 같이 결과가 발생하기 위해서는 행위자가 양면적 능력을 발휘해야 하며, 행위자의 의욕이 항상적으로 결합해야 한다고 보았다. 리드는 의욕이 정신에서 일어나는 하나의 사건이라고 보았다. 이와 관련해 결과를 발생시킨 양면적 능력의 발휘에 결합한 의욕이 또 다른 양면적 능력의 발휘로 나타난 것이며 그것은 또 다른 의욕을 필요로 한다는 주장이 있을 수 있다. 이러한 주장과 관련해 리드는, 의욕과 같은 정신의 내재적 활동은 행위자의 양면적 능력의 발휘인 '의욕을 일으킴'과 그것의 결과인 의욕 자체를 구별할 수 없는 것이라고 보았다. 이는 의욕을 일으킴의 경우에는 행위자의 능력 발휘 자체가 의욕이므로 또 다른 의욕이 필요치 않음을 나타낸다. 그런데 의욕과 사건이 항상적으로 결합한다고 보는 리드의 견해에 대해서는 사건의 원인이 행위자가 아니라 의욕이라는 반론이 가능할 수 있다. 이에 대해 리드는 항상적 결합만으로는 인과의 필연성을 정당화하지 못한다는 논리로 자신의 이론을 뒷받침했다.

리드는 '기회 원인'의 문제도 해결해야 했다. 당시에는 중세 철학의 영향으로 어떤 철학자들은 인간의 행동을 비롯한 사건들의 진정한 원인은 오직 신뿐이며, 행위자는 기회 원인에 불과하다고 생각했다. 기회 원인은 일상적으로는 마치 원인인 듯 보이지만 실제로는 진정한 원인이 아닌 것이다. 리드는 이러한 입장을 경험주의 관점에서 배격했다. 그는 우리가 경험할 수 있는 것은 행위자의 의욕과 행위뿐이며 행위에 신이 개입하는 것은 경험할 수 없는 것이기 때문에 신이 사건의 진정한 원인이 될 수 없다고 주장했다. 리드는 궁극적으로 결정을 내리는 것이 행위자에게 달려 있다고 주장함으로써 인간의 주체적 결단이 갖는 의미를 강조했다.

5 윗글에 나타난 리드의 견해로 적절하지 <u>않은</u> 것은?

① 인간은 자유 의지를 지닌 존재로 행위자가 될 수 있다.
② 변화를 산출하는 능력을 가진 모든 존재는 행위자이다.
③ 인간의 의욕은 정신에서 일어나는 하나의 사건이라고 할 수 있다.
④ 항상적 결합이 존재하더라도 행위자가 존재하지 않는 경우에서는 원인을 발견할 수 없다.
⑤ 흄이 제시한 세 가지 조건이 모두 충족되는 경우라도 인과 관계가 성립하지 않을 수 있다.

6 윗글을 바탕으로 ㉠을 이해한 내용으로 적절하지 <u>않은</u> 것은?

① 리드는 빨간 공과 흰 공에는 양면적 능력이 존재하지 않는다고 보겠군.
② 리드는 빨간 공과 흰 공의 움직임에는 시공간이 이어지지 않는다고 보겠군.
③ 리드는 빨간 공이 흰 공에 부딪힌 사건은 다른 사건의 원인이 될 수 없다고 보겠군.
④ 흄은 빨간 공과 흰 공의 움직임에서 항상적 결합을 발견할 수 있다고 보겠군.
⑤ 흄은 빨간 공과 흰 공이 부딪힌 사건이 흰 공이 움직인 사건의 원인이라면 두 사건은 동시에 일어난 것일 수 없다고 보겠군.

약점 보완 해설집 p.50

DAY 17 설명문 ⑦

· 풀이 시간: /15분 20초
· 맞은 문제: /9문제

1 다음 글의 문맥에 맞지 않는 곳을 ㉠~㉤에서 찾아 수정하려고 할 때, 가장 적절한 것은?   19 5급 공채 PSAT

'단일환자방식'은 숫자가 아닌 문자를 암호화하는 가장 기본적인 방법이다. 이는 문장에 사용된 문자를 일정한 규칙에 따라 일대일 대응으로 재배열하여 문장을 암호화하는 방법이다. 예를 들어, 철수가 이 방법에 따라 영어 문장 'I LOVE YOU'를 암호화하여 암호문으로 만든다고 해보자. 철수는 먼저 알파벳을 일대일 대응으로 재배열하는 규칙을 정하고, 그 규칙에 따라 'I LOVE YOU'를 'Q RPDA LPX'와 같이 암호화하게 될 것이다. 이때 철수가 사용한 규칙에는 ㉠ 'I를 Q로 변경한다', 'L을 R로 변경한다' 등이 포함되어 있는 셈이다.

우리가 단일환자방식에 따라 암호화한 영어 문장을 접한다고 해보자. 그 암호문을 어떻게 해독할 수 있을까? ㉡ 우리가 그 암호문에 단일환자방식의 암호화 규칙이 적용되어 있다는 것을 알고 있다면 문제가 쉽게 해결될 수도 있다. 알파벳의 사용 빈도를 파악하여 일대일 대응의 암호화 규칙을 추론해낼 수 있기 때문이다. 이제 통계 자료를 통해 영어에서 사용되는 알파벳의 사용 빈도를 조사해 보니 E가 12.51%로 가장 많이 사용되었고 그다음 빈도는 T, A, O, I, N, S, R, H의 순서라는 것이 밝혀졌다고 하자. ㉢ 물론 이러한 통계 자료를 확보했다고 해도 암호문이 한두 개밖에 없다면 암호화 규칙을 추론하기는 힘들 것이다. 그러나 암호문을 많이 확보하면 할수록 암호문을 해독할 수 있는 가능성이 높아질 것이다.

이제 누군가가 어떤 영자 신문에 포함되어 있는 모든 문장을 단일환자방식의 암호화 규칙 a에 따라 암호문들로 만들었다고 해보자. 그 신문 전체에 사용된 알파벳 수는 충분히 많기 때문에 우리는 암호문들에 나타난 알파벳 빈도의 순서에 근거하여 규칙 a가 무엇인지 추론할 수 있다. ㉣ 만일 규칙 a가 앞서 예로 든 철수가 사용한 규칙과 동일하다면, 암호문들에 가장 많이 사용된 알파벳은 E일 가능성이 높을 것이다. 그런데 조사 결과 암호문들에는 영어 알파벳 26자가 모두 사용되었는데 그중 W가 25,021자로 가장 많이 사용되었고, 이후의 빈도는 P, F, C, H, Q, T, N의 순서라는 것이 밝혀졌다. 따라서 우리는 철수가 정한 규칙은 규칙 a가 아니라고 추론할 수 있다. 또한 규칙 a에 대해 추론하면서 암호문들을 해독할 수 있다. 예를 들어, ㉤ 암호문 'H FPW HP'는 'I ATE IT'를 암호화한 것이라는 사실을 알 수 있게 될 것이다.

① ㉠을 "Q를 I로 변경한다', 'R을 L로 변경한다"로 수정한다.
② ㉡을 '우리가 그 암호문에 단일환자방식의 암호화 규칙이 적용되어 있지 않다고 생각한다 해도 문제는 쉽게 해결될 수 있다'로 수정한다.
③ ㉢을 '이러한 통계 자료를 확보하게 되면 자동적으로 암호화 규칙을 추론할 수 있게 될 것이다'로 수정한다.
④ ㉣을 '만일 규칙 a가 앞서 철수가 사용한 규칙과 동일하다면, 암호문들에 가장 많이 사용된 알파벳은 A일 가능성이 높을 것이다'로 수정한다.
⑤ ㉤을 '암호문 'I ATE IT'는 'H FPW HP'를 암호화한 것이라는 사실을 알 수 있게 될 것이다'로 수정한다.

2. 다음 글에서 알 수 있는 것은?

21 민경채 PSAT

비정규직 근로자들이 늘어나면서 '프레카리아트'라고 불리는 새로운 계급이 형성되고 있다. 프레카리아트란 '불안한(precarious)'이라는 단어와 '무산계급(proletariat)'이라는 단어를 합친 용어로 불안정한 고용 상태에 놓여 있는 사람들을 의미한다. 프레카리아트에 속한 사람들은 직장 생활을 하다가 쫓겨나 실업자가 되었다가 다시 직장에 복귀하기를 반복한다. 이들은 고용 보장, 직무 보장, 근로안전 보장 등 노동 보장을 받지 못하며, 직장 소속감도 없을 뿐만 아니라, 자신의 직업에 대한 전망이나 직업 정체성도 결여되어있다. 프레카리아트는 분노, 무력감, 걱정, 소외를 경험할 수밖에 없는 '위험한 계급'으로 전락한다. 이는 의미 있는 삶의 길이 막혀 있다는 좌절감과 상대적 박탈감, 계속된 실패의 반복 때문이다. 이러한 사람들이 늘어나면 자연히 갈등, 폭력, 범죄와 같은 사회적 병폐들이 성행하여 우리 사회는 점점 더 불안해지게 된다.

프레카리아트와 비슷하지만 약간 다른 노동자 집단이 있다. 이른바 '긱 노동자'다. '긱(gig)'이란 기업들이 필요에 따라 단기 계약 등을 통해 임시로 인력을 충원하고 그때그때 대가를 지불하는 것을 의미한다. 예를 들어 방송사에서는 드라마를 제작할 때마다 적합한 사람들을 섭외하여 팀을 꾸리고 작업에 착수한다. 긱 노동자들은 고용주가 누구든 간에 자신이 보유한 고유의 직업 역량을 고용주에게 판매하면서, 자신의 직업을 독립적인 '프리랜서' 또는 '개인 사업자' 형태로 인식한다. 정보통신 기술의 발달은 긱을 더욱더 활성화한다. 정보통신 기술을 이용하면 긱 노동자의 모집이 아주 쉬워진다. 기업은 사업 아이디어만 좋으면 인터넷을 이용하여 필요한 긱 노동자를 모집할 수 있다. 기업이 긱을 잘 활용하면 경쟁력을 높여 정규직 위주의 기존 기업들을 앞서나갈 수 있다.

① 긱 노동자가 자신의 직업 형태에 대해 갖는 인식은 자신을 고용한 기업에 따라 달라지지 않는다.
② 정보통신 기술의 발달은 프레카리아트 계급과 긱 노동자 집단을 확산시킨다.
③ 긱 노동자 집단이 확산하면 프레카리아트 계급은 축소된다.
④ '위험한 계급'이 겪는 부정적인 경험이 적은 프레카리아트일수록 정규직 근로자로 변모할 가능성이 크다.
⑤ 비정규직 근로자에 대한 노동 보장의 강화는 프레카리아트 계급을 축소시키고 긱 노동자 집단을 확산시킨다.

[3-5] 다음 글을 읽고 물음에 답하시오.

22 평가원 6월 모평

혈액은 세포에 필요한 물질을 공급하고 노폐물을 제거한다. 만약 혈관 벽이 손상되어 출혈이 생기면 손상 부위의 혈액이 응고되어 혈액 손실을 막아야 한다. 혈액 응고는 섬유소 단백질인 피브린이 모여 형성된 섬유소 그물이 혈소판이 응집된 혈소판 마개와 뭉쳐 혈병이라는 덩어리를 만드는 현상이다. 혈액 응고는 혈관 속에서도 일어나는데, 이때의 혈병을 혈전이라 한다. 이물질이 쌓여 동맥 내벽이 두꺼워지는 동맥 경화가 일어나면 그 부위에 혈전 침착, 혈류 감소 등이 일어나 혈관 질환이 발생하기도 한다. 이러한 혈액의 응고 및 원활한 순환에 비타민 K가 중요한 역할을 한다.

비타민 K는 혈액이 응고되도록 돕는다. 지방을 뺀 사료를 먹인 병아리의 경우, 지방에 녹는 어떤 물질이 결핍되어 혈액 응고가 지연된다는 사실을 발견하고 그 물질을 비타민 K로 명명했다. 혈액 응고는 단백질로 이루어진 다양한 인자들이 관여하는 연쇄 반응에 의해 일어난다. 우선 여러 혈액 응고 인자들이 활성화된 이후 프로트롬빈이 활성화되어 트롬빈으로 전환되고, 트롬빈은 혈액에 녹아 있는 피브리노겐을 불용성인 피브린으로 바꾼다. 비타민 K는 프로트롬빈을 비롯한 혈액 응고 인자들이 간세포에서 합성될 때 이들의 활성화에 관여한다. 활성화는 칼슘 이온과의 결합을 통해 이루어지는데, 이들 혈액 단백질이 칼슘 이온과 결합하려면 카르복실화되어 있어야 한다. 카르복실화는 단백질을 구성하는 아미노산 중 글루탐산이 감마-카르복시글루탐산으로 전환되는 것을 말한다. 이처럼 비타민 K에 의해 카르복실화되어야 활성화가 가능한 표적 단백질을 비타민 K-의존성 단백질이라 한다.

비타민 K는 식물에서 합성되는 ㉠비타민 K_1과 동물 세포에서 합성되거나 미생물 발효로 생성되는 ㉡비타민 K_2로 나뉜다. 녹색 채소 등은 비타민 K_1을 충분히 함유하므로 일반적인 권장 식단을 따르면 혈액 응고에 차질이 생기지 않는다.

그런데 혈관 건강과 관련된 비타민 K의 또 다른 중요한 기능이 발견되었고, 이는 칼슘의 역설과도 관련이 있다. 나이가 들면 뼈조직의 칼슘 밀도가 낮아져 골다공증이 생기기 쉬운데, 이를 방지하고자 칼슘 보충제를 섭취한다. 하지만 칼슘 보충제를 섭취해서 혈액 내 칼슘 농도는 높아지나 골밀도는 높아지지 않고, 혈관 벽에 칼슘염이 침착되는 혈관 석회화가 진행되어 동맥 경화 및 혈관 질환이 발생하는 경우가 생긴다. 혈관 석회화는 혈관 근육 세포 등에서 생성되는 MGP라는 단백질에 의해 억제되는데, 이 단백질이 비타민 K-의존성 단백질이다. 비타민 K가 부족하면 MGP 단백질이 활성화되지 못해 혈관 석회화가 유발된다는 것이다. 비타민 K_1과 K_2는 모두 비타민 K-의존성 단백질의 활성화를 유도하지만 K_1은 간세포에서, K_2는 그 외의 세포에서 활성이 높다. 그러므로 혈액 응고 인자의 활성화는 주로 K_1이, 그 외의 세포에서 합성되는 단백질의 활성화는 주로 K_2가 담당한다. 이에 따라 일부 연구자들은 비타민 K의 권장량을 K_1과 K_2로 구분하여 설정해야 하며, K_2가 함유된 치즈, 버터 등의 동물성 식품과 발효 식품의 섭취를 늘려야 한다고 권고한다.

3 윗글에서 알 수 있는 내용으로 적절하지 <u>않은</u> 것은?

① 혈전이 형성되면 섬유소 그물이 뭉쳐 혈액의 손실을 막는다.
② 혈액의 응고가 이루어지려면 혈소판 마개가 형성되어야 한다.
③ 혈관 손상 부위에 혈병이 생기려면 혈소판이 응집되어야 한다.
④ 혈관 경화를 방지하려면 이물질이 침착되지 않게 해야 한다.
⑤ 혈관 석회화가 계속되면 동맥 내벽과 혈류에 변화가 생긴다.

4 칼슘의 역설에 대한 이해로 가장 적절한 것은?

① 칼슘 보충제를 섭취하면 오히려 비타민 K_1의 효용성이 감소된다는 것이겠군.
② 칼슘 보충제를 섭취해도 뼈조직에서는 칼슘이 여전히 필요하다는 것이겠군.
③ 칼슘 보충제를 섭취해도 골다공증은 막지 못하나 혈관 건강은 개선되는 경우가 있다는 것이겠군.
④ 칼슘 보충제를 섭취하면 혈액 내 단백질이 칼슘과 결합하여 혈관 벽에 칼슘이 침착된다는 것이겠군.
⑤ 칼슘 보충제를 섭취해도 혈액으로 칼슘이 흡수되지 않아 골다공증 개선이 안 되는 경우가 있다는 것이겠군.

5 ㉠과 ㉡에 대한 설명으로 가장 적절한 것은?

① ㉠은 ㉡과 달리 우리 몸의 간세포에서 합성된다.
② ㉡은 ㉠과 달리 지방과 함께 섭취해야 한다.
③ ㉡은 ㉠과 달리 표적 단백질의 아미노산을 변형하지 않는다.
④ ㉠과 ㉡은 모두 표적 단백질의 활성화 이전 단계에 작용한다.
⑤ ㉠과 ㉡은 모두 일반적으로는 결핍이 발생해 문제가 되는 경우는 없다.

[6-8] 다음 글을 읽고 물음에 답하시오.   19 평가원 9월 모평

　근대 도시의 삶의 양식은 많은 학자들의 관심을 끌어왔다. 오랫동안 지배적인 관점으로 받아들여진 것은 삶의 양식 중 노동 양식에 주목하는 ㉠<u>생산학파</u>의 견해였다. 생산학파는 산업혁명을 통해 근대 도시 특유의 노동 양식이 형성되는 점에 관심을 기울였다. 그들은 우선 새로운 테크놀로지를 갖춘 근대 생산 체제가 대규모의 노동력을 각지로부터 도시로 끌어모으는 현상에 주목했다. 또한 다양한 습속을 지닌 사람들이 어떻게 대규모 기계의 리듬에 맞추어 획일적으로 움직이는 노동자가 되는지 탐구했다. 예를 들어, 미셸 푸코는 노동자를 집단 규율에 맞춰 금욕 노동을 하는 유순한 몸으로 만들어 착취하기 위해 어떤 훈육 전략이 동원되었는지 연구하였다. 또한 생산학파는 노동자가 기계화된 노동으로 착취당하는 동안 감각과 감성으로 체험하는 내면세계를 상실하고 사물로 전락했다고 고발하였다. 이렇게 보면 근대 도시는 어떠한 쾌락과 환상도 끼어들지 못하는 거대한 생산 기계인 듯하다.

　이에 대하여 ㉡<u>소비학파</u>는 근대 도시인이 내면세계를 상실한 사물로 전락한 것은 아니라고 하면서 생산학파를 비판하기 시작했다. 예를 들어, 콜린 캠벨은 금욕주의 정신을 지닌 청교도들조차 소비 양식에서 자기 환상적 쾌락주의를 가지고 있었다고 주장하였다. 결핍을 충족시키려는 욕망과 실제로 욕망이 충족된 상태 사이에는 시간적 간극이 존재할 수밖에 없다. 그런데 근대 도시에서는 이 간극이 좌절이 아니라 오히려 욕망이 충족된 미래 상태에 대한 주관적 환상을 자아낸다. 생산학파와 달리 캠벨은 새로운 테크놀로지의 발달 덕분에 이런 환상이 단순한 몽상이 아니라 실현 가능한 현실이 될 것이라는 기대를 불러일으킨다고 보았다. 그는 이런 기대가 쾌락을 유발하여 근대 소비정신을 북돋웠다고 긍정적으로 평가했다.

　근래 들어 노동 양식에 주목한 생산학파와 소비 양식에 주목한 소비학파의 입장을 아우르려는 연구가 진행되고 있다. 일찍이 근대 도시의 복합적 특성에 주목했던 발터 벤야민은 이러한 연구의 선구자 중 한 명으로 재발견되었다. 그는 새로운 테크놀로지의 도입이 노동의 소외를 심화한다는 점은 인정하였다. 하지만 소비 행위의 의미가 자본가에게 이윤을 가져다주는 구매 행위로 축소될 수는 없다고 생각했다. 소비는 그보다 더 복합적인 체험을 가져다주기 때문이다. 벤야민은 이런 사실을 근대 도시에 대한 탐구를 통해 설명한다. 근대 도시에서는 옛것과 새것, 자연적인 것과 인공적인 것 등 서로 다른 것들이 병치되고 뒤섞이며 빠르게 흘러간다. 환상을 자아내는 다양한 구경거리도 근대 도시 곳곳에 등장했다. 철도 여행은 근대 이전에는 정지된 이미지로 체험되었던 풍경을 연속적으로 이어지는 파노라마로 체험하게 만들었다. 또한 유리와 철을 사용하여 만든 상품 거리인 아케이드는 안과 밖, 현실과 꿈의 경계가 모호해지는 체험을 가져다주었다. 벤야민은 이러한 체험이 근대 도시인에게 충격을 가져다준다고 보았다. 또한 이러한 충격 체험을 통해 새로운 감성과 감각이 일깨워진다고 말했다.

　벤야민은 근대 도시의 복합적 특성이 영화라는 새로운 예술형식에 드러난다고 주장했다. 19세기 말에 등장한 신기한 구경거리였던 영화는 벤야민에게 근대 도시의 작동 방식과 리듬에 상응하는 매체다. 영화는 조각난 필름들이 일정한 속도로 흘러가면서 움직임을 만들어 낸다는 점에서 공장에서 컨베이어 벨트가 만들어 내는 기계의 리듬을 떠올리게 한다. 또한 관객이 아닌 카메라라는 기계 장치 앞에서 연기를 해야 하는 배우나 자신의 전문 분야에만 참여하는 스태프는 작품의 전체적인 모습을 파악하기 어렵다. 분업화로 인해 노동으로부터 소외되는 근대 도시인의 모습이 영화 제작 과정에서도 드러나는 것이다. 하지만 동시에 영화는 일종의 충격 체험을 통해 근대 도시인에게 새로운 감성과 감각을 불러일으키는 매체이기도 하다. 예측 불가능한 이미지의 연쇄로 이루어진 영화를 체험하는 것은 이질적인 대상들이 복잡하고 불규칙하게 뒤섞인 근대 도시의 일상 체험과 유사하다. 서로 다른 시·공간의 연결, 카메라가 움직일 때마다 변화하는 시점, 느린 화면과 빠른 화면의 교차 등 영화의 형식 원리는 ㉢<u>정신적 충격</u>을 발생시킨다. 영화는 보통 사람의 육안이라는 감각적 지각의 정상적 범위를 넘어선 체험을 가져다준다. 벤야민은 이러한 충격 체험을 환각, 꿈의 체험에 빗대어 '시각적 무의식'이라고 불렀다. 관객은 영화가 제공하는 시각적 무의식을 체험함으로써 일상적 공간에 대해 새로운 의미를 발견하게 된다. 영화관에 모인 관객은 이런 체험을 집단적으로 공유하면서 동시에 개인적인 꿈의 세계를 향유한다.

　근대 도시와 영화의 체험에 대한 벤야민의 견해는 생산학파와 소비학파를 포괄할 수 있는 이론적 단초를 제공한다. 벤야민은 근대 도시인이 사물화된 노동자이지만 그 자체로 내면세계를 지닌 꿈꾸는 자이기도 하다는 사실을 보여 준다. 벤야민이 말한 근대 도시는 착취의 사물 세계와 꿈의 주체 세계가 교차하는 복합 공간이다. 이렇게 벤야민의 견해는 근대 도시에 대한 일면적인 시선을 바로잡는 데 도움을 준다.

6 윗글의 내용 전개 방식으로 가장 적절한 것은?

① 근대 도시의 삶의 양식에 대한 벤야민의 주장을 기준으로, 근대 도시의 산물인 영화를 유형별로 분류하고 있다.
② 근대 도시와 영화의 개념을 정의한 후, 근대 도시의 복합적 특성을 밝힌 벤야민의 견해에 대해 그 의의와 한계를 평가하고 있다.
③ 근대 도시의 삶의 양식에 대한 벤야민의 관점을 활용하여, 근대 도시의 기원과 영화의 탄생 간에 공통점과 차이점을 비교하고 있다.
④ 근대 도시의 복합적 특성에 따른 영화의 변화 양상을 통시적으로 살펴본 후, 근대 도시와 영화의 체험에 대한 벤야민의 주장을 비판하고 있다.
⑤ 근대 도시의 삶의 양식에 대한 서로 다른 견해를 소개한 후, 근대 도시와 영화에 대한 벤야민의 견해가 근대 도시의 복합적 특성을 드러냄을 밝히고 있다.

7 ㉠, ㉡에 대한 이해로 가장 적절한 것은?

① ㉠은 근대 도시를 근대 도시인이 지닌 환상에 의해 작동되는 생산 기계라고 본다.
② ㉠은 새로운 테크놀로지의 발달로 성립된 근대 생산 체제가 욕망과 충족의 간극을 해소할 수 있다고 본다.
③ ㉡은 근대 도시인의 소비 정신이 금욕주의 정신에 의해 만들어졌다고 본다.
④ ㉡은 근대 도시인이 사물로 전락한 대상이 아니라 실현 가능한 미래에 대한 기대를 가진 존재라고 본다.
⑤ ㉠과 ㉡은 모두 소비가 노동자에 대한 집단 규율을 완화하여 유순한 몸을 만든다고 본다.

8 ㉮에 대한 이해로 적절하지 <u>않은</u> 것은?

① 관객에게 새로운 감성과 감각을 불러일으킨다.
② 영화가 다루고 있는 독특한 주제에서 발생한다.
③ 근대 도시의 일상 체험에서 유발되는 충격과 유사하다.
④ 촬영 기법이나 편집 등 영화의 형식적 요소에 의해 관객에게 유발된다.
⑤ 육안으로 지각 가능한 범위를 넘어서는 영화적 체험으로부터 발생한다.

9. 다음 글에서 추론할 수 <u>없는</u> 것은?

23 5급 공채 PSAT

> 1950년 국회 산업위원회는 다음의 사항들을 주요 내용으로 하는 농지개혁법 개정안을 의안으로 올렸다. 첫째, 매수 대상 토지의 지주에 대한 '보상률'과 토지 분배 대상자의 '상환율'을 동일하게 한다. 둘째, 지주에게는 기간을 두어 가며 보상하는 지가증권을 보상금으로 지급한다. 개정의 이유로 정부의 부담을 들었다. 전년도에 통과된 농지개혁법은 평균 수확량의 150%로 지가를 산정하여 정부가 지주에게 보상하고, 분배받는 농민에게는 평균 수확량의 125%를 정부에 상환금으로 내도록 규정한다. 25%의 차액은 정부가 부담하는 부분이다. 이 부담을 정부 재정이 감당할 수 없어 정부가 맡은 몫을 없애고 상환율을 높여 보상률과 같게 되도록 개정한다는 것이다. 그리고 보상금을 지가증권으로 지급하여 인플레이션을 방지하려 하는데, 정부로서는 일시에 보상금을 지출해야 하는 부담을 더는 것이기도 하다.
>
> 개정안을 놓고 갑론을박이 벌어졌다. 국회의원 갑은, 현행 농지개혁법이 지주의 농지에서 3정보를 초과하는 부분을 정부가 강제 매수하여 150%만 보상금으로 지급하도록 한다고 비판하였다. 그는 생활이 어려운 중소지주들을 위해서는 이번 개정에서 보상률을 200%로 올려야 한다고 주장하였다. 국회의원 을은, 보상률이 상향된다는 소문이 돌고 있고 그 때문에 150%보다도 높은 가격으로 농지 매매가 성행한다는 실정을 지적하였다. 이어서 그는 현행 농지개혁법이 정하는 그대로 집행될 것으로 믿으며 기다리는 농민들에게 신의를 지켜야 한다고 역설하며 상환율은 반드시 현행대로 유지되어야 한다고 주장하였다. 그러면서 보상률과 상환율을 같게 하는 데에는 전적으로 찬성한다고 하였으며, 보상률을 올리자는 국회의원 갑의 의견에는 적극적으로 반대하였다.

① 농지개혁법 개정안에는 보상금이 일시에 지급되어 물가가 상승하는 데 대한 우려가 반영되어 있다.
② 농지개혁법 개정안에 따르면 농지를 분배받는 사람이 내야 할 상환금은 해당 농지 평균 수확량의 150%가 된다.
③ 국회의원 갑은 경제적 상황이 힘든 지주를 고려해야 한다는 입장이다.
④ 국회의원 을은 상환율 상승을 염려하여 국가 부담 부분을 없애는 것에 반대한다.
⑤ 국회의원 을은 지주가 받을 보상금은 해당 농지 평균 수확량의 125%가 되어야 한다는 입장이다.

DAY 18　설명문 ⑧

- 풀이 시간:　　/10분
- 맞은 문제:　　/6문제

1 다음 글의 ㉠~㉤에서 문맥에 맞지 않는 곳을 찾아 적절하게 수정한 것은? 22 민경채 PSAT

반세기 동안 지속되던 냉전 체제가 1991년을 기점으로 붕괴되면서 동유럽 체제가 재편되었다. 동유럽에서는 연방에서 벗어나 많은 국가들이 독립하였다. 이 국가들은 자연스럽게 자본주의 시장경제를 받아들였는데, 이후 몇 년 동안 공통적으로 극심한 경제 위기를 경험하게 되었다. 급기야 IMF(국제통화기금)의 자금 지원을 받게 되는데, 이는 ㉠ 갑작스럽게 외부로부터 도입한 자본주의 시스템에 적응하는 일이 결코 쉽지 않다는 점을 보여준다.

이 과정에서 해당 국가 국민의 평균 수명이 급격하게 줄어들었는데, 이는 같은 시기 미국, 서유럽 국가들의 평균 수명이 꾸준히 늘었다는 것과 대조적이다. 이러한 현상에 대해 ㉡ 자본주의 시스템 도입을 적극적으로 지지했던 일부 경제학자들은 오래전부터 이어진 ㉢ 동유럽 지역 남성들의 과도한 음주와 흡연, 폭력과 살인 같은 비경제적 요소를 주된 원인으로 꼽았다. 즉 경제 체제의 변화와는 관련이 없다는 것이다.

이러한 주장에 의문을 품은 영국의 한 연구자는 해당 국가들의 건강 지표가 IMF의 자금 지원 전후로 어떻게 달라졌는지를 살펴보았다. 여러 사회적 상황을 고려하여 통계 모형을 만들고, ㉣ IMF의 자금 지원을 받은 국가와 다른 기관에서 자금 지원을 받은 국가를 비교하였다. 같은 시기 독립한 동유럽 국가 중 슬로베니아만 유일하게 IMF가 아닌 다른 기관에서 돈을 빌렸다. 이때 두 곳의 차이는, IMF는 자금을 지원받은 국가에게 경제와 관련된 구조조정 프로그램을 실시하게 한 반면, 슬로베니아를 지원한 곳은 그렇게 하지 않았다는 점이다. IMF 구조조정 프로그램을 실시한 국가들은 ㉤ 실시 이전부터 결핵 발생률이 크게 증가했던 것으로 나타났다. 그러나 슬로베니아는 같은 기간에 오히려 결핵 사망률이 감소했다. IMF 구조조정 프로그램의 실시 여부는 국가별 결핵 사망률과 일정한 상관관계가 있었던 것이다.

① ㉠을 "자본주의 시스템을 갖추지 않고 지원을 받는 일"로 수정한다.
② ㉡을 "자본주의 시스템 도입을 적극적으로 반대했던"으로 수정한다.
③ ㉢을 "수출입과 같은 국제 경제적 요소"로 수정한다.
④ ㉣을 "IMF의 자금 지원 직후 경제 성장률이 상승한 국가와 하락한 국가"로 수정한다.
⑤ ㉤을 "실시 이후부터 결핵 사망률이 크게 증가했던 것"으로 수정한다.

2 다음 글에서 알 수 <u>없는</u> 것은?

19 민경채 PSAT

> A 효과란 기업이 시장에 최초로 진입하여 무형 및 유형의 이익을 얻는 것을 의미한다. 반면 뒤늦게 뛰어든 기업이 앞서 진출한 기업의 투자를 징검다리로 이용하여 성공적으로 시장에 안착하는 것을 B 효과라고 한다. 물론 B 효과는 후발진입기업이 최초진입기업과 동등한 수준의 기술 및 제품을 보다 낮은 비용으로 개발할 수 있을 때만 가능하다.
>
> 생산량이 증가할수록 평균 생산비용이 감소하는 규모의 경제 효과 측면에서, 후발진입기업에 비해 최초진입기업이 유리하다. 즉, 대량 생산, 인프라 구축 등에서 우위를 조기에 확보하여 효율성 증대와 생산성 향상을 꾀할 수 있다. 반면 후발진입기업 역시 연구개발 투자 측면에서 최초진입기업에 비해 상대적으로 유리한 면이 있다. 후발진입기업의 모방 비용은 최초진입기업이 신제품 개발에 투자한 비용 대비 65% 수준이기 때문이다. 최초진입기업의 경우, 규모의 경제 효과를 얼마나 단기간에 이룰 수 있는가가 성공의 필수 요건이 된다. 후발진입기업의 경우, 절감된 비용을 마케팅 등에 효과적으로 투자하여 최초진입기업의 시장 점유율을 단기간에 빼앗아 오는 것이 성공의 핵심 조건이다.
>
> 규모의 경제 달성으로 인한 비용상의 이점 이외에도 최초진입기업이 누릴 수 있는 강점은 강력한 진입 장벽을 구축할 수 있다는 것이다. 시장에 최초로 진입했기에 소비자에게 우선적으로 인식된다. 그로 인해 후발진입기업에 비해 적어도 인지도 측면에서는 월등한 우위를 확보한다. 또한 기술적 우위를 확보하여 라이선스, 특허 전략 등을 통해 후발진입기업의 시장 진입을 방해하기도 한다. 뿐만 아니라 소비자들이 후발진입기업의 브랜드로 전환하려고 할 때 발생하는 노력, 비용, 심리적 위험 등을 마케팅에 활용하여 후발진입기업이 시장에 진입하기 어렵게 할 수도 있다. 결국 A 효과를 극대화할 수 있는지는 규모의 경제 달성 이외에도 얼마나 오랫동안 후발주자가 진입하지 못하도록 할 수 있는가에 달려 있다.

① 최초진입기업은 후발진입기업에 비해 매년 더 많은 마케팅 비용을 사용한다.
② 후발진입기업의 모방 비용은 최초진입기업이 신제품 개발에 투자한 비용보다 적다.
③ 최초진입기업이 후발진입기업에 비해 인지도 측면에서 우위에 있다는 것은 A 효과에 해당한다.
④ 후발진입기업이 성공하려면 절감된 비용을 효과적으로 투자하여 최초진입기업의 시장 점유율을 단기간에 빼앗아 와야 한다.
⑤ 후발진입기업이 최초진입기업과 동등한 수준의 기술 및 제품을 보다 낮은 비용으로 개발할 수 없다면 B 효과를 얻을 수 없다.

3 다음 글에서 추론할 수 있는 것만을 <보기>에서 모두 고르면?

24 7급 공채 PSAT

> 종이와 같이 전류가 흐르지 않는 성질을 가진 물질을 절연체라 한다. 절연체는 전기적으로 중성이며 전하를 띠지 않는다. 그러나 어떤 상황에서는 전하 사이에 작용하는 힘인 전기력에 의한 운동이 가능하다. 어떻게 이러한 절연체의 운동이 가능한가를 알아보자.
>
> 절연체는 전기적으로 중성이지만 그 안에는 무수히 많은 전하가 존재한다. 다만, 음전하와 양전하가 똑같은 숫자로 존재하며 물체에 균일하게 분포되어 있다. 이들에게 외부의 전하가 작용할 때 발생하는 전기력인 척력과 인력이 서로 상쇄되어 아무런 힘이 작용하지 않을 것처럼 보인다.
>
> 그런데 외부에서 전기력이 작용하면 절연체 내부의 전하들은 개별적으로 그 힘에 반응한다. 가령, 양으로 대전된 물체에 의해서 절연체에 전기력이 작용하는 경우, 절연체 내부의 음전하는 대전된 물체 방향으로 끌려가는 힘인 인력을 받고, 양전하는 밀려나는 힘인 척력을 받는다.
>
> 절연체 내부의 전하들은 이러한 전기력에 의해 미세하게 이동할 수 있는데, 음전하는 양으로 대전된 물체와 가까워지는 방향으로, 양전하는 멀어지는 방향으로 이동하게 된다. 그 결과 대전된 물체의 양전하와 절연체의 음전하 간의 인력이 대전된 물체의 양전하와 절연체의 양전하 간의 척력보다 커져 절연체는 대전된 물체 방향으로 끌려가게 된다. 전기력은 전하 간 거리가 멀수록 작아지는 특성이 있기 때문이다. 다만 절연체의 무게가 충분히 작아야만 이러한 전기력이 절연체의 무게를 극복하고 절연체를 끌어당길 수 있다.

―― <보 기> ――

ㄱ. 절연체 내부 전하의 위치는 절연체 외부의 영향에 의해서 변할 수 있다.
ㄴ. 대전된 물체는 절연체 내 음전하와 양전하의 구성 비율을 변화시킬 수 있다.
ㄷ. 음으로 대전된 물체를 특정 무게 이하의 절연체에 가까이함으로써 절연체를 밀어내는 것이 가능하다.

① ㄱ   ② ㄴ   ③ ㄱ, ㄷ   ④ ㄴ, ㄷ   ⑤ ㄱ, ㄴ, ㄷ

4 다음 글에서 알 수 있는 것은? 19 5급 공채 PSAT

조선 시대에 설악산이라는 지명이 포함하는 영역은 오늘날의 그것과 달랐다. 오늘날에는 대청봉, 울산바위가 있는 봉우리, 한계령이 있는 봉우리를 하나로 묶어 설악산이라고 부른다. 그런데 조선 시대의 자료 중에는 현재의 대청봉만 설악산이라고 표시하고 울산바위가 있는 봉우리는 천후산으로, 그리고 한계령이 있는 봉우리는 한계산으로 표시한 것이 많다.

요즘 사람들은 설악산이나 계룡산과 같이 잘 알려진 산에 수많은 봉우리가 포함되어 있는 것이 당연하다고 생각하는데, 고려 시대까지만 해도 하나의 봉우리는 다른 봉우리와 구별된 별도의 산이라는 인식이 강했다. 이런 생각은 조선 전기에도 이어졌다. 그러나 조선 후기에 해당하는 18세기에는 그 인식에 변화가 나타나기 시작했다. 18세기 중엽에 제작된 지도인 <여지도>에는 오늘날 설악산이라는 하나의 지명으로 포괄되어 있는 범위가 한계산과 설악산이라는 두 개의 권역으로 구분되어 있다. 이 지도에 표시된 설악산의 범위와 한계산의 범위를 합치면 오늘날 설악산이라고 부르는 범위와 동일해진다. 그런데 같은 시기에 제작된 <비변사인 방안지도 양양부 도엽>이라는 지도에는 설악산, 천후산, 한계산의 범위가 모두 따로 표시되어 있고, 이 세 산의 범위를 합치면 오늘날의 설악산 범위와 같아진다.

한편 18세기 중엽에 만들어진 <조선팔도지도>에는 오늘날과 동일하게 설악산의 범위가 표시되어 있고, 그 범위 안에 '설악산'이라는 명칭만 적혀 있다. 이 지도에는 한계산과 천후산이라는 지명이 등장하지 않는다. 김정호는 <대동지지>라는 책에서 "옛날 사람들 중에는 한계령이 있는 봉우리를 한계산이라고 부른 이도 있었으나, 사실 한계산은 설악산에 속한 봉우리에 불과하다."라고 설명하였다. 현종 때 만들어진 <동국여지지>에는 "설악산 아래에 사는 사람들이 다른 지역 사람들이 한계산이라 부르는 봉우리를 설악산과 떨어져 있는 별도의 산이라고 생각하지 않고, 설악산 안에 있는 봉우리라고 생각한다."라는 내용이 나온다. 김정호는 이를 참고해 <대동지지>에 위와 같이 썼던 것으로 보인다. <조선팔도지도>에는 천후산이라는 지명이 표시되어 있지 않은데, 이는 이 지도를 만든 사람이 조선 전기에 천후산이라고 불리던 곳을 대청봉과 동떨어진 별도의 산이라고 생각하지 않았음을 뜻한다.

① <여지도>에 표시된 설악산의 범위와 <대동지지>에 그려져 있는 설악산의 범위는 동일하다.
② <동국여지지>에 그려져 있는 설악산의 범위와 <조선팔도지도>에 표시된 설악산의 범위는 동일하다.
③ <조선팔도지도>에 표시된 대로 설악산의 범위를 설정하면 그 안에 한계령이 있는 봉우리가 포함된다.
④ <대동지지>와 <비변사인 방안지도 양양부 도엽>에는 천후산과 한계산이 서로 다른 산이라고 적혀 있다.
⑤ <여지도>에 표시된 천후산의 범위와 <비변사인 방안지도 양양부 도엽>에 표시된 천후산의 범위는 동일하다.

[5-6] 다음 글을 읽고 물음에 답하시오.

20 평가원 6월 모평

전통적인 통화 정책은 정책 금리를 활용하여 물가를 안정시키고 경제 안정을 도모하는 것을 목표로 한다. 중앙은행은 경기가 과열되었을 때 정책 금리 인상을 통해 경기를 진정시키고자 한다. 정책 금리 인상으로 시장 금리도 높아지면 가계 및 기업에 대한 대출 감소로 신용 공급이 축소된다. 신용 공급의 축소는 경제 내 수요를 줄여 물가를 안정시키고 경기를 진정시킨다. 반면 경기가 침체되었을 때는 반대의 과정을 통해 경기를 부양시키고자 한다.

금융을 통화 정책의 전달 경로로만 보는 전통적인 경제학에서는 금융감독 정책이 개별 금융 회사의 건전성 확보를 통해 금융 안정을 달성하고자 하는 ㉠ 미시 건전성 정책에 집중해야 한다고 보았다. 이러한 관점은 금융이 직접적인 생산 수단이 아니므로 단기적일 때와는 달리 장기적으로는 경제 성장에 영향을 미치지 못한다는 인식과, 자산 시장에서는 가격이 본질적 가치를 초과하여 폭등하는 버블이 존재하지 않는다는 효율적 시장 가설에 기인한다. 미시 건전성 정책은 개별 금융 회사의 건전성에 대한 예방적 규제 성격을 가진 정책 수단을 활용하는데, 그 예로는 향후 손실에 대비하여 금융 회사의 자기자본 하한을 설정하는 최저 자기자본 규제를 들 수 있다.

이처럼 전통적인 경제학에서는 금융감독 정책을 통해 금융 안정을, 통화 정책을 통해 물가 안정을 달성할 수 있다고 보는 이원적인 접근 방식이 지배적인 견해였다. 그러나 글로벌 금융 위기 이후 금융 시스템이 와해되어 경제 불안이 확산되면서 기존의 접근 방식에 대한 자성이 일어났다. 이 당시 경기 부양을 목적으로 한 중앙은행의 저금리 정책이 자산 가격 버블에 따른 금융 불안을 야기하여 경제 안정이 훼손될 수 있다는 데 공감대가 형성되었다. 또한 금융 회사가 대형화되면서 개별 금융 회사의 부실이 금융 시스템의 붕괴를 야기할 수 있게 됨에 따라 금융 회사 규모가 금융 안정의 새로운 위험 요인으로 등장하였다. 이에 기존의 정책으로는 금융 안정을 확보할 수 없고, 경제 안정을 위해서는 물가 안정뿐만 아니라 금융 안정도 필수적인 요건임이 밝혀졌다. 그 결과 미시 건전성 정책에 ㉡ 거시 건전성 정책이 추가된 금융감독 정책과 물가 안정을 위한 통화 정책 간의 상호 보완을 통해 경제 안정을 달성해야 한다는 견해가 주류를 형성하게 되었다.

거시 건전성이란 개별 금융 회사 차원이 아니라 금융 시스템 차원의 위기 가능성이 낮아 건전한 상태를 말하고, 거시 건전성 정책은 금융 시스템의 건전성을 추구하는 규제 및 감독 등을 포괄하는 활동을 의미한다. 이때, 거시 건전성 정책은 미시 건전성이 거시 건전성을 담보할 수 있는 충분조건이 되지 못한다는 '구성의 오류'에 논리적 기반을 두고 있다. 거시 건전성 정책은 금융 시스템 위험 요인에 대한 예방적 규제를 통해 금융 시스템의 건전성을 추구한다는 점에서, 미시 건전성 정책과는 차별화된다.

거시 건전성 정책의 목표를 효과적으로 달성하기 위해서는 경기 변동과 금융 시스템 위험 요인 간의 상관관계를 감안한 정책 수단의 도입이 필요하다. 금융 시스템 위험 요인은 경기 순응성을 가진다. 즉 경기가 호황일 때는 금융 회사들이 대출을 늘려 신용 공급을 팽창시킴에 따라 자산 가격이 급등하고, 이는 다시 경기를 더 과열시키는 반면 불황일 때는 그 반대의 상황이 일어난다. 이를 완화할 수 있는 정책 수단으로는 경기 대응 완충자본 제도를 들 수 있다. 이 제도는 정책 당국이 경기 과열기에 금융 회사로 하여금 최저 자기자본에 추가적인 자기자본, 즉 완충자본을 쌓도록 하여 과도한 신용 팽창을 억제시킨다. 한편 적립된 완충자본은 경기 침체기에 대출 재원으로 쓰도록 함으로써 신용이 충분히 공급되도록 한다.

5 윗글을 통해 알 수 있는 것은?

① 글로벌 금융 위기 이전에는, 금융이 단기적으로 경제 성장에 영향을 미치지 못한다고 보았다.
② 글로벌 금융 위기 이전에는, 개별 금융 회사가 건전하다고 해서 금융 안정이 달성되는 것은 아니라고 보았다.
③ 글로벌 금융 위기 이전에는, 경기 침체기에는 통화 정책과 더불어 금융감독 정책을 통해 경기를 부양시켜야 한다고 보았다.
④ 글로벌 금융 위기 이후에는, 정책 금리 인하가 경제 안정을 훼손하는 요인이 될 수 있다고 보았다.
⑤ 글로벌 금융 위기 이후에는, 경기 변동이 자산 가격 변동을 유발하나 자산 가격 변동은 경기 변동을 유발하지 않는다고 보았다.

6 ㉠과 ㉡에 대한 설명으로 적절하지 <u>않은</u> 것은?

① ㉠에서는 물가 안정을 위한 정책 수단과는 별개의 정책 수단을 통해 금융 안정을 달성하고자 한다.
② ㉡에서는 신용 공급의 경기 순응성을 완화시키는 정책 수단이 필요하다.
③ ㉠은 ㉡과 달리 예방적 규제 성격의 정책 수단을 사용하여 금융 안정을 달성하고자 한다.
④ ㉡은 ㉠과 달리 금융 시스템 위험 요인을 감독하는 정책 수단을 사용한다.
⑤ ㉠과 ㉡은 모두 금융 안정을 달성하기 위해 금융 회사의 자기자본을 이용한 정책 수단을 사용한다.

DAY 19 설명문 ⑨

- 풀이 시간: /12분
- 맞은 문제: /7문제

1 다음 글의 내용과 부합하지 <u>않는</u> 것은?

19 민경채 PSAT

> 기원전 3천 년쯤 처음 나타난 원시 수메르어 문자 체계는 두 종류의 기호를 사용했다. 한 종류는 숫자를 나타냈고, 1, 10, 60 등에 해당하는 기호가 있었다. 다른 종류의 기호는 사람, 동물, 사유물, 토지 등을 나타냈다. 두 종류의 기호를 사용하여 수메르인들은 많은 정보를 보존할 수 있었다.
> 이 시기의 수메르어 기록은 사물과 숫자에 한정되었다. 쓰기는 시간과 노고를 요구하는 일이었고, 기호를 읽고 쓸 줄 아는 사람은 얼마 되지 않았다. 이런 고비용의 기호를 장부 기록 이외의 일에 활용할 이유가 없었다. 현존하는 원시 수메르어 문서 가운데 예외는 하나뿐이고, 그 내용은 기록하는 일을 맡게 된 견습생이 교육을 받으면서 반복해서 썼던 단어들이다. 지루해진 견습생이 자기 마음을 표현하는 시를 적고 싶었더라도 그는 그렇게 할 수 없었다. 원시 수메르어 문자 체계는 완전한 문자 체계가 아니었기 때문이다. 완전한 문자 체계란 구어의 범위를 포괄하는 기호 체계, 즉 시를 포함하여 사람들이 말하는 것은 무엇이든 표현할 수 있는 체계이다. 반면에 불완전한 문자 체계는 인간 행동의 제한된 영역에 속하는 특정한 종류의 정보만 표현할 수 있는 기호 체계이다. 라틴어, 고대 이집트 상형문자, 브라유 점자는 완전한 문자 체계이다. 이것들로는 상거래를 기록하고, 상법을 명문화하고, 역사책을 쓰고, 연애시를 쓸 수 있다. 이와 달리 원시 수메르어 문자 체계는 수학의 언어나 음악 기호처럼 불완전했다. 그러나 수메르인들은 불편함을 느끼지 않았다. 그들이 문자를 만들어 쓴 이유는 구어를 고스란히 베끼기 위해서가 아니라 거래 기록의 보존처럼 구어로는 하지 못할 일을 하기 위해서였기 때문이다.

① 원시 수메르어 문자 체계는 구어를 보완하는 도구였다.
② 원시 수메르어 문자 체계는 감정을 표현하는 일에 적합하지 않았다.
③ 원시 수메르어 문자를 당시 모든 구성원이 사용할 줄 아는 것은 아니었다.
④ 원시 수메르어 문자는 사물과 숫자를 나타내는 데 상이한 종류의 기호를 사용하였다.
⑤ 원시 수메르어 문자와 마찬가지로 고대 이집트 상형문자는 구어의 범위를 포괄하지 못했다.

2. 다음 글의 문맥상 (가)~(마)에 들어갈 내용으로 적절하지 않은 것은?

19 민경채 PSAT

'방언(方言)'이라는 용어는 표준어와 대립되는 개념으로 사용될 수 있다. 이때 방언이란 '교양 있는 사람들이 두루 쓰는 현대 서울말'로서의 표준어가 아닌 말, 즉 비표준어라는 뜻을 갖는다. 가령 ((가)   )는 생각에는 방언을 비표준어로서 낮잡아 보는 인식이 담겨 있다. 이러한 개념으로서의 방언은 '사투리'라는 용어로 바꾸어 쓰이는 수가 많다. '충청도 사투리', '평안도 사투리'라고 할 때의 사투리는 대개 이러한 개념으로 쓰이는 경우이다. 이때의 방언이나 사투리는, 말하자면 표준어인 서울말이 아닌 어느 지역의 말을 가리키거나, 더 나아가 ((나)   )을 일컫는다. 이러한 용법에는 방언이 표준어보다 열등하다는 오해와 편견이 포함되어 있다. 여기에는 표준어보다 못하다거나 세련되지 못하고 규칙에 엄격하지 않다와 같은 부정적 평가가 담겨 있는 것이다. 그런가 하면 사투리는 한 지역의 언어 체계 전반을 뜻하기보다 그 지역의 말 가운데 표준어에는 없는, 그 지역 특유의 언어 요소만을 일컫기도 한다. ((다)   )고 할 때의 사투리가 그러한 경우에 해당된다.

언어학에서의 방언은 한 언어를 형성하고 있는 하위 단위로서의 언어 체계 전부를 일컫는 말로 사용된다. 가령 한국어를 예로 들면 한국어를 이루고 있는 각 지역의 말 하나하나, 즉 그 지역의 언어 체계 전부를 방언이라 한다. 서울말은 이 경우 표준어이면서 한국어의 한 방언이다. 그리고 나머지 지역의 방언들은 ((라)   ). 이러한 의미에서의 '충청도 방언'은, 충청도에서만 쓰이는, 표준어에도 없고 다른 도의 말에도 없는 충청도 특유의 언어 요소만을 가리키는 것이 아니다. '충청도 방언'은 충청도의 토박이들이 전래적으로 써 온 한국어 전부를 가리킨다. 이 점에서 한국어는 ((마)   ).

① (가): 바른말을 써야 하는 아나운서가 방언을 써서는 안 된다
② (나): 표준어가 아닌, 세련되지 못하고 격을 갖추지 못한 말
③ (다): 사투리를 많이 쓰는 사람과는 의사소통이 어렵다
④ (라): 한국어라는 한 언어의 하위 단위이기 때문에 방언이다
⑤ (마): 표준어와 지역 방언의 공통부분을 지칭하는 개념이다

3 다음 글에서 알 수 없는 것은?

22 민경채 PSAT

재화나 용역 중에는 비경합적이고 비배제적인 방식으로 소비되는 것들이 있다. 먼저 재화나 용역이 비경합적으로 소비된다는 말은, 그것에 대한 누군가의 소비가 다른 사람의 소비 가능성을 줄어들게 하지 않는다는 것을 뜻한다. 예컨대 10개의 사탕이 있는데 내가 8개를 먹어 버리면 다른 사람이 그 사탕을 소비할 가능성은 그만큼 줄어들게 된다. 반면에 라디오 방송 서비스 같은 경우는 내가 그것을 이용한다고 해서 다른 사람의 소비 가능성이 줄어들게 되지 않는다는 점에서 비경합적이다.

재화나 용역이 비배제적으로 소비된다는 말은, 그것이 공급되었을 때 누군가 그 대가를 지불하지 않았다고 해서 그 사람이 그 재화나 용역을 소비하지 못하도록 배제할 수 없다는 것을 뜻한다. 이러한 의미에서 국방 서비스는 비배제적으로 소비된다. 정부가 국방 서비스를 제공받는 모든 국민에게 그 비용을 지불하도록 하는 정책을 채택했다고 하자. 이때 어떤 국민이 이런 정책에 불만을 표하며 비용 지불을 거부한다고 해도 정부는 그를 국방 서비스의 수혜에서 배제하기 어렵다. 설령 그를 구속하여 감옥에 가두더라도 그는 국방 서비스의 수혜자 범위에서 제외되지 않는다.

비경합적이고 비배제적인 방식으로 소비되는 재화와 용역의 생산과 배분이 시장에서 제대로 이루어질 수 있을까? 국방의 예를 이어 나가 보자. 대부분의 국민은 자신의 생명과 재산을 보호받고자 하는 욕구가 있고 국방 서비스에 대한 수요도 있기 마련이다. 그러나 만약 국방 서비스를 시장에서 생산하여 판매한다면, 경제적으로 합리적인 국민은 국방 서비스를 구매하지 않을 것이다. 왜냐하면 다른 이가 구매하는 국방 서비스에 자신도 무임승차할 수 있기 때문이다. 결과적으로 국방 서비스는 과소 생산되는 문제가 발생하고, 그 피해는 모든 국민에게 돌아가게 될 것이다. 따라서 이와 같은 유형의 재화나 용역을 사회적으로 필요한 만큼 생산하기 위해서는 국가가 개입해야 하기에 이런 재화나 용역에는 공공재라는 이름을 붙이는 것이다.

① 유료 공연에서 일정한 돈을 지불하지 않은 사람의 공연장 입장을 차단한다면, 그 공연은 배제적으로 소비될 수 있다.
② 국방 서비스를 소비하는 모든 국민에게 그 비용을 지불하도록 한다면, 그 서비스는 비경합적으로 소비될 수 없다.
③ 이용할 수 있는 수가 한정된 여객기 좌석은 경합적으로 소비될 수 있다.
④ 무임승차를 쉽게 방지할 수 없는 재화나 용역은 과소 생산될 수 있다.
⑤ 라디오 방송 서비스는 여러 사람이 비경합적으로 소비할 수 있다.

4 다음 글에서 알 수 있는 것은?

25 5급 공채 PSAT

사람은 태어나는 순간부터 일정한 정신적·신체적 능력을 갖추어 성년자가 되기 전까지는 타인의 도움을 필요로 한다. 이러한 도움을 양육이라고 하는데, 여기에는 의식주의 제공뿐 아니라 정신적·신체적으로 건강하게 성장하는 데 필요한 환경 조성과 교육 제공 등이 포함된다. 미성년자의 양육자는 대개 부모이지만 부 또는 모 중 한 사람일 수도 있다. 부모가 부부로서 함께 살아가는 동안에는 공동으로 양육한다. 즉 양육과 관련된 모든 문제는 부모가 협의하여 결정하는 것이다.

미성년 자녀가 있는 부부가 이혼하려면 양육비 지급 의무와 면접교섭권의 내용이 정해져야 한다. 부모가 이혼하여 따로 살게 되더라도 법적으로 공동양육을 유지할 수는 있지만 대개 부모 중 자녀와 함께 사는 사람이 양육자로 정해진다. 이처럼 이혼 후 자녀를 직접 양육하는 사람을 양육친이라고 하고, 자녀를 직접 양육하지 않게 되는 사람을 비양육친이라고 한다.

비양육친은 양육친에게 양육비를 지급할 의무를 지는 한편, 자녀와 연락하고 만나면서 친밀한 인간적 관계를 유지하기 위해 필요한 협력을 양육친에게 요구할 수 있는 권리인 면접교섭권을 가진다. 면접교섭권은 이혼을 계기로 비양육친에게 주어질 수 있는 권리이다. 부부가 이혼하더라도 부모와 자녀 사이의 특별하고 긴밀한 인간관계는 헌법에 보장되는 인격권의 보호 대상이기 때문이다.

면접교섭의 구체적인 내용은 양육친과 비양육친 사이의 합의로 정해지는 것이 원칙이다. 그러나 면접교섭권에 대해서도 가족법의 대원칙인 자녀의 복리 원칙이 적용되므로, 법원은 자녀의 복리를 위해 필요하다고 인정되면 직권으로 개입할 수 있다. 법원은 양육친과 비양육친 간의 합의가 성립되지 못한 경우는 물론, 합의된 내용이 자녀의 복리를 저해한다고 인정되는 경우에도 개입할 수 있다. 이때 법원은 직접 면접교섭의 내용을 결정하거나, 당사자의 합의로 정해진 면접교섭의 내용을 제한할 수 있다. 심지어 법원은 면접교섭을 완전히 금지할 수도 있다.

① 비양육친은 양육비를 지급해야 면접교섭권을 행사할 수 있다.
② 이혼 후에는 양육에 관한 사항을 협의하기 어려워 공동양육이 불가능하다.
③ 부모가 부부로서 함께 살아가는 동안에는 부모 모두에게 면접교섭권이 인정된다.
④ 면접교섭권은 비양육친의 인격권을 실현하기 위해 미성년 자녀의 인격권을 제한하는 것이다.
⑤ 비양육친이 자녀와 친밀한 인간적 관계를 유지하기 위해 요구한 권리에 관하여 양육친과 합의한 내용이라 하더라도 법원에 의해 제한될 수 있다.

[5-7] 다음 글을 읽고 물음에 답하시오.

국제법에서 일반적으로 조약은 국가나 국제기구들이 그들 사이에 지켜야 할 구체적인 권리와 의무를 명시적으로 합의하여 창출하는 규범이며, 국제 관습법은 조약 체결과 관계없이 국제사회 일반이 받아들여 지키고 있는 보편적인 규범이다. 반면에 경제 관련 국제기구에서 어떤 결정을 하였을 경우, 이 결정 사항 자체는 권고적 효력만 있을 뿐 법적 구속력은 없는 것이 일반적이다. 그런데 국제결제은행 산하의 바젤위원회가 결정한 BIS 비율 규제와 같은 것들이 비회원의 국가에서도 엄격히 준수되는 모습을 종종 보게 된다. 이처럼 일종의 규범적 성격이 나타나는 현실을 어떻게 이해할 지에 대한 논의가 있다. 이는 위반에 대한 제재를 통해 국제법의 효력을 확보하는 데 주안점을 두는 일반적 경향을 되돌아보게 한다. 곧 신뢰가 형성하는 구속력에 주목하는 것이다.

BIS 비율은 은행의 재무 건전성을 유지하는 데 필요한 최소한의 자기자본 비율을 설정하여 궁극적으로 예금자와 금융 시스템을 보호하기 위해 바젤위원회에서 도입한 것이다. 바젤위원회에서는 BIS 비율이 적어도 규제 비율인 8%는 되어야 한다는 기준을 제시하였다. 이에 대한 식은 다음과 같다.

$$\text{BIS 비율}(\%) = \frac{\text{자기자본}}{\text{위험가중자산}} \times 100 \geq 8(\%)$$

여기서 자기자본은 은행의 기본자본, 보완자본 및 단기후순위 채무의 합으로, 위험가중자산은 보유 자산에 각 자산의 신용위험에 대한 위험 가중치를 곱한 값들의 합으로 구하였다. 위험 가중치는 자산 유형별 신용 위험을 반영하는 것인데, OECD 국가의 국채는 0%, 회사채는 100%가 획일적으로 부여되었다. 이후 금융 자산의 가격 변동에 따른 시장 위험도 반영해야 한다는 요구가 커지자, 바젤위원회는 위험가중자산을 신용 위험에 따른 부분과 시장 위험에 따른 부분의 합으로 새로 정의하여 BIS 비율을 산출하도록 하였다. 신용 위험의 경우와 달리 시장 위험의 측정 방식은 감독 기관의 승인하에 은행의 선택에 따라 사용할 수 있게 하여 '바젤 I' 협약이 1996년에 완성되었다.

금융 혁신의 진전으로 '바젤 I' 협약의 한계가 드러나자 2004년에 '바젤 II' 협약이 도입되었다. 여기에서 BIS 비율의 위험가중자산은 신용 위험에 대한 위험 가중치에 자산의 유형과 신용도를 모두 고려하도록 수정되었다. 신용 위험의 측정 방식은 표준 모형이나 내부 모형 가운데 하나를 은행이 이용할 수 있게 되었다. 표준모형에서는 OECD 국가의 국채는 0%에서 150%까지, 회사채는 20%에서 150%까지 위험 가중치를 구분하여 신용도가 높을수록 낮게 부과한다. 예를 들어 실제 보유한 회사채가 100억 원인데 신용위험 가중치가 20%라면 위험가중자산에서 그 회사채는 20억 원으로 계산된다. 내부 모형은 은행이 선택한 위험 측정 방식을 감독 기관의 승인하에 그 은행이 사용할 수 있도록 하는 것이다. 또한 감독 기관은 필요시 위험가중자산에 대한 자기자본의 최저 비율이 규제 비율을 초과하도록 자국 은행에 요구할 수 있게 함으로써 자기자본의 경직된 기준을 보완하고자 했다.

최근에는 '바젤 III' 협약이 발표되면서 자기자본에서 단기후순위 채무가 제외되었다. 또한 위험가중자산에 대한 기본자본의 비율이 최소 6%가 되게 보완하여 자기자본의 손실 복원력을 강화하였다. 이처럼 새롭게 발표되는 바젤 협약은 이전 협약에 들어 있는 관련 기준을 개정하는 효과가 있다.

바젤 협약은 우리나라를 비롯한 수많은 국가에서 채택하여 제도화하고 있다. 현재 바젤위원회에는 28개국의 금융 당국들이 회원으로 가입되어 있으며, 우리 금융 당국은 2009년에 가입하였다. 하지만 우리나라는 가입하기 훨씬 전부터 BIS 비율을 도입하여 시행하였으며, 현행 법제에도 이것이 반영되어 있다. 바젤 기준을 따름으로써 은행이 믿을 만하다는 징표를 국제 금융 시장에 보여 주어야 했던 것이다. 재무 건전성을 의심받는 은행은 국제 금융 시장에 자리를 잡지 못하거나, 심하면 아예 발을 들이지 못할 수도 있다.

바젤위원회에서는 은행 감독 기준을 협의하여 제정한다. 그 헌장에서는 회원들에게 바젤 기준을 자국에 도입할 의무를 부과한다. 하지만 바젤위원회가 초국가적 감독 권한이 없으며 그의 결정도 법적 구속력이 없다는 것 또한 밝히고 있다. 바젤 기준은 100개가 넘는 국가가 채택하여 따른다. 이는 국제기구의 결정에 형식적으로 구속을 받지 않는 국가에서까지 자발적으로 받아들여 시행하고 있다는 것인데, 이런 현실을 말랑말랑한 법(soft law)의 모습이라 설명하기도 한다. 이때 조약이나 국제 관습법은 그에 대비하여 딱딱한 법(hard law)이라 부르게 된다. 바젤 기준도 장래에 딱딱하게 응고될지 모른다.

5 윗글의 내용 전개 방식으로 가장 적절한 것은?

① 특정한 국제적 기준의 내용과 그 변화 양상을 서술하며 국제사회에 작용하는 규범성을 설명하고 있다.
② 특정한 국제적 기준이 제정된 원인을 서술하며 국제 사회의 규범을 감독 권한의 발생 원인에 따라 분류하고 있다.
③ 특정한 국제적 기준의 필요성을 서술하며 국제 사회에 수용되는 규범의 필요성을 상반된 관점에서 논증하고 있다.
④ 특정한 국제적 기준과 관련된 국내법의 특징을 서술하며 국제사회에 받아들여지는 규범의 장단점을 설명하고 있다.
⑤ 특정한 국제적 기준의 설정 주체가 바뀐 사례를 서술하며 국제사회에서 규범 설정 주체가 지닌 특징을 분석하고 있다.

6 윗글에서 알 수 있는 내용으로 적절하지 <u>않은</u> 것은?

① 조약은 체결한 국가들에 대하여 권리와 의무를 부과하는 것이 원칙이다.
② 새로운 바젤 협약이 발표되면 기존 바젤 협약에서의 기준이 변경되는 경우가 있다.
③ 딱딱한 법에서는 일반적으로 제재보다는 신뢰로써 법적 구속력을 확보하는 데 주안점이 있다.
④ 국제기구의 결정을 지키지 않을 때 입게 될 불이익은 그 결정이 준수되도록 하는 역할을 한다.
⑤ 세계 각국에서 바젤 기준을 법제화하는 것은 자국 은행의 재무 건전성을 대외적으로 인정받기 위해서이다.

7 <u>BIS 비율</u>에 대한 이해로 가장 적절한 것은?

① 바젤 I 협약에 따르면, 보유하고 있는 회사채의 신용도가 낮아질 경우 BIS 비율은 낮아지는 경향이 있다.
② 바젤 II 협약에 따르면, 각국의 은행들이 준수해야 하는 위험가중자산 대비 자기자본의 최저 비율은 동일하다.
③ 바젤 II 협약에 따르면, 보유하고 있는 OECD 국가의 국채를 매각한 뒤 이를 회사채에 투자한다면 BIS 비율은 항상 높아진다.
④ 바젤 II 협약에 따르면, 시장 위험의 경우와 마찬가지로 감독 기관의 승인하에 은행이 선택하여 사용할 수 있는 신용 위험의 측정 방식이 있다.
⑤ 바젤 III 협약에 따르면, 위험가중자산 대비 보완자본이 최소 2%는 되어야 보완된 BIS 비율 규제를 은행이 준수할 수 있다.

DAY 20 설명문 ⑩

- 풀이 시간: /10분
- 맞은 문제: /6문제

1 다음 글의 내용과 부합하는 것은?

20 5급 공채 PSAT

> 미국의 건축물 화재안전 관리체제는 크게 시설계획기준을 제시하는 건축모범규준과 특정 시설의 화재안전평가 및 대안설계안을 결정하는 화재안전평가제 그리고 기존 건축물의 화재위험도를 평가하는 화재위험도평가제로 구분된다. 건축모범규준과 화재안전평가제는 건축물의 계획 및 시공단계에서 설계지침으로 적용되며, 화재위험도평가제는 기존 건축물의 유지 및 관리단계에서 화재위험도 관리를 위해 활용된다. 우리나라는 정부가 화재안전 관리체제를 마련하고 시행하는 데 반해 미국은 공신력 있는 민간기관이 화재 관련 모범규준이나 평가제를 개발하고 주 정부가 주 상황에 따라 특정 제도를 선택하여 운영하고 있다.
> 건축모범규준은 미국화재예방협회에서 개발한 것이 가장 널리 활용되는데 3년마다 개정안이 마련된다. 특정 주요 기준은 대부분의 주가 최근 개정안을 적용하지만, 그 외의 기준은 개정되기 전 규준의 기준을 적용하는 경우도 있다. 역시 미국화재예방협회가 개발하여 미국에서 가장 널리 활용되는 화재안전평가제는 공공안전성이 강조되는 의료, 교정, 숙박, 요양 및 교육시설 등 5개 용도시설에 대해 화재안전성을 평가하고 대안설계안의 인정 여부를 결정함에 목적이 있다. 5개 용도시설을 제외한 건축물의 경우에는 건축모범규준의 적용이 권고된다. 화재위험도평가제는 기존 건축물에 대한 데이터를 수집하여 화재안전을 효율적으로 평가·관리함에 목적이 있다. 이 중에서 뉴욕주 소방청의 화재위험도평가제는 공공데이터 공유 플랫폼을 이용하여 수집된 주 내의 모든 정부 기관의 정보를 평가자료로 활용한다.

① 건축모범규준이나 화재안전평가제에 따르면 공공안전성이 강조되는 건물에는 특정 주요 기준이 강제적으로 적용되고 있다.
② 건축모범규준, 화재안전평가제, 화재위험도평가제 모두 건축물의 설계·시공단계에서 화재안전을 확보하는 수단이다.
③ 건축모범규준을 적용하여 건축물을 신축하는 경우 반드시 가장 최근에 개정된 기준에 따라야 한다.
④ 미국에서는 민간기관인 미국화재예방협회가 건축모범규준과 화재안전평가제를 개발·운영하고 있다.
⑤ 뉴욕주 소방청은 화재위험도평가에 타 기관에서 수집한 정보를 활용한다.

2 다음 글에서 추론할 수 있는 것만을 <보기>에서 모두 고르면?

25 5급 공채 PSAT

사람의 폐는 한쪽 끝만 열려 있는 주머니 형태로 되어 있다. 이 때문에 폐에서 공기는 항상 일정하게 한 방향으로 흐르지 못하고 기도를 통해 들어오고 나갈 수밖에 없다. 이때 폐나 기도에 있는 공기를 완전히 비울 수 없으므로 언제나 폐나 기도에 공기가 남게 된다. 숨을 쉬는 동안 교환되는 공기량은 들이마시고 내쉬는 공기량을 측정하는 장치인 폐활량계로 직접 측정할 수 있지만, 폐나 기도에 남아 있는 공기량은 직접 측정할 수 없어 간접적인 방법을 이용해야 한다.

한편, 호흡 중 폐와 기도에 수용되는 공기량은 크게 네 종류로 나뉠 수 있다. 휴식 시 사람이 한 번 숨 쉴 때 들어오는 공기량과 나가는 공기량은 같다. 이때, 들이마시거나 내쉬는 공기량을 1회 호흡량이라고 한다. 우리는 의식적으로 공기를 1회 호흡량보다 더 들이마실 수 있는데, 최대로 공기를 들이마실 때 1회 호흡량에서 추가로 늘어나는 공기량을 흡식예비용량이라고 한다. 이와 반대로 의식적으로 공기를 1회 호흡량보다 더 내쉴 수 있는데, 최대로 공기를 내쉴 때 1회 호흡량에서 추가로 나가는 공기량을 호식예비용량이라고 한다. 공기를 최대한 내쉬고도 일부 공기는 여전히 폐와 기도에 남아 있는데 이 공기량을 잔기량이라고 한다. 다시 말해서 휴식 시 호흡 중에 1회 호흡량을 내쉬었을 때 폐와 기도에 남아 있는 공기량은 호식예비용량과 잔기량의 합이다.

이 네 종류의 공기량 중 두 가지 이상의 공기량의 합을 폐용량이라고 한다. 폐용량에는 여러 종류가 있다. 흡식예비용량, 호식예비용량, 1회 호흡량을 모두 합친 것을 폐활량이라고 한다. 폐활량과 잔기량을 합친 것은 전폐용량이라고 하며 1회 호흡량과 흡식예비용량을 합친 것은 흡식용량이라고 한다. 또한 호식예비용량과 잔기량을 합친 것은 기능적 잔기용량이라고 한다.

─<보 기>─

ㄱ. 전폐용량은 폐활량계로 직접 측정할 수 없다.
ㄴ. 폐용량을 크기가 큰 것부터 차례로 나열하면 전폐용량, 폐활량, 기능적 잔기용량, 흡식용량이다.
ㄷ. 공기를 최대한 들이마신 상태에서 폐와 기도 내에 들어 있는 공기량은 폐활량보다 크다.

① ㄱ   ② ㄴ   ③ ㄱ, ㄷ   ④ ㄴ, ㄷ   ⑤ ㄱ, ㄴ, ㄷ

3 다음 글에서 알 수 있는 것은?

25 5급 공채 PSAT

이라크 남부의 우루크 지방에서 발굴된 수메르 유적은 놀라울 정도의 체계를 갖춘 회계 자료를 포함하고 있다. B.C.8000년경부터 B.C.2000년경까지 약 6,000년에 걸쳐 누적된 유적에서 다양한 진흙 토큰이 담긴 진흙 용기가 대량으로 출토되었다. 여기서 토큰은 대추야자, 보리, 양, 염소, 오리, 사람, 수공업 제품 및 서비스 등과 같은 다양한 재화와 서비스를 각각 상징하는 작은 형상물로 진흙을 구워 만든 것이다. 이 토큰을 담은 용기 역시 진흙을 구워 만들었고 항아리 모양이었다.

이 유물들은 당시 상인 또는 재산관리인의 상거래 기록을 나타낸 것이다. 진흙 용기는 채권자 또는 채무자를 의미하고, 그 용기 속에 포함된 토큰은 채권이나 채무를 의미한다. 약 6,000년에 걸쳐 분포된 이 회계 유물을 쐐기문자의 도입 시기인 B.C.3250년경을 기준으로 전후 시기를 나누어 분석한 결과, 시기별로 차이를 보인다. 이전 시기의 토큰과 용기는 형태나 색상, 사용 방식이 단순하고 엉성했다. 이후 시기에는 토큰의 형태나 색상이 훨씬 다양해지고, 토큰들을 실로 연결한 꾸러미가 사용되기도 하고, 용기 속에 담겨 있는 토큰의 총 개수를 용기 외벽에 표시하는 등 복잡하고 정교해졌다.

수메르인은 거래가 발생하면 용기 속에 토큰을 넣어 보관하는 방식으로 거래를 기록했다. 기본적인 거래 기록 방식을 살펴보자. 가령 채권자 A가 채무자 B에게 보리 25단위를 빌려주고 이자로 보리 3단위를 받기로 계약했다. 이때 A는 용기 속에 보리 1단위를 의미하는 같은 토큰을 28개 넣은 다음 밀봉하여 보관하였다. 상환 시점이 되면 A는 B가 보는 앞에서 밀봉한 용기를 깨뜨려 약속한 원금과 이자를 받았다.

상거래를 많이 하던 상인이나 기업에서는 토큰과 용기를 회계장부처럼 사용하였다. 가령 상인 C가 5명의 고객에게 재화를 빌려주고, 다른 5명의 고객에게 재화를 빌렸다고 가정해 보자. C는 이 거래 상황을 기록하기 위해 10개의 용기 속에 각 거래 내역에 해당하는 토큰을 넣어 두었다. 채무자와 채권자를 쉽게 식별하기 위해 전자의 5개 용기에는 빨간색, 후자의 5개 용기에는 파란색 실을 둘러 표시하였다. 이 용기들은 인명 계정으로 각각 고객별 채권·채무 사항을 기록한 것이다.

① 수메르인은 상거래 규모가 증대함에 따라 재화만 표시하던 토큰을 서비스를 표시하는 데에도 사용하였다.
② 수메르에서 B.C.2000년경 이전에는 진흙 토큰과 용기로, 그 이후로는 쐐기문자로 상거래 기록을 하였다.
③ 수메르인은 쐐기문자를 도입하기 전부터 실로 묶은 토큰 꾸러미를 사용하여 채권이나 채무를 표시하였다.
④ A와 B 사이의 거래 내역을 담고 있는 용기를 깨뜨려 보면 원금과 이자의 총합을 확인할 수 있었다.
⑤ C가 용기에 둘러놓은 실의 색에 따라 그 용기에 담겨 있는 토큰의 형태나 색깔이 달랐다.

4 다음 글에서 알 수 <u>없는</u> 것은?

22 민경채 PSAT

'계획적 진부화'는 의도적으로 수명이 짧은 제품이나 서비스를 생산함으로써 소비자들이 새로운 제품을 구매하도록 유도하는 마케팅 전략 중 하나이다. 여기에는 단순히 부품만 교체하는 것이 가능함에도 불구하고 새로운 제품을 구매하도록 유도하는 것도 포함된다.

계획적 진부화의 이유는 무엇일까? 첫째, 기업이 기존 제품의 가격을 인상하기 곤란한 경우, 신제품을 출시한 뒤 여기에 인상된 가격을 매길 수 있기 때문이다. 특히 제품의 기능은 거의 변함없이 디자인만 약간 개선한 신제품을 내놓고 가격을 인상하는 경우도 쉽게 볼 수 있다. 둘째, 중고품 시장에서 거래되는 기존 제품과의 경쟁을 피할 수 있기 때문이다. 자동차처럼 사용 기간이 긴 제품의 경우, 기업은 동일 유형의 제품을 팔고 있는 중고품 판매 업체와 경쟁해야만 한다. 그러나 기업이 새로운 제품을 출시하면, 중고품 시장에서 판매되는 기존 제품은 진부화되고 그 경쟁력도 하락한다. 셋째, 소비자들의 취향이 급속히 변화하는 상황에서 계획적 진부화로 소비자들의 만족도를 높일 수 있기 때문이다. 전통적으로 제품의 사용 기간을 결정짓는 요인은 기능적 특성이나 노후화·손상 등 물리적 특성이 주를 이루었지만, 최근에는 심리적 특성에도 많은 영향을 받고 있다. 이처럼 소비자들의 요구가 다양해지고 그 변화 속도도 빨라지고 있어, 기업들은 이에 대응하기 위해 계획적 진부화를 수행하기도 한다.

기업들은 계획적 진부화를 통해 매출을 확대하고 이익을 늘릴 수 있다. 기존 제품이 사용 가능한 상황에서도 신제품에 대한 소비자들의 수요를 자극하면 구매 의사가 커지기 때문이다. 반면, 기존 제품을 사용하는 소비자 입장에서는 크게 다를 것 없는 신제품 구입으로 불필요한 지출과 실질적인 손실이 발생할 수 있다는 점에서 계획적 진부화는 부정적으로 인식된다. 또한 환경이나 생태를 고려하는 거시적 관점에서도, 계획적 진부화는 소비자들에게 제공하는 가치에 비해 에너지나 자원의 낭비가 심하다는 비판을 받고 있다.

① 계획적 진부화로 소비자들은 불필요한 지출을 할 수 있다.
② 계획적 진부화는 기존 제품과 동일한 중고품의 경쟁력을 높인다.
③ 계획적 진부화는 소비자들의 요구에 대응하기 위하여 수행되기도 한다.
④ 계획적 진부화를 통해 기업은 기존 제품보다 비싼 신제품을 출시할 수 있다.
⑤ 계획적 진부화로 인하여 제품의 실제 사용 기간은 물리적으로 사용 가능한 수명보다 짧아질 수 있다.

[5-6] 다음 글을 읽고 물음에 답하시오.

20 평가원 6월 모평

  우리는 한 대의 자동차는 개체라고 하지만, 바닷물을 개체라고 하지는 않는다. 어떤 부분들이 모여 하나의 개체를 이룬다고 할 때 이를 개체라고 부를 수 있는 조건은 무엇일까? 일단 부분들 사이의 유사성은 개체성의 조건이 될 수 없다. 가령 일란성 쌍둥이인 두 사람은 DNA 염기 서열과 외모도 같지만 동일한 개체는 아니다. 그래서 부분들의 강한 유기적 상호작용이 그 조건으로 흔히 제시된다. 하나의 개체를 구성하는 부분들은 외부 존재가 개체에 영향을 주는 것과는 비교할 수 없이 강한 방식으로 서로 영향을 주고받는다.

  상이한 시기에 존재하는 두 대상을 동일한 개체로 판단하는 조건도 물을 수 있다. 그것은 두 대상 사이의 인과성이다. 과거의 '나'와 현재의 '나'를 동일하다고 볼 수 있는 것은 강한 인과성이 존재하기 때문이다. 과거의 '나'와 현재의 '나'는 세포 분열로 세포가 교체되는 과정을 통해 인과적으로 연결되어 있다. 또 '나'가 세포 분열을 통해 새로운 개체를 생성할 때도 '나'와 '나의 후손'은 인과적으로 연결되어 있다. 비록 '나'와 '나의 후손'은 동일한 개체는 아니지만 '나'와 다른 개체들 사이에 비해 더 강한 인과성으로 연결되어 있다.

  개체성에 대한 이러한 철학적 질문은 생물학에서도 중요한 연구 주제가 된다. 생명체를 구성하는 단위는 세포이다. 세포는 생명체의 고유한 유전 정보가 담긴 DNA를 가지며 이를 복제하여 증식하고 번식하는 과정을 통해 자신의 DNA를 후세에 전달한다. 세포는 사람과 같은 진핵생물의 진핵세포와, 박테리아나 고세균과 같은 원핵생물의 원핵세포로 구분된다. 진핵세포는 세포질에 막으로 둘러싸인 핵이 있고 그 안에 DNA가 있지만, 원핵세포는 핵이 없다. 또한 진핵세포의 세포질에는 막으로 둘러싸인 여러 종류의 세포 소기관이 있으며, 그중 미토콘드리아는 세포 활동에 필요한 생체 에너지를 생산하는 기관이다. 대부분의 진핵세포는 미토콘드리아를 필수적으로 가지고 있다.

  이러한 미토콘드리아가 원래 박테리아의 한 종류인 원생미토콘드리아였다는 이론이 20세기 초에 제기되었다. 공생발생설 또는 세포 내 공생설이라고 불리는 이 이론에서는 두 원핵생물 간의 공생 관계가 지속되면서 진핵세포를 가진 진핵생물이 탄생했다고 설명한다. 공생은 서로 다른 생명체가 함께 살아가는 것을 말하며, 서로 다른 생명체를 가정하는 것은 어느 생명체의 세포 안에서 다른 생명체가 공생하는 '내부 공생'에서도 마찬가지이다. 공생발생설은 한동안 생물학계로부터 인정받지 못했다. 미토콘드리아의 기능과 대략적인 구조, 그리고 생명체 간 내부 공생의 사례는 이미 알려졌지만 미토콘드리아가 과거에 독립된 생명체였다는 것을 쉽게 믿을 수 없었기 때문이었다. 그리고 한 생명체가 세대를 이어 가는 과정 중에 돌연변이와 자연선택이 일어나고, 이로 인해 종이 진화하고 분화한다고 보는 전통적인 유전학에서 두 원핵생물의 결합은 주목받지 못했다. 그러다가 전자 현미경의 등장으로 미토콘드리아의 내부까지 세밀히 관찰하게 되고, 미토콘드리아 안에는 세포핵의 DNA와는 다른 DNA가 있으며 단백질을 합성하는 자신만의 리보솜을 가지고 있다는 사실이 밝혀지면서 공생발생설이 새롭게 부각되었다.

  공생발생설에 따르면 진핵생물은 원생미토콘드리아가 고세균의 세포 안에서 내부 공생을 하다가 탄생했다고 본다. 고세균의 핵의 형성과 내부 공생의 시작 중 어느 것이 먼저인지에 대해서는 논란이 있지만, 고세균은 세포질에 핵이 생겨 진핵세포가 되고 원생미토콘드리아는 세포 소기관인 미토콘드리아가 되어 진핵생물이 탄생했다는 것이다. 미토콘드리아가 원래 박테리아의 한 종류였다는 근거는 여러 가지가 있다. 박테리아와 마찬가지로 새로운 미토콘드리아는 이미 존재하는 미토콘드리아의 '이분 분열'을 통해서만 만들어진다. 미토콘드리아의 막에는 진핵세포막의 수송 단백질과는 다른 종류의 수송 단백질인 포린이 존재하고 박테리아의 세포막에 있는 카디오리핀이 존재한다. 또 미토콘드리아의 리보솜은 진핵세포의 리보솜보다 박테리아의 리보솜과 더 유사하다.

  미토콘드리아는 여전히 고유한 DNA를 가진 채 복제와 증식이 이루어지는데도, 미토콘드리아와 진핵세포 사이의 관계를 공생 관계로 보지 않는 이유는 무엇일까? 두 생명체가 서로 떨어져서 살 수 없더라도 각자의 개체성을 잃을 정도로 유기적 상호작용이 강하지 않다면 그 둘은 공생 관계에 있다고 보는데, 미토콘드리아와 진핵세포 간의 유기적 상호작용은 둘을 다른 개체로 볼 수 없을 만큼 매우 강하기 때문이다. 미토콘드리아가 개체성을 잃고 세포 소기관이 되었다고 보는 근거는, 진핵세포가 미토콘드리아의 증식을 조절하고, 자신을 복제하여 증식할 때 미토콘드리아도 함께 복제하여 증식시킨다는 것이다. 또한 미토콘드리아의 유전자의 많은 부분이 세포핵의 DNA로 옮겨 가 미토콘드리아의 DNA 길이가 현저히 짧아졌다는 것이다. 미토콘드리아에서 일어나는 대사 과정에 필요한 단백질은 세포핵의 DNA로부터 합성되고, 미토콘드리아의 DNA에 남은 유전자 대부분은 생체 에너지를 생산하는 역할을 한다. 예컨대 사람의 미토콘드리아는 37개의 유전자만 있을 정도로 DNA 길이가 짧다.

5 윗글의 내용 전개 방식으로 가장 적절한 것은?

① 개체성과 관련된 예를 제시한 후 공생발생설에 대한 다양한 견해를 비교하고 있다.
② 개체에 대한 정의를 제시한 후 세포의 생물학적 개념이 확립되는 과정을 서술하고 있다.
③ 개체성의 조건을 제시한 후 세포 소기관의 개체성에 대해 공생발생설을 중심으로 설명하고 있다.
④ 개체의 유형을 분류한 후 세포의 소기관이 분화되는 과정을 공생발생설을 중심으로 설명하고 있다.
⑤ 개체와 관련된 개념들을 설명한 후 세포가 하나의 개체로 변화하는 과정을 인과적으로 서술하고 있다.

6 윗글에서 알 수 있는 내용으로 적절하지 않은 것은?

① 유사성은 아무리 강하더라도 개체성의 조건이 될 수 없다.
② 바닷물을 개체라고 말하기 어려운 이유는 유기적 상호작용이 약하기 때문이다.
③ 새로운 미토콘드리아를 복제하기 위해서는 세포 안에 미토콘드리아가 반드시 있어야 한다.
④ 미토콘드리아의 대사 과정에 필요한 단백질은 미토콘드리아의 막을 통과하여 세포질로 이동해야 한다.
⑤ 진핵세포가 되기 전의 고세균이 원생미토콘드리아보다 진핵세포와 더 강한 인과성으로 연결되어 있다.

DAY 21 논설문 ①

- 풀이 시간: /10분
- 맞은 문제: /6문제

1 다음 글의 핵심 논지로 가장 적절한 것은? 23 7급 공채 PSAT

지방분권화 시대를 맞아 지역의 균형 발전과 경제 활성화를 함께 도모할 수 있는 방안으로 지역문화콘텐츠의 역할이 강조되고 있다. 이와 관련하여 생태환경, 문화재, 유적지 등의 지역 자원을 이용해 지역에 생명을 불어넣고 지역의 특화된 가치를 창출하는 사례가 늘고 있다. 지역문화콘텐츠의 성공은 지역 산업의 동력이 될 뿐 아니라 지역민의 문화향유권 확장에 이바지한다는 점에서도 주목할 만하다.

그러나 지역문화콘텐츠의 전망이 밝기만 한 것은 아니다. 지역 내부의 문제로 우수한 문화자원이 빛을 보지 못하거나 특정 축제를 서로 자기 지역에 유치하기 위한 과잉 경쟁으로 지방자치단체가 몸살을 앓기도 한다. 또한, 불필요한 시설과 인프라 구축, 유사한 콘텐츠의 양산 및 미흡한 활용 등의 문제로 지역 예산을 헛되이 낭비한 사례도 적지 않다.

이러한 문제들이 많아지자, ○○부는 유사·중복 축제 행사를 통폐합하는 지방재정법 시행령과 심사 규칙 개정안을 내놓았다. 이 개정안은 특색 없는 콘텐츠를 정리하고 경쟁력 있는 콘텐츠 개발을 장려하는 것이 주목적이다. 하지만 이러한 방식만으로는 지역문화콘텐츠의 성공을 기대하기 어렵다.

그동안 지역문화 정책과 사업이 새로운 콘텐츠를 발굴·제작하는 데만 주력해 온 탓에 향유의 지속성 측면을 고려하지 못했다. 이로 인해, 관련 사업은 일부 향유자만을 대상으로 하거나 단발적인 제작 지원에 그쳐 지역민의 문화자원 향유가 지속되는 데 어려움이 있었다. 향유자에 초점을 둔 실효성 있는 정책을 실현하려면, 향유의 지속성까지 염두에 두어야 한다. 콘텐츠와 향유자를 잇고, 향유자의 향유 경험을 지속시킬 때 콘텐츠는 영속할 수 있다. 향유자에 의한 콘텐츠의 공유와 확산이 활발하게 이루어지는 향유, 아울러 향유자가 콘텐츠의 소비·매개·재생산의 주체가 되는 향유를 위한 방안이 개발되어야 한다. 이러한 방안을 통해 이미 만들어진 우수한 지역문화콘텐츠의 생명력을 연장하고 콘텐츠 향유의 활성화를 꾀할 수 있다.

① 중앙정부와 지방자치단체의 협력을 통해 지역문화콘텐츠의 경쟁력을 강화해야 한다.
② 새로운 콘텐츠의 발굴과 제작을 통해 지역문화콘텐츠의 생명력을 연장하고 활성화해야 한다.
③ 지역문화콘텐츠를 향유자와 연결하고 향유자의 향유 경험을 지속하게 할 방안을 마련해야 한다.
④ 지역문화콘텐츠 향유자 스스로 자신이 콘텐츠의 소비·매개·재생산의 주체임을 인식해야 한다.
⑤ 지역문화콘텐츠가 지역 산업의 발전과 지역민의 문화 향유 기회 확대에 기여할 수 있도록 중앙정부의 경제적 지원이 증대되어야 한다.

2 다음 글의 ㉠에 대한 평가로 적절한 것만을 <보기>에서 모두 고르면?

20 5급 공채 PSAT

지금까지 알려진 적이 없는 어느 부족의 언어를 최초로 번역해야 하는 번역자 S를 가정하자. S가 사용할 수 있는 자료는 부족민들의 언어 행동에 관한 관찰 증거뿐이다. S는 부족민들의 말을 듣던 중에 여러 번 '가바가이'라는 말소리를 알아들었는데, 그때마다 항상 눈앞에 토끼가 있다는 사실을 관찰했다. 이에 S는 '가바가이'를 하나의 단어로 추정하면서 그에 대한 몇 가지 가능한 번역어를 생각했다. 그것은 '한 마리의 토끼'라거나 '살아있는 토끼' 등 여러 상이한 의미로 번역될 수 있었다. 관찰 가능한 증거들은 이런 번역 모두와 어울렸기 때문에 S는 어느 번역이 옳은지 결정할 수 없었다.

이 문제를 해결하는 방안으로 제시된 ㉠ 이론 A는 전체의 의미로부터 그 구성요소의 의미를 결정하고자 한다. 즉, 문제의 단어를 포함하는 문장들을 충분히 모아 각 문장의 의미를 확정한 후에 이것을 기반으로 각 문장의 구성요소에 해당하는 단어의 의미를 결정하려는 것이다. 이런 점은 과학에서 단어의 의미를 확정하는 사례를 통해서 분명하게 드러난다. 예를 들어, '분자'의 의미는 "기체의 온도는 기체를 구성하는 분자들의 충돌에 의한 것이다."와 같은 문장들의 의미를 확정함으로써 결정할 수 있다. 그리고 이 문장들의 의미는 수많은 문장들로 구성된 과학 이론 속에서 결정될 것이다. 결국 과학의 단어가 지니는 의미는 과학 이론에 의존하게 되는 것이다.

<보 기>

ㄱ. "고래는 포유류이다."의 의미를 확정하기 위해서는 먼저 '포유류'의 의미를 결정해야 한다는 점은 ㉠을 강화한다.

ㄴ. 뉴턴 역학에서 사용되는 '힘'이라는 단어의 의미가 뉴턴 역학에 의거하여 결정될 수 있다는 점은 ㉠을 강화한다.

ㄷ. 토끼와 같은 일상적인 단어는 언어 행위에 대한 직접적인 관찰 증거만으로 그 의미를 결정할 수 있다는 점은 ㉠을 약화한다.

① ㄱ   ② ㄴ   ③ ㄱ, ㄷ   ④ ㄴ, ㄷ   ⑤ ㄱ, ㄴ, ㄷ

3 다음 글의 논증을 약화하는 것으로 가장 적절한 것은?

18 5급 공채 PSAT

> 과학 연구는 많은 자원을 소비하지만 과학 연구에 사용할 수 있는 자원은 제한되어 있다. 따라서 우리는 제한된 자원을 서로 경쟁적인 관계에 있는 연구 프로그램들에 어떻게 배분하는 것이 옳은가라는 물음에 직면한다. 이 물음에 관해 생각해 보기 위해 상충하는 두 연구 프로그램 A와 B가 있다고 해보자. 현재로서는 A가 B보다 유망해 보이지만 어떤 것이 최종적으로 성공하게 될지 아직 아무도 모른다. 양자의 관계를 고려하면, A가 성공하고 B가 실패하거나, A가 실패하고 B가 성공하거나, 아니면 둘 다 실패하거나 셋 중 하나이다. 합리적 관점에서 보면 A와 B가 모두 작동할 수 있을 정도로, 그리고 그것들이 매달리고 있는 문제가 해결될 확률을 극대화하는 방향으로 자원을 배분해야 한다. 그렇게 하려면 자원을 어떻게 배분해야 할까?
>
> 이 물음에 답하려면 구체적인 사항들에 대한 세세한 정보가 필요하겠지만, 한쪽에 모든 자원을 투입하고 다른 쪽에는 아무것도 배분하지 않는 것은 어떤 경우에도 현명한 방법이 아니다. 심지어 A가 B보다 훨씬 유망해 보이는 경우라도 A만 선택하여 지원하는 '선택과 집중' 전략보다는 '나누어 걸기' 전략이 더 바람직하다. 이유는 간단하다. 현재 유망한 연구 프로그램이 쇠락의 길을 걷게 될 수도 있고 반대로 현재 성과가 미미한 연구 프로그램이 얼마 뒤 눈부신 성공을 거둘 가능성이 있기 때문이다. 따라서 현명한 사회에서는 대부분의 자원을 A에 배분하더라도 적어도 어느 정도의 자원은 B에 배분할 것이다. 다른 조건이 동일하다고 가정하면, 현재 시점에서 평가된 각 연구 프로그램의 성공 확률에 비례하는 방식으로 자원을 배분하는 것이 합리적일 것이다. 이런 원칙은 한 영역에 셋 이상 다수의 상충하는 연구 프로그램이 경쟁하고 있는 경우에도 똑같이 적용될 수 있다. 물론 적절한 주기로 연구 프로그램을 평가하여 자원 배분의 비율을 조정하는 일은 잊지 않아야 한다.

① '선택과 집중' 전략은 기업의 투자 전략으로 바람직하지 않다.
② 연구 프로그램들에 대한 현재의 비교 평가 결과는 몇 년 안에 확연히 달라질 수도 있다.
③ 상충하는 연구 프로그램들이 모두 작동하기 위해서는 배분 가능한 것 이상의 자원이 필요한 경우가 발생할 수 있다.
④ 연구 프로그램이 아무리 많다고 하더라도 그것들 중에 최종적으로 성공하게 되는 것이 하나도 없을 가능성이 존재한다.
⑤ 과학 연구에 투입되는 자원의 배분은 사회의 성패와 관련된 것이므로 한 사람이나 몇몇 사람의 생각으로 결정해서는 안 된다.

4 다음 글의 논증을 약화하는 것만을 <보기>에서 모두 고르면? 18 5급 공채 PSAT

나는 계통수 가설을 지지한다. 그것은 모든 유기체들이 같은 기원을 갖는다고 말한다. 지구상의 식물과 동물이 공통의 조상을 갖는다고 생각하는 이유는 무엇인가?

이 물음에 답하는 데 사용되는 표준 증거는 유전 암호가 보편적이라는 점이다. DNA 암호를 전사 받은 메신저 RNA는 뉴클레오타이드 3개가 코돈을 이루고 하나의 코돈이 하나의 아미노산의 유전 정보를 지정한다. 예를 들어 코돈 UUU는 페닐알라닌의 정보를, 코돈 AUA는 아이소류신의 정보를, 코돈 GCU는 알라닌의 정보를 지정한다. 각각의 아미노산의 정보를 지정하기 위해 사용되는 암호는 모든 생명체에서 동일하다. 이것은 모든 지상의 생명체가 연결되어 있다는 증거이다.

생물학자들은 유전 암호가 임의적이어서 어떤 코돈이 특정한 아미노산의 정보를 지정해야 할 기능적인 이유가 없다고 한다. 우리가 관찰하는 유전 암호가 가장 기능적으로 우수한 물리적 가능성을 갖는다면 모든 생물 종들이 각각 별도의 기원들을 갖고 있다고 하더라도 그 암호를 사용했으리라고 기대할 것이다. 그러나 유전 암호가 임의적인데도 그것이 보편적이라는 사실은 모든 생명이 공통의 기원을 갖는다는 가설을 옹호한다.

왜 언어학자들은 상이한 인간 언어들이 서로 이어져 있다고 믿는지 생각해 보자. 모든 언어가 수에 해당하는 단어를 포함한다는 사실은 그 언어들이 공통의 기원을 갖는다는 증거가 될 수 없다. 숫자는 명백한 기능적 효용성을 갖기 때문이다. 반면에 몇 종류의 언어들이 수에 비슷한 이름을 부여하고 있다는 사실은 놀라운 증거가 된다. 가령, 2를 의미하는 프랑스어 단어는 'deux', 이탈리아어 단어는 'due', 스페인어 단어는 'dos'로 유사하다. 수에 대한 이름들은 임의적으로 선택되기 때문에 이런 단어들의 유사성은 이 언어들이 공통의 기원을 갖는다는 강력한 증거가 된다. 이렇게 적응으로 생겨난 유사성과 달리 임의적 유사성은 생명체가 공통의 조상을 가지고 있다는 강력한 증거가 된다.

─ <보 기> ─

ㄱ. UUU가 페닐알라닌이 아닌 다른 아미노산의 정보를 지정하는 것이 기능적으로 불가능한 이유가 있다.
ㄴ. 사람은 유아기에 엄마가 꼭 필요하기 때문에 엄마를 의미하는 유아어가 모든 언어에서 발견된다.
ㄷ. 코돈을 이루는 뉴클레오타이드가 4개인 것이 3개인 것보다 기능이 우수하다.

① ㄱ   ② ㄴ   ③ ㄱ, ㄷ   ④ ㄴ, ㄷ   ⑤ ㄱ, ㄴ, ㄷ

5 다음 ㉠과 ㉡에 들어갈 말을 가장 적절하게 나열한 것은?

18 5급 공채 PSAT

우주론자들에 따르면 우주는 빅뱅으로부터 시작되었다고 한다. 빅뱅이란 엄청난 에너지를 가진 아주 작은 우주가 폭발하듯 갑자기 생겨난 사건을 말한다. 그게 사실이라면 빅뱅 이전에는 무엇이 있었느냐는 질문이 나오는 게 당연하다. 아마 아무것도 없었을 것이다. 하지만 빅뱅 이전에 아무것도 없었다는 말은 무슨 뜻일까? 영겁의 시간 동안 단지 진공이었다는 뜻이다. 움직이는 것도, 변화하는 것도 없었다는 것이다.

그런데 이런 식으로 사고하려면, 아무 일도 일어나지 않고 시간만 존재하는 것을 상상할 수 있어야 한다. 그것은 곧 시간을 일종의 그릇처럼 상상하고 그 그릇 안에 담긴 것과 무관하게 여긴다는 뜻이다. 시간을 이렇게 본다면 변화는 일어날 수 없다. 여기서 변화는 시간의 경과가 아니라 사물의 변화를 가리킨다. 이런 전제하에서 우리가 마주하는 문제는 이것이다. 어떤 변화가 생겨나기도 전에 영겁의 시간이 있었다면, (㉠) 설명할 수 없다. 단지 지금 설명할 수 없다는 뜻이 아니라 설명 자체가 있을 수 없다는 뜻이다. 어떻게 설명이 가능하겠는가? 수도관이 터진 이유는 그 전에 닥쳐온 추위로 설명할 수 있다. 공룡이 멸종한 이유는 그 전에 지구와 운석이 충돌했을 가능성으로 설명하면 된다. 바꿔 말해서, 우리는 한 사건을 설명하기 위해 그 사건 이전에 일어났던 사건에서 원인을 찾는다. 그러나 빅뱅의 경우에는 그 이전에 아무것도 없었으므로 어떠한 설명도 찾을 수 없는 것이다.

'빅뱅 이전에 아무 일도 없었다'는 말을 달리 해석하는 방법도 있다. 그것은 바로 (㉡)고 해석하는 것이다. 그 경우 '빅뱅 이전'이라는 개념 자체가 성립하지 않으므로 그 이전에 아무 일도 없었던 것은 당연하다. 그렇게 해석한다면 빅뱅이 일어난 이유도 설명할 수 있게 된다. 즉 빅뱅은 '0년'을 나타내는 것이다. 시간의 시작은 빅뱅의 시작으로 정의되기 때문에 우주가 그 이전이든 이후이든 왜 탄생했느냐고 묻는 것은 이치에 닿지 않는다.

① ㉠: 왜 우주가 탄생하게 되었는지를
   ㉡: 시간은 변화와 무관하다

② ㉠: 왜 우주가 탄생하게 되었는지를
   ㉡: 빅뱅 이전에는 시간도 없었다

③ ㉠: 사물의 변화가 어떻게 시간의 경과를 가져왔는지를
   ㉡: 시간은 변화와 무관하다

④ ㉠: 사물의 변화가 어떻게 시간의 경과를 가져왔는지를
   ㉡: 빅뱅 이전에는 시간도 없었다

⑤ ㉠: 왜 그토록 긴 시간이 지난 후에야 빅뱅이 생겨났는지를
   ㉡: 시간은 변화와 무관하다

6 다음 글의 글쓰기 방식에 대한 설명으로 가장 적절한 것은?

24 평가원 수능

> 우리 고유의 방식으로 제작된 전통 한지는 세계적으로 주목 받는 문화유산이다. 이에 문화재청에서는 전통 한지와 그 제작 기술을 유네스코 인류 무형 문화유산 등재 신청 대상으로 선정하였다.
>
> 전통 한지의 장점은 보존성이 우수하다는 것이다. 우리나라는 유네스코 세계 기록 유산을 아시아에서 가장 많이 보유한 나라인데, 그중 대부분이 전통 한지에 기록된 문화유산이라는 것이 이를 증명한다. 전통 한지처럼 닥나무를 원료로 하는 주변국들의 종이와 비교해도, 전통 한지는 섬유 조직이 교차로 배열되어 더 질기고 보존성이 좋다.
>
> 그러나 국내에서 전통 한지는 사용 부진으로 인한 위기를 겪고 있다. 유럽에서는 우리 전통 한지를 손상된 문화재 복구에 사용하는 등 관심이 높은데 정작 국내에서는 사용하는 사람이 많지 않으니, 제작 업체도 전수자도 줄어들어 향후 전통 한지의 명맥이 끊어질까 염려하는 사람도 많다. 그래서 전통 한지를 계승하고 발전시키기 위한 노력이 필요하다.
>
> 우선 전통 한지의 원형을 지켜 나가기 위해 품질을 유지하는 것이 중요하다. 이를 위해 재료 측면에서는 국내산 닥나무만을 사용해야 한다. 또 제작 기술 측면에서는 전통 방식으로 생산하고 기술 전수 교육도 실시해야 한다. 다음으로 전통 한지 사용을 확대하기 위한 노력도 필요하다. 정부 차원에서 공공 부문에 전통 한지 사용을 장려하고 문화재 수리에도 전통 한지를 사용해야 한다. 민간 차원에서는 전통 한지의 활용 분야를 넓힐 필요가 있다. 일례로 전통 한지는 친환경 소재로 주목받아 의류와 침구류 제작에 사용되고 있어, 그 응용 범위가 점차 확대되어 갈 것으로 기대된다.
>
> 전통 한지와 그 제작 기술은 우리의 자랑스러운 문화유산으로 세계가 주목하고 있다. 따라서 전통 한지가 더욱 사랑받을 수 있도록 전통 한지와 그 제작 기술의 가치를 이어 나가기 위한 우리 모두의 노력이 필요하다.

① 자신의 특별한 경험을 활용하여 문제의 심각성을 드러내었다.
② 독자에게 익숙한 상황을 들어 예상되는 반론에 대해 반박하였다.
③ 주장을 뒷받침하는 사례를 들어 주장의 실현 가능성을 제시하였다.
④ 제재의 물리적 특성을 분석하여 문제 상황의 원인으로 제시하였다.
⑤ 보도 자료의 내용을 인용하여 제재와 관련한 정책의 변화를 드러내었다.

DAY 22 논설문 ②

- 풀이 시간: /10분
- 맞은 문제: /6문제

1 다음 글의 결론으로 가장 적절한 것은?

18 5급 공채 PSAT

정치 갈등의 중심에는 불평등과 재분배의 문제가 자리하고 있다. 이 문제로 좌파와 우파는 오랫동안 대립해 왔다. 두 진영이 협력하여 공동의 목표를 이루려면 두 진영이 불일치하는 지점을 찾아 이 지점을 올바르고 정확하게 분석해야 한다. 바로 이것이 우리가 논증하고자 하는 바다.

우파는 시장 원리, 개인 주도성, 효율성이 장기 관점에서 소득 수준과 생활환경을 실제로 개선할 수 있다고 주장한다. 반면 정부 개입을 통한 재분배는 그 규모가 크지 않아야 한다. 이 점에서 이들은 선순환 메커니즘을 되도록 방해하지 않는 원천징수나 근로장려세 같은 조세 제도만을 사용해야 한다고 주장한다.

반면 19세기 사회주의 이론과 노동조합 운동을 이어받은 좌파는 사회 및 정치 투쟁이 극빈자의 불행을 덜어주는 더 좋은 방법이라고 주장한다. 이들은 불평등을 누그러뜨리고 재분배를 이루려면 우파가 주장하는 조세 제도만으로는 부족하고, 생산수단을 공유화하거나 노동자의 급여 수준을 강제하는 등 보다 강력한 정부 개입이 있어야 한다고 주장한다. 정부의 개입이 생산 과정의 중심에까지 영향을 미쳐야 시장 원리의 실패와 이 때문에 생긴 불평등을 해소할 수 있다는 것이다.

좌파와 우파의 대립은 두 진영이 사회정의를 바라보는 시각이 다른 데서 비롯된 것이 아니다. 오히려 불평등이 왜 생겨났으며 그것을 어떻게 해소할 것인가를 다루는 사회경제 이론이 다른 데서 비롯되었다. 사실 좌우 진영은 사회정의의 몇 가지 기본 원칙에 합의했다.

행운으로 얻었거나 가족에게 물려받은 재산의 불평등은 개인이 통제할 수 없다. 개인이 통제할 수 없는 요인 때문에 생겨난 불평등을 그런 재산의 수혜자에게 책임지우는 것은 옳지 않다. 이 점에서 행운과 상속의 혜택을 받은 이들에게 이런 불평등 문제를 해결하라고 요구하는 것은 바람직하지 않다. 혜택받지 못한 이들, 곧 매우 불리한 형편에 부닥친 이들의 처지를 개선하려고 애써야 할 당사자는 당연히 국가다. 정의로운 국가라면 국가가 사회 구성원 모두 평등권을 되도록 폭넓게 누리도록 보장해야 한다는 정의의 원칙은 좌파와 우파 모두에게 널리 받아들여진 생각이다.

불리한 형편에 놓인 이들의 삶을 덜 나쁘게 하고 불평등을 누그러뜨려야 하는 국가의 목표를 이루는 데 두 진영이 협력하는 첫걸음이 무엇인지는 이제 거의 분명해졌다.

① 좌파와 우파는 자신들의 문제점을 개선하려고 애써야 한다.
② 좌파와 우파는 정치 갈등을 해결하려는 의지가 있어야 한다.
③ 좌파와 우파는 사회정의를 위한 기본 원칙에 먼저 합의해야 한다.
④ 좌파와 우파는 분배 문제 해결에 국가가 앞장서야 한다는 데 동의해야 한다.
⑤ 좌파와 우파는 불평등을 일으키고 이를 완화하는 사회경제 메커니즘을 보다 정확히 분석해야 한다.

2. 다음 글의 핵심 논지로 가장 적절한 것은?

24 5급 공채 PSAT

소득 불평등이 개인의 유전적 자질 차이로 생겨난 결과이기에 피할 수 없다는 주장이 존재한다. 여기에는 개인별로 가진 능력이 다르므로 사회적 성취도 달라질 수밖에 없다는 전제가 깔려 있다. 이러한 주장에 따르면, 가난한 집안에서 태어난 아이들이 부유한 집안에서 태어난 아이들에 비해 성공할 확률이 낮은 것은 부모로부터 유전을 통해 상대적으로 열등한 자질을 물려받았기 때문이다. 그런데 최근의 연구 결과들은 이러한 주장을 다른 시각에서 검토할 수 있게 해 준다.

A대학의 연구팀은 부모의 소득수준이 다른 영유아 77명의 뇌를 일정한 시간차를 두고 자기공명영상법(MRI)을 이용해 주기적으로 촬영하였다. 그리고 연구 대상자의 가구 소득을 낮음, 중간, 높음의 세 단계로 나누고, 소득수준을 기준으로 영유아들의 뇌 기관 중 대뇌 회백질을 집중적으로 분석하였다. 대뇌 회백질은 뇌에서 정보 처리와 의사 결정을 담당하며, 학습 능력에 있어 핵심적 역할을 하는 기관이다. 대뇌 회백질의 면적이 넓을수록 학습 능력이 우수하다. A대학 연구팀의 분석 결과, 가구 소득의 수준과 시간의 흐름에 따른 대뇌 회백질의 면적 변화는 비례하였다. 태어났을 때는 영유아들 사이에 대뇌 회백질 면적 차이가 거의 없었지만, 일정 연령에 도달했을 때 고소득층 아이들의 대뇌 회백질 면적이 저소득층 아이들에 비해 상대적으로 더 큰 것으로 나타났다.

사회경제적 수준에 따라 발달 차이가 나는 뇌 기관은 대뇌 회백질만이 아니다. 인간의 뇌에서 언어적, 의식적 기억을 담당하는 기관은 해마인데, 이것이 학습 과정에서 핵심적 기능을 담당한다. 해마는 스트레스 호르몬의 영향을 받는다. 스트레스 호르몬은 고용 불안, 생계 불안 등의 문제에 지속적으로 노출될 때 증가하며, 이는 결국 해마의 정상적인 발달을 저해한다. 저소득층 사람들은 이러한 문제들에 빈번하게 노출될 수밖에 없으며, 이는 저소득층 가정에서 자라나는 아이들 역시 마찬가지다. 실제로 저소득층 아이들은 고소득층 아이들에 비해 해마의 크기가 상대적으로 작은 것으로 나타났다.

이러한 연구 결과는 사회경제적 수준에 따라 학습 능력을 담당하는 뇌 기관의 발달 정도에 차이가 있음을 보여 준다. 그리고 영유아 시절에 시작된 학습 능력의 차이는 그들이 성장하고 난 이후 소득 불평등으로 이어질 가능성이 크다.

① 부모로부터 획득한 유전적 요인에 따라 사회적 성취의 질적 수준이 결정된다.
② 뇌 기관 발달을 촉진함으로써 저소득층 아이들이 유전적 자질의 차이를 극복할 수 있도록 해야 한다.
③ 학습 능력의 차이는 사회경제적 환경과 밀접하게 관련되어 있으며, 이는 소득 불평등으로 이어질 수 있다.
④ 소득 불평등의 문제는 학습 과정을 담당하는 뇌 기관 발달의 정도와 가구의 소득수준이 반비례하기 때문에 생겨난다.
⑤ 소득 불평등의 문제는 개인의 능력 차이로 생겨난 결과여서 이를 해결하기 위한 제도적 장치의 효용은 제한적이다.

3 다음 글의 (가)~(다)에 대한 분석으로 옳은 것만을 <보기>에서 모두 고르면?

17 민경채 PSAT

바람직한 목적을 지닌 정책을 달성하기 위해 옳지 않은 수단을 사용하는 것이 정당화될 수 있는가? 공동선의 증진을 위해 일반적인 도덕률을 벗어난 행동을 할 수밖에 없을 때, 공직자들은 이러한 문제에 직면한다. 이에 대해서 다음과 같은 세 가지 주장이 제기되었다.

(가) 공직자가 공동선을 증진하기 위해 전문적 역할을 수행할 때는 일반적인 도덕률이 적용되어서는 안 된다. 공직자의 비난받을 만한 행동은 그 행동의 결과에 의해서 정당화될 수 있다. 즉 공동선을 증진하는 결과를 가져온다면 일반적인 도덕률을 벗어난 공직자의 행위도 정당화될 수 있다.

(나) 공직자의 행위를 평가함에 있어 결과의 중요성을 과장해서는 안 된다. 일반적인 도덕률을 어긴 공직자의 행위가 특정 상황에서 최선의 것이었다고 하더라도, 그가 잘못된 행위를 했다는 것은 부정할 수 없다. 공직자 역시 일반적인 도덕률을 공유하는 일반 시민 중 한 사람이며, 이에 따라 일반 시민이 가지는 도덕률에서 자유로울 수 없다.

(다) 민주사회에서 권력은 선거를 통해 일반 시민들로부터 위임받은 것이고, 이에 의해 공직자들이 시민들을 대리한다. 따라서 공직자들의 공적 업무 방식은 일반 시민들의 의지를 반영한 것일 뿐만 아니라 동의를 얻은 것이다. 그러므로 민주사회에서 공직자의 모든 공적 행위는 정당화될 수 있다.

─<보기>─

ㄱ. (가)와 (나) 모두 공직자가 공동선의 증진을 위해 일반적인 도덕률을 벗어난 행위를 하는 경우는 사실상 일어날 수 없다는 것을 전제하고 있다.

ㄴ. 어떤 공직자가 일반적인 도덕률을 어기면서 공적 업무를 수행하여 공동선을 증진했을 경우, (가)와 (다) 모두 그 행위는 정당화될 수 있다고 주장할 것이다.

ㄷ. (나)와 (다) 모두 공직자도 일반 시민이라는 것을 주요 근거로 삼고 있다.

① ㄱ   ② ㄴ   ③ ㄱ, ㄷ   ④ ㄴ, ㄷ   ⑤ ㄱ, ㄴ, ㄷ

4 다음 글의 논지를 강화하는 것만을 <보기>에서 모두 고르면?

20 5급 공채 PSAT

인간이 발전시켜온 생각이나 행동의 역사를 놓고 볼 때, 인간이 지금과 같이 놀라울 정도로 이성적인 방향으로 발전해올 수 있었던 것은 이성적이고 도덕적 존재로서 자신의 잘못을 스스로 시정할 수 있는 능력 덕분이다. 인간은 토론과 경험에 힘입을 때에만 자신의 과오를 고칠 수 있다. 단지 경험만으로는 부족하다. 경험을 해석하기 위해서는 토론이 반드시 있어야 한다. 인간이 토론을 통해 내리는 판단의 힘과 가치는, 판단이 잘못되었을 때 그것을 고칠 수 있다는 사실로부터 비롯되며, 잘못된 생각과 관행은 사실과 논쟁 앞에서 점차 그 힘을 잃게 된다. 따라서 민주주의 국가에서는 자유로운 토론이 보장되어야 한다. 자유로운 토론이 없다면 잘못된 생각의 근거뿐 아니라 그러한 생각 자체의 의미에 대해서도 모르게 되기 때문이다.

어느 누구에게도 다른 사람들의 의사 표현을 통제할 권리는 없다. 다른 사람의 생각을 표현하지 못하게 억누르려는 권력은 정당성을 갖지 못한다. 가장 좋다고 여겨지는 정부일지라도 그럴 자격을 갖고 있지 않다. 흔히 민주주의 국가에서는 여론을 중시한다고 한다. 하지만 그 어떤 정부라 하더라도 여론의 힘을 빌려 특정 사안에 대한 토론의 자유를 제한하려 하는 행위를 해서는 안 된다. 그런 행위는 여론에 반(反)해 사회 구성원 대다수가 원하는 토론의 자유를 제한하려는 것만큼이나 나쁘다. 인류 전체를 통틀어 단 한 사람만이 다른 생각을 가지고 있다고 해도, 그 사람에게 침묵을 강요하는 것은 옳지 못하다. 이는 어떤 한 사람이 자신과 의견이 다른 나머지 사람 모두에게 침묵을 강요하는 것만큼이나 용납될 수 없는 일이다. 권력을 동원해서 억누르려는 의견은 옳은 것일 수도, 옳지 않은 것일 수도 있다. 그런데 정부가 자신이 옳다고 가정함으로써 다른 사람들이 그 의견을 들어볼 기회까지 봉쇄한다면 그것은 사람들이 토론을 통해 잘못을 드러내고 진리를 찾을 기회를 박탈하는 것이다. 설령 그 의견이 잘못된 것이라 하더라도 그 의견을 억압하는 것은 토론을 통해 틀린 의견과 옳은 의견을 대비시킴으로써 진리를 생생하고 명확하게 드러낼 수 있는 대단히 소중한 기회를 놓치는 결과를 낳게 된다.

<보 기>

ㄱ. 축적된 화재 사고 기록들에 대해 어떠한 토론도 이루어지지 않았음에도 불구하고 화재 사고를 잘 예방하였다.
ㄴ. 정부가 사람들의 의견 표출을 억누르지 않는 사회에서 오히려 사람들이 가짜 뉴스를 더 많이 믿었다.
ㄷ. 갈릴레오의 저서가 금서가 되어 천문학의 과오를 드러내고 진리를 찾을 기회가 한동안 박탈되었다.

① ㄱ   ② ㄷ   ③ ㄱ, ㄴ   ④ ㄴ, ㄷ   ⑤ ㄱ, ㄴ, ㄷ

5 (가)는 작문 과제이고, (나)는 (가)를 바탕으로 쓴 학생의 글이다. (가)를 바탕으로 (나)를 쓰기 위해 세운 글쓰기 계획 중 (나)에 활용된 것은?

20 평가원 9월 모평

(가) 작문 과제

- 주제: 확증 편향에 빠지지 않기 위한 방안
- 글의 목적: 확증 편향에 빠지지 않기 위해 노력해야 함을 주장하기
- 예상 독자: 확증 편향의 개념이 생소한 우리 학교 학생들

(나) 학생의 글

　만약 특정 주제에 대해 자신의 생각과 상반되는 증거를 본다면 사람들은 어떻게 반응할까? 미국의 한 심리학자는 사형 제도에 찬성, 반대하는 대학생들에게 사형 제도의 효과에 관한 상반된 연구 결과를 제공한 후 반응을 살피는 실험을 수행하였다. 그 결과 자신의 생각을 지지하는 연구 결과에 대해서는 '역시 그렇지.'라고 반응한 반면, 자신의 생각과 반대되는 연구 결과에 대해서는 받아들이지 않고 여러 이유를 들어 그 연구가 잘못되었을 가능성을 제기하는 반응을 보였다.

　이처럼 자신의 생각이나 주장과 일치하는 정보만을 선택적으로 수집하고 그렇지 않은 것은 의도적으로 무시하는 심리적 경향을 확증 편향이라고 한다. 확증 편향에 빠질 경우 비판적 사고를 하기 어려워 비합리적인 판단을 내리기 쉽다. 또한 확증 편향에 의해 형성된 사고방식은 사회적으로 편향된 통념을 형성하여 사회 문제를 야기할 수 있다.

　따라서 확증 편향에 빠지지 않기 위해서는 먼저 반대 입장에서 생각해 보는 자세를 지녀야 한다. 왜냐하면 고려의 대상이 되지 않았던 기존 증거들을 탐색하게 되어 판단의 착오를 줄일 수 있기 때문이다. 진화론을 주장한 찰스 다윈은 자신의 생각이 옳다는 확신이 강해질수록 그와 모순되는 증거들을 더 적극적으로 찾아 나섰기에 학문적 업적을 이룰 수 있었다.

　다음으로는 토의와 같은 집단 의사 결정 방법을 거치도록 해야 한다. 이를 통해 확증 편향에 빠질 때 발생할 수 있는 개인의 판단 착오를 발견하여 수정할 수 있으며, 더 나아가 구성원 간 상호 작용을 통해 시너지 효과를 거둘 수 있기 때문이다.

　마지막으로 자신의 생각이나 판단의 결과를 책임지는 자세를 지녀야 한다. 자신의 생각이나 판단을 글이나 말로 표현할 때 그것이 불러일으킬 영향을 예상하여 책임감을 가진다면, 판단의 착오를 줄이기 위해 더욱 신중하게 생각하게 될 것이기 때문이다.

　물론 확증 편향에 빠지지 않는 것이 쉬운 일은 아니다. 하지만 개인이나 집단이 비합리적으로 판단하거나 서로 갈등하는 일을 막으려면 확증 편향에 빠지지 않기 위한 노력을 지속적으로 기울여야 한다.

① 주제를 구체화하기 위해 확증 편향의 원인을 개인적 측면과 사회적 측면으로 나누어 제시해야겠다.
② 글의 목적을 강조하기 위해 확증 편향의 문제점에 대한 상반된 견해를 비교하여 설명해야겠다.
③ 글의 목적을 분명히 하기 위해 확증 편향에 빠지지 않기 위한 방안의 한계와 이를 보완할 방향을 제시해야겠다.
④ 예상 독자의 이해를 돕기 위해 확증 편향을 보여 주는 예를 들어 개념을 설명해야겠다.
⑤ 예상 독자의 관심을 반영하기 위해 사회적 쟁점을 두고 우리 학교 학생들 간에 벌어진 논쟁을 제시해야겠다.

6 다음 글의 갑의 주장을 적절하게 평가한 것만을 <보기>에서 모두 고르면?

24 5급 공채 PSAT

A국의 혈액 공급 시스템은 보상을 받지 않는 자발적인 기증자에게서 수혈에 필요한 혈액을 확보하는 시스템에서 대부분의 혈액을 혈액 은행을 통해 충당하는 시스템으로 바뀌었다. 혈액 은행은 혈액을 시장에서 싼값에 사들여 비싼 값을 받고 되팖으로써 이윤을 얻는다. 갑은 A국의 바뀐 시스템에 반대하며 다음과 같은 논거를 제시한다.

첫째, 경제적·실용적 측면을 고려할 때, A국의 시스템은 시장이 효율적으로 작동할 것이라는 기대와는 달리 수혈에 필요한 혈액을 공급하는 데에 심각한 어려움을 겪고 있다. 부족한 혈액을 공급하기 위해 많은 비용이 필요하고, 혈액의 선별, 보관, 유통 등을 시장 원리에 맞게 관리하고 운영하는 데에 드는 비용도 만만하지 않다.

둘째, 혈액을 사고파는 시장 시스템의 존재는 심각한 사회적 부정의를 초래한다. 혈액이 상품화되면서 대부분의 혈액 공급자는 먹고 살기 위해 혈액을 파는 것 이외의 다른 선택지가 없는 사람들로 구성된다. 그 결과, 가난한 사람으로부터 부자에게로 혈액이 이전되는 혈액 착취 현상이 발생한다.

마지막으로 혈액의 상품화와 혈액을 통한 이익 추구 현상은 사회적 삶의 긍정적 특징 중 하나인 기증 정신을 훼손하고, 사회의 모든 영역에서 공동체 전체의 문제를 외면하는 경향을 심화시킨다. 혈액이 시장의 상품으로 인식되면 사회 구성원들은 서로를 위해 기증해야 한다는 윤리 의식 및 이타주의 정신을 잃어버리게 될 것이다.

― <보 기> ―

ㄱ. A국에서 혈액의 상품화 이후에 불우한 이웃에 대한 기증이 그 전보다 감소했다면, 갑의 주장은 강화된다.
ㄴ. A국에서 혈액의 상품화 전후에 혈액을 공급받는 사람들의 소득 수준에 차이가 없다면, 갑의 주장은 강화된다.
ㄷ. A국에서 혈액의 상품화 이후에 오염되어 폐기되는 수혈용 혈액의 비율이 그 전보다 감소했다면, 갑의 주장은 강화된다.

① ㄱ　　　② ㄴ　　　③ ㄱ, ㄷ　　　④ ㄴ, ㄷ　　　⑤ ㄱ, ㄴ, ㄷ

DAY 23 논설문 ③

• 풀이 시간: /10분
• 맞은 문제: /6문제

1 다음 논쟁에 대한 분석으로 적절한 것만을 <보기>에서 모두 고르면?   22 민경채 PSAT

> 갑: 입증은 증거와 가설 사이의 관계에 대한 것이다. 내가 받아들이는 입증에 대한 입장은 다음과 같다. 증거 발견 후 가설의 확률 증가분이 있다면, 증거가 가설을 입증한다. 즉 증거 발견 후 가설이 참일 확률에서 증거 발견 전 가설이 참일 확률을 뺀 값이 0보다 크다면, 증거가 가설을 입증한다. 예를 들어보자. 사건 현장에서 용의자 X의 것과 유사한 발자국이 발견되었다. 그럼 발자국이 발견되기 전보다 X가 해당 사건의 범인일 확률은 높아질 것이다. 그렇다면 발자국 증거는 X가 범인이라는 가설을 입증한다. 그리고 증거 발견 후 가설의 확률 증가분이 클수록, 증거가 가설을 입증하는 정도가 더 커진다.
>
> 을: 증거가 가설이 참일 확률을 높인다고 하더라도, 그 증거가 해당 가설을 입증하지 못할 수 있다. 가령, X에게 강력한 알리바이가 있다고 해보자. 사건이 일어난 시간에 사건 현장과 멀리 떨어져 있는 X의 모습이 CCTV에 포착된 것이다. 그러면 발자국 증거가 X가 범인일 확률을 높인다고 하더라도, 그가 범인일 확률은 여전히 높지 않을 것이다. 그럼에도 불구하고 갑의 입장은 이러한 상황에서 발자국 증거가 X가 범인이라는 가설을 입증한다고 보게 만드는 문제가 있다. 이 문제는 내가 받아들이는 입증에 대한 다음 입장을 통해 해결될 수 있다. 증거 발견 후 가설의 확률 증가분이 있고 증거 발견 후 가설이 참일 확률이 1/2보다 크다면, 그리고 그런 경우에만 증거가 가설을 입증한다. 가령, 발자국 증거가 X가 범인일 확률을 높이더라도 증거 획득 후 확률이 1/2보다 작다면 발자국 증거는 X가 범인이라는 가설을 입증하지 못한다.

―――――― <보 기> ――――――

ㄱ. 갑의 입장에서, 증거 발견 후 가설의 확률 증가분이 없다면 그 증거가 해당 가설을 입증하지 못한다.

ㄴ. 을의 입장에서, 어떤 증거가 주어진 가설을 입증할 경우 그 증거 획득 이전 해당 가설이 참일 확률은 1/2보다 크다.

ㄷ. 갑의 입장에서 어떤 증거가 주어진 가설을 입증하는 정도가 작더라도, 을의 입장에서 그 증거가 해당 가설을 입증할 수 있다.

① ㄴ   ② ㄷ   ③ ㄱ, ㄴ   ④ ㄱ, ㄷ   ⑤ ㄱ, ㄴ, ㄷ

2 다음 글의 논지를 지지하는 진술로 적절한 것만을 <보기>에서 모두 고르면?

17 민경채 PSAT

과학과 예술이 무관하다는 주장의 첫 번째 근거는 과학과 예술이 인간의 지적 능력의 상이한 측면을 반영한다는 것이다. 즉 과학은 주로 분석·추론·합리적 판단과 같은 지적 능력에 기인하는 반면에, 예술은 종합·상상력·직관과 같은 지적 능력에 기인한다고 생각한다. 두 번째 근거는 과학과 예술이 상이한 대상을 다룬다는 것이다. 과학은 인간 외부에 실재하는 자연의 사실과 법칙을 다루기에 과학자는 사실과 법칙을 발견하지만, 예술은 인간의 내면에 존재하는 심성을 탐구하며, 미적 가치를 창작하고 구성하는 활동이라고 본다. 그러나 이렇게 과학과 예술을 대립시키는 태도는 과학과 예술의 특성을 지나치게 단순화하는 것이다. 과학이 단순한 발견의 과정이 아니듯이 예술도 순수한 창조와 구성의 과정이 아니기 때문이다. 과학에는 상상력을 이용하는 주체의 창의적 과정이 개입하며, 예술 활동은 전적으로 임의적인 창작이 아니라 논리적 요소를 포함하는 창작이다. 과학 이론이 만들어지기 위해 필요한 것은 냉철한 이성과 객관적 관찰만이 아니다. 새로운 과학 이론의 발견을 위해서는 상상력과 예술적 감수성이 필요하다. 반대로 최근의 예술적 성과 중에는 과학기술의 발달에 의해 뒷받침된 것이 많다.

─── <보 기> ───

ㄱ. 과학자 왓슨과 크릭이 없었더라도 누군가 DNA 이중나선 구조를 발견하였겠지만, 셰익스피어가 없었다면 <오셀로>는 결코 창작되지 못하였을 것이다.

ㄴ. 물리학자 파인만이 주장했듯이 과학에서 이론을 정립하는 과정은 가장 아름다운 그림을 그려나가는 예술가의 창작 작업과 흡사하다.

ㄷ. 입체파 화가들은 수학자 푸앵카레의 기하학 연구를 자신들의 그림에 적용하고자 하였으며, 이런 의미에서 피카소는 "내 그림은 모두 연구와 실험의 산물이다."라고 말하였다.

① ㄱ   ② ㄷ   ③ ㄱ, ㄴ   ④ ㄴ, ㄷ   ⑤ ㄱ, ㄴ, ㄷ

3. 다음 글의 주장을 강화하는 것만을 <보기>에서 모두 고르면?

우리는 흔히 행위를 윤리적 관점에서 '해야 하는 행위'와 '하지 말아야 하는 행위'로 구분한다. 그리고 전자에는 '윤리적으로 옳음'이라는 가치 속성을, 후자에는 '윤리적으로 그름'이라는 가치 속성을 부여한다. 그런데 윤리적 담론의 대상이 되는 행위 중에는 윤리적으로 권장되는 행위나 윤리적으로 허용되는 행위도 존재한다.

윤리적으로 권장되는 행위는 자선을 베푸는 것과 같이 윤리적인 의무는 아니지만 윤리적으로 바람직하다고 판단되는 행위를 의미한다. 이와 달리 윤리적으로 허용되는 행위는 윤리적으로 그르지 않으면서 정당화 가능한 행위를 의미한다. 예를 들어, 응급 환자를 태우고 병원 응급실로 달려가던 중 신호를 위반하고 질주하는 행위는 맥락에 따라 윤리적으로 정당화 가능한 행위라고 판단될 것이다. 우리가 윤리적으로 권장되는 행위나 윤리적으로 허용되는 행위에 대해 옳음이나 그름이라는 윤리적 가치 속성을 부여한다면, 이 행위들에는 윤리적으로 옳음이라는 속성이 부여될 것이다.

이런 점에서 '윤리적으로 옳음'이란 윤리적으로 해야 하는 행위, 권장되는 행위, 허용되는 행위 모두에 적용되는 매우 포괄적인 용어임에 유의할 필요가 있다. '윤리적으로 옳은 행위가 무엇인가?'라는 질문에 답할 때, 이러한 포괄성을 염두에 두지 않고, 윤리적으로 해야 하는 행위, 즉 적극적인 윤리적 의무에 대해서만 주목하는 경향이 있다. 하지만 구체적인 행위에 대해 '윤리적으로 옳은가?'라는 질문을 할 때에는 위와 같은 분류를 바탕으로 해당 행위가 해야 하는 행위인지, 권장되는 행위인지, 혹은 허용되는 행위인지 따져볼 필요가 있다.

―― <보 기> ――

ㄱ. 어떤 행위는 그 행위가 이루어진 맥락에 따라 윤리적으로 허용되는지의 여부가 결정된다.
ㄴ. '윤리적으로 옳은 행위가 무엇인가?'라는 질문에 답하기 위해서는 적극적인 윤리적 의무에만 주목해야 한다.
ㄷ. 윤리적으로 권장되는 행위와 윤리적으로 허용되는 행위에 대해서는 윤리적으로 옳음이라는 가치 속성이 부여될 수 있다.

① ㄱ   ② ㄴ   ③ ㄱ, ㄷ   ④ ㄴ, ㄷ   ⑤ ㄱ, ㄴ, ㄷ

4 다음 글을 토대로 <사례>의 ㉠을 약화하는 것만을 <보기>에서 모두 고르면?

24 5급 공채 PSAT

태양 이외의 항성도 행성을 가질 수 있는데, 이렇게 태양이 아닌 다른 항성 주위를 공전하는 행성을 외계 행성이라 한다. 항성과 달리 행성은 스스로 빛을 방출하지 않을 뿐만 아니라, 지구에서 최소 수 광년 이상 떨어져 있으므로 관측할 수 없었다. 그러나 첨단 천문 관측 기술의 발달로 수많은 외계 행성이 발견되었으며, 지구와 환경이 유사하여 생명체가 존재하는 외계 행성이 있을 것이라는 기대 또한 커지고 있다.

외계 행성에 대한 연구는 식(蝕)을 이용한다. 식이란 항성 주위를 공전하는 행성이 항성의 앞면을 지날 때 항성의 일부 또는 전체가 가려지는 현상이다. 만일 어떤 외계 행성의 궤도가 지구에서 볼 때 식을 발생시키는 궤도라면, 이 외계 행성을 거느린 항성의 밝기는 주기적으로 어두워진다. 따라서 어떤 항성의 밝기를 충분히 긴 시간 동안 관측했을 때 주기적으로 어두워진다면 이 항성에는 외계 행성이 존재한다고 볼 수 있다. 또한 이 항성이 식에 의해 어두워지는 비율이 크다면 외계 행성이 크기 때문에 이 항성의 빛을 가리는 정도가 크다는 것을 의미한다. 항성의 어두워지는 주기가 길다면 외계 행성의 공전 주기가 길다는 것을 의미한다. 따라서 식에 의한 항성의 밝기 변화로 외계 행성의 크기와 공전 주기 또한 알아낼 수 있다.

이러한 정보는 외계 행성이 지구와 유사한 환경인지를 확인하는 중요한 지표가 된다. 행성의 공전 주기는 궤도가 클수록, 즉 행성에서 항성까지의 거리가 길수록 길어진다. 또한 일반적으로 행성의 크기가 클수록 질량이 커져 행성의 중력이 커진다. 따라서 행성의 공전 주기와 크기가 지구와 유사하다면 그 행성에 생명체가 존재할 가능성이 커진다. 다만, 이때 행성의 공전 주기가 지구의 공전 주기와 유사하더라도, 항성의 밝기가 태양과 크게 다르다면 같은 공전 주기라도 행성이 받는 항성의 빛의 양이 달라지기 때문에, 행성의 환경이 너무 춥거나 너무 더워 생명체가 존재하기 어렵다.

─ <사 례> ─

서로 크기가 같고 지구까지 거리가 같은 두 항성 X와 Y가 있다. 항성 X에는 식을 보이는 외계 행성이 존재함이 알려져 있고, 이 행성의 크기는 지구와 유사함이 밝혀진 바 있다. 한 과학자는 항성 Y를 관측하여, 식이 발생하고 그 식을 발생시키는 행성의 공전 주기가 약 1년임을 알아냈다. 그는 ㉠ 항성 Y에는 생명체가 존재하는 행성이 있다는 가설을 세우고 추가 관측을 수행하였다.

─ <보 기> ─

ㄱ. 항성 Y의 밝기가 태양에 비해 훨씬 어두웠다.
ㄴ. 항성 Y에서 주기가 더 긴 다른 행성에 의한 식 현상이 추가로 발견되었다.
ㄷ. 항성 Y에서 식에 의해 항성의 밝기가 어두워지는 비율이 항성 X에서보다 훨씬 컸다.

① ㄱ   ② ㄴ   ③ ㄱ, ㄷ   ④ ㄴ, ㄷ   ⑤ ㄱ, ㄴ, ㄷ

5 글을 쓰기 위해 (가)의 메모를 작성한 후 (나)를 작성하였다. ㉠~㉢을 고려하여 (나)를 작성했다고 할 때, 학생의 글에 활용된 글쓰기 전략으로 적절하지 <u>않은</u> 것은?

19 평가원 수능

(가) 학생의 메모
- 학습 활동 과제: 사회적 쟁점에 대해 학급 학생들에게 주장하는 글을 쓴다.
- 학급 학생들에 대한 분석

  - 일부 학생들은 로봇세가 무엇인지 잘 모른다. ················· ㉠
  - 로봇세를 도입하려는 목적을 궁금해하는 학생들이 있다. ············ ㉡
  - 로봇세를 알고 있는 학생들 중에는 나와 상반되는 견해를 가진 학생들도 있다. ········· ㉢

(나) 학생의 글

  로봇의 발달로 일자리가 줄어들 것이라는 사람들의 불안이 커지면서 최근 로봇세 도입에 대한 논의가 활발하다. 로봇세는 로봇을 사용해 이익을 얻는 기업이나 개인에 부과하는 세금이다. 로봇으로 인해 일자리를 잃은 사람들을 지원하거나 사회 안전망을 구축하기 위해 예산을 마련하자는 것이 로봇세 도입의 목적이다. 하지만 나는 로봇세 도입을 다음과 같은 이유로 반대한다.
  로봇세는 공정한 과세로 보기 어렵다. 널리 쓰이고 있는 모바일 뱅킹이나 티켓 자동 발매기도 일자리를 줄였음에도 세금을 부과하지 않았는데 로봇에만 세금을 부과하는 것은 그 기준이 일관되지 않다는 문제가 있다. 또 로봇을 사용해 이익을 얻은 기업이나 개인은 이미 법인세나 소득세를 납부하고 있다. 로봇을 사용했다는 이유로 세금을 추가로 부과한다면 한 번의 이익에 두 번의 과세를 하는 것이므로 불공평하다.
  앞으로 로봇 수요가 증가하면서 로봇 시장의 우위를 선점하기 위한 로봇 기술 개발의 경쟁이 더욱 뜨거워질 것이다. 로봇 기술 중 상당수가 특허권이 인정되는 고부가 가치 기술이기 때문이다. 이러한 상황에서 전문가들은 로봇세를 도입하면 기술 개발에 악영향을 끼칠 수 있다고 말한다. 로봇세를 도입하면 세금에 대한 부담이 늘어나 로봇에 대한 수요가 감소한다. 그렇게 되면 로봇을 생산하는 기업은 기술 개발 의지가 약화되어 로봇 기술의 특허권으로 이익을 창출할 수 있는 기회가 줄어들게 된다. 그래서 로봇 사용이 필요한 기업이나 개인은 선진 로봇 기술이 적용된 로봇을 외국에서 수입해야 하므로 막대한 금액이 외부로 유출되어 국가적으로 손해이다.
  로봇의 사용으로 일자리가 감소할 것이라는 이유로 로봇세의 필요성이 제기되었지만, 역사적으로 볼 때 새로운 기술로 인해 전체 일자리는 줄지 않았다. 산업 혁명을 거치면서 새로운 기술에 대한 걱정은 늘 존재했지만, 산업 전반에서 일자리는 오히려 증가해 왔다는 점이 이를 뒷받침한다. 따라서 로봇의 사용으로 일자리가 줄어들 가능성은 낮다.
  우리는 로봇 덕분에 어렵고 위험한 일이나 반복적인 일로부터 벗어나고 있다. 로봇 사용의 증가 추세에서 알 수 있듯이 로봇 기술이 인간의 삶을 편하게 만들어 주는 것은 틀림이 없다. 로봇세의 도입으로 이러한 편안한 삶이 지연되지 않기를 바란다.

① ㉠을 고려해, 로봇세의 납부 주체를 포함한 로봇세의 개념을 설명한다.
② ㉡을 고려해, 로봇 사용으로 얻을 수 있는 편안한 삶에 로봇세 도입이 미치는 영향을 드러낸다.
③ ㉡을 고려해, 로봇 사용으로 일자리를 잃은 사람들을 지원하려는 로봇세 도입의 취지를 언급한다.
④ ㉢을 고려해, 로봇세 도입과 로봇 기술 개발의 관계를 제시하며 로봇세의 부정적 측면을 부각한다.
⑤ ㉢을 고려해, 일자리가 증가해 온 역사적 사실을 언급하며 로봇세 도입이 필요하지 않음을 부각한다.

6 다음 (가)~(다)에 대한 평가로 적절한 것만을 <보기>에서 모두 고르면?

18 민경채 PSAT

(가) 기술의 발전 덕분에 더 풍요로운 세계를 만들 수 있다. 원료, 자본, 노동 같은 생산요소의 투입량을 줄이면서 산출량은 더 늘릴 수 있는 세계 말이다. 디지털 기술의 발전은 경외감을 불러일으키는 개선과 풍요의 엔진이 된다. 반면 그것은 시간이 흐를수록 부, 소득, 생활 수준, 발전 기회 등에서 점점 더 큰 격차를 만드는 엔진이기도 하다. 즉 기술의 발전은 경제적 풍요와 격차를 모두 가져온다.

(나) 기술의 발전에 따른 풍요가 더 중요한 현상이며, 격차도 풍요라는 기반 위에 있기 때문에 모든 사람의 삶이 풍요로워지는 데 초점을 맞추어야 한다. 고도로 숙련된 노동자와 나머지 사람들과의 격차가 벌어지고 있다는 것을 인정하지만, 모든 사람들의 경제적 삶이 나아지고 있기에 누군가의 삶이 다른 사람보다 더 많이 나아지고 있다는 사실에 관심을 둘 필요가 없다.

(다) 중산층들이 과거에 비해 경제적으로 더 취약해졌기 때문에 기술의 발전에 따른 풍요보다 격차에 초점을 맞추어야 한다. 실제로 주택, 보건, 의료 등과 같이 그들의 삶에서 중요한 항목에 들어가는 비용의 증가율은 시간이 흐르면서 가계 소득의 증가율에 비해 훨씬 더 높아지고 있다. 설상가상으로 소득 분포의 밑바닥에 속한 가정에서 태어난 아이가 상층으로 이동할 기회는 점점 더 줄어들고 있다.

─── <보 기> ───

ㄱ. 현재의 정보기술은 덜 숙련된 노동자보다 숙련된 노동자를 선호하고, 노동자보다 자본가에게 돌아가는 수익을 늘린다는 사실은 (가)의 논지를 약화한다.

ㄴ. 기술의 발전이 전 세계의 가난한 사람들에게도 도움을 주며, 휴대전화와 같은 혁신사례들이 모든 사람들의 소득과 기타 행복의 수준을 개선한다는 연구 결과는 (나)의 논지를 강화한다.

ㄷ. 기술의 발전이 가져온 경제적 풍요가 엄청나게 벌어진 격차를 보상할 만큼은 아니라는 것을 보여주는 자료는 (다)의 논지를 약화한다.

① ㄱ ② ㄴ ③ ㄱ, ㄷ ④ ㄴ, ㄷ ⑤ ㄱ, ㄴ, ㄷ

DAY 24 논설문 ④

• 풀이 시간: /10분
• 맞은 문제: /6문제

1 다음 글의 핵심 논지로 가장 적절한 것은?

24 5급 공채 PSAT

> 특정 사건의 결과를 확인한 뒤, 자신은 진작부터 그 결과를 확실히 예견하고 있었다고 믿는 현상을 '사후확신 편향'이라고 부른다. 사후확신 편향은 의사결정자들에 대한 평가에 악영향을 미친다. 과정의 정당성이 아니라 결과의 좋고 나쁨만으로 의사결정의 질을 평가하도록 유도하기 때문이다. 위험하지 않은 수술이었지만 예상치 못한 사고로 환자가 죽는 경우를 생각해 보자. 이 수술에 대한 소송사건을 맡은 판사는 "사실은 위험한 수술이었으며, 의사는 그 수술을 좀 더 신중하게 준비했어야 한다."라고 말할 확률이 크다. 이처럼 예전에 내린 결정을 과정이 아닌 최종 결과로 판단하려는 경향은, 의사결정 당시에는 합리적이었던 믿음들을 적절히 평가하는 일을 불가능하게 만든다. 사후확신 편향은 의사, 금융인, 경영인, 3루 코치 등 타인을 대신하여 의사결정을 하는 사람들에게 특히 불리하게 작용한다. 결과가 나쁘게 나오면 아무리 좋은 결정을 내렸다 해도 비난받고, 이후로는 합리적 믿음에 근거한 의사결정들마저 신뢰받지 못한다.
>
> 사후확신 편향은 사람들의 행동을 어떻게 변화시키는가? 사람들은 자신이 내린 결정이 훗날 비판과 성토의 대상이 될 수도 있다는 사실을 의식하면, 관행적인 방법을 선호하고 결코 위험을 감수하려 하지 않는다. 예컨대, 의료 사고 소송이 많이 제기될수록 의사들은 더 많은 검사를 실시하고 효과가 없는 것을 알면서도 위험이 적은 일반적인 치료법을 적용하게 된다. 이와 같은 행동은 결국 환자를 돕는 것이 아니라 의사를 보호하는 결과를 낳으며, 이해관계자들 사이의 갈등만 더 키운다. 반면 무모한 도박을 감행한 장군이나 기업가라도, 운이 좋아 그 결과가 성공에 이르기만 하면 벌을 받지 않게 된다. 오히려 성공을 예상하는 재능과 예지력을 갖췄다는 호평을 받는데, 이는 행운이 가져다준 과분한 보상이라 할 수 있다. 사회적으로 중요한 선택을 해야 하는 의사결정자들의 바람직한 결정을 유도하기 위해서는 의사결정의 질을 평가할 때 당시 주어진 정보에 따른 의사결정 과정의 정당성을 반영해야 한다.

① 무모한 의사결정을 내렸지만 운이 좋아 성공한 사람들은 비판받아야 한다.
② 의사결정의 질을 평가할 때는 결과뿐만 아니라 과정의 정당성을 고려해야 한다.
③ 타인을 대신하여 합리적 의사결정을 하는 사람들에 대한 평가에서 그 의사결정의 결과를 고려해서는 안 된다.
④ 의사결정자들은 의사결정 과정에서 위험을 회피하는 선택을 하여 사회 전체의 위험을 감소시켜야 한다.
⑤ 이해관계자들 간 갈등을 완화시킴으로써 사후확신 편향을 극복할 수 있어야 한다.

2 다음 글의 논지로 가장 적절한 것은?   18 5급 공채 PSAT

베블런에 의하면 사치품 사용 금기는 전근대적 계급에 기원을 두고 있다. 즉, 사치품 소비는 상류층의 지위를 드러내는 과시소비이기 때문에 피지배계층이 사치품을 소비하는 것은 상류층의 안락감이나 쾌감을 손상한다는 것이다. 따라서 상류층은 사치품을 사회적 지위 및 위계질서를 나타내는 기호(記號)로 간주하여 피지배계층의 사치품 소비를 금지했다. 또한 베블런은 사치품의 가격 상승에도 그 수요가 줄지 않고 오히려 증가하는 이유가 사치품의 소비를 통하여 사회적 지위를 과시하려는 상류층의 소비행태 때문이라고 보았다.

그러나 소득 수준이 높아지고 대량 생산에 의해 물자가 넘쳐흐르는 풍요로운 현대 대중사회에서 서민들은 과거 왕족들이 쓰던 물건들을 일상생활 속에서 쓰고 있고 유명한 배우가 쓰는 사치품도 쓸 수 있다. 모든 사람들이 명품을 살 수 있는 돈을 갖고 있을 때 명품의 사용은 더 이상 상류층을 표시하는 기호가 될 수 없다. 따라서 새로운 사회의 도래는 베블런의 과시소비이론으로 설명하기 어려운 소비행태를 가져왔다. 이때 상류층이 서민들과 구별될 수 있는 방법은 오히려 아래로 내려가는 것이다. 현대의 상류층에게는 차이가 중요한 것이지 사물 그 자체가 중요한 것이 아니기 때문이다. 월급쟁이 직원이 고급 외제차를 타면 사장은 소형 국산차를 타는 것이 그 예이다.

이와 같이 현대의 상류층은 고급, 화려함, 낭비를 과시하기보다 서민들처럼 소박한 생활을 한다는 것을 과시한다. 이것은 두 가지 효과가 있다. 사치품을 소비하는 서민들과 구별된다는 점이 하나이고, 돈 많은 사람이 소박하고 겸손하기까지 하여 서민들에게 친근감을 준다는 점이 다른 하나이다.

그러나 그것은 극단적인 위세의 형태일 뿐이다. 뽐냄이 아니라 남의 눈에 띄지 않는 겸손한 태도와 검소함으로 자신을 한층 더 드러내는 것이다. 이런 행동들은 결국 한층 더 심한 과시이다. 소비하기를 거부하는 것이 소비 중에서도 최고의 소비가 된다. 다만 그들이 언제나 소형차를 타는 것은 아니다. 차별화해야 할 아래 계층이 없거나 경쟁 상대인 다른 상류층 사이에 있을 때 그들은 마음 놓고 경쟁적으로 고가품을 소비하며 자신을 마음껏 과시한다. 현대사회에서 소비하지 않기는 고도의 교묘한 소비이며, 그것은 상류층의 표시가 되었다. 그런 점에서 상류층을 따라 사치품을 소비하는 서민층은 순진하다고 하지 않을 수 없다.

① 현대의 상류층은 낭비를 지양하고 소박한 생활을 지향함으로써 서민들에게 친근감을 준다.
② 현대의 서민들은 상류층을 따라 겸손한 태도로 자신을 한층 더 드러내는 소비행태를 보인다.
③ 현대의 상류층은 그들이 접하는 계층과는 무관하게 절제를 통해 자신의 사회적 지위를 과시한다.
④ 현대에 들어와 위계질서를 드러내는 명품을 소비하면서 과시적으로 소비하는 새로운 행태가 나타났다.
⑤ 현대의 상류층은 사치품을 소비하는 것뿐만 아니라 소비하지 않기를 통해서도 자신의 사회적 지위를 과시한다.

3 다음 글의 핵심 논지로 가장 적절한 것은?

지식에 대한 상대주의자들은 한 문화에서 유래한 어떤 사고방식이 있을 때, 다른 문화가 그 사고방식을 수용하게 만들 만큼 논리적으로 위력적인 증거나 논증은 있을 수 없다고 주장한다. 왜냐하면 문화마다 사고방식의 수용 가능성에 대한 서로 다른 기준을 가지고 있기 때문이다. 이를 바탕으로 그들은 서로 다른 문화권의 과학자들이 이론적 합의에 합리적으로 이를 수 없다고 주장한다. 이러한 주장은 한 문화의 기준과 그 문화에서 수용되는 사고방식이 함께 진화하여 분리 불가능한 하나의 덩어리를 형성한다고 믿기 때문에 나타난다.

예를 들어 문화적 차이가 큰 A와 B의 두 과학자 그룹이 있다고 하자. 그리고 A그룹은 수학적으로 엄밀하고 놀라운 예측에 성공하는 이론만을 수용하고, B그룹은 실제적 문제에 즉시 응용 가능한 이론만을 수용한다고 하자. 그렇다면 각 그룹은 어떤 이론을 만들 때, 자신들의 기준을 만족할 수 있는 이론만을 만들 것이다. 그 결과 A그룹에서 만든 이론은 엄밀하고 놀라운 예측을 제공하겠지만, 응용 가능성의 기준에서 보면 B그룹에서 만든 이론보다 못할 것이다. 즉 A그룹이 만든 이론은 A그룹만이 수용할 것이고, B그룹이 만든 이론은 B그룹만이 수용할 것이다. 이처럼 문화마다 다른 기준은 자신의 문화에서 만들어진 이론만 수용하도록 만들 것이다. 이것이 상대주의자의 주장이다.

그러나 한 사람이 특정 문화나 세계관의 기준을 채택한다고 해서 그 사람이 반드시 그 문화나 세계관의 특정 사상이나 이론을 고집하는 것은 아니다. 다음과 같은 상상을 해 보자. A그룹이 어떤 이론을 만들었는데, 그 이론이 고도로 엄밀하고 놀라운 예측에 성공함과 동시에 즉각적으로 응용할 수 있는 것이라 하자. 그렇다면 A그룹뿐 아니라 B그룹도 그 이론을 받아들일 것이다. 실제로 데카르트주의자들은 뉴턴 물리학이 데카르트 물리학보다 데카르트적인 기준을 잘 만족했기 때문에 결국 뉴턴 물리학을 받아들였다.

① 과학 이론 중에는 다양한 문화의 평가 기준을 만족하는 것이 있다.
② 과학의 발전 과정에서 이론 선택은 문화의 상대적인 기준에 따라 이루어진다.
③ 과학자들은 당대의 다른 이론보다 탁월한 이론에 대해서는 자기 문화의 기준으로 평가하지 않는다.
④ 과학의 발전 과정에서 엄밀한 예측 가능성과 실용성을 판단하는 기준이 항상 고정된 것은 아니다.
⑤ 문화마다 다른 평가 기준을 따르더라도 자기 문화에서 형성된 과학 이론만을 수용하는 것은 아니다.

4 다음 글의 빈칸에 들어갈 진술로 가장 적절한 것은?

모두가 서로를 알고 지내는 작은 규모의 사회에서는 거짓이나 사기가 번성할 수 없다. 반면 그렇지 않은 사회에서는 누군가를 기만하여 이득을 보는 경우가 많이 발생한다. 이런 현상이 발생하는 이유를 확인하는 연구가 이루어졌다. A 교수는 그가 마키아벨리아니즘이라고 칭한 성격 특성을 지닌 사람을 판별하는 검사를 고안해냈다. 이 성격 특성은 다른 사람을 교묘하게 이용하고 기만하는 능력을 포함한다. 그의 연구는 사람들 중 일부는 다른 사람들을 교묘하게 이용하거나 기만하여 자기 이익을 챙긴다는 사실을 보여준다. 수백 명의 학생을 대상으로 한 조사에서, 마키아벨리아니즘을 갖는 것으로 분류된 학생들은 대체로 대도시 출신임이 밝혀졌다.

위 연구들이 보여주는 바를 대도시 사람들의 상호작용을 이해하기 위해 확장시켜 보자. 일반적으로 낯선 사람들이 모여 사는 대도시에서는 자기 이익을 위해 다른 사람을 이용하는 성향을 지닌 사람이 많다고 생각하기 쉽다. 대도시 사람들은 모두가 사기꾼처럼 보인다는 주장이 일리 있게 들리기도 한다. 그러나 다른 사람들의 협조 성향을 이용하여 도움을 받으면서도 다른 사람에게 도움을 주지 않는 사람이 존재하기 위해서는 일정한 틈새가 만들어져 있어야 한다. ( ) 때문에 이 틈새가 존재할 수 있는 것이다. 이는 기생 식물이 양분을 빨아먹기 위해서는 건강한 나무가 있어야 하는 것과 같다. 나무가 건강을 잃게 되면 기생 식물 또한 기생할 터전을 잃게 된다. 그렇다면 어떤 의미에서는 모든 사람들이 사기꾼이라는 냉소적인 견해는 낯선 사람과의 상호작용을 잘못 이해한 것이다. 모든 사람들이 사기꾼이라면 사기를 칠 가능성도 사라지게 된다고 이해하는 것이 맞다.

① 대도시라는 환경적 특성
② 인간은 사회를 필요로 하기
③ 많은 사람들이 진정으로 협조하기
④ 많은 사람들이 이기적 동기에 따라 행동하기
⑤ 누가 마키아벨리아니즘을 갖고 있는지 판별하기 어렵기

[5-6] 다음 글을 읽고 물음에 답하시오.

23 7급 공채 PSAT

    공리주의에 따르면, 행복은 쾌락의 총량에서 고통의 총량을 뺀 값으로 수치화하여 나타낼 수 있고, 어떤 행위에 대한 도덕적 판단은 그 행위가 산출하는 행복의 증감에 의존하고, 더 큰 행복을 낳은 선택을 하는 것이 옳은 행위이다.
    공리주의자 A는 한 개체로 인한 행복의 증감을 다른 개체로 인한 행복의 증감으로 대체할 수 있다는 대체가능성 논제를 받아들여, 육식이 도덕적으로 옳은 행위가 될 수 있다고 주장한다. 예를 들어, 닭고기를 먹는 일은 닭에게 죽음을 발생시키지만, 더 많은 닭의 탄생에도 기여한다. 태어나는 닭의 수를 고려하면 육식을 위한 도축은 거기 연루된 고통까지 고려하더라도 닭 전체의 행복의 총량을 증진한다. 왜냐하면 한 동물이 일생 동안 누릴 쾌락의 총량은 고통의 총량보다 크기 때문이다.
    공리주의자 B는 A의 주장이 틀렸다고 비판한다. A가 받아들이는 대체가능성 논제가 존재하지 않는 대상의 고통과 쾌락을 도덕적 판단의 근거로 삼기 때문이다.
    이에 A는 두 여인의 임신에 관한 다음의 사고실험을 토대로 B의 주장을 반박한다. 갑은 임신 3개월 때 의사로부터 태아에게 심각하지만 쉽게 치유 가능한 건강 문제가 있다는 진단을 받았다. 갑이 부작용 없는 약 하나만 먹으면 아이의 건강 문제는 사라진다. 을은 의사로부터 만일 지금 임신하면 아이가 심각한 건강 문제를 갖게 되지만, 3개월 후에 임신하면 아무런 문제가 없을 것이라는 진단을 받았다. 이 상황에서 갑은 약을 먹지 않아서, 을은 기다리지 않고 임신해서 둘 다 심각한 건강 문제를 가진 아이를 낳았다고 하자. B의 주장에 따르면 둘 사이에는 중요한 차이가 있다. 갑의 경우에는 태어난 아이에게 해악을 끼쳤다고 할 수 있는 반면, 을의 경우는 그렇지 않다. 을이 태어난 아이에게 해악을 끼쳤다고 평가하려면 그 아이가 건강하게 태어날 수도 있었다는 전제가 필요한데, 만일 을이 3개월을 기다려 임신했다면 그 아이가 아닌 다른 아이가 잉태되었을 것이기 때문이다. 그러나 A에 따르면, 갑과 마찬가지로 을도 도덕적 잘못을 저질렀다는 것이 일반적인 직관이므로 이에 반하는 B의 주장은 수용하기 어렵다.
    A는 B의 주장을 수용하기 어려운 이유를 미래세대에 대한 도덕적 책임 문제에서도 찾을 수 있다고 말한다. 만일 현세대가 지금과 같은 삶의 방식을 고수한다면, 온난화가 가속되어 지구 환경은 나빠질 것이다. 그 결과 미래세대의 고통이 증가되었다면 현세대는 이에 대한 도덕적 책임이 있다는 것이 일반적인 직관이다. 그러나 B의 주장에 따르면 그렇게 평가할 수 없다. 왜냐하면 현세대가 미래세대를 고려하여 기존과 다른 삶의 방식을 취하게 되면, 현세대가 기존 방식을 고수했을 때와는 다른 구성원으로 이루어진 미래세대가 생겨나기 때문이다. 그래서 을이 태어난 아이에게 잘못을 저질렀다고 말할 수 없는 것과 마찬가지로, 현세대도 미래세대가 겪는 고통에 대해 도덕적 책임이 없다고 말해야 한다. 그러나 A가 보기에 ㉠이는 수용하기 어렵다.

5 위 글에 대한 분석으로 적절한 것만을 <보기>에서 모두 고르면?

<보 기>

ㄱ. A의 주장에 따르면, 을의 행위는 도덕적으로 옳은 행위가 아니다.
ㄴ. 갑의 행위에 대한 B의 도덕적 평가는 대체가능성 논제의 수용 여부에 따라 달라지지 않는다.
ㄷ. B의 주장에 따르면, 을의 행위에 대한 도덕적 평가를 할 때 잉태되지 않은 존재의 쾌락이나 고통을 고려해서는 안 된다.

① ㄱ   ② ㄷ   ③ ㄱ, ㄴ   ④ ㄴ, ㄷ   ⑤ ㄱ, ㄴ, ㄷ

6 위 글의 ㉠에 대한 평가로 적절한 것만을 <보기>에서 모두 고르면?

<보 기>

ㄱ. 미래세대 구성원이 달라질 경우 미래세대가 누릴 행복의 총량이 변한다면, ㉠은 약화되지 않는다.
ㄴ. 아직 현실에 존재하지 않는다는 이유로 미래세대를 도덕적 고려에서 배제하는 것이 불합리하다면, ㉠은 약화된다.
ㄷ. 일반적인 직관에 반하는 결론이 도출된다고 해도 그러한 직관이 옳은지의 여부가 별도로 평가되어야 한다면, ㉠은 약화된다.

① ㄱ   ② ㄴ   ③ ㄱ, ㄷ   ④ ㄴ, ㄷ   ⑤ ㄱ, ㄴ, ㄷ

약점 보완 해설집 p.75

DAY 25 논설문 ⑤

- 풀이 시간: /12분
- 맞은 문제: /7문제

1 다음 글의 주장을 강화하는 것만을 <보기>에서 모두 고르면?

18 민경채 PSAT

> 우리는 물체까지의 거리 자체를 직접 볼 수는 없다. 거리는 눈과 그 물체를 이은 직선의 길이인데, 우리의 망막에는 직선의 한쪽 끝점이 투영될 뿐이기 때문이다. 그러므로 물체까지의 거리 판단은 경험을 통한 추론에 의해서 이루어진다고 보아야 한다. 예컨대 우리는 건물, 나무 같은 친숙한 대상들의 크기가 얼마나 되는지, 이들이 주변 배경에서 얼마나 공간을 차지하는지 등을 경험을 통해 이미 알고 있다. 우리는 물체와 우리 사이에 혹은 물체 주위에 이런 친숙한 대상들이 어느 정도 거리에 위치해 있는지를 우선 지각한다. 이로부터 우리는 그 물체가 얼마나 멀리 떨어져 있는지를 추론하게 된다. 또한 그 정도 떨어진 다른 사물들이 보이는 방식에 대한 경험을 토대로, 그보다 작고 희미하게 보이는 대상들은 더 멀리 떨어져 있다고 판단한다. 거리에 대한 이런 추론은 과거의 경험에 기초하는 것이다.
> 반면에 물체가 손이 닿을 정도로 아주 가까이에 있는 경우, 물체까지의 거리를 지각하는 방식은 이와 다르다. 우리의 두 눈은 약간의 간격을 두고 서로 떨어져 있다. 이에 우리는 두 눈과 대상이 위치한 한 점을 연결하는 두 직선이 이루는 각의 크기를 감지함으로써 물체까지의 거리를 알게 된다. 물체를 바라보는 두 눈의 시선에 해당하는 두 직선이 이루는 각은 물체까지의 거리가 멀어질수록 필연적으로 더 작아진다. 대상까지의 거리가 몇 미터만 넘어도 그 각의 차이는 너무 미세해서 우리가 감지할 수 없다. 하지만 팔 뻗는 거리 안의 가까운 물체에 대해서는 그 각도를 감지하는 것이 가능하다.

<보 기>

ㄱ. 100m 떨어진 지점에 민수가 한 번도 본 적이 없는 대상만 보이도록 두고 다른 사물들은 보이지 않도록 민수의 시야 나머지 부분을 가리는 경우, 민수는 그 대상을 보고도 얼마나 떨어져 있는지 판단하지 못한다.

ㄴ. 아무것도 보이지 않는 캄캄한 밤에 안개 속의 숲길을 걷다가 앞쪽 멀리서 반짝이는 불빛을 발견한 태훈이가 불빛이 있는 곳까지의 거리를 어렵잖게 짐작한다.

ㄷ. 태어날 때부터 한쪽 눈이 실명인 영호가 30cm 거리에 있는 낯선 물체 외엔 어떤 것도 보이지 않는 상황에서 그 물체까지의 거리를 옳게 판단한다.

① ㄱ   ② ㄷ   ③ ㄱ, ㄴ   ④ ㄴ, ㄷ   ⑤ ㄱ, ㄴ, ㄷ

2 다음 글의 갑과 을에 대한 평가로 적절한 것만을 <보기>에서 모두 고르면?

25 5급 공채 PSAT

배우자를 찾아야 하는 유성생식은 그렇지 않은 무성생식에 비해 비효율적인 생식방법이다. 그럼에도 우리는 자연에서 유성생식하는 생물을 쉽게 찾을 수 있다. 다음은 유성생식이 존재하는 이유에 대한 갑과 을의 견해이다.

갑: 유성생식은 배우자끼리의 유전자 교환을 통해 그 자손들이 무성생식보다 더 많은 유전적 다양성을 확보하게 하여 자손에게 무성생식보다 더 다양한 형질을 가질 수 있게 한다. 자손들이 예상하지 못한 환경 변화에 마주했을 때 자손의 형질이 다양할수록 그중 일부라도 살아남을 가능성이 커진다. 이렇게 되면 자손 집단이 전멸할 가능성이 줄어들어 그 집단은 생존에 유리해진다.

을: 유전적으로 동일한 생물들은 살아가는 방식과 필요한 자원이 동일해 자원에 대한 극심한 경쟁을 하게 된다. 반대로 유전적으로 달라져 형질이 달라지면 살아가는 방식과 필요한 자원도 달라진다. 어떤 생물의 자손들이 모두 같은 형질을 갖고 있다면 자손들끼리 같은 자원을 두고 경쟁해 생존 경쟁이 치열해질 수밖에 없고 이러한 자손들은 공멸할 가능성이 크다. 그런데 자손들이 유전적으로 어느 정도 달라지면 형질이 달라져 이러한 경쟁이 완화된다. 무성생식으로도 돌연변이를 통해 자손들의 유전자가 달라질 수 있으나 그 정도가 아주 작아 유성생식만큼은 경쟁을 완화하지 못한다.

―― <보 기> ――

ㄱ. 유성 및 무성생식이 모두 가능한 생물 종 A에 대해, 변화가 미미한 환경에서 생존해 온 집단보다 변화가 큰 환경에서 생존해 온 집단에서 유성생식을 하는 비율이 높다면, 갑의 견해는 약화된다.

ㄴ. 유성 및 무성생식이 모두 가능한 생물 종 B에 대해, 유성생식만 하는 집단보다 무성생식만 하는 집단에서 생존 경쟁이 더 치열하다면, 을의 견해는 약화된다.

ㄷ. 유성 및 무성생식이 모두 가능한 생물 종 C에 대해, 자손의 유전적 다양성이 유성생식으로 나타난 자손보다 무성생식으로 나타난 자손에서 크다면, 갑과 을의 견해 모두 약화된다.

① ㄱ ② ㄷ ③ ㄱ, ㄴ ④ ㄴ, ㄷ ⑤ ㄱ, ㄴ, ㄷ

3 다음 글의 ⊙과 ⓒ에 들어갈 내용을 적절하게 나열한 것은?

22 민경채 PSAT

인간은 지구상의 생명이 대량 멸종하는 사태를 맞이하고 있지만, 다른 한편으로는 실험실에서 인공적으로 새로운 생명체를 창조하고 있다. 이런 상황에서, 자연적으로 존재하는 종을 멸종으로부터 보존해야 한다는 생물 다양성의 보존 문제를 어떤 시각으로 바라보아야 할까? A는 생물 다양성을 보존해야 한다고 주장한다. 이를 위해 A는 다음과 같은 도구적 정당화를 제시한다. 우리는 의학적, 농업적, 경제적, 과학적 측면에서 이익을 얻기를 원한다. '생물 다양성 보존'은 이를 위한 하나의 수단으로 간주될 수 있다. 바로 그 수단이 우리가 원하는 이익을 얻는 최선의 수단이라는 것이 A의 첫 번째 전제이다. 그리고 (⊙)는 것이 A의 두 번째 전제이다. 이 전제들로부터 우리에게는 생물 다양성을 보존할 의무와 필요성이 있다는 결론이 나온다.

이에 대해 B는 생물 다양성 보존이 우리가 원하는 이익을 얻는 최선의 수단이 아님을 지적한다. 특히 합성 생물학은 자연에 존재하는 DNA, 유전자, 세포 등을 인공적으로 합성하고 재구성해 새로운 생명체를 창조하는 것을 목표로 한다. B는 우리가 원하는 이익을 얻고자 한다면, 자연적으로 존재하는 생명체들을 대상으로 보존에 애쓰는 것보다는 합성 생물학을 통해 원하는 목표를 더 합리적이고 체계적으로 성취할 수 있을 것이라고 주장한다. 인공적인 생명체의 창조가 우리가 원하는 이익을 얻는 더 좋은 수단이므로, 생물 다양성 보존을 지지하는 도구적 정당화는 설득력을 잃는다는 것이다. 그래서 B는 A가 제시하는 도구적 정당화에 근거하여 생물 다양성을 보존하자고 주장하는 것은 옹호될 수 없다고 말한다.

한편 C는 모든 종은 보존되어야 한다고 주장하면서 생물 다양성 보존을 옹호한다. C는 대상의 가치를 평가할 때 그 대상이 갖는 도구적 가치와 내재적 가치를 구별한다. 대상의 도구적 가치란 그것이 특정 목적을 달성하는 데 얼마나 쓸모가 있느냐에 따라 인정되는 가치이며, 대상의 내재적 가치란 그 대상이 그 자체로 본래부터 갖고 있다고 인정되는 고유한 가치를 말한다. C에 따르면 생명체는 단지 도구적 가치만을 갖는 것이 아니다. 생명체를 오로지 도구적 가치로만 평가하는 것은 생명체를 그저 인간의 목적을 위해 이용되는 수단으로 보는 인간 중심적 태도이지만, C는 그런 태도는 받아들일 수 없다고 본다. 생명체의 내재적 가치 또한 인정해야 한다는 것이다. 그 생명체들이 속한 종 또한 그 쓸모에 따라서만 가치가 있는 것이 아니다. 그리고 내재적 가치를 지니는 것은 모두 보존되어야 한다. 이로부터 모든 종은 보존되어야 한다는 결론에 다다른다. 왜냐하면 (ⓒ) 때문이다.

① ⊙: 어떤 것이 우리가 원하는 이익을 얻는 최선의 수단이라면 우리에게는 그것을 실행할 의무와 필요성이 있다
　ⓒ: 생명체의 내재적 가치는 종의 다양성으로부터 비롯되기

② ⊙: 어떤 것이 우리가 원하는 이익을 얻는 최선의 수단이 아니라면 우리에게는 그것을 실행할 의무와 필요성이 없다
　ⓒ: 생명체의 내재적 가치는 종의 다양성으로부터 비롯되기

③ ⊙: 어떤 것이 우리가 원하는 이익을 얻는 최선의 수단이라면 우리에게는 그것을 실행할 의무와 필요성이 있다
　ⓒ: 모든 종은 그 자체가 본래부터 고유의 가치를 지니기

④ ⊙: 어떤 것이 우리가 원하는 이익을 얻는 최선의 수단이 아니라면 우리에게는 그것을 실행할 의무와 필요성이 없다
　ⓒ: 모든 종은 그 자체가 본래부터 고유의 가치를 지니기

⑤ ⊙: 우리에게 이익을 제공하는 수단 가운데 생물 다양성의 보존보다 더 나은 수단은 없다
　ⓒ: 모든 종은 그 자체가 본래부터 고유의 가치를 지니기

4 다음 글의 (가)와 (나)에 들어갈 말을 적절하게 나열한 것은?

25 5급 공채 PSAT

예술 작품의 대중적 성공은 단순히 그 작품의 미적 수준이 높은가 낮은가로 판단할 수 없다. 대중은 예술적으로 가치 있다고 여겨지는 것을 작품을 통해 이해하고 수용할 수 있을 때 열광한다. 이러한 관점에서 (가) . 왜냐하면 오늘날 영화가 아닌 그림이나 시 등의 작품은 특별한 훈련을 받지 않은 사람으로서는 거의 이해할 수 없게 되어 있기 때문이다. 그림이나 시의 의사 전달 형식은 그 장르 특유의 발전을 거치면서 일종의 암호처럼 되어버린 것이다. 따라서 시와 그림은 대중적일 수 없다. 그에 반해 아무리 초보 영화 관객이라도 새로 만들어지는 영화의 관용적 표현들을 이해하는 일은 어렵지 않다.

그런데 영화가 다른 장르에 비해 대중적으로 큰 성공을 거두고 있다고 해서, 이러한 영광이 지속될 것이라는 보장은 없다. 현재 영화에 대한 대중의 지적 수용이 용이한 것은 영화가 다른 장르의 예술에 비해 생겨난 지 얼마 안 된 일종의 '젊은 예술'이기 때문이다. 어쩌면 한 세대만 지나도 영화의 표현 수단을 다 이해할 수 없을지도 모르며, 이 분야에서도 조만간 전문가와 문외한을 가르는 분열이 생길 것이다.

(나) . 왜냐하면 어떤 예술 장르가 오래되면 과거로부터 이어져 온 발전 단계들을 알고 있어야 그 현재를 이해할 수 있기 때문이다. 어떤 예술을 이해한다는 것은 그 내용과 형식의 적절한 결합을 인식한다는 것을 말한다. 예술이 젊을 때에는 내용과 표현 형식 사이의 관계가 자연스럽고 단순하다. 즉 내용에서 형식으로 통하는 길이 바로 열려 있는 셈이다. 그런데 세월이 흐르는 동안, 이러한 형식들은 내용들에서 점차 멀어지고 독립하게 되며, 결국 내용 없는 공허한 형식들은 특별한 교양을 쌓은 소수의 계층밖에 이해할 수 없게 된다.

① (가): 우수한 영화가 대중적 성공을 거둘 확률은 우수한 그림이나 시의 경우보다 훨씬 높다
 (나): 오직 젊은 예술만이 대중적일 수 있다

② (가): 우수한 영화가 대중적 성공을 거둘 확률은 우수한 그림이나 시의 경우보다 훨씬 높다
 (나): 오직 대중적인 예술만이 내용과 형식이 참신하다

③ (가): 대중적으로 성공한 영화는 대중적으로 성공한 그림이나 시보다 전달 형식이 더 우수하다
 (나): 오직 젊은 예술만이 대중적일 수 있다

④ (가): 대중적으로 성공한 영화는 대중적으로 성공한 그림이나 시보다 전달 형식이 더 우수하다
 (나): 오직 대중적인 예술만이 내용과 형식이 참신하다

⑤ (가): 예술 작품으로서 영화는 예술 작품으로서 그림이나 시보다 미적 수준이 높다
 (나): 오직 젊은 예술만이 대중적일 수 있다

[5-7] 다음 글을 읽고 물음에 답하시오.

　과거는 지나가 버렸기 때문에 역사가가 과거의 사실과 직접 만나는 것은 불가능하다. 역사가는 사료를 매개로 과거와 만난다. 사료는 과거를 그대로 재현하는 것은 아니기 때문에 불완전하다. 사료의 불완전성은 역사 연구의 범위를 제한하지만, 그 불완전성 때문에 역사학이 학문이 될 수 있으며 역사는 끝없이 다시 서술된다. 매개를 거치지 않은 채 손실되지 않은 과거와 만날 수 있다면 역사학이 설 자리가 없을 것이다. 역사학은 전통적으로 문헌 사료를 주로 활용해 왔다. 그러나 유물, 그림, 구전 등 과거가 남긴 흔적은 모두 사료로 활용될 수 있다. 역사가들은 새로운 사료를 발굴하기 위해 노력한다. 알려지지 않았던 사료를 찾아내기도 하지만, 중요하지 않게 여겨졌던 자료를 새롭게 사료로 활용하거나 기존의 사료를 새로운 방향에서 파악하기도 한다. 평범한 사람들의 삶의 모습을 중점적인 주제로 다루었던 미시사 연구에서 재판 기록, 일기, 편지, 탄원서, 설화집 등의 이른바 '서사적' 자료에 주목한 것도 사료 발굴을 위한 노력의 결과이다.

　시각 매체의 확장은 사료의 유형을 더욱 다양하게 했다. 이에 따라 역사학에서 영화를 통한 역사 서술에 대한 관심이 일고, 영화를 사료로 파악하는 경향도 나타났다. 역사가들이 주로 사용하는 문헌 사료의 언어는 대개 지시 대상과 물리적·논리적 연관이 없는 추상화된 상징적 기호이다. 반면 영화는 카메라 앞에 놓인 물리적 현실을 이미지화하기 때문에 그 자체로 물질성을 띤다. 즉, 영화의 이미지는 닮은꼴로 사물을 지시하는 도상적 기호가 된다. 광학적 메커니즘에 따라 피사체로부터 비롯된 영화의 이미지는 그 피사체가 있었음을 지시하는 지표적 기호이기도 하다. 예를 들어 다큐멘터리 영화는 피사체와 밀접한 연관성을 갖기 때문에 피사체의 진정성에 대한 믿음을 고양하여 언어적 서술에 비해 호소력 있는 서술로 비춰지게 된다.

　그렇다면 영화는 역사와 어떻게 관계를 맺고 있을까? 역사에 대한 영화적 독해와 영화에 대한 역사적 독해는 영화와 역사의 관계에 대한 두 축을 이룬다. 역사에 대한 영화적 독해는 영화라는 매체로 역사를 해석하고 평가하는 작업과 연관된다. 영화인은 자기 나름의 시선을 서사와 표현 기법으로 녹여내어 역사를 비평할 수 있다. 역사를 소재로 한 역사 영화는 역사적 고증에 충실한 개연적 역사 서술 방식을 취할 수 있다. 혹은 역사적 사실을 자원으로 삼되 상상력에 의존하여 가공의 인물과 사건을 덧대는 상상적 역사 서술 방식을 취할 수도 있다. 그러나 비단 역사 영화만이 역사를 재현하는 것은 아니다. 모든 영화는 명시적이거나 우회적인 방법으로 역사를 증언한다. 영화에 대한 역사적 독해는 영화에 담겨 있는 역사적 흔적과 맥락을 검토하는 것과 연관된다. 역사가는 영화 속에 나타난 풍속, 생활상 등을 통해 역사의 외연을 확장할 수 있다. 나아가 제작 당시 대중이 공유하던 욕망, 강박, 믿음, 좌절 등의 집단적 무의식과 더불어 이상, 지배적 이데올로기 같은 미처 파악하지 못했던 가려진 역사를 끌어내기도 한다.

　영화는 주로 허구를 다루기 때문에 역사 서술과는 거리가 있다고 보는 사람도 있다. 왜냐하면 역사가들은 일차적으로 사실을 기록한 자료에 기반해서 연구를 펼치기 때문이다. 또한 역사가는 ㉠자료에 기록된 사실이 허구일지도 모른다는 의심을 버리지 않고 이를 확인하고자 한다. 그러나 문헌 기록을 바탕으로 하는 역사 서술에서도 허구가 배격되어야 할 대상만은 아니다. 역사가는 ㉮허구의 이야기 속에서 그 안에 반영된 당시 시대적 상황을 발견하여 사료로 삼으려고 노력하기도 한다. 지어낸 이야기는 실제 있었던 사건에 대한 기록이 아니지만 사고방식과 언어, 물질문화, 풍속 등 다양한 측면을 반영하며, 작가의 의도와 상관없이 혹은 작가의 의도 이상으로 동시대의 현실을 전달해 주기도 한다. 어떤 역사가들은 허구의 이야기에 반영된 사실을 확인하는 것에서 더 나아가 ㉯사료에 직접적으로 나타나지 않은 과거를 재현하기 위해 허구의 이야기를 활용하여 사료에 기반한 역사적 서술을 보완하기도 한다. 역사가가 허구를 활용하는 것은 실제로 존재했던 과거에 접근하고자 하는 고민의 결과이다.

[A] ┌ 　영화는 허구적 이야기에 역사적 사실을 담아냄으로써 새로운 사료의 원천이 될 뿐 아니라, 대안적 역사 서술의 가능성까지 지니고 있다. 영화는 공식 제도가 배제했던 역사를 사회에 되돌려 주는 '아래로부터의 역사'의 형성에 기여한다. 평범한 사람들의 회고나 증언, 구전 등의 비공식적 사료를 토대로 영화를 만드는 작업은 빈번하게 이루어지고 있다. 그리하여 영화는 하층 계급, 피정복 민족처럼 역사 속에서 주변화된 집단의 묻혀 있던 목소리를 표현해 낸다. 이렇듯 영화는 공식 역사의 대척점에서 활동하면서 역사적 의식 형성에 참여한다는 점에서 역사 서술
└ 의 한 주체가 된다.

5 윗글에 대한 이해로 가장 적절한 것은?

① 개인적 기록은 사료로 활용하기에 적절하지 않다.

② 역사가가 활용하는 공식적 문헌 사료는 매개를 거치지 않은 과거의 사실이다.

③ 기존의 사료를 새로운 방향에서 파악하는 것은 사료의 발굴이라고 할 수 있다.

④ 문헌 사료의 언어는 다큐멘터리 영화의 이미지에 비해 지시 대상에 대한 지표성이 강하다.

⑤ 카메라를 매개로 얻어진 영화의 이미지는 지시 대상과 닮아 있다는 점에서 상징적 기호이다.

6 ㉮, ㉯의 사례로 적절한 것만을 <보기>에서 있는 대로 찾아 바르게 짝지은 것은?

― <보 기> ―

ㄱ. 조선 후기 유행했던 판소리를 자료로 활용하여 당시 음식 문화의 실상을 파악하고자 했다.

ㄴ. B. C. 3세기경에 편찬된 것으로 알려진 경전의 일부에 사용된 어휘를 면밀히 분석하여, 그 경전의 일부가 후대에 첨가되었을 가능성을 검토했다.

ㄷ. 중국 명나라 때의 상거래 관행을 연구하기 위해 명나라 때 유행한 다양한 소설들에서 상업 활동과 관련된 내용을 모아 공통된 요소를 분석했다.

ㄹ. 17세기의 사건 기록에서 찾아낸 한 평범한 여성의 삶에 대한 역사서를 쓰면서 그 여성의 심리를 묘사하기 위해 같은 시대에 나온 설화집의 여러 곳에서 문장을 차용했다.

	㉮	㉯
①	ㄱ, ㄷ	ㄹ
②	ㄱ, ㄹ	ㄴ
③	ㄴ, ㄷ	ㄱ
④	ㄷ	ㄴ, ㄹ
⑤	ㄹ	ㄱ, ㄴ

7 ㉠에 나타난 역사가의 관점에서 [A]를 비판한 내용으로 가장 적절한 것은?

① 영화는 많은 사실 정보를 담고 있기 때문에 사료로서의 가능성을 가지고 있다.
② 하층 계급의 역사를 서술하기 위해서는 영화와 같이 허구를 포함하는 서사적 자료에 주목해야 한다.
③ 영화가 늘 공식 역사의 대척점에 있는 것은 아니며, 공식 역사의 입장에서 지배적 이데올로기를 선전하는 수단으로 활용되곤 한다.
④ 주변화된 집단의 목소리는 그 집단의 이해관계를 반영하기 때문에 그것에 바탕을 둔 영화는 주관에 매몰된 역사 서술일 뿐이다.
⑤ 기억이나 구술 증언은 거짓이거나 변형될 가능성이 있기 때문에 다른 자료와 비교하여 진위 여부를 검증한 후에야 사료로 사용이 가능하다.

약점 보완 해설집 p.77

DAY 26 담화문 ①

- 풀이 시간: /12분
- 맞은 문제: /7문제

1 다음 대화의 빈칸에 들어갈 내용으로 가장 적절한 것은? 21 7급 공채 PSAT 예시

> 갑: 2019년 7월 17일 학술연구자정보망에서 학술연구자 A의 기본 정보는 조회할 수 있는데, A의 연구 업적 정보는 조회가 되지 않는다는 민원이 있었습니다. 어떻게 답변해야 할까요?
>
> 을: 학술연구자가 학술연구자정보망에 기본 정보를 제공하는 데 동의하였으나, 연구 업적 정보 공개에 추가로 동의하지 않았을 경우, 민원인은 학술연구자의 연구 업적 정보를 조회할 수 없어요. 또한 동의했다고 하더라도 해당 학술연구자의 업적 정보의 집적이 완료되지 않았을 경우에도 그는 연구 업적 정보를 조회할 수 없습니다.
>
> 갑: 학술연구자가 연구 업적 정보 공개에 추가로 동의하지 않았다면 조회 화면에 무슨 문구가 표시되나요?
>
> 을: 조회 화면에 "해당 연구자가 상기 정보의 공개에 동의하지 않았습니다"라는 문구가 표시됩니다. 해당 연구자의 업적 정보의 집적이 완료되지 않은 경우에는 조회 화면에 "업적 정보 집적 중"이라는 문구가 표시되고요. 해당 민원인께서는 무슨 문구가 표시되었다고 말씀하시나요?
>
> 갑: 문구 표시에 대한 말씀은 듣지 못했어요. 아마 문구를 읽지 못한 것 같아요. 근데 학술연구자의 업적 정보 제공 동의율과 업적 정보 집적률은 현재 얼마만큼 되나요?
>
> 을: 2019년 7월 18일 오늘 기준으로 학술연구자의 연구 업적 정보 제공 동의율은 약 92%입니다. 동의자 대상 업적 정보 집적률은 약 88%고요. 동의한 학술연구자가 10여만 명에 이르러 자료를 집적하는 데 시간이 오래 걸려요. 하지만 2019년 8월 말까지는 정보 집적이 끝날 겁니다.
>
> 갑: 그렇군요. 그러면 제가 민원인에게 (   )라고 답변드리면 되겠네요. 고맙습니다.

① '지금은 조회할 수 없지만, 2019년 8월 말이 되면 학술연구자 A의 연구 업적 정보가 조회될 것이다'
② '학술연구자 A가 연구 업적 정보 공개에 동의하지 않았거나, 그의 업적 정보가 현재 집적 중이기 때문에 그렇다'
③ '현재 학술연구자 A는 연구 업적 정보 공개에 동의한 상태지만, 그의 업적 정보가 현재 집적 중이기 때문에 그렇다'
④ '지금은 조회할 수 없지만, 만일 학술연구자 A가 연구 업적 정보 공개에 동의했다면 한 달 안에는 그의 연구 업적 정보를 조회할 수 있다'
⑤ '오늘 다시 학술연구자 A의 연구 업적 정보를 조회한다면 "해당 연구자가 상기 정보의 공개에 동의하지 않았습니다"라는 문구가 나올 것이다'

2 다음 글의 빈칸에 들어갈 내용으로 가장 적절한 것은?

21 7급 공채 PSAT

갑: 안녕하십니까. 저는 시청 토목정책과에 근무합니다. 부정 청탁을 받은 때는 신고해야 한다고 들었습니다.

을: 예, 부정청탁 및 금품등 수수의 금지에 관한 법률 (이하 '청탁금지법')에서는, 공직자가 부정 청탁을 받았을 때는 명확히 거절 의사를 표현해야 하고, 그랬는데도 상대방이 이후에 다시 동일한 부정 청탁을 해 온다면 소속 기관의 장에게 신고해야 한다고 규정합니다.

갑: '금품등'에는 접대와 같은 향응도 포함되지요?

을: 물론이지요. 청탁금지법에 따르면, 공직자는 동일인으로부터 명목에 상관없이 1회 100만 원 혹은 매 회계연도에 300만 원을 초과하는 금품이나 접대를 받을 수 없습니다. 직무 관련성이 있는 경우에는 100만 원 이하라도 대가성 여부와 관계없이 처벌을 받습니다.

갑: '동일인'이라 하셨는데, 여러 사람이 청탁을 하는 경우는 어떻게 되나요?

을: 받는 사람을 기준으로 하여 따지게 됩니다. 한 공직자에게 여러 사람이 동일한 부정 청탁을 하며 금품을 제공하려 하였을 때에도 이들의 출처가 같다고 볼 수 있다면 '동일인'으로 해석됩니다. 또한 여러 행위가 계속성 또는 시간적·공간적 근접성이 있다고 판단되면, 합쳐서 1회로 간주될 수 있습니다.

갑: 실은, 연초에 있었던 지역 축제 때 저를 포함한 우리 시청 직원 90명은 행사에 참여한다는 차원으로 장터에 들러 1인당 8천 원씩을 지불하고 식사를 했는데, 이후에 그 식사는 X 회사 사장인 A의 축제 후원금이 1인당 1만 2천 원씩 들어간 것이라는 사실을 알게 되었습니다. 이에 대하여는 결국 대가성 있는 접대도 아니고 직무 관련성도 없는 것으로 확정되었으며, 추가된 식사비도 축제 주최 측에 돌려주었습니다. 그리고 이달 초에는 Y 회사의 임원인 B가 관급 공사 입찰을 도와달라고 청탁하면서 100만 원을 건네려 하길래 거절한 적이 있습니다. 그런데 어제는 고교 동창인 C가 찾아와 X 회사 공장 부지의 용도 변경에 힘써 달라며 200만 원을 주려고 해서 단호히 거절하였습니다.

을: 그러셨군요. 말씀하신 것을 바탕으로 설명드리겠습니다. (   )

① X 회사로부터 받은 접대는 시간적·공간적 근접성으로 보아 청탁금지법을 위반한 향응을 받은 것이 됩니다.
② Y 회사로부터 받은 제안의 내용은 청탁금지법상의 금품이라고는 할 수 없지만 향응에는 포함될 수 있습니다.
③ 청탁금지법상 A와 C는 동일인으로서 부정 청탁을 한 것이 됩니다.
④ 직무 관련성이 없다면 B와 C가 제시한 금액은 청탁금지법상의 허용 한도를 벗어나지 않습니다.
⑤ 현재는 청탁금지법상 C의 청탁을 신고할 의무가 생기지 않지만, C가 같은 청탁을 다시 한다면 신고해야 합니다.

3 다음 갑~병의 견해에 대한 분석으로 적절한 것만을 <보기>에서 모두 고르면?　　　　20 5급 공채 PSAT

갑: 현대 사회에서 '기술'이라는 용어는 낯설지 않다. 이 용어는 어떻게 정의될 수 있을까? 한 가지 분명한 사실은 우리가 기술이라고 부를 수 있는 것은 모두 물질로 구현된다는 것이다. 기술이 물질로 구현된다는 말은 그것이 물질을 소재 삼아 무언가 물질적인 결과물을 산출한다는 의미이다. 나노기술이나 유전자조합기술도 당연히 이 조건을 만족하는 기술이다.

을: 기술은 반드시 물질로 구현되는 것이어야 한다는 말은 맞지만 그렇게 구현되는 것들을 모두 기술이라고 부를 수는 없다. 가령, 본능적으로 개미집을 만드는 개미의 재주 같은 것은 기술이 아니다. 기술로 인정되려면 그 안에 지성이 개입해 있어야 한다. 나노기술이나 유전자조합기술을 기술이라 부를 수 있는 이유는 둘 다 고도의 지성의 산물인 현대과학이 그 안에 깊게 개입해 있기 때문이다. 더 나아가 기술에 대한 우리의 주된 관심사가 현대 사회에 끼치는 기술의 막강한 영향력에 있다는 점을 고려할 때, '기술'이란 용어의 적용을 근대 과학혁명 이후에 등장한 과학이 개입한 것들로 한정하는 것이 합당하다.

병: 근대 과학혁명 이후의 과학이 개입한 것들이 기술이라는 점을 부인하지 않는다. 하지만 그런 과학이 개입한 것들만 기술로 간주하는 정의는 너무 협소하다. 지성이 개입해야 기술인 것은 맞지만 기술을 만들어내기 위해 과학의 개입이 꼭 필요한 것은 아니다. 오히려 기술은 과학과 별개로 수많은 시행착오를 통해 발전해 나가기도 한다. 이를테면 근대 과학혁명 이전에 인간이 곡식을 재배하고 가축을 기르기 위해 고안한 여러 가지 방법들도 기술이라고 불러야 마땅하다. 따라서 우리는 '기술'을 더 넓게 적용할 수 있도록 정의할 필요가 있다.

―――― <보 기> ――――

ㄱ. '기술'을 적용하는 범위는 셋 중 갑이 가장 넓고 을이 가장 좁다.
ㄴ. 을은 '모든 기술에는 과학이 개입해 있다.'라는 주장에 동의하지만, 병은 그렇지 않다.
ㄷ. 병은 시행착오를 거쳐 발전해온 옷감 제작법을 기술로 인정하지만, 갑은 그렇지 않다.

① ㄱ　　② ㄴ　　③ ㄱ, ㄷ　　④ ㄴ, ㄷ　　⑤ ㄱ, ㄴ, ㄷ

4 다음 논쟁에 대한 분석으로 가장 적절한 것은? 20 5급 공채 PSAT

> 갑: 진실을 말하지 않더라도 다른 사람을 설득할 수 있겠지만, 그런 설득은 엉망인 결과로 이어지므로 그렇게 해서는 안 됩니다.
>
> 을: 사람들을 설득하고자 하는 사람들에게 더 중요한 것은 정의나 훌륭함에 대한 진실을 말하는 것이 아닙니다. 그보다 자신이 말하는 바를 사람들이 정의롭고 훌륭한 것이라고 받아들일 수 있게끔 설득하는 이야기 기술입니다. 설득은 진실을 말한다고 해서 반드시 성취될 수 있는 것이 아닙니다.
>
> 갑: 그럼 이렇게 생각해보지요. 제가 '말을 구해 적들을 막아야 한다.'고 당신을 설득하려는 상황을 생각해봅시다. 단, 당신이 말에 대해서 가지고 있는 정보는 가축 중 말의 귀가 가장 크다는 것뿐이고, 제가 이 사실을 알고 있다고 합시다. 이럴 때, 제가 당나귀를 말이라고 부르면서, 당나귀에 대한 칭찬을 늘어놓아 당나귀가 적들을 막는데 무척 효과적이라고 당신을 꼬드긴다면 어떻게 될까요? 아마도 당신은 설득이 되겠지요. 하지만 당신은 당나귀로 적들을 막아내지는 못할 것입니다. 이렇게 이야기 기술만으로 대중을 설득한다면, 그 설득으로부터 야기된 결과는 엉망이 될 것입니다.
>
> 을: 제 말을 너무 심하게 비난하는군요. 제가 말한 것은 다른 사람을 설득하기 위해서는 이야기 기술을 습득해야 한다는 것입니다. 진실을 말하는 사람이라도 그런 기술이 없다면 설득을 해낼 수 없다는 것을 말하고자 한 것뿐입니다.
>
> 갑: 물론, 진실을 말한다고 해서 설득할 수 있는 것은 아니지요. 그렇지만 진실을 말하지 않으면서 대중을 설득하는 이야기 기술만 습득하는 것은 어리석은 짓을 하겠다는 것입니다.

① 갑과 을은 진실을 이야기한다고 하더라도 설득에 실패할 수 있다는 것에 동의한다.
② 갑과 을은 이야기 기술만으로 사람들을 설득하는 경우가 가능하다는 것에 동의하지 않는다.
③ 갑과 을은 진실하지 않은 것을 말하는 이야기 기술을 습득하지 말아야 한다는 것에 동의한다.
④ 갑은 이야기 기술을 가지고 있다고 하더라도 설득에 실패할 수 있다는 것을 긍정하지만, 을은 부정한다.
⑤ 갑은 진실하지 않은 것을 믿게끔 설득하는 것으로부터 야기된 결과가 나쁠 수 있다는 것을 긍정하지만, 을은 부정한다.

5 (가)는 활동지의 '활동 1에 따라 학생들이 실시한 독서 토의의 일부이고, <보기>는 '현지'가 (가)를 준비하면서 떠올린 생각일 때, ㉠~㉤ 중 (가)에서 확인할 수 있는 것을 고른 것은?

18 평가원 수능

활동지

활동 1 다음의 내용을 바탕으로 토의해 보자.

<허생의 처>에서 허생은 집안을 전혀 돌보지 않고 자신의 이상만을 추구한다. 이 때문에 허생의 처는 홀로 집안의 생계를 힘겹게 꾸려나가지만 빈곤한 형편에서 벗어나지 못한다. 이러던 중 허생의 처는 행복하지 않은 자신의 처지를 한탄하며 허생과 갈등한다. 두 인물은 삶에서 중요시하는 행복의 조건이 서로 달라 갈등한다고도 볼 수 있다. 허생은 세상의 이치를 밝히고자 독서에만 전념한 것으로 보아 여기에서 자신의 행복을 찾고 있다고 볼 수 있다. 그렇다면 허생의 처가 추구하는 행복의 조건은 무엇일까?

(가)
현지: 오늘은 내가 진행할게. (활동지를 나눠 주며) 지난 시간에 <허생의 처>를 읽었으니, 이번 시간에는 '허생의 처가 추구하는 행복의 조건은 무엇인가?'라는 주제로 토의하려고 해. 활동지를 통해 주제와 관련된 내용을 확인했으면, 지금부터 토의를 시작해 보자.

민호: 행복의 조건은 지혜나 도덕적 선과 같은 내적 조건과 부나 명예와 같은 외적 조건으로 나눌 수 있잖아. 허생의 처는 빈곤한 형편에 놓여 있기 때문에 행복하지 않았다고 생각해. 이런 이유로 볼 때, 허생의 처는 외적 조건인 부를 추구하는 사람이라고 볼 수 있어.

영수: 과연 그럴까? 허생의 처는 생존을 위한 기본적 요건을 충족하고자 한 것으로 볼 수 있어. 그런 점에서 허생의 처가 외적 조건인 부를 추구하는 사람이라고 볼 수는 없을 것 같아.

민호: 듣고 보니 그러네. 허생의 처가 행복의 외적 조건인 부를 추구하고 있다고 보는 건 적절하지 않을 수 있겠어.

현지: 정리하면, 허생의 처가 추구한 행복의 조건을 외적 조건이나 내적 조건으로만 접근하는 건 적절하지 않을 수 있겠네. 그렇다면 허생의 처가 추구한 행복의 조건을 다른 측면에서는 어떻게 접근할 수 있을까?

민호: 허생의 처가 추구하는 행복의 조건은 가족 구성원의 관계라는 측면에서 접근해 볼 수 있겠어. 허생의 처는 홀로 가정 생계를 꾸려야 하는 부담을 일방적으로 강요 받고 있고 허생은 허생의 처의 힘겨움을 외면하고 있어. 이 때문에 허생의 처는 행복하지 않다고 느끼는 것 같아.

영수: 맞아. 허생의 처가 추구하는 행복의 조건을 가족 구성원의 관계라는 측면에서 더 살펴보면, "나는 내 남편이 하는 일을 모르고, 남편은 제 아내인 나를 모르고….'라고 허생의 처가 남편에 대해 한탄하는 대목을 볼 때 허생의 처는 가족 간의 소원한 관계도 행복하지 않은 이유로 여기는 것 같아.

현지: 정리하면, 결국 허생의 처는 강요된 희생과 소원한 가족 관계라는 두 가지 이유 때문에 행복하지 않았던 것이고, 가족 구성원 간의 바람직한 관계를 행복의 조건으로 추구했다고 볼 수 있겠어.

<보 기>

이번 독서 토의는 어떻게 진행하는 게 좋을까? 우선 토의와 관련된 활동지를 나눠 주고, ㉠ 시작할 때 토의 주제를 언급하는 게 좋겠어. 그리고 참여자들이 고루 의견을 제시할 수 있도록 ㉡ 발언 순서를 지정해 줘야지. ㉢ 근거 없이 의견만을 이야기할 때는 근거를 함께 제시하도록 요구해야겠어. 토의 흐름을 이해할 수 있도록 ㉣ 토의 내용을 정리해 주고, ㉤ 질문을 통해 다른 관점에서 생각해 보도록 유도하는 것도 좋을 것 같아.

① ㉠, ㉡, ㉣   ② ㉠, ㉢, ㉤   ③ ㉠, ㉣, ㉤   ④ ㉡, ㉢, ㉤   ⑤ ㉢, ㉣, ㉤

[6-7] 다음 글을 읽고 물음에 답하시오.

23 5급 공채 PSAT

갑: 외계에 지성적 존재가 있다면 지구의 인간들은 그들과 의사소통할 수 있을까요? 우주를 보편적으로 지배하는 원리를 포함하는 이론을 외계인이 지니지 않는다면, 그 외계인은 은하계를 누빌 수 있는 우주선 제작과 같은 기술력을 갖추지 못할 것입니다. 외계인이 지닌 이론은 비록 우리의 것과 다른 방식으로 서술될 수는 있지만 그 내용은 동일할 것입니다. 그런 이론이 포함하는 원리는 우주를 보편적으로 지배합니다. 그리고 그런 이론을 지닌 외계인이 있다고 볼 충분한 이유가 있습니다. 그러므로 외계인이 그런 이론을 지닌다면, 그 외계인과 지구인 사이에는 의사소통이 가능할 것입니다.

을: 상호 의사소통은 오직 공통된 생활양식을 함께했을 때에만 가능합니다. 그런데 원숭이나 고래 혹은 흰개미처럼 우리와 같은 환경 속에서 진화해 온 존재들조차 우리와 생활양식이 엄청나게 다르지요. 그러니 외계의 환경에서 발생하여 근본적으로 다른 진화 경로를 거쳐 온 이들, 즉 외계인들은 우리와 공통된 생활양식을 절대 함께할 수 없습니다.

병: 지구에서든 우주 어디에서든, 행성의 운행이나 화학반응을 지배하는 원리는 동일하고 그런 원리를 포함하는 이론을 지닌 외계인이 있을 수 있다고 생각합니다. 하지만 그것으로는 의사소통이 이루어지기에 충분하지 않습니다. 그런 원리를 포함하는 이론을 표현하는 일상 언어를 사용하는 것이 추가되어야 합니다. 왜냐하면 그런 이론을 지니고 있더라도 일상 언어의 결여로 인해 의사소통에 실패하는 경우가 있을 수 있기 때문입니다. 결론적으로, 만약 어떤 외계인이 우주의 보편적 원리를 포함하는 이론을 지니고 그런 이론을 표현하는 일상 언어를 사용한다면, 설령 우리와 그들의 일상 언어가 다르더라도 그런 이론을 표현하는 일상 언어를 사용하는 지구인과 의사소통이 가능할 것입니다.

정: 우주의 보편 원리를 포함하는 이론을 지니고 그것을 표현하는 일상 언어를 사용하는 외계인과 지구인이 있다고 합시다. 우주의 보편 원리를 포함하는 이론과 그것을 표현하는 일상 언어만으로는 이들 사이에 의사소통이 이루어지는 데 충분하지 않습니다. 그에 더해서 생물학적 유사성까지 충족된다면 의사소통이 가능할 것입니다. 생물학적 유사성을 갖기 위해서는 몇 가지 조건이 만족되어야 합니다. 그 중 한 가지는 신체 구조의 유사성입니다. 우리 지구를 방문한 외계인이 우리 인간과 전혀 다른 신체 구조를 지닌다면 우리는 그들의 행동을 우리 행동과 비교할 수 없고 그로 인해 이해도 할 수 없습니다. 그 점에서 신체 구조의 유사성은 생물학적 유사성을 갖기 위해 필요합니다.

6 위 글에 대한 분석으로 적절한 것만을 <보기>에서 모두 고르면?

<보 기>

ㄱ. 갑에 따르면, 외계인이 은하계를 누빌 수 있는 우주선 제작과 같은 기술력을 갖추었다면 그 외계인과 지구인 사이에는 의사소통이 가능하다.

ㄴ. 을의 주장들과 병의 결론이 참이라면, "지구인과 의사소통이 불가능한 외계인은 우주의 보편적 원리를 포함하는 이론도 지니지 않고 그런 이론을 표현하는 일상 언어도 사용하지 않는다."도 참이다.

ㄷ. 갑~정 중에서, "외계인과 지구인 사이에 의사소통이 가능하다면 그 외계인은 보편적 원리를 포함하는 이론을 표현하는 일상 언어를 사용한다."라고 주장하는 사람은 없다.

① ㄱ　　② ㄴ　　③ ㄱ, ㄷ　　④ ㄴ, ㄷ　　⑤ ㄱ, ㄴ, ㄷ

7 다음 <사례>가 발생했을 때, 위 글의 갑~정의 입장을 적절하게 평가한 것만을 <보기>에서 모두 고르면?

<사 례>

지구인 김박사는 우주의 보편 원리를 포함하는 이론을 표현하는 일상 언어를 사용한다. 그는 우주선을 타고 안드로메다에 있는 한 행성에 도착했다. 거기서 만난 외계인 A는 지구인과 전혀 다른 신체 구조를 가지고 있으며 생활양식도 지구인과 매우 다르다. 또한 A는 우주의 보편 원리를 포함하는 이론을 갖고 있지 않다. 그는 지구인의 일상 언어를 쓰지 않고 그 행성의 일상 언어만을 사용한다.

<보 기>

ㄱ. 김박사가 A와 의사소통이 가능하다면, 을의 입장은 약화된다.

ㄴ. 김박사가 A와 의사소통이 가능하다면, 정의 입장은 강화되지 않는다.

ㄷ. 김박사가 A와 의사소통이 불가능하다면, 갑의 입장도 병의 입장도 약화되지 않는다.

① ㄱ　　② ㄷ　　③ ㄱ, ㄴ　　④ ㄴ, ㄷ　　⑤ ㄱ, ㄴ, ㄷ

DAY 27 담화문 ②

- 풀이 시간: /10분
- 맞은 문제: /6문제

1 다음 글의 갑~병에 대한 분석으로 적절한 것만을 <보기>에서 모두 고르면? 24 5급 공채 PSAT

> 갑: 이론 T에 근거하는 개념이 지칭하는 무언가를 E라고 해 볼까? 만일 T가 성공적인 이론이라면 E는 존재하고, T가 성공적이지 않은 이론이라면 E는 존재하지 않아. 따라서 우리가 일상적으로 '믿음'이나 '욕구' 등의 개념으로 지칭하는 심적 상태는 존재하지 않는다고 보아야 해. 그런 개념은 통속 심리학에 근거한 것들인데 통속 심리학은 성공적인 이론이 아니야. 왜냐하면 통속 심리학은 신경과학과 달리 우리 행동에 대해서 예측과 설명을 성공적으로 제공하지 못하기 때문이야.
>
> 을: E의 존재 여부를 판단하는 너의 기준에 동의해. 이론의 성공은 예측과 설명의 성공에 달려있다는 것에도 동의하지. 그런데 통속 심리학은 믿음이나 욕구와 같은 개념을 통해 우리의 행동을 성공적으로 예측하고 설명해. 신경과학이 아무리 발전한다고 해도 네가 잠시 후 무엇을 할지 예측할 수는 없어. 하지만 통속 심리학은 네가 물을 마시기를 욕구한다는 것과 냉장고 안에 물이 있다고 믿는다는 것을 통해 네가 잠시 후 냉장고 문을 열 것이라는 예측을 성공적으로 제공할 수 있어.
>
> 병: 물론 통속 심리학의 개념을 통해 우리의 행동을 성공적으로 예측하고 설명할 수 있다는 것은 맞아. 그러나 그러한 예측과 설명이 성공적이라는 것이 심적 상태가 존재한다는 것을 보여주는 것은 아니야. 예를 들어 바둑을 두는 AI가 왜 이러한 수를 두는지 설명하는 데는 그 AI에게 승리에 대한 욕구와 그 수를 두면 이긴다는 믿음을 귀속시키는 게 유용해. 그렇지만 AI에게 실제로 그러한 믿음이나 욕구가 있다고 볼 수는 없지.

─── <보 기> ───

ㄱ. 갑은 심적 상태가 존재한다는 것에 동의하지 않지만 을은 동의한다.
ㄴ. 을과 병은 통속 심리학에서 사용하는 개념에 의해 인간의 행동을 성공적으로 예측하고 설명할 수 있다는 것에 동의한다.
ㄷ. 병은 믿음이나 욕구와 같은 개념이 지칭하는 것이 존재하지 않을 수 있다는 것에 동의하지만 갑은 동의하지 않는다.

① ㄱ   ② ㄷ   ③ ㄱ, ㄴ   ④ ㄴ, ㄷ   ⑤ ㄱ, ㄴ, ㄷ

2 다음 대화에 대한 평가로 적절한 것만을 <보기>에서 모두 고르면?　　　　23 5급 공채 PSAT

갑: 어떤 동물들은 대단한 기술을 지닌 것 같아. 비버가 만든 댐은 정말 굉장하지 않아?

을: 그런 것을 '기술'이라고 부를 수 있을까? 기술이라고 부를 수 있는 것은 오직 인간이 만든 인공물로 한정되는 거야. 기술은 부자연스러움을 낳는데, 비버가 본성에 따라 만든 댐은 부자연스러움을 낳지 않거든. 인공물은 언제나 부자연스러움을 가져오지.

갑: 성냥으로 피운 난롯불은 부자연스럽고 번개로 붙은 산불은 자연스럽다고? 도대체 자연스러움과 부자연스러움의 경계선을 어떻게 그을 수 있어? 인간이 만든 것이든 동물이 만든 것이든, 자연을 변화시키고 자연과 맞서기 위해 만들어졌다면, 그것만으로 기술이 되기에 충분해. 그리고 그 만듦이 본성에 따른 것인지는 기술인가의 여부를 결정하는 데 무관해. 비버가 댐을 만드는 것이 비버가 지닌 본성에 따른 것처럼, 인간이 비행기를 만드는 것도 인간의 본성에 따른 것일 수 있거든.

을: 그래, 나도 인간의 기술이 인간 본성에서 비롯했다는 점에 동의할 수 있어. 하지만 어떤 것이 기술이라면, 그 사용에는 그 기술의 기초가 되는 원리에 대한 이해가 반드시 있어. 비버는 그런 이해가 없지. 그리고 어떤 것의 사용에 원리에 대한 이해가 있다면, 그 사용은 반드시 부자연스러움을 낳아.

갑: 너는 부자연스러움이 모호한 개념이라는 비판을 받아들이지 않는구나. 너의 오류는 인공물과 자연물 사이의 경계가 분명하다는 전제로부터 비롯해. 그 경계를 자연스러움과 부자연스러움 사이의 경계로 투사하고 있는 것이지. 하지만 씨 없는 수박을 생각해 봐. 그것은 완전히 인공적인 것도 완전히 자연적인 것도 아니거든.

―<보 기>―

ㄱ. 만들어진 모든 것이 본성의 소산이라는 것은, 갑의 입장도 을의 입장도 약화하지 않는다.
ㄴ. 자연을 변화시킨 인공물이지만 부자연스러움을 낳지 않는 물건이 있다는 것은, 을의 입장을 강화하지 않는다.
ㄷ. 부자연스러움을 낳는 것 중에 원리에 대한 이해 없이 생겨난 물건이 있다는 것은, 을의 입장을 약화한다.

① ㄱ　　② ㄷ　　③ ㄱ, ㄴ　　④ ㄴ, ㄷ　　⑤ ㄱ, ㄴ, ㄷ

3 다음 글의 A~D에 대한 분석으로 적절한 것만을 <보기>에서 모두 고르면?

19 5급 공채 PSAT

A: '정격연주'란 음악을 연주할 때 그것이 작곡된 시대에 연주된 느낌을 정확하게 구현하는 것을 목표로 하는 연주이다. 그럼 어떻게 정격연주가 가능할까? 그 방법은 옛 음악을 작곡 당시에 공연된 것과 똑같이 재연하는 것이다. 이런 연주는 가능하며, 그렇다면 우리는 음악이 작곡되었던 때와 똑같은 느낌을 구현할 수 있을 것이다.

B: 옛 음악을 작곡 당시에 연주된 것과 똑같이 재연하는 것은 이상일 뿐이지 현실화할 수 없다. 18세기 오페라 공연에서 거세된 사람만 할 수 있었던 카스트라토 역을 오늘날에는 도덕적인 이유에서 여성 소프라노가 맡아서 노래한다. 따라서 과거와 현재의 연주 관습상 차이 때문에, 옛 음악을 작곡 당시와 똑같이 재연하는 것은 불가능하다.

C: 똑같이 재연하지 못한다고 해서 정격연주가 불가능한 것은 아니다. 작곡자는 명확히 하나의 의도를 갖고 작품을 창작한다. 작곡자가 자신의 작품이 어떻게 들리기를 의도했는지 파악해 연주하면, 작곡된 시대에 연주된 느낌을 정확하게 구현할 수 있다. 따라서 작곡자의 의도를 파악할 수 있다면 정격연주를 할 수 있다.

D: 작곡자의 의도대로 한 연주가 작곡된 시대에 연주된 느낌을 정확하게 구현하지 못할 수 있다. 작곡된 시대에 연주된 느낌을 정확하게 구현하려면 작곡자의 의도뿐만 아니라 당시의 연주 관습도 고려해야 한다. 전근대 시대에 악기 구성이나 프레이징 등은 작곡자의 의도만이 아니라 연주자와 연주 상황에 따라 관습적으로 결정되었다. 따라서 작곡자의 의도와 연주 관습을 모두 고려하지 않는다면 정격연주를 실현할 수 없다.

―――――――― <보 기> ――――――――

ㄱ. A와 C는 옛 음악을 과거와 똑같이 재연한다면 과거의 연주 느낌이 구현될 수 있다는 것을 부정하지 않는다.
ㄴ. B는 어떤 과거 연주 관습은 현대에 똑같이 재연될 수 없다는 것을 인정하지만, D는 그렇지 않다.
ㄷ. C와 D는 작곡자의 의도를 파악한다면 정격연주가 가능하다는 것에 동의한다.

① ㄱ　　　② ㄴ　　　③ ㄱ, ㄷ　　　④ ㄴ, ㄷ　　　⑤ ㄱ, ㄴ, ㄷ

4 다음 갑~병의 주장에 대한 평가로 적절한 것만을 <보기>에서 모두 고르면?

20 민경채 PSAT

갑: 어떤 나라의 법이 불공정하거나 악법이라고 해도 그 나라의 시민은 그것을 준수해야 한다. 그 나라의 시민으로 살아간다는 것이 법을 준수하겠다는 암묵적인 합의를 한 것이나 마찬가지이기 때문이다. 우리에게는 약속을 지켜야 할 의무가 있다. 만일 우리의 법이 마음에 들지 않았다면 처음부터 이 나라를 떠나 이웃 나라로 이주할 수 있는 자유가 언제나 있었던 것이다. 이 나라에서 시민으로 일정 기간 이상 살았다면 법을 그것의 공정 여부와 무관하게 마땅히 지켜야만 하는 것이 우리 시민의 의무이다.

을: 법을 지키겠다는 암묵적 합의는 그 법이 공정한 것인 한에서만 유효한 것이다. 만일 어떤 법이 공정하지 않다면 그런 법을 지키는 것은 오히려 타인의 인권을 침해할 소지가 있고, 따라서 그런 법의 준수를 암묵적 합의의 일부로 간주해서는 안 될 것이다. 그러므로 공정한 법에 대해서만 선별적으로 준수의 의무를 부과하는 것이 타당하다.

병: 법은 정합적인 체계로 구성되어 있어서 어떤 개별 법 조항도 다른 법과 무관하게 독자적으로 주어질 수 없다. 모든 법은 상호 의존적이어서 어느 한 법의 준수를 거부하면 반드시 다른 법의 준수 여부에도 영향을 미칠 수밖에 없다. 예를 들어, 조세법이 부자에게 유리하고 빈자에게 불리한 불공정한 법이라고 해서 그것 하나만 따로 떼어내어 선별적으로 거부한다는 것은 불가능하다. 그렇게 했다가는 결국 아무 문제가 없는 공정한 법의 준수 여부에까지 영향을 미치게 될 것이다. 따라서 법의 선별적 준수는 전체 법체계의 유지에 큰 혼란을 불러올 우려가 있으므로 받아들여서는 안 된다.

─── <보 기> ───

ㄱ. 예외적인 경우에 약속을 지키지 않아도 된다면 갑의 주장은 강화된다.
ㄴ. 법의 공정성을 판단하는 별도의 기준이 없다면 을의 주장은 약화된다.
ㄷ. 이민자를 차별하는 법이 존재한다면 병의 주장은 약화된다.

① ㄱ   ② ㄴ   ③ ㄱ, ㄷ   ④ ㄴ, ㄷ   ⑤ ㄱ, ㄴ, ㄷ

5 다음 A와 B에 대한 평가로 적절한 것만을 <보기>에서 모두 고르면?

25 5급 공채 PSAT

회사에서의 내부자 고발은 어떤 사람이 자신이 속한 회사의 법적 또는 도덕적 잘못을 외부에 공개하는 행위를 말한다. 그렇다면 도덕적으로 정당화된 내부자 고발이란 무엇인가? 도덕적으로 정당화된 내부자 고발에 대한 다음의 두 견해가 있다.

A: 내부자 고발의 도덕적 정당성은 다음의 조건을 모두 만족할 경우 그리고 오직 그 경우에만 확보된다. 첫째, 고발자가 속한 회사가 대중이나 사회에 심각한 피해를 입히고 있어야 한다. 둘째, 고발자가 해당 회사의 잘못을 직속 상관이나 회사 내 다른 구성원에 보고했지만, 그 어떤 조치도 취해지지 않았어야 한다. 셋째, 회사의 잘못에 대한 증거를 가지고 있어야 한다. 마지막으로 고발자는 내부자 고발이 자신이 속한 회사가 사회에 미치는 심각한 피해를 방지할 것이라고 믿을 충분한 이유가 있어야 한다. 이 중 마지막 조건이 가장 핵심이다. 결국 내부자 고발이 도덕적으로 정당화되기 위한 핵심은 고발자가 내부자 고발을 통해 해당 회사가 대중들이나 사회에 가하는 추가적인 피해를 방지하고자 하는 데 있다.

B: 내부자 고발의 도덕적 정당성은 다음의 조건을 모두 만족할 경우 그리고 오직 그 경우에만 확보된다. 첫째, 고발자가 폭로하려는 내용이 고발자가 속한 부서의 업무이어야 한다. 둘째, 고발자는 자신이 폭로하려는 내용이 심각하게 잘못된 것이라 믿고 있어야 한다. 셋째, 고발자는 자신이 폭로하려는 내용에 관한 적절한 증거를 가지고 있어야 한다. 마지막으로, 만약 고발자가 잘못을 폭로하지 않으면, 고발자는 자신이 속한 회사의 잘못에 계속 일조할 것이라고 믿을 충분한 이유를 지녀야 한다. 이 중 마지막 조건이 가장 핵심이다. 결국 내부자 고발의 도덕적 정당성의 핵심은 고발자가 해당 회사가 범한 잘못에 가담하지 않고자 하는 데 있다.

<보 기>

ㄱ. 회사가 대중이나 사회에 입히고 있는 피해가 심각하지 않은데도 불구하고 그 회사에 대한 내부자 고발이 도덕적으로 정당하다고 인정되는 사례는 A의 주장을 약화한다.

ㄴ. 고발자가 속한 부서가 잘못하고 있다는 것에 대한 적절한 증거가 없어서 내부자 고발이 도덕적으로 정당하다고 인정되지 않는 사례는 B의 주장을 약화한다.

ㄷ. 회사 내 다른 구성원에게 회사의 잘못을 알려 그 잘못에 계속 일조하지 않을 방법이 있음에도 알리지 않고 제기한 내부자 고발이 정당하다고 인정되는 사례는 A와 B의 주장을 둘 다 강화한다.

① ㄱ   ② ㄷ   ③ ㄱ, ㄴ   ④ ㄴ, ㄷ   ⑤ ㄱ, ㄴ, ㄷ

6 다음 갑~무의 대화에 대한 분석으로 적절하지 <u>않은</u> 것은?　　　24 7급 공채 PSAT

갑: 2017년부터 우리 A시에 주민등록을 하여 거주해 오는 주민이 출산 직후인 2024년 4월 22일에 출산장려금과 산후관리비의 지원을 신청했습니다. 그런데 그 주민은 2023년 8월 30일부터 2023년 9월 8일까지 다른 지역으로 주민등록을 옮겨서 거주한 일이 있어서, 지원 대상이 될 수 없다고 통보하자 민원을 제기했습니다.

을: 안타까운 일이군요. 민원인은 요건상의 기간 중에 배우자의 직장 문제로 열흘 정도 다른 지역에 계셨을 뿐, 줄곧 우리 A시에 살고 계십니다.

갑: 「A시 산후관리비 및 출산장려금 지원에 관한 조례」(이하 'A시 조례') ⑤ 제3조의 산후관리비 지원 자격 요건은 "출산일 기준으로 12개월 전부터 신청일 현재까지 계속하여 A시에 주민등록을 둔 산모"라고 규정합니다. 어쩔 수 없습니다.

을: ⓒ 제7조의 출산장려금 지원 자격 요건은 제3조에서와 동일하게 규정되어 있는데 "계속하여"라는 문구는 없습니다. 그러니 출산장려금은 지급했어야 하는 것 아닙니까?

병: 그것도 또한 계속성을 요구한다고 해석해야 합니다. 우리와 인접한 B시의 「B시 출산장려금 지원 조례」(이하 'B시 조례') ⓒ 제2조의 출산장려금 지원 자격 요건은 A시 조례 제7조와 같은 취지와 형식의 문구로 되어 있으면서 계속성을 명시합니다. 다른 지방자치단체들의 조례도 마찬가지입니다.

정: 그러나 B시 조례를 잘 보면 출산 전 주민등록의 기간은 우리의 절반밖에 되지 않습니다. 이 점을 고려하면, 둘을 동일 선상에 놓고 보아서는 안 됩니다.

무: 판례를 고려하여 해석하는 것이 적절해 보입니다. 갱신되거나 반복된 근로계약에서는 그 사이 일부 공백 기간이 있더라도 근로관계의 계속성을 인정해야 한다는 판결이 있습니다. 근로자를 보호하는 취지인데요, 자녀를 두는 가정을 보호하려는 A시 조례의 두 지원 사업은 그와 일맥상통합니다. 계속성은 유연하게 해석합시다.

① 갑은 민원인이 ⑤을 갖추었는지 여부에 대한 판단에서 병과는 같고 무와는 다르다.
② 을은 ⑤에 관한 조항에 나오는 "계속하여"라는 문구의 의미를 갑, 병과 달리 이해한다.
③ 병은 ⓒ에서처럼 주민등록의 계속성을 명시하는 것이 ⓒ과 같은 경우보다 일반적이라고 이해한다.
④ 정은 조문의 해석에서 ⓒ에서의 주민등록 기간이 ⓒ에서와 다르다는 점을 고려할 수 있다고 본다.
⑤ 무는 ⑤과 관련하여 일시적인 단절이 있어도 계속성의 요건이 충족될 수 있다고 본다.

DAY 28 담화문 ③

- 풀이 시간: /10분
- 맞은 문제: /6문제

1 다음 글의 갑~병에 대한 분석으로 적절한 것만을 <보기>에서 모두 고르면? 25 5급 공채 PSAT

코페르니쿠스는 『천구의 회전에 관하여』에서 "다른 방식에서 발견할 수 없는 천구의 운동과 크기 사이의 조화로운 관계를 태양 중심 체계에서는 발견할 수 있다."라며 자신의 이론을 옹호했다. 이에 대하여 갑~병은 다음과 같은 견해를 제시했다.

갑: 천구의 운동은 시간 개념인 행성의 회전 주기를, 천구의 크기는 공간 개념인 행성의 회전 반경을 말한다. 지구 중심 체계에서 금성을 보자. 회전 반경은 화성보다 작고 수성보다 크지만, 회전 주기는 화성보다 짧고 수성과 같다. 이처럼 지구 중심 체계에서 회전 주기와 회전 반경의 관계는 일관되지 않지만, 태양 중심 체계에서는 모든 행성에서 회전 반경이 클수록 회전 주기도 커진다. 코페르니쿠스는 이를 조화로운 관계라고 하며, 태양 중심 체계가 미적으로 뛰어나다는 것을 근거로 자신의 이론을 옹호하고 있다.

을: 지구 중심 체계와 달리 태양 중심 체계에서 회전 주기와 회전 반경 사이에 일관된 관계가 성립한다는 것은 분명하다. 하지만 코페르니쿠스가 미적인 이유만으로 자신의 이론을 옹호하지는 않았을 것이다. 조화로운 관계가 성립해야 하는 이유에 대한 코페르니쿠스의 입장을 추가로 확인해 봐야만 한다.

병: 그가 태양 중심 체계를 옹호하는 근거 중 하나로 회전 주기와 회전 반경 사이의 일관된 관계가 지닌 미적 특징을 들었다는 것은 부정할 수 없다. 하지만 그 관계는 태양 중심 체계의 과학적 특징도 보여준다. 무언가를 예측할 수 있는 이론은 그렇지 않은 것들보다 과학적이다. 태양 중심 체계는 회전 주기와 회전 반경 사이의 관계를 이용하여 여러 행성들의 움직임을 예측할 수 있다. 하지만 지구 중심 체계로는 그와 같은 예측이 불가능하다. 예측 가능성도 그가 태양 중심 체계를 옹호한 근거 중 하나로 생각해야 한다.

<보 기>

ㄱ. 코페르니쿠스의 태양 중심 체계에서 행성의 회전 주기와 회전 반경 사이에 일관된 관계가 성립한다는 것에 갑, 을, 병 모두 동의한다.

ㄴ. 코페르니쿠스가 조화로운 관계를 미적으로 뛰어나다고 평가했다는 것에 대해서 갑은 동의하지만, 을은 동의하지 않는다.

ㄷ. 코페르니쿠스가 자신의 이론을 옹호하는 데 미적 우월성보다 예측 가능성을 더 중시했다는 것에 갑과 병은 동의한다.

① ㄱ   ② ㄷ   ③ ㄱ, ㄴ   ④ ㄴ, ㄷ   ⑤ ㄱ, ㄴ, ㄷ

2 다음 논쟁에 대한 분석으로 적절한 것만을 <보기>에서 모두 고르면?

17 민경채 PSAT

갑: 17세기 화가 페르메르의 작품을 메헤렌이 위조한 사건은 세상을 떠들썩하게 했지. 메헤렌의 그 위조품이 지금도 높은 가격에 거래된다고 하는데, 이 일은 예술 감상에서 무엇이 중요한지를 생각하게 만들어.

을: 눈으로 위조품과 진품을 구별할 수 없다고 하더라도 위조품은 결코 예술적 가치를 가질 수 없어. 예술품이라면 창의적이어야 하는데 위조품은 창의적이지 않기 때문이지. 예술적 가치는 진품만이 가질 수 있어.

병: 메헤렌의 작품이 페르메르의 작품보다 반드시 예술적으로 못하다고 할 수 있을까? 메헤렌의 작품이 부정적으로 평가되는 것은 메헤렌이 사람들을 속였기 때문이지 그의 작품이 예술적으로 열등해서가 아니야.

갑: 예술적 가치는 시각적으로 식별할 수 있는 특성으로 결정돼. 그런데 많은 사람들이 위조품과 진품을 식별할 수 없다고 해서 식별이 불가능한 것은 아니야. 전문적인 훈련을 받은 사람은 두 작품에서 시각적으로 식별 가능한 차이를 찾아내겠지.

을: 위작이라고 알려진 다음에도 그 작품을 칭송하는 것은 이해할 수 없는 일이야. 왜 많은 사람들이 <모나리자>의 원작을 보려고 몰려들겠어? <모나리자>를 완벽하게 복제한 작품이라면 분명히 그렇게 많은 사람들의 관심을 끌지는 못할 거야.

병: 사람들이 <모나리자>에서 감상하는 것이 무엇이겠어? 그것이 원작이라는 사실은 감상할 수 있는 대상이 아니야. 결국 사람들은 <모나리자>가 갖고 있는 시각적 특징에 예술적 가치를 부여하는 것이지.

<보 기>

ㄱ. 예술적 가치로서의 창의성은 시각적 특성으로 드러나야 한다는 데 갑과 을은 동의할 것이다.

ㄴ. 시각적 특성만으로는 그 누구도 진품과 위조품을 구별할 수 없다면 이 둘의 예술적 가치가 같을 수 있다는 데 갑과 병은 동의할 것이다.

ㄷ. 메헤렌의 위조품이 고가에 거래되는 이유가 그 작품의 예술적 가치에 있다는 데 을과 병은 동의할 것이다.

① ㄱ   ② ㄴ   ③ ㄱ, ㄷ   ④ ㄴ, ㄷ   ⑤ ㄱ, ㄴ, ㄷ

3. 다음 대화의 빈칸에 들어갈 내용으로 가장 적절한 것은?

21 7급 공채 PSAT

> 갑: 국회에서 법률들을 제정하거나 개정할 때, 법률에서 조례를 제정하여 시행하도록 위임하는 경우가 있습니다. 그리고 이런 위임에 따라 지방자치단체에서는 조례를 새로 제정하게 됩니다. 각 지방자치단체가 법률의 위임에 따라 몇 개의 조례를 제정했는지 집계하여 '조례 제정 비율'을 계산하는데, 이 지표는 작년에 이어 올해도 지방자치단체의 업무 평가 기준에 포함되었습니다.
>
> 을: 그렇군요. 그 평가 방식이 구체적으로 어떻게 되고, A 시의 작년 평가 결과는 어땠는지 말씀해 주세요.
>
> 갑: 먼저 그 해 1월 1일부터 12월 31일까지 법률에서 조례를 제정하도록 위임한 사항이 몇 건인지 확인한 뒤, 그중 12월 31일까지 몇 건이나 조례로 제정되었는지로 평가합니다. 작년에는 법률에서 조례를 제정하도록 위임한 사항이 15건이었는데, 그중 A 시에서 제정한 조례는 9건으로 그 비율은 60%였습니다.
>
> 을: 그러면 올해는 조례 제정 상황이 어떻습니까?
>
> 갑: 1월 1일부터 7월 10일 현재까지 법률에서 조례를 제정하도록 위임한 사항은 10건인데, A 시는 이 중 7건을 조례로 제정하였으며 조례로 제정하기 위하여 입법 예고 중인 것은 2건입니다. 현재 시의회에서 조례로 제정되기를 기다리며 계류 중인 것은 없습니다.
>
> 을: 모든 조례는 입법 예고를 거친 뒤 시의회에서 제정되므로, 현재 입법 예고 중인 2건은 입법 예고 기간이 끝나야만 제정될 수 있겠네요. 이 2건의 제정 가능성은 예상할 수 있나요?
>
> 갑: 어떤 조례는 신속히 제정되기도 합니다. 그러나 때로는 시의회가 계속 파행하기도 하고 의원들의 입장에 차이가 커 공전될 수도 있기 때문에 현재 시점에서 조례 제정 가능성을 단정하기는 어렵습니다.
>
> 을: 그러면 A 시의 조례 제정 비율과 관련하여 알 수 있는 것은 무엇이 있을까요?
>
> 갑: A 시는 ( )

① 현재 조례로 제정하기 위하여 입법 예고가 필요한 것이 1건입니다.
② 올 한 해의 조례 제정 비율이 작년보다 높아집니다.
③ 올 한 해 총 9건의 조례를 제정하게 됩니다.
④ 현재 시점을 기준으로 평가를 받으면 조례 제정 비율이 90%입니다.
⑤ 올 한 해 법률에서 조례를 제정하도록 위임받은 사항이 작년보다 줄어듭니다.

4 다음 갑~정의 논쟁에 대한 분석으로 적절한 것만을 <보기>에서 모두 고르면?

23 7급 공채 PSAT

갑: 우리는 보통 인간이나 동물이 어떤 특성을 지니고 있어서 그에 부합하는 도덕적 지위를 갖는다고 생각한다. 의식이 바로 그런 특성이다. 나는 인공지능 로봇도 같은 방식으로 그 도덕적 지위를 결정해야 한다고 생각한다. 그래서 우리는 그런 로봇에게 의식이 있는지를 따져 봐야 할 것이다. 나는 인공지능 로봇이 의식을 갖는다고 생각한다.

을: 도덕적 지위를 결정하는 기준에 대해서는 나도 갑과 생각이 같다. 하지만 나는 바로 그런 이유에서 인공지능 로봇에게 도덕적 지위를 부여할 수 없다고 생각한다. 로봇은 기계이므로 의식을 갖는 것이 가능하지 않기 때문이다.

병: 나는 인공지능 로봇에게 의식이 있는지 없는지가 그것에게 도덕적 지위를 부여하느냐 마느냐를 결정하는 근거가 될 수 없다고 생각한다. 인공지능 로봇에게 의식이 있을 수도 있겠지만, 인간의 필요에 의해서 만든 도구적 존재에게 도덕적 지위를 부여하는 것은 말이 안 된다.

정: 어떤 존재의 도덕적 지위는 우리가 그 존재와 어떤 관계를 맺고 있는지에 따라 결정된다. 우리가 로봇과 가족이나 친구와 같은 유의미한 관계를 맺고 있다면, 인공지능 로봇이 의식을 갖지 않는 경우라 해도, 로봇에게 도덕적 지위를 부여해야 한다.

─── <보 기> ───

ㄱ. 을과 정은 인공지능 로봇에게는 의식이 없다고 생각한다.
ㄴ. 인공지능 로봇에게 의식이 있어도 도덕적 지위를 부여할 수 없다고 생각하는 사람이 있다.
ㄷ. 인공지능 로봇에게 실제로 의식이 있다고 밝혀진다면, 네 명 중 한 명은 인공지능 로봇에게 도덕적 지위를 부여해야 하는가에 대한 입장을 바꿔야 한다.

① ㄱ   ② ㄴ   ③ ㄱ, ㄷ   ④ ㄴ, ㄷ   ⑤ ㄱ, ㄴ, ㄷ

[5-6] (가)는 모둠 과제를 수행하기 위한 학생들의 토의이고, (나)는 이를 바탕으로 작성한 글의 초고이다. 물음에 답하시오.

19 평가원 6월 모평

[모둠 과제 안내장]
- 과제: 다른 지역의 학생들에게 우리 도시를 소개하는 글쓰기
- 조건: 우리 도시의 특색 있는 장소나 행사를 포함할 것

(가)
학생 1: 자, 어떤 내용으로 글을 쓸지 논의해 보자. 나는 분식으로 유명한 맛나거리에 대해 쓰고 싶은데, 어때?
학생 2: 요즘 음식으로 유명한 △△거리, □□길처럼 비슷한 장소가 다른 지역에도 많잖아.
학생 3: 그럼 맛나거리 대신에 반딧불이 축제를 소개하자. 우리 도시가 청정하다는 점을 드러낼 수 있잖아.
학생 1: 그게 좋겠다. 반딧불이 축제에 대해 조사해 올게.
학생 2: 응, 알겠어. 그리고 사랑미술관도 소개하자. 거기서 운영하는 유화 그리기 수업이 우리 도시에서만 하는 거라 특색 있어 보이던데.
학생 1: 그 수업은 어른들만을 대상으로 하는 거잖아.
학생 3: 사랑미술관의 다른 활동 중에 학생들을 대상으로 하는 게 있는지 더 찾아봐야 할 것 같아.
학생 2: 알겠어. 그러면 방금 이야기한 점을 고려해서 사랑 미술관에 대해 조사해 올게.
학생 3: 우리 도시의 특색 중에 전통이 드러나는 산할머니 제당과 거기서 열리는 문화제도 소개하자.
학생 1: 좋은 생각이야. 그 내용에 산할머니 전설과 사랑시 명칭의 유래도 추가하는 건 어떨까?
학생 3: 알겠어. 그 내용도 조사해 올게. ⎤
학생 2: 참, 바람맞이 언덕이 사진 찍기에 좋다던데. 우리 도시의 특색은 아니지만 제당 근처니까 바람맞이 언덕도 소개하자. ⎥ [A]
학생 3: 그리고 제당에서 언덕까지 찾아가는 길도 안내하면 좋겠어. ⎥
학생 1, 2: 좋아. ⎦
학생 3: 혹시 더 논의할 사항이 있어?
학생 2: 수집한 내용들을 나열해서 쓰기만 하면 평범한 글이 될 것 같은데, 어떻게 하면 인상적인 글을 쓸 수 있을까?
학생 1: 독자들이 찾아가기 쉽도록 이동 경로가 드러나게 글을 조직하는 건 어때?
학생 3: 좋은 생각이야. 그리고 우리 도시를 상징하는 반딧불이 그림에 말풍선을 달고 거기에 문구를 넣자. 사랑시의 전통, 자연, 예술 분야의 특색을 모두 드러내고, 사랑시를 방문하면 얻을 수 있는 좋은 점도 문구에 포함하면 좋겠어.
학생 1: 그럼 문구는 어떻게 표현하는 게 좋을까?
학생 2: 대조의 표현 방식을 사용하는 건 어때?
학생 1, 3: 응, 좋아.
학생 1: 그럼 다음 주에는 함께 글을 써 보자.

(나)

@

사랑시의 이야기는 사랑시 터미널에서 버스로 20분 거리에 위치한 '산할머니 제당'에서 시작한다. 이 제당은 사랑시의 전통적 특색을 드러내는 곳으로 사랑시 명칭의 유래와도 관련된 곳이다. 전설에 따르면, 하늘에서 내려온 여인이 아들 네 쌍둥이를 낳았는데, 그 네 아들[四郞(사랑)]은 평생 효를 다해 어머니를 모셨고, 훗날 그 여인은 하늘로 올라가 마을을 지켜 주는 산할머니신이 되었다고 한다. 그래서 예부터 우리 도시는 효를 으뜸으로 여기며, 산할머니신을 섬기는 전통을 이어받아 이곳에서 해마다 문화제를 열고 있다. 제당 뒤편으로 난 길을 따라가다 정자를 지나 5분 정도 더 올라가면 '바람맞이 언덕'에 도착한다. 언덕 중앙에는 사랑시에서 가장 오래된 은행나무가 있다. 노을이 질 무렵 바람맞이 언덕과 어우러진 풍경이 아름다워 사람들이 사진을 찍기 위해 많이 찾고 있다.

[B]

바람맞이 언덕에서 오른편으로 난 길을 따라 20여 분 걷다 보면 '사랑미술관'이 나온다. 이곳은 우리 도시로 이주한 예술가들이 사랑시 사람들의 일상적인 모습과 청정한 자연의 모습을 담은 작품들을 전시하고 있다. 특히 화가들이 학생들을 대상으로 직접 자신들의 작품을 해설해 주고 있어 관심을 끌고 있다.

사랑미술관에서 10분 정도 걸으면 숲이 우거진 공간이 나오는데, 이곳에서는 매년 여름에 '반딧불이 축제'가 열린다. 반딧불이 축제에서는 깨끗한 환경에서만 사는 반딧불이를 직접 보며 아름다운 반딧불을 즐길 수 있다. 여름날 사랑미술관에 들렀다가, 해가 지면 반딧불이 축제장에 가 보는 것도 좋다.

바쁜 학교생활로 인한 긴장을 풀고 즐거운 추억을 쌓을 수 있는 곳이 필요하다면 맑고 깨끗한 자연환경이 돋보이는 도시, 전통과 예술이 공존하는 도시인 사랑시의 이야기를 따라 길을 떠나 보자.

5 [A]를 바탕으로 [B]를 작성했다고 할 때, [B]에 반영된 내용으로 가장 적절한 것은?

① 산할머니 제당과 문화제를 소개하자는 의견을 반영하여, 제당과 문화제에서 열리는 다양한 행사를 안내한다.
② 산할머니 전설을 추가하자는 의견을 반영하되, 산할머니의 일화가 담긴 은행나무도 함께 소개한다.
③ 사랑시 명칭의 유래를 추가하자는 의견을 반영하되, 사랑시의 명칭이 변화되어 온 과정도 설명한다.
④ 사랑시 전통을 보여 주는 바람맞이 언덕을 소개하자는 의견을 반영해, 매해 문화제가 열리는 이유를 설명한다.
⑤ 제당에서 바람맞이 언덕으로 찾아가는 길을 안내하자는 의견을 반영하여, 정자를 거쳐서 가는 경로를 소개한다.

6 (가)와 (나)를 바탕으로 할 때, ⓐ에 들어갈 내용으로 가장 적절한 것은?

① 효의 고장, 사랑시로 오시겠어요? 바람맞이 언덕에서 별빛처럼 피어나는 반딧불을 보면 텅 빈 가슴이 빛으로 가득 찰 거예요.
② 산할머니 전설이 남아 있는 사랑시에는 효의 전통과 함께 맑고 깨끗한 자연 풍경이 있어요. 아름다운 예술이 가득한 사랑시로 오세요.
③ 사랑시의 맑고 깨끗한 자연을 담은 그림을 감상하면서 화가의 해설을 들어 보세요. 효의 전통을 느낄 수 있는 산할머니 전설이 가족의 소중함을 깨닫게 해 줍니다.
④ 효의 정신이 담긴 산할머니 전설과 화가들의 작품 이야기가 있는 청정한 사랑시로 오세요. 어두운 여름밤을 수놓는 밝은 반딧불을 보면 여러분들 마음속에 여유가 생길 거예요.
⑤ 사랑스러운 반딧불이와 오순도순 함께 떠나는 사랑시 여행. 눈은 시원하게 마음은 따뜻하게, 사랑시의 평범한 사람들의 일상이 오롯이 담긴 미술 작품을 천천히 둘러보십시오.

DAY 29 실용문 ①

· 풀이 시간:　　/7분 30초
· 맞은 문제:　　/5문제

1 다음은 공간정보 빅데이터 플랫폼의 개선 방향에 대한 연구 보고서 서문이다. 다음 보고서를 보고 추론한 내용으로 적절하지 않은 것은?

> 공간정보란 공간에 존재하는 물체의 위치·분포·현상 등을 정보화한 공간에 대한 모든 정보로, 인간이 일상생활이나 특정한 상황에서 행동이나 태도를 결정하는 데 중요한 기초 정보와 기준을 제시한다. 지형지물과 같은 도형정보뿐만 아니라 그 공간의 자연적·사회적·경제적 특성 등을 기록할 수 있는 공간정보는 4차 산업혁명 시대를 맞이하여 자율주행차, 드론, 스마트시티 등의 신산업 발전 기반이 되며 그 중요성이 더욱 확대되고 있다.
> 오늘날 공간정보는 생활의 편리성 향상에 기반이 되기도 한다. 교통카드 데이터와 통신 데이터를 통해 얻은 대중교통 승하차 및 환승 정보와 유동인구 정보 등을 통합·분석하여 대중교통 노선 조정 및 신규 노선 지정에 활용하거나, 건물 용도, 카드 매출, 승하차 정보 등을 복합적으로 분석하여 역세권 토지 이용 개발 계획을 수립하는 데 기초자료로 활용하는 것이다.
> 그러나 이와 같은 공간정보를 활용한 생활 편의 향상 및 국토관리가 쉽게 이루어진 것은 아니다. 기존 국내 공간정보 기술력은 세계 최고 기술보다 뒤처져있었을 뿐만 아니라, 이를 극복하기 위한 연구개발도 단편적인 수요 대응 차원에서 연구개발 가능한 분야를 중심으로 추진되어 미래 전망과 수요를 반영하기 어려웠기 때문이다.
> 게다가 수치지형도 상의 건물 형상과 도로 표현의 불일치 등 지형, 하천, 건물, 도로 등의 공간정보를 통합하고 활용하는 데 밑바탕이 되는 기본공간정보의 체계적인 품질관리가 미흡하여 공간정보 활용에도 불편함이 있었다. 따라서 정부 주도하에 공간정보 연구개발 혁신 및 기본공간정보 체계 개선 방안 마련을 위한 지속적인 노력이 시행되었다.
> 하지만 공간정보를 4차 산업혁명 시대의 핵심 정보인프라로 활용하기에는 일부 공공 공간정보 빅데이터 플랫폼은 여전히 부족한 관리 인력과 운영예산 및 H/W 인프라와 데이터로 인해 사용자 관심도와 활용도가 낮은 실정이다. 이에 본 연구는 2장에서 공간정보 빅데이터 플랫폼의 개발 및 운영 현황, 국가공간정보시스템과의 관계, 활용도를 분석하였고, 3장에서 공간정보 빅데이터 플랫폼 융·복합기술 현황 및 개발 방향을 분석하였다. 4장에서는 앞선 분석 결과를 토대로 적용 가능한 공간정보 빅데이터 플랫폼 개선 방향을 제시하였으며, 5장에서는 연구 결과에 대한 논의와 결론을 제시하였다.

① 일부 공공 공간정보 빅데이터 플랫폼은 사용자의 관심도와 활용도를 높이기 위한 개선이 필요하다.
② 국내 공간정보에 대한 연구개발은 장기적 관점에서 필요성을 충족할 수 있는 분야 위주로 진행되어 왔다.
③ 공간정보는 여러 분야의 데이터를 종합적으로 분석하여 삶의 편의성을 증진하는 데 사용되기도 한다.
④ 공간정보는 특정 공간에서 발생한 지리적 데이터뿐만 아니라 사회·경제적 데이터도 나타낼 수 있다.
⑤ 과거 공간정보는 서류상의 표기와 실제 건물 모습이 불일치하는 등 정보의 품질관리가 다소 부족하였다.

2 다음 글의 중심 내용으로 가장 적절한 것은?

국토교통부가 건축물 정보와 에너지 사용량 정보(건축물 에너지·온실가스 정보체계)를 바탕으로 발표한 전국 모든 건물의 20X1년 에너지 사용량 통계에 따르면 단위 면적당 건물 에너지 사용량이 꾸준하게 감소하고 있는 것으로 나타났다. 국토교통부는 한국부동산원과 함께 전국의 모든 건물을 대상으로 지역별(광역시도 및 시·군·구), 용도별(29종), 세부용도별(13종), 에너지원별(전기·도시가스·지역난방)로 에너지 사용량을 집계하여 매년 5월 말 건물 에너지 사용량 통계를 발표하고 있다. 이번에 발표된 통계자료는 국토교통부 녹색건축포털 건물 에너지 통계 서비스를 통해 모든 국민에게 공개되어 누구나 활용할 수 있다.

20X1년 전체 건축물 에너지 사용량은 34,344천TOE로 용도별, 시도별, 에너지원별(전기·도시가스·지역난방) 사용량은 다음과 같다. 먼저 용도별 사용량은 주거용이 전체 에너지 사용량의 약 60%를 차지하며, 나머지 비주거용에서는 근린생활시설이 13.9%, 업무시설이 5.9%, 교육연구시설이 4.8%로 높은 비중을 차지하는 것으로 나타났다. 시도별 사용량은 서울·경기 지역이 전체 에너지 사용량의 절반가량인 49%를 차지하는 것으로 확인되었으며, 그중 서울 지역은 연면적 비중(17%)에 비해 에너지 사용량 비중(22%)이 높아 타지역에 비해 단위 면적당 에너지 사용량이 많은 것으로 나타났다. 건물부문에서 사용된 에너지를 원(原)별로 분류하면 전기(52%), 도시가스(40%), 지역난방(8%) 순이었으나, 거주 형태에 따라 세분하여 살펴보면 주거용은 도시가스(52%)가, 비주거용은 전기(73%)가 가장 많이 사용되는 에너지원인 것으로 집계되었다.

한편 단열기준 도입 시점(1979년) 전·후부터 사용 승인을 받은 건축물의 그룹(10년 간격)별 연간 단위 면적당 에너지 사용량을 시계열로 분석한 결과는 다음과 같다. 단열기준 도입 시점인 1979년 이전 사용 승인받은 건축물 대비 최근 10년 이내에 사용 승인을 받은 주거용 건물은 23%, 비주거용은 36% 단위 면적당 에너지 사용량이 감소한 것으로 나타났다. 이는 그동안 신축 건축물에 대한 단계적 에너지 허가기준 강화, 노후 건축물에 대한 그린리모델링 추진 등 건물 에너지 효율 향상을 위한 지속적인 녹색건축정책 추진이 에너지 사용량 감소 효과로 나타난 것으로 풀이된다. 특별히 세종시는 20X1년 건물 에너지 사용량 통계 중 전년 대비 에너지 사용량 증가율(△7.8%)이 전국에서 가장 높았으나, 연면적 증가율(△8.6%)은 그보다 낮아 에너지 효율이 높은 건축물의 보급과 단위 면적당 에너지 사용량 감소와의 상관관계를 보여주는 사례로 볼 수 있다.

국토교통부 건축정책관은 "매년 발표되는 건물 에너지 사용량 통계로 지역별·용도별 건물 에너지 사용 경향, 다양한 지표와의 상관관계 분석 등을 통한 건물 부문 탄소 저감 정책을 발굴할 수 있는 체계가 마련된 만큼 앞으로 다양한 분야에서 활용될 수 있기를 기대한다"라면서 "국토교통부는 건물 에너지 사용량 및 효율 등의 다양한 지표를 분석하고 건물 부문 온실가스 배출량 통계로 확대하는 등 건물 에너지 사용량 국가 승인 통계를 지속적으로 고도화하여 공공부문 디지털정보 공유 기반 마련을 통한 디지털 플랫폼 정부 구축에 기여할 계획"이라고 밝혔다.

※ 출처: 국토교통부 보도자료

① 건물 에너지 사용량에 따른 정부의 통계자료 공개 범위 확대 방침과 관련하여 국민의 반응이 엇갈리고 있다.
② 건축물 에너지 사용량 중 가장 많은 비중을 차지하는 에너지원은 거주 형태에 상관없이 도시가스로 집계되었다.
③ 지속적인 녹색건축정책에 따른 에너지 효율 향상의 영향으로 단위 면적당 건물 에너지 사용량이 감소하고 있다.
④ 단열기준 도입 이전에 사용 승인을 받은 건축물의 단위 면적당 에너지 사용량은 단열기준 도입 전까지 매년 증가하였다.
⑤ 국토교통부는 디지털 플랫폼 정부 구축에 기여하기 위해 건물 에너지 사용량 국가 승인 통계를 고도화할 방침이라고 밝혔다.

3 국세청에서 근무하는 강 주무관은 근로장려금 신청 안내문의 제작 및 배부를 담당하고 있다. 보도자료를 바탕으로 안내문의 초안을 수정하고자 할 때, 강 주무관이 수정해야 할 내용으로 가장 적절하지 <u>않은</u> 것은?

[상반기 근로장려금 신청 안내문]

(1) 근로장려금이란?
- 소득과 재산이 일정 금액 미만인 근로자, 종교인 및 모든 사업자 가구에 대해 가구원 구성과 부부합산 총급여액 등에 따라 근로장려금을 지급하여 근로를 장려하고 소득을 지원하는 제도

(2) 산정 대상 근로소득 및 신청·지급 일정
- 산정 대상 근로소득: 직전년도 하반기 근로소득
- 상반기 근로장려금 신청 기간: 9월 1일~9월 15일
- 상반기 근로장려금 지급일: 올해 12월 중 지급 예정

※ 단, 반기 신청의 경우 산정액의 35%만 지급함

(3) 신청 자격
- 근로소득자는 정기 신청과 반기 신청 중 선택 가능
- 본인과 배우자 모두 사업소득자 또는 종교인인 경우 정기 신청만 가능
- 2019년 부부합산 연간 총소득 합계액과 2020년 연간 추정근로소득 합계액이 가구원 구성에 따른 총소득 기준금액 미만인 경우에만 신청 가능(단, 2019년 6월 1일 기준 모든 가구원의 소유 재산 합계액이 2억 원 미만인 경우에만 신청 가능)

단독가구	홑벌이 가구	맞벌이 가구(부부합산)
2,000만 원 미만	3,000만 원 미만	3,600만 원 미만

※ 총소득 금액: 사업, 기타, 종교인, 이자, 배당, 연금소득의 합계액
※ 소유 재산: 토지, 건물, 승용자동차, 전세보증금, 금융재산, 유가증권, 골프 회원권, 부동산 취득 권리, 부채 등

(4) 신청 방법
- 신청 안내문 수신자: ARS 전화(1234-1234), 손택스(모바일 홈택스), 인터넷 홈택스
- 신청 안내문 미수신자: 소득, 재산 등 신청 요건 확인 후 인터넷 신청 또는 세무서 방문하여 서면 신청

(5) 주의사항
- 상반기 근로장려금 반기 신청자의 경우, 하반기 소득분에 대한 별도의 하반기 근로장려금 신청이 필요함

[근로장려금 관련 보도자료]

'근로장려금'이란 조세특례제한법 제10절의2(근로 장려를 위한 조세특례)에 따라 '소득과 재산이 일정 금액 미만인 근로자, 종교인 또는 사업자(전문직 제외) 가구에 대해 일하는 만큼 가구원 구성과 총급여액 등(부부합산)에 따라 산정된 근로장려금을 지급하여 근로를 장려하고 소득을 지원하는 일과 연계된 복지제도'입니다. (출처=국세청 홈택스)

지난 9월 1일부터 근로장려금 상반기 신청이 시작되었으며, 신청 기한은 9월 15일까지라고 합니다. 반기 신청, 반기 지급 제도는 소득 발생 시점과 장려금 수급 시점 간 시차가 크게 발생하는 기존 장려금 지급 제도의 단점을 보완하고 장려금 지원의 실질적인 체감도를 높이기 위하여, 반기별 소득 파악이 가능한 근로소득자에 한하여 당해 연도 소득을 기준으로 근로장려금을 반기별로 신청·지급할 수 있도록 2019년부터 시행된 제도입니다.

먼저, 상반기 소득 중 사업소득이나 종교소득이 있는지 확인하셔야 합니다. 반기 신청은 사업소득자와 종교인은 불가하며 근로소득자만 신청할 수 있기에, 본인과 배우자의 2020년 상반기 소득 중에 사업소득이나 종교소득이 있다면 2021년 5월에 있을 정기 신청만 가능합니다.

다음으로, 2019년 부부합산 연간 총소득 합계액 및 2020년 부부합산 연간 추정근로소득 합계액이 가구원 구성에 따라 정한 총소득 기준금액 미만이어야 합니다. 즉, 단독 가구는 2,000만 원 미만, 홑벌이 가구는 3,000만 원 미만, 맞벌이 가구(부부합산)는 3,600만 원 미만이어야 신청 가능합니다. 이때 총소득 금액이란 조세특례제한법 시행령에 따라 근로, 사업, 기타, 종교인, 이자, 배당, 연금소득의 합계액을 말합니다.

마지막으로, 가구원 모두가 2019년 6월 1일 기준 소유한 재산의 합계액이 2억 원 미만이어야 합니다. 여기에는 토지, 건물, 승용자동차, 전세보증금, 금융·재산, 유가증권, 골프 회원권, 부동산을 취득할 수 있는 권리 등이 포함되며, 부채는 차감하지 않습니다.

근로장려금은 다양한 신청 경로를 열어두고 있습니다. 먼저, 신청 안내문(개별인증번호)을 받은 경우에는 ARS 전화(1544-9944), 손택스(모바일 홈택스), 인터넷 홈택스를 통해 신청할 수 있습니다. 반면, 신청 안내문을 받지 못한 경우에는 소득, 재산 등 신청 요건 확인 후 인터넷 또는 세무서에 방문하여 서면으로 신청하여야 합니다.

이렇게 2020년 9월 1일부터 15일까지 이루어지는 상반기 소득분에 대한 근로장려금 반기 신청을 하셨다면, 하반기 소득분에 대하여도 신청을 한 것으로 의제됩니다. 따라서 상반기 신청자는 하반기 신청 및 정기 신청을 별도로 하지 않습니다. 이번 상반기 근로장려금은 올해 12월 지급될 예정이며, 반기 신청의 경우 산정액의 35%를 지급한다고 합니다.

※ 출처: 대한민국 정책브리핑 보도자료

① 신청 자격에서 '본인과 배우자 모두'를 '본인과 배우자 중 한 사람이라도'로 바꾸어 써야 한다.
② 주의사항에서 상반기 근로장려금 반기 신청자는 별도의 하반기 신청 및 정기 신청을 하지 않아도 된다는 내용으로 고친다.
③ 산정 대상 근로소득 및 신청·지급 일정에서 산정 대상 근로소득을 '직전년도 하반기'에서 '당해 연도'로 수정한다.
④ 신청 방법에서 신청 안내문 수신자와 신청 안내문 미수신자의 신청 방법을 서로 변경해야 한다.
⑤ 근로장려금이란?에서 '모든 사업자 가구'를 '전문직을 제외한 모든 사업자'로 수정해야 한다.

4 다음 글의 내용과 일치하지 않는 것은?

> 국토교통부는 "전차선로의 지지설비 상태를 고해상도로 영상을 획득하여 검사하는 기술"(이하 "전차선로 지지설비 검사기술")을 교통신기술 제56호로 지정한다고 밝혔다. 이번에 교통신기술 제56호로 지정된 전차선로 지지설비 검사기술은 철도 차량에 검사장비를 탑재하여 운행 중 촬영을 통해 전차선로 지지설비의 변형·파손·탈락 등 결함을 자동 검사하는 기술이다. 전차선의 마모·재료 불량, 기온 변화 등으로 전차선이 늘어지는 등의 상태 변형이 오면 전력 공급에 차질이 있기 때문에 열차를 원활히 운행하기 위해서는 전차선로 지지설비의 상시 관리가 필요하다. 신기술을 적용할 경우 열차에 탑재된 검사장비를 통해 열차 운행 중 전차선로 지지설비를 고속(0.00001초) 및 고해상도(0.4mm/pixel) 카메라로 촬영하고, 딥러닝 기반의 이미지 분석을 통해 지지설비의 결함 정보를 실시간 제공하여 받을 수 있게 된다.
>
> 기존에는 전차선로 지지설비 상태 점검을 위해 유지보수 인력이 직접 선로에 나가 점검을 진행해야 했고, 열차가 운행되지 않는 야간에 육안으로 점검하는 경우가 많아 오검측률이 높았다. 그러나 전차선로 지지설비 검사기술을 적용할 경우 전차선로 지지설비 상태를 철도 운행 중 자동, 실시간으로 검사할 수 있어 검사의 정확성과 효율성을 높이고, 철도 사고 위험도도 낮출 것으로 기대된다. 더불어 국내 기술로 전차선로 지지설비 검사기술이 개발되어 그동안 수입에 의존하던 검사장비에 대한 수입 대체는 물론 해외 진출 가능성도 기대할 수 있을 것으로 보인다.
>
> 한편, 교통신기술제도는 국토교통부가 2010년부터 시행하고 있는 제도로, 국내에서 최초로 개발되거나 외국에서 도입하여 개량한 교통기술 중 신규성·진보성·경제성·현장적용성 및 보급·활용성이 우수한 기술을 국토교통부 장관이 인증해왔다. 지금까지 55건의 교통신기술이 지정되었으며, 국내·외 공사 및 제품 판매 등으로 교통신기술이 활용(약 25만 건, 2,912억 원)되는 등 교통산업의 기술 경쟁력을 강화하는 데 기여하였다.
>
> 교통신기술로 지정되면 최대 15년(최초 8년, 연장 최대 7년)까지 기술개발 자금 등 우선 지원, 공공기관 우선 적용 및 구매 권고, 입찰 시 가점 부여 등 다양한 혜택을 받을 수 있다. 교통신기술 제56호 전차선로 지지설비 검사기술 외 다른 교통신기술에 대한 자세한 내용은 국토교통과학기술진흥원 누리집에서 확인할 수 있다.

※ 출처: 국토교통부 보도자료

① 교통신기술 제56호로 입찰에 참여할 경우 최대 15년 동안 가점 부여의 혜택을 누릴 수 있다.
② 열차 운행 중에 촬영된 전차선의 상태를 즉각적으로 확인하기 위한 기술은 아직 개발 단계에 있다.
③ 교통신기술 제56호가 적용되기 전의 전차선로 지지설비 상태 점검은 열차가 멈춘 상태에서 이루어졌다.
④ 전차선로 지지설비 검사기술을 적용하면 전차선로 지지설비의 상태를 높은 선명도의 영상을 통해 확인할 수 있다.
⑤ 국내에서 최초로 개발된 교통기술 가운데 보급 및 활용성이 뛰어난 기술은 국토교통부 장관이 인증한다.

5 다음은 한옥형 인테리어를 접목한 현대 건축물 사례 연구 보고서의 국문 요약이다. 보고서를 읽고 알 수 있는 내용으로 적절하지 <u>않은</u> 것은?

> 복고, 친환경, 웰빙에 대한 욕구가 확산됨에 따라 우리 전통문화의 우수성이 주목받기 시작하면서 주택시장에 '한옥' 열풍이 불고 있다. 전통 한옥에서만 찾아볼 수 있었던 디자인 요소들이 현대적 기술과 더불어 현대식 공간에 함께 어우러지게 된 것이다. 이에 따라 본 연구에서는 한옥형 인테리어와 결합한 현대 건축물의 사례를 분석하고, 한옥형 인테리어를 통해 얻을 수 있는 효과를 모색하고자 한다.
> 한옥형 인테리어가 적용된 거주지 사례를 분석한 결과, 사랑채와 툇마루 등 전통 한옥에서만 찾아볼 수 있던 공간이 발견되었다. 기존의 서구식 아파트에 전통 한옥의 공간을 접목하며 손님을 맞이하거나 담소를 나누는 등 특정 기능을 수행하는 공간이 마련된 것이다. 동시에 나무색의 마감재와 거친 느낌의 화강석을 벽면에 활용하여 인위적인 요소를 지양하고 원자재의 느낌을 살리거나, 전통 격자무늬를 활용하여 화장대를 디자인하는 등 전통스러운 멋을 한층 더 강화시켰다. 이와 같은 인테리어는 현대식 생활공간의 편의성과 더불어 한옥의 친환경 웰빙 효과 및 절제미가 주는 정서적 안정이 돋보인다.
> 전라북도 소재의 ○○대학교는 가장 한국적인 캠퍼스를 만들기 위해 한옥형 건물을 신축하였다. 해당 건물은 전통 한식 기와, 전통 문양 타일, 회락 등 다양한 한국형 디자인 요소가 반영된 것으로 나타났다. 실내에는 편백 등 친환경적인 재료를 사용하여 고풍적인 분위기를 연출하였으며, 외부 정문에는 기와를 얹은 전통 한옥 형태를 구현하였다. 또한, 캠퍼스 내부에 전통 정자를 짓고 한국 고유의 꽃과 나무를 심어 한국적 정경을 구축하였다. ○○대학교는 지역의 문화적 요소와 공감대를 이루는 외형을 만듦으로써 가장 한국적인 캠퍼스로 거듭나 세계적인 브랜드로 성장할 것으로 전망된다.
> 서울시 신청사는 유리벽 위 지붕 끝부분에 전통한옥 처마 형상의 디자인을 통해 친환경 랜드마크로 거듭났다. 계절별 태양고도를 이용하여 여름철 태양고도가 높을 때는 한옥 처마가 태양열을 막아주어 시원한 실내환경을 조성할 수 있고, 겨울철 태양고도가 낮을 때는 충분한 일사량을 받아 내부 공기를 따뜻하게 만들어 냉난방 에너지 절감 효과를 얻는 방식이다. 한국적 디자인과 친환경 발전기술이 융합된 해당 건물은 전체 에너지 소요량의 일부를 친환경·신재생 에너지로 활용하는 것으로 국내 최대규모를 자랑한다.
> 이처럼 기존 현대 거주지의 획일화된 서구식 인테리어에서 벗어나 한옥의 전통 양식을 접목한 한국형 주거공간은 전통 주거문화 확산과 더불어 주거공간에 관하여 다변화되는 소비자 욕구 충족에 이바지할 것으로 사료된다. 또한, 현대식 공간에서 찾아볼 수 없었던 전통 가옥 구조와 전통적 실내 디자인은 현대적 생활공간의 편리성은 물론, 정서적 안정 및 심미적 효과를 함께 얻을 수 있는 것으로 나타났다. 나아가, 한옥형 건축물의 확산은 한국형 인테리어의 세계적인 브랜드화에 기여할 것으로 풀이되며, 친환경 원자재를 사용하고 에너지 절감 효과가 뛰어난 전통 건축 양식은 현대 에너지 기술과 접목하여 환경친화적 건물로서 발전할 것으로 기대된다.

① 전라북도의 한 대학교는 전통 문양의 타일을 이용하여 신축 건물에 한국형 디자인을 구현하였다.
② 서울시 신청사가 활용한 처마 형상은 한옥형 인테리어가 에너지 절감에 효과적임을 시사한다.
③ 한옥형 구조를 접목한 건축물은 점차 다양해지는 소비자들의 니즈를 충족시킬 수 있을 것으로 기대된다.
④ 한옥형 인테리어가 적용된 아파트는 기존의 침실, 안방 등을 개조함으로써 새로운 공간을 마련하였다.
⑤ 전통문화에 대한 관심이 증가하면서 전통 한옥과 현대식 건축물을 접목한 새로운 유형의 거주지가 등장하였다.

DAY 30 실용문 ②

- 풀이 시간: /7분 30초
- 맞은 문제: /5문제

1 다음 보도자료의 내용과 일치하지 않는 것의 개수는?

산업통상자원부(이하 산업부)는 청정수소, 액화수소 및 도시가스 수소 혼입 등 수소 신기술의 안전한 활용을 위해 적기에 안전기준을 마련하고, 현실과 맞지 않은 낡은 규제를 합리화하기 위해 올해 11월까지 '수소 전(全)주기 안전관리 종합계획'을 수립한다. 수소경제 활성화로 수소 생산·저장·유통·활용 등 전주기에 걸쳐 다양한 수소 신기술 개발 및 도입이 추진됨에 따라 이러한 신기술에 대한 안전관리 방안이 필요한 상황이다. 이에 산업부는 지난 2021년 11월 '수소경제이행 기본계획'에서 다양한 수소 사용을 위해 전주기 안전기준을 마련하고, 수소 안전관리 법령 일원화 등 규제 합리화를 추진한다고 밝힌 바 있으며, 이를 구체화하기 위해 '수소 전주기 안전관리 종합계획'을 올해 11월까지 수립하기로 하였다.

산업부는 '수소 전주기 안전관리 종합계획' 수립을 위해 산·학·연 전문가가 참여하는 '수소 안전관리 정책위원회'를 구성해 수소 신기술 개발 및 도입 시 필요한 안전기준을 발굴하면서 일반 국민, 기업, 지자체 및 유관기관 등의 현장 의견도 수렴해 실제 현장과 달라 개선이 필요한 규제도 발굴할 예정이다. 이에 산업부는 6월 8일 수요일 양OO 수소경제정책관 주재로 제1차 '수소 안전관리 정책위원회' 회의를 개최하고 그간 수소 안전관리 추진 실적과 수소 신기술 동향을 공유하고 위원회 운영 방안, 현장 의견수렴 방안 등을 논의하였으며, 수소 신기술 활용에 필요한 안전기준, 실효성이 낮아 개선이 필요한 규제, 안전관리 강화가 필요한 사항 등을 발굴하기로 하였다.

그간 산업부는 2019년 5월 강원 과학단지 수소탱크 폭발 사고를 계기로, 그해 12월 「수소안전관리 종합대책」에 따라 3중 안전점검 체계를 구축, 수소충전소 안전관리를 대폭 강화하고, 「수소법」 안전 분야 시행(2022년 2월)을 통해 수소 추출기 등 수소용품 안전기준을 마련하는 등 수소시설 및 제품에 대한 안전관리를 강화해왔다.

한편, 동 회의를 주재한 산업부 양OO 수소경제정책관은 "그간 정부는 수소시설 안전에 대한 국민들의 불안감을 해소하기 위해 수소특성을 반영한 안전관리 제도를 도입하고 국민 생활과 밀접한 수소충전소 안전관리를 대폭 강화하였다. 이제 수소 경제 활성화에 따라 청정수소 등 다양한 수소 생산 방식이 도입되고 대규모 수소 유통을 위한 인프라 구축이 요구됨에 따라 이러한 수소 신기술에 대한 안전관리 방안 마련이 필요한 때라고 판단된다. 이를 위해 '수소 안전관리 정책위원회'에서 국내 수소 신기술 동향과 현장 의견 수렴을 통해 제·개정이 필요한 안전기준과 현실과 맞지 않는 규제를 발굴해 안전 기반의 수소 산업 발전이 이루어질 수 있도록 해달라"라고 당부하였다.

※ 출처: 산업자원통상자원부 보도자료

<보 기>

ㄱ. 수소 안전관리 정책 위원회에서 발굴하는 안전기준에는 전문가의 의견뿐 아니라 일반 국민이나 기업, 지자체, 유관기관의 현장 의견도 수렴될 것이다.

ㄴ. 산업통상자원부는 수소안전관리 종합대책 마련을 통해 수소 추출기와 같은 수소용품의 안전기준을 수립하였다.

ㄷ. 산업통상자원부는 2021년 11월 수립한 수소 전주기 안전관리 종합계획을 토대로 다양한 수소 신기술 개발 및 도입을 추진하고 있다.

ㄹ. 제1차 수소 안전관리 정책위원회 회의에서는 수소 안전관리의 추진 실적과 현재의 수소 신기술의 진행 방향에 관한 내용도 공유되었다.

① 0개　　② 1개　　③ 2개　　④ 3개　　⑤ 4개

2 ○○은행에서 근무하는 김 사원이 다음 회의록을 바탕으로 추석 연휴 기간 금융 서비스 변경 사항을 안내하는 보도자료를 작성하고자 할 때, 보도자료에 작성해야 하는 내용으로 적절하지 <u>않은</u> 것은?

[회의록]

일시	9월 7일(월) 15:00~16:00	장소	11층 회의실
참석자	김 과장, 강 대리, 임 주임, 김 사원	불참자	없음
목적	추석 연휴 기간 금융 서비스 변경 사항 숙지 및 관련 업무 계획		
회의 내용	1. 추석 연휴 기간 금융 서비스 변경 사항 　: 전산시스템 교체작업에 따른 체크카드 결제 및 일부 금융거래 중단 　1) 중단 서비스 　　| 중단 업무 | 이용제한 기간 | 　　|---|---| 　　| - 국내외 가맹점 체크카드 결제/취소 　　- 해외 체크카드 ATM 조회/출금 　　- SMS 메시지 서비스, 공항 라운지 카드번호인증 | 9/30(수) 01:00~06:00 | 　　| - 체크카드 발급/해지/조회/변경 　　- 포인트 사용/현금 전환 서비스 신청(단, 이용제한 기간 이전에 포인트 현금 전환을 신청한 경우 이틀 후 정상 입금됨) | 9/30(수) 00:00 ~10/2(금) 06:00 | 　　| - ISP/페이북 내 카드 등록 서비스 | 9/30(수) 00:00 ~10/3(토) 23:00 | 　2) 정상 이용 가능 서비스 　　- 후불 교통카드 기능, 체크카드를 통한 국내 자동화기기(ATM)의 모든 서비스 　　- 체크카드 분실신고 및 분실해지 　　※ 경로: 기존과 동일(온라인 홈페이지, 모바일 애플리케이션, 고객센터) 2. 추석 연휴 기간 금융 서비스 변경 사항 관련 업무 계획 　1) 보도자료 제작 및 배포(담당자: 김 사원) 　　- 금일 회의에서 공유된 추석 연휴 기간 금융 서비스 변경 사항 반드시 포함 　　- 보도자료에서 안내한 변경 사항은 자사 홈페이지에도 안내되어 있음을 반드시 포함 　　- 전산시스템 교체 작업 상황에 따라 서비스 이용제한 시간이 달라질 수 있음을 반드시 포함 　　- 9/8(화) 퇴근 전까지 초안 작성하여 임 주임에게 검토 요청 　　- 9/10(목) 퇴근 전까지 피드백 반영하여 보도자료 배포 　2) 사내 인트라넷 공지(담당자: 임 주임) 　　- 9/8(화) 퇴근 전까지 개별 지점에 부착할 안내문 초안 작성하여 강 대리에게 검토 요청 　　- 9/10(목) 퇴근 전까지 피드백 반영하여 안내문 최종본 완료 　　- 사내 공지 게시글 작성 시 추석 연휴 기간 금융 서비스 변경 사항 추가, 안내문 파일 첨부, 이용제한 시작일 기준 최소 2주 전부터 개별 지점 및 ATM기에 안내문 부착 요청		

① 전산시스템 교체 작업 상황에 따라 서비스 이용제한 시간이 공지 내용과 달라질 가능성이 있다.

② 체크카드를 분실신고와 분실해지는 연휴 기간에도 별도의 이용제한 없이 기존과 동일하게 진행된다.

③ 9/30(수) 오전 1시부터 오전 6시까지 체크카드를 이용한 국내외 모든 ATM 서비스 이용이 중단된다.

④ 이용제한 기간 이전에 포인트 현금 전환을 신청한 경우 이용제한 기간 내에 입금될 수도 있다.

⑤ 추석 연휴 기간 서비스별 구체적인 이용제한 사항은 ○○은행 홈페이지에도 안내되어 있다.

3 다음 보고서를 읽고 추론한 내용으로 가장 적절한 것은?

[간암 급성 진행 현상과 면역 항암제 투여 간의 상관관계 보고서]

■ 연구 배경 및 목적

면역 항암제는 인간의 면역 체계를 통해 작용하는 항암제로, 부작용 발생 확률이 낮고 상태가 악화된 고령의 환자에게도 치료 효과가 있다는 영향력이 입증되어 약 10여 년 전부터 암 치료를 위해 본격적으로 사용되었다. 오늘날 면역 항암제는 폐암·간암 등 15가지 이상의 암을 치료하는 데 널리 사용되고 있다.

그러나 최근 면역 반응을 보이지 않는 종양에서는 치료 효과가 미비하다는 연구 결과가 보고되었다. 문제는 면역 항암제를 통한 치료 후, 극소수의 환자에게서 암 진행이 더욱 빨라지는 급성 진행 현상이 발현될 수 있다는 것이다. 이에 따라 연구팀은 급성 진행 현상의 원인과 임상적인 특징을 규명하고자 한다.

■ 연구 방법

국내 간암 환자를 면역 항암제 투여 그룹, 표적 치료제 이용 그룹, 어떠한 치료도 받지 않은 그룹으로 나누어 급성 진행 현상의 발현 여부를 추적 검사한다.

■ 연구 결과

표적 치료제 이용 그룹과 어떠한 치료도 받지 않은 그룹의 경우 급성 진행 현상이 나타나지 않았으나, 면역 항암제 투여 그룹 중 약 12%는 급성 진행 현상이 나타났다. 또한, 급성 진행 현상이 나타난 환자의 암세포 성장 속도 및 운동성 모두 치료받기 전보다 4배 이상 증가하였으며 면역 항암제를 투여받은 날부터 평균 59일 후 사망하는 예후를 보였다.

앞선 결과를 바탕으로 면역 항암제를 투여한 환자의 혈액을 검사한 결과 혈액 내 호중구/림프구의 비율이 2일 때는 급성 진행률이 0%인 것에 반해, 혈액 내 호중구/림프구의 비율이 6 이상일 때는 급성 진행률이 약 46%에 달한다는 것이 드러났으며 급성 진행 현상이 나타나는 환자의 혈액 내 호중구/림프구의 비율이 높을수록 항암 치료 반응률 또한 현저히 감소한다는 사실을 확인하였다.

■ 향후 계획

간암에 최적화된 면역 항암 치료법을 연구하기 위해 급성 진행 현상을 보이는 환자의 혈액을 정밀 검사하여 면역 항암제에 내성을 지닌 인자를 분석할 예정이다.

① 간암 환자가 면역 항암제를 이용한 치료를 받았을 때 사망 예후를 보인 이유는 면역 항암제에 내성을 지닌 유전 인자 때문이다.
② 급성 진행 현상을 보이는 간암 환자에게 면역 항암 치료를 하기 위해서는 면역 항암제에 내성을 가진 인자를 제거하는 것이 우선시된다.
③ 면역 항암제의 효과는 종양의 면역 반응 활성도와 반비례한다는 연구 결과가 공개되었다.
④ 급성 진행 현상이 나타난 간암 환자의 암세포 성장 속도와 운동성은 치료 전과 비교해 4배 이상 활발해졌다.
⑤ 급성 진행 현상이 발현된 환자의 혈액 내 호중구/림프구의 비율은 항암 치료 반응률과 비례한다.

4 다음 공고문에서 알 수 있는 내용으로 적절하지 <u>않은</u> 것은?

[교육지원용 컴퓨터 공개구매 입찰 공고]

1. 입찰에 부치는 사항
   가. 입찰 건명: 교육지원용 컴퓨터 공개구매 입찰
   나. 입찰 방법: 일반경쟁에 의한 최저가 낙찰
   다. 입찰 품목: 컴퓨터 본체 및 모니터

2. 입찰 일정
   가. 입찰서 제출: 20△△. 09. 11.(금) 09:00~20△△. 09. 21.(월) 18:00
   나. 입찰 발표: 20△△. 09. 22.(화) 15:00

3. 입찰서 작성 및 제출에 관한 사항
   가. 입찰서는 봉함하여 1인 1통만을 제출해야 한다.
   나. 입찰금액은 총액입찰인 경우에는 총액을 표기하고, 단가입찰인 경우에는 단가를 표기해야 한다.
   다. 우편에 따른 입찰서는 입찰서 제출 마감일 전일까지 발주기관에 도착한 것만 효력이 있다.

4. 입찰 참가 자격
   가. 입찰 참가 신청을 한 자가 아니면 입찰에 참가할 수 없다.
   나. 입찰 참가 신청서 제출 시 대리인을 지정한 경우에는 그 대리인도 입찰에 참가할 수 있다. 다만, 입찰 참가 신청서를 제출하는 때부터 입찰 개시 시작 전까지 입찰대리인을 지정·변경하는 경우에는 그 대리인이 입찰에 참가할 수 있다.

5. 물품 입찰의 견품 제출
   가. 입찰자는 입찰 공고 등에서 본인에게 견품 제출을 요구했거나 본인이 이의 제출이 필요하다고 인정할 때에는 견품을 제출해야 한다.
   나. 낙찰자의 견품은 계약이행 후에, 낙찰자 외의 입찰자의 견품은 낙찰자 결정 후 각각 1개월 이내에 해당 낙찰자나 입찰자의 요구에 따라 반환된다.

6. 기타사항
   가. 낙찰자는 낙찰 후 10일 이내에 표준 계약서에 따라 계약을 체결해야 한다.
   나. 낙찰자는 낙찰 금액에 대한 산출명세를 표시한 명세서를 착수신고서 제출 시까지 발주기관에 제출해야 한다.

① 입찰의 형태가 총액입찰인지 단가입찰인지에 따라 입찰금액 표기 방법이 상이하다.
② 낙찰자 외 입찰자가 내놓은 견품은 낙찰자 결정 후에 한 달 이내로 입찰자의 요구에 의해 반환이 가능하다.
③ 착수신고서 제출 이후 낙찰 금액의 산출명세가 표시된 명세서를 송부하는 경우 계약이 체결되지 않을 수 있다.
④ 입찰 참가 신청서를 제출한 이후에 입찰대리인을 변경한 경우라면 변경된 대리인은 입찰에 참가할 수 없다.
⑤ 입찰서를 우편으로 제출하는 경우 입찰서 제출 마감일 전일까지 발주기관에 도착해야 입찰 참가 효력을 낼 수 있다.

5 다음 안내문에서 알 수 있는 내용으로 적절하지 않은 것은?

[A 예술 연습실 대관 안내문]

1. 대관 신청
   1) 대관 절차: 정기/수시 대관 신청 → 승인 통보 → 대관료 납부 → 연습실 이용
   2) 대관 신청 방법
      ① 정기 대관: 매년 4회(3월 1일, 6월 1일, 9월 1일, 12월 1일) 신청 가능
         ※ 2주간 접수를 진행함
      ② 수시 대관: 해당 연도 유휴 일정에 따라 신청 가능
         ※ 대관 시작일 3주 전까지 접수를 진행함

2. 대관 접수 방법
   1) 방문 접수: T관 2층 대관 사무실
   2) 이메일 접수: ○○○○@culture.com

3. 제출 서류
   1) A 예술 연습실 대관 신청서 1부, 사업자 등록증 사본 1부(대상이 아닌 경우 대표자 주민등록등본 1부)
   2) 연습 일정(3주 이상의 장기 대관 시 해당)

4. 대관 심사 기간
   - 정기 대관 심사 발표는 신청 마감일로부터 20일 후이며, 수시 대관 심사 발표는 신청 기간에 따라 상이함
     ※ 정기 대관 심사 발표일이 일요일일 경우 익일(월요일) 발표

5. 시간당 연습실 대관 비용

구분	오전 (09:00~12:00)	오후 (13:00~16:00)	저녁 (17:00~20:00)
제1관	7,000원	10,000원	13,000원
제2관	10,000원	13,000원	15,000원
제3관	15,000원	18,000원	20,000원

※ 3주 이상의 장기 대관 시 총금액의 20% 할인 적용
※ 연습실 피아노를 사용하는 경우 피아노 사용료는 별도로 계산함

6. 신청 자격 제한
   1) 이윤을 목적으로 연습 및 레슨을 진행하는 경우
   2) 대관 신청자가 미성년자인 경우
   3) 대관 이용 수칙을 준수하지 않은 이력이 있는 경우

① 연습실을 3월 1일부터 24일까지 정기적으로 대관하는 사람은 비용의 20%를 할인받을 수 있다.
② 12월 한 달 동안 연습실을 대관할 경우에는 세 종류의 서류가 필요하다.
③ 대관 신청자가 미성년자인 경우 연습실 대관의 목적과 관계없이 신청이 제한된다.
④ 정기 대관은 제시된 접수일을 기준으로 2주 동안 신청서 제출이 가능하다.
⑤ 수시 대관 심사에 따른 대관 가능 여부는 신청 마감일로부터 20일 후에 알 수 있다.

취업강의 1위, 해커스잡
ejob.Hackers.com

취업강의 1위, 해커스잡
ejob.Hackers.com

해커스공기업 PSAT 기출로 끝내는 NCS 의사소통능력

어휘·어법 핵심 공략집

어휘

1. 의미가 다양한 어휘
2. 혼동하기 쉬운 어휘
3. 유의어와 반의어
4. 어휘관계
5. 한자성어

어법

1. 한글 맞춤법
2. 표준어 규정
3. 외래어 표기 규정

어휘

어휘 문제는 일상에서 사용하는 쉬운 단어부터 전문 용어까지 그 범위가 매우 넓다. 따라서 출제된 적이 있는 다양한 어휘와 어휘의 의미를 학습하는 것이 좋다. 또한, 실제 시험에서는 단어 자체의 뜻을 아는 것도 중요하지만 긴 글 내에서 어휘의 의미나 맥락을 파악해야 하는 경우가 많으므로 무작정 어휘를 암기하려 하기보다는 어휘들이 쓰인 예문을 통해 자연스럽게 의미를 익히는 것이 좋다.

1. 의미가 다양한 어휘

가다
- 지금 있는 곳에서 어떠한 목적을 가지고 다른 곳으로 옮기다
  예 아버지는 물건을 떼러 시장으로 가셨다.
- 그러한 상태가 생기거나 일어나다
  예 그에게 피해가 가지 않도록 해야 한다.
- 어떤 일을 하는 데 수고가 많이 들다
  예 보기보다 제법 손이 많이 가는 일이었다.
- 지나거나 흐르다
  예 겨울이 가고 봄이 온다.
- 금, 줄, 주름살, 흠집 따위가 생기다
  예 실수로 넘어졌는데 손목뼈에 금이 갔다.
- 어떤 현상이나 상태가 유지되다
  예 매일 공부하겠다는 다짐은 그리 오래가지 못했다.
- 일정한 시간이 되거나 일정한 곳에 이르다
  예 우리는 결승전에 가기 위해 고군분투하였다.

가리다
- 여럿 가운데서 하나를 구별하여 고르다
  예 월드컵은 세계 최고의 축구 실력을 가진 국가를 가리기 위한 대회이다.
- 낯선 사람을 대하기 싫어하다
  예 우리 아이는 낯을 많이 가립니다.
- 잘잘못이나 좋은 것과 나쁜 것 따위를 따져서 분간하다
  예 시비를 가리기 위해 경찰을 불렀다.
- 음식을 골라서 먹다
  예 음식을 가리지 말고 골고루 먹어야 한다.

갈다
- 날카롭게 날을 세우거나 표면을 매끄럽게 하기 위하여 다른 물건에 대고 문지르다
  예 칼날이 무뎌져 숫돌에 칼을 갈았다.
- 잘게 부수기 위하여 단단한 물건에 대고 문지르거나 단단한 물건 사이에 넣어 으깨다
  예 맷돌에 녹두를 갈아 전을 부쳤다.

갈다	• 먹을 풀기 위하여 벼루에 대고 문지르다 　예 붓글씨를 쓰기 위해 벼루에 먹을 갈았다. • 윗니와 아랫니를 맞대고 문질러 소리를 내다 　예 동생이 자면서 이를 가는 바람에 잠을 설쳤다.
걸다	• 벽이나 못 따위에 어떤 물체를 떨어지지 않도록 매달아 올려놓다 　예 거실 한쪽 벽에 액자를 걸었다. • 기계 따위가 작동하도록 준비하여 놓다 　예 실을 뽑기 위해 물레에 솜을 걸었다. • 기계 장치가 작동되도록 하다 　예 나는 차에 시동을 걸었다.
굳다	• 무른 물질이 단단하게 되다 　예 떡을 냉장고에 넣었더니 딱딱하게 굳었다. • 근육이나 뼈마디가 뻣뻣하게 되다 　예 운동을 하지 않았더니 뼈마디가 굳는 느낌이 든다. • 표정이나 태도 따위가 부드럽지 못하고 딱딱하여지다 　예 그의 표정은 돌처럼 굳어 있었다. • 몸에 배어 버릇이 되다 　예 아무리 노력해도 이미 굳은 말버릇은 쉽게 고쳐지지 않는다.
그리다	• 연필, 붓 따위로 어떤 사물의 모양을 그와 닮게 선이나 색으로 나타내다 　예 사생대회에서 그림을 그렸다. • 생각, 현상 따위를 말이나 글, 음악 등으로 나타내다 　예 이 작품은 당시의 시대상을 그리고 있다. • 어떤 모양을 일정하게 나타내거나 어떤 표정을 짓다 　예 타자가 친 공이 포물선을 그리며 날아갔다. • 상상하거나 회상하다 　예 아버지와의 추억을 머릿속에 그리고 있었다.
나가다	• 앞쪽으로 움직이다 　예 시동이 꺼진 차를 뒤에서 밀자 천천히 앞으로 나갔다. • 생산되거나 만들어져 사회에 퍼지다 　예 신제품이 시장에 나가자마자 불티나게 팔렸다. • 말이나 사실, 소문 따위가 널리 알려지다 　예 회담에서 오고 간 내용이 밖으로 나가지 않아야 한다. • 사회적인 활동을 시작하다 　예 졸업 직후 취직이 되어 어린 나이에 사회에 나가게 되었다.
나다	• 농산물이나 광물 따위가 산출되다 　예 우리 지역은 다양한 해산물이 나는 것으로 유명하다.

나다	• 인물이 배출되다
	  예) 우리 집은 대대로 과학자가 많이 났다.
	• 이름이나 소문 따위가 알려지다
	  예) 합격자 발표가 났다는 소식을 듣고 홈페이지에 접속하였다.
	• 어떤 작용에 따른 효과, 결과 따위의 현상이 이루어져 나타나다
	  예) 그 안건은 조만간 결론이 날 것이다.

날리다	• 어떤 물체가 바람에 나부끼어 움직이게 하다
	  예) 친구는 머리카락을 날리며 내게로 뛰어왔다.
	• 명성을 떨치다
	  예) 그는 한때 수학 천재로 명성을 날리던 사람이었다.
	• 가지고 있던 재산이나 자료 따위를 잘못하여 모두 잃거나 없애다
	  예) 모든 재산을 날린 그는 고향으로 내려갔다.
	• 정성을 들이지 아니하고 일을 대강대강 아무렇게나 하다
	  예) 그는 일을 날려 하는 편이라 중요한 업무를 맡길 수 없었다.

내리다	• 타고 있던 물체에서 밖으로 나와 어떤 지점에 이르다
	  예) 우리는 기차역에 내렸다.
	• 위에 있는 것을 낮은 곳 또는 아래로 끌어당기거나 늘어뜨리다
	  예) 걷어 올린 옷소매를 내리는 게 나을 것 같다.
	• 판단, 결정을 하거나 결말을 짓다
	  예) 우리는 결론을 내리기 위해 회의실에 모였다.
	• 값이나 수치, 온도, 성적 따위가 이전보다 떨어지거나 낮아지다
	  예) 업체들은 하나둘 상품 가격을 내리기 시작했다.

놓다	• 계속해 오던 일을 그만두고 하지 아니하다
	  예) 더 이상 집중이 되지 않아 과제를 손에서 놓았다.
	• 걱정이나 근심, 긴장 따위를 잊거나 풀어 없애다
	  예) 정신을 놓고 마치 내일이 없는 사람처럼 마냥 놀았다.
	• 잡거나 쥐고 있던 물체를 일정한 곳에 두다
	  예) 가져온 선물은 선반 위에 놓으면 된다.
	• 무늬나 수를 새기다
	  예) 할머니께서 손수 수를 놓으신 목도리를 선물해주셨다.

높이다	• 값이나 비율 따위를 보통보다 위에 있게 하다
	  예) 올해 우리 회사의 목표는 수익성을 높이는 것이다.
	• 지위나 신분 따위를 보통보다 위에 있게 하다
	  예) 일 년 만에 회사는 그의 직급을 대리로 높여 주었다.
	• 기세 따위를 힘차고 대단한 상태에 있게 하다
	  예) 회사는 임직원의 사기를 높이기 위해 다양한 행사를 기획했다.
	• 이름이나 명성 따위를 널리 알려진 상태에 있게 하다
	  예) 선수들은 국가의 명성을 높이기 위해 노력하고 있다.

당기다	• 좋아하는 마음이 일어나 저절로 끌리다 　예 그는 나의 호기심이 당길 만한 제안을 했다. • 물건 따위를 힘을 주어 자기 쪽이나 일정한 방향으로 가까이 오게 하다 　예 자세 교정을 위해 의자를 바싹 당겨 앉았다. • 정한 시간이나 기일을 앞으로 옮기거나 줄이다 　예 겨울에 올리기로 한 결혼 날짜를 올가을로 당겼다.
돌다	• 물체가 일정한 축을 중심으로 원을 그리면서 움직이다 　예 물레방아가 빙글빙글 돌고 있다. • 기능이나 체제가 제대로 작용하다 　예 이 공장은 무리 없이 잘 돌고 있다. • 돈이나 물자 따위가 유통되다 　예 불경기로 인해 시장에 돈이 돌지 않아 걱정이 많다. • 눈이나 머리 따위가 정신을 차릴 수 없도록 아찔하여지다 　예 달리는 차 안에서 책을 오래 읽었더니 눈이 핑핑 돌고 어지러웠다.
듣다	• 사람이나 동물이 소리를 감각 기관을 통해 알아차리다 　예 밖에서 나는 비명 소리를 들었다. • 다른 사람의 말이나 소리에 스스로 귀 기울이다 　예 대통령은 국민의 소리를 잘 들어야 한다. • 다른 사람의 말을 받아들여 그렇게 하다 　예 부모님과 선생님의 말씀을 잘 들어야 착한 어린이야. • 주로 약 따위가 효험을 나타내다 　예 그 두통약은 나에게 잘 듣는다.
들다	• 밖에서 속이나 안으로 향해 가거나 오거나 하다 　예 숲속에 드니 머리가 맑아지고 마음이 편안해졌다. • 수면을 취하기 위한 장소에 가거나 오다 　예 어제는 일찍 잠자리에 들었다. • 어떤 일에 손, 시간, 노력, 물자 따위가 쓰이다 　예 사업을 하다 보니 여기저기 비용이 많이 든다. • 물감, 색깔, 물기, 소금기가 스미거나 배다 　예 손톱에 봉숭아 물이 들었다.
맑다	• 잡스럽고 탁한 것이 섞이지 아니하다 　예 아기의 맑은 눈을 바라보자 그간의 근심이 모두 사라졌다. • 구름이나 안개가 끼지 아니하여 햇빛이 밝다 　예 하늘이 맑아서 햇빛이 강해지면 오존 농도가 높아진다. • 소리 따위가 가볍고 또랑또랑하여 듣기에 상쾌하다 　예 바람이 불자 풍경 소리가 맑게 울려 퍼졌다. • 정신이 흐리지 아니하고 또렷하다 　예 맑은 정신으로 공부하기 위해 커피를 마셨다.

맑다	• 살림이 넉넉하지 못하고 박하다 　예 어린 시절 우리 집은 유난히 살림이 <u>맑</u>았다.
맞추다	• 둘 이상의 일정한 대상들을 나란히 놓고 비교하여 살피다 　예 시험이 끝난 후 친구와 답을 <u>맞춰</u> 보았다. • 어떤 기준이나 정도에 어긋나지 아니하게 하다 　예 심사 기준에 <u>맞춰</u> 지원자를 평가하였다. • 열이나 차례 따위에 똑바르게 하다 　예 의자가 삐뚤빼뚤하게 놓여 있어 줄을 <u>맞춰</u> 정리하였다. • 일정한 규격의 물건을 만들도록 미리 주문을 하다 　예 시력이 나빠져 안경을 새로 <u>맞췄</u>다.
맵다	• 고추나 겨자와 같이 맛이 알알하다 　예 점심을 <u>맵게</u> 먹어서 그런지 속이 쓰리다. • 성미가 사납고 독하다 　예 그의 <u>매운</u> 눈길을 받고 하던 행동을 멈추었다. • 날씨가 몹시 춥다 　예 오늘처럼 <u>매운</u> 날씨에는 감기에 걸리지 않게 조심해야 한다. • 연기 따위가 눈이나 코를 아리게 하다 　예 담배 연기가 자욱하여 눈이 <u>맵</u>다. • 결기가 있고 야무지다 　예 서현이는 일을 <u>맵게</u> 처리한다는 평가를 받는다.
먹다	• 음식 따위를 입을 통하여 배 속에 들여보내다 　예 밥을 너무 많이 <u>먹었는지</u> 배가 살살 아프기 시작했다. • 연기나 가스 따위를 들이마시다 　예 연탄가스를 <u>먹고</u> 정신을 잃은 일가족이 병원에 실려 왔다. • 어떤 마음이나 감정을 품다 　예 나는 마음을 독하게 <u>먹고</u> 공부에만 몰두했다. • 일정한 나이에 이르거나 나이를 더하다 　예 걔는 나이를 <u>먹어도</u> 좀처럼 철이 들지 않아서 걱정이야.
모으다	• 돈이나 재물을 써 버리지 않고 쌓아 두다 　예 그녀는 그동안 <u>모은</u> 돈으로 집을 장만하였다. • 정신, 의견 따위를 한곳에 집중하다 　예 여러 사람의 의견을 <u>모아</u> 결론을 도출했다. • 여러 사람을 한곳에 오게 하거나 한 단체에 들게 하다 　예 그는 프로젝트를 진행할 인재를 <u>모으기</u> 위해 동분서주하고 있다. • 다른 이들의 관심이나 흥미를 끌다 　예 최근 칸 영화제에서 황금종려상을 수상한 영화가 화제를 <u>모았</u>다.
보다	• 눈으로 대상의 존재나 형태적 특징을 알다 　예 길을 건널 때에는 신호등을 잘 <u>보고</u> 건너야 한다.

보다	• 눈으로 대상을 즐기거나 감상하다 　예 어제 친구와 함께 영화를 봤다. • 일정한 목적 아래 만나다 　예 맞선을 보러 나가는 길이다. • 맡아서 보살피거나 지키다 　예 아이를 보느라 외출할 겨를이 없었다. • 음식상이나 잠자리 따위를 채비하다 　예 어머니는 술상을 보느라 바쁘시다. • 고려의 대상이나 판단의 기초로 삼다 　예 너를 보고 하는 말이 아니다.
사다	• 다른 사람에게 어떤 감정을 가지게 하다 　예 누나의 환심을 사기 위해 치킨을 사 갔다. • 안 해도 좋을 일을 일부러 하다 　예 구태여 고생을 사서 하는 이유를 모르겠다.
서다	• 사람이나 동물이 발을 땅에 대고 다리를 쭉 뻗으며 몸을 곧게 하다 　예 놀이기구를 타기 위해 세 시간을 서서 기다렸다. • 계획, 결심, 자신감 따위가 마음속에 이루어지다 　예 건강검진 결과를 받고 운동을 해야겠다는 결심이 섰다. • 어떤 곳에서 다른 곳으로 가던 대상이 어느 한 곳에서 멈추다 　예 기차가 갑작스럽게 서자 승객들이 웅성거리기 시작했다. • 장이나 씨름판 따위가 열리다 　예 오일장이 서면 할머니와 나들이를 나가고는 했다.
세다	• 힘이 많다 　예 기운 센 아기를 키우려면 강인한 체력이 필요하다. • 물, 불, 바람 따위의 기세가 크거나 빠르다 　예 바람이 세게 불어서 겉옷을 추켜올렸다. • 능력이나 수준 따위의 정도가 높거나 심하다 　예 경쟁이 세서 자리 하나 차지하기도 벅차다. • 사물의 감촉이 딱딱하고 뻣뻣하다 　예 고작 가시가 센 붕어만 낚았다. • 운수나 터 따위가 나쁘다 　예 팔자가 세다는 악담에 불쾌해지고 말았다.
싸다	• 물건을 안에 넣고 보이지 않게 씌워 가리거나 둘러 말다 　예 직원들이 상품을 포장지에 싸고 있었다. • 어떤 물건을 다른 곳으로 옮기기 좋게 상자나 가방 따위에 넣거나 종이나 천, 끈 따위를 이용해서 꾸리다 　예 서둘러 도시락을 싸서 집을 나섰다.

쌓다	• 여러 개의 물건을 겹겹이 포개어 얹어 놓다 　예 공장 창고에 재고를 쌓아 놓았다. • 물건을 차곡차곡 포개어 얹어서 구조물을 이루다 　예 해변에서 모래성을 쌓다. • 밑바탕을 닦아서 든든하게 마련하다 　예 수학을 공부할 때는 기초부터 잘 쌓아야 한다. • 경험, 기술, 업적 지식 따위를 거듭 익혀 많이 이루다 　예 IT 분야에 많은 지식을 쌓으면 도움이 된다. • 재산, 명예 또는 불명예, 신뢰 또는 불신 따위를 많이 얻거나 가지다 　예 그는 재물을 쌓아만 두고 쓰지를 않는다.
쓰다	• 어떤 일을 하는 데에 재료나 도구, 수단을 이용하다 　예 모든 수단을 다 써 봤지만 해결이 되지 않는다. • 머릿속의 생각을 종이 혹은 이와 유사한 대상 따위에 글로 나타내다 　예 그는 하루를 마무리하며 일기를 쓰는 습관이 있다. • 우산이나 양산 따위를 머리 위에 펴 들다 　예 비가 와서 얼른 우산을 썼다. • 붓, 펜, 연필과 같이 선을 그을 수 있는 도구로 종이 따위에 획을 그어서 일정한 글자의 모양이 이루어지게 하다 　예 아이가 공책에 글씨를 쓴다.
열다	• 닫히거나 잠긴 것을 트거나 벗기다 　예 창문을 열어 환기를 시키자. • 사업이나 경영 따위의 운영을 시작하다 　예 그녀는 회사를 그만두고 꽃집을 열었다. • 자기의 마음을 다른 사람에게 터놓거나 다른 사람의 마음을 받아들이다 　예 좀 더 마음을 열고 남을 이해해보렴. • 다른 사람에게 어떤 일에 대하여 터놓거나 이야기를 시작하다 　예 묵묵부답이던 용의자가 마침내 입을 열었다.
울다	• 짐승, 벌레, 바람 따위가 소리를 내다 　예 새벽에 늑대 우는 소리가 들렸다. • 종이나 천둥, 벨 따위가 소리를 내다 　예 자명종이 요란스럽게 울었다. • 물체가 바람 따위에 흔들리거나 움직여 소리가 나다 　예 거센 바람에 문풍지가 울기 시작했다. • 기쁨, 슬픔 따위의 감정을 억누르지 못하거나 아픔을 참지 못하여 눈물을 흘리다 　예 아무 말도 못 하고 주저앉아 울기만 했다.
잡다	• 손으로 움키고 놓지 않다 　예 날이 어두워지자 동생이 내 손을 잡은 채 울기 시작했다.

잡다	• 일, 기회 따위를 얻다 예 나는 준비된 사람만이 기회를 잡는다는 말을 신조로 여긴다. • 사람이 어떤 자세를 다른 사람 앞에서 취하다 예 프로필 사진을 찍기 위해 카메라 앞에서 포즈를 잡았다.
지내다	• 사람이 어떤 장소에서 생활을 하면서 시간이 지나가는 상태가 되게 하다 예 그녀는 일을 그만두고 집에서 편하게 지내고 있다. • 서로 사귀어 오다 예 우리는 가족처럼 지내는 사이입니다. • 과거에 어떤 직책을 맡아 일하다 예 그 사람은 왕년에 도지사를 지낸 사람이다. • 혼인이나 제사 따위의 관혼상제 같은 어떤 의식을 치르다 예 차례를 지내러 고향에 내려갑니다.
지다	• 묻었거나 붙어 있던 것이 닦이거나 씻겨 없어지다 예 흰 셔츠에 튄 김칫국이 잘 안 져서 걱정이다. • 내기나 시합, 싸움 따위에서 재주나 힘을 겨루어 상대에게 꺾이다 예 이번 경기에서 지면 우리 팀은 포스트시즌에 진출할 수 없다. • 어떤 현상이나 상태가 이루어지다 예 창가에 멍하니 앉아서 노을이 지는 모습을 바라보았다. • 물건을 짊어서 등에 얹다 예 읍내에 나갔던 형이 며칠 뒤 짐을 잔뜩 지고 돌아왔다. • 무엇을 뒤쪽에 두다 예 해를 지고 사진을 찍으면 얼굴이 까맣게 나온다.
취하다	• 자기 것으로 만들어 가지다 예 따뜻한 우유를 마시는 것은 숙면을 취하는 데 도움이 된다. • 어떤 일에 대한 방책으로 어떤 행동을 하거나 일정한 태도를 가지다 예 명분보다는 실리를 챙기는 대외 정책을 취할 필요가 있다. • 어떤 특정한 자세를 취하다 예 사진을 찍기 위해 포즈를 취했다.
켜다	• 등잔이나 양초 따위에 불을 붙이거나 성냥이나 라이터 따위에 불을 일으키다 예 그녀는 생일 케이크에 촛불을 켜고 소원을 빌었다. • 전기나 동력이 통하게 하여, 전기 제품 따위를 작동하게 만들다 예 집에 도착하자마자 거실의 형광등을 켰다. • 나무를 세로로 톱질하여 쪼개다 예 흥부는 부인과 마주 앉아 박을 켜기 시작했다. • 팔다리나 네 다리를 쭉 뻗으며 몸을 펴다 예 아빠는 아침에 일어나면 기지개를 켜는 습관이 있다.

타다	• 탈것이나 짐승의 등 따위에 몸을 얹다 　예 지하철이 끊겨 할 수 없이 택시를 <u>탔다</u>. • 몫으로 주는 돈이나 물건 따위를 받다 　예 사내 체육대회에서 추첨 번호에 당첨되어 경품을 <u>탔다</u>. • 먼지나 때 따위가 쉽게 달라붙는 성질을 가지다 　예 흰옷은 때가 잘 <u>타서</u> 일할 때는 입지 않는 편이다. • 부끄러움이나 노여움 따위의 감정이나 간지럼 따위의 육체적 느낌을 쉽게 느끼다 　예 내 동생은 간지럼을 잘 <u>탄다</u>.
펴다	• 접히거나 개킨 것을 젖히어 벌리다 　예 당장 자리에 앉아서 책을 <u>펴라</u>. • 생각, 감정, 기세 따위를 얽매임 없이 자유롭게 표현하거나 주장하다 　예 더 넓은 곳에서 꿈을 <u>펴고자</u> 해외로 유학을 떠났다.
헐다	• 몸에 부스럼이나 상처 따위가 나서 짓무르다 　예 요즘 너무 무리했는지 입 안이 <u>헐었다</u>. • 물건이 오래되거나 많이 써서 낡아지다 　예 우산이 너무 <u>헐어서</u> 쓸 수가 없다.

2. 혼동하기 쉬운 어휘

가늠/가름	• 가늠: 목표나 기준에 맞고 안 맞음을 헤아려 봄/사물을 어림잡아 헤아림 　예 내 남자친구는 워낙 말이 없어서 그 속마음을 가늠하기가 어렵다. • 가름: 쪼개거나 나누어 따로따로 되게 하는 일/승부나 등수 따위를 정하는 일 　예 오늘 경기는 전반전에 획득한 점수가 승부를 가름하였다.
개발/계발	• 개발: 토지나 천연자원 따위를 유용하게 만듦/지식이나 재능 따위를 발달하게 함/산업이나 경제 따위를 발전하게 함/ 새로운 물건을 만들거나 새로운 생각을 내어놓음 　예 국토 개발에 노력을 기울여야 한다. • 계발: 슬기나 재능, 사상 따위를 일깨워 줌 　예 학생의 창의력과 소질을 계발하는 데 효과적이다.
검정/검증	• 검정: 일정한 규정에 따라 자격이나 조건을 검사하여 결정함 　예 교과서를 더욱 엄격한 기준으로 검정할 필요가 있다. • 검증: 검사하여 증명함 　예 검증되지 않은 민간요법을 함부로 따르는 것은 위험하다.
게재/기재	• 게재: 글이나 그림 따위를 신문이나 잡지 따위에 실음 　예 그의 논문이 세계적인 학술지에 게재되었다. • 기재: 문서 따위에 기록하여 올림 　예 이력서에 기재된 내용이 사실과 다를 경우 불합격 처리됩니다.
결재/결제	• 결재: 결정할 권한이 있는 상관이 부하가 제출한 안건을 검토하여 허가하거나 승인함 　예 이번 주 금요일은 공휴일이므로 반드시 오늘까지 결재를 받아야 한다. • 결제: 증권 또는 대금을 주고받아 매매 당사자 사이의 거래 관계를 끝맺는 일 　예 만 원 이하의 소액도 카드 결제가 가능하다.
고안/착안	• 고안: 연구하여 새로운 안을 생각해 냄 　예 정약용은 도르래의 원리를 응용하여 거중기를 고안해냈다. • 착안: 어떤 문제를 해결하기 위한 실마리를 잡음 　예 이 기계는 작용 반작용의 법칙에 착안하여 제작된 것이다.
곤욕/곤혹	• 곤욕: 심한 모욕 또는 참기 힘든 일 　예 작은 말실수 때문에 오랫동안 곤욕을 치렀다. • 곤혹: 곤란한 일을 당하여 어찌할 바를 모름 　예 친구의 갑작스러운 울음에 곤혹을 느꼈다.
구분/구별	• 구분: 일정한 기준에 따라 전체를 몇 개로 갈라 나눔 　예 책장의 책들을 소설책과 시집으로 구분하여 정리해 두었다. • 구별: 성질이나 종류에 따라 차이가 남 또는 성질이나 종류에 따라 갈라놓음 　예 누가 언니고 누가 동생인지 구별할 수 없을 정도로 키가 비슷하다.
근간/근원	• 근간: 사물의 바탕이나 중심이 되는 중요한 것 　예 전통시장은 서민 경제의 근간이다.

근간/근원	• 근원: 사물이 비롯되는 근본이나 원인 　예 스트레스는 모든 병의 근원이라 할 수 있다.
금일/익일	• 금일: 지금 지나가고 있는 이날 　예 오늘까지 처리해야 하므로 금일 안으로 서류를 작성하여 제출해 주세요. • 익일: 어느 날 뒤에 오는 날 　예 내가 접수한 택배 물품은 익일에 배송될 예정이다.
너비/넓이	• 너비: 평면이나 넓은 물체의 가로로 건너지른 거리 　예 양발을 어깨너비로 벌리고 양 무릎을 살짝 굽혀주세요. • 넓이: 일정한 평면에 걸쳐 있는 공간이나 범위의 크기 　예 다음 평면도형의 넓이를 구하시오.
단합/담합	• 단합: 많은 사람이 마음과 힘을 한데 뭉침 (≒ 단결) 　예 주민들의 단합을 도모하기 위해 마을 운동회를 개최했다. • 담합: 서로 의논하여 합의함 　예 일제히 영화 관람료가 오른 것에 대해 일각에서는 극장업계의 담합을 의심하고 있다.
대비/대처	• 대비: 앞으로 일어날지도 모르는 어떠한 일에 대응하기 위하여 미리 준비함 　예 동네 사람들은 폭우에 대비하여 모래주머니로 제방을 쌓아놓았다. • 대처: 어떤 정세나 사건에 대하여 알맞은 조치를 취함 　예 기업은 고객의 불만에 대해 빠르게 대처해야 한다.
도래/초래	• 도래: 어떤 시기나 기회가 닥쳐옴 　예 정보화 시대가 도래한 지 오래이다. • 초래: 일의 결과로서 어떤 현상을 생겨나게 함 　예 순간의 실수가 엄청난 사건을 초래할 수도 있다.
도출/표출	• 도출: 판단이나 결론 따위를 이끌어 냄 　예 세 번의 회의를 가졌음에도 불구하고 결국 합의점이 도출되지 않았다. • 표출: 겉으로 나타냄 　예 입시 제도가 갑작스럽게 변경되자 많은 학부모가 분노를 표출했다.
동의/동조	• 동의: 다른 사람의 행위를 승인하거나 시인함 　예 국민의 안전을 최우선으로 여기는 그 법안에 대해 야당과 여당 모두 동의하였다. • 동조: 남의 주장에 자기의 의견을 일치시키거나 보조를 맞춤 　예 나는 그녀의 의견이 옳지 못하다고 생각하였으나 일단 동조하는 척하였다.
독선/독단	• 독선: 자기 혼자만이 옳다고 믿고 행동하는 일 　예 독선에 빠져 다른 이들의 의견을 묵살하는 것은 화합을 저해하는 요소이다. • 독단: 남과 상의하지도 않고 혼자서 판단하거나 결정함 　예 그렇게 독단적으로 일을 결정할 거면서 왜 나에게 의견을 물었니?
막역/막연	• 막역: 허물이 없이 아주 친함 　예 그와 나는 10년 전부터 막역하게 지내왔다.

막역/막연	• 막연: 갈피를 잡을 수 없게 아득함/뚜렷하지 못하고 어렴풋함 예 많은 사람이 막연하게 부동산 임대업을 노후 준비의 하나로 여기고 있다.
매매/매입	• 매매: 물건을 팔고 사는 일 예 올해 초 집값 상승으로 아파트 매매가 활발히 이루어지지 않았다. • 매입: 물건 따위를 사들임 예 과거 태국 정부는 시장가격보다 비싼 값에 농민들의 쌀을 매입하였다.
명분/명색	• 명분: 일을 꾀할 때 내세우는 구실이나 이유 따위 예 러시아는 자국민 보호를 명분으로 내세우며 남오세티야 전쟁에 개입하였다. • 명색: 실속 없이 그럴듯하게 불리는 허울만 좋은 이름 예 복지부장은 명색일 뿐 실상 나는 학급 청소를 도맡아 하는 역할이었다.
모사/묘사	• 모사: 사물을 형체 그대로 그림/원본을 베끼어 씀 예 고흐는 밀레의 그림을 모사하는 것을 즐겼으며, 밀레의 삶까지 닮고자 했다. • 묘사: 어떤 대상이나 사물, 현상 따위를 언어로 서술하거나 그림을 그려서 표현함 예 어젯밤에 목격한 상황을 자세하게 묘사해 주세요.
반증/방증	• 반증: 어떤 사실이나 주장이 옳지 아니함을 그에 반대되는 근거를 들어 증명함 예 그 사람의 주장을 반증할 수 있는 자료들을 찾아야만 한다. • 방증: 사실을 직접 증명할 수 있는 증거가 되지는 않지만, 주변의 상황을 밝힘으로써 간접적으로 증명에 도움을 줌 예 최근 인문학 도서가 많이 출간되는 것은 인문학에 대한 대중의 관심이 높아졌다는 방증이다.
발달/발전	• 발달: 신체, 정서, 지능 따위가 성장하거나 성숙함/학문, 기술, 문명, 사회 따위의 현상이 보다 높은 수준에 이름 예 과도한 조기교육은 아이들의 뇌 발달에 악영향을 미칠 수 있다. • 발전: 더 낫고 좋은 상태나 더 높은 단계로 나아감/일이 어떤 방향으로 전개됨 예 임직원의 노력 덕분에 우리 회사는 눈에 띄게 발전했다.
변절/변질	• 변절: 절개나 지조를 지키지 않고 바꿈 예 충신으로 소문난 그가 변절했다는 소식은 모든 이를 놀라게 만들었다. • 변질: 성질이 달라지거나 물질의 질이 변함 예 요구르트, 우유 등과 같은 유제품은 여름철에 쉽게 변질된다.
보상/배상	• 보상: 남에게 진 빚 또는 받은 물건을 갚음/어떤 것에 대한 대가로 갚음 예 올해 직원들의 노고를 보상하기 위하여 작은 행사를 마련하였습니다. • 배상: 남의 권리를 침해한 사람이 그 손해를 물어 줌 예 반려견이 지나가는 행인을 물 경우 견주가 피해자의 치료비를 배상해야 한다.
보전/보존	• 보전: 온전하게 보호하여 유지함 예 미래 세대를 위해서라도 반드시 생태계를 보전해야 한다. • 보존: 잘 보호하고 간수하여 남김 예 이 문화재는 보존이 잘 되어 있는 편이다.

복구/복귀	• 복구: 손실 이전의 상태로 회복함 　예 무너진 다리가 복구될 때까지 이곳에 머무를 예정이다. • 복귀: 본디의 자리나 상태로 되돌아감 　예 군인인 남동생은 휴가를 마치고 부대로 복귀했다.
부문/부분	• 부문: 일정한 기준에 따라 분류하거나 나누어 놓은 낱낱의 범위나 부분 　예 이 영화는 아카데미 시상식에서 작품상, 미술상 등 두 개 부문을 석권하였다. • 부분: 전체를 이루는 작은 범위 또는 전체를 몇 개로 나눈 것의 하나 　예 이 영화는 마지막 부분의 반전이 예술이다.
상연/상영	• 상연: 연극 따위를 무대에서 하여 관객에게 보이는 일 　예 오늘 우리 극장은 연극 <로미오와 줄리엣>을 상연할 예정입니다. • 상영: 극장 따위에서 영화를 영사하여 공개하는 일 　예 이 영화는 지난달에 개봉하여 현재 극장에서 상영 중이다.
선별/선발	• 선별: 가려서 따로 나눔 　예 그는 불량품을 선별하여 따로 빼 두었다. • 선발: 많은 가운데서 골라 뽑음 　예 그는 3년 연속 우수사원으로 선발되었다.
수상/시상	• 수상: 상을 받음 　예 그 배우는 여우주연상을 수상했다. • 시상: 상장이나 상품, 상금 따위를 줌 　예 노벨 위원회는 노벨상 후보 선정과 시상의 권한을 가지고 있다.
습득/체득	• 습득: 학문이나 기술 따위를 배워서 자기 것으로 함 　예 실제 업무에 필요한 기술을 습득하고자 학원에 등록하였다. • 체득: 몸소 체험하여 알게 됨 　예 인턴 과정에서 체득한 지식들이 취업 후 크게 도움이 되었다.
실용성/실효성	• 실용성: 실제적인 쓸모가 있는 성질이나 특성 　예 나는 실용성을 고려해 수납공간이 넉넉한 가구를 구입했다. • 실효성: 실제로 효과를 나타내는 성질 　예 이 제도는 실효성이 없다는 비판을 받았다.
실재/실제	• 실재: 실제로 존재함 　예 이 소설은 실재하는 인물과 사건을 바탕으로 만들어졌다. • 실제: 사실의 경우나 형편 　예 상상만 했던 분을 실제로 뵙게 되어 가슴이 벅찼다.
여유/여지	• 여유: 물질적·공간적·시간적으로 넉넉하여 남음이 있는 상태/느긋하고 차분하게 생각하거나 행동하는 마음의 상태 또는 대범하고 너그럽게 일을 처리하는 마음의 상태 　예 급할수록 여유를 가지는 것이 중요하다. • 여지: 어떤 일을 하거나 어떤 일이 일어날 가능성이나 희망 　예 그때는 너무 급박했기 때문에 나에게는 선택의 여지가 없었다.

온전/완전	• 온전: 본바탕 그대로 고스란함/잘못된 것이 없이 바르거나 옳음 　예 이 지역에는 삼국시대의 유물과 유적이 <u>온전</u>히 남아 있다. • 완전: 필요한 것이 모두 갖추어져 모자람이나 흠이 없음 　예 우리나라는 오늘 오후 태풍의 영향권에서 <u>완전</u>히 벗어났다.
운용/운영	• 운용: 무엇을 움직이게 하거나 부리어 씀 　예 소비 심리가 살아날 수 있도록 경제 정책을 과감하게 <u>운용</u>해야 한다. • 운영: 조직이나 기구, 사업체 따위를 운용하고 경영함 　예 우리 아버지께서는 작은 사업체를 <u>운영</u>하고 계신다.
원료/연료	• 원료: 어떤 물건을 만드는 데 들어가는 재료 　예 천연 <u>원료</u>를 사용한 화장품은 특히 임산부에게 인기가 높다. • 연료: 연소하여 열, 빛, 동력의 에너지를 얻을 수 있는 물질을 통틀어 이르는 말 　예 수소를 <u>연료</u>로 사용하는 자동차는 매연 배출량이 적다.
유래/유례	• 유래: 사물이나 일이 생겨남 또는 그 사물이나 일이 생겨난 바 　예 이 행사는 <u>유래</u>가 깊다. • 유례: 같거나 비슷한 예 　예 이런 사건은 국내뿐만 아니라 외국에서도 <u>유례</u>를 찾기 힘들다.
응용/인용	• 응용: 어떤 이론이나 이미 얻은 지식을 구체적인 개개의 사례나 다른 분야의 일에 적용하여 이용함 　예 과학 기술을 농업에 <u>응용</u>하는 젊은 농부들이 늘어나고 있다. • 인용: 남의 말이나 글을 자신의 말이나 글 속에 끌어 씀 　예 그는 학자의 말을 <u>인용</u>하여 자신의 소설 첫머리에 실었다.
일절/일체	• 일절: 아주, 전혀, 절대로의 뜻으로, 흔히 행위를 그치게 하거나 어떤 일을 하지 않을 때에 쓰는 말 　예 당분간 교무실 출입을 <u>일절</u> 금지하도록 하겠습니다. • 일체: 모든 것/'전부' 또는 '완전히'의 뜻을 나타내는 말 　예 소송과 관련한 <u>일체</u>의 비용은 패소한 쪽이 물어야 한다.
임대/임차	• 임대: 돈을 받고 자기의 물건을 남에게 빌려줌 　예 건물주는 건물 일부를 병원에 <u>임대</u>해 주었다. • 임차: 돈을 내고 남의 물건을 빌려 씀 　예 병원은 많은 비용을 지불하고 건물 일부를 <u>임차</u>하였다.
의식/인식	• 의식: 어떤 것을 두드러지게 느끼거나 특별히 염두에 둠/생각이 미치어 어떤 일이나 현상 따위를 깨닫거나 느낌 　예 나를 쳐다보는 그의 눈빛을 <u>의식</u>하고 있었으나 애써 태연한 척했다. • 인식: 사물을 분별하고 판단하여 앎 　예 일반적으로 가격이 저렴하면 품질이 좋지 않다는 <u>인식</u>이 있다.

자각/지각	• 자각: 현실을 판단하여 자기의 입장이나 능력 따위를 스스로 깨달음 　예 자신의 잘못을 자각한 학생이 반성문을 작성하여 선생님에게 건넸다. • 지각: 감각 기관을 통하여 대상을 인식함 　예 그는 뛰어난 공간 지각 능력을 가지고 있다.
작렬/작열	• 작렬: 포탄 따위가 터져서 쫙 퍼짐/박수 소리나 운동 경기에서의 공격 따위가 포탄이 터지듯 극렬하게 터져 나옴 　예 적군이 던진 수류탄이 작렬하여 아군 수십 명이 사살되었다. • 작열: 불 따위가 이글이글 뜨겁게 타오름 　예 이번 여름휴가는 태양이 작열하는 해변에서 보낼 것이다.
재고/제고	• 재고: 어떤 일이나 문제 따위에 대하여 다시 생각함 　예 섣불리 결정하지 말고 한 번 더 재고해 봅시다. • 제고: 수준이나 정도 따위를 끌어올림 　예 국가 경쟁력을 제고하기 위해서는 국민과 정부가 함께 노력해야 한다.
재연/재현	• 재연: 한 번 하였던 행위나 일을 다시 되풀이함©243 　예 태연히 범행을 재연하는 범인의 모습에 사람들은 경악했다. • 재현: 다시 나타남 또는 다시 나타냄 　예 한국 축구선수들이 2002년 월드컵의 영광을 재현했다.
정체/지체	• 정체: 사물이 발전하거나 나아가지 못하고 한자리에 머물러 그침 　예 낮은 풍속으로 대기가 정체될 경우 미세먼지 농도가 더욱 짙어질 수 있다. • 지체: 때를 늦추거나 질질 끎 　예 지체할 시간이 없으니 어서 준비해라.
조정/조종	• 조정: 어떤 기준이나 실정에 맞게 정돈함 　예 선거구를 조정하기로 결정했다. • 조종: 비행기나 선박, 자동차 따위의 기계를 다루어 부림 　예 그는 10년 넘게 비행기를 조종했다.
증가/증감	• 증가: 양이나 수치가 늚 　예 불볕더위가 기승을 부리면서 에어컨 판매량이 빠르게 증가하고 있다. • 증감: 많아지거나 적어짐 　예 변동비는 생산량의 증감에 따라 늘거나 줄어드는 비용이다.
지양/지향	• 지양: 더 높은 단계로 오르기 위하여 어떠한 것을 하지 아니함 　예 학생들의 건강을 해칠 수 있는 지나친 야간 자율 학습은 지양해야 한다. • 지향: 어떤 목표로 뜻이 쏠리어 향함 　예 정부는 그 무엇보다도 국민의 안전 보장을 우선으로 지향해야 한다.
찬성/찬조	• 찬성: 어떤 행동이나 견해, 제안 따위가 옳거나 좋다고 판단하여 수긍함 　예 우리 가족은 8월 중순에 휴가를 보내는 것에 대해 모두 찬성하였다. • 찬조: 어떤 일의 뜻에 찬동하여 도와줌 　예 교장선생님의 찬조에 힘입어 우리는 학예회를 무사히 마칠 수 있었다.

참고/참조	• 참고: 살펴서 생각함/살펴서 도움이 될 만한 재료로 삼음 　예 교수님께서 쓰신 칼럼을 참고하여 이 논문을 작성하였습니다. • 참조: 참고로 비교하고 대조하여 봄 　예 더 자세한 내용은 상기 기사를 참조하시기 바랍니다.
창간/창건	• 창간: 신문, 잡지 따위의 정기 간행물의 첫 번째 호를 펴냄 　예 통신 기술이 발달함에 따라 다양한 온라인 잡지가 창간되고 있다. • 창건: 건물이나 조직체 따위를 처음으로 세우거나 만듦 　예 태조 이성계가 창건한 경복궁은 조선을 대표하는 궁궐이다.
체계/체제	• 체계: 일정한 원리에 따라서 낱낱의 부분이 짜임새 있게 조직되어 통일된 전체 　예 원격진료의 도입은 우리나라 의료 전달 체계에 큰 변화를 가져올 것이다. • 체제: 생기거나 이루어진 틀/사회를 하나의 유기체로 볼 때에, 그 조직이나 양식 또는 그 상태 　예 1990년에 독일이 통일되면서 국제 관계의 냉전 체제가 종식되기 시작했다.
출연/출현	• 출연: 연기, 공연, 연설 따위를 하기 위하여 무대나 연단에 나감 　예 그 배우는 유명한 영화에 출연하여 인지도를 높일 수 있었다. • 출현: 나타나거나 또는 나타나서 보임 　예 갑작스러운 해파리의 출현으로 해수욕장의 피서객들이 모두 대피하였다.
폄하/폄훼	• 폄하: 가치를 깎아내림 　예 작가의 인성이 바르지 못하다는 이유로 그 작가의 작품을 폄하하는 것은 옳지 않다. • 폄훼: 남을 깎아내려 헐뜯음 　예 그녀가 주변 인물을 폄훼하기 시작하자 모든 사람의 눈살이 찌푸려졌다.
표기/표지	• 표기: 적어서 나타냄 　예 식품에 원산지를 표기하는 것은 소비자에게 신뢰감을 준다. • 표지: 표시나 특징으로 어떤 사물을 다른 것과 구별하게 함 　예 이 지하철역은 너무 복잡하므로 화장실 표지를 더욱 튀게 만들어야 한다.
한계/한도	• 한계: 사물이나 능력, 책임 따위가 실제 작용할 수 있는 범위 　예 상대방의 무례한 행동에 인내심의 한계를 느꼈다. • 한도: 일정한 정도 또는 한정된 정도 　예 이 카드는 거래 한도를 초과하였으므로 사용할 수 없다.
혼돈/혼동	• 혼돈: 마구 뒤섞여 있어 갈피를 잡을 수 없음 　예 국채 금리와 물가가 상승할 경우 국가 경제가 혼돈에 빠질 수 있다. • 혼동: 구별하지 못하고 뒤섞어서 생각함 　예 색각 이상이 있는 사람들 중에는 적색과 녹색을 혼동하는 사람이 많다.
확정/획정	• 확정: 일을 확실하게 정함 　예 워크숍 장소는 아직 확정되지 않았습니다. • 획정: 경계 따위를 명확히 구별하여 정함 　예 선거구 획정을 놓고 말이 많았다.

3. 유의어와 반의어

유의어

- 강등(降等) ≒ 좌천(左遷)
- 개업(開業) ≒ 창업(創業)
- 격려(激勵) ≒ 고무(鼓舞)
- 결핍(缺乏) ≒ 부족(不足)
- 귀감(龜鑑) ≒ 교훈(敎訓)
- 기색(氣色) ≒ 동정(動靜)
- 단안(斷案) ≒ 결정(決定)
- 매개(媒介) ≒ 간접(間接)
- 몰두(沒頭) ≒ 탐닉(耽溺)
- 묵과(默過) ≒ 묵인(默認)
- 미행(尾行) ≒ 추적(追跡)
- 복용(服用) ≒ 투약(投藥)
- 비운(悲運) ≒ 불운(不運)
- 서거(逝去) ≒ 작고(作故)
- 세련(洗練) ≒ 숙련(熟練)
- 수정(修正) ≒ 개정(改正)
- 암시(暗示) ≒ 시사(示唆)
- 역사(歷史) ≒ 연혁(沿革)
- 요구(要求) ≒ 청구(請求)
- 운용(運用) ≒ 운영(運營)
- 유명(有名) ≒ 저명(著名)
- 의도(意圖) ≒ 취지(趣旨)
- 이완(弛緩) ≒ 해이(解弛)
- 저가(低價) ≒ 염가(廉價)
- 절제(節制) ≒ 제어(制御)
- 정세(情勢) ≒ 상황(狀況)
- 제압(制壓) ≒ 압도(壓倒)
- 지시(指示) ≒ 명령(命令)
- 착안(着眼) ≒ 착상(着想)
- 책망(責望) ≒ 힐난(詰難)
- 추정(推定) ≒ 추측(推測)
- 포부(抱負) ≒ 희망(希望)
- 풍파(風波) ≒ 파란(波瀾)
- 해결(解決) ≒ 타개(打開)
- 허공(虛空) ≒ 천공(天空)
- 혼잡(混雜) ≒ 번잡(煩雜)
- 회복(回復) ≒ 만회(挽回)
- 개선(改善) ≒ 개량(改良)
- 개척(開拓) ≒ 개간(開墾)
- 결점(缺點) ≒ 하자(瑕疵)
- 고향(故鄕) ≒ 향촌(鄕村)
- 기대(期待) ≒ 촉망(囑望)
- 납득(納得) ≒ 수긍(首肯)
- 둔화(鈍化) ≒ 약화(弱化)
- 명백(明白) ≒ 명료(明瞭)
- 무식(無識) ≒ 과문(寡聞)
- 미연(未然) ≒ 사전(事前)
- 발명(發明) ≒ 창안(創案)
- 본질(本質) ≒ 실태(實態)
- 생산(生産) ≒ 제조(製造)
- 선정(選定) ≒ 선발(選拔)
- 소모(消耗) ≒ 소비(消費)
- 실현(實現) ≒ 성취(成就)
- 역경(逆境) ≒ 난항(難航)
- 열중(熱中) ≒ 골몰(汨沒)
- 운명(運命) ≒ 숙명(宿命)
- 위탁(委託) ≒ 위임(委任)
- 육성(育成) ≒ 교육(敎育)
- 의존(依存) ≒ 의지(依支)
- 이전(移轉) ≒ 양도(讓渡)
- 전승(傳承) ≒ 계승(繼承)
- 정독(精讀) ≒ 미독(味讀)
- 제안(提案) ≒ 발의(發議)
- 증명(證明) ≒ 입증(立證)
- 질타(叱咤) ≒ 힐난(詰難)
- 채용(採用) ≒ 기용(起用)
- 청탁(請託) ≒ 부탁(付託)
- 판단(判斷) ≒ 변별(辨別)
- 풍조(風潮) ≒ 시류(時流)
- 한계(限界) ≒ 범위(範圍)
- 핵심(核心) ≒ 요점(要點)
- 현실(現實) ≒ 실제(實際)
- 활용(活用) ≒ 변통(變通)
- 회전(回轉) ≒ 선회(旋回)

반의어

- 가결(可決) ↔ 부결(否決)
- 가입(加入) ↔ 탈퇴(脫退)
- 걸작(傑作) ↔ 졸작(拙作)
- 경상(經常) ↔ 임시(臨時)
- 경험(經驗) ↔ 상상(想像)
- 공급(供給) ↔ 수요(需要)
- 교수(敎授) ↔ 학습(學習)
- 기정(旣定) ↔ 미정(未定)
- 낭보(朗報) ↔ 비보(悲報)
- 능숙(能熟) ↔ 미숙(未熟)
- 답습(踏襲) ↔ 창조(創造)
- 망각(忘却) ↔ 기억(記憶)
- 명목(名目) ↔ 실질(實質)
- 백주(白晝) ↔ 심야(深夜)
- 상이(相異) ↔ 유사(類似)
- 송신(送信) ↔ 수신(受信)
- 순종(順從) ↔ 거역(拒逆)
- 염세(厭世) ↔ 낙천(樂天)
- 우월(優越) ↔ 열등(劣等)
- 이면(裏面) ↔ 표면(表面)
- 인정(認定) ↔ 부인(否認)
- 자의(自意) ↔ 타의(他意)
- 정설(定說) ↔ 속설(俗說)
- 주의(注意) ↔ 방심(放心)
- 찰나(刹那) ↔ 영원(永遠)
- 출발(出發) ↔ 도달(到達)
- 통제(統制) ↔ 방임(放任)
- 팽창(膨脹) ↔ 수축(收縮)
- 폐지(廢止) ↔ 존속(存續)
- 한기(寒氣) ↔ 서기(暑氣)
- 허가(許可) ↔ 금지(禁止)
- 협조(協助) ↔ 훼방(毁謗)
- 혼란(混亂) ↔ 안녕(安寧)
- 회고(回顧) ↔ 전망(展望)

- 가명(假名) ↔ 본명(本名)
- 가해(加害) ↔ 피해(被害)
- 격감(激減) ↔ 급증(急增)
- 경직(硬直) ↔ 유연(柔軟)
- 고의(故意) ↔ 과실(過失)
- 과작(寡作) ↔ 다작(多作)
- 근면(勤勉) ↔ 태만(怠慢)
- 낭독(朗讀) ↔ 묵독(默讀)
- 눌변(訥辯) ↔ 달변(達辯)
- 단란(團欒) ↔ 불화(不和)
- 독점(獨占) ↔ 공유(共有)
- 매몰(埋沒) ↔ 발굴(發掘)
- 배출(排出) ↔ 흡수(吸收)
- 보편(普遍) ↔ 특수(特殊)
- 선두(先頭) ↔ 후미(後尾)
- 수익(收益) ↔ 손실(損失)
- 연결(連結) ↔ 단절(斷絶)
- 온건(穩健) ↔ 강경(强硬)
- 융성(隆盛) ↔ 쇠퇴(衰退)
- 이용(利用) ↔ 악용(惡用)
- 임대(賃貸) ↔ 임차(賃借)
- 절약(節約) ↔ 낭비(浪費)
- 종결(終結) ↔ 시작(始作)
- 중시(重視) ↔ 경시(輕視)
- 천연(天然) ↔ 인위(人爲)
- 침착(沈着) ↔ 경망(輕妄)
- 통합(統合) ↔ 분리(分離)
- 폐쇄(閉鎖) ↔ 개방(開放)
- 폭로(暴露) ↔ 은폐(隱蔽)
- 할인(割引) ↔ 할증(割增)
- 현명(賢明) ↔ 우둔(愚鈍)
- 호평(好評) ↔ 혹평(酷評)
- 환대(歡待) ↔ 괄시(恝視)
- 획득(獲得) ↔ 상실(喪失)

4. 어휘관계

유의관계	• 의미가 서로 비슷한 단어의 관계 예 봉착 - 당면, 재배 - 배양, 상서롭다 - 길하다, 피력하다 - 토로하다, 시류 - 풍조	
반대관계	• 의미가 서로 반대되는 단어의 관계 예 큰 - 작은, 소량 - 대량, 세입 - 시출, 발산 - 수렴, 회고 - 전망, 상이하다 - 유사하다	
포함관계	• 한 단어가 다른 단어에 포함되는 단어의 관계 예 문학 - 수필, 포유류 - 박쥐	
전체 - 부분관계	• 한 단어는 전체, 다른 단어는 전체의 한 부분에 해당하는 단어의 관계 예 독수리 - 날개, 얼굴 - 코, 자동차 - 타이어	
인과관계	• 한 단어는 원인, 다른 단어는 그로 인한 결과에 해당하는 단어의 관계 예 바람 - 파도, 폭우 - 홍수, 노력 - 성공	
재료 - 완제품관계	• 한 단어는 재료, 다른 단어는 그 재료로 만들어진 완제품에 해당하는 단어의 관계 예 보리 - 맥주, 콩 - 두부, 포도 - 와인, 비단 - 견사, 우유 - 버터, 고무 - 바퀴	
장소 - 행동관계	• 한 단어는 장소, 다른 단어는 그 장소에서 하는 행동에 해당하는 단어의 관계 예 전시회 - 관람, 체육관 - 운동, 침대 - 낮잠	

5. 한자성어

刻骨難忘(각골난망)	남에게 입은 은혜가 뼈에 새길 만큼 커서 잊히지 아니함
肝膽相照(간담상조)	서로 속마음을 털어놓고 친하게 사귐
牽强附會(견강부회)	이치에 맞지 않는 말을 억지로 끌어 붙여 자기에게 유리하게 함
見蚊拔劍(견문발검)	모기를 보고 칼을 뺀다는 뜻으로, 사소한 일에 크게 성내어 덤빔을 이르는 말
結草報恩(결초보은)	죽은 뒤에라도 은혜를 잊지 않고 갚음을 이르는 말
姑息之計(고식지계)	우선 당장 편한 것만을 택하는 꾀나 방법
苦肉之策(고육지책)	자기 몸을 상해 가면서까지 꾸며 내는 계책이라는 뜻으로, 어려운 상태를 벗어나기 위해 어쩔 수 없이 꾸며 내는 계책을 이르는 말 ≒ 苦肉之計(고육지계)
孤掌難鳴(고장난명)	외손뼉만으로는 소리가 울리지 아니한다는 뜻으로, 혼자의 힘만으로 어떤 일을 이루기 어려움을 이르는 말
苦盡甘來(고진감래)	쓴 것이 다하면 단 것이 온다는 뜻으로, 고생 끝에 즐거움이 옴을 이르는 말
曲學阿世(곡학아세)	바른길에서 벗어난 학문으로 세상 사람에게 아첨함
過猶不及(과유불급)	정도를 지나침은 미치지 못함과 같다는 뜻으로, 중용이 중요함을 이르는 말
刮目相對(괄목상대)	눈을 비비고 상대편을 본다는 뜻으로, 남의 학식이나 재주가 놀랄 만큼 부쩍 늚을 이르는 말
矯角殺牛(교각살우)	소의 뿔을 바로잡으려다가 소를 죽인다는 뜻으로, 잘못된 점을 고치려다가 그 방법이나 정도가 지나쳐 오히려 일을 그르침을 이르는 말
近墨者黑(근묵자흑)	먹을 가까이하는 사람은 검어진다는 뜻으로, 나쁜 사람과 가까이 지내면 나쁜 버릇에 물들기 쉬움을 비유적으로 이르는 말
錦上添花(금상첨화)	비단 위에 꽃을 더한다는 뜻으로, 좋은 일 위에 또 좋은 일이 더하여짐을 비유적으로 이르는 말
錦衣還鄕(금의환향)	비단옷을 입고 고향에 돌아온다는 뜻으로, 출세를 하여 고향에 돌아가거나 돌아옴을 비유적으로 이르는 말
起死回生(기사회생)	거의 죽을 뻔하다가 도로 살아남
落花流水(낙화유수)	떨어지는 꽃과 흐르는 물이라는 뜻으로, 가는 봄의 경치를 이르는 말
囊中之錐(낭중지추)	주머니 속의 송곳이라는 뜻으로, 재능이 뛰어난 사람은 숨어 있어도 저절로 사람들에게 알려짐을 이르는 말
堂狗風月(당구풍월)	서당에서 기르는 개가 풍월을 읊는다는 뜻으로, 그 분야에 대하여 경험과 지식이 전혀 없는 사람이라도 오래 있으면 얼마간의 경험과 지식을 가짐을 이르는 말

사자성어	뜻
螳螂拒轍(당랑거철)	제 역량을 생각하지 않고, 강한 상대나 되지 않을 일에 덤벼드는 무모한 행동거지를 비유적으로 이르는 말
大器晩成(대기만성)	큰 그릇을 만드는 데는 시간이 오래 걸린다는 뜻으로, 크게 될 사람은 늦게 이루어짐을 이르는 말
同病相憐(동병상련)	같은 병을 앓는 사람끼리 서로 가엾게 여긴다는 뜻으로, 어려운 처지에 있는 사람끼리 서로 가엾게 여김을 이르는 말
東奔西走(동분서주)	동쪽으로 뛰고 서쪽으로 뛴다는 뜻으로, 사방으로 이리저리 몹시 바쁘게 돌아다님을 이르는 말
同床異夢(동상이몽)	같은 자리에 자면서 다른 꿈을 꾼다는 뜻으로, 겉으로는 같이 행동하면서도 속으로는 각각 딴 생각을 하고 있음을 이르는 말
同舟相救(동주상구)	같은 배를 탄 사람끼리 서로 돕는다는 뜻으로, 같은 운명이나 처지에 놓이면 아는 사람이나 모르는 사람이나 서로 돕게 됨을 이르는 말
燈火可親(등화가친)	등불을 가까이할 만하다는 뜻으로, 서늘한 가을밤은 등불을 가까이하여 글 읽기에 좋음을 이르는 말
馬耳東風(마이동풍)	동풍이 말의 귀를 스쳐 간다는 뜻으로, 남의 말을 귀담아듣지 아니하고 지나쳐 흘려버림을 이르는 말
萬年之計(만년지계)	아주 먼 훗날까지 걸친 큰 계획
萬事亨通(만사형통)	모든 것이 뜻대로 잘됨
面從腹背(면종복배)	겉으로는 복종하는 체하면서 내심으로는 배반함
明鏡止水(명경지수)	맑은 거울과 고요한 물처럼 잡념과 허욕이 없는 깨끗한 마음을 비유적으로 이르는 말
刎頸之交(문경지교)	서로를 위해서라면 목이 잘린다 해도 후회하지 않을 정도의 사이라는 뜻으로, 생사를 같이할 수 있는 아주 가까운 사이, 또는 그런 친구를 이르는 말
傍若無人(방약무인)	곁에 사람이 없는 것처럼 아무 거리낌 없이 함부로 말하고 행동하는 태도가 있음
百折不屈(백절불굴)	어떠한 난관에도 결코 굽히지 않음
四面楚歌(사면초가)	아무에게도 도움을 받지 못하는, 외롭고 곤란한 지경에 빠진 형편을 이르는 말
事必歸正(사필귀정)	모든 일은 반드시 바른길로 돌아감
三人成虎(삼인성호)	세 사람이 짜면 거리에 범이 나왔다는 거짓말도 꾸밀 수 있다는 뜻으로, 근거 없는 말이라도 여러 사람이 말하면 곧이듣게 됨을 이르는 말
雪上加霜(설상가상)	눈 위에 서리가 덮인다는 뜻으로, 난처한 일이나 불행한 일이 잇따라 일어남을 이르는 말
首丘初心(수구초심)	여우가 죽을 때에 머리를 자기가 살던 굴 쪽으로 둔다는 뜻으로, 고향을 그리워하는 마음을 이르는 말

한자성어	뜻
手不釋卷(수불석권)	손에서 책을 놓지 아니하고 늘 글을 읽음
脣亡齒寒(순망치한)	입술이 없으면 이가 시리다는 뜻으로, 서로 이해관계가 밀접한 사이에 어느 한쪽이 망하면 다른 한쪽도 그 영향을 받아 온전하기 어려움을 이르는 말
識字憂患(식자우환)	학식이 있는 것이 오히려 근심을 사게 됨
弱肉强食(약육강식)	약한 자가 강한 자에게 먹힌다는 뜻으로, 강한 자가 약한 자를 희생시켜서 번영하거나, 약한 자가 강한 자에게 끝내는 멸망됨을 이르는 말
羊頭狗肉(양두구육)	양의 머리를 걸어 놓고 개고기를 판다는 뜻으로, 겉보기만 그럴듯하게 보이고 속은 변변하지 아니함을 이르는 말
養虎遺患(양호유환)	범을 길러서 화근을 남긴다는 뜻으로, 화근이 될 것을 길러서 후환을 당하게 됨을 이르는 말
言中有骨(언중유골)	말속에 뼈가 있다는 뜻으로, 예사로운 말속에 단단한 속뜻이 들어 있음을 이르는 말
烏飛梨落(오비이락)	까마귀 날자 배 떨어진다는 뜻으로, 아무 관계도 없이 한 일이 공교롭게도 때가 같아 억울하게 의심을 받거나 난처한 위치에 서게 됨을 이르는 말
龍頭蛇尾(용두사미)	용의 머리와 뱀의 꼬리라는 뜻으로, 처음은 왕성하나 끝이 부진한 현상을 이르는 말
愚公移山(우공이산)	우공이 산을 옮긴다는 뜻으로, 어떤 일이든 끊임없이 노력하면 반드시 이루어짐을 이르는 말
遠禍召福(원화소복)	화를 물리치고 복을 불러들임
類類相從(유유상종)	같은 무리끼리 서로 사귐
人面獸心(인면수심)	사람의 얼굴을 하고 있으나 마음은 짐승과 같다는 뜻으로, 마음이나 행동이 몹시 흉악함을 이르는 말
一擧兩得(일거양득)	한 가지 일을 하여 두 가지 이익을 얻음
立身揚名(입신양명)	출세하여 이름을 세상에 떨침 ≒ 立身出世(입신출세)
作心三日(작심삼일)	단단히 먹은 마음이 사흘을 가지 못한다는 뜻으로, 결심이 굳지 못함을 이르는 말
張三李四(장삼이사)	장씨의 셋째 아들과 이씨의 넷째 아들이라는 뜻으로, 이름이나 신분이 특별하지 아니한 평범한 사람들을 이르는 말
轉轉反側(전전반측)	누워서 몸을 이리저리 뒤척이며 잠을 이루지 못함
轉禍爲福(전화위복)	재앙과 근심, 걱정이 바뀌어 오히려 복이 됨
切磋琢磨(절차탁마)	옥이나 돌 따위를 갈고 닦아서 빛을 낸다는 뜻으로, 부지런히 학문과 덕행을 닦음을 이르는 말
切齒腐心(절치부심)	몹시 분하여 이를 갈며 속을 썩임

한자성어	뜻
左之右之(좌지우지)	이리저리 제 마음대로 휘두르거나 다룸
晝耕夜讀(주경야독)	낮에는 농사짓고, 밤에는 글을 읽는다는 뜻으로, 어려운 여건 속에서도 꿋꿋이 공부함을 이르는 말
指鹿爲馬(지록위마)	윗사람을 농락하여 권세를 마음대로 함을 이르는 말
千載一遇(천재일우)	천 년 동안 단 한 번 만난다는 뜻으로, 좀처럼 만나기 어려운 좋은 기회를 이르는 말
靑山流水(청산유수)	푸른 산에 흐르는 맑은 물이라는 뜻으로, 막힘없이 썩 잘하는 말을 이르는 말
靑出於藍(청출어람)	쪽에서 뽑아낸 푸른 물감이 쪽보다 더 푸르다는 뜻으로, 제자나 후배가 스승이나 선배보다 나음을 이르는 말
快刀亂麻(쾌도난마)	잘 드는 칼로 마구 헝클어진 삼 가닥을 자른다는 뜻으로, 어지럽게 뒤얽힌 사물을 강력한 힘으로 명쾌하게 처리함을 이르는 말
他山之石(타산지석)	다른 산의 나쁜 돌이라도 자신의 산의 옥돌을 가는 데에 쓸 수 있다는 뜻으로, 본이 되지 않은 남의 말이나 행동도 자신의 지식과 인격을 수양하는 데에 도움이 될 수 있음을 이르는 말
泰然自若(태연자약)	마음에 어떠한 충동을 받아도 움직임이 없이 천연스러움 ≒ 晏然自若(안연자약)
兔死狗烹(토사구팽)	토끼가 죽으면 토끼를 잡던 사냥개도 필요 없게 되어 주인에게 삶아 먹히게 된다는 뜻으로, 필요할 때는 쓰고 필요 없을 때는 야박하게 버리는 경우를 이르는 말
風樹之嘆(풍수지탄)	효도를 다하지 못한 채 어버이를 여읜 자식의 슬픔을 이르는 말
風月主人(풍월주인)	맑은 바람과 밝은 달 따위의 아름다운 자연을 즐기는 사람
鶴首苦待(학수고대)	학의 목처럼 목을 길게 빼고 간절히 기다림
螢雪之功(형설지공)	반딧불·눈과 함께 하는 노력이라는 뜻으로, 고생을 하면서 부지런하고 꾸준하게 공부하는 자세를 이르는 말
狐假虎威(호가호위)	남의 권세를 빌려 위세를 부림
興盡悲來(흥진비래)	즐거운 일이 다하면 슬픈 일이 닥쳐온다는 뜻으로, 세상일은 순환되는 것임을 이르는 말

어법

어법 문제는 일상생활에서 틀리기 쉬운 한글 맞춤법과 표준어 규정이 주로 출제된다. 따라서 한글 맞춤법과 표준어 규정에 대한 지식을 바탕으로 옳고 그른 문장 표현을 가려낼 수 있도록 실제로 출제된 적이 있는 다양한 어법을 예문을 통해 정리하여 학습하는 것이 좋다.

1. 한글 맞춤법

① 된소리

| 한글 맞춤법 제5항 | • 한 단어 안에서 뚜렷한 까닭 없이 나는 된소리는 다음 음절의 첫소리를 된소리로 적는다.
예 거꾸로, 담뿍, 딱따구리, 몽땅, 엉뚱하다, 이따금
• 다만, 'ㄱ, ㅂ' 받침 뒤에서 나는 된소리는 같은 음절이나 비슷한 음절이 겹쳐 나는 경우가 아니면 된소리로 적지 아니한다.
예 갑자기, 깍두기, 몹시, 법석, 싹둑 |

② 구개음화

| 한글 맞춤법 제6항 | • 'ㄷ, ㅌ' 받침 뒤에 종속적 관계를 가진 '-이(-)'나 '-히-'가 올 적에는, 그 'ㄷ, ㅌ'이 'ㅈ, ㅊ'으로 소리 나더라도 'ㄷ, ㅌ'으로 적는다.
예 굳이, 걷히다, 맏이, 묻히다, 샅샅이, 해돋이 |

③ 모음

| 한글 맞춤법 제8항 | • '계, 례, 몌, 폐, 혜'의 'ㅖ'는 'ㅔ'로 소리 나는 경우가 있더라도 'ㅖ'로 적는다.
예 계시다, 계집, 폐품, 혜택
• 다만, '偈(쉴 게), 揭(높이들 게), 憩(쉴 게)'는 본음인 'ㅔ'로 적는다.
예 게시판(揭示板), 휴게실(休憩室) |

④ 두음 법칙

| 한글 맞춤법 제10항 | • 한자음 '녀, 뇨, 뉴, 니'가 단어 첫머리에 올 적에는, 두음 법칙에 따라 '여, 요, 유, 이'로 적는다.
예 여자, 연도, 연세, 요소
• 다만, 의존 명사 '냥(兩), 냥쭝(兩-), 년(年)' 등은 두음 법칙을 적용하지 않는다.
예 금 한 냥, 은 열 냥쭝, 삼십 년
• 단어의 첫머리 이외의 경우에는 본음대로 적는다.
예 남녀, 당뇨, 은닉 |

한글 맞춤법 제10항	• 접두사처럼 쓰이는 한자가 붙어서 된 말이나 합성어에서, 뒷말의 첫소리가 'ㄴ' 소리로 나더라도 두음 법칙에 따라 적는다. 예 신여성, 공염불, 남존여비
한글 맞춤법 제11항	• 한자음 '랴, 려, 례, 료, 류, 리'가 단어의 첫머리에 올 적에는, 두음 법칙에 따라 '야, 여, 예, 요, 유, 이'로 적는다. 예 양심, 예의, 유행, 이발 • 다만, 의존 명사 '량(輛), 리(理, 里, 厘)' 등은 두음 법칙과 관계없이 본음대로 적는다. 예 다섯 량의 열차, 백 리, 그럴 리가 없다 • 단어의 첫머리 이외의 경우에는 본음대로 적는다. 예 개량, 도리, 선량, 쌍룡, 하류, 혼례 • 나만, 모음이나 'ㄴ' 받침 뒤에 이어지는 '렬, 률'은 '열, 율'로 적는다. 예 나열, 백분율, 분열, 비율, 실패율
한글 맞춤법 제12항	• 한자음 '라, 래, 로, 뢰, 루, 르'가 단어의 첫머리에 올 적에는, 두음 법칙에 따라 '나, 내, 노, 뇌, 누, 느'로 적는다. 예 낙원, 내일, 노인, 뇌성, 누각 • 단어의 첫머리 이외의 경우에는 본음대로 적는다. 예 가정란, 광한루, 극락, 비고란, 쾌락 • 다만, 고유어나 외래어 뒤에 결합하는 경우에는 두음 법칙을 적용하여 적는다. 예 어린이난, 어머니난, 가십난

⑤ 접미사가 붙어서 된 말

한글 맞춤법 제19항	• 어간에 '-이'나 '-음/-ㅁ'이 붙어서 명사로 된 것과 '-이'나 '-히'가 붙어서 부사로 된 것은 그 어간의 원형을 밝히어 적는다. 예 깊이, 높이, 미닫이, 쇠붙이, 벼훑이, 묶음, 앎, 얼음, 웃음 / 덧없이, 실없이, 짓궂이, 익히, 작히 • 다만, 어간에 '-이'나 '-음'이 붙어서 명사로 바뀐 것이라도 그 어간의 뜻과 멀어진 것은 원형을 밝히어 적지 아니한다. 예 고름, 너비, 목도리, 빈털터리, 코끼리 • 비교적 널리 결합하는 '-이, -음'과는 달리, 불규칙적으로 결합하는, 모음으로 시작된 접미사가 붙어서 다른 품사로 바뀐 것은, 그 원형을 밝히지 않고 소리 나는 대로 적는다. 예 꾸중, 늘그막, 코뚜레, 바투, 불긋불긋, 주섬주섬
한글 맞춤법 제20항	• 명사 뒤에 '-이'가 붙어서 된 말은 그 명사의 원형을 밝히어 적는다. 예 곳곳이, 낱낱이, 샅샅이, 바둑이, 외톨이, 절름발이 • '-이' 이외의 모음으로 시작된 접미사가 붙어서 된 말은 그 명사의 원형을 밝히어 적지 아니한다. 예 끄트머리, 모가지, 이파리, 터럭 • 예외적으로 발음이 굳어진 것은 관용에 따라 적는다. 예 모가치, 값어치, 벼슬아치, 반빗아치

한글 맞춤법 제21항	• 명사나 혹은 용언의 어간 뒤에 자음으로 시작된 접미사가 붙어서 된 말은 그 명사나 어간의 원형을 밝히어 적는다. 예 값지다, 넋두리, 부엌데기, 넓죽하다, 높다랗다, 늙다리, 읊조리다 • 다만, 겹받침의 끝소리가 드러나지 아니하는 것 또는 어원이 분명하지 아니하거나 본뜻에서 멀어진 것은 소리대로 적는다. 예 할짝거리다, 널따랗다, 널찍하다, 말쑥하다, 얄팍하다 / 납작하다, 넙치

⑥ 합성어 및 접두사가 붙은 말

한글 맞춤법 제29항	• 끝소리가 'ㄹ'인 말과 딴 말이 어울릴 적에 'ㄹ' 소리가 'ㄷ' 소리로 나는 것은 'ㄷ'으로 적는다. 예 반짇고리, 사흗날, 섣부르다, 이튿날, 잗다랗다
한글 맞춤법 제30항	• 사이시옷은 순우리말로 된 합성어로서 앞말이 모음으로 끝난 경우, 뒷말의 첫소리가 된소리로 나는 것, 뒷말의 첫소리 'ㄴ, ㅁ' 앞에서 'ㄴ' 소리가 덧나는 것, 뒷말의 첫소리 모음 앞에서 'ㄴㄴ' 소리가 덧나는 것일 때 받치어 적는다. 예 선짓국, 아랫집, 햇볕 / 뒷머리, 냇물 / 허드렛일, 나뭇잎, 댓잎, 베갯잇 • 사이시옷은 순우리말과 한자어로 된 합성어로서 앞말이 모음으로 끝난 경우, 뒷말의 첫소리가 된소리로 나는 것, 뒷말의 첫소리 'ㄴ, ㅁ' 앞에서 'ㄴ' 소리가 덧나는 것, 뒷말의 첫소리 모음 앞에서 'ㄴㄴ' 소리가 덧나는 것일 때 받치어 적는다. 예 귓병, 자릿세, 전셋집, 햇수 / 제삿날, 툇마루, 양칫물 / 예삿일, 훗일 • 두 글자(한자어 형태소)로 된 한자어 중, 앞 글자의 모음 뒤에서 뒤 글자의 첫소리가 된소리로 나는 6개 단어에만 사이시옷을 받치어 적는다. 예 곳간(庫間), 셋방(貰房), 숫자(數字), 찻간(車間), 툇간(退間), 횟수(回數)
한글 맞춤법 제31항	• 두 말이 어울릴 적에 'ㅂ' 소리나 'ㅎ' 소리가 덧나는 것은 소리대로 적는다. 예 댑싸리, 부릅뜨다, 햅쌀 / 살코기, 수캐, 암탉

⑦ 준말

한글 맞춤법 제40항	• 어간의 끝음절 '하'의 'ㅏ'가 줄고 'ㅎ'이 다음 음절의 첫소리와 어울려 거센소리로 될 적에는 거센소리로 적는다. 예 간편케(간편하게), 다정타(다정하다), 흔타(흔하다) • 'ㅎ'이 어간의 끝소리로 굳어진 것은 받침으로 적는다. 예 않다 - 않고 - 않지 - 않든지, 아무렇다 - 아무렇고 - 아무렇지 - 아무렇든지 • 어간의 끝음절 '하'가 아주 줄 적에는 준 대로 적는다. 예 거북지(거북하지), 생각건대(생각하건대), 깨끗지 않다(깨끗하지 않다), 섭섭지 않다(섭섭하지 않다)

⑧ 띄어쓰기

한글 맞춤법 제41항	• 조사는 그 앞말에 붙여 쓴다. 예 꽃밖에, 나가기는커녕, 나가면서까지도, 어디까지나, 집에서만이라도, 집에서처럼

한글 맞춤법 제42항	• 의존 명사는 띄어 쓴다. 　예 떠난 지가 오래다, 뜻한 바를 알다, 먹을 만큼 먹어라, 아는 이를 만나다, 할 수 있다
한글 맞춤법 제43항	• 단위를 나타내는 명사는 띄어 쓴다. 　예 세 그루, 밥 한 술, 집 한 채, 차 다섯 대, 토끼 두 마리 • 다만, 순서를 나타내는 경우나 숫자와 어울리어 쓰는 경우에는 붙여 쓸 수 있다. 　예 2미터, 500원, 3층, 사학년
한글 맞춤법 제45항	• 두 말을 이어주거나 열거할 적에 쓰이는 말들은 띄어 쓴다. 　예 국장 겸 과장, 열 내지 스물, 청군 대 백군, 사장 및 이사진
한글 맞춤법 제46항	• 단음절로 된 단어가 연이어 나타날 적에는 붙여 쓸 수 있다. 　예 그때 그곳, 내것 네것, 좀더 큰 이 새집
한글 맞춤법 제47항	• 보조 용언은 띄어 씀을 원칙으로 하되, 경우에 따라 붙여 씀도 허용한다. 　예 불이 꺼져 간다 - 불이 꺼져간다, 열어 놓다 - 열어놓다, 뛰어 본다 - 뛰어본다, 모르는 체한다 - 모르는체한다 • 다만, 앞말에 조사가 붙거나 앞말이 합성 용언인 경우, 그리고 중간에 조사가 들어갈 적에는 그 뒤에 오는 보조 용언은 띄어 쓴다. 　예 물어만 보고, 밀어내 버렸다, 잘난 체를 한다, 집어넣어 둔다, 잡아매 둔다, 책을 읽어도 보고

2. 표준어 규정

① 발음 변화에 따른 표준어 규정

표준어 규정 제3항	• 다음 단어들은 거센소리를 가진 형태를 표준어로 삼는다. 　예 끄나풀, 나팔꽃, 녘, 부엌, 살쾡이, 칸, 털어먹다
표준어 규정 제5항	• 어원에서 멀어진 형태로 굳어져서 널리 쓰이는 것은, 그것을 표준어로 삼는다. 　예 강낭콩, 고삿, 사글세, 울력성당 • 다만, 어원적으로 원형에 더 가까운 형태가 아직 쓰이고 있는 경우에는, 그것을 표준어로 삼는다. 　예 갈비, 갓모, 굴젓, 말곁, 물수란, 밀뜨리다, 적이, 휴지
표준어 규정 제6항	• 다음 단어들은 의미를 구별함이 없이, 한 가지 형태만을 표준어로 삼는다. 　예 돌, 둘째, 셋째, 넷째, 빌리다 • 다만, '둘째'는 십 단위 이상의 서수사에 쓰일 때에 '두째'로 한다. 　예 열두째, 스물두째

표준어 규정 제7항	• 수컷을 이르는 접두사는 '수-'로 통일한다. 예 수꿩, 수나사, 수놈, 수사돈, 수소, 수은행나무 • 다만, 1. 다음 단어에서는 접두사 다음에서 나는 거센소리를 인정한다. 접두사 '암-'이 결합되는 경우에도 이에 준한다. 예 수캉아지, 수캐, 수컷, 수키와, 수탉, 수탕나귀, 수톨쩌귀, 수퇘지, 수평아리 • 다만, 2. 발음상 사이시옷과 비슷한 소리가 있다고 판단되는 다음 단어의 접두사는 '숫-'으로 한다. 예 숫양, 숫염소, 숫쥐
표준어 규정 제8항	• 양성 모음이 음성 모음으로 바뀌어 굳어진 다음 단어는 음성 모음 형태를 표준어로 삼는다. 예 깡충깡충, -둥이(바람-, 흰-, 막-), 발가숭이, 보퉁이, 봉죽, 뻗정다리, 아서, 아서라, 오뚝이, 주추 • 다만, 어원 의식이 강하게 작용하는 다음 단어에서는 양성 모음 형태를 그대로 표준어로 삼는다. 예 부조(扶助), 사돈(査頓), 삼촌(三寸)
표준어 규정 제9항	• 'ㅣ' 역행 동화 현상에 의한 발음은 원칙적으로 표준 발음으로 인정하지 아니하되, 다만 다음 단어들은 그러한 동화가 적용된 형태를 표준어로 삼는다. 예 -내기(서울-, 시골-, 풋-), 냄비, 동댕이치다 • 현실 언어에 맞게 다음 단어는 'ㅣ' 역행 동화가 일어나지 아니한 형태를 표준어로 삼는다. 예 아지랑이 • 기술자에게는 '-장이', 그 외에는 '-쟁이'가 붙는 형태를 표준어로 삼는다. 예 미장이, 유기장이 / 멋쟁이, 소금쟁이, 담쟁이덩굴, 골목쟁이, 발목쟁이
표준어 규정 제10항	• 다음 단어는 모음이 단순화한 형태를 표준어로 삼는다. 예 -구먼, 괴팍하다, 미루나무, 미륵, 여느, 온달, 으레, 케케묵다, 허우대, 허우적허우적
표준어 규정 제12항	• '웃-' 및 '윗-'은 명사 '위'에 맞추어 '윗-'으로 통일한다. 예 윗넓이, 윗눈썹, 윗니, 윗당줄, 윗덧줄, 윗도리, 윗동아리, 윗막이, 윗머리, 윗목, 윗몸, 윗바람 • 다만, 1. 된소리나 거센소리 앞에서는 '위-'로 한다. 예 위짝, 위쪽, 위채, 위층 • 다만, 2. '아래, 위'의 대립이 없는 단어는 '웃-'으로 발음되는 형태를 표준어로 삼는다. 예 웃국, 웃기, 웃돈, 웃비, 웃어른, 웃옷
표준어 규정 제14항	• 준말이 널리 쓰이고 본말이 잘 쓰이지 않는 경우에는, 준말만을 표준어로 삼는다. 예 귀찮다, 김, 똬리, 무, 미다, 뱀, 뱀장어, 빔, 샘, 생쥐, 솔개, 온갖, 장사치 • 다만, 어원적으로 원형에 더 가까운 형태가 아직 쓰이고 있는 경우에는, 그것을 표준어로 삼는다. 예 갈비, 갓모, 굴젓, 말곁, 물수란, 밀뜨리다, 적이, 휴지
표준어 규정 제15항	• 준말이 쓰이고 있더라도, 본말이 널리 쓰이고 있으면 본말을 표준어로 삼는다. 예 경황없다, 궁상떨다, 귀이개, 낌새, 낙인찍다, 내왕꾼, 돗자리, 뒤웅박, 뒷물대야, 마구잡이, 맵자하다 • 다음과 같이 명사에 조사가 붙은 경우에도 이 원칙을 적용한다. 예 아래로

표준어 규정 제16항	• 준말과 본말이 다 같이 널리 쓰이면서 준말의 효용이 뚜렷이 인정되는 것은, 두 가지를 다 표준어로 삼는다. 예 거짓부리 - 거짓불, 노을 - 놀, 막대기 - 막대, 망태기 - 망태, 머무르다 - 머물다, 서두르다 - 서둘다
표준어 규정 제17항	• 비슷한 발음의 몇 형태가 쓰일 경우, 그 의미에 아무런 차이가 없고, 그중 하나가 더 널리 쓰이면, 그 한 형태만을 표준어로 삼는다. 예 구어박다, 귀고리, 귀지, 꼭두각시, 내숭스럽다, 더부룩하다, 봉숭아, 옹골차다, 코맹맹이
표준어 규정 제19항	• 어감의 차이를 나타내는 단어 또는 발음이 비슷한 단어들이 다 같이 널리 쓰이는 경우에는, 그 모두를 표준어로 삼는다. 예 거슴츠레하다 - 게슴츠레하다, 고까 - 꼬까, 고린내 - 코린내, 교기(驕氣) - 갸기, 구린내 - 쿠린내, 꺼림하다 - 께름하다, 나부랭이 - 너부렁이

② 어휘 선택의 변화에 따른 표준어 규정

표준어 규정 제20항	• 사어(死語)가 되어 쓰이지 않게 된 단어는 고어로 처리하고, 현재 널리 사용되는 단어를 표준어로 삼는다. 예 난봉, 낭떠러지, 설거지하다, 애달프다, 오동나무, 자두
표준어 규정 제21항	• 고유어 계열의 단어가 널리 쓰이고 그에 대응되는 한자어 계열의 단어가 용도를 잃게 된 것은, 고유어 계열의 단어만을 표준어로 삼는다. 예 가루약, 구들장, 길품삯, 까막눈, 꼭지미역, 나뭇갓, 늙다리, 두껍단이, 떡암죽, 마른갈이, 마른빨래
표준어 규정 제22항	• 고유어 계열의 단어가 생명력을 잃고 그에 대응되는 한자어 계열의 단어가 널리 쓰이면, 한자어 계열의 단어를 표준어로 삼는다. 예 겸상, 고봉밥, 단벌, 마방집, 민망스럽다, 연구스럽다, 방고래, 부항단지, 산누에, 총각무
표준어 규정 제23항	• 방언이던 단어가 표준어보다 더 널리 쓰이게 된 것은, 그것을 표준어로 삼는다. 이 경우, 원래의 표준어는 그대로 표준어로 남겨 두는 것을 원칙으로 한다. 예 멍게 - 우렁쉥이, 물방개 - 선두리, 애순 - 어린순
표준어 규정 제25항	• 의미가 똑같은 형태가 몇 가지 있을 경우, 그중 어느 하나가 압도적으로 널리 쓰이면, 그 단어만을 표준어로 삼는다. 예 -게끔, 고구마, 광주리, 까치발, 농지거리, 담배꽁초, 부지깽이, 붉으락푸르락, 샛별, 쌍동밤, 칡범
표준어 규정 제26항	• 한 가지 의미를 나타내는 형태 몇 가지가 널리 쓰이며 표준어 규정에 맞으면, 그 모두를 표준어로 삼는다. 예 가는허리 - 잔허리, 가락엿 - 가래엿, 개수통 - 설거지통, 넝쿨 - 덩굴, 땅콩 - 호콩, 말동무 - 말벗, 목화씨 - 면화씨

3. 외래어 표기 규정

- adapter: 아답터(X) → 어댑터(O)
- accessory: 악세서리(X) → 액세서리(O)
- alcohol: 알콜(X) → 알코올(O)
- barbecue: 바베큐(X) → 바비큐(O)
- battery: 밧데리(X) → 배터리(O)
- buzzer: 부저(X) → 버저(O)
- bonnet: 본네트(X) → 보닛(O)
- body: 바디(X) → 보디(O)
- block: 블럭(X) → 블록(O)
- blouse: 브라우스(X) → 블라우스(O)
- business: 비지니스(X) → 비즈니스(O)
- counselor: 카운셀러(X) → 카운슬러(O)
- curtain: 커텐(X) → 커튼(O)
- carpet: 카페트(X) → 카펫(O)
- cunning: 컨닝(X) → 커닝(O)
- chocolate: 초콜렛(X) → 초콜릿(O)
- dynamic: 다이나믹(X) → 다이내믹(O)
- dial: 다이알(X) → 다이얼(O)
- directory: 디렉토리(X) → 디렉터리(O)
- endorphin: 엔돌핀(X) → 엔도르핀(O)
- flash: 플래쉬(X) → 플래시(O)
- festival: 페스티발(X) → 페스티벌(O)
- juice: 쥬스(X) → 주스(O)
- jacket: 자켓(X) → 재킷(O)
- jazz: 째즈(X) → 재즈(O)
- ketchup: 케찹(X) → 케첩(O)
- license: 라이센스(X) → 라이선스(O)
- leadership: 리더쉽(X) → 리더십(O)
- mania: 매니아(X) → 마니아(O)
- massage: 맛사지(X) → 마사지(O)

- mammoth: 맘모스(X) → 매머드(O)
- message: 메세지(X) → 메시지(O)
- mechanism: 매커니즘(X) → 메커니즘(O)
- mystery: 미스테리(X) → 미스터리(O)
- milk shake: 밀크쉐이크(X) → 밀크셰이크(O)
- nonsense: 넌센스(X) → 난센스(O)
- narration: 나레이션(X) → 내레이션(O)
- outlet: 아울렛(X) → 아웃렛(O)
- pamphlet: 팜플렛(X) → 팸플릿(O)
- propose: 프로포즈(X) → 프러포즈(O)
- running shirt: 런닝셔츠(X) → 러닝셔츠(O)
- rent-a-car: 렌트카(X) → 렌터카(O)
- robot: 로보트(X) → 로봇(O)
- royalty: 로얄티(X) → 로열티(O)
- remote control: 리모콘(X) → 리모컨(O)
- report: 레포트(X) → 리포트(O)
- sandal: 샌달(X) → 샌들(O)
- shadow: 섀도우(X) → 섀도(O)
- sunglass: 선글래스(X) → 선글라스(O)
- set: 셋트(X) → 세트(O)
- sausage: 소세지(X) → 소시지(O)
- sofa: 쇼파(X) → 소파(O)
- supermarket: 수퍼마켓(X) → 슈퍼마켓(O)
- snack: 스넥(X) → 스낵(O)
- schedule: 스케쥴(X) → 스케줄(O)
- staff: 스탭(X) → 스태프(O)
- sponge: 스폰지(X) → 스펀지(O)
- symposium: 심포지움(X) → 심포지엄(O)
- towel: 타올(X) → 타월(O)
- Valentine Day: 발렌타인데이(X) → 밸런타인데이(O)

Note

Note

Note

해커스공기업
PSAT 기출로 끝내는
NCS
의사소통능력

개정 3판 1쇄 발행 2025년 8월 13일

지은이	해커스 NCS 취업교육연구소
펴낸곳	㈜챔프스터디
펴낸이	챔프스터디 출판팀
주소	서울특별시 서초구 강남대로61길 23 ㈜챔프스터디
고객센터	02-537-5000
교재 관련 문의	publishing@hackers.com
	해커스잡 사이트(ejob.Hackers.com) 교재 Q&A 게시판
학원 강의 및 동영상강의	ejob.Hackers.com
ISBN	978-89-6965-647-6 (13320)
Serial Number	03-01-01

저작권자 ⓒ 2025, 챔프스터디
이 책의 모든 내용, 이미지, 디자인, 편집 형태에 대한 저작권은 저자에게 있습니다.
서면에 의한 저자와 출판사의 허락 없이 내용의 일부 혹은 전부를 인용, 발췌하거나 복제, 배포할 수 없습니다.

취업강의 1위,
해커스잡 ejob.Hackers.com
해커스잡

· 의사소통 고득점 달성을 위한 **매일 한 장 어휘/어법 문제**
· 최신 출제경향이 반영된 **PSAT형 NCS 온라인 모의고사**(교재 내 응시권 수록)
· 공기업 전문 스타강사의 **본 교재 인강**(교재 내 할인쿠폰 수록)

[취업강의 1위] 헤럴드 선정 2018 대학생 선호 브랜드 대상 '취업강의' 부문 1위

20년 연속 베스트셀러 1위*
대한민국 영어강자 해커스!

"1분 레벨테스트"로
바로 확인하는 내 토익 레벨!

토익 교재 시리즈

		500점+ 목표	600점+ 목표	700점+ 목표	800점+ 목표	900점+ 목표
유형+문제	한 권 시리즈	해커스 첫토익 LC+RC+VOCA	한 권으로 끝내는 해커스 토익 600+ LC+RC+VOCA	한 권으로 끝내는 해커스 토익 700+ LC+RC+VOCA	한 권으로 끝내는 해커스 토익 800+ LC+RC+VOCA	한 권으로 끝내는 해커스 토익 900+ LC+RC+VOCA
	오리지널	해커스 토익 왕기초 리딩/리스닝	해커스 토익 스타트 리딩/리스닝	해커스 토익 750+ 리딩/리스닝		해커스 토익 리딩/리스닝
실전 모의고사		해커스 토익 실전 LC+RC 1	해커스 토익 실전 LC+RC 2	해커스 토익 실전 LC+RC 3	해커스 토익 실전 1000제 1 리딩/리스닝 (문제집+해설집)	해커스 토익 실전 1000제 2 리딩/리스닝 (문제집+해설집)	해커스 토익 실전 1000제 3 리딩/리스닝 (문제집+해설집)
보카			해커스 토익 기출 보카			
파트별 문제집					스타토익 필수 문법 공식 Part 5&6	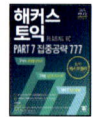 해커스 토익 Part 7 집중공략 777
문법·독해		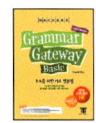 그래머 게이트웨이 베이직 Light Version	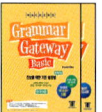 그래머 게이트웨이 베이직 [한국어판/영문판]	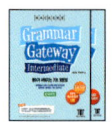 그래머 게이트웨이 인터미디엇 [한국어판/영문판]	해커스 그래머 스타트	해커스 구문독해 100

토익스피킹 교재 시리즈

 해커스 토익스피킹 스타트

 만능 템플릿과 위기탈출 표현으로 해커스 토익스피킹 5일 완성

 해커스 토익스피킹

 해커스 토익스피킹 실전모의고사 15회

오픽 교재 시리즈

 해커스 오픽 스타트 Intermediate 공략

 서베이부터 실전까지 해커스 오픽 매뉴얼

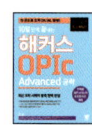 해커스 오픽 Advanced 공략

* [해커스 어학연구소] 교보문고 종합 베스트셀러 토익/토플 분야 1위
(2005~2024 연간 베스트셀러 기준, 해커스 토익 보카 12회/해커스 토익 리딩 8회)

해커스공기업
PSAT 기출로 끝내는
NCS
의사소통능력

약점 보완 해설집

해커스잡

해커스공기업
PSAT 기출로 끝내는
NCS
의사소통능력

약점 보완 해설집

해커스

저작권자 ⓒ 2025, 챔프스터디 이 책의 모든 내용, 이미지, 디자인, 편집 형태에 대한 저작권은 저자에게 있습니다.
서면에 의한 저자와 출판사의 허락 없이 내용의 일부 혹은 전부를 인용, 발췌하거나 복제, 배포할 수 없습니다.

PART 1 문제 유형별 공략

DAY 01 중심 내용 파악 ① p.22

1 ④ 2 ⑤ 3 ② 4 ④ 5 ④
6 ⑤ 7 ①

1 정답 ④

독해력 UP 지문 분석

분야/주제
인문/인간 존엄성 개념에 대한 비판

화자의 견해

A	인간 존엄성에 대해서는 사람마다 생각이 달라 불명확하며, 쟁점은 자율성의 존중 및 생명의 가치에 관한 문제이다.
B	인간 존엄성은 종교적 문헌의 영향이며, 신이 부여한 특별한 지위로 생각하는 점으로 인해 인간이 아닌 종 및 환경을 인간이 마음대로 하는 오만이 생겨났다.
C	인간 존엄성은 근대 휴머니즘의 유산이자 종족주의의 한 표현으로서, 서로를 가치 있게 여기도록 만들면서 인간 외의 다른 존재에 대한 폭력적 처사를 정당화하는 근거로 작용한다.

정답 체크

ㄴ. C는 인간 존엄성이 인간 중심적인 견해를 옹호해 온 근대 휴머니즘의 유산이며, 인간이 대상이라면 용납하지 않았을 폭력적 처사를 정당화하는 근거로 활용된다고 하였다. 따라서 C의 주장은 화장품 안전성 검사 시 동물실험 금지를 촉구하는 근거로 활용될 수 있으므로 적절한 내용이다.

ㄷ. B는 인간 존엄성이 신에게서 부여받은 특별한 지위라고 생각해 인간이 아닌 종에 대해 마음대로 해도 된다는 오만이 생겨났다고 주장하고 있으며, C는 인간 존엄성이 인간 외 다른 존재에 대한 폭력적 처사를 정당화하는 근거로 작용한다고 주장하고 있어 B와 C는 인간에게 특권적 지위를 부여하는 인간 중심적인 생각을 비판한다는 점에서 공통적이므로 적절한 내용이다.

오답 체크

ㄱ. A는 인간 존엄성은 존엄사를 옹호 또는 반대하는 논증 모두에서 사용되며, 존엄성이란 개념 자체는 중요한 기여를 하지 않는다고 주장하였다. 따라서 존엄사를 인정한 연명의료결정법은 A의 주장과 무관하여 A의 주장을 약화시키지 않으므로 적절하지 않은 내용이다.

2 정답 ⑤

독해력 UP 지문 분석

분야/주제
인문/우리나라 교육이 변화해야 할 방향

문단별 중심 내용

1문단	우리나라의 교육은 빠르게 변화하는 직업 환경을 따라가기에 부족하다.
2문단	교육은 변화하는 직업 환경에 적응하는 능력을 키우는 것에 초점을 맞추어야 한다.
3문단	핀란드, 말레이시아, 아르헨티나 등 세계의 여러 나라가 새로운 환경 변화에 대비할 수 있도록 교육하고 있으며, 우리나라도 이러한 방향으로 교육을 개혁해야 한다.

정답 체크

이 글은 기존의 교육 패러다임으로는 직업생태계의 빠른 변화에 대응하기 어렵기 때문에 변화하는 직업 환경에 성공적으로 대응하는 능력을 키워주는 방향으로 교육을 개혁해야 하며, 이에 대한 근거로 세계 여러 나라의 교육 개혁 내용을 소개하는 내용이므로 이 글의 중심 내용으로 가장 적절한 것은 ⑤이다.

오답 체크

① 글 전체에서 한 국가의 교육이 당대의 직업구조에 영향을 받는지에 대해서는 다루고 있지 않으므로 적절하지 않은 내용이다.
② 2문단에서 2030년에는 현존하는 직종 중 80%가 사라질 것이라고 서술하고 있지만, 이는 변화하는 직업에 성공적으로 대응할 수 있는 교육이 이루어져야 한다는 주장의 근거로 글 전체를 포괄할 수 없으므로 적절하지 않은 내용이다.
③ 3문단에서 세계 여러 나라가 변화하는 세상에 대응하는 능력에 초점을 맞추어 교육을 개혁하고 있다고 서술하고 있지만, 글 전체를 포괄할 수 없으므로 적절하지 않은 내용이다.

④ 2문단에서 변화하는 직업 환경에 성공적으로 대응하는 능력을 기르는 교육이 필요하다고 서술하고 있지만, 유망 직업을 예측하는 일이 중요한지는 확인할 수 없으므로 적절하지 않은 내용이다.

문제 풀이 TIP

선택지의 내용이 지문 전체 내용을 포괄할 수 있는지 확인한다. 지문의 내용 중 일부만 제시된 선택지는 지문 전체 내용을 포괄하지 않아 중심 내용이 될 수 없다.

3
정답 ②

독해력 UP 지문 분석

분야/주제
인문/먹거리 소비의 윤리적 책임

문단별 중심 내용

1문단	먹거리 소비에 대해서도 윤리적 책임이 따를 수 있다.
2문단	'잘 먹는다'의 생물학적, 문화적 의미는 개인적 차원에 국한된다.
3문단	먹는 행위의 윤리적 차원은 다양한 존재와의 관계 속에서 발생한다.
4문단	먹거리 선택은 관계망에 영향을 미치므로 윤리적 반성의 대상이 된다.

정답 체크

이 글은 먹는 일에도 윤리적 책임이 동반된다고 생각해볼 수 있다는 점을 언급하며, 먹는 행위가 그저 개인적 차원이 아닌 다른 사람들, 동물들, 식물들, 서식지, 토양 등과 관계망을 이루며 이러한 관계들이 먹는 행위를 윤리적 반성의 대상으로 끌어올린다고 하였으므로 글의 핵심 논지로 가장 적절한 것은 ②이다.

오답 체크

① 글 전체에서 윤리적으로 잘 먹기 위해서 육식을 지양해야 한다는 것에 대해서는 다루고 있지 않으므로 적절하지 않은 내용이다.
③ 2문단에서 생물학적 차원에서 잘 먹는 것이나 문화적인 차원에서 잘 먹는 것은 윤리적 의미를 띠고 있지는 않으며 이 두 경우는 먹는 행위를 개인적 경험 차원으로 축소한다고 서술하였으므로 적절하지 않은 내용이다.
④ 3문단에서 먹는 행위가 동물, 식물, 토양 등 관계를 맺는 행위라고 서술하고 있지만 글 전체를 포괄할 수 없으므로 적절하지 않은 내용이다.
⑤ 글 전체에서 먹는 행위를 평가할 때 먹거리의 소비자보다 생산자의 윤리적 책임을 더 고려해야 한다는 것에 대해서는 다루고 있지 않으므로 적절하지 않은 내용이다.

4
정답 ④

독해력 UP 지문 분석

분야/주제
과학/어미 쥐에게 핥인 정도에 따른 새끼 쥐의 GR 유전자 발현에 대한 연구 결과

문단별 중심 내용

1문단	어미가 많이 핥은 새끼는 그렇지 않은 새끼보다 외부 스트레스에 무디게 반응한다는 연구 결과
2문단	어미가 많이 핥은 새끼는 그렇지 않은 새끼보다 GR 수가 많고, GR 유전자의 발현을 촉진하는 NGF 단백질 수치가 높다는 연구 결과
3문단	어미가 많이 핥은 새끼가 그렇지 않은 새끼보다 스트레스에 무디게 반응하는 이유

정답 체크

이 글은 어미가 많이 핥은 새끼는 그렇지 않은 새끼보다 GR의 수와 GR 유전자 발현을 촉진하는 NGF 단백질 수치가 더 높았으며, 이로 인해 같은 스트레스를 받아도 상대적으로 둔감하다는 내용이므로 ⓒ으로 가장 적절한 것은 ④이다.

5
정답 ④

독해력 UP 지문 분석

분야/주제
과학/생존과 번식에 유리한 합리적 선택

문단별 중심 내용

1문단	배우자 후보 중 사냥 능력이 우수한 α와 위험 회피 능력이 우수한 β가 있을 때 개체가 선택하는 배우자와 두 능력의 중간치인 γ가 등장했을 경우 개체의 배우자 판단 기준은 유지될 수도 변경될 수도 있다.
2문단	동물의 배우자 선택 시 새로운 배우자 후보 출현 시 기존의 판단 기준 유지된다는 가설 또는 판단 기준에 변화가 발생한다는 가설 입증을 위해 실험을 진행하였다.
실험	X 개구리 암컷은 수컷이 울음소리가 일정할수록 선호하고, 울음소리 빈도가 높을수록 선호하는데, 상황 1에서는 수컷 두 마리의 울음소리만 들려주고 상황 2에서는 수컷 세 마리의 울음소리를 들려주고 암컷이 어디로 이동하는지 확인하였다.

정답 체크

수컷의 울음소리 톤은 C > A > B순으로 일정하고 울음소리 빈도는 A > B > C순으로 높다.

ㄴ. 상황 1에서 울음소리 톤이 가장 일정하면서 울음소리 빈도가 가장 낮은 C와 울음소리 톤이 가장 일정하지 않으면서 울음소리 빈도가 C보다 높은 B의 울음소리를 들은 암컷이 B로 이동했다면 암컷의 판단기준은 울음소리 빈도이다. 이때, A가 투입된 상황 2에서 암컷이 울음소리 톤에 따라 이동한다면, C로 이동하고 울음소리 빈도에 따라 이동한다면 A로 이동한다. 암컷이 A로 이동했다면 울음소리 빈도에 따라 이동한 것으로 암컷의 판단기준은 새로운 배우자 후보가 출현하기 전과 동일하다. 따라서 ⊙은 강화되며, ⓒ은 강화되지 않으므로 적절한 내용이다.

ㄷ. 상황 1에서 울음소리 톤이 B보다 높으면서 울음소리 빈도가 가장 높은 A와 울음소리 톤이 가장 일정하면서 울음소리 빈도가 가장 낮은 C의 울음소리를 들은 암컷이 C로 이동했다면 암컷의 판단기준은 울음소리 톤이다. 이때 B가 투입된 상황에서 암컷이 울음소리 톤에 따라 이동한다면, C로 이동하고 울음소리 빈도에 따라 이동한다면 A로 이동한다. 암컷이 A로 이동했다면 울음소리 빈도에 따라 이동한 것으로 암컷의 판단기준은 새로운 배우자 후보가 출현하기 전과 달라졌다. 따라서 ⊙은 강화되지 않지만, ⓒ은 강화되므로 적절한 내용이다.

오답 체크

ㄱ. 상황 1에서 울음소리 톤이 B보다 높으면서 울음소리 빈도가 가장 높은 A와 울음소리 톤이 가장 일정하지 않으면서 울음소리 빈도가 C보다 높은 B의 울음소리를 들은 암컷이 A로 이동했다가 상황 2에서 C로 이동했다면 상황 2에서 암컷의 판단기준은 울음소리 톤이지만, 상황 1에서 암컷은 울음소리 톤과 울음소리 빈도 둘 중 어느 것에 따르더라도 A를 선택하므로 암컷의 판단기준이 유지되었는지 또는 판단기준에 변화가 발생했는지 알 수 없다. 따라서 ⊙과 ⓒ의 강화 여부를 알 수 없으므로 적절하지 않은 내용이다.

문제 풀이 TIP

지문에서 대소관계가 제시되는 경우 부등호 기호로 표시한다. 울음소리 톤은 C > A > B, 울음소리 빈도는 A > B > C로 표시한다.

6
정답 ⑤

독해력 UP 지문 분석

분야/주제

사회/민주주의의 최대주의적 관점과 사회 전반의 권위 구조 민주화

문단별 중심 내용

1문단	사회의 불평등과 부정의 문제 해결을 위한 민주주의 접근법으로, 최소주의적 관점의 한계와 새로운 관점의 필요성
2문단	최대주의적 관점에서 '참여'의 중요성과 그것이 가져오는 개인적·사회적 변화와 정치적 정당성
3문단	참여의 실천은 일터와 다양한 사회 조직에서 시작되어 사회 전반의 권위 구조를 민주화하는 방향으로 확장되어야 함

정답 체크

이 글은 사회의 불평등과 부정의 문제 해결을 위해 민주주의의 최대주의적 관점에서 시민의 참여를 통해 사회 전반의 권위 구조를 민주화해야 한다는 내용이므로 이 글의 핵심 주장으로 가장 적절한 것은 ⑤이다.

오답 체크

① 3문단에서 일반 시민이 일과 대부분을 보내는 일터에서부터 참여의 실천을 시작해 사회의 권위 구조를 개선할 수 있다고 서술하고 있지만, 글 전체를 포괄할 수 없으므로 적절하지 않은 내용이다.

② 2문단에서 민주주의에서 말하는 참여의 의의는 그것을 통해 개인의 이해관계를 보호하고 관철하는 데 있는 것이 아니라, 누적된 참여의 경험이 장기적으로 개인과 사회에 가져오는 변화에 있다고 하였으므로 적절하지 않은 내용이다.

③ 1문단에서 최소주의적 관점에서는 주기적인 선거를 통해 대표자를 선출하거나 교체할 수 있는 과정이 곧 민주주의인데, 이 관점으로는 사회문제를 민주주의와 무관한 것으로 만든다는 한계가 있다고 하였으므로 적절하지 않은 내용이다.

④ 2문단에서 시민들의 활발한 참여를 통해 내려진 정치적 결정은 대표자들이 일방적으로 정하고 전달한 것에 비해 정당성과 수용성 면에서도 우월하다고 서술하고 있지만, 이는 사회 전반의 권위 구조 민주화를 위한 참여의 필요성에 대한 근거로 글 전체를 포괄할 수 없으므로 적절하지 않은 내용이다.

7 정답 ①

독해력 UP 지문 분석

분야/주제
사회/유럽의 분열과 중국의 통일이 과학기술과 문명 발전에 미친 상반된 영향

문단별 중심 내용

1문단	분열된 유럽에서는 한 지역의 혁신이 전체로 빠르게 확산되는 경쟁 구조가 형성된다.
2문단	통일된 중국에서는 중앙 권력의 결정이 전체 발전을 제한하거나 퇴보시키는 사례들이 있다.
3문단	중국의 정치적·과학기술적 우위 상실은 통일 지향성과 유럽의 분열 지향성으로 설명할 수 있다.

정답 체크

이 글은 분열된 유럽에서는 한 지역에서 거부당한 혁신이 다른 지역에서 받아들여져 결국 전체로 확산되는 패턴을 보이는 반면 통일된 중국에서는 중앙 정부의 결정이 전국에 일률적으로 적용되어 때로는 혁신이 퇴보하는 결과를 가져왔는데, 분열과 통일이라는 정치구조의 차이가 이 차이를 만들었다는 내용이므로 이 글의 주제로 가장 적절한 것은 ①이다.

DAY 02 중심 내용 파악 ② p.29

1 ⑤	2 ⑤	3 ③	4 ②	5 ④
6 ②				

1 정답 ⑤

독해력 UP 지문 분석

분야/주제
과학/입자이론과 파동이론의 특징

문단별 중심 내용

1문단	빛이 빠르게 운동하고 있는 아주 작은 입자들의 흐름으로 구성된다는 입자이론과 빛이 매질을 통해 파동처럼 퍼져나간다는 파동이론
2문단	파동이론에 따르면 빛의 색깔은 파장에 의해 달라지며, 입자이론에 따르면 빛의 속도는 색에 의해 달라지지 않음
3문단	입자이론과 파동이론의 검증을 위해 시행된 평면거울 실험

정답 체크

ㄱ. 색깔이 같은 두 빛이 각각 경로 1과 2를 통과했을 때, 경로 1을 통과한 빛이 경로 2를 통과한 빛보다 스크린의 오른쪽에 맺힌다면 경로 1을 통과한 빛이 경로 2를 통과한 빛보다 빠르다. 입자이론에 따르면 물속에서의 빛의 속도는 공기 중에서보다 빠르기 때문에 공기를 통과하는 경로 2보다 물속을 통과하는 경로 1에서 빛의 속도가 빠르므로 실험 결과와 일치하고 파동이론에 따르면 물속에서의 빛의 속도는 공기 중에서보다 느리기 때문에 공기를 통과하는 경로 2보다 물속을 통과하는 경로 1에서 빛의 속도가 느리므로 실험 결과와 일치하지 않는다. 따라서 색깔이 같은 두 빛이 각각 경로 1과 2를 통과했을 때, 경로 1을 통과한 빛이 경로 2를 통과한 빛보다 스크린의 오른쪽에 맺힌다면 ㉠은 강화되고 ㉡은 약화되므로 적절한 내용이다.

ㄴ. 색깔이 다른 두 빛 중 하나는 경로 1을, 다른 하나는 경로 2를 통과했을 때, 경로 1을 통과한 빛이 경로 2를 통과한 빛보다 스크린의 왼쪽에 맺힌다면 경로 1을 통과한 빛이 경로 2를 통과한 빛보다 느리다. 입자이론에 따르면 빛의 속도는 색깔에 따라 달라지지 않기 때문에 빛의 색깔은 고려하지 않고, 물속에서의 빛의 속도는 공기 중에서보다 빠르기 때문에 공기를 통과하는 경로 2보다 물속을 통과하는 경로 1에서 빛의 속도가 빠르므로 실험 결과와 일치하지 않는다. 파동이론에 따르면 물속에서의 빛의 속도는 공기 중에서보다 느리기 때문에 공기를 통과하는 경로 2보다 물속을 통과하는 경로 1에서 빛의 속도가 느린데 이때 파장으로 인해 빛의 색깔과 파동의 속도가 달라지는 점을 고려해야 한다. 파동의 속도는 물속에서만 달라지므로 경로 1을 통과한 빛의 속도가 달라지지만, 달라진다고 하더라도 물속에서의 빛의 속도는 공기 중에서 보다 느리기 때문에 경로 1을 통과한 빛은 경로 2를 통과한 빛보다 느리므로 실험 결과와 일치한다. 따라서 색깔이 다른 두 빛 중 하나는 경로 1을, 다른 하나는 경로 2를 통과했을 때, 경로 1을 통과한 빛이 경로 2를 통과한 빛보다 스크린의 왼쪽에 맺힌다면 ㉠은 약화되고 ㉡은 강화되므로 적절한 내용이다.

ㄷ. 색깔이 다른 두 빛이 모두 경로 1을 통과했을 때, 두 빛이 스크린에 맺힌 위치가 다르다면 두 빛의 속도가 다르다. 입자이론에 따르면 빛의 속도는 빛의 색깔에 영향을 받지 않고 빛이 공기를 통과하는지 물을 통과하는지에 따라 변하기 때문에 물속을 통과하는 두 빛은 속도가 같으므로 실험 결과와 일치하지 않고 파동이론에 따르면 물속에서 빛의 속도는 빛의 색깔에 영향을 받기 때문에 물속을 통과하는 두 빛이 색깔이 다르다면 속도도 다르므로 실험 결과와 일치한다. 따라서 색깔이 다른 두 빛이 모두 경로 1을 통과했을 때, 두 빛이 스크린에 맺힌 위치가 다르다면 ㉠은 약화되고 ㉡은 강화되므로 적절한 내용이다.

문제 풀이 TIP

선택지 간 차이점에 주목한다. 선택지 ㄱ은 두 빛의 경로가, 선택지 ㄴ은 두 빛의 색깔과 경로가, 선택지 ㄷ은 두 빛의 색깔이 차이가 나는 점에 주목하여 입자 이론과 파동 이론을 적용한다.

2   정답 ⑤

독해력 UP 지문 분석

분야/주제
인문/정보의 개념 정의에 대한 진리 중립성 논제 진영과 진리성 논제 진영의 논쟁

문단별 중심 내용

1문단	진리 중립성 논제의 관점에 따른 정보의 자격 조건
2문단	플로리디가 주장하는 진리성 논제와 이를 받아들이는 그라이스의 주장
3문단	정보 개념의 역할에 대한 진리 중립성 논제 진영과 진리성 논제 진영의 근본적인 견해 차이

정답 체크

진리성 논제를 비판하는 사람들은 자료의 내용이 그것을 이해하려는 주체의 인지 행위에서 분명한 역할을 수행하기 때문에 틀린 정보도 정보로 인정해야 한다고 주장하였으므로 거짓으로 밝혀질 자료도 이를 믿는 이의 인지 행위에서 분명한 역할을 할 경우 정보로 볼 수 있다는 비판이 가장 적절한 내용이다.

문제 풀이 TIP

상반된 견해가 제시된 글은 각 견해의 중심 주장과 근거를 구분하며 읽는다.

3   정답 ③

독해력 UP 지문 분석

분야/논쟁점
철학/노인의 종에 대한 논쟁

화자의 견해

철학자 A	노인은 공유 속성이 자연법칙적으로 설명되므로 자연종이다.
철학자 B	노인은 구분 기준이 모호하고 사회적 규칙에 의해 정의되므로 자연종이 아닌 사회종이다.

정답 체크

ㄱ. A가 X에 속하는 개체들이 어떤 속성을 공유하고 이것이 자연법칙으로 설명되면 자연종이라고 한 점에서 ○○백신에 속하는 개체들이 어떤 속성을 공유하고 그것들이 그러한 속성을 공유하는 것에 대한 자연법칙적 설명이 존재하면, A는 ○○백신이 자연종이라고 보므로 적절한 내용이다.

ㄴ. B가 어떤 X가 자연종이 되기 위해서는 어떤 개체가 그 X에 속하는지 그렇지 않은지에 대한 선명한 구분 기준이 존재해야 한다고 한 점에서 B는 금이 자연종이라면 무엇이 금인지 아닌지에 대한 선명한 구분 기준이 존재한다고 보므로 적절한 내용이다.

오답 체크

ㄷ. B는 노인이 사회종이라고 보았고, 대한민국에서 노인은 65세 이상이라는 속성을 공유한다고 한 점에서 B는 대한민국에서 희귀 질환으로 급격히 노화가 진행된 40세 한국인을 사회적 규칙에 따라 노인이 아니라고 보므로 적절하지 않은 내용이다.

문제 풀이 TIP

논쟁점에 대한 두 화자의 입장을 명확히 파악한다. 노인을 A는 자연법칙에 따라 구분하고 B는 사회적 규칙과 관행에 따라 구분한다.

[4-5]

독해력 UP 지문 분석

분야/주제
인문/에피쿠로스의 자연학과 윤리학

문단별 중심 내용

1문단	결정론적 세계관에서 비롯된 두려움에서 벗어나 인간이 행복에 이를 수 있도록 자연학을 바탕으로 사상을 전개한 에피쿠로스
2문단	이신론적 관점에 따라 신이 인간사에 개입하지 않으며 인간의 행복도 인간 자신에 의해 완성된다고 주장한 에피쿠로스의 자연학
3문단	인간은 육체 소멸 시 영혼도 소멸하여 사후 심판을 받지 않으므로 죽음을 두려워할 필요가 없다고 주장한 에피쿠로스의 자연학
4문단	우주와 인간의 세계에 대한 비결정론적 이해를 가능하게 하는 에피쿠로스의 자연학
5문단	쾌락주의 윤리학을 바탕으로 인간이 행복 실현을 추구할 수 있는 방안을 제시한 에피쿠로스

4 정답 ②

정답 체크

이 글은 1문단에서 인간이 결정론적 세계관에서 벗어나 행복에 이를 수 있도록 자연학을 바탕으로 사상을 전개했다는 에피쿠로스 사상의 목적을 제시하고, 2~4문단에서 이신론적 관점을 바탕으로 신과 인간의 관계, 인간의 영혼과 육체의 관계, 우주와 인간의 세계에 대한 관계를 중심으로 에피쿠로스 사상을 구체적으로 설명한 뒤, 5문단에서 에피쿠로스가 쾌락주의 윤리학을 바탕으로 인간이 영혼이 안정된 상태에서 행복 실현을 추구할 수 있는 방안을 제시했다는 데 의의가 있음을 밝히고 있으므로 이 글의 표제와 부제로 가장 적절한 것은 ②이다.

오답 체크

① 1문단에서 에피쿠로스 사상의 성립 배경을 서술하고 있지만, 우주와 인간 세계에 대한 신의 개입 여부를 중심으로 설명하고 있으므로 적절하지 않은 내용이다.
③ 에피쿠로스 사상에 대한 비판과 옹호 및 사상의 한계와 발전적 계승에 대해서는 다루고 있지 않으므로 적절하지 않은 내용이다.
④ 에피쿠로스 사상을 둘러싼 논쟁과 이견 및 당대 세계관과의 비교에 대해서는 다루고 있지 않으므로 적절하지 않은 내용이다.
⑤ 에피쿠로스 사상의 현대적 수용과 효용성 및 행복과 쾌락의 상관성에 대해서는 다루고 있지 않으므로 적절하지 않은 내용이다.

문제 풀이 TIP

표제와 부제를 묻는 경우 선택지에서 핵심 키워드를 먼저 확인하고 글에서 확인할 수 없는 내용을 다루는 선택지는 빠르게 소거한다.

5 정답 ④

정답 체크

1문단에서 에피쿠로스는 신에 의해 우주가 운행된다는 믿음은 잘못된 믿음이라고 하였고, 2~4문단에서 ㉠ 이신론적 관점을 주장함으로써 인간의 세계는 신이 아니라 인간에 의해 결정되며 ㉡ 자연학에 따라 우주와 인간의 세계에 신의 관여가 없다고 하였으며, 5문단에서 ㉢ 윤리학을 바탕으로 인간이 영혼이 안정된 상태에서 행복 실현을 추구할 수 있는 방안을 제시했다고 하였으므로 ㉠과 ㉡은 잘못된 믿음에서 벗어날 수 있는 근거를, ㉢은 행복에 이르도록 하는 방법을 제시하였음을 알 수 있다.

6 정답 ②

독해력 UP 지문 분석

분야/논쟁점
과학/높은 온도의 물이 더 빨리 어는 현상의 원인은 무엇인가?

화자의 견해

A	대류 현상으로 인해 차가운 물보다 따뜻한 물이 외부로 열을 더 빨리 뺏기기 때문이다.
B	온도에 따른 물 분자의 활동성 차이로 따뜻한 물의 질량이 차가운 물의 질량보다 상대적으로 작아지기 때문이다.
C	용해기체가 많으면 어는점이 더 많이 떨어지는 원리로 인해 따뜻한 물보다 용해기체가 더 많은 차가운 물의 어는점이 상대적으로 낮아지기 때문이다.

정답 체크

ㄴ. B는 차가운 물보다 따뜻한 물의 물 분자들이 더 활발히 활동하기 때문에 따뜻한 물에서 물의 증발이 더 잘 일어나고, 이에 따라 상대적으로 질량이 작아진 따뜻한 물이 차가운 물보다 빨리 언다고 한 점에서 따뜻한 물과 차가운 물을 얼리는 과정에서 차가운 물보다 따뜻한 물에서 증발한 물의 질량이 더 크다면 B의 주장은 강화되므로 적절한 내용이다.

오답 체크

ㄱ. A는 대류 현상이 활발하면 물이 빨리 식고, 이러한 대류 현상이 차가운 물보다 따뜻한 물에서 더 활발하여 따뜻한 물이 차가운 물보다 빨리 언다고 한 점에서 다른 조건이 동일할 때 용기 내부의 대류를 억제한 실험에서도 따뜻한 물이 먼저 언다면 A의 주장은 약화되므로 적절하지 않은 내용이다.

ㄷ. C는 용해기체가 많을수록 어는점이 더 많이 떨어지고, 따뜻한 물보다 차가운 물에 용해기체가 더 많이 녹아 있어 상대적으로 어는점이 높은 따뜻한 물이 먼저 언다고 한 점에서 따뜻한 물을 얼린 얼음보다 차가운 물을 얼린 얼음에 포함된 용해기체의 양이 더 많다면 C의 주장은 강화되므로 적절하지 않은 내용이다.

문제 풀이 TIP

특정 화제에 대해 다양한 견해가 제시되는 경우 각 견해의 중심 주장 및 그 근거를 파악하며 문제를 풀이한다. 이때 화자 간의 견해 차이가 무엇인지 구분하며 읽어 나가야 한다.

DAY 03 세부 내용 파악 ① p.35

1 ③   2 ④   3 ④   4 ④   5 ①
6 ⑤   7 ④

1   정답 ③

독해력 UP 지문 분석

분야/주제
사회/우리나라 행정부의 특징

문단별 중심 내용

1문단	우리나라 행정부의 구성
2문단	미국 대통령제의 각료회의와 영국 의원내각제의 내각과는 법적 성격이 다른 우리나라 국무회의
3문단	우리나라 국무회의와 일반 대통령 자문기관의 공통점과 차이점
4문단	행정각부 장의 국무위원으로서의 지위와 행정관청으로서의 지위

정답 체크

3문단에서 우리나라 대통령은 국무회의의 심의 결과에 구속되지 않는다고 하였으므로 국무회의 심의 결과가 대통령을 구속한다는 점에서 국가의사를 표시하는 것은 아님을 알 수 있다.

오답 체크

① 1문단에서 행정부에 속한 감사원은 대통령 소속으로 있다고 하였으므로 적절한 내용이다.
② 2문단에서 우리나라 국무회의는 정부의 주요 정책에 대한 최고 심의기관이며 영국 의원내각제의 내각은 의결기관이라는 점에서 법적 성격이 다르다고 하였고, 3문단에서 심의 사항이 헌법에 명시되어 있고 해당 심의가 필수적이라는 점에서 단순한 자문기관도 아니라고 하였으므로 적절한 내용이다.
④ 3문단에서 국무회의의 심의 사항은 헌법에 명시되어 있으며 해당 심의는 필수적이라고 하였으므로 적절한 내용이다.
⑤ 4문단에서 행정각부의 장은 국무회의를 구성하는 국무위원이자 행정관청이며, 국무위원으로서 행정각부의 장은 국무총리와 법적으로 동등한 지위를 갖는다고 하였으므로 적절한 내용이다.

문제 풀이 TIP

특정 대상을 다른 개념과 비교하며 설명하는 글의 경우 각각의 공통점과 차이점을 위주로 파악하며 문제를 풀이한다.

2

정답 ④

독해력 UP 지문 분석

분야/주제
인문/헌법에서 '국민'과 '인민' 용어의 의미와 역사적 맥락

문단별 중심 내용

1문단	미국 헌법의 '사람들'과 한국 헌법의 '국민' 용어의 의미 차이와 '인민' 용어 논쟁
2문단	대한민국 역사에서 '인민'이란 용어가 제헌헌법 초안에서 사용되었으나 공산당 용어라는 이유로 배제된 경위
3문단	유진오의 '인민' 용어 옹호 주장과 '국민'이 국가 우월적 표현이라는 비판
4문단	'국민'으로 용어 통일에 따른 헌법 해석상의 혼란과 향후 헌법 개정시 '사람들'로 변경하자는 제안

정답 체크

3문단에서 유진오는 '국민'은 국가의 구성원이라는 점이 강조된 국가 우월적 표현이기 때문에, 국가조차도 함부로 침범할 수 없는 자유와 권리의 주체로서의 보편적 인간까지 함의하기에는 적절하지 못하다고 비판했다고 하였으므로 법학자 유진오는 '국민'이 보편적 인간을 의미하기에는 적절하지 않다고 비판했음을 알 수 있다.

오답 체크

① 2문단에서 '인민'은 개화기부터 통용된 자연스러운 말이었고 유진오가 기초한 제헌헌법의 초안에도 사용되었으나 '인민'은 공산당의 용어인데 어째서 그러한 말을 쓰려고 하느냐는 공박을 당해 결국 제정된 제헌헌법에서 '국민'으로 대체되었다고 하였으므로 적절하지 않은 내용이다.

② 4문단에서 대한민국으로 여행을 온 외국인은 국적을 가진 자에 해당하지 않지만 보편적 인간에 속하는 것이 명백하여 헌법상의 평등권, 자유권 등 기본적 인권은 보장되는 것이라고 하였으므로 적절하지 않은 내용이다.

③ 1문단에서 미국 헌법의 전문은 "우리 미합중국의 사람들은"이라는 구절로 시작하고 3문단에서 미국 헌법에서 국적을 가진 자들로 한정될 수 없는 경우에 '사람들'이 사용되었다고 하였으므로 적절하지 않은 내용이다.

⑤ 2문단에서 제헌헌법의 초안은 "유구한 역사와 전통에 빛나는 우리들 조선 인민은"으로 시작했으나 '인민'은 공산당의 용어인데 어째서 그러한 말을 쓰려고 하느냐는 공박을 당해 결국 제정된 제헌헌법에서 '국민'으로 대체되었다고 하였으므로 적절하지 않은 내용이다.

3

정답 ④

독해력 UP 지문 분석

분야/주제
역사/태극기의 역사

문단별 중심 내용

1문단	오늘날 태극기를 구성하는 문양과 괘가 지니는 의미와 상징
2문단	태극 문양과 4괘를 사용한 기의 시초라고 할 수 있는 이응준이 그린 '조선의 기'
3문단	조선이 지정한 최초의 국기인 박영효가 그린 기

정답 체크

1문단에서 태극기 우측 하단에 있는 곤괘는 땅을 상징하고 4괘가 상징하는 바는 처음 만들어질 때부터 오늘날까지 변함이 없다고 하였으며, 3문단에서 조선 국기의 우측 하단에 있는 괘는 '조선의 기'의 좌측 하단에 있다고 하였고, 2문단에서 '조선의 기'의 좌측 하단에는 곤괘가 있다고 하였으므로 오늘날 태극기의 우측 하단에 있는 괘와 고종이 조선 국기로 채택한 기의 우측 하단에 있는 괘는 모두 땅을 상징함을 알 수 있다.

오답 체크

① 2문단에서 미국 해군부가 만든 『해상 국가들의 깃발들』에는 이응준이 그린 것으로 짐작되는 '조선의 기'가 실려 있다고 하였으며, 3문단에서 통리교섭사무아문이 각국 공사관에 배포한 국기는 박영효가 만든 조선 국기임을 알 수 있으므로 적절하지 않은 내용이다.

② 2문단에서 태극 문양을 그린 기는 개항 이전에도 조선 수군이 사용한 깃발 등 여러 개가 있다고 하였으므로 적절하지 않은 내용이다.

③ 3문단에서 '조선의 기'의 좌측 상단에 있는 괘는 조선 국기의 우측 상단에 있다고 하였으므로 통리교섭사무아문이 배포한 기인 조선 국기의 우측 상단에 있는 괘와 같은 것은 '조선의 기'의 좌측 하단이 아니라 좌측 상단에 있는 괘임을 알 수 있으므로 적절하지 않은 내용이다

⑤ 3문단에서 조선 국기 좌측 상단에 있는 괘가 '조선의 기'에는 우측 상단에 있다고 하였고, 2문단에서 '조선의 기'의 좌측 상단에 감괘, 우측 상단에 건괘가 있다고 하였으며, 1문단에서 감괘는 물, 건괘는 하늘을 상징한다고 하고 있다. 따라서 박영효가 그린 기의 좌측 상단에 있는 괘는 하늘을 상징하는 건괘이고, 이응준이 그린 기의 좌측 상단에 있는 괘는 물을 상징하는 감괘임을 알 수 있으므로 적절하지 않은 내용이다.

문제 풀이 TIP

지문의 정보량이 많아 한번에 이해하기 어렵다면, 지문의 구조를 파악한 뒤 선택지를 보고 선택지에서 묻고 있는 것을 중심으로 지문에서 찾는다.

4
정답 ④

독해력 UP 지문 분석

분야/주제
인문/바르트의 언어 구분

문단별 중심 내용

1문단	바르트의 언어 구분과 랑그의 정의
2문단	모어로서 인간에게 선택권이 주어지지 않는 랑그
3문단	기호에 대한 개인적 호오로서 몸에 각인되어 주체의 자유로운 선택이 불가능한 스틸
4문단	사회방언으로서 개인의 선택이 가능한 에크리튀르

정답 체크

3문단에서 스틸은 언어에 대한 개인의 호오 감각으로, 사람마다 취향이 다르다고 하였으므로 같은 모어를 사용하는 형제라도 스틸이 다를 수 있음을 알 수 있다.

오답 체크

① 2~3문단에서 랑그는 태어날 때부터 부모가 사용한 모어이므로 선택권이 없고, 스틸은 언어에 대한 개인의 호오 감각으로서 몸에 각인되어 주체의 자유로운 선택이 불가능하다고 하였지만, 4문단에서 에크리튀르는 사회적으로 형성된 방언으로서 주체가 선택할 수 있다고 하였으므로 적절하지 않은 내용이다.
② 3문단에서 언어에 대한 개인의 호오 감각에 기인하는 것은 스틸이라고 하였으며 4문단에서 지역방언은 랑그라고 하였고 사회방언은 에크리튀르라고 하였으므로 적절하지 않은 내용이다.
③ 4문단에서 에크리튀르는 직업 또는 생활양식을 선택할 때 따라오는 사회방언을 의미하고, 태어나 자란 지역의 언어인 지역방언은 랑그로 분류된다고 하였으므로 적절하지 않은 내용이다.
⑤ 4문단에서 에크리튀르는 외적인 규제인 랑그와 내적인 규제인 스틸의 중간에 위치한다고 하였으므로 적절하지 않은 내용이다.

문제 풀이 TIP

특정 대상을 분류하고 이에 대한 각각의 특징을 서술하는 경우 각각의 대상에 대한 특징을 정리하며 문제를 풀이한다.

5
정답 ①

독해력 UP 지문 분석

분야/주제
사회/평형추세 가정이 충족된 상황에서의 이중차분법 사건 효과 평가

문단별 중심 내용

1문단	경제학에서 사람 표본 혹은 사회 문제를 다룰 때 표본이 임의로 배정되도록 하는 실험적 방법을 적용하기 어려움
2문단	시행집단에서 일어난 변화에서 비교집단에서 일어난 변화를 뺀 값을 사건의 효과라 평가하는 이중차분법
3문단	1854년에 스노가 처음 사용한 이중차분법과 1910년대 최저임금제 도입 효과 파악에 사용된 이중차분법
4문단	평행추세 가정이 충족되지 않은 경우 사건의 효과를 잘못 평가하게 되는 이중차분법
5문단	여러 비교집단 각각에 이중차분법 적용 시의 평가 결과가 같으면 평행추세 가정이 충족됨

정답 체크

1문단에서 실험적 방법에서는 사건을 경험한 표본들로 구성된 시행집단의 결과와, 사건을 경험하지 않은 표본들로 구성된 비교집단의 결과를 비교하여 사건의 효과를 평가한다고 하였으므로 시행집단에서 일어난 평균 임금의 사건 전후 변화를 어떤 사건이 임금에 미친 효과라고 평가한다는 것은 아님을 알 수 있다.

오답 체크

② 1문단에서 시행집단과 비교집단에 표본이 임의로 배정되도록 사건을 설계하는 방법이 이상적이나, 사람을 표본으로 하거나 사회 문제를 다룰 때에는 이 방법을 적용할 수 없는 경우가 많다고 하였으므로 사람을 표본으로 하거나 사회 문제를 다룰 때에도 실험적 방법을 적용하는 경우가 있음을 추론할 수 있다.
③ 2문단에서 사건이 없었더라도 비교집단에서 일어난 변화와 같은 크기의 변화가 시행집단에서도 일어났을 것이라는 평행추세 가정에 근거해 사건의 효과를 평가한다고 하였으므로 적절한 내용이다.
④, ⑤ 2문단에서 이중차분법은 가정이 충족되면 사건 전의 상태가 평균적으로 같도록 구성하지 않아도 된다고 하였고 3문단에서 스노는 수원이 바뀐 주민들과 바뀌지 않은 주민들의 수원 교체 전후 콜레라로 인한 사망률의 변화들을 비교함으로써 콜레라가 공기가 아닌 물을 통해 전염된다는 결론을 내렸다고 하였으므로 적절한 내용이다.

6   정답 ⑤

독해력 UP 지문 분석

분야/주제
인문/마라톤 전투에서 그리스군 승리의 핵심 요인인 팔랑크스 전술

문단별 중심 내용

1문단	마라톤 전투에서 그리스군이 수적 열세에도 승리한 이유인 우수한 무기와 팔랑크스 전술
2문단	그리스 호플리테스의 주요 무장인 사리사(장창)와 호플론(방패)
3문단	팔랑크스 전투대형의 기본 구성과 의미
4문단	팔랑크스의 실제 작전 수행 방식과 행별 병사들의 창 배치 방법
5문단	방패 배치의 특성과 우측 열의 취약점 보완을 위한 최정예 병사 배치

정답 체크

1문단에서 그리스군이 페르시아군에 비해 성능이 더 우수한 무기를 갖추고 있었다고 했으므로 그리스군이 마라톤 전투에서 대승을 거둔 것은 열악한 무기 성능으로 인한 불리함을 극복했기 때문이 아님을 알 수 있다.

오답 체크

① 1문단에서 그리스군이 마라톤 전투에서 페르시아군을 완파한 이유 중 하나는 팔랑크스에 숙달해 있었기 때문이라고 했고, 3문단에서 팔랑크스는 그리스군의 무기와 보호 장구를 활용하여 전투력을 극대화할 수 있는 전투대형이라고 하였으므로 적절한 내용이다.
② 2문단에서 호플리테스가 호플론 외에도 투구, 흉갑 등의 보호 장구를 착용했다고 하였으므로 적절한 내용이다.
③ 2문단에서 찌르기용 장창은 사라사라고 하였고 4문단에서 팔랑크스의 제2행은 앞줄의 동료 병사의 어깨 위에 창을 올려놓아 적군을 겨냥하는 자세를 취했고, 제4행 이후는 창을 하늘을 향해 수직으로 세웠다고 하였으므로 적절한 내용이다.
④ 5문단에서 각 호플리테스는 호플론으로 자신의 신체 절반과 좌측에 선 동료의 신체 절반을 방어할 수 있었고, 팔랑크스의 맨 우측 열은 신체의 우측 절반이 노출됐다고 하였으므로 적절한 내용이다.

문제 풀이 TIP

지문 내에서 어휘의 의미가 제시되지 않더라도, 해당 어휘의 의미가 선택지에 나타날 수 있음을 주의한다. 본문에서 등장한 '투구'와 '흉갑'이라는 어휘는 선택지 ②에서 '머리나 가슴을 보호하기 위한 다양한 보호 장구'로 나타났다.

7   정답 ④

독해력 UP 지문 분석

분야/주제
역사/고려와 조선의 교육 및 관료 선발 제도 변천

문단별 중심 내용

1문단	고려 국자감에서 성균관으로의 교육제도 변화
2문단	조선의 생원시와 진사시 제도 변화 및 성균관 입학 규정
3문단	규정과 달리 성균관 출석 저조와 문과 응시 자격 규정의 형해화

정답 체크

3문단에서 조선시대에 생원과 진사가 되지 못한 유학이라 불린 사람들까지 문과 시험에 응시했다고 하였고, 2문단에서 생원과 진사는 각각 생원시와 진사시를 합격한 사람을 부르는 말이라고 하였으므로 조선시대에는 생원시나 진사시를 합격하지 못한 사람이 문과 시험에 응시하기도 했음을 알 수 있다.

오답 체크

① 1문단에서 국자감시를 관장하는 감독관들이 응시자의 능력과 관계없이 주로 자신의 친지나 친족을 선발하곤 했기 때문에 고려시대에 국자감 입학자가 유교 경전을 학습할 수 있는 능력을 충분히 갖추고 있지 못할 때도 있어 국자감에서도 사서오경을 강의하지 않았음을 서술하고 있지만, 국자감시의 감독관들이 사서오경에 대한 지식이 부족했는지는 알 수 없으므로 적절하지 않은 내용이다.
② 1문단에서 고려 말 공민왕은 진사시 합격자들로 하여금 성균관에 들어가 먼저 기초 과정을 수강한 후 오경사서재에 들어가게 했고, 진사시와 별도로 생원시에 합격한 사람들도 오경사서재에 들어갈 수 있게 했다고 하였으므로 적절하지 않은 내용이다.
③ 2문단에서 조선시대에 생원시 합격자와 진사시 합격자는 모두 성균관에 입학할 수 있었다고 하였으므로 적절하지 않은 내용이다.
⑤ 2문단에서 조선시대에 생원시와 진사시의 합격자는 각각 생원과 진사라고 불리며 모두 성균관에 입학할 수 있었는데 생원과 진사는 성균관 원점 300점을 따야만 문과 시험에 응시할 수 있었다고 하였으므로 적절하지 않은 내용이다.

문제 풀이 TIP

지문에서 동일한 개념이나 제도를 시대별로 상이하게 적용하고 있는 경우, 각 적용 방식을 구분하여 읽는다. 고려시대와 조선시대의 생원시, 진사시와 같은 교육·선발 제도는 명칭이 같더라도 그 내용에 차이가 있다.

DAY 04 세부 내용 파악 ②   p.42

1 ③   2 ④   3 ③   4 ④   5 ①
6 ②

1
정답 ③

독해력 UP 지문 분석

분야/주제
역사/고려 시대 향도의 특징

문단별 중심 내용

1문단	고려 초기에 지방 향리들이 중심이 되어 활동한 향도
2문단	시기에 따른 향도의 특징 - 고려 초기: 향리들이 중심이 되어 군현 안에 하나의 향도만 만드는 것이 일반적이며, 군현 내 주민들을 향도가 주도하는 공사에 마음대로 동원함 - 12세기: 향도가 주도하는 공사 규모는 점차 작아지고, 하나의 군현 안에 여러 개의 향도가 만들어짐 - 고려 후기(13세기 이후): 주민들이 자발적으로 향도를 만들어 마을마다 향도가 생겼으며, 주민들의 관혼상제 및 마을 정비하는 일을 함

정답 체크

2문단에서 고려 후기에 해당하는 13세기 이후에 만들어진 향도는 대부분 해당 마을의 모든 주민을 구성원으로 한다고 하였으며, 마을 사람들이 관혼상제를 치를 때 그것을 지원했다고 하였으므로 고려 후기에는 구성원이 장례식을 치를 때 이를 돕는 향도가 있었음을 알 수 있다.

오답 체크

① 2문단에서 고려 초기에는 지방의 향리들이 주도하여 향도를 만들었고 고려 후기에는 주민들이 자발적으로 마을 단위 향도를 만들었다고 하였으므로 왕조가 주도하여 각 군현에 향도를 조직하였다는 것은 적절하지 않은 내용이다.
② 1문단에서 고려 초기의 향도는 매향을 하였으며, 매향한 자리에서 나는 침향의 향기를 미륵불에게 바치는 제물이라고 여겼다고 하였으므로 매향으로 얻은 침향을 판매하였다는 것은 적절하지 않은 내용이다.
④ 1문단에서 고려 초기 지방 향리들이 주도한 향도는 불교 진흥을 위한 것이라고 하였으므로 군현의 하천 정비가 향도를 조직한 목적이라는 것은 적절하지 않은 내용이다.
⑤ 2문단에서 12세기에 접어들면서 매향과 석탑 조성 공사의 횟수가 줄었다고 하였으므로 적절하지 않은 내용이다.

2
정답 ④

독해력 UP 지문 분석

분야/주제
과학융합/나이에 따른 시간 지각의 차이

문단별 중심 내용

1문단	나이가 들면 시간이 흘러가는 것을 젊었을 때와 다르게 느끼는 현상에 대한 의문
2문단	시계 시간과 마음 시간 구분 및 노화에 따른 신경망 변화가 시간 시각에 미치는 영향

정답 체크

2문단에서 신체가 노화하면 뇌가 이미지를 습득하고 처리하는 속도가 느려지므로 젊어서 1시간에 N개의 이미지를 처리하고 저장하는 사람은 N개의 이미지의 연쇄에 의해 저장된 사건들이 1시간 동안 일어난 것으로 인지하게 되지만, 나이가 들어 1시간 동안 N/2개의 이미지만을 처리할 수 있게 되면 2시간 동안 벌어진 사건들을 N개의 이미지로 저장하게 되어 이 N개의 이미지의 연쇄를 1시간의 경과로 인지하게 된다고 하였다. 즉, 이미지 처리 속도가 느려짐에 따라 2시간 동안 있었던 일을 1시간 동안 있었던 일로 인식하게 되므로 뇌에서 이미지 처리 속도가 느려지면 시계 시간이 더 빠르게 흐르는 것으로 느끼게 됨을 알 수 있다.

오답 체크

① 2문단에서 신체가 노화하면 뇌가 이미지를 습득하고 처리하는 속도가 느려져 마음 시간도 느려진다고 하였으므로 적절하지 않은 내용이다.
② 2문단에서 시계 시간은 객관적으로 측정할 수 있는 물리적 시간이라고 하였다. 따라서 시계 시간은 나이에 상관없이 흐르는 속도가 변하지 않으므로 적절하지 않은 내용이다.
③ 2문단에서 시간은 객관적으로 측정할 수 있는 물리적 시간인 '시계 시간'과 마음으로 그 경과를 지각하는 '마음 시간'이 있으며, 신체가 노화하면 뇌가 이미지를 습득하고 처리하는 속도가 느려져 마음 시간도 느려진다고 하였다. 따라서 마음 시간의 빠르기는 신체 노화에 따라 변함을 알 수 있으나 시계 시간의 빠르기는 나이에 상관없이 변하지 않으므로 적절하지 않은 내용이다.
⑤ 2문단에서 나이가 들어 신경망의 크기와 복잡성이 커지면 신호를 전달하는 경로가 더 길어질 뿐 아니라 신호전달 경로도 활력이 떨어져 신호의 흐름이 둔해지게 되며, 결과적으로 신체가 노화하면 뇌가 이미지를 습득하고 처리하는 속도가 느려져 똑같은 물리적 시간에 나이 든 사람이 처리하는 이미지 수는 젊은 사람보다 적게 된다고 하였으므로 적절하지 않은 내용이다.

문제 풀이 TIP

하나의 개념만 정확히 이해하고 있어도 두 선택지를 한 번에 판별할 수 있음을 유의한다. 시계 시간이 객관적으로 측정하는 물리적 시간임을 명확히 이해하면 선택지 ②번과 ③번은 틀렸음을 빠르게 판별할 수 있다.

문제 풀이 TIP

두 가지 이상의 대상을 비교하며 설명하는 글의 경우 세부 내용을 정리하며 문제를 풀이한다.
신앙결사를 만든 주체에 따라 신앙결사, 시기, 내용, 근거지, 대상이 상이하므로 인물과 그 세부 사항을 연결하여 내용을 정리한다.

3 정답 ③

독해력 UP 지문 분석

분야/주제
인문/지눌과 요세에 따른 불교의 전개

핵심 내용 정리

구분	지눌	요세
신앙결사	정혜사 → 수선사	백련사
시기	고려, 명종	고려, 신종 (무신 집권 이후)
내용	돈오점수 사상, 조계선 수행 방법	천태종 중시, 간명한 수행 방법
근거지	거조사 → 순천	강진
대상	불교에 이해가 높은 사람	불교 지식을 갖추지 못한 평민

정답 체크

2문단에서 요세는 무신 집권자 최충헌이 명종을 쫓아내고 신종을 국왕으로 옹립한 해에 백련사라는 결사를 새로 만들어 활동했다고 하였으므로 요세가 무신이 권력을 잡고 있던 시기에 불교 신앙결사를 만들어 활동하였음을 알 수 있다.

오답 체크

① 3문단에서 지눌의 수선사가 돈오점수 사상 전파에 주력하여 활동했다고 하였으므로 적절하지 않은 내용이다.
② 2문단에서 지눌은 추후 수선사로 명칭이 변경된 정혜사에서 조계선이라는 수행법을 강조했다고 하였고, 3문단에서 요세는 백련사에서 천태종을 중시하며 간명한 수행법을 강조했다고 하였으므로 적절하지 않은 내용이다.
④ 2문단에서 지눌은 순천에서 정혜사라는 명칭을 수선사로 바꾸어 활동했고, 요세는 강진에서 백련사라는 명칭의 결사를 만들어 활동했다고 하였으므로 적절하지 않은 내용이다.
⑤ 3문단에서 지눌은 이전의 명칭이 정혜사였던 수선사에서 돈오점수 사상 전파에 주력하였지만, 요세의 백련사는 천태종을 중시했다고 하였으므로 적절하지 않은 내용이다.

4 정답 ④

독해력 UP 지문 분석

분야/주제
과학/성질에 따른 철의 종류별 특성

문단별 중심 내용

1문단	성질에 따라 구분되는 철의 종류
2문단	가열 온도에 따른 순철의 구조 변화 및 순철의 성질에 따른 활용 범위
3문단	탄소 함유량에 따른 선철의 성질 변화
4문단	선철의 정련 과정을 거쳐 탄생한 강의 성질 및 용도
5문단	탄소 함유량에 따른 강의 구분 및 탄소강을 대체할 특수강

정답 체크

3문단에서 선철에는 탄소가 많이 포함되어 있어 순철보다 인성과 가단성이 낮다고 하였고, 4문단에서 제강로에 선철을 넣으면 탄소나 기타 성분이 제거되는 정련 과정이 일어난다고 하였으므로 제강로에서 일어나는 정련 과정을 통해 선철에 함유된 탄소를 제거하면 선철의 인성과 가단성이 높아짐을 알 수 있다.

오답 체크

① 2문단에서 순철은 상온에서 매우 부드러워 활용 범위에 제한이 있으며, 순철을 가열하여 온도가 910℃, 1,400℃ 이상일 때 각각 수축과 팽창이 일어나며 구조가 변한다고 하였으므로 적절하지 않은 내용이다.
② 3문단에서 선철은 탄소를 많이 함유하고 있기 때문에 순철보다 질긴 정도(인성)와 외부 충격에 깨지지 않고 늘어나는 정도(가단성)가 낮다고 하였으므로 적절하지 않은 내용이다.
③ 3문단에서 용광로에서 나와 가공되기 전 녹은 상태의 선철을 용선이라고 하였고, 4~5문단에서 제강로에서 선철의 탄소나 기타 성분을 제거하는 정련 과정을 거쳐 만들어진 강은 탄소 함유량에 따라 저탄소강, 중탄소강, 고탄소강으로 나뉜다고 하였으므로 적절하지 않은 내용이다.
⑤ 5문단에서 탄소강에 특수한 성질을 주기 위해 탄소, 규소, 망간, 인, 황 중 일부를 첨가하여 고장력강 등을 만든다는 것은 서술하고 있으나, 고장력강의 탄소 함유량과 고탄소강의 탄소 함유량의 비교에 대해서는 다루고 있지 않으므로 적절하지 않은 내용이다.

문제 풀이 TIP
비슷한 용어들이 여러 개 제시되는 글의 경우 용어의 유사함을 이용한 함정이 있을 수 있음에 유의하여 문제를 풀이한다.

[5-6]

독해력 UP 지문 분석

분야/주제

기술/광학 영상 안정화(OIS) 기술과 디지털 영상 안정화(DIS) 기술

문단별 중심 내용

1문단	카메라의 흔들림이 영상에 미치는 영향을 최소화하는 영상 안정화 기술
2문단	광학 영상 안정화(OIS) 기술을 사용하는 카메라 모듈의 구성 및 영상 안정화 방법
3문단	보이스 코일 모터를 이용한 영상 안정화 방법
4문단	OIS 기술의 보정 한계와 디지털 영상 안정화(DIS) 기술의 영상 안정화 방법
5문단	프레임을 찾아 보정하는 DIS 기술의 구체적인 영상 안정화 방법 및 단점

5 정답 ①

정답 체크

4문단에서 디지털 영상 안정화 기술은 촬영 후 소프트웨어를 이용하여 흔들림을 보정하는 기술이라고 하였으므로 디지털 영상 안정화 기술이 소프트웨어를 통해 이미지 센서를 이동시키는 것은 아님을 알 수 있다.

오답 체크

② 2문단에서 일반적으로 카메라는 렌즈를 통해 들어온 빛이 이미지 센서에 닿음으로써 피사체의 상이 맺힌다고 한 점에서 광학 영상 안정화 기술을 사용하지 않는 디지털카메라를 비롯한 일반적인 카메라에도 이미지 센서가 필요하다는 것을 추론할 수 있으므로 적절한 내용이다.

③ 5문단에서 흔들림이 발생한 곳으로 추정되는 프레임에서 위치 차이만큼 보정하여 흔들림의 영향을 축소하면 보정된 동영상의 움직임이 부드러워진다고 한 점에서 연속된 프레임에서 동일한 피사체의 위치 차이가 작을수록 흔들림의 영향이 적어 동영상의 움직임이 부드러워진다는 것을 추론할 수 있으므로 적절한 내용이다.

④ 2문단에서 일반적으로 카메라는 렌즈를 통해 들어온 빛이 이미지 센서에 닿아 피사체의 상이 맺히고, 화소마다 빛의 세기에 비례하여 발생한 전기 신호가 저장 매체에 영상으로 저장된다고 하였으므로 적절한 내용이다.

⑤ 1문단에서 손 떨림으로 인해 영상이 번져 흐려진다고 하였고, 2문단에서 카메라가 흔들리면 이미지 센서 각각의 화소에 닿는 빛의 세기가 변하며 OIS 기술이 작동되면 영상이 안정된다고 한 점에서 손 떨림이 있을 때 이미지 센서 각각의 화소에 도달하는 빛의 세기가 변해 흐려진 영상을 보정 기능을 통해 안정시킬 수 있다는 것을 추론할 수 있으므로 적절한 내용이다.

6 정답 ②

정답 체크

A, B. 4문단에서 주위와 밝기가 뚜렷이 구별되며 영상이 이동하거나 회전해도 그 밝기 차이가 유지되는 부분이 특징점으로 선택된다고 하였으므로 특징점으로 선택되는 점들과 주위 점들의 밝기 차이가 '클수록', 영상이 흔들리기 전후의 밝기 차이 변화가 '작을수록' 특징점의 위치 추정이 유리하다는 내용이 들어가야 한다.

C. 4문단에서 특징점의 수가 늘어날수록 연산이 더 오래 걸린다고 하였으므로 특징점이 많을수록 보정에 필요한 '시간'이 늘어난다는 내용이 들어가야 한다.

따라서 <보기>의 A~C에 들어갈 말을 바르게 짝지은 것은 ②이다.

DAY 05　추론 ①　　p.48

1 ②　**2** ⑤　**3** ④　**4** ⑤　**5** ②
6 ④　**7** ④

1
정답 ②

독해력 UP 지문 분석

분야/주제
인문/상대적인 가치판단을 표현하는 진술과 절대적인 가치판단을 표현하는 진술

문단별 중심 내용

1문단	과학적 탐구의 범위에 속하는 진술이 실제로 강력하게 입증되었다고 가정한다면 과학적 연구에 의해 객관적으로 확립 가능한가에 대한 질문
2문단	객관적인 과학적 테스트가 가능한 상대적인 가치판단 진술과 과학적 테스트를 통한 입증의 대상이 될 수 없는 절대적인 가치판단 진술

정답 체크

2문단에서 "아이를 엄격한 방식보다는 너그러운 방식으로 키우는 것이 더 좋다."라는 문장은 절대적인 가치판단을 표현한다고 하였으므로 아이를 엄격한 방식보다는 너그러운 방식으로 키우는 게 더 좋다는 것은 상대적인 가치판단이 아님을 알 수 있다.

오답 체크

①, ③ 2문단에서 경험적 진술은 관찰을 통해 객관적인 과학적 테스트가 가능하지만, "아이를 엄격한 방식보다는 너그러운 방식으로 키우는 것이 더 좋다."라는 문장은 과학적 테스트를 통한 입증의 대상이 될 수 없는 절대적 가치판단을 표현한다고 하였으므로 적절한 내용이다.

④, ⑤ 2문단에서 정서적으로 안정된 창조적 개인으로 키우려면, 아이를 엄격한 방식보다 너그러운 방식으로 키우는 것이 더 좋다는 진술은 특정 목표를 달성하기 위해 어떤 행위가 좋은 것인지에 대해 명시하는 상대적 가치판단을 나타내며, 이러한 경험적 진술은 관찰을 통해 객관적인 과학적 테스트가 가능하다고 하였으므로 적절한 내용이다.

문제 풀이 TIP

글 전체를 이해하여 추론해야 하는 경우 선택지를 먼저 읽고 어떤 내용을 중심으로 글을 읽어야 하는지 확인한 뒤 문제를 풀이한다.

2
정답 ⑤

독해력 UP 지문 분석

분야/주제
사회/코커스의 정의 및 아이오와주 선거 운영 방식의 특징

문단별 중심 내용

1문단	코커스의 정의 및 미국 대의원 후보 선출 과정
2문단	미국의 대선후보 선출 과정에서 아이오와주가 모든 당을 통틀어 가장 먼저 코커스를 실시하는 주가 된 배경
3문단	아이오와주의 민주당과 공화당 간의 선거 운영 방식 차이

정답 체크

3문단에서 아이오와주의 선거 운영 방식에 따르면 공화당의 경우 코커스를 포함한 하위 전당대회에서 특정 대선후보를 지지하여 당선된 대의원이 상위 전당대회에서 동일한 후보를 지지하지 않아도 된다고 하였으므로 1976년 아이오와 공화당 코커스에서 특정 후보를 지지한 대의원이 코커스의 상위 전당대회인 카운티 전당대회에서 다른 후보를 지지할 수 있었음을 알 수 있다.

오답 체크

① 1문단에서 주에 따라 의회 선거구 전당대회는 생략하는 경우가 있다고 하였으므로 적절하지 않은 내용이다.

② 2문단에서 1976년부터 아이오와주가 코커스 개최 시기를 1월로 변경함으로써 가장 먼저 코커스를 실시하는 주가 되었음을 서술하고 있지만, 1971년 이전 각 주의 구체적인 코커스 개최 시기에 대해서는 다루고 있지 않으므로 적절하지 않은 내용이다.

③ 2문단에서 1972년 아이오와주 민주당의 코커스는 그해 1월에 열렸으며, 아이오와 민주당 규칙에 따라 각급 선거는 최소 30일 간격을 두고 코커스, 카운티 전당대회, 의회 선거구, 주 전당대회, 전국 전당대회 순으로 진행되어야 한다고 하였으므로 적절하지 않은 내용이다.

④ 2문단에서 1972년 아이오와주의 민주당 코커스가 그해 1월에 열렸음을 서술하고 있지만, 공화당의 구체적인 코커스 개최 시기에 대해서는 다루고 있지 않으므로 적절하지 않은 내용이다.

문제 풀이 TIP

시기에 따른 특정 대상의 통시적 변화를 설명하는 글의 경우 시간의 흐름에 따른 대상의 변화를 정리해 나가면서 글을 읽어야 놓치는 부분 없이 문제를 풀이할 수 있다.

3

정답 ④

독해력 UP 지문 분석

분야/주제
과학/입자 분포에 대한 경우의 수를 세는 법

문단별 중심 내용

1문단	입자들이 서로 구별 가능한지, 여러 개의 입자가 하나의 상태에 동시에 있는지에 따라 경우의 수가 달라지는 입자들의 분포
2문단	두 입자가 구별 가능하고, 하나의 양자 상태에 여러 개의 입자가 있을 수 있다고 가정하는 MB 방식
3문단	두 입자가 구별되지 않고, 하나의 양자 상태에 여러 개의 입자가 있을 수 있다고 가정하는 BE 방식
4문단	두 입자가 구별되지 않고, 하나의 양자 상태에 하나의 입자만 있다고 가정하는 FD 방식

정답 체크

- ㄴ. 4문단에서 FD 방식에서는 두 입자가 구별되지 않고, 하나의 양자 상태에 하나의 입자만 있을 수 있다고 하였으므로 두 개의 입자에 대해, 양자 상태의 가짓수가 많아지면 FD 방식에서 두 입자가 서로 다른 양자 상태에 각각 있는 경우의 수는 커진다는 것을 추론할 수 있으므로 적절한 내용이다.
- ㄷ. 2~3문단에서 MB 방식과 BE 방식 모두 하나의 양자 상태에 여러 개의 입자가 있을 수 있으나, MB 방식에서는 두 입자가 구별 가능하고 BE 방식에서는 두 입자가 구별되지 않는다고 하였으므로 두 개의 입자에 대해, 양자 상태가 두 가지 이상이면 경우의 수는 BE 방식에서보다 MB 방식에서 언제나 크다는 것을 추론할 수 있으므로 적절한 내용이다.

오답 체크

- ㄱ. 3문단에서 BE 방식에서는 두 입자가 구별되지 않고, 하나의 양자 상태에 여러 개의 입자가 있을 수 있다고 하였으므로 두 개의 입자에 대해, 양자 상태가 두 가지이면 BE 방식에서 $\boxed{a}$ $\boxed{a}$, $\boxed{aa}$ $\boxed{}$, $\boxed{}$ $\boxed{aa}$가 가능하여 경우의 수는 2가 아니라 3이 되므로 적절하지 않은 내용이다.

문제 풀이 TIP

지문에 주어진 예시를 바탕으로 각 방식을 정확하게 이해한 후 선택지를 풀이한다.

4

정답 ⑤

독해력 UP 지문 분석

분야/주제
사회융합/일본의 식량 확보 및 군수산업 원료 약탈을 위한 철도 부설 및 광산 개발

문단별 중심 내용

1문단	가중되는 외교적 고립으로 식량 및 군수산업 원료 약탈에 주력하게 된 일본
2문단	함경도를 만주와 같은 경제권으로 묶음으로써 조선의 다른 지역과 경제적으로 분리한 일본의 정책
3문단	일본의 철도 부설 및 광산 개발을 위해 조선 노동자들이 강제 동원된 사건을 바탕으로 제작된 영화 <아리랑>

정답 체크

2문단에서 일본의 정책들은 함경도를 만주와 동일한 경제권으로 묶어 조선의 다른 지역과 경제적으로 분리했다고 하였으므로 일본이 함경도를 포함하여 한반도와 만주를 같은 경제권으로 묶는 정책을 편 것은 아님을 알 수 있다.

오답 체크

① 3문단에서 영화 <아리랑>의 감독 나운규의 고향인 회령의 유선탄광에서 폭약이 터졌던 사건이 발생했다고 하였으므로 적절한 내용이다.
② 2문단에서 조선의 최북단 지역인 무산·회령·종성·온성이 점차 개발되어 오지의 작은 읍에서 근대적 도시로 발전되었다고 하였으므로 적절한 내용이다.
③ 2문단에서 회령·종성·온성은 양을 목축하는 축산 거점이며 청진·나진·웅기 등은 대륙 종단의 시발점이 되는 항구라고 하였고, 3문단에서 회령에서 청진까지 철도가 부설되었다고 하였으므로 적절한 내용이다.
④ 1문단에서 광물과 목재, 콩이 군수산업의 원료라고 하였고, 2문단에서 일본이 만주와 함경도에서 생산된 광물자원과 콩, 두만강 변 원시림의 목재를 일본으로 수송하기 위해 함경선을 부설했다고 하였으므로 적절한 내용이다.

5   정답 ②

독해력 UP 지문 분석

분야/주제
사회/정규직과 비정규직의 임금 격차 해결 방안에 대한 A 학파와 B 학파의 견해

문단별 중심 내용

1문단	정규직과 비정규직 간의 임금차별 문제 대두
2문단	기업 간 경쟁이 임금차별 완화의 핵심이라는 A 학파의 견해
3문단	법과 제도에 의한 규제를 통해 임금차별이 줄어들 것이라는 B 학파의 견해

정답 체크

2문단에서 A 학파는 기업 간의 경쟁이 강화될수록 임금차별은 자연스럽게 줄어든다는 내용에 대해서는 다루고 있지만, 기업 간의 경쟁 약화를 위한 보완 정책 수립 필요성에 대해서는 다루고 있지 않으므로 A 학파가 시장에서 기업 간의 경쟁 약화를 막기 위해 보완 정책이 수립되어야 한다고 본 것은 아님을 알 수 있다.

오답 체크

① 2문단에서 A 학파는 기업 간의 경쟁이 강화될수록 정규직과 비정규직 간의 임금차별은 줄어든다고 하였으므로 적절한 내용이다.
③ 2문단에서 A 학파는 기업 간의 경쟁이 강화될수록 정규직과 비정규직 간의 임금차별은 자연히 줄어든다고 하였고, 3문단에서 B 학파는 A 학파의 견해를 비판하며 사회적 비용이라는 위협을 당면했을 때만이 정규직과 비정규직 간의 임금차별 관행이 재고된다고 하였으므로 적절한 내용이다.
④, ⑤ 3문단에서 B 학파는 기업의 경우 사회적 비용으로 인해 조직의 정당성이 낮아지면 조직의 생존 가능성도 작아지기 때문에 임금차별을 줄이는 강제적 제도를 수용함으로써 사회적 비용을 낮춘다고 하였으므로 적절한 내용이다.

문제 풀이 TIP

특정 화제에 대해 다양한 견해가 제시되는 경우 각 견해의 중심 주장 및 그 근거를 파악하며 문제를 푼다. 이때 화자 간의 견해 차이가 무엇인지 구분하며 읽어 나가야 한다.

6   정답 ④

독해력 UP 지문 분석

분야/주제
철학/창조의 조건

문단별 중심 내용

1문단	창조의 필수 조건인 제작자
2문단	창조의 필수 조건인 제작자의 의도
3문단	창조의 필수 조건인 대상의 변형

정답 체크

3문단에서 어떤 사람이 나뭇가지를 재료로 독창적인 와인 거치대를 만들 의도를 가지고 나뭇가지의 위치만 바꾸어 와인병을 얹어 놓았으면, 이 사람이 창조 의도가 있었음을 인정하지만 나뭇가지를 전혀 변형시키지 않았기 때문에 새로운 것을 창조했다고 생각하지는 않는다고 하였으므로 창조된 것은 그것을 만들기 위해 사용된 재료가 변형된 것임을 알 수 있다.

오답 체크

① 3문단에서 누군가가 창조 의도를 가지고 변기를 예술 작품이라고 전시한다면 그 변기가 예술 작품일 수는 있다고 하였으므로 적절하지 않은 내용이다.
② 3문단에서 어떤 사람이 나뭇가지를 재료로 독창적인 와인 거치대를 만들 의도를 가지고 나뭇가지의 위치만 바꾸어 와인병을 얹어 놓았다 하더라도 나뭇가지를 전혀 변형시키지 않았기 때문에 우리는 새로운 것을 창조했다고 생각하지 않는다고 하였으므로 적절하지 않은 내용이다.
③ 3문단에서 누군가가 창조 의도를 가지고 변기를 예술 작품이라고 전시한다면 그 변기가 예술 작품일 수는 있다고 하였으므로 적절하지 않은 내용이다.
⑤ 2문단에서 기이한 형태를 가진 콘크리트 덩어리더라도 제작자가 아무런 의도 없이 만든 것이라면 창조한 것이 아니라고 하였으므로 적절하지 않은 내용이다.

문제 풀이 TIP

명시적으로 언급되지 않은 부분도 문맥과 내용을 통해 파악한다. 이 글에서 '조건'이라는 단어가 직접적으로 사용되지 않았더라도, 전체 글의 맥락에서 창조의 필수 조건을 설명하고 있다는 것을 파악한다.

7
정답 ④

독해력 UP 지문 분석

분야/주제
사회/한국 사회의 제도적 가족주의와 그 문제점

문단별 중심 내용

1문단	개인주의 확산에도 여전히 공고한 한국 사회의 제도적 가족주의
2문단	국민연금, 기초생활보장제도 등 가족 중심으로 설계된 소득보장제도 사례
3문단	개인 생활방식의 다양화와 충돌하는 제도적 가족주의의 사회적 문제점

정답 체크

1문단에서 한국 사회의 제도적 가족주의는 제도를 통해 사회 구성원으로 하여금 가족 단위로 생존하고 가족 의존적 삶을 살아가도록 유도하는 것이라고 했고, 2문단에서 그 대표적인 예로 국민연금제도는 1가구 1연금의 원칙에 따라 가족을 기본단위로 운용되고 있다고 하였으므로 1가구 1연금을 원칙으로 하는 국민연금제도는 제도적 가족주의로 인해 발생하는 문제를 해결하기 위해 도입된 정책은 아님을 알 수 있다.

오답 체크

① 3문단에서 가부장의 권위가 약화되고 다양한 삶의 방식이 출현하고 있는 현실에서 제도적 가족주의의 존속은 사회적 문제를 유발하고 있으며, 가족을 형성하지 않거나 못한 개인 그리고 가족에게 돌봄을 제대로 받지 못하는 개인에게는 불이익이 초래될 수 있다고 하였으므로 적절한 내용이다.

② 1문단에서 제도적 가족주의는 사회제도들이 개인이 아닌 가족을 기본단위로 설계되고 가족주의 원리에 따라 운용되고 있다는 점에서 잘 드러난다고 하였고, 서구 사회의 제도적 개인주의가 가족이 아닌 개인을 중심으로 제도들을 재편함으로써 개인이 삶의 단위가 되도록 유도한다고 하였으므로 적절한 내용이다.

③ 1문단에서 오늘날 한국 사회에서는 유교적 전통에 기반한 가부장과 부모 세대의 권위가 약화되고 결혼과 가족에 대한 자유로운 선택과 개인주의적인 삶의 방식을 추구하는 사람들이 증가하고 있고 이런 현상은 가족주의가 그 영향력을 상실해가고 있다는 주장을 뒷받침하지만, 한국 사회는 제도적 측면에서 가족주의가 여전히 강하게 작동하는 제도적 가족주의가 공고한 사회라고 할 수 있다고 하였으므로 적절한 내용이다.

⑤ 2문단에서 제도적 가족주의의 대표적인 예로서 국민기초생활보장제도는 빈곤 가구에 대한 부양 책임을 우선적으로 가족에 두고 있다고 했고, 3문단에서 제도적 가족주의의 존속으로 인해 가족 구성원들 사이에 갈등이 발생할 수 있다고 하며, 가족 내부적으로는 가족주의 가치관을 공유하지 않음에도 불구하고 가족 외부적으로 가족 단위의 생존과 역할을 강요당함으로써 가족 구성원들은 부양과 돌봄을 둘러싸고 갈등을 겪는다고 하였으므로 적절한 내용이다.

DAY 06 추론 ②
p.55

1 ④ 2 ⑤ 3 ⑤ 4 ① 5 ②
6 ②

1
정답 ④

독해력 UP 지문 분석

분야/주제
인문/의무에서 비롯된 행위와 심리적 성향에 따른 행위

문단별 중심 내용

1문단	이성뿐 아니라 감정과 욕구를 함께 보유하여 이성과 감정 사이에서 갈등을 겪는 인간
2~3문단	인간이 도덕적 행위를 할 수 있는 이유 - 이성이 우리에게 도덕적인 명령을 내리기 때문 - 도덕적 명령을 따를 때만이 의무에서 비롯된 행위를 한 것이기 때문 심리적 성향에서 비롯된 행위가 도덕성과 무관한 이유 - 심리적 성향에서 비롯된 행위는 감정과 욕구에 따른 것이기 때문 - 감정과 욕구는 주관적이고 상대적이어서 보편적인 도덕 원리가 될 수 없기 때문

정답 체크

2문단에서 이성의 명령에 따른 것이 아닐 경우 의무에서 나온 행위가 아니며 의무에서 비롯된 행위가 아니라면 심리적 성향에서 비롯된 행위가 된다고 하였을 뿐 두 행위가 일치하는 경우가 없는지에 대해서는 다루고 있지 않으므로 이성의 명령에 따른 행위가 심리적 성향에 따른 행위와 일치하는 경우가 없는 것은 아님을 알 수 있다.

오답 체크

① 1문단에서 동물은 본능적 욕구에 따라 행동하여 행위의 선악을 판단할 수 없다고 하였으므로 적절한 내용이다.

② 3문단에서 감정과 욕구는 사람마다 다르고, 같은 사람도 처한 상황에 따라 변할 수 있어 상대적이기 때문에 모든 인간에게 적용될 수 있는 보편적인 도덕의 원리가 될 수 없다고 하였으므로 적절한 내용이다.

③ 2문단에서 심리적 성향에서 비롯된 행위는 감정과 욕구에 따른 것이기에 도덕적 행위일 수 없다고 하였으므로 적절한 내용이다.

⑤ 2문단에서 인간의 행위 중에는 감정과 욕구에서 비롯되어 심리적 성향에 따른 행위뿐 아니라 이성의 도덕적 명령으로 인해 의무에서 비롯되어 수행하는 행위도 있다고 하였으므로 적절한 내용이다.

> **문제 풀이 TIP**
> 두 가지 대상이 구분되어 제시되는 경우 각 대상의 세부 내용을 정리하며 문제를 풀이한다.
> 이성이 내린 도덕적 명령에 따라 의무에서 비롯된 행위와 감정이나 욕구와 같은 심리적 성향에서 비롯된 행위의 세부 사항을 연결하여 내용을 정리한다.

2 정답 ⑤

독해력 UP 지문 분석

분야/주제
과학/학습된 공포·안정 반응

문단별 중심 내용

1문단	생쥐가 자극을 받아들이는 경로: 소리 자극 → 청각시상 → 측핵 → 중핵 → 신체 여러 기관
2문단	생쥐를 대상으로 공포, 안정 학습 실험을 시행한 연구자 K
3문단	공포 학습을 한 생쥐의 특징: 자극을 더 강한 강도로 증폭하여 측핵에 전달함
4문단	안정 학습을 한 생쥐의 특징: 자극을 더 약한 강도로 측핵에 전달하고, 안정 느끼게 하는 기관인 선조체에 신호를 보냄

정답 체크

3문단에서 쥐에게 공포를 학습시킨 경우 청각시상으로 전달된 소리 자극 신호가 학습 전 상태보다 훨씬 센 강도의 신호로 증폭되어 측핵으로 전달된다고 하였으며, 4문단에서 쥐에게 안정을 학습시킨 경우 청각 시상에서 만들어진 신호가 측핵으로 전달되는 것이 억제되어 측핵에 전달된 신호가 매우 미약해진다고 하였으므로 학습된 안정 반응을 일으키는 경우와 학습된 공포 반응을 일으키는 경우 모두, 청각시상에서 측핵으로 전달되는 신호의 세기가 학습하기 전과 달라짐을 알 수 있다.

오답 체크

① 1문단에서 중핵은 신체의 여러 기관에 전달할 신호를 만들어서 반응이 일어나게 함을 알 수 있으나, 중핵에서 만들어진 신호의 세기에 따라 어떤 반응이 나타나는지에 대해서는 다루고 있지 않으므로 적절하지 않은 내용이다.

② 4문단에서 선조체에서 반응이 세게 나타나면 안정감을 느끼게 되어 학습된 안정 반응을 일으킨다는 것을 알 수 있으나, 학습된 공포 반응을 일으키지 않는 소리 자극이 선조체에서 약한 반응이 일어나게 하는지에 대해서는 다루고 있지 않으므로 적절하지 않은 내용이다.

③ 학습된 공포 반응을 일으키는 소리 자극이 청각시상에서 선조체로 전달되는 자극 신호를 억제하는지에 대해서는 다루고 있지 않으므로 적절하지 않은 내용이다.

④ 학습된 안정 반응을 일으키는 경우와 학습된 공포 반응을 일으키는 경우의 청각시상에서 받는 소리 자극 신호의 상대적 강도에 대해서는 다루고 있지 않으므로 적절하지 않은 내용이다.

> **문제 풀이 TIP**
> 몸의 여러 기관이 제시되는 경우 각 기관이 어떤 역할을 하는지 명확히 파악하면서 지문을 읽는다.

3 정답 ⑤

독해력 UP 지문 분석

분야/주제
사회융합/란체스터가 정의한 자국의 군사력 우월 정도와 손실비

문단별 중심 내용

1문단	상대방 국가에 대한 자국의 군사력 우월 정도는 자국의 손실비의 역수라고 정의한 란체스터
2문단	A 국과 B 국의 전쟁 시 첫 발사에서의 B 국의 손실비
3문단	A 국과 B 국의 전쟁 시 B 국에 대한 A 국의 군사력

정답 체크

ㄱ. 2문단에서 첫 발사를 기준으로 모든 조건이 동일하면 A 국의 궁수가 2,000명, B 국 궁수가 1,000명일 때 A 국과 B 국 궁수가 맞는 1인 평균 화살 수는 각각 0.5개, 2개이고, 전체 화살 중 병력 손실을 발생하는 화살 비율이 1/10로 동일하면 첫 발사에 A 국은 100명, B 국은 200명의 병력을 잃는 상황에서 A 국의 인원이 2,000명에서 4,000명으로 2배 늘어날 경우 A 국과 B 국 궁수가 맞는 1인 평균 화살 수는 각각 0.25개, 4개가 되어 A 국은 100명, B 국은 400명의 병력을 잃게 됨에 따라 B 국의 손실비는 $\frac{400/1,000}{100/4,000}$=16이므로 적절한 내용이다.

ㄴ. 1문단에서 한 국가의 상대방 국가에 대한 군사력 우월의 정도는 전쟁 종료 시점에서 자국의 손실비의 역수라고 하였고, 3문단에서 전쟁이 끝날 때까지 A 국은 최초 병력의 9%, B 국은 최초 병력의 39%를 잃었다고 한 점에서 B 국에 대한 A 국의 군사력은 B 국의 손실비 $\frac{0.09}{0.39}$의 역수인 $\frac{0.39}{0.09}$≒4.3배 우월하다는 것을 추론할 수 있으므로 적절한 내용이다.

ㄷ. 1문단에서 자국의 손실비= $\frac{\text{자국의 최초 병력 대비 잃은 병력 비율}}{\text{적국의 최초 병력 대비 잃은 병력 비율}}$ 이라고 한 점에서 자국과 타국의 최초 병력 수가 각각 1,000명, 2,000명이고, 병력 손실이 100명으로 동일하다고 가정하면 자국의 손실비= $\frac{100/1,000}{100/2,000}$ =2, 타국의 손실비= $\frac{100/2,000}{100/1,000}$ =0.5 로 최초 병력 수가 적은 자국의 손실비가 더 크다는 것을 추론할 수 있으므로 적절한 내용이다.

문제 풀이 TIP
계산이 포함된 문제의 경우 글을 통해 공식을 정확히 이해하고 적용하는 것이 중요하므로 글로 제시된 내용을 공식으로 정리하고 사례를 대입하며 문제를 풀이한다.

4 정답 ①

독해력 UP 지문 분석

분야/주제
인문/부재 인과의 수용으로 발생하는 문제

핵심 내용 정리

핵심 개념	부재 인과: 사건의 부재가 다른 사건의 원인이 되는 인과 관계의 한 유형
세부 내용	- 인과 관계를 원인과 결과 간 성립 가능한 일종의 의존 관계로 분석할 경우, 인과 관계의 한 유형으로 볼 수 있음 - 부재 인과를 인정하는 경우 원인이 아닌 수많은 부재마저도 원인으로 받아들여야 하는 문제가 발생함

정답 체크
ㄱ. 영지가 지각한 원인을 새벽 3시에 일어나 걸어가지 않았다는 사건의 부재로 보았으므로 ㉠의 사례에 해당한다.

오답 체크
ㄴ. 유리창이 깨진 원인이 많은 사람 각각이 유리창을 향해 야구공을 던지지 않았다는 것은 인과 관계가 성립되지 않으므로 ㉠의 사례에 해당하지 않는다.
ㄷ. 화분의 식물이 죽은 원인이 햇볕을 과다하게 쬐거나 쬐지 않았다는 것은 사건의 부재로 보고 있지 않으므로 ㉠의 사례에 해당하지 않는다.

문제 풀이 TIP
먼저 거시적 관점에서 선택지를 확인한 후 세부적인 내용이 맞는지 확인한다. 부재인과의 문제를 찾아내기 이전에 인과가 성립해야 함을 유의하면서 선택지를 판단한다.

5 정답 ②

독해력 UP 지문 분석

분야/주제
인문/프라임과 타깃에 의해 나타나는 식역 이하의 반복 점화

문단별 중심 내용

1문단	식역 이하의 시각적 자극이 우리에게 영향을 미칠 것인가에 대한 화제 제시
2문단	프라임을 식역 이하로 제시한 후 의식적으로 지각할 수 있을 만큼 타깃을 제시했을 때 프라임을 알아차리지 못하였다는 실험 결과
3문단	식역 이하로 제시된 낱말이 뒤이어 나온 낱말의 처리속도에 영향을 미치는 효과인 식역 이하의 반복 점화
4문단	추상적인 수준에서 나타나는 식역 이하의 반복 점화

정답 체크
ㄷ. 한국어와 영어에 능숙한 사람에게 'five'만을 의식적으로 볼 수 있을 만큼 제시한 경우보다 프라임으로 '다섯'을 식역 이하로 제시한 후 타깃으로 'five'를 의식적으로 볼 수 있을 만큼 제시했을 때, 'five'에 대한 반응이 더 빨랐다는 내용은 서로 다른 언어로 표현된 동일한 개념에서도 점화 효과가 나타났다는 것으로 식역 이하의 반복 점화가 단순한 시각적 유사성이 아닌 추상적인 의미 수준에서 작용한다는 것을 보여주어 ㉠을 강화하므로 적절하다.

오답 체크
ㄱ. 같은 낱말을 식역 이하로 반복하여 여러 번 눈앞에 제시해도 피험자들은 그 낱말을 인지하지 못하였다는 내용은 추상적 수준에서 점화가 나타난다는 ㉠과 무관하여 ㉠을 강화하지 않으므로 적절하지 않다.
ㄴ. 샛별이 금성이라는 것을 아는 사람에게 프라임으로 '금성'을 식역 이하로 제시한 후 타깃으로 '샛별'을 의식적으로 볼 수 있을 만큼 제시했을 때, 점화 효과가 나타나지 않았다는 내용은 다른 표기지만 같은 개념을 보았을 때 점화 효과가 나타나지 않은 것으로 식역 이하의 반복 점화가 추상적 수준에서 나타난다는 ㉠을 강화하지 않으므로 적절하지 않다.

6

정답 ②

독해력 UP 지문 분석

분야/주제
사회융합/기관생명윤리위원회의 역할과 인간 대상 연구 심의 과정

문단별 중심 내용

1문단	인간 대상 연구를 수행하는 기관은 IRB를 설치하여 연구 대상자 보호를 위한 윤리적 심의를 받아야 함
2문단	IRB 심의 절차에서 가장 중요한 것은 연구 대상자로부터 적법한 동의를 받았는지 여부임
3문단	외국인과 같은 특수한 연구 대상자에게는 이해 가능한 언어로 정보를 제공하고 필요시 통역사를 활용해야 함
4문단	취약한 환경에 있는 연구 대상자의 자발적 참여 여부를 IRB가 엄밀히 심사함

정답 체크

1문단에서 인간이 연구 대상자가 되는 연구라면 모두 IRB 심의의 대상이고, 여기에는 임상시험, 실험조사, 심층 인터뷰, 설문조사 등을 수행한 경우가 포함된다고 하였으므로, 병원 소속 연구자가 임상시험 이전에 개발 중인 약의 효과와 안전성에 관한 문헌들을 조사하는 경우는 인간이 대상자가 되는 연구가 아니기 때문에 IRB의 심의를 받을 필요가 없다는 것을 알 수 있다.

오답 체크

① 3문단에서 만일 연구 대상자가 외국인일 경우 정확한 의사소통을 위해 필요하다면 통역사 등을 입회자로 참석하게 하여 연구에 대한 설명과 질의응답이 원활하게 이루어질 수 있도록 해야 한다고 하였으므로 적절한 내용이다.

③ 1문단에서 인간 대상 연구를 수행하는 자가 소속된 모든 대학이나 병원 등의 기관은 IRB를 반드시 설치해야 하며 IRB 심의의 대상에는 임상시험이 포함된다고 하였고 2문단에서 IRB는 연구의 잠재적 위험 가능성, 개인정보의 취득 여부와 보관 및 폐기 방법, 연구 결과의 활용 계획 등과 같은 정보가 연구계획서에 포함되어 있는지 확인하고 연구 대상자로부터 참여 동의를 받기 이전에 이러한 내용을 충분히 설명했는지 확인한다고 하였으므로 적절한 내용이다.

④ 1문단에서 인간 대상 연구를 수행하는 자가 소속된 모든 대학이나 병원 등의 기관은 기관생명윤리위원회(IRB)를 반드시 설치해야 하며 IRB 심의 대상에 설문조사도 포함된다고 하였고 2문단에서 IRB는 연구 대상자가 서명한 동의서뿐만 아니라 연구의 잠재적 위험 가능성, 개인정보의 취득 여부와 보관 및 폐기 방법, 연구 결과의 활용 계획 등과 같은 정보가 연구계획서에 포함되어 있는지 확인한다고 하였으므로 적절한 내용이다.

⑤ 4문단에서 취약한 환경에 있는 연구 대상자에 대한 적절한 보호 여부도 IRB의 심사에서 관건이 되며 이때 연구 참여를 거부할 경우 조직의 위계상 상급자로부터 받게 될 불이익에 대한 우려가 참여의 결정에 영향을 줄 가능성이 있는 연구 대상자가 이러한 유형에 해당되고 설령 연구자와 직접적인 연관이 없을지라도 같은 기관에 소속된 구성원들의 경우 이러한 유형에 해당하는 것으로 간주해야 한다고 하였으므로 적절한 내용이다.

DAY 07 추론 ③   p.61

1 ⑤ **2** ③ **3** ② **4** ③ **5** ③
6 ② **7** ②

1
정답 ⑤

독해력 UP 지문 분석

분야/주제
인문/국제표준도서번호 부여 방식

문단별 중심 내용

1문단	전 세계에서 출판되는 각종 도서에 부여하는 고유 식별 번호인 국제표준도서번호
2문단	ISBN - 10 네 부분 각각이 의미하는 것과 유효한 번호로서의 ISBN - 10

정답 체크

2문단에서 어떤 책에 부여된 ISBN - 10인 '89 - 89422 - 42 - 6'은 (8×10) + (9×9) + (8×8) + (9×7) + (4×6) + (2×5) + (2×4) + (4×3) + (2×2) + (6×1) = 352이고, 이 값은 11로 나누어떨어지기 때문에 이 ISBN - 10은 유효한 번호라고 하였으므로 확인 숫자 앞의 아홉 개의 숫자에 정해진 가중치를 곱하여 합한 값이 11의 배수인 ISBN - 10이 유효한 번호라면 그 확인 숫자는 반드시 0이어야 함을 알 수 있다.

오답 체크

① 2문단에서 ISBN - 10의 첫 번째 부분에 있는 숫자는 책이 출판된 국가 또는 언어 권역을 나타낸다고 하였으므로 적절하지 않은 내용이다.
② 글 전체에서 임의의 책의 ISBN - 10에 숫자 3자리를 추가하면 그 책의 ISBN - 13을 얻는 것인지는 알 수 없으므로 적절하지 않은 내용이다.
③ 2문단에서 ISBN - 10의 세 번째 부분은 출판사에서 임의로 붙인 번호라고 하였으므로 적절하지 않은 내용이다.
④ 2문단에서 ISBN - 10의 두 번째 부분에 있는 숫자는 국가별 ISBN 기관에서 그 국가에 있는 각 출판사에 할당한 번호를 나타낸다고 하였으므로 적절하지 않은 내용이다.

문제 풀이 TIP

지문에서 규칙이 제시된 경우 규칙을 적용하는 선택지가 나올 수 있음을 유의하고 규칙을 정확히 파악하며 읽는다.

2
정답 ③

독해력 UP 지문 분석

분야/주제
과학/공변세포의 부피에 영향을 미치는 요소

문단별 중심 내용

1문단	공변세포의 부피에 따라 열리고 닫히는 기공
2문단	공변세포 내 이온 양 증대 시 공변세포의 부피가 증대되어 기공이 열림
3문단	식물이 겪는 수분스트레스 반응에 의해 공변세포 물이 빠져나면 기공이 열리지 않음
4문단	기공의 여닫힘에 영향을 미치는 미생물

정답 체크

ㄱ. 2문단에서 햇빛 속에 있는 청색광이 공변세포에 있는 양성자 펌프를 작동시키며, 이는 공변세포 밖의 칼륨이온과 염소이온을 공변세포 안으로 들어오게 한다고 하였으므로 적절한 내용이다.
ㄷ. 3문단에서 수분스트레스를 받아 호르몬 A를 분비한 식물은 공변세포 내의 칼륨이온과 염소이온을 밖으로 빠져나가게 해 햇빛이 있어도 기공이 열리지 않도록 한다고 하였으며, 4문단에서 식물을 감염시킨 병원균 α는 공변세포의 양성자 펌프를 작동시키는 독소 B를 만들어 기공이 닫혀 있어야 할 때 열리게 한다고 하였으므로 적절한 내용이다.

오답 체크

ㄴ. 3문단에서 수분스트레스를 받은 식물은 호르몬 A를 분비하며, 식물이 수분스트레스를 받으면 햇빛이 있더라도 기공이 열리지 않는다고 하였고 2문단에서 양성자 펌프의 작동으로 인해 기공이 열린다고 하였으므로 적절하지 않은 내용이다.

문제 풀이 TIP

과학 작용들이 어떤 결과를 낳는 지에 유의하며 지문을 읽는다. 양성자 펌프의 작동은 기공을 열리게 한다는 점에 주목하면 선택지 ㄴ은 틀렸음을 빠르게 판별할 수 있다.

3

정답 ②

독해력 UP 지문 분석

분야/주제
인문/지적 작업에서 귀납적 방법의 필요성

문단별 중심 내용

1문단	모든 지적 작업에 필수적인 연역법과 달리 필수적이지 않다는 주장을 받기도 하는 귀납법
2문단	지적 작업 중 철학에서 귀납법이 필요하지 않다는 견해의 한계
3문단	철학과 과학을 포함한 모든 지적 작업에서 귀납법이 필요하지 않다는 견해를 통해 얻어진 철학적 성과

정답 체크

ㄴ. 2문단에서 귀추법은 귀납적 방법에 해당한다고 하였으므로 철학의 일부 논증에서 귀추법의 사용이 불가피하다는 주장은 모든 지적 작업에서 귀납적 방법이 불필요하다는 견해인 ⓒ을 반박하므로 적절하다.

오답 체크

ㄱ. 과학의 탐구가 귀납적 방법에 의해 진행된다는 주장은 지적 작업 중 철학에서 귀납적 방법이 불필요하다는 견해인 ㉠을 반박하지 않으므로 적절하지 않다.

ㄷ. 연역 논리와 경험적 가설 모두에 의존한다는 것은 연역적 방법과 귀납적 방법이 모두 필요하다는 것을 의미하므로 연역 논리와 경험적 가설 모두에 의존하는 지적 작업이 있다는 주장은 모든 지적 작업에서 귀납적 방법이 불필요하다는 견해인 ⓒ을 반박하지만, 그 지적 작업이 철학에 해당하는지 알 수 없어 ㉠은 반박하지 않으므로 적절하지 않다.

4

정답 ③

독해력 UP 지문 분석

분야/주제
기타/공공 기관 채용 시스템 개선안

핵심 내용 정리

<기존>

주관 기관	㉠ ○○도 산하 공공 기관들				
채용 절차	채용 공고 →	원서 접수 →	㉡ 서류 심사 →	㉢ 필기 시험 →	㉣ 면접 → 합격자 발표

<개선>

주관 기관	㉤ ○○도		㉥ ○○도 산하 공공 기관들		
채용 절차	채용 공고 →	원서 접수 →	㉦ 필기 시험 →	㉧ 서류 심사 →	㉨ 면접 → 합격자 발표

정답 체크

ⓒ과 ⓞ에는 모두 '서류 심사'가 들어가므로 ⓒ과 ⓞ에는 같은 채용 절차가 들어감을 알 수 있다.

오답 체크

① ㉠에 해당하는 '○○도 산하 공공 기관들'이 기존에 주관하였던 채용공고, 원서 접수, 필기시험을 개선 이후에는 ○○도에서 주관한다. 따라서 개선 이후 ㉠에 해당하는 기관이 주관하는 채용 업무의 양은 이전보다 줄어들게 될 것이므로 적절하지 않은 내용이다.

② ㉠과 ㉥에는 '○○도 산하 공공 기관들'이 들어가며, ㉤에는 '○○도'가 들어가므로 적절하지 않은 내용이다.

④ ㉢과 ㉧에는 '필기시험'이 들어가며, 2문단에서 기존의 필기시험 과목인 영어·한국사·일반상식이 국가직무능력표준 기반 평가로 바뀌어 기존과 달리 실무 능력을 평가한다고 하였으므로 적절하지 않은 내용이다.

⑤ ㉣과 ㉨에는 '면접'이 들어가며, 기존 채용 절차와 개선 채용 절차 모두 면접을 주관하는 기관은 ○○도 산하 공공 기관들로 같으므로 적절하지 않은 내용이다.

5 정답 ③

독해력 UP 지문 분석

분야/주제
사회/종교의 주된 포교 대상이 지니는 특징

문단별 중심 내용

1문단	노동하며 경제적으로 합리적인 생활을 하는 계층을 겨냥한 고대 종교의 포교활동
2문단	공인되지 않은 신흥 종교집단 또는 비주류 종교집단의 주된 포교 대상인 하층 수공업자층
3문단	주술적 힘, 신이나 우주의 섭리 등에 종속되어 있다는 견해에는 부정적인 프롤레타리아트
4문단	종교 포교 대상이 되기 쉬운 프롤레타리아트화의 위험에 처한 몰락하는 소시민계층

정답 체크

3문단에서 근대 프롤레타리아트는 자신이 처한 형편이 주술적 힘 또는 신이나 우주의 섭리와 같은 것에 속한다는 견해에 부정적인 입장을 취했다고 하였으므로 ⓒ을 근대에 형성된 프롤레타리아트가 종교에 우호적이지도 관심이 많지도 않다로 수정한 ③이 가장 적절하다.

오답 체크

① 1문단에서 고대 종교는 소시민층과 같이 야심을 가지고 열심히 노동하며 경제적으로 합리적인 생활을 하는 계층을 목표로 포교활동을 했다고 하였으므로 적절하지 않다.
② 2문단에서 하층 수공업자층은 공인되지 않은 종파적 종교성에 기우는 경우가 흔하였으며 공인되지 않은 신흥 종교집단 또는 비주류 종교집단의 주요 포교 대상이었다고 하였으므로 적절하지 않다.
④ 4문단에서 비종교적인 이념들이 프롤레타리아트의 삶을 지배하는 경향이 훨씬 강하다고 하였으므로 적절하지 않다.
⑤ 4문단에서 프롤레타이리아트 중 경제적으로 불안정한 최하위 계층과 지속적인 곤궁에 의해 프롤레타리아트화의 위험에 처한 소시민계층을 포섭한 종교는 이들에게 원초적 주술을 사용하거나 주술적 은총 수여에 대한 대용물을 제공하였으며 그 결과 종교 윤리의 감정적 요소가 빠르게 성장하게 되었다고 하였으므로 적절하지 않다.

문제 풀이 TIP

글의 흐름을 파악하여 내용을 수정하는 문제의 경우 제시된 부분의 내용과 관련된 앞·뒤 문장의 내용 전개 방향을 파악하며 문제를 풀이한다.

6 정답 ②

독해력 UP 지문 분석

분야/주제
사회/스마트폰 타자화 현상과 그 위험성

문단별 중심 내용

1문단	스마트폰이 가져온 뉴미디어의 파급력은 유선 인터넷망보다 더 강력함
2문단	스마트폰은 이동성을 바탕으로 일상과 밀착되어 사용자에게 타자처럼 인식되는 현상을 초래함
3문단	사물인 스마트폰을 타자로 인식하게 되면 도구에 예속되고 진정한 타자와의 관계가 사라질 위험이 있음

정답 체크

2문단에서 스마트폰의 등장으로 이러한 부동성 문제가 극복됐다고 했으므로 ⓒ은 유선 인터넷이 가진 부동성 문제에 관련된 내용이어야 한다. 따라서 ⓒ을 이러한 소통은 유선 인터넷망에 랜선으로 접속되어 있는 컴퓨터 앞에서만 이루어질 수 있었기 때문이다로 수정한 ②가 가장 적절하다.

오답 체크

① 1문단에서 이러한 파급력은 인류가 한 번도 겪어 본 적 없는 것이라고 하였으므로 적절하지 않다.
③ 2문단에서 스마트폰이 사람들의 일상과 완전히 밀착되었다고 했고, 스마트폰은 사물이 아니라 나에게 말을 거는 '타자'로서 존재하는 것 같은 착각을 불러온다고 하였으므로 적절하지 않다.
④ 2문단에서 사물은 나를 변화시키는 힘을 가지고 있지 않다고 했고, 그런데도 혹시 스마트의 부름을 놓쳤을까 봐 전전긍긍하게 된다고 하였으므로 적절하지 않다.
⑤ 3문단에서 사물을 타자로 혼동하는 것은 위험하다고 했고, 도구가 오히려 나를 지배하게 된다고 하였으므로 적절하지 않다.

문제 풀이 TIP

밑줄이 표시된 부분의 앞뒤 문장에서 중요한 단서가 제시될 가능성이 있으므로 앞뒤 문장을 주의깊게 읽는다.

7 정답 ②

독해력 UP 지문 분석

분야/주제
과학/수경의 원리와 발전에 따른 각막 출혈 문제 해결

문단별 중심 내용

1문단	물속에서 시야가 흐려지는 원인과 수경 착용 시 선명하게 보이는 원리
2문단	초기 형태 수경 사용 시 발생하는 결막 출혈 현상과 그 원인
3문단	부글래기 수경의 작동 원리와 결막 출혈 방지 작용
4문단	큰눈 수경의 원리와 장점

정답 체크

2문단에서 초기 형태의 수경은 잠수 시 체내 압력이 커져 수압과 같아지게 되는 반면 수경 내압은 변하지 않는다고 하였으며, 4문단에서 큰눈은 잠수 시 수압과 수경 내압이 같아질 때까지 폐의 공기가 기도와 비강을 거쳐 수경 내로 들어오게 한다고 하였으므로 수경 내압이 큰눈을 쓰고 잠수했을 때보다 초기 형태의 수경을 쓰고 잠수했을 때 더 크다는 것은 아님을 알 수 있다.

오답 체크

① 1문단에서 수경을 쓰면 빛이 공기에서 각막으로 굴절되어 망막에 들어오므로 상이 망막에 선명하게 맺혀서 물체를 뚜렷하게 볼 수 있다고 하였으므로 적절한 내용이다.
③ 3문단에서 결막 출혈을 막을 수 있도록 만들어진 수경 '부글래기'를 우리나라의 모슬포 지역의 해녀들이 사용했다고 하였으므로 적절한 내용이다.
④ 4문단에서 왕눈처럼 눈뿐만 아니라 코까지 덮는 수경을 쓰면 잠수 시 수압에 의하여 폐가 압축되어 수압과 수경 내압이 같아질 때까지 폐의 공기가 기도와 비강을 거쳐 수경 내로 들어온다고 하였으므로 적절한 내용이다.
⑤ 2문단에서 잠수 시 수압에 의해 신체가 압박되어 신체의 부피가 줄어들면서 체내 압력이 커져 수압과 같아진다고 하였으므로 적절한 내용이다.

문제 풀이 TIP

특정 대상에 대한 여러 사례가 제시되는 글의 경우 각각의 특징 및 공통점과 차이점을 정리하며 읽는다. 이 글에서는 세 가지 수경(초기 형태의 수경, 부글래기, 큰눈/왕눈)의 특징과 차이점이 제시되고 있으므로, 각 수경의 특징과 결막 출혈과의 관계를 정리한다.

DAY 08 추론 ④   p.68

1 ②   2 ⑤   3 ②   4 ②   5 ①
6 ②

1 정답 ②

독해력 UP 지문 분석

분야/주제
과학/근육 수축과 이완의 원리

문단별 중심 내용

1문단	근육 운동은 근육 세포의 수축과 이완의 반복으로, 운동 신경 세포의 아세틸콜린 방출이 이를 조절함
2문단	운동 신경 세포에서 방출된 아세틸콜린이 근육 세포 막의 결합 단백질에 결합하여 근육 수축을 유발함
3문단	억제성 신경 세포가 글리신을 방출하여 운동 신경 세포의 아세틸콜린 방출을 억제함으로써 근육 이완이 일어남
4문단	보툴리눔 독소는 아세틸콜린 방출을 막아 근육 이완 상태의 마비를, 파상풍 독소는 글리신 방출을 막아 근육 수축 상태의 마비를 일으킴

정답 체크

4문단에서 보툴리눔 독소는 운동 신경 세포에 작용하여 아세틸콜린이 방출되는 것을 막아 근육 마비를 일으킨다고 했고 2문단에서 운동 신경 세포에서 방출된 아세틸콜린이 아세틸콜린 결합 단백질에 결합하여 근육 세포가 수축되게 한다고 하였으므로 보툴리눔 독소는 근육 세포의 수축이 일어나지 않게 하여 근육 마비를 일으킴을 알 수 있다.

오답 체크

① 2문단에서 근육 세포막에 있는 아세틸콜린 단백질이라고 하였으므로 적절하지 않은 내용이다.
③ 3문단에서 억제성 신경 세포는 글리신을 방출하는데, 이 글리신은 운동 신경 세포에 작용하여 아세틸콜린의 방출을 막는다고 하였으므로 적절하지 않은 내용이다.
④ 2문단에서 뇌의 운동피질에서 유래한 신호가 운동 신경 세포에 작용하여 운동 신경 세포에서 아세틸콜린을 방출하고 방출된 아세틸콜린이 근육 세포를 수축되게 한다고 했으므로 하였으므로 적절하지 않은 내용이다.

⑤ 4문단에서 파상풍 독소는 억제성 신경 세포에 작용하여 글리신이 방출되는 것을 막는다고 하였고 3문단에서 글리신은 운동 신경 세포에 작용하여 아세틸콜린의 방출을 막는다고 하였고 2문단에서 운동 신경 세포에서 방출된 아세틸콜린이 근육 세포의 막에 있는 아세틸콜린 결합 단백질에 결합한다고 하였으므로 적절하지 않은 내용이다.

> **문제 풀이 TIP**
> 지문에 여러 과학 메커니즘이 나온다면, 하나의 메커니즘의 시작과 끝을 분명히 파악하고 다른 메커니즘과 혼동하지 않도록 한다.

2
정답 ⑤

독해력 UP 지문 분석

분야/논쟁점
과학융합/과학은 성장하고 있다고 말할 수 있는가?

화자의 견해

갑	우리가 새롭게 알게 된 과학 지식의 수는 누적적으로 증가하고 있으므로 과학은 성장한다고 말할 수 있다.
을	과거에 과학 지식이었으나 더 이상 아닐 수 있으므로 과학 지식의 수는 누적적으로 증가한다고 말할 수 없다.
병	과학에서 해결된 문제의 수가 증가하고 있으므로 과학은 성장한다고 말할 수 있다.
정	서로 다른 과학 이론을 받아들이는 사람들이 해결한 문제의 수는 비교할 수 없으므로 과학은 성장한다고 말할 수 없다.

정답 체크

ㄱ. 갑은 과학 지식의 수는 누적적으로 증가하고 있다는 이유로, 병은 과학에서 해결된 문제의 수가 증가하고 있다는 이유로 과학은 성장한다고 말할 수 있다고 한 점에서 갑과 병 모두 과학의 성장 여부를 평가할 수 있는 어떤 기준이 있다고 인정하고 있으므로 적절한 내용이다.

ㄴ. 갑은 과학 지식의 수는 누적적으로 증가하고 있다고 하였지만, 을은 과학 지식으로 여겨졌던 것이 현재는 아닐 수 있어 과학 지식의 수가 누적적으로 증가하고 있지 않다고 한 점에서 을은 과학 지식의 수가 실제로는 누적적으로 증가하지 않는다는 이유로 갑의 주장을 비판하고 있으므로 적절한 내용이다.

ㄷ. 병은 과학에서 해결된 문제의 수가 증가하고 있다는 이유로 과학은 성장한다고 말할 수 있다고 하였지만, 정은 우리가 어떤 과학 이론을 수용하느냐에 따라 해결해야 할 문제가 달라지며 해결된 문제의 수의 증가 여부를 판단할 수도 없다고 한 점에서 정이 과학의 성장 여부를 확인할 수 있는 근거의 진위 판단이 불가능하다는 이유로 병을 비판하고 있으므로 적절한 내용이다.

3
정답 ②

독해력 UP 지문 분석

분야/논쟁점
인문/동물은 의식 혹은 자의식을 보유하고 있는가?

화자의 견해

갑	동물에게는 어떤 형태의 의식도 없다.
을	동물은 통증을 느낄 수 있는 의식은 있으나 자의식은 없다.
병	동물은 무언가를 기억하기 위한 자의식이 있을 수 있다.

정답 체크

ㄷ. 을은 자의식이 없으면 과거의 경험을 기억하는 것은 불가능하다고 한 점에서 기억을 한다는 것은 의식이 있다는 것으로 기억은 의식의 충분조건이라는 것을 추론할 수 있고, 병은 동물이 아무것도 기억할 수 없다면 동물이 무언가를 학습할 수 있다는 주장은 성립하지 않는다고 한 점에서 동물이 학습할 수 있다는 것은 기억할 수 있다는 것으로 기억은 학습의 필요조건이라는 것을 추론할 수 있으므로 적절한 내용이다.

오답 체크

ㄱ. 갑은 동물이 인간과 달리 어떠한 형태의 의식도 없다고 하였고, 병은 동물이 아무런 자의식 없이 무언가를 기억하여 행동할 때가 있다고 하였으므로 적절하지 않은 내용이다.

ㄴ. 갑은 동물이 통증 행동을 보일 때 통증을 느끼는 의식 없이 이루어지는 것이라고 하였고, 을은 동물이 통증 행동을 보일 때 실제로 통증을 의식하는 것으로 간주한다고 하였으므로 적절하지 않은 내용이다.

> **문제 풀이 TIP**
> 특정 대상에 대한 여러 인물의 견해가 제시되는 경우 각각의 주장과 근거, 사실과 견해를 파악하며 문제를 풀이한다.

4 정답 ②

독해력 UP 지문 분석

분야/주제
과학/원인으로 추정되는 요인과 결과로 추정되는 질병 간의 상관관계 연구

핵심 내용 정리

구분	(가)	(나)	(다)
원인 추정 요인	아스피린 복용	임신 중 고지방식 섭취	사지 중 하나 이상의 절단 수술
결과 추정 질병	심장병	자식의 생식기 종양	심장병 사망
연구 대상 분류 기준	결과 추정 질병 유무 (심장병 환자/기타 환자)	원인 추정 요인 적용 여부 (고지방식 섭취군/저지방식 섭취군)	원인 추정 요인 적용 여부 (사지 절단 수술 환자/기타 중상자)
연구 결과	결과 추정 질병(=심장병) 유무에 따른 연구 대상별 원인 추정 요인(=아스피린 복용)의 적용 비중을 알 수 있음	원인 추정 요인(=고지방식 섭취) 유무에 따른 연구 대상별 결과 추정 질병(=자식의 생식기 종양)의 발생 비중을 알 수 있음	원인 추정 요인(=사지 중 하나 이상의 절단 수술) 적용 여부에 따른 연구 대상별 결과 추정 질병(=심장병 사망)의 발생 비중을 알 수 있음

정답 체크

ㄷ. (나)에서 임신한 쥐를 두 집단으로 나누어 한 집단에는 원인으로 추정되는 요인인 고지방식을 제공하고, 나머지 집단에는 반대로 저지방식을 제공했다고 한 점에서 연구 대상에게 원인으로 추정되는 요인의 적용 여부는 연구자에 의해 결정되었다는 것을 추론할 수 있지만, (다)에서 제2차 세계대전 중 다친 군인의 진료 기록을 조사하여 이들에 대한 기록을 추적 조사했다고 한 점에서 원인으로 추정되는 요인인 사지 절단 수술의 적용 여부가 연구자에 의해 결정되지 않았다는 것을 추론할 수 있으므로 적절한 내용이다.

오답 체크

ㄱ. (나)에서 임신한 암쥐에게 원인으로 추정되는 요인인 고지방식을 적용한 집단과 그렇지 않은 집단을 나눈 후 그에 따른 결과로 추정되는 질병인 새끼의 생식기 종양 발생 비율을 비교하는 실험을 하였지만, (가)에서 결과로 추정되는 심장병 유무에 따라 심장병 환자와 심장병 발병 이력이 없는 기타 환자로 나눈 후 원인으로 추정되는 요인인 아스피린 복용에 따른 심장병 발병 비율을 비교하는 실험을 하였으므로 적절하지 않은 내용이다.

ㄴ. (다)에서 사지 절단 수술을 받은 4,000명 중 600명이 심장병으로 사망했다고 한 점에서 원인으로 추정되는 요인이 적용된 개체에서의 결과로 추정되는 질병 발생 비율을 추론할 수 있지만, (가)에서 심장병 환자와 기타 환자 중 아스피린 정기 복용자의 비율이 각각 4.9%와 7%라고 한 점에서 결과로 추정되는 질병이 발생 또는 발생하지 않은 대상의 원인으로 추정되는 요인의 적용 비율을 추론할 수 있으므로 적절하지 않은 내용이다.

문제 풀이 TIP

특정 대상에 대한 여러 사례가 제시되는 글의 경우 각각의 특징 및 공통점과 차이점을 표나 도식으로 정리하며 내용을 이해한다.

[5-6]

독해력 UP 지문 분석

분야/주제
사회/양형 보조 프로그램 X

문단별 중심 내용

1문단	미국 일부 주에서 활용되고 있는 양형 보조 프로그램 X
2문단	X가 내리는 양형 판단이 인종 차별적이라는 A의 주장 - 위험 지수가 인종에 따라 다르게 분포하고 있음 - 2년 이내 재범률이 잘못 분류된 비율이 인종에 따라 다름
3문단	A의 주장이 잘못되었다는 개발자 B의 주장 - 고위험군과 저위험군 분류된 사람 중 2년 이내 재범을 저지르지 않은 사람의 비율은 인종에 따라 유의미한 차이가 없음 - 기저 재범률은 인종에 따라 상당한 차이가 있기 때문에 결괏값에 영향을 미침
4문단	B의 주장이 지니는 한계 - 기저 재범률이 판정에 영향을 미친다면 흑인의 위험 지수를 높이는 결과로 이어지기 때문에 차별적임

5 정답 ①

정답 체크

2문단에서 X의 예측 결과와 석방 후 2년간의 실제 재범 여부를 비교한 결과 재범을 저지른 사람이든 그렇지 않은 사람이든, 흑인은 편파적으로 고위험군으로 분류된 반면 백인은 편파적으로 저위험군으로 분류되는 오류가 나타났다고 하고 있으며, 이때 고위험군으로 잘못 분류된 것은 재범을 저지를 것으로 예측되었으나 실제로는 저지르지 않은 사람, 저위험군으로 잘못 분류된 것은 재범을 저지르지 않을 것으로 예측되었으나 실제로는 저지른 사람을 의미함을 알 수 있다.

(가), (나) 잘못 분류되었던 사람의 비율이 백인보다 흑인이 컸던 것은 흑인이 편파적으로 고위험군으로 분류된 경우이다. 따라서 빈칸에 들어갈 말은 "2년 이내 재범을 '저지르지 않은' 사람 중에서 '고위험군'으로 잘못 분류되었던 사람의 비율이 흑인의 경우 45%인 반면 백인은 23%에 불과했고"가 적절하다.

(다), (라) 잘못 분류되었던 사람의 비율이 흑인보다 백인이 컸던 것은 백인이 편파적으로 저위험군으로 분류된 경우이다. 따라서 빈칸에 들어갈 말은 "2년 이내 재범을 '저지른' 사람 중에서 '저위험군'으로 잘못 분류되었던 사람의 비율은 흑인의 경우 28%인 반면 백인은 48%로 훨씬 컸다"가 적절하다.

문제 풀이 TIP

지문의 논리적 구조를 파악하며 읽는다. A의 주장 - B의 주장 - 글쓴이의 비판 순으로 흐름이 이어짐을 파악한다.

6 정답 ②

정답 체크

ㄷ. ⓒ은 다른 흑인들이 만들어낸 기저 재범률이 이와 전혀 상관없는 흑인 범죄자의 형량이나 가석방 여부에 영향을 주는 문제가 반복될 것이기 때문에 X의 지속적인 사용이 미국 사회의 인종차별을 고착화한다는 내용이다. 따라서 X가 특정 범죄자의 재범률을 평가할 때 사용하는 기저 재범률이 동종 범죄를 저지른 사람들로부터 얻은 것이라면, 인종이 아닌 해당 범죄자와 관련성 있는 데이터를 토대로 위험 지수를 판정한다는 것으로 ⓒ은 강화되지 않으므로 적절한 내용이다.

오답 체크

ㄱ. ⓘ은 백인의 경우 위험 지수 1로 평가된 사람이 가장 많고 10까지 그 비율이 차츰 감소한 데 비하여 흑인의 위험 지수는 1부터 10까지 고르게 분포되었으므로 X가 흑인과 백인을 차별한다는 내용이다. 따라서 강력 범죄자 중 위험 지수가 10으로 평가된 사람의 비율이 흑인과 백인 사이에 차이가 없다 해도 ⓘ은 강화되지 않으므로 적절하지 않은 내용이다.

ㄴ. ⓛ은 X가 흑인과 백인 간에 차이가 있는 기저 재범률을 근거로 재범 가능성을 예측하기 때문에 인종 간 재범 가능성 예측의 오류 차이가 발생한다는 내용이다. 따라서 흑인의 기저 재범률이 높을수록 흑인에 대한 X의 재범 가능성 예측이 더 정확해진다 해도 ⓛ은 약화되지 않으므로 적절하지 않은 내용이다.

DAY 09 빈칸 추론 p.74

1 ④ 2 ④ 3 ① 4 ④ 5 ②
6 ① 7 ⑤

1 정답 ④

독해력 UP 지문 분석

분야/주제
기술융합/알고리즘의 신뢰성에 대한 결론

문단별 중심 내용

1문단	텔레비전 시청으로 생산된 데이터를 기반으로 우리의 결정을 대신하는 알고리즘
2문단	알고리즘도 실수하지만 평균적으로 인간보다 낫기만 하면 된다는 주장
3문단	처칠의 민주주의 관련 명언을 인용하며 제시한 알고리즘의 신뢰성에 대한 결론

정답 체크

빈칸 앞에서 데이터 부족, 프로그램 오류, 삶의 근본적인 무질서로 인해 알고리즘이 실수를 범할 수밖에 없지만 이러한 고충은 인간이 알고리즘보다 더 크게 겪을 뿐만 아니라 알고리즘의 답은 완벽할 필요 없이 평균적으로 인간보다 낫기만 하면 되고, 이러한 상황을 '다른 모든 체제를 제외하면 민주주의가 세상에서 가장 나쁜 정치 체제'라는 처칠의 말을 인용하여 알고리즘 또한 다르지 않다는 내용을 말하고 있다.

따라서 실수를 하기도 하지만 현실적으로 알고리즘보다 더 신뢰할 만한 대안을 찾기 어렵다는 내용이 들어가야 한다.

문제 풀이 TIP

결론을 묻는 문제의 경우 문단별 중심 내용 또는 핵심 문장을 중심으로 글의 중심 소재에 대한 화자의 견해가 무엇인지 파악하며 문제를 풀이한다.

2
정답 ④

독해력 UP 지문 분석

분야/주제
사회/대안적 분쟁해결절차(ADR)

문단별 중심 내용

1문단	실제 재판보다 오랜 시간이 소요되는 ADR이 재판보다 신속하다고 알려진 이유
2문단	사법형 ADR 활성화 정책 도입 시 예상되는 부작용
3문단	민간형 ADR의 활성화를 저해하는 사법형 ADR 활성화 정책
4문단	민간형 ADR 활성화에 도움이 될 바람직한 법원의 접근 방식

정답 체크

빈칸 앞에서는 재판의 빠른 진행을 위해 사법형 ADR을 활성화하는 정책은 새롭고 복잡한 사건을 재판보다는 ADR로 유도함으로써 이러한 사건에 대한 판례가 만들어지지 않고 ADR의 분쟁 해결 기준이 마련되지 않게 되어 민간형 ADR 활성화를 저해한다는 내용을 말하고 있고, 빈칸 뒤에서는 법원 본연의 임무인 재판을 통해 당사자의 문제를 해결하겠다는 의식으로 접근하고, 나아가 법원이 인프라를 확충하고 판례를 누적해나갈 때 민간형 ADR이 활성화될 수 있다는 내용을 말하고 있다.

따라서 법원은 재판에 힘써야 하며 그것이 결과적으로 민간형 ADR의 활성화에 도움이 된다는 내용이 들어가야 한다.

문제 풀이 TIP

빈칸에 들어갈 올바른 문장을 고르는 문제의 경우 빈칸 앞뒤 1~2문장을 중심으로 글의 내용과 맥락을 파악하고, 빈칸에 선택지를 하나씩 넣어보며 문제를 풀이한다.
이때 빈칸 앞, 뒤의 접속어가 정답의 단서가 될 수 있음에 유의하며 문제를 풀이한다. 빈칸 앞의 '따라서'를 통해 앞의 내용을 정리한 결론에 해당하는 내용이 들어갈 것임을 파악할 수 있다.

3
정답 ①

독해력 UP 지문 분석

분야/주제
과학/물체로 만든 모양에 의존하여 방향을 찾는 말벌

핵심 내용 정리

실험 목적	말벌이 둥지를 찾아가는 방법
실험 방법 1	말벌이 둥지에 있을 때, 솔방울을 둥지를 중심으로 원형 배치 → 결과: 먹이를 찾아 둥지를 떠난 말벌이 다시 잘 돌아옴
실험 방법 2	말벌이 둥지를 떠난 사이, 둥지의 솔방울을 수거하여 다른 곳으로 옮겨 원형 배치 → 결과: 말벌이 기존의 둥지가 아닌 원형으로 배치된 곳으로 돌아옴
실험 방법 3	말벌이 둥지를 떠난 사이, 솔방울을 원형으로 배치해두었던 곳에 원형으로 돌멩이 배치, 솔방울은 둥지 중심으로 삼각형 배치 → 결과: 말벌이 원형으로 배치된 돌멩이들의 중심으로 날아감
실험 결과	물체로 만든 모양에 의존하여 방향을 찾는 말벌

정답 체크

빈칸 앞에서 A는 말벌이 방향을 찾을 때 물체의 재질에 의존하는 것인지 모양에 의존하는 것인지 확인하기 위해 둥지 근처에 원형으로 배치해 두었던 솔방울을 치운 후 같은 자리에 돌멩이를 원형으로 배치하고, 그 솔방울을 다시 둥지 중심으로 삼각형으로 배치하였을 때 말벌이 둥지를 떠나기 전 머물렀던 곳과 동일한 모양인 돌멩이를 원형으로 배치한 자리로 돌아왔다는 내용을 말하고 있다.

따라서 물체의 재질보다 물체로 만든 모양에 의존하여 방향을 찾는다는 내용이 들어가야 한다.

문제 풀이 TIP

특정 실험 또는 연구 과정에 대한 지문이 제시되는 경우 최종적으로 제시되는 결론이 도출되기까지 그 목적과 방법을 이해하며 풀이한다.

4

정답 ④

독해력 UP 지문 분석

분야/주제
사회융합/축산업의 변화에 따른 전염병 노출 가능성

문단별 중심 내용

1문단	밀집된 형태에서 대규모로 돼지를 사육하는 농장의 출현으로 높아진 사육 가축들의 병원균 전염 가능성
2문단	대량으로 생산되는 육류가공제품으로 인해 소비자들이 많은 수의 가축과 접촉하게 되면서 높아진 가축의 병원균에 노출될 가능성
3문단	소비자들이 가축을 통해 전염병에 노출될 가능성을 높인 오늘날의 변화된 축산업

정답 체크

㉠ 빈칸 앞에서는 미국의 경우 돼지 농장의 수는 줄어든 반면 전체 돼지 사육 두수는 크게 증가했다는 내용을 말하고 있고, 빈칸 뒤에서는 밀집된 형태의 대규모 돼지 사육 농장이 출현하기 시작했다는 내용을 말하고 있다.

㉡ 빈칸 앞에서 가축의 밀집 상태가 가축 간의 접촉을 늘리며 오늘날 대규모 육류가공기업이 여러 지역에서 수집한 수많은 가축의 고기를 재료로 육류가공제품을 대량 생산함에 따라 개별 소비자는 적은 양의 육류가공제품을 소비해도 다수의 가축과 접촉한 결과를 가져온다는 내용을 말하고 있다.

따라서 ㉠과 ㉡에 들어갈 말을 가장 적절하게 나열한 것은 ④이다.

문제 풀이 TIP

빈칸에 들어갈 내용을 추론하는 문제의 경우 빈칸 앞, 뒤 문장에서 정답에 대한 단서를 찾는다.
㉠에 들어갈 내용에 대한 단서는 빈칸 앞의 돼지 사육 두수 증가, 빈칸 뒤의 밀집된 형태에서 돼지를 사육하는 농장의 출현이며, ㉡에 들어갈 내용에 대한 단서는 빈칸 앞의 소수의 대규모 육류가공기업, 소비자들은 많은 수의 가축과 접촉이다.

5

정답 ②

독해력 UP 지문 분석

분야/주제
기타/정보 집합의 정합성 측정 방법

문단별 중심 내용

1문단	갑과 을이 획득한 서로 다른 정보 집합의 정합성 비교
2문단	방법 C를 통한 정보 집합의 정합도 측정 방법
3문단	방법 C에 따른 갑의 정보 집합 정합도 분석
4문단	방법 C에 따른 을의 정보 집합 정합도 분석 및 갑과 을의 정보 집합의 정합성 판단

정답 체크

4문단에서 그가 결혼하지 않았거나 아이가 있는 경우에 비해, 그가 결혼하지 않고 아이가 있는 경우는 드물기 때문에 '그가 결혼하지 않았으며 아이가 있을 확률'은 '그가 결혼하지 않았거나 아이가 있을 확률'보다 낮고 방법 C에 따르면 을의 정보 집합의 정합도는 1보다 작다고 하였다. 정합도가 1보다 작기 위해서는 분모에 들어갈 수가 분자에 들어갈 수보다 큰 수여야 하므로 을의 정보 집합인 '그는 결혼하지 않았다.'와 '그에게는 아이가 있다.'라는 정보가 모두 참일 확률을 둘 중 하나의 정보가 참일 확률로 나누어야 한다. 따라서 'S의 모든 정보가 참일 확률을 S의 정보 중 적어도 하나가 참일 확률로 나눈 값'이라는 내용이 들어가야 한다.

문제 풀이 TIP

선택지 간 차이점을 파악한다. S의 정보 중 적어도 하나가 참일 확률과 S의 정보 중 기껏해야 하나가 참일 확률의 차이점은 후자는 S의 정보 중 하나도 참이 없을 확률을 포함하고 있다는 점이라는 것을 파악한다.

6 정답 ①

독해력 UP 지문 분석

분야/주제
사회/기업의 사회적 책임 이행과 공유가치 창출

문단별 중심 내용

1문단	'사회적 책임 이행' 활동은 기업의 핵심 역량 강화로 이어지지 못해 지속하기 어려웠다.
2문단	공유가치 창출은 사회적 기여와 기업 핵심 역량 강화를 동시에 실현하는 활동이다.
3문단	사회적 책임 이행의 예로 X사의 커피 원두 고가 매수 프로그램이 있다.
4문단	X사의 캡슐커피 프로그램은 공유가치 창출의 사례로, 농부 소득과 기업 매출 모두 증가시켰다.
5문단	공유가치 창출은 기업의 사회적 기여와 핵심 역량 강화의 통합이라는 새로운 방향을 제시한다.

정답 체크

(가) 빈칸 앞뒤에서는 기업의 사회적 기여를 실현하기 위한 프로그램의 그 대표적인 예로 사회적 책임 이행을 들 수 있는데, 이는 그 목표를 달성했더라도 지속하기 어렵다는 내용을 말하고 있다.

(나) 빈칸 앞뒤에서는 공유가치 창출은 사회적 기여와 기업의 핵심 역량 강화를 동시에 실현할 수 있고 사회적 책임 이행과 공유 가치 창출은 활동의 모습이 다르며 X사가 새로 추진한 '캡슐커피 프로그램'은 지원을 통해 커피 농부들의 매출액뿐만 아니라 커피 원두 품질이 향상되어 X사의 매출액도 증가하였다는 내용을 말하고 있다.

(다) 빈칸 앞에서 X사가 새로 추진한 캡슐커피 프로그램이 정착된 지역에서는 커피 농부들의 소득이 고가 매수 프로그램만 운영되었던 시절에 비해 15배 이상 증가했을 뿐만 아니라 커피 원두의 품질이 비약적으로 향상되어 X사의 고급 원두 시장에서의 매출액이 30% 이상 증가했다는 내용을 말하고 있다.

따라서 (가)~(다)에 들어갈 말을 적절하게 나열한 것은 ①이다.

7 정답 ⑤

독해력 UP 지문 분석

분야/주제
과학/아르곤 발견 과정

문단별 중심 내용

1문단	1783년 캐번디시가 질소로 알려진 기체 중 일부가 산소와 결합하지 않는 것을 발견함
2문단	19세기 말 레일리와 램지가 공기에서 얻은 '질소'와 화학적으로 얻은 질소의 밀도 차이를 발견함
3문단	레일리와 램지는 공기에 새로운 비활성 기체가 존재한다고 발표했으나 화학자들의 회의적 반응에 부딪힘
4문단	스펙트럼 검사를 통해 기존 원소와 다른 특성이 확인되어 새로운 원소 '아르곤'의 존재가 인정됨

정답 체크

빈칸 앞에서 램지는 공기 중에서 마그네슘을 가열하여 질소 산화물을 만들고 여기에 산소, 수증기, 이산화탄소를 제거했으나 남은 기체가 화학적으로 얻은 질소보다 무거운 것을 확인했고, 이에 근거하여 공기 중에 새로운 기체, 비활성 성분이 존재한다고 확신했지만 화학자들은 그러한 성분의 발견에 대해서 회의적인 반응을 보였다는 내용을 말하고 있다.

따라서 공기 중에서 마그네슘을 가열하여 질소산화물을 만들 때, 기존에 알려진 원소로 구성된 새로운 물질이 형성될 수도 있지 않는가라는 내용이 들어가야 한다.

문제 풀이 TIP

빈칸이 문맥에서 어떤 의미를 가지고 있는지 파악한다. 이 글에서 빈칸은 빈칸 앞에 나온 내용에 대한 의문을 나타내는 것이므로 빈칸 뒤에서 처음 언급된 스펙트럼이 들어간 선택지는 답이 아님을 빠르게 판별할 수 있다.

DAY 10 글의 구조 파악   p.81

1 ②   2 ③   3 ③   4 ④   5 ②
6 ①

1
정답 ②

독해력 UP 지문 분석

분야/주제
과학/황화철의 산화 과정

정답 체크

이 글은 티오바실러스와 철2가이온로 만들어진 철3가이온으로 인해 붉은 침전물이 생성되는 과정을 설명하고, 티오바실러스가 황화철을 산화시켜 철2가이온과 황산이 생성될 뿐 아니라 환경 조건으로 인해 화학 반응이 폭발함으로써 붉은 침전물로 오염된 오하이오강에 대해 설명하는 글이다.

따라서 '가) 티오바실러스에 의해 침전물이 생성되어 붉어진 오하이오강 → 라) 철2가이온이 철3가이온으로 산화되어 붉은 침전물을 만드는 과정 → 나) 티오바실러스에 의해 철2가이온과 황산으로 산화되는 황화철 → 다) 티오바실러스와 산소에 노출되어 화학반응이 증가한 황화철의 산화 가속' 순으로 연결되어야 한다.

> **문제 풀이 TIP**
>
> 글을 읽기 전 선택지를 확인하여 첫 번째 문단을 유추하고, 이때 가장 포괄적인 내용을 다루거나 글 전체의 화제를 제시하는 문단이 첫 번째 문단에 제시된다는 것을 유의한다.
> 가), 라) 중 글 전체의 화제를 제시하는 가)가 첫 번째 문단이 된다.

2
정답 ③

독해력 UP 지문 분석

분야/주제
인문/동·서양의 문화적 배경 차이가 지각구조에 미치는 영향

정답 체크

이 글은 문화적 변수로 인해 동양인과 서양인이 사물을 보는 방식이 다르며 삶의 방식 차이로 인해 지각구조가 달라졌다는 내용을 설명하는 글이다.

따라서 '나) 동양인과 서양인의 사물을 보는 방식의 차이점 → 가) 중국 학생보다 물체에 주목하는 정도가 높은 미국 학생 → 다) 동양인과 서양인의 사물을 보는 방식의 차이점의 원인으로 지목된 문화적 변수 → 마) 동·서양의 삶의 방식의 차이가 지각구조에 미친 영향 → 라) 지각구조의 차이가 서로 다른 문화적 배경에 기인한다는 추가적 증거' 순으로 연결되어야 한다.

3
정답 ③

독해력 UP 지문 분석

분야/주제
예술/테레민의 음고 발생 원리

문단별 중심 내용

1문단	테레민의 정의 및 작동법
2문단	양손의 움직임에 의한 안테나와의 거리에 따라 음고와 음량이 달라지는 테레민
3문단	테레민에서 다른 음고의 음이 발생되는 원리

정답 체크

이 글은 테레민의 작동법을 제시하며 오른손과 수직 안테나의 거리 및 왼손과 수평 안테나와의 거리로 각각 음고와 음량이 조절되는 것을 설명하고 연주자의 손 움직임에 의해 음고가 발생하는 원리에 대해 설명하고 있으므로 이 글에 이어질 내용으로 가장 적절한 것은 ③이다.

> **문제 풀이 TIP**
>
> 이어질 내용을 고르는 문제의 경우 대체로 마지막 문단에서 내용이 어떻게 전개되면서 끝나는지가 드러나므로 글의 초반부와 후반부를 중심으로 중심 화제를 파악하고 내용 전개를 예측하며 풀이한다.

[4-5]

독해력 UP 지문 분석

분야/주제
기타/성금 마련을 위해 선생님과 학생이 함께한 마라톤 기사문의 초고 작성 회의

(나) 핵심 내용 정리

학생 1의 의견	표제 - 중심 소재를 담아 행사의 의미를 비유적 표현을 활용하여 수정 전문 - 육하원칙 중 빠진 내용 추가 본문 - 하단에 화합을 드러내는 내용 및 학생회장의 인터뷰 추가, 중복되는 문장 삭제
학생 2의 의견	표제 - 참가 인원수 표기 본문 - 선생님들의 응원 활동 내용 및 행사 이후 결과 추가, 사실과 다른 내용 수정

4 정답 ④

정답 체크
학생 2는 선생님들이 응원 메시지를 직접 써서 가슴에 달고 뛰었으나 본문에 해당 내용이 누락되어 수정해야 한다고 하였으므로 적절하지 않다.

오답 체크
① 학생 3은 학생 1, 2의 의견을 종합하여 표제에 중심 소재를 담고 화합이라는 행사의 의미를 드러낼 수 있도록 비유적 표현을 활용하여 수정한다고 하였으므로 적절하다.
② 학생 1은 전문에 육하원칙 중 빠진 내용을 추가해야 한다고 하였으므로 적절하다.
③ 학생 2는 사실에 맞게 학생과 선생님이 각각 성금으로 5천 원, 만 원씩 낸 것으로 수정해야 한다고 하였으므로 적절하다.
⑤ 학생 1은 본문에 불필요하게 중복된 내용의 문장을 삭제해야 한다고 하였으므로 적절하다.

문제 풀이 TIP
특정 대상에 대해 다양한 의견이 제시되는 경우 이를 정리하며 문제를 풀이한다.

5 정답 ②

정답 체크
(나)의 후반부에서 학생 1은 본문의 마지막 부분에 화합을 드러내는 내용과 학생회장이 행사를 주최하면서 어려웠던 점에 대해 말한 인터뷰를 추가해야 한다고 하였고, 학생 2는 행사 이후의 결과에 대한 내용도 포함되어야 한다고 하였으므로 제시된 조건을 모두 포함하고 있는 ②가 가장 적절하다.

오답 체크
① 학생회장의 인터뷰 중 행사를 주최하면서 어려웠던 점이 누락되어 있으므로 적절하지 않다.
③ 학생회장의 인터뷰가 누락되어 있으므로 적절하지 않다.
④ 화합을 드러내는 내용이 누락되어 있으므로 적절하지 않다.
⑤ 행사 이후의 결과가 누락되어 있으므로 적절하지 않다.

6 정답 ①

독해력 UP 지문 분석

분야/주제
인문/아리스토텔레스의 목적론을 둘러싼 근현대 학자들의 논쟁과 의의

문단별 중심 내용

1문단	아리스토텔레스의 목적론
2문단	아리스토텔레스의 목적론에 대한 근대 학자들의 비판과 그에 대한 아리스토텔레스의 반박
3문단	아리스토텔레스의 목적론을 비판한 근대 학자들에 대한 일부 현대 학자들의 반박
4문단	17세기 과학이 주장하는 바와 그에 대한 아리스토텔레스의 반박
5문단	아리스토텔레스의 목적론의 의의

정답 체크
이 글은 아리스토텔레스의 목적론을 소개하고 이에 대한 근대 학자 갈릴레이, 베이컨, 스피노자의 비판과 근대 학자들의 비판에 대한 볼로틴, 우드필드와 같은 일부 현대 학자들의 반박을 제시한 뒤 아리스토텔레스의 목적론에 담긴 내용을 정리하며 그것이 오늘날까지 이어지는 자연물이 존재하고 운동하는 원리와 이유를 밝히는 과학적 탐구의 출발점이 되었다는 의의를 설명하고 있으므로 이 글의 내용 전개 방식으로 가장 적절한 것은 ①이다.

문제 풀이 TIP
글의 전개 구조를 묻는 경우 각 문단의 중심 내용을 파악하고 문단 간 논리적 연결 관계에 주목하여 지문을 읽는다.

PART 2 지문 유형별 공략

DAY 11 설명문 ① p.98

1 ①   2 ③   3 ③   4 ③   5 ③
6 ②

1
정답 ①

독해력 UP 지문 분석

분야/주제
역사/고려 대장경의 역사

문단별 중심 내용

1문단	대장경의 정의와 초조대장경의 제작 배경
2문단	재조대장경의 제작 배경 및 특징
3문단	한반도의 인쇄술 발달을 보여주는 통일신라의 <무구정광대다라니경>과 고려의 <상정고금예문>

정답 체크

2~3문단에서 고려에 몽골이 침입하였을 때 제작된 재조대장경판은 16년 만에 완성되었지만, 몽골의 1차 침략이 시작된 해에 <상정고금예문>이 발간되었다고 하였으므로 재조대장경판의 제작이 완료되기 전에 금속활자로 <상정고금예문>이 발간되었다고 전해짐을 알 수 있다.

오답 체크

② 1문단에서 거란의 침입을 받던 고려 현종 때 거란에서 수입한 대장경을 분석하여 완성된 것은 초조대장경이라고 하였으므로 적절하지 않은 내용이다.
③ 2문단에서 재조대장경판이 전 세계에 남아 있는 대장경 인쇄용 경판 중 가장 오래된 것이라고 하였으므로 적절하지 않은 내용이다.
④ 2문단에서 재조대장경은 나무를 베어 만든 경판이라고 하였고, 3문단에서 <무구정광대다라니경>은 목판으로 인쇄된 자료라고 하였으므로 적절하지 않은 내용이다.
⑤ 2문단에서 고려가 몽골의 침략을 불교 신앙으로 극복하고자 두 번째로 만든 재조대장경을 팔만대장경으로 부른다고 하였으므로 적절하지 않은 내용이다.

2
정답 ③

독해력 UP 지문 분석

분야/주제
인문/독서 문화의 변천과 형태

문단별 중심 내용

1문단	과거의 독서는 주로 공동체적 활동이었으며 현대적 묵독과는 달랐다
2문단	공동체적 독서는 같은 책을 여러 사람이 공유하며 사상과 정서에 공감하게 하는 목적이 있다
3문단	음독은 낭송, 낭독, 구연을 포함하며 공동체적 독서와 연관되어 있다
4문단	독서 형태는 시대별로 명확히 구분되지 않으나 공동체적 독서에서 개인적 독서로의 이행이 확인된다

정답 체크

4문단에서 공동체적 독서와 음독을 전근대 사회의 독서 형태라 간주하고, 개인적 독서를 근대 이후의 독서 형태라 보는 것은 곤란하며 현대 사회에서도 필요에 따라 공동체적 독서와 음독이 많이 행해진다고 했으므로 공동체적 독서와 개인적 독서 모두 현대 사회에서 행해지는 독서 형태임을 알 수 있다.

오답 체크

① 1문단에서 필사문화와 초기 인쇄문화에서 독서는 대개 한 사람이 자신이 속한 집단 내에서 다른 사람들에게 책을 읽어서 들려주는 사회적 활동을 의미했음은 서술하고 있지만, 필사문화를 통해 묵독이 유행하기 시작했는지는 알 수 없으므로 적절하지 않은 내용이다.
② 4문단에서 전근대 사회에서는 개인적 독서의 경우에도 묵독보다는 낭송이 더 일반적인 독서 형태였다고 하였으므로 적절하지 않은 내용이다.
④ 1문단에서 근대 초기만 해도 문맹률이 높았기 때문에 공동체적 독서와 음독이 지속되었다고 했고 4문단에서 전근대 사회에서 식자층의 독서는 자주 묵독으로 이루어졌다고 하였으므로 적절하지 않은 내용이다.
⑤ 2문단에서 공동체적 독서에는 같은 책을 여러 사람이 돌려 읽는 윤독뿐 아니라, 도시와 촌락의 장시에서 주로 이루어진 구연을 통한 독서가 포함된다고 하였으므로 적절하지 않은 내용이다.

3
정답 ③

독해력 UP 지문 분석

분야/주제
인문/단어의 뜻을 변별할 때 사용되는 음운의 특징

문단별 중심 내용

1문단	언어마다 차이가 있는 음운의 특징
2문단	음운이 모여 만들어진 의미 최소 단위의 형태소와 형태소 간 만남에서 관여하는 음운 규칙
3문단	말을 할 때뿐만 아니라 말을 들을 때도 작용하는 음운, 음절 구조, 음운 규칙

정답 체크

3문단에서 말을 할 때는 발음을 할 수 있게 만드는 재료, 구조, 방법이 되고, 말을 들을 때는 말소리를 분류하고 인식하는 틀이 된다고 하였으므로 비음화 규칙이 인식의 틀로 작용했다면 '밥만[밤만]'을 듣고 '밥만'으로 복원되어야 함을 추론할 수 있으므로 적절하지 않은 내용이다.

오답 체크

① 2문단에서 형태소와 형태소가 만나는 경계에서 음운이 다양하게 배열되고 발음이 결정된다고 하였으므로 국어 음절 구조의 특징을 고려하면 '몫[목]'의 발음에서 음운이 탈락하는 것을 추론할 수 있으므로 적절한 내용이다.
② 2문단에서 음운이 하나 이상 모여 뜻을 가지면 의미의 최소 단위인 형태소가 된다고 하였으므로 적절한 내용이다.
④, ⑤ 3문단에서 인식의 틀이 작동되어 국어에 없는 소리를 듣는다면 국어에서 가장 가까운 음운으로 바꾸어 인식한다고 하였으므로 적절한 내용이다.

문제 풀이 TIP

혼동하기 쉬운 단어의 개념을 명확히 이해하며 지문을 읽는다. 음운, 음절, 형태소의 정의를 읽고 정확하게 구분할 수 있어야 한다.

4
정답 ③

독해력 UP 지문 분석

분야/주제
역사/칠궁의 역사적 배경

문단별 중심 내용

1문단	후궁의 사당이 세워진 사례(1): 영조의 생모인 숙빈 최씨의 육상궁, 추존왕 원종의 생모인 인빈 김씨의 저경궁, 경종의 생모인 희빈 장씨의 대빈궁
2문단	후궁의 사당이 세워진 사례(2): 효장세자의 생모인 정빈 이씨의 연호궁, 사도세자의 생모인 영빈 이씨의 선희궁, 순조의 생모인 수빈 박씨의 경우궁
3문단	순종에 의해 경내에 후궁의 사당이 모두 옮겨지고, 영친왕의 생모인 엄씨의 덕안궁까지 세워지면서 칠궁이라 불리기 시작한 육상궁

정답 체크

2문단에서 영빈 이씨는 영조의 아들인 사도세자의 생모라고 하였으며, 수빈 박씨는 정조의 아들로서 뒤를 이은 순조의 생모라고 하였으므로 적절한 내용이다.

오답 체크

① 경종이 선희궁과 연호궁에서 거행되는 제사에 참석하였는지는 확인할 수 없으며, 경종은 영조의 선왕이기 때문에 영조 다음 대 왕위를 이은 정조가 세운 선희궁과 연호궁에 참석할 수 없었으므로 적절하지 않은 내용이다.
② 1문단에서 영조가 <국조속오례의>를 편찬할 때 육상궁에 대한 제사를 국가의례로 삼아 책 안에 수록하였다는 내용만 확인할 수 있으며, 연호궁, 선희궁, 경우궁은 영조 다음 대 왕위를 이은 정조와 그의 아들 순조가 세운 사당이므로 적절하지 않은 내용이다.
④ 3문단에서 순종이 대빈궁, 연호궁, 선희궁, 저경궁, 경우궁을 육상궁 경내로 이전하고 일제 강점기에 덕안궁까지 세워지면서 칠궁으로 불리기 시작했다고 하였으므로 적절하지 않은 내용이다.
⑤ 칠궁에 모셔진 7명의 인물 중 추존왕 원종의 생모인 인빈 김씨, 효장세자의 생모인 정빈 이씨, 사도세자의 생모인 영빈 이씨, 영친왕의 생모인 엄씨는 국왕으로 즉위해 실제로 나라를 다스린 인물의 생모가 아니므로 적절하지 않은 내용이다.

문제 풀이 TIP

비슷한 용어들이 여러 개 제시되는 글의 경우 용어의 유사함을 이용한 함정이 있을 수 있음에 유의하고, 특히 다양한 정보가 제시되는 지문의 경우 키워드 중심으로 표나 도식을 이용해 글을 정리해 나가면서 지문을 읽는 것이 문제 풀이에 도움이 된다.

5   정답 ③

독해력 UP 지문 분석

분야/주제
역사/19세기 말 및 20세기 초 조선과 일본의 어업 협정

핵심 내용 정리

조일통상장정	- 주요 내용: 1883년에 맺은 조약으로, 제41관에는 일본인의 조선의 전라도, 경상도, 강원도, 함경도 연해 어업을 허용한다는 내용이 담겨 있고 이 외 지역에서는 일본인 어업 활동을 금지하기로 함 - 제주목사의 일본인의 제주도 연해 조업 금지를 빌미로 일본의 조업 금지 조치를 철회함
조일통어장정	- 주요 내용: 1889년에 맺은 조약으로, 일본인이 조일통상장정 제41관에 적시된 지방의 해안선으로부터 3해리 이내 해역에서 어업 활동을 하고자 할 때는 조업하려는 지방 관리로부터 어업준단을 발급받아야 한다고 규정함 - 어업준단의 유효기간은 1년이고 발급을 위해서는 어업세를 먼저 내야 함 - 일본은 조선해어통어조합연합을 만들어 어업준단 발급 신청을 지원함
어업에 관한 협정	- 주요 내용: 1908년 맺은 조약으로, 한반도 연해에서 어업 활동을 하려는 일본인은 대한제국 어업 법령의 적용을 받는다는 내용을 명시함 - 일본은 대한제국이 이듬해 공포한 어업법을 일본인에게 동일하게 적용할 것을 관철하였고, 1902년에 조선해통어조합연합을 없애고 조선해수산조합을 만들어 일본인의 어업 면허 신청을 대행함

정답 체크

2문단에서 조일통어장정에는 일본인이 조일통상장정 제41관에 적시된 지방의 해안선으로부터 3해리 이내 해역에서 어업 활동을 하고자 할 때는 조업하려는 지방의 관리로부터 어업준단을 발급받아야 하며 이를 받고자 하는 자는 소정의 어업세를 먼저 내야 한다고 명시되어 있다고 하였고, 이 장정 체결 직후에 일본이 조선해어통어조합연합회를 만들었다고 하였으므로 조선해어통어조합연합회가 만들어져 활동하던 당시에 어업준단을 발급받고자 하는 일본인은 어업세를 내도록 되어 있음을 알 수 있다.

오답 체크

① 1문단에서 조선해통어조합은 조선 어장에 대한 정보를 제공하는 역할을 했다고 하였으며, 2문단에서 일본인의 어업 면허 신청을 대행하는 조직은 조선해수산조합이라고 하였으므로 적절하지 않은 내용이다.

② 조일통어장정에 제주도 해안선으로부터 3해리 이내 해역에서 조선인의 어업 활동을 모두 금지했다는 것에 대해서는 다루고 있지 않으므로 적절하지 않은 내용이다.

④ 조일통상장정에 조선해통어조합연합회를 조직해 일본인이 한반도 연해에서 조업할 수 있도록 지원한다는 내용이 있는지에 대해서는 다루고 있지 않으므로 적절하지 않은 내용이다.

⑤ 1문단에서 조일통상장정 제41관에는 "일본인이 조선의 전라도, 경상도, 강원도, 함경도 연해에서 어업 활동을 할 수 있도록 허용한다."는 내용이 적시되어 있다고 하였으며, 2문단에서 한반도 해역에서 조업하는 일본인이 면허를 발급 받아야 한다는 것은 1908년에 맺은 어업에 관한 협정에 근거했다는 것은 알 수 있으나 발급 주체는 알 수 없으므로 적절하지 않은 내용이다.

문제 풀이 TIP

둘 이상의 개념이 비슷한 명칭인 경우는 각 개념의 명칭과 역할을 명확히 구분하여 읽는다.

6   정답 ②

독해력 UP 지문 분석

분야/주제
사회/플랫폼 노동과 알고리즘을 통한 새로운 형태의 노동 통제

문단별 중심 내용

1문단	플랫폼 노동의 개념과 디지털 플랫폼을 통한 서비스 중개 구조
2문단	플랫폼 노동에서의 '평판에 의한 통제' 방식과 데이터 기반 알고리즘 통제
3문단	공정한 평가가 아닌 이윤 극대화 목적으로 작동하는 새로운 사용-종속 관계인 플랫폼 기업의 알고리즘 통제
4문단	플랫폼 노동의 형식적 자율성과 실질적인 알고리즘 통제 사이의 모순

정답 체크

3문단에서 플랫폼 기업은 노동자의 성취에 대한 정당한 보상을 위해서가 아닌 이윤을 극대화하기 위해 노동자의 노동 과정을 수치화하고 알고리즘에 반영하여 평가한다고 하였으므로 플랫폼 기업은 축적된 데이터를 기술적으로 활용하여 노동자의 성취를 정당하게 보상하고자 업무 평가를 수행한다는 것은 글의 내용과 상충함을 알 수 있다.

오답 체크

① 1문단에서 플랫폼을 운영하는 기업은 서비스 공급자와 서비스 수요자를 중개하는 대가로 이익을 취한다고 했고 3문단에서 플랫폼 노동자는 플랫폼 기업의 은밀한 통제를 받게 된다고 하였으므로 적절한 내용이다.

③ 2문단에서 플랫폼 노동에서는 노동 과정 중 관리자에 의한 직접적인 지시나 감독이 없으나 플랫폼 노동자에 대한 통제는 보이지 않는 형태로 이루어진다고 했고 3문단에서 이는 새로운 형태의 사용-종속 관계라고 할 수 있다고 하였으므로 적절한 내용이다.

④ 4문단에서 플랫폼 노동자는 원하는 시간에 플랫폼에 접속해 일을 시작하고 마칠 수 있고 전통적인 사업장처럼 공식적 근무 시간이 없기에 자기 상황에 맞춰 일과 여가를 유연하게 조정하는 것이 가능하다고 하였으므로 적절한 내용이다.

⑤ 2문단에서 데이터는 플랫폼의 알고리즘에 반영되어 노동자에게 보상과 제재를 부여하는 기준이 되며 예컨대, 음식 배달 플랫폼의 알고리즘은 고객 만족도를 측정할 수 있는 별도의 평가 항목을 만들고 이에 대한 구체적인 수치를 제공하고 이 수치가 데이터로 축적된다고 하였으므로 적절한 내용이다.

문제 풀이 TIP

문단 간 유기적인 연결성을 파악하며 지문을 읽는다. 선택지 ①번, ③번과 같이 여러 문단에 걸친 정보를 통합적인 이해 능력을 요구하는 선택지가 출제될 수 있음을 유의한다.

DAY 12 설명문 ② p.104

1 ① **2** ② **3** ⑤ **4** ④ **5** ⑤
6 ①

1
정답 ①

독해력 UP 지문 분석

분야/주제

사회/독일의 복지 정책을 바라보는 사회주의자, 보수주의자와 자유주의자 간의 입장 차이

문단별 중심 내용

1문단	자유주의자와 보수주의자 간의 대립을 유발한 보수파 비스마르크의 복지 정책
2문단	보편적 복지에 대한 보수주의자와 자유주의자의 대립되는 입장

정답 체크

2문단에서 독일의 자유주의자들은 장애인이나 가난한 이들을 위한 복지를 구휼 정책으로 여겨 찬성하지 않았지만, 개인이 자발적으로 사회적 약자를 돕는 것은 적극적으로 권장하는 입장을 취했다고 하였으므로 독일 자유주의자들이 구휼 정책은 반대하고, 개인적 자선활동은 찬성하였음을 알 수 있다.

오답 체크

② 1문단에서 복지 재원을 확보하고자 국가가 세금과 같은 방법을 동원할 수 있음을 서술하고 있지만, 국가가 재원 마련을 위한 부담을 특정 계층에게 전가했는지는 알 수 없으므로 적절하지 않은 내용이다.

③ 2문단에서 독일 자유주의자들은 국가가 강제로 개인에게 세금을 거두는 것은 자유의 침해이자 강요된 노동이 될 수 있다고 주장한다는 내용에 대해서는 다루고 있지만, 보수주의자 집권 당시 독일 국민의 노동 강도 및 개인의 자율성 침해 여부에 대해서는 다루고 있지 않으므로 적절하지 않은 내용이다.

④ 2문단에서 공동체적 가치를 중시해 온 독일의 사회주의자들 또는 보수주의자들은 복지 정책 입안 및 집행과 관련 조세 정책 수립에 적극적이었다고 하였고, 1문단에서 복지 재원 확보를 위해 국가가 세금과 같은 방법을 동원할 경우 그 비용을 강제로 부담하고 있다고 여기는 국민들의 불만을 살 우려가 있다고 하였으므로 적절하지 않은 내용이다.

⑤ 1문단에서 독일의 보수주의자인 비스마르크의 복지 정책은 사회의 다양한 계층으로부터 광범위한 지지를 얻었다는 내용에 대해서는 서술하고 있지만, 독일 보수주의자들에 의해 전 국민에게 확대되었는지에 대해서는 다루고 있지 않으므로 적절하지 않은 내용이다.

문제 풀이 TIP

특정 화제에 대해 다양한 견해가 제시되는 경우 각 견해의 중심 주장 및 그 근거를 파악하며 문제를 풀이한다. 이때 화자 간의 견해 차이가 무엇인지 구분하며 읽어 나가야 한다.

2
정답 ②

독해력 UP 지문 분석

분야/주제
과학/르베리에와 불칸의 존재

문단별 중심 내용

1문단	해왕성을 예측한 방식으로 태양과 수성 사이에 미지의 행성인 불칸이 존재한다고 믿은 르베리에
2문단	관찰을 통해 얻은 천왕성의 궤도와 뉴턴의 중력 법칙에 따라 산출한 궤도 사이의 차이를 수학적으로 계산하여 해왕성의 위치를 예측하는 데 성공한 르베리에
3문단	뉴턴의 중력 법칙이 아닌 상대성이론을 이용해 수성의 궤도를 정확하게 설명하는 데 성공하면서 증명의 의미가 없어진 불칸

정답 체크

2문단에서 당시 천문학자들은 천왕성보다 더 먼 위치에 다른 행성이 존재할 경우에만 천왕성의 궤도에 대한 관찰 결과가 뉴턴의 중력 법칙에 따라 설명될 수 있다고 하였고, 르베리에는 관찰을 통해 얻은 천왕성의 궤도와 뉴턴의 중력 법칙에 따라 산출한 궤도 사이의 차이를 수학적으로 계산하여 해왕성의 위치를 예측하는 데 성공했음은 알 수 있으나 르베리에에 따르면 천왕성의 궤도를 정확히 설명하기 위해서는 뉴턴의 중력 법칙을 대신할 다른 법칙이 필요한지에 대해서는 다루고 있지 않으므로 알 수 없다.

오답 체크

① 3문단에서 르베리에는 천왕성과 해왕성을 뉴턴의 중력 법칙으로 설명한 것과 동일하게 수성의 운동에 대해서도 정확히 설명할 수 있을 것이라고 여겼다고 하였으므로 적절한 내용이다.
③ 3문단에서 르베리에의 가설에 따라 불칸을 발견했다고 주장하는 천문학자까지 나타났다고 하였으므로 적절한 내용이다.
④ 2문단에서 르베리에는 관찰을 통해 얻은 천왕성의 궤도와 뉴턴의 중력 법칙에 따라 산출한 궤도 사이의 차이를 수학적으로 계산하여 해왕성의 위치를 예측했다고 하였으므로 적절한 내용이다.
⑤ 3문단에서 르베리에는 천왕성과 해왕성을 뉴턴의 중력 법칙으로 설명한 것과 동일하게 수성의 운동에 대해서도 정확히 설명할 수 있을 것이라고 여겼고 이를 증명하기 위해 불칸이라는 미지의 행성을 상정했다고 하였으므로 적절한 내용이다.

문제 풀이 TIP

선택지에 "~에 의하면"과 같은 표현이 있을 때는 해당 인물의 관점에서만 판단한다.

3
정답 ⑤

독해력 UP 지문 분석

분야/주제
인문/에르고딕 이론의 문제점

문단별 중심 내용

1문단	그룹의 평균을 활용해 개인에 대한 예측치를 이끌어 낼 수 있다고 보는 에르고딕 이론
2문단	평균주의에 근거하여 개인의 특성을 모두 무시하는 결과를 도출하게 되는 상황을 의미하는 에르고딕 스위치
3문단	에르고딕 스위치의 사례로 볼 수 있는 타이핑 속도와 오타 수의 관계

정답 체크

3문단에서 타이핑 속도가 빠른 사람들은 대체로 타이핑 실력이 뛰어나 그만큼 오타가 적을 수밖에 없는데, 평균주의식으로 접근하여 타이핑 속도와 오타 수를 분석할 경우에는 오타를 줄이고 싶다면 타이핑 속도를 높여야 한다는 처방이 나오게 된다고 하였으므로 ⑩을 '타이핑 실력이라는 요인이 통제되지 않은 상태에서'로 수정하는 것이 적절하다.

오답 체크

①, ② 1문단에서 에르고딕 이론은 그룹의 평균을 활용해 개인에 대한 예측치를 이끌어낼 수 있다고 주장하는 이론이라고 하였으므로 수정하는 것은 적절하지 않다.
③ 2문단에서 심리학자 몰레나가 그룹의 평균을 활용해 개인을 평가하는 것은 인간이 모두 동일하고 변하지 않는 냉동 클론이어야 가능하다고 하였으며, 평균주의에 속아 집단의 평균에 의해 개인을 파악하는 것은 매우 위험한 가정이라고 하였으므로 수정하는 것은 적절하지 않다.
④ 3문단에서 평균 타이핑 속도와 평균 오타 수를 비교하였을 때 평균적으로 타이핑 속도가 더 빠를수록 오타 수가 더 적은 것으로 나타났다고 가정한다고 하였으므로 수정하는 것은 적절하지 않다.

4
정답 ④

독해력 UP 지문 분석

분야/주제
인문/한국어 계통 연구

문단별 중심 내용

1문단	가장 유명한 한국어 계통 연구 학설인 알타이어족 설이 지니는 한계
2문단	비교언어학 분석, 유전학적 연구, 인류학적 인구를 종합하는 방향으로 진행되고 있는 한국어 계통 연구
3문단	한국어 계통 연구의 어려움과 남북한 학계의 의견 차이

정답 체크

3문단에서 고구려어가 원시 부여어에 소급되는 것과 달리 백제어와 신라어는 원시 한어로부터 왔다는 것을 통해 이들 언어의 차이가 방언적 차이 이상이었음을 보여준다고 하였으므로 적절하지 않은 내용이다.

오답 체크

① 1문단에서 튀르크어, 몽고어, 만주·퉁구스어와 한국어 간에 기초 어휘와 음운 대응의 규칙성에서 차이가 있어 비교언어학적 근거는 한계가 있고, 이로 인해 알타이어족 설은 알타이 어군과 한국어 사이의 친족 관계 및 공통 조상어로부터의 분화 과정을 설명하기 어렵다고 하였으므로 적절한 내용이다.

② 2문단에서 북방계의 천손 신화와 남방계의 난생 신화가 한반도에서 모두 발견된다는 점은 한국어에 북방적 요소와 남방적 요소가 모두 포함되어 있음을 보여준다고 하였으므로 적절한 내용이다.

③ 2문단에서 최근 한국어 계통 연구는 비교언어학 분석뿐 아니라 한민족 형성 과정에 대한 유전학적 연구, 한반도에 공존했던 건국 신화와 관련된 인류학적 연구를 이용하고 있다고 하였으므로 적절한 내용이다.

⑤ 3문단에서 중세 국어가 조선 시대를 거쳐 근대 한국어로 변모하여 오늘날 우리가 사용하는 현대 한국어가 되는 과정에 대해서는 남한과 북한의 학계가 같은 입장이라고 하였으므로 적절한 내용이다.

[5-6]

독해력 UP 지문 분석

분야/주제
과학융합/p-값과 통계 가설 검정의 원리와 오용

문단별 중심 내용

1문단	통계 가설 평가 방법으로서 p-값과 유의수준의 개념 및 원리
2문단	신약 A의 효과 검증 실험을 통한 p-값 활용 사례
3문단	p-해킹이라는 연구 부정행위의 개념과 위험성

5
정답 ⑤

정답 체크

1문단에서 대립가설이 참이라는 것에 대한 유의미한 증거의 존재 여부를 판단하는 기준이 되는 문턱값은 '유의수준'이라고 불리며, 일반적으로 0.05나 0.01이 많이 사용된다고 했으므로 p-값이 0.03이라고 가정하면 큰 값인 0.05를 유의수준으로 사용했을 때에는 대립가설이 참이라는 것의 유의미한 증거가 되지만 작은 값인 0.01을 유의수준으로 사용했을 때에는 대립가설이 참이라는 유의미한 증거가 되지 않음을 알 수 있다.

오답 체크

① 1문단에서 대립가설이 거짓이라는 가설이 귀무가설이며 귀무가설이 참일 때 표본과 비슷한 자료를 얻게 될 확률을 'p-값'이라고 했고, 3문단에서 유의미한 p-값을 가지는 실험 결과가 나올 때까지 실험을 반복하고 그 결과 중 일부만 발표하는 연구 부정 행위를 'p-해킹'이라고 했으므로 적절하지 않은 내용이다.

② 3문단에서 유의미한 p-값을 가지는 실험 결과가 나올 때까지 실험을 반복하고 그 결과 중 일부만 발표하는 연구 부정 행위를 'p-해킹'이라고 하였다. 따라서 실험군과 대조군의 분류가 완전히 무작위로 이루어지는 것과 관계없이 p해킹은 일어날 수 있으므로 적절하지 않은 내용이다.

③ 1문단에서 귀무가설이 참일 때 표본과 비슷한 자료를 얻게 될 확률은 'p-값'이고 p-값과 비교되어 대립가설이 참이라는 것에 대한 유의미한 증거의 존재 여부를 판단하는 기준이 되는 문턱값은 '유의수준'이라고 불리며, 일반적으로 0.05나 0.01이 많이 사용된다고 했다. 따라서 귀무가설이 참일 때 표본과 비슷한 자료를 얻게 될 확률 즉, p-값과 유의수준은 별개의 값으로 p-값이 높다고 하더라도 유의수준이 커지는 것은 아니므로 적절하지 않은 내용이다.

④ 1문단에서 p - 값이 유의수준보다 작을 때 대립가설이 참이라는 것에 대한 유의미한 증거가 있고, 그렇지 않을 때 대립가설이 참이라는 것에 대한 유의미한 증거가 있지 않다고 본다고 하였다. 따라서 표본 자료의 p - 값이 0.05보다 크더라도 유의수준에 따라 대립가설이 참일 유의미한 증거 여부가 달라질 뿐이므로 적절하지 않은 내용이다.

> **문제 풀이 TIP**
>
> 지문의 내용 요소들을 부분적으로 혼합하여 그럴듯하게 구성된 선택지에 주의하며, 표면적 유사성에 근거해서 선택지를 판단하지 않도록 한다.

6
정답 ①

정답 체크

ㄱ. 1문단에서 대립가설이 거짓이라는 가설은 '귀무가설'이고, 귀무가설이 참일 때 표본과 비슷한 자료를 얻게 될 확률은 'p - 값'이라고 하고, p - 값이 유의수준보다 작을 때 대립가설이 참이라는 것에 대한 유의미한 증거가 있으며 그렇지 않을 때 대립가설이 참이라는 것에 대한 유의미한 증거가 있지 않다고 본다고 하였다. 이에 따라 <사례>에서 을은 신약 B가 효과가 있다는 결과를 산출하려는 어떠한 의도도 없이 실험을 진행했으나 0.05보다 작은 p-값을 얻게 되었고, 을 이외의 약 30여명의 연구자들은 0.05보다 높은 p-값을 얻었으므로 이는 대립가설이 참이라는 것에 대한 유의미한 증거가 될 수 없다. 따라서 신약 B에 대한 연구 사례는 심각한 연구 부정을 의도하지 않았어도, 대립가설이 틀렸음에도 불구하고 유의미하다고 판단되는 결과를 우연히 얻을 수 있다는 것을 보여주므로 적절한 내용이다.

오답 체크

ㄴ. <사례>에서 을을 제외한 약 30여명의 연구자가 신약 B의 효과에 대한 유의미한 결과를 산출하지 못했고 을은 신약 B가 효과가 있다는 결과를 산출하려는 어떠한 의도도 없이 실험을 진행했다. 따라서 신약 B에 대한 을의 연구 속 0.05보다 작은 p - 값을 가진 실험 결과는 우연히 나온 결과이므로 적절하지 않은 내용이다.

ㄷ. 이 글과 <사례>에서 실험 결과의 p-값의 분포는 알 수 없으므로 적절하지 않은 내용이다.

DAY 13 설명문 ③ p.110

1 ③   2 ①   3 ①   4 ④   5 ①
6 ②

1
정답 ③

독해력 UP 지문 분석

분야/주제
사회/WTO 무역협정 방식의 정의 및 특징

문단별 중심 내용

1문단	GATT 체제에서 관행으로 유지된 의사결정 방식인 총의 제도를 명문화한 WTO 설립협정
2문단	무역자유화 촉진 및 확산 방안으로 모색된 부속서 4 복수국간 무역협정 방식과 임계질량 복수국간 무역협정 방식
3문단	부속서 4 복수국간 무역협정 방식의 정의 및 특징
4문단	임계질량 복수국간 무역협정 방식의 정의 및 특징

정답 체크

3문단에서 전자상거래협정은 협정 당사국에만 전자상거래 개방 및 기술 이전을 허용하고, 부속서 4 복수국간 무역협정 방식 또한 협정상 혜택을 비당사국에 허용하지 않는다고 하였지만, WTO 회원국의 협정 가입 여부가 동 협정의 법적 지위에 미치는 영향력에 대한 내용은 다루고 있지 않으므로 WTO 회원국이 전자상거래협정에 가입하지 않는다면 동 협정의 법적 지위에 영향을 미칠 수 없는 것은 아님을 알 수 있다.

오답 체크

① 4문단에서 '임계질량 복수국간 무역협정 방식'에 따르면 협정의 의무는 협정 당사국만 부담하지만, 모든 WTO 회원국이 채택된 협정의 혜택을 받는다고 하였으므로 적절한 내용이다.

② 1문단에서 총의 제도를 명문화하고 있는 WTO 설립협정은 의사결정 회의에 참석한 회원국이 공식적으로 모두 반대하지 않는 한 검토를 위해 제출된 사항은 총의 제도에 의해 결정되었다고 규정하고 있으며, 총의 제도에 따르면 회원국이 의사결정 회의에 불참하는 경우 그 불참은 찬성으로 간주된다고 하였으므로 적절한 내용이다.

④ 3문단에서 '부속서 4 복수국간 무역협정 방식'은 WTO 체제 밖에서 복수국간 무역협정을 체결한 뒤 WTO 설립협정 부속서 4에 포함하여 WTO 체제로 편입하는 방식이라는 점에서 총의 제도를 유지할 경우 모든 회원국의 공식적인 찬성이 필요하여 자유무역을 확산하는 기능을 달성하기 어렵다는 것을 추론할 수 있으므로 적절한 내용이다.

⑤ 4문단에서 '임계질량 복수국간 무역협정 방식'의 대표 사례인 1997년 발효된 정보통신기술(ICT) 제품의 정보기술협정이 발효되기 위해 협정 당사국들의 협정 적용대상 품목의 무역량이 해당 품목의 전 세계 무역량에서 90% 이상을 차지해야 한다고 하였으므로 적절한 내용이다.

문제 풀이 TIP
글에 제시된 정보로 추론 가능한 선택지인지 확인한다.
③ WTO 회원국의 전자상거래협정 가입 여부가 동 협정의 법적 지위에 미치는 영향력에 대한 내용은 제시된 글에서 확인할 수 없다.

④ 각 모형에 참여하는 이익집단의 정책 결정 영향력에 대해서는 다루고 있지 않으므로 적절하지 않은 내용이다.
⑤ 제시된 표와 4문단을 통해 C가 지속성이 낮고 참여자가 많음을 알 수 있지만 참여자 수의 증감이 지속성에 어떤 영향을 미치는지에 대해서는 다루고 있지 않으므로 적절하지 않은 내용이다.

문제 풀이 TIP
표가 포함된 문제의 경우 필요에 따라 표를 확인하여 정확한 정보를 기반으로 판단한다.

2
정답 ①

독해력 UP 지문 분석

분야/주제
사회/정책 네트워크의 세 가지 모형

핵심 내용 정리

A 모형	- 의회 상임위원회, 행정 부처, 이익집단이 형성하는 정책 네트워크 - 안정성이 높고, 행정부 수반의 영향력이 작은 정책 분야에서 집중적으로 나타나며, 폐쇄성이 높고 배타성이 매우 강함
B 모형	- 특정 정책과 관련해 이해관계를 같이하는 참여자로 구성되는 정책 네트워크 - 전통적 관료제나 A의 방식보다 더 효과적으로 정책 목표를 달성할 수 있으며, 정책 결정은 주요 참여자 간 합의와 협력에 의해 일어남
C 모형	- 특정 이슈를 중심으로 이해관계나 전문성을 가진 이익집단, 개인, 조직으로 구성되는 정책 네트워크 - 참여자가 매우 자율적으로 주도적이며, 관료제의 영향력이 작고 통제가 약한 분야에서 주로 작동함

정답 체크
제시된 표에서 외부 참여 가능성이 높은 모형은 C이고, 4문단에서 C는 관료제의 영향력이 작고 통제가 약한 분야에서 주로 작동한다고 하였으므로 적절한 내용이다.

오답 체크
② 제시된 표에서 상호 의존성이 보통인 모형은 B이고, 2문단에서 배타성이 매우 강해 다른 이익집단의 참여를 철저하게 배제하는 것은 A의 특징이라고 하였으므로 적절하지 않은 내용이다.
③ 제시된 표에서 합의 효율성이 높은 모형은 A이고, 3문단에서 B가 특정 이슈에 대해 유기적인 연계 속에서 기능하면 A보다 더 효과적으로 정책 목표를 달성할 수 있다고 하였으므로 적절하지 않은 내용이다.

3
정답 ①

독해력 UP 지문 분석

분야/주제
과학/자연 속에 비례의 형태로 숨겨진 수학과 인체 비례

문단별 중심 내용

1문단	신이 자연물에 숨겨놓은 진리 중 가장 아름다운 진리의 정수인 인체 비례
2문단	서양과 동양에서 건축의 미적 표준으로 인체 비례를 활용하는 사례

정답 체크
㉠ 빈칸 앞에서 신이 자연물에 숨겨 놓은 진리 중에서도 인체 비례야말로 가장 아름다운 진리의 정수이며, 가장 기본적인 기하 도형이 인체 비례와 관련 있는데, 르네상스 시대 건축가들은 이러한 기본 기하 도형으로 건축물을 디자인했다는 내용을 말하고 있다.
㉡ 빈칸 앞에서 동양의 구고현 삼각형이 고대 서양에서 신성불가침의 삼각형이라 불린 것과 동일한 비례를 지니고 있으며, 동일한 비례를 아름다움의 기준으로 삼았다는 내용을 말하고 있다.
따라서 ㉠과 ㉡에 들어갈 말을 가장 적절하게 나열한 것은 ①이다.

문제 풀이 TIP
빈칸이 있는 문장에 포함된 단어가 어떤 의미를 가지고 있는지 파악하며 읽는다.

4
정답 ④

독해력 UP 지문 분석

분야/주제
인문/미란다 원칙의 의의

문단별 중심 내용

1문단	미란다 원칙의 내용과 유래
2문단	미란다 판결 전, 임의성의 원칙에 따라 증거로 채택되었던 피의자의 진술
3문단	절차의 적법성과 피의자의 권리 보호를 위해 도입된 미란다 원칙

정답 체크

2문단에서 미란다 판결이 있기 전까지는 고문과 같은 가혹 행위로 진술을 얻은 것이 아니고 전체적인 상황이 강압적이지 않은 상태에서 피의자가 임의적으로 진술했다면 자백이 증거로 채택되었다고 하였으므로 적절한 내용이다.

오답 체크

① 1문단에서 묵비권, 불리한 진술 거부, 변호사 선임권을 고지하지 않은 상태에서 얻은 진술은 그에게 불리하게 사용될 수 없다고 판결했음을 서술하고 있지만, 미란다가 무죄 판정을 받았는지는 다루고 있지 않으므로 적절하지 않은 내용이다.
② 미란다 원칙은 피해자가 아닌 피의자의 권리와 관련된 것이므로 적절하지 않은 내용이다.
③ 2문단에서 미란다 판결 전에도 고문과 같은 가혹 행위로 받아낸 자백은 효력이 없었다고 서술하고 있지만, 미란다 판결을 통해 법원이 수사 기관의 법적 책임을 물었다는 내용은 다루고 있지 않으므로 적절하지 않은 내용이다.
⑤ 1문단에서 묵비권, 불리한 진술 거부, 변호사 선임권을 고지하지 않은 상태에서 얻은 진술은 그에게 불리하게 사용될 수 없다고 판결했음을 서술하고 있지만, 피의자가 사전에 변호사 선임권이나 묵비권을 알고 있었다면 이를 경찰이 고지하지 않아도 피의자의 자백이 효력이 있다고 판단하였는지는 다루고 있지 않으므로 적절하지 않은 내용이다.

[5-6]

독해력 UP 지문 분석

분야/주제
인문/코드 바꾸기와 코드 뒤섞기

문단별 중심 내용

1문단	사회에서 일어나는 언어 선택 현상과 다언어 사회의 언어 선택 사례
2문단	코드 바꾸기의 개념과 사례
3문단	코드 뒤섞기의 개념과 차용어와의 구분
4문단	문장 단위의 코드 뒤섞기 사례
5문단	주축 언어가 불분명한 경우의 판단 기준

5
정답

정답 체크

(가) 빈칸 앞에서 코드 뒤섞기의 전형적인 사례는 어느 한 언어를 주축으로 사용하면서 다른 언어의 요소를 사이사이에 삽입하여 주축 언어의 규범을 위반하는 경우라는 내용을 말하고 있다.
(나) 빈칸 앞에서 각 언어의 규범과 문법 중 어느 것도 위반하지 않은 경우에는 코드 바꾸기 사례에, 어느 한 언어의 규범이나 문법을 위반한 경우에는 코드 뒤섞기 사례에 해당하며, 또한 한국어 부분인 '내가 소문을 들었는데요'는 한국어 규범과 문법에 충실하고 영어 부분인 'he was hired'는 영어 규범과 문법에 충실하다는 내용을 말하고 있다.
따라서 (가)와 (나)에 들어갈 말을 적절하게 나열한 것은 ①이다.

6
정답 ②

정답 체크

5문단에서 뒤섞이는 언어의 단위가 문장이고 사용되는 두 언어 중 주축 언어가 무엇인지 확정되지 않았을 경우에 대해 각 언어의 규범과 문법 중 어느 것도 위반하지 않은 경우에는 코드 바꾸기 사례에 해당하고, 어느 한 언어의 규범이나 문법을 위반한 경우에는 코드 뒤섞기 사례에 해당한다고 하였으므로 주축 언어가 확정되지 않았다고 해서 코드 뒤섞기가 일어나지 않는 것이 아니라, 어느 한 언어의 규범이나 문법을 위반하면 코드 뒤섞기가 일어날 수 있음을 알 수 있다.

오답 체크

① 3문단에서 삽입된 단어가 주축 언어에서 이미 정착된 차용어인 경우는 주축 언어의 규범을 위반하지 않는데, 그 단어가 주축 언어의 규범을 위반하지 않는다는 것은 우리가 그 단어를 더는 외국어로 취급하지 않는다는 의미라고 하였으므로 적절한 내용이다.

③ 3문단에서 '커피'를 [kɔːfi]로 발음하여 영어 발음 규칙에 충실한 방식으로 사용한다면 이것은 코드 뒤섞기의 범주에 들어간다고 하였으므로 적절한 내용이다.
④ 4문단에서 이민 사회에서 모국어가 한국어인 아이와 부모가 대화하면서 한국어와 영어를 번갈아 쓰는 상황에서 아이는 대화하면서 처음에 한국어를 계속 사용하다가 어느 시점부터는 영어로 바꾸어 말할 수도 있고, 그러다가 어떤 경우는 한 언어를 주축으로 삼아 다른 언어의 문장을 그 안에 뒤섞어 말할 수도 있다고 하였으므로 적절한 내용이다.
⑤ 1문단에서 한 사회에서 한 언어를 사용할 때 우리는 어떤 표현을 사용할까에 대한 언어 선택을 하게 된다고 하였으므로 적절한 내용이다.

DAY 14 설명문 ④ p.116

1 ⑤ **2** ③ **3** ① **4** ⑤ **5** ④
6 ③ **7** ①

1 정답 ⑤

독해력 UP 지문 분석

분야/주제
역사/신분을 구별하는 고려 사회의 분위기가 투영된 고려 시대 불화

문단별 중심 내용

1문단	고려 귀족 사이에서 유행이 된 승려가 제작한 불화를 원당에 걸어두는 행위
2문단	신분을 구별하는 고려 사회 분위기가 반영된 불화 배치 구도(1): 윗단-부처, 아랫단-보살
3문단	신분을 구별하는 고려 사회 분위기가 반영된 불화 배치 구도(2): 윗단-보살, 아랫단-중생

정답 체크

2문단에서 2단으로 구성된 불화의 경우 윗단에는 부처가, 아랫단에는 보살이 그려진 배치 구도를 보고 일부 미술사학자는 신분을 구분하는 고려의 사회 분위기가 투영된 것으로 여기기도 했다고 하였으므로 고려 시대의 불화 중 부처가 윗단에 배치되고 보살이 아랫단에 배치된 구도를 지닌 그림에는 신분을 구별하던 고려 사회의 분위기가 반영되어 있다고 보는 학자들이 있음을 알 수 있다.

오답 체크

① 3문단에서 충선왕의 후궁인 숙창원비는 관음보살을 소재로 한 수월관음도를 주문 제작하였음을 서술하고 있지만, 관음보살과 아미타불이 함께 등장했다는 내용에 대해서는 다루고 있지 않으므로 적절하지 않은 내용이다.
② 1문단에서 고려의 귀족들은 불화를 후손에게 전해주면 대대로 복을 받는다고 생각하여 승려로부터 불화를 구입한 뒤 이를 자신의 개인 기도처인 원당에 걸어두었다고 하였으므로 적절하지 않은 내용이다.
③ 2문단에서 2단으로 구성된 불화의 윗단에는 석가여래와 같은 부처가 그려져 있고, 아랫단에 보살이 그려져 있는 배치 구도가 신분을 구별하는 고려 사회 분위기를 반영한 것으로 추정된다고 한 점에서 그림의 윗단에 위치한 석가여래가 귀족으로 묘사되었다는 것을 추론할 수 있지만, 아랫단에 위치한 인물은 평민 신분의 인물이 아니라 보살이므로 적절하지 않은 내용이다.

④ 3문단에서 고려 불화의 크기가 다소 크고, 관음보살과 중생 등 그림 안에 여러 인물이 함께 그려져 있음을 서술하고 있지만, 그 이유에 대해서는 다루고 있지 않으므로 적절하지 않은 내용이다.

> **문제 풀이 TIP**
> 글에 제시된 내용과 선택지에 제시된 내용이 서로 동일한 의미로 해석되는지 주의하며 풀이한다.
> ③ '귀족으로 묘사된 석가여래', '평민 신분의 인물'에서 전자는 귀족으로 '묘사되었다'고 서술한 반면, 후자는 '평민 신분의 인물을 묘사한 보살'이 아니라 '평민 신분의 인물'로 서술하고 있다는 점에서 그림에 그려진 인물이 보살이 아닌 평민 신분의 인물로 제시하고 있으므로 적절하지 않은 내용이다.

오답 체크

ㄷ. 2문단에서 사회적 한계순생산가치란 한 기업이 투입물 1단위를 추가할 때 발생하는 사적 한계순생산가치에 그 생산에 의해 부가적으로 발생하는 사회적 비용을 빼고 편익을 더한 것이라고 한 점에서 사회에 부가적으로 발생하는 비용이 같더라도 그 편익은 다를 수 있어 사회적 한계순생산가치가 달라질 수 있다는 것을 추론할 수 있으므로 적절하지 않은 내용이다.

> **문제 풀이 TIP**
> 지문 내에서 여러 개념이 제시되는 경우 각 개념의 정의와 특징을 정리하며 문제를 풀이한다.

2 정답 ③

독해력 UP 지문 분석

분야/주제
사회/산출물 생산과정에서 발생하는 사적 한계순생산가치와 사회적 한계순생산가치

핵심 내용 정리

생산과정	생산자가 어떤 자원을 투입물로 사용해서 제품 또는 서비스 등의 산출물을 만드는 과정
순생산가치	산출물의 가치-생산과정에서 소요된 모든 비용
한계 순생산가치	생산과정에서 투입물 1단위를 추가할 때 순생산가치의 증가분
사적 한계 순생산가치	생산과정에서 투입물 1단위 추가 시 기업에 직접 발생하는 순생산가치의 증가분
사회적 한계 순생산가치	사적 한계순생산가치-생산에 의해 부가적으로 발생하는 사회적 비용+편익

정답 체크

ㄱ. 2문단에서 사적 한계순생산가치는 기업이 생산과정에서 투입물 1단위를 추가할 때 기업에 직접 발생하는 순생산가치의 증가분이라고 한 점에서 사적 한계순생산가치의 크기가 사회에 발생시키는 부가적 편익과 상관성을 띠지 않는다는 것을 추론할 수 있으므로 적절한 내용이다.

ㄴ. 2문단에서 사회적 한계순생산가치란 한 기업이 투입물 1단위를 추가할 때 발생하는 사적 한계순생산가치에 그 생산에 의해 부가적으로 발생하는 사회적 비용을 빼고 편익을 더한 것이라고 하였으므로 적절한 내용이다.

3 정답 ①

독해력 UP 지문 분석

분야/주제
역사/조선 시대 가도 문화

문단별 중심 내용

1문단	조선 시대 가도 문화의 특징
2문단	본래 안전을 위해 하였던 행위에서 벼슬아치의 위엄을 과시하는 행위로 목적이 바뀌게 된 가도
3문단	벼슬아치들의 행차와 가도를 피하기 위해 뒷골목으로 다니는 서민들의 행위를 지칭하게 된 피마

정답 체크

1문단에서 <경도잡지>를 보면 삼정승 행차 때는 벽제 소리가 그리 크지 않았지만, 삼정승 아래 벼슬인 병조판서의 행차 때는 벽제 소리가 날래고 강렬했다고 하였으므로 삼정승 행차보다 병조판서 행차 때 내는 벽제 소리가 더 컸음을 알 수 있다.

오답 체크

② 1문단에서 지체 높은 관리의 행차 때 하인들이 그 앞에 서서 꾸짖는 소리를 내어 방해되는 사람을 물리치는 것을 가도라고 하며 국왕의 행차 때 하는 가도를 봉도라고 불렀으며 2문단에서 나중에는 가도가 벼슬아치의 위엄을 과시하는 관례로 굳어지고 가도 소리를 들으면 꿇어앉아야 했다고 하였으므로 적절하지 않은 내용이다.

③ 벼슬아치가 행차할 때 잡인들의 통행을 막으면서 서민들에 대한 감시가 심해졌다는 내용은 다루고 있지 않으므로 적절하지 않은 내용이다.

④ 3문단에서 본래 피마란 벼슬아치들이 길을 가다 자기보다 높은 관리를 만났을 때 말에서 내려 길옆으로 피해 경의를 표하는 행위를 뜻했지만, 신분이 낮은 서민들이 벼슬아치의 행차와 가도를 피하기 위해 뒷골목으로 다니는 행위를 피마라고 부르게 되었다고 하였으므로 적절하지 않은 내용이다.

⑤ 가도가 주로 서울을 중심으로 행해졌다는 내용이나 벼슬아치들의 행차를 피하기 위해 형성된 장소도 서울에만 있었다는 내용은 다루고 있지 않으므로 적절하지 않은 내용이다.

4 정답 ⑤

독해력 UP 지문 분석

분야/주제
역사/도첩 발급 규정의 변천사

문단별 중심 내용

1문단	도첩 발급 시 태조의 규정: 면포 150필 납부
2문단	도첩 발급 시 태종과 세종의 규정: 태조의 규정 준수
3문단	- 도첩 발급 시 세조의 규정: 면포 30필 납부 및 불교 경전 심경, 금강경, 살달타 암송 - 도첩 발급 시 예종의 규정: 면포 50필 납부 및 불교 경전 심경, 금강경, 살달타, 법화경 암송 - 도첩 발급 시 성종의 규정: 예종의 규정 준수

정답 체크

2문단에서 세종은 도첩 신청자가 면포 150필을 내야 하는 태조의 규정을 준수했다고 하였고, 3문단에서 예종은 도첩 신청자가 내야 할 면포 수량을 30필로 낮춘 세조의 규정에서 20필을 추가하여 총 50필을 납부해야 하는 규정으로 수정했다고 하였으므로 세종 때 도첩 신청자가 납부하도록 규정된 면포 수량은 예종 때 도첩 신청자가 내도록 규정된 면포 수량보다 많았음을 알 수 있다.

오답 체크

① 2문단에서 태종이 담당 관청으로 하여금 도첩을 위조해 승려가 된 자를 색출하도록 하는 명령을 내렸음을 서술하고 있지만, 색출한 후의 규정에 대해서는 다루고 있지 않으므로 적절하지 않은 내용이다.
② 1문단에서 태조가 국왕이 된 이후에 승려가 되려는 자는 모두 도첩을 발급받으라고 명했으며 도첩 신청 시 면포 150필을 내야 한다는 규정을 선언했다고 하였으므로 적절하지 않은 내용이다.
③ 3문단에서 세조가 즉위하자마자 담당 관청에 대책을 세우라고 명한 지 수 년이 지난 후에 불교 경전인 심경, 금강경, 살달타를 암송하는 자에게만 도첩을 준다는 새로운 내용이 포함된 규정을 시행했다고 하였으므로 적절하지 않은 내용이다.
④ 3문단에서 성종은 면포 50필 납부 및 불교 경전 심경, 금강경, 살달타, 법화경 암송이라는 예종의 규정을 변함없이 유지했다고 하였으므로 적절하지 않은 내용이다.

문제 풀이 TIP

시간순으로 특정 내용이 변화되는 경우 변화되는 시점과 그 내용을 정리하며 문제를 풀이한다.
즉위하는 왕에 따라 제도가 변화되고 있으므로 왕과 왕이 제시하는 제도를 연결하여 내용을 정리한다.

[5-7]

독해력 UP 지문 분석

분야/주제
인문/능숙한 독자의 특징

문단별 중심 내용

1문단	능숙한 독자의 특징(1) - 글을 읽을 때, 배경지식을 효과적으로 활용하고 배경지식이 부족할 때는 글의 전후 맥락을 고려하여 의미를 구성하거나 참고자료를 찾아 이해도를 높임
2문단	능숙한 독자의 특징(2) - 능숙한 독자는 독서 준비할 때, 글의 특성 및 자신의 독서 역량을 확인하고 그에 맞는 독서 전략을 세우고, 실제 독서 상황에 따라 독서 전략을 조절함 - 능숙한 독자는 글을 읽은 후 독서의 목적과 글의 특성에 맞게 독서했는지 성찰함
3문단	능숙한 독자의 사례 - 우리나라 선조들은 경서를 읽을 때 배경지식을 활용하였고 상황에 어울리는 독서 전략을 운용함
4문단	능숙한 독자의 특징(3) - 균형 있는 독서를 생활화하고 독서 경험을 통해 얻은 지식과 지혜를 자신과 사회 문제의 해결에 적극적으로 활용함

5 정답 ④

정답 체크

1문단에서 배경지식이 부족해 내용이 잘 이해되지 않는 부분을 만났을 때 능숙한 독자는 글의 전후 맥락을 고려해 글의 의미를 구성한다고 하였으므로 전후 맥락을 고려한 글 읽기를 지양한 것은 아님을 알 수 있다.

오답 체크

① 2문단에서 능숙한 독자는 독서를 준비할 때 글의 특성을 분석하고 자신의 독서 역량을 점검하는 태도를 지닌다고 하였으므로 적절한 내용이다.
② 1문단에서 능숙한 독자는 배경지식을 활성화한 후 이를 활용해 글의 내용을 정확히 이해한다고 하였으므로 적절한 내용이다.
③ 2문단에서 능숙한 독자는 달라진 독서 상황을 파악하여 그에 적합한 새로운 독서 전략을 적용하고 독서 행위를 조절한다고 하였으므로 적절한 내용이다.
⑤ 2문단에서 능숙한 독자는 독서 후에 자신의 독서 목적과 글의 특성에 맞게 독서를 했는지를 성찰하여 평가한다고 하였으므로 적절한 내용이다.

6
정답 ③

정답 체크
제시된 <보기>의 '조금의 고집이 없도록 해'야 한다는 것은 글의 내용에 익숙해졌다면 이전과 달라진 자신의 상태를 고려하여 새로운 독서 방법을 적용하라는 의미이므로 기존의 해석에 따라서만 글의 의미를 이해하라는 것은 아님을 알 수 있다.

오답 체크
① 경서를 읽을 때는 가장 먼저 글의 내용에 익숙해지기 위해 반복적으로 읽는 독서 전략을 운용하라는 의미이므로 적절한 내용이다.
② 경서 읽기가 완숙하게 되면 활법이라는 새로운 독서 방법을 적용하라는 의미이므로 적절한 내용이다.
④ 독자의 기억 속에 존재하는 지식의 총체인 배경지식을 적극적으로 활용하라는 의미이므로 적절한 내용이다.
⑤ 글에 담긴 이치를 통해 모든 일의 섭리를 깨우칠 수 있는 경지에 이르려는 경서 읽기의 목적을 달성했을 때의 효과를 언급한 것이므로 적절한 내용이다.

7
정답 ①

정답 체크
제시된 글의 학생은 지금까지 자신이 읽었던 책이 어떤 분야에 해당하는지 전체적으로 점검하고 앞으로 균형 있는 독서를 해야겠다고 다짐하고 있으므로 자신의 독서 이력을 점검하고 균형 있는 독서를 계획하고 있음을 알 수 있다.

오답 체크
②, ③, ④, ⑤는 모두 제시된 글에서 다루고 있지 않으므로 적절하지 않은 내용이다.

DAY 15 설명문 ⑤ p.122

1 ⑤   2 ④   3 ①   4 ④   5 ①
6 ④   7 ④

1
정답 ⑤

독해력 UP 지문 분석

분야/주제
인문/정서주의에 따른 도덕적 언어 사용의 목적

문단별 중심 내용

1문단	정서주의의 언어 사용 목적 세 가지: 정보 전달, 행위 요구, 표현
2문단	도덕적 언어를 정보 전달 대신, 타인에게 행위 요구 및 자신의 태도 표현을 목적으로 사용하는 정서주의자
3문단	정서주의자들에 따르면 도덕적 언어를 통한 태도 표현은 참·거짓을 판단할 수 있는 정보 전달 또는 태도 보고의 목적이 아님

정답 체크
2문단에서 정서주의자들은 도덕적 언어를 명령문 형식을 통해 사람의 행위에 영향을 주는 목적 또는 자신의 태도를 표현하는 목적으로 사용한다고 하였으므로 정서주의에 따르면 도덕적 언어의 사용은 명령하거나 화자의 태도를 표현하기 위한 것임을 알 수 있다.

오답 체크
① 1문단에서 정서주의는 언어가 정보 전달 목적으로 쓰일 때 참 혹은 거짓을 판단할 수 있는 정보를 전달한다고 하였고, 2문단에서 정서주의자들은 도덕적 언어를 정보 전달의 목적이 아닌 태도 표현의 목적으로 사용한다고 하였으므로 적절하지 않은 내용이다.
② 3문단에서 정서주의자들이 태도를 나타내기 위해 도덕적 언어를 사용하는 경우 보고 목적이 아닌 표현 목적이라고 하였으므로 적절하지 않은 내용이다.
③ 1문단에서 정서주의가 언어를 정보 전달 목적으로 사용하는 경우 참 혹은 거짓을 판단할 수 있는 정보를 전달한다고 한 점에서 정보 전달의 목적으로 쓰인 "세종대왕은 한글을 창제하였다."라는 문장은 참 혹은 거짓을 판단할 수 있는 정보를 전달하는 것을 추론할 수 있으므로 적절하지 않은 내용이다.

④ 2문단에서 정서주의자들은 도덕적 언어를 명령문 형식을 통해 사람의 행위에 영향을 주는 목적 또는 자신의 태도를 표현하는 목적으로 사용한다고 한 점에서 정서주의자들이 언어 사용의 목적으로 정보 전달을 최우선으로 두지 않는다는 것을 추론할 수 있으므로 적절하지 않은 내용이다.

2

정답 ④

독해력 UP 지문 분석

분야/주제
인문/인두법과 우두법

문단별 중심 내용

1문단	의학적 원리는 동일하나 세부적 측면에서 차이가 있는 인두법과 우두법
2문단	접종대상자의 차이
3문단	독력 차이로 인한 사후 관리의 차이
4문단	접종 방식의 차이

정답 체크

4문단에서 우두 접종은 의료용 칼을 사용해서 팔뚝 부위에 일부러 흠집을 내어 접종했다고 하였으므로 인두법이 아닌 우두법이 의료용 칼을 사용하여 팔뚝 부위에 흠집을 낸 후 접종하는 방식이었음을 알 수 있다.

오답 체크

① 2문단에서 인두법의 접종대상자는 반드시 생후 12개월이 지난 건강한 아이여야 하였고 우두법의 저작인 「우두신설」에서는 생후 70~100일 정도의 아이를 접종대상자로 한다고 하였으므로 적절한 내용이다.
② 1문단에서 정약용의 인두법 저작이 「종두요지」라고 하였고 4문단에서 「종두요지」의 대표적인 접종 방식인 한묘법과 수묘법 중 한묘법은 위험성이 높아서 급하게 효과를 보려고 할 때만 쓴 반면 수묘법은 일반적으로 통용되었다고 하였으므로 적절한 내용이다.
③ 1문단에서 정약용의 인두법 저작이 「종두요지」라고 하였고 3문단에서 정약용은 접종 후에 나타나는 각종 후유증을 치료하기 위한 처방을 상세히 기재하고 있다고 하였으므로 적절한 내용이다.
⑤ 1문단에서 지석영의 우두법 저작이 「우두신설」이라고 하였고 2문단에서 우두법은 접종 시기를 크게 앞당김으로써 두창 감염에 따른 위험을 줄였고 아이의 몸 상태에 크게 좌우되지 않는다는 장점이 있다고 하였으므로 적절한 내용이다.

문제 풀이 TIP

지문이 세 개 이하의 개념을 비교하는 글이라면 지문에 동그라미, 세모, 네모로 각각의 개념에 대응하는 키워드들을 표시하여 가독성을 높인 후 빠르게 선택지를 판별한다.

3

정답 ①

독해력 UP 지문 분석

분야/주제
역사/조선왕조실록의 간행 과정 및 간행에 미친 영향

문단별 중심 내용

1문단	조선왕조실록의 역사적 가치
2문단	실록의 간행 과정
3문단	일기의 간행 과정 및 단종실록의 명칭 변경 이유
4문단	조선 후기 붕당 간의 대립이 실록 내용에 미친 영향

정답 체크

2문단에서 새로 즉위한 왕은 실록청을 세워 전왕의 실록을 간행하였으며, 이는 전왕의 묘호를 따 '○○실록'이라 불렀다고 하였고, 4문단에서 효종, 현종, 숙종이 연이어 즉위했다고 하였으므로 효종실록은 현종 때 설치된 실록청에서 간행하였음을 알 수 있다.

오답 체크

② 3문단에서 정변으로 왕이 교체된 경우 뒤이어 즉위한 왕이 일기청을 설치하여 '○○○일기'라는 명칭으로 전왕의 재위 기간 동안의 일들을 정리했다고 하였으며, 계유정난으로 단종이 왕위에서 쫓겨나 노산군으로 불림에 따라 세조 때 노산군일기가 간행되었다고 하였으므로 적절하지 않은 내용이다.
③ 4문단에서 집권 붕당이 기존 실록을 수정하여 간행하는 것은 광해군 이후에 즉위한 효종 때부터 진행되었다고 하였으므로 적절하지 않은 내용이다.
④ 1문단에서 유네스코는 태조부터 철종까지의 조선왕조실록을 세계 기록 유산으로 등재했다고 하였고, 2문단에서 실록은 뒤이어 즉위한 왕이 이전 왕의 실록을 간행하는 방식으로 이루어져 고종 때 철종실록이 간행되었다고 한 점에서 철종 이후에 즉위한 고종의 실록은 세계 기록 유산으로 등재된 조선왕조실록에 포함되지 않았다는 것을 추론할 수 있으므로 적절하지 않은 내용이다.
⑤ 3문단에서 일기는 명칭만 실록이라고 부르지 않았을 뿐 실록과 간행 과정이 동일하여 세계 기록 유산으로 등재된 조선왕조실록에 포함되었다고 하였으므로 적절하지 않은 내용이다.

PART 2 지문 유형별 공략 47

4

정답 ④

독해력 UP 지문 분석

분야/주제
과학/산화질소의 생성 및 작용 경로

문단별 중심 내용

1문단	기체 형태의 신호물질이 생리적 현상을 유도하는 원리
2문단	산화질소의 생성 및 작용 경로: 자극 → 산화질소 합성효소를 가지고 있는 세포에 작용 → 세포 내 산화질소 합성효소 활성화 → 세포 내 아르기닌과 산소로부터 산화질소 생성 → 인접한 표적세포와 결합하여 A 효소 활성화 → cGMP 생성 → 표적세포 및 조직의 상태 변화
3문단	산화질소에 의한 대표적인 생리적 현상인 혈관팽창: 자극 → 내피세포에 산화질소 생성 → 내피세포층 바깥의 혈관 평활근세포에 작용하여 cGMP 생성 → cGMP 작용으로 혈관 평활근세포 이완 → 혈관 평활근육 조직 이완 → 혈관 팽창

정답 체크

2문단에서 활성화된 산화질소 합성효소와 아르기닌, 산소의 화학 반응으로 만들어진 산화질소가 인접한 표적세포의 수용체와 결합하여 표적세포 내의 A 효소를 활성화한다고 하였으므로 적절하지 않은 내용이다.

오답 체크

① 2문단에서 cGMP는 표적세포의 상태를 변하게 하여 표적세포를 지닌 조직 상태가 변하게 된다고 하였고, 3문단에서 cGMP의 작용으로 수축되어 있던 혈관 평활근세포가 이완되고 결국에 혈관 평활근육 조직이 이완되면서 혈관이 팽창하게 된다고 하였으므로 적절한 내용이다.

② 2문단에서 표적조직의 상태를 변화시켜 생리현상을 유도하는 자극이 산화질소 합성효소를 지닌 세포에 작용하고 산화질소 합성효소는 아르기닌과 산소와 화학반응을 일으켜 산화질소를 생성한다고 하였고, 3문단에서 혈관의 내피세포에서 산화질소가 만들어진다고 하였으므로 적절한 내용이다.

③ 2문단에서 A 효소가 활성화되면 cGMP를 생성하여 표적세포의 구조적 상태 및 조직상태가 변한다고 하였고, 3문단에서 혈관 평활근세포 내에서 생성된 cGMP의 작용으로 혈관이 팽창한다고 하였으므로 적절한 내용이다.

⑤ 3문단에서 혈관 평활근세포는 산화질소와 작용하여 세포 내에서 cGMP를 생성한다고 한 점에서 혈관 평활근세포는 산화질소에 대한 수용체를 가지고 있다는 것을 추론할 수 있으며, 산화질소를 내피세포-이완인자라고 한다고 하였으므로 적절한 내용이다.

문제 풀이 TIP

지문에 과학적 메커니즘의 하나의 흐름으로 제시된 경우 도식화하여 정리한다.

[5-7]

독해력 UP 지문 분석

분야/주제
역사/과거제의 사회적 효과와 의의 및 부작용과 개혁 방안

(가) 문단별 중심 내용

1문단	능력주의적인 시험을 통해 관료를 선발하는 과거제의 합리성
2문단	공정성을 바탕으로 개방성을 높여 사회적 유동성을 함께 증대시킨 과거제
3문단	과거제가 유발한 사회적 효과
4문단	엘리트층의 연속성을 이룩하여 관료제에 기초한 통치의 안정성에 기여한 과거제
5문단	유럽의 사상적 동향과 사회 제도에 영향을 미친 과거제

(나) 문단별 중심 내용

1문단	능력주의적·결과주의적 인재 선발의 약점을 극복하기 위해 봉건적 요소를 도입하여 과거제를 보완하려는 여러 개혁론의 등장
2문단	과거제의 시험 방식이 낳은 부작용
3문단	과거제를 통해 등용된 관리들의 낮은 공동체 소속감과 출세 지향적 성향으로 인한 부작용 원인 1) 관리 업무 평가에 능력주의적 태도 적용 원인 2) 세습하지 않고 몇 년마다 반복되는 지역 이동 결과 1) 가시적이고 단기적인 결과 중심의 정책 추진 및 개인적 동기와 공공성의 상충 현상 결과 2) 공동체에 대한 낮은 충성심
4문단	봉건적 요소를 도입하여 과거제를 보완하자는 주장의 의의

핵심 내용 정리

과거제의 사회적 효과	- 학습 동기 제공 → 교육 확대 및 지식 보급 → 지식인 집단 형성 - 고전과 유교 경전 위주의 학습 → 도덕적 가치 기준에 대한 광범위한 공유 유도 - 불합격자에게 특권 부여 → 지방 사회 기여 - 관료제에 기초한 통치의 안정성에 기여
과거제의 부작용	- 치열한 경쟁 → 합격 목적의 형식적 학습 유도 - 장기간의 수험 생활 → 인재 재능 낭비 - 인성 및 실무 평가의 어려움 → 익명성에 대한 회의 - 관료제를 통해 등용된 관리들의 개인적 동기와 공공의 상충 현상 및 공동체에 대한 낮은 충성심

5 정답 ①

정답 체크

(가)의 3~4문단에서 과거제가 강력한 학습 동기를 제공함으로써 교육 확대와 지식 보급에 크게 기여하였으며 이로 인해 통치 참여 능력을 갖춘 지식인 집단이 폭넓게 형성되어 과거제의 합리성과 연속성이 사회 안정 및 관료제에 기초한 통치의 안정성에 기여했음을 인과적으로 서술하고 있고, (나)의 2~3문단에서 과거제의 시험 방식으로 인한 형식적 학습화, 인재 재능 낭비, 인성 및 실무 평가의 어려움, 과거제로 임용된 관리들의 능력주의 태도로 인한 개인적 동기와 공공성 상충 현상 및 공동체 의식의 약화 등의 문제점을 인과적으로 서술하고 있으므로 (가)와 (나)의 서술 방식으로 가장 적절한 것은 ①이다.

6 정답 ④

정답 체크

3문단에서 국가는 과거제의 최종 단계를 통과하지 못한 사람들에게도 여러 특권을 부여하고 지방 사회에 기여하도록 하여 경쟁적 선발 제도가 불러올 수 있는 부정적인 영향을 완화하고자 했다고 하였으므로 경쟁을 바탕으로 한 과거제가 더 많은 사람들이 지방 관료에 의해 초빙될 기회를 준 것은 아님을 알 수 있다.

오답 체크

 5문단에서 과거제에 대한 정보가 선교사들에 의해 유럽에 전해져 큰 관심을 받았으며, 과거제에 대한 관심은 관료 선발에 시험을 통한 경쟁을 도입하는 등 실질적인 사회 제도에까지 영향을 미쳤다고 하였으므로 적절한 내용이다.

② 3문단에서 과거제로 인해 통치 참여 능력을 갖춘 지식인 집단이 폭넓게 형성되었다고 하였고, 4문단에서 과거제를 통해 확보된 동질적인 엘리트층의 연속성은 관료제를 기반으로 한 통치의 안정성에 기여했다고 하였으므로 적절한 내용이다.

③ 3문단에서 과거 시험의 최종 단계까지 통과하지 못한 사람들에게도 국가가 여러 특권을 부여하여 지방 사회에 기여하도록 했다고 하였으므로 적절한 내용이다.

⑤ 5문단에서 과거제에 대한 정보가 선교사들에 의해 유럽에 전해져 큰 관심을 받으면서 일부 유럽 계몽사상가들은 학자의 지식이 귀족의 세습적 지위보다 우위에 있는 체제를 정치적인 합리성을 갖춘 것으로 간주한다고 하였으므로 적절한 내용이다.

7 정답 ④

정답 체크

(가)의 2문단에서 과거제는 공정성을 바탕으로 더 많은 사람들에게 사회적 지위 획득의 기회를 주었으며, 시험 과정에서 ㉠ 익명성 확보를 위해 도입한 여러 장치는 공공성 강화를 위한 노력을 보여준다고 하였고, (나)의 2문단에서 학습 능력 이외의 인성이나 실무 능력을 평가할 수 없어 ㉡ 익명성에 대한 회의가 존재했다고 하였으므로 ㉠은 사회적 지위 획득 기회 확대에 기여했지만, ㉡은 관리 선발 시 됨됨이를 검증하는 것이 곤란하다는 점에서 비롯되었음을 알 수 있다.

오답 체크

① (가)의 2문단에서 응시 자격에 일부 제한이 있었다고 한 점에서 ㉠이 모든 사람에게 응시 기회를 보장한 것은 아님을 추론할 수 있고, (나)의 2문단에서 과거 시험으로는 인성이나 실무 능력을 평가할 수 없다는 이유로 과거 시험의 익명성에 대한 회의가 비롯되었다고 한 점에서 ㉡이 결과주의의 지나친 확산에서 비롯된 것은 아님을 추론할 수 있으므로 적절하지 않은 내용이다.

② (가)의 4문단에서 과거제의 합리성이 사회적 안정에 기여했음을 보여준다고 한 점에서 ㉠이 정치적 변화에도 불구하고 사회적 안정을 보장한 것은 아님을 추론할 수 있고, (나)의 2문단에서 과거 시험으로는 인성이나 실무 능력을 평가할 수 없다는 이유로 과거 시험의 익명성에 대한 회의가 비롯되었다는 점에서 ㉡이 대대로 관직을 세습하는 문제에서 비롯된 것은 아님을 추론할 수 있으므로 적절하지 않은 내용이다.

③ (가)의 2문단에서 과거제가 개방성을 제고하여 사회적 유동성 증대에 도움이 되었다는 내용을 서술하고 있지만, ㉠에 의한 지역 공동체의 전체 이익을 증진은 다루고 있지 않고, (나)의 2문단에서 합리적인 과거 시험 방식이 치열한 경쟁을 유발했다는 내용을 서술하고 있지만, 지나친 경쟁이 유발한 국가 전체의 비효율성으로 인해 ㉡이 비롯되었다는 내용은 다루고 있지 않으므로 적절하지 않은 내용이다.

⑤ (가)의 3문단에서 고전과 유교 경전 중심의 학습 내용은 도덕적 가치 기준에 대한 광범위한 공유를 끌어냈다고 한 점에서 ㉠이 관료들의 도덕적 가치 기준의 다양성을 확대한 것은 아님을 추론할 수 있고, (나)의 2문단에서 과거 시험으로는 학습 능력 이외의 인성이나 실무 능력을 평가할 수 없다는 이유로부터 ㉡이 비롯되었다고 한 점에서 ㉡이 사적·정서적 관계 확보의 어려움에서 비롯된 것은 아님을 추론할 수 있으므로 적절하지 않은 내용이다.

DAY 16 설명문 ⑥   p.128

1 ①   2 ④   3 ⑤   4 ②   5 ②
6 ②

1
정답 ①

독해력 UP 지문 분석

분야/주제
예술/정관헌의 건축 양식 및 건축적 가치

문단별 중심 내용

1문단	우리나라 대표 서양식 건축물인 정관헌의 용도
2문단	정관헌의 이국적인 외형
3문단	정관헌의 건축 양식에서 느껴지는 한국의 문화와 정서
4문단	정관헌의 바깥 기둥의 재료로 목재가 사용된 이유와 정관헌의 건축적 가치

정답 체크

4문단에서 정관헌의 바깥 기둥의 재료로 철이 아닌 목재를 사용한 이유는 당시 정부가 철을 자유롭게 사용할 수 있을 정도의 경제적인 여력이 없었기 때문이라고 하였으므로 정관헌의 바깥 기둥의 모양은 서양식 철 기둥 모양이지만 우리 문화와 정서를 담기 위해 목재를 사용한 것은 아님을 알 수 있다.

오답 체크

② 3문단에서 정관헌 회랑의 난간에는 장수를 상징하는 소나무·사슴과 복을 상징하는 박쥐 등의 형상을 사용했다고 하였고, 4문단에서 정관헌의 바깥 기둥 윗부분에는 대한제국을 상징하는 오얏꽃 장식이 자리 잡고 있다고 하였으므로 적절한 내용이다.

③ 4문단에서 정관헌은 건축적 가치가 큰 궁궐 건물이지만, 규모가 크지 않고 가벼운 용도로 건축되었다는 이유로 그간 소홀히 취급되었다고 하였으므로 적절한 내용이다.

④ 2문단에서 정관헌에 사용된 바깥쪽의 서양식 기둥과 붉은 벽돌은 정관헌이 이국적으로 보이는 이유 중 하나라고 하였으므로 적절한 내용이다.

⑤ 2~3문단에서 정관헌의 외형은 이국적이지만 서양에서 사용하지 않는 팔작지붕의 건축물이며, 회랑 난간에는 소나무, 사슴, 박쥐 등 전통 문양을 사용한 점에서 우리의 문화와 정서가 녹아있다고 하였으므로 적절한 내용이다.

2
정답 ④

독해력 UP 지문 분석

분야/주제
과학/포유동물의 폐 발달과 출산의 관계

문단별 중심 내용

1문단	포유동물 폐의 발달과 계면 활성제의 역할
2문단	폐 기능 발달과 출산의 연동 과정

정답 체크

ㄴ. 활성화된 효소 B가 자궁 근육 안에서 물질 C가 만들어지게 하고 물질 C는 효소 B가 없으면 만들어지지 않으며, 이렇게 만들어진 물질 C가 일정 수준의 농도가 되면 자궁 근육을 수축하게 하여 쥐의 출산이 일어나게 하는데, 물질 C가 일정 수준의 농도에 이르지 않으면 자궁 근육의 수축이 일어나지 않는다고 하였으므로 적절한 내용이다.

ㄷ. 물질 C가 일정 수준의 농도가 되면 자궁 근육을 수축하게 하여 쥐의 출산이 일어난다고 하였으므로 적절한 내용이다.

오답 체크

ㄱ. 물질 A는 자궁 근육 안에서 분비되는 것이므로 적절하지 않은 내용이다.

> **문제 풀이 TIP**
>
> 지문에서 연쇄적인 과정이 제시된 경우 선택지에서 그 과정에 변화를 준 내용을 제시할 수 있음을 유의한다.

3   정답 ⑤

독해력 UP 지문 분석

분야/주제
역사/조선 시대 4군의 탄생 배경

문단별 중심 내용

1문단	여진족의 침입에 대비하고자 설치된 여연군
2문단	만포와 여연군의 거리가 멀다는 점을 보완하기 위해 설치된 자성군
3문단	북쪽 변경에 대한 방비를 강화하기 위해 추가로 설치된 우예군과 무창군

정답 체크

3문단에서 이천의 부대가 만포에서 압록강을 건넜다고 하였으며, 2문단에서 자성군은 압록강 상류로부터 여연군을 거쳐 만포 방향으로 흘러가는 곳에 자리 잡고 있다고 하였으므로 여연군으로부터 압록강 물줄기를 따라 하류로 이동하면 이천의 부대가 왕명에 따라 압록강을 건넌 만포에 도착하게 됨을 알 수 있다.

오답 체크

① 2문단에서 여진족이 아목하에서 동쪽으로 진격해 여연군을 침략했다고 한 점에서 여연군을 기준으로 아목하는 동쪽이 아닌 서쪽 방면에 있다는 것을 알 수 있으므로 적절하지 않은 내용이다.
② 2문단에서 최윤덕은 여연군에서 서남쪽으로 떨어진 만포에서 압록강을 건너 여진족을 정벌했다고 하였고, 3문단에서 여연군의 동남쪽으로 멀리 떨어진 곳에 무창군이 설치되었다고 한 점에서 만포가 여연군과 무창군을 잇는 직선거리의 중간 지점에 위치한 것이 아님을 알 수 있으므로 적절하지 않은 내용이다.
③ 2문단에서 최윤덕의 정벌 이후 자성군을 설치하여 국경 방비를 강화했다고 하였으므로 적절하지 않은 내용이다.
④ 글 전체에서 경원부를 여연군으로 바꾸었다는 내용이나 최윤덕을 파견해 3개의 군을 더 설치하게 하였다는 내용은 다루고 있지 않으므로 적절하지 않은 내용이다.

문제 풀이 TIP

다양한 정보가 제시되는 지문의 경우 키워드 중심으로 도식을 그려나가면서 지문을 읽는 것이 문제 풀이에 도움이 되며, 특히 지리적 위치, 방위 등에 대한 정보가 주어질 경우에는 대략적으로 그림을 그려보는 것이 내용 파악에 도움이 된다.

4   정답 ②

독해력 UP 지문 분석

분야/주제
과학융합/전투 신경증 환자에 대한 전통주의자와 진보주의자의 상이한 관점

문단별 중심 내용

1문단	폭력적 죽음에 지속적인 노출로 인한 심리적 외상과 그로 인해 유발되는 신경증적 증후군
2문단	전투 신경증 환자의 의지력 여부에 관한 의학계 전통주의자들과 진보주의자들 간의 의학적 논쟁 및 진보주의자가 확립한 두 가지 원칙

정답 체크

2문단에서 '전투 신경증'이 정신적 증후군의 하나로 실재함을 부정할 수 없게 되었을 때, 의학계 전통주의자와 보수주의자 간에 환자의 의지력을 중심으로 한 의학적 논쟁이 이루어졌다고 하였으므로 ㉠과 ㉡ 모두 전투 신경증의 증세가 실재한다고 여겼음을 알 수 있다.

오답 체크

① 2문단에서 히스테리 증상을 치료하는 방법으로 ㉠은 모욕·위협·처벌 중심의 치료를, ㉡은 정신분석 원칙에 따라 대화를 활용한 인도적 치료를 옹호했다고 하였으므로 적절하지 않은 내용이다.
③ 2문단에서 전쟁에서 폭력적인 죽음에 지속적으로 노출되어 받는 심리적 외상을 계기로 발병하는 전투 신경증이 정신적 증후군의 하나로 실재함을 부정할 수 없게 되었다고 하였으므로 적절하지 않은 내용이다.
④ 2문단에서 ㉠은 전투 신경증 환자들을 의지박약자로 기술하였고, ㉡은 히스테리라는 용어에 담긴 경멸적인 의미가 환자들에게 낙인을 찍음을 깨닫고 이를 대체할 이름을 고민했다고 하였으므로 적절하지 않은 내용이다.
⑤ 1문단에서 자극에 대한 무반응, 기억 상실, 감정 둔화 등 전투 신경증에 의해 나타나는 히스테리 증세에 대해서는 다루고 있지만, 전투 신경증에 의해 나타나는 히스테리 증상의 다양한 형태와 관련된 ㉠과 ㉡의 의견은 알 수 없으므로 적절하지 않은 내용이다.

문제 풀이 TIP

지문에서 두 가지 관점을 제시하는 경우 각 관점의 주장과 그 근거를 정리하며 문제를 풀이한다.
전통신경증에 대한 전통주의자와 진보주의자의 관점이 상이하므로 각 관점의 세부 내용을 구분하며 문제를 풀이한다.

[5-6]

독해력 UP 지문 분석

분야/주제
인문/행위자 인과 이론

문단별 중심 내용

1문단	인과 관계가 성립하기 위한 세 가지 요건을 제시한 흄과 흄이 말하는 세 가지 조건의 성립과 관계 없이 자유 의지를 가진 행위자만 원인이 될 수 있다고 본 리드
2문단	결과를 산출할 능력을 소유하여 그 능력을 발휘할 수 있고 변화에 대해 책임질 수 있는 주체인 행위자가 진정한 원인이라고 생각한 리드
3문단	경험론에 입각해 행위자는 오직 인간뿐이며, 행위자가 능력을 발휘하기 위해서는 의욕이 필요하다고 주장한 리드
4문단	신이 진정한 원인이며 행위자를 기회 원인에 불과하다고 본 철학자들에 대해 경험주의로 반박하고, 인간의 주체적 결단이 갖는 의미를 강조한 리드

5   정답 ②

정답 체크

2문단에서 리드는 행위자가 결과를 산출할 능력을 소유하여 그 능력을 발휘할 수 있고 그 변화에 대해 책임을 질 수 있는 주체로 보았다고 하였으므로 변화를 산출하는 능력을 가진 모든 존재를 행위자로 본 것은 아님을 알 수 있다.

오답 체크

① 1문단에서 리드는 행위자가 자유의지를 가진 존재라고 여겼다고 하였으며, 3문단에서 경험론자인 리드의 관점에서 행위자는 인간뿐이라고 하였으므로 적절한 내용이다.
③ 3문단에서 리드는 의욕이 정신에서 일어나는 하나의 사건이라고 보았다고 하였으므로 적절한 내용이다.
④ 2문단에서 리드는 진정한 원인이 행위자라고 보았다고 하였으므로 적절한 내용이다.
⑤ 1문단에서 리드는 흄이 언급한 인과 관계가 성립하기 위한 세 가지 요건이 성립하더라도 인과 관계가 성립하지 않는다고 주장했다고 하였으므로 적절한 내용이다.

6   정답 ②

정답 체크

1문단에서 리드는 흄이 언급한 세 가지 조건이 성립하더라도 인과 관계가 성립하지 않는다고 주장한 것이고, 흄이 언급한 세 가지 조건을 부정한 것은 아니므로 빨간 공과 흰 공의 움직임에는 시공간이 이어지지 않는다고 본 것은 아님을 알 수 있다.

오답 체크

①, ③ 2문단에서 리드는 양면적 능력을 지닌 행위자가 진정한 원인이라고 보았으며, 빨간 공은 행위자일 수 없다고 하였으므로 적절한 내용이다.
④, ⑤ ㉠은 1문단에서 흄이 제시한 세 가지 인과 관계 성립 조건을 만족하고 있으므로 적절한 내용이다.

DAY 17 설명문 ⑦   p.134

1 ④   2 ①   3 ①   4 ②   5 ④
6 ⑤   7 ④   8 ②   9 ④

1
정답 ④

독해력 UP 지문 분석

분야/주제
인문/문자를 암호화하는 가장 기본적인 방법인 단일환자방식

문단별 중심 내용

1문단	단일환자방식의 정의
2문단	단일환자방식의 영어 암호문은 알파벳 사용 빈도를 통해 일대일 대응의 암호화 규칙 추론 가능
3문단	단일환자방식의 영어 암호문은 알파벳 사용 빈도로 암호화 규칙 추론이 가능함을 설명하는 사례

정답 체크

1문단에서 철수는 'I LOVE YOU'를 'Q RPDA LPX'로 암호화하였고, 2문단에서 통계 결과 알파벳 E가 가장 많이 사용되었다고 하였으며 이때 철수는 E를 A로 변경한 점에서 철수가 사용한 규칙과 동일한 규칙 α를 사용한 암호문에는 빈도수가 가장 높은 E를 암호화한 A가 가장 많이 사용되었음을 알 수 있다.

오답 체크

① 1문단에서 단일환자방식은 문장에 사용된 문자를 일정 규칙에 따라 일대일 대응으로 재배열하여 암호화하는 방법이며, 이에 따라 'I LOVE YOU'가 'Q RPDA LPX'로 암호화된다고 하였으므로 적절하지 않은 내용이다.
② 2문단에서 단일환자방식을 사용하는 경우 알파벳의 사용 빈도를 파악함으로써 일대일 대응의 암호화 규칙을 추론할 수 있다고 하였으므로 적절하지 않은 내용이다.
③ 2문단에서 암호문을 많이 확보할수록 암호문 해독 가능성이 커진다고 하였으므로 적절하지 않은 내용이다.
⑤ 2문단에서 알파벳 사용 빈도는 높은 것부터 E, T, A, O, I, N, S, R, H 순이라고 하였고, 3문단에서 암호문에 쓰인 알파벳 빈도는 높은 것부터 W, F, C, H, Q, T, N이라고 한 점에서 암호문에 사용된 규칙 α는 'E는 W, T는 P, A는 F, O는 C, I는 H, S는 Q, R은 T, H는 N으로 변경한다'라는 것을 추론할 수 있으므로 적절하지 않은 내용이다.

2
정답 ①

독해력 UP 지문 분석

분야/주제
사회/현대 사회의 두 노동자 집단, 프레카리아트와 긱 노동자

핵심 내용 정리

프레카리아트	- 불안정한 고용 상태에 놓여있는 사람을 의미함 - 노동 보장을 받지 못하며, 직장 소속감이 없고, 자신의 직업에 대한 전망이나 직업 정체성도 결여 되어 있음 - 위험한 계급으로 전락하기 쉬우며, 프레카리아트가 늘어날수록 사회도 불안해짐
긱 노동자	- 단기 계약 등을 통해 임시로 인력을 충원하고 그때그때 대가를 지불하는 노동 형태 - 고용주에 상관없이 자신이 보유한 고유의 직업 역량을 판매하며, 자신의 직업을 독립적인 프리랜서나 개인사업자 형태로 인식함 - 정보통신 기술의 발달로 더욱더 활성화될 가능성이 높으며, 기업 입장에서는 경쟁력을 높이는 방안으로 활용할 수 있음

정답 체크

2문단에서 긱 노동자들은 고용주가 누구든 간에 자신이 보유한 고유의 직업 역량을 고용주에게 판매하면서, 자신의 직업을 독립적인 '프리랜서' 또는 '개인 사업자' 형태로 인식한다고 인식한다고 하였으므로 각 노동자가 자신의 직업 형태에 대해 갖는 인식은 자신을 고용한 기업에 따라 달라지지 않음을 알 수 있다.

오답 체크

② 2문단에서 정보통신 기술의 발달이 긱을 더욱 활성화한다고 하였으나, 정보통신 기술의 발달과 프레카리아트 계급의 확산에 대해서는 다루고 있지 않으므로 적절하지 않은 내용이다.
③ 프레카리아트 계급과 긱 노동자 집단의 관계에 대해서는 다루고 있지 않으므로 적절하지 않은 내용이다.
④ 프레카리아트 계급이 정규직 근로자로 변모할 가능성에 영향을 미치는 요인에 대해서는 다루고 있지 않으므로 적절하지 않은 내용이다.
⑤ 비정규직 근로자에 대한 노동 보장의 강화가 프레카리아트 계급과 긱 노동자 집단에게 어떤 영향을 미치는 지에 대해서는 다루고 있지 않으므로 적절하지 않은 내용이다.

[3-5]

독해력 UP 지문 분석

분야/주제
과학/혈액의 응고와 혈관 석회화 방지에 영향을 미치는 비타민 K의 역할

문단별 중심 내용

1문단	혈액 응고 및 원활한 순환에 영향을 미치는 비타민 K
2문단	혈액의 응고를 돕는 비타민 K의 역할과 K-의존성 단백질의 의미
3문단	식물에서 합성되는 비타민 K_1과 동물 세포 합성 또는 미생물 발효로 생성되는 비타민 K_2
4문단	비타민 K 부족 시 MGP 단백질이 활성화되지 못해 나타날 수 있는 혈관 석회화

3
정답 ①

정답 체크
혈액 응고는 섬유소 그물이 혈소판이 응집된 혈소판 마개와 뭉쳐 혈병이라는 덩어리를 만드는 현상이며, 혈액 응고가 혈관 속에서 나타날 경우의 혈병을 혈전이라고 하였으므로 혈전이 형성되면 섬유소 그물이 뭉쳐 혈액의 손실을 막는 것은 아님을 알 수 있다.

오답 체크
②, ③ 1문단에서 혈액 응고는 섬유소 그물이 혈소판이 응집된 혈소판 마개와 뭉쳐 혈병이라는 덩어리를 만드는 현상이라고 하였으므로 적절한 내용이다.
④ 1문단에서 이물질이 쌓여 동맥 내벽이 두꺼워지는 동맥 경화가 일어나면 그 부위에 혈전 침착, 혈류 감소 등이 일어나 혈관 질환이 발생하기도 한다고 하였으므로 적절한 내용이다.
⑤ 4문단에서 혈관 벽에 칼슘염이 침착되는 석회화가 진행되면 동맥 경화 및 혈관 질환이 발생할 수도 있다고 하였으므로 적절한 내용이다.

4
정답 ②

정답 체크
4문단에서 나이가 들면 뼈조직의 칼슘 밀도가 낮아져 골다공증이 생기기 쉬운데, 이를 방지하고자 칼슘 보충제를 섭취하나 칼슘 보충제를 섭취해서 혈액 내 칼슘 농도는 높아지나 골밀도는 높아지지 않고, 혈관 벽에 칼슘염이 침착되는 혈관 석회화가 진행되어 동맥 경화 및 혈관 질환이 발생하는 경우가 생긴다고 하였으므로 칼슘 보충제를 섭취해도 뼈조직에서는 칼슘이 여전히 필요한 것이 칼슘의 역설임을 알 수 있다.

5
정답 ④

정답 체크
2문단에 따르면 비타민 K는 글루탐산이 감마-카르복시글루탐산으로 전환되는 카르복실화에 영향을 미치며, 단백질의 활성화는 칼슘 이온과의 결합을 통해 이루어지기 때문에 칼슘 이온과 결합하려면 단백질이 카르복실화되어 있어야 하므로 비타민 K_1과 비타민 K_2 모두 표적 단백질의 활성화 이전 단계에 작용함을 알 수 있다.

오답 체크
① 3문단에 따르면 비타민 K_1은 식물에서, 비타민 K_2는 동물 세포 또는 미생물 발효로 생성된다고 하였으므로 적절하지 않은 내용이다.
② 2문단에 따르면 지방을 뺀 사료를 먹은 병아리는 지방에 녹는 물질인 비타민 K가 결핍되어 있었다고 하였으므로 적절하지 않은 내용이다.
③ 3문단에 따르면 비타민 K는 단백질을 구성하는 아미노산 중 글루탐산을 감마-카르복시글루탐산으로 전환하는 카르복실화를 이행한다고 하였으므로 적절하지 않은 내용이다.
⑤ 1문단과 4문단에서 비타민 K에 결핍이 발생하면 혈액 응고에 차질이 생기거나 혈관 석회화가 유발된다고 하였으므로 적절하지 않은 내용이다.

[6-8]

독해력 UP 지문 분석

분야/주제
인문/근대 도시의 삶의 양식에 대한 생산학파와 소비학파의 대립된 주장을 포괄하는 벤야민의 견해

문단별 중심 내용

1문단	근대 도시의 노동자가 기계화된 노동으로 내면세계를 상실하고 사물로 전락했다고 보는 생산학파의 견해
2문단	근대 도시인들이 새로운 테크놀로지의 발달로 인해 결핍된 욕망이 실현될 것이라는 기대 속에서 살아간다고 보는 소비학파의 견해
3문단	소비가 가져오는 복합적인 체험은 근대 도시인에게 충격을 가져다주며 이러한 충격 체험으로 새로운 감성과 감각이 일깨워진다고 보는 벤야민의 견해
4문단	영화를 통해 근대 도시의 복합적 특성을 설명하는 벤야민의 견해
5문단	근대 도시인은 사물화된 노동자인 동시에 내면세계를 지닌 꿈꾸는 자라는 벤야민의 견해

6 정답 ⑤

정답 체크

1문단에서 생산학파는 근대 도시의 노동자가 기계화된 노동으로 인해 감각과 감성으로 경험하는 내면세계를 잃고 사물로 전락했다는 견해를 제시하였고, 2문단에서 소비학파는 근대 도시의 노동자들이 새로운 테크놀로지의 발달로 인해 결핍이 욕망으로 충족될 수 있다는 기대로 살아간다는 견해를 제시한 후, 3~4문단에서 두 학파의 관점을 아우르며 영화라는 새로운 예술 형식에 근대 도시의 복합적 특성이 나타난다고 주장한 벤야민의 견해를 밝히고 있으므로 이 글의 내용 전개 방식으로 가장 적절한 것은 ⑤이다.

7 정답 ④

정답 체크

ⓒ은 근대 도시인이 내면세계를 상실한 사물로 타락했다는 ⓐ의 견해를 비판하며 새로운 테크놀로지의 발달로 근대 도시인은 자신이 꿈꾸는 미래에 대한 주관적인 환상이 실현 가능한 현실이 될 것이라는 기대 속에서 살아간다고 하였으므로 ⓐ, ⓒ에 대한 이해로 가장 적절한 것은 ④이다.

오답 체크

① ⓐ은 근대 도시인이 내면세계를 상실하고 사물로 전락하였으며 근대 도시에 대한 어떠한 쾌락이나 환상이 개입하지 못하는 거대한 생산 기계가 된 듯하다고 하였으므로 적절하지 않다.
② ⓐ과 ⓒ 모두 새로운 테크놀로지의 발달로 실현된 근대 생산 체제가 욕망과 충족의 간극 해소에 대해서는 다루고 있지 않으므로 적절하지 않다.
③ ⓒ은 금욕주의 정신을 지닌 청교도조차 소비 양식에서 자기 환상적 쾌락주의를 지님을 서술하고 있지만, 근대 도시인의 소비 정신이 금욕주의 정신에 의해 만들어졌는지에 대해서는 다루고 있지 않으므로 적절하지 않다.
⑤ ⓐ과 ⓒ은 모두 소비가 노동자에 대한 집단 규율을 완화하여 유순한 몸이 되게 한다는 것에 대해서는 다루고 있지 않으므로 적절하지 않다.

> **문제 풀이 TIP**
>
> 두 가지 상이한 견해가 제시되는 경우 각 견해의 핵심 내용을 정리하며 문제를 풀이한다.
> 생산학파와 소비학파 각각 근대 도시의 삶의 양식을 바라보는 관점이 상이하므로 이를 구분하여 내용을 정리하고 두 입장을 포괄하는 벤야민의 견해를 이해한다.

8 정답 ②

정답 체크

4문단에서 영화 제작 과정 및 영화 원리에 대해서는 서술하고 있지만, 영화가 다루는 독특한 주제에 대해서는 다루고 있지 않으므로 정신적 충격이 영화가 다루고 있는 독특한 주제에서 발생하는 것은 아님을 알 수 있다.

오답 체크

① 4문단에서 영화는 충격 체험을 통해 근대 도시인에게 새로운 감성과 감각을 제공하는 매체라고 하였으므로 적절한 내용이다.
③ 4문단에서 벤야민이 영화를 근대 도시의 작동 방식과 리듬에 상응하는 매체라고 한 점에서 영화를 통해 받는 정신적 충격은 근대 도시의 일상적 체험에서 발생하는 충격과 비슷하다는 것을 추론할 수 있으므로 적절한 내용이다.
④ 4문단에서 영화는 서로 다른 시·공간의 연결, 카메라의 움직임에 따른 시점 변화, 느린 화면과 빠른 화면의 교차 등 영화의 형식 원리를 이용해 관객에게 정신적 충격을 유발시킨다고 하였으므로 적절한 내용이다.
⑤ 4문단에서 영화는 보통 사람의 육안이라는 감각적 지각의 정상 범위를 뛰어넘는 체험을 가져다준다고 하였으므로 적절한 내용이다.

9 정답 ④

독해력 UP 지문 분석

분야/주제

사회/1950년 농지개혁법 개정안의 주요 내용과 논쟁

문단별 중심 내용

1문단	1950년 농지개혁법 개정안의 핵심 내용과 배경
2문단	농지개혁법 개정안을 둘러싼 국회의원들 간의 갑론을박

정답 체크

2문단에서 을은 상환율은 반드시 현행대로 유지되어야 한다고 주장하면서 보상률과 상환율을 같게 하는 데에는 전적으로 찬성한다고 하였고, 1문단에서 기존 농지개혁법은 지주에게 평균 수확량의 150%로 지가를 보상하고 농민에게는 평균 수확량의 125%를 상환하도록 규정하여 25%의 차액을 정부가 부담하였으나 정부의 재정이 이러한 부담을 감당할 수 없어 보상률과 상환율을 150%로 동일하게 조정하고자 농지개혁법 개정안을 의안으로 올렸다고 하였다. 따라서 국회의원 을은 상환율의 현행 유지를 주장하면서도 보상률과 상환율의 동일화에는 찬성하고 있어 보상률을 낮추고자 하므로 국회의원 을이 상환율 상승을 염려하여 국가 부담 부분을 없애는 것에 반대한다는 것은 적절하지 않은 내용이다.

오답 체크

① 1문단에서 인플레이션을 방지하려 농지개혁법 개정안으로 지주에게는 기간을 두어 가며 보상하는 지가증권을 보상금으로 지급한다는 내용이 있다고 하였으므로 적절한 내용이다.

② 1문단에서 전년도에 통과된 농지개혁법은 평균 수확량의 150%로 지가를 산정하여 정부가 지주에게 보상하고 분배받는 농민에게는 평균 수확량의 125 %를 정부에 상환금으로 내도록 규정하며 25%의 차액은 정부가 부담하지만, 이 부담을 정부 재정이 감당할 수 없어 정부가 맡은 몫을 없애고 상환율을 높여 보상률과 같게 되도록 개정한다고 하였으므로 적절한 내용이다.

③ 2문단에서 국회의원 갑은 생활이 어려운 중소지주들을 위해서는 이번 개정에서 보상률을 200 %로 올려야 한다고 주장했다고 하였으므로 적절한 내용이다.

⑤ 2문단에서 국회의원 을은 상환율은 반드시 현행대로 유지되어야 한다고 주장했지만 보상률과 상환율을 같게 하는 데에는 찬성한다고 하였고 1문단에서 현행 농지법에 의하면 상환율은 125%이라고 하였다. 따라서 국회의원 을은 지주가 받을 보상금은 해당 농지 평균 수확량의 125 %가 되어야 한다는 입장이므로 적절한 내용이다.

> **문제 풀이 TIP**
> 지문의 내용이 다소 낯설고 어렵게 느껴진다면 지문의 전체적인 내용을 빠르게 훑어 파악하고, 선택지의 내용을 본문에서 찾아 하나씩 검증하는 방향으로 문제를 풀이한다.

DAY 18 설명문 ⑧ p.142

1 ⑤   2 ①   3 ①   4 ③   5 ④
6 ③

1
정답 ⑤

독해력 UP 지문 분석

분야/주제
인문/동유럽 체제 개편 과정을 통해 확인된 IMF 자금 지원 전후의 국민 건강 지표 변화

문단별 중심 내용

1문단	냉전 체제 붕괴 이후 경제 위기를 겪으며 IMF의 지원을 받은 동유럽 국가
2문단	경제 위기 과정 속에서 해당 국가 국민의 평균 수명이 급격히 감소함
3문단	IMF 구조 조정 프로그램의 실시 여부와 국가별 결핵 사망률의 상관관계

정답 체크

3문단에서 IMF 구조조정 프로그램을 시행하지 않은 슬로베니아는 동 기간에 오히려 결핵 사망률이 감소했으며, IMF 구조 조정 프로그램의 실시 여부는 국가별 결핵 사망률과 일정한 상관관계가 있다고 하였으므로 ⑩을 "실시 이후부터 결핵 사망률이 크게 증가했던 것"으로 수정한 ⑤가 가장 적절하다.

오답 체크

① 1문단에서 동유럽 연방에서 독립한 국가들은 자본주의 시장경제를 받아들인 이후 극심한 경제 위기를 경험하게 되었다고 하였으므로 적절하지 않다.

②, ③ 2문단에서 관련 국가 국민의 평균 수명이 급격하게 줄어든 일에 대해 일부 경제학자들은 경제 체제의 변화와는 관련이 없다고 하였으므로 적절하지 않다.

④ 3문단에서 영국의 한 연구자가 관련 국가들의 건강 지표가 IMF의 자금 지원 전후로 어떻게 달라졌는지를 살펴보았다고 하였으므로 적절하지 않다.

> **문제 풀이 TIP**
> 밑줄로 표시된 문장의 앞뒤 문장뿐만 아니라 전체 글의 맥락을 충분히 고려한다.

2 정답 ①

독해력 UP 지문 분석

분야/주제
사회/시장에서 최초진입기업이 얻을 수 있는 A 효과와 후발진입기업이 얻을 수 있는 B 효과

문단별 중심 내용

1문단	- A 효과: 기업이 시장에 최초로 진입하여 무형 및 유형의 이익을 얻는 것 - B 효과: 후발진입기업이 최초진입기업의 투자를 이용하여 성공적으로 시장에 안착하는 것
2문단	규모의 경제 측면에서 유리한 최초진입기업, 연구개발 투자 측면에서 유리한 후발진입기업
3문단	인지도 및 기술적 우위를 통해 후발주자의 시장 진출을 막을 때 극대화되는 A 효과

정답 체크

2문단에서 최초진입기업의 경우 규모의 경제 효과를 얼마나 빠른 시일 내에 이룰 수 있는가가 성공의 핵심 조건인 반면 후발진입기업의 경우 절감된 비용을 마케팅에 효율적으로 투자하여 최초진입기업의 시장 점유율을 빠른 시일 내에 빼앗는 것이 성공의 핵심 조건임을 서술하고 있지만, 최초진입기업이 후발진입기업과 비교해 매년 더 많은 마케팅 비용을 사용한다는 것에 대해서는 다루고 있지 않으므로 적절하지 않은 내용이다.

오답 체크

② 2문단에서 후발진입기업의 모방 비용은 최초진입기업이 신제품 개발에 투자한 비용 대비 65% 정도라고 하였으므로 적절한 내용이다.

③ 1문단에서 A 효과란 기업이 시장에 최초로 진입하여 유·무형의 이익을 얻는 것이라고 하였고, 3문단에서 최초진입기업은 후발진입기업에 비해 인지도 측면에서 뛰어난 우위를 확보하여 강력한 진입 장벽을 구축할 수 있다고 하였으므로 적절한 내용이다.

④ 2문단에서 후발진입기업의 성공 핵심 조건은 연구개발 단계에서 절감된 비용을 마케팅 등에 효과적으로 투자하여 최초진입기업의 시장 점유율을 단기간에 확보하는 것이라고 하였으므로 적절한 내용이다.

⑤ 1문단에서 B 효과는 후발진입기업이 최초진입기업과 동등한 수준의 기술 및 제품을 보다 낮은 비용에 개발이 가능한 경우에만 얻을 수 있다고 하였으므로 적절한 내용이다.

문제 풀이 TIP

두 가지 개념이 구분되어 제시되는 경우 각 개념의 특징을 정리하며 문제를 풀이한다.
최초진입기업과 후발진입기업의 특징 및 성공의 조건이 다르므로 두 내용이 구분될 수 있도록 표시하며 내용을 정리한다.

3 정답 ①

독해력 UP 지문 분석

분야/주제
과학/절연체가 전기력에 의해 움직이는 원리

문단별 중심 내용

1문단	절연체도 전기력에 의한 운동이 가능함
2문단	절연체는 전기적으로 중성이지만 내부에 균일하게 분포된 양전하와 음전하가 존재함
3문단	외부 전기력 작용 시 절연체 내부의 양전하와 음전하가 서로 다른 방향으로 힘을 받음
4문단	전하 간 거리에 따른 전기력 차이로 인해 절연체가 대전된 물체 쪽으로 이동하게 됨

정답 체크

ㄱ. 3문단에서 외부에서 전기력이 작용하면 절연체 내부의 전하들은 개별적으로 그 힘에 반응한다고 했고 4문단에서 절연체 내부의 전하들은 이러한 전기력에 의해 미세하게 이동할 수 있다고 했으므로 적절한 내용이다.

오답 체크

ㄴ. 2문단에서 절연체는 음전하와 양전하가 똑같은 숫자로 존재하며 물체에 균일하게 분포되어 있다고 했고 4문단에서 절연체 내부의 전하들은 이러한 전기력에 의해 미세하게 이동할 수 있다고 했다. 따라서 대전된 물체는 절연체 내 음전하와 양전하의 구성 비율을 변화시키는 것이 아닌 절연체 내 전하의 위치를 변화시킬 수 있으므로 적절하지 않은 내용이다.

ㄷ. 3문단에서 양으로 대전된 물체에 의해서 절연체에 전기력이 작용하는 경우 절연체 내부의 음전하는 대전된 물체 방향으로 끌려가는 힘인 인력을 받고 양전하는 밀려나는 힘인 척력을 받는다고 했고 4문단에서 전기력은 전하 간 거리가 멀수록 작아지는 특성이 있기 때문에 대전된 물체의 양전하와 절연체의 음전하 간의 인력이 대전된 물체의 양전하와 절연체의 양전하 간의 척력보다 커져 절연체는 대전된 물체 방향으로 끌려가게 된다고 했다. 따라서 음으로 대전된 물체를 특정 무게 이하의 절연체에 가까이함으로써 절연체를 밀어내는 것이 가능하지 않으므로 적절하지 않은 내용이다.

문제 풀이 TIP

추론형 문제의 정답을 찾을 때, 지문에서 명시적으로 언급하지 않았더라도 제시된 원리를 바탕으로 논리적으로 도출할 수 있는 내용을 찾는다.

4
정답 ③

독해력 UP 지문 분석

분야/주제
인문/설악산의 범위의 변천

문단별 중심 내용

1문단	오늘날과 조선 시대에 설악산이라는 지명이 포함하는 영역의 차이
2문단	각각의 봉우리를 산으로 인식한 고려 시대와 달리 점차 산의 범위가 점차 넓어진 조선 시대 인식을 보여주는 <여지도>, <비변사인 방안지도 양양부 도엽>
3문단	조선 후기에 오늘날과 동일한 범위를 설악산으로 인식하였음을 보여주는 <조선팔도지도>, <대동지지>, <동국여지지>

정답 체크

3문단에서 <조선팔도지도>는 오늘날과 동일하게 설악산의 범위가 표시되어 있다고 하였으며, 1문단에서 오늘날 설악산은 대청봉, 울산바위가 있는 봉우리와 한계령이 있는 봉우리를 하나로 묶은 지역이라고 하였으므로 <조선팔도지도>에 표시된 대로 설정한 설악산의 범위에는 한계령이 있는 봉우리가 포함된다는 것을 알 수 있다.

오답 체크

① 2문단에서 <여지도>에는 오늘날 설악산의 범위에 해당하는 지역이 한계산과 설악산으로 구분되어 있다고 하였지만, 3문단에서 <대동지지>라는 책에 한계산은 설악산에 속한 봉우리에 불과하다고 서술하면서 구분을 하지 않고 있으므로 적절하지 않은 내용이다.
② 3문단에서 <조선팔도지도>에는 오늘날과 동일하게 설악산의 범위가 표시되어 있다고 서술하고 있지만, <동국여지지>에는 사람들이 설악산의 범위를 어떻게 생각하는지에 대해서만 서술하고 있을 뿐 어떤 범위로 그려져 있는지에 대해서는 다루고 있지 않으므로 적절하지 않은 내용이다.
④ 2문단에서 <비변사인 방안지도 양양부 도엽>은 설악산, 천후산, 한계산의 범위가 모두 따로 표시되어 있다고 서술하고 있지만, 3문단에서 <대동지지>는 한계산은 설악산에 속한 봉우리에 불과하다는 내용만 언급되어 있을 뿐 천후산와 한계산을 구분하였는지는 다루고 있지 않으므로 적절하지 않은 내용이다.
⑤ 2문단에서 <비변사인 방안지도 양양부 도엽>은 오늘날의 설악산에 해당하는 범위를 설악산, 천후산, 한계산으로 구분하여 표시했다고 하였고, <여지도>는 오늘날의 설악산에 해당하는 범위를 한계산과 설악산으로 구분하여 표시했다고 하였으므로 적절하지 않은 내용이다.

문제 풀이 TIP

지문에서 동일한 분야의 여러 소재를 비교하고 있는 경우 각 소재의 차이에 주목하며 지문을 읽는다.

[5-6]

독해력 UP 지문 분석

분야/주제
사회/글로벌 금융 위기 이후 경제 안정을 위한 정책의 변화

문단별 중심 내용

1문단	정책 금리를 활용하여 물가 안정 및 경제 안정 도모를 목표로 하는 전통적인 통화 정책
2문단	금융감독 정책이 개별 금융 회사의 건전성을 확보하여 금융 안정을 달성하고자 하는 미시 건전성 정책에 집중해야 한다고 여긴 전통적인 경제학
3문단	글로벌 금융 위기 이후 달라진 경제 안정 정책
4문단	금융 시스템 위험 요인에 대한 예방적 규제를 통해 금융 시스템의 건전성을 추구한다는 점에서 미시 건전성 정책과 차별화되는 거시 건전성 정책
5문단	거시 건전성 정책의 목표 달성을 위해 경기 대응 완충자본 제도의 도입 필요성

핵심 내용 정리

금융 위기 이전	- 금융 안정은 미시 건전성 정책 위주의 금융감독 정책을 통해 달성 - 물가 안정은 통화 정책을 통해 달성
금융 위기로 인한 변화	- 저금리 정책의 경제 안정 훼손 가능성에 대한 공감대 형성 - 금융 회사 규모가 새로운 금융 안정의 위험 요인으로 등장
금융 위기 이후	- 미시 건전성 정책에 거시 건전성 정책을 추가한 금융감독 정책 - 금융감독 정책과 통화 정책의 상호 보완을 통한 경제 안정 달성

5
정답 ④

정답 체크

3문단에서 글로벌 금융 위기 이후 경기 부양 목적의 저금리 정책이 자산 가격 버블에 따른 금융 불안을 유발하여 경제 안정을 훼손시킬 수 있다는 데 공감대가 형성되었다고 하였으므로 글로벌 금융 위기 이후에 정책 금리 인하가 경제 안정을 훼손하는 요인이 될 수 있다고 보았음을 알 수 있다.

오답 체크

① 2문단에서 전통적인 경제학에서는 금융이 직접적인 생산 수단이 아니기 때문에 단기적일 때와 달리 장기적으로는 경제 성장에 영향을 미치지 못한다는 인식에 기인한다고 하였으므로 적절하지 않은 내용이다.

② 2문단에서 전통적인 경제학에서는 금융감독 정책이 개별 금융 회사의 건전성을 확보하여 금융 안정을 달성하고자 하는 미시 건전성 정책에 집중해야 한다고 하였으므로 적절하지 않은 내용이다.

③ 3문단에서 전통적인 경제학에서는 금융감독 정책을 통해 금융 안정을, 통화 정책을 통해 물가 안정을 달성할 수 있다고 여기는 이원적인 접근 방식이 지배적이었다고 하였으므로 적절하지 않은 내용이다.

⑤ 3문단에서 글로벌 금융 위기 이후 저금리 정책에 의해 유발된 자산 가격 버블에 따른 금융 불안이 경제 안정을 훼손시킬 수 있다는 것에 공감대가 형성되었다고 하였으므로 적절하지 않은 내용이다.

문제 풀이 TIP

특정 시기를 기준으로 대상의 통시적인 변화를 설명하는 글의 경우 대상의 변화 양상을 중심으로 내용을 파악한다.
글로벌 금융 위기를 기점으로 금융 안정, 물가 안정을 위한 정책이 어떻게 변화되었는지를 중점적으로 내용을 이해한다.

6 정답 ③

정답 체크

2문단에서 미시 건전성 정책은 개별 금융 회사의 건전성에 대한 예방적 규제 성격을 띤 정책 수단을 활용한다고 하였고, 4문단에서 거시 건전성 정책은 금융 시스템 위험 요인에 대한 예방적 규제를 통해 금융 시스템의 건전성을 추구한다고 하였으므로 ㉠이 ㉡과 다르게 예방적 규제 성격의 정책 수단을 활용하여 금융 안정을 달성하고자 한 것은 아님을 알 수 있다.

오답 체크

① 2문단에서 전통적인 경제학에서는 금융감독 정책으로 미시 건전성 정책에 집중해야 한다고 하였고, 3문단에서 전통적인 경제학에서는 금융감독 정책을 통해 금융 안정을, 통화 정책을 통해 물가 안정을 달성할 수 있다고 여기는 이원적인 접근 방식이 지배적이었다고 하였으므로 적절한 내용이다.

② 5문단에서 거시 건전성 정책에서 금융 시스템 위험 요인은 경기 순응성을 지녀 경기 호황기에는 신용 공급이 팽창되고 불황기에는 그 반대의 상황이 일어나는데, 이때 경기 대응 완충자본 제도가 과도한 신용 팽창을 억제하고 충분한 공급을 돕는다고 하였으므로 적절한 내용이다.

④ 2문단에서 미시 건전성 정책은 개별 금융 회사의 건전성에 대한 예방적 규제 성격을 띤 정책 수단을 활용한다고 하였고, 4문단에서 거시 건전성 정책은 금융 시스템 위험 요인에 대한 예방적 규제를 활용한다는 점에서 미시 건전성 정책과 차별화된다고 하였으므로 적절한 내용이다.

⑤ 2문단에서 미시 건전성 정책은 개별 금융 회사의 건전성에 대한 예방적 규제 성격을 가진 정책 수단으로 금융 회사의 자기자본 하한을 설정하는 최저 자기자본 규제를 활용한다고 하였고, 5문단에서 거시 건전성 정책은 금융 회사로 하여금 경기 과열기에는 최저 자기자본에 추가적인 자기자본을 쌓고, 경기 침체기에는 쌓은 자기자본을 대출 재원으로 사용하도록 하는 경기 대응 완충자본 제도를 활용한다고 하였으므로 적절한 내용이다.

DAY 19 설명문 ⑨   p.148

1 ⑤   **2** ⑤   **3** ②   **4** ⑤   **5** ①
6 ③   **7** ④

1   정답 ⑤

독해력 UP 지문 분석

분야/주제
인문/불완전한 문자 체계를 사용한 원시 수메르어

문단별 중심 내용

1문단	두 종류의 기호를 사용한 원시 수메르어 문자 체계
2문단	인간 행동의 제한된 영역에 속하는 특정 정보만 표현할 수 있는 불완전한 문자 체계를 사용한 원시 수메르어 문자 체계

핵심 내용 정리

구분	완전한 문자 체계	불완전한 문자 체계
정의	사람이 말하는 모든 것을 표현할 수 있는 체계	인간 행동의 제한된 영역에 속하는 특정한 종류의 정보만 표현할 수 있는 기호 체계
종류	라틴어, 고대 이집트 상형문자, 브라유 점자	원시 수메르어, 수학의 언어, 음악 기호
기능	상거래 기록, 상법 명문화, 역사책 집필 등	숫자 및 문자 기록, 장부 기록 등

정답 체크

2문단에서 인간 행동의 제한된 영역에 속하는 특정 정보만 표현할 수 있는 불완전한 기호 체계였던 원시 수메르어와 달리 고대 이집트 상형문자는 구어의 범위를 포괄하는 완전한 기호 체계라고 하였으므로 원시 수메르어 문자와 마찬가지로 고대 이집트 상형문자는 구어의 범위를 포괄하지 못했던 것은 아님을 알 수 있다.

오답 체크

① 2문단에서 원시 수메르인이 문자를 만들어 사용한 이유는 거래 기록의 보존 등 구어로는 하지 못할 일을 하기 위해서라고 하였으므로 적절한 내용이다.
② 2문단에서 원시 수메르어 문자 체계는 인간 행동의 제한된 영역에 속하는 특정 정보만 표현 가능한 불완전한 기호 체계이며 자신의 마음을 표현하는 시 또한 적을 수 없다고 하였으므로 적절한 내용이다.
③ 2문단에서 수메르어를 읽고 쓸 줄 아는 사람은 소수라고 하였으므로 적절한 내용이다.
④ 1문단에서 원시 수메르어 문자 체계는 숫자를 나타내는 기호와 사물을 나타내는 기호 총 두 종류의 기호를 사용했다고 하였으므로 적절한 내용이다.

> **문제 풀이 TIP**
> 두 가지 대상이 구분되어 제시되는 경우 각 대상의 세부내용을 정리하며 문제를 풀이한다.
> 문자 체계는 완전성에 따라 그 종류와 기능이 다르므로 대상과 세부내용을 연결하여 내용을 정리한다.

2   정답 ⑤

독해력 UP 지문 분석

분야/주제
인문/비표준어로서의 방언과 언어학에서의 방언

문단별 중심 내용

1문단	부정적인 오해와 평가가 포함되어 있는 비표준어로서의 방언
2문단	한 언어를 형성하고 있는 하위 단위로서의 언어 체계 전부를 일컫는 언어학에서의 방언

정답 체크

(마) 빈칸 앞에서 방언은 한 언어를 형성하고 있는 하위 단위로서의 언어 체계 전부를 의미하여 한국어를 이루고 있는 각 지역의 언어 체계 전부가 방언이라고 한 점에서 한국어는 표준어와 지역 방언 공통 부분을 지칭한다는 것을 추론할 수 있으므로 적절하지 않다.

오답 체크

(가) 빈칸 앞에서는 방언이 비표준어라는 뜻을 갖는다는 내용을 말하고 있고, 빈칸 뒤에서는 방언을 비표준어로서 낮추어 대하는 인식이 담겨 있다는 내용을 말하고 있으므로 적절하다.
(나) 빈칸 앞에서는 방언이나 사투리는 표준어인 서울말이 아닌 어느 지역의 말을 가리킨다는 내용을 말하고 있고, 빈칸 뒤에서는 이러한 용법에는 방언이 표준어보다 열등하다는 오해와 편견이 포함되어 있으며 세련되지 못하고 규칙에 엄격하지 않다 등의 부정적 평가가 반영되어 있다는 내용을 말하고 있으므로 적절하다.
(다) 빈칸 앞에서 사투리는 표준어에 없는 그 지역 특유의 언어 요소만을 지칭하기도 한다는 내용을 말하고 있으므로 적절하다.
(라) 빈칸 앞에서 방언은 한 언어를 형성하는 하위 단위로서의 언어 체계 전부를 의미하여 한국어를 구성하는 각 지역의 언어 체계 전부가 방언이라는 내용을 말하고 있으므로 적절하다.

3   정답 ②

독해력 UP 지문 분석

분야/주제
사회/비경합적이고 비배제적인 방식으로 소비되는 재화와 용역의 생산과 배분

문단별 중심 내용

1문단	누군가의 소비가 다른 사람의 소비 가능성을 줄어들게 하지 않는 비경합적 소비
2문단	재화 및 용역이 공급될 때 대가를 지불하지 않아도 배제할 수 없다는 비배제적 소비
3문단	비경합적이고 비배제적인 방식으로 소비되는 재화와 용역의 생산 및 배분이 시장에서 제대로 이루어질 수 있도록 돕는 공공재의 역할

정답 체크

3문단에서 국방 서비스를 시장에서 생산하여 판매한다면 국민은 국방 서비스를 구매하지 않을 것이라고 하였으므로 국방 서비스를 소비하는 모든 국민에게 그 비용을 지불하게 했을 때 그 서비스가 비경합적으로 소비될 수 없는 것은 아님을 알 수 있다.

오답 체크

① 2문단에서 재화나 용역이 비배제적으로 소비된다는 것은 공급 시 누군가가 대가를 지불하지 않았다고 해서 그 사람이 재화 및 용역을 소비할 수 없도록 배제할 수 없는 것이라고 하였으므로 적절한 내용이다.
③ 1문단에서 재화 및 용역에 대한 소비가 다른 사람의 소비 가능성을 줄어들게 하지 않는다는 것은 재화나 용역이 비경합적으로 소비되는 것이라고 하였으므로 적절한 내용이다.
④ 3문단에서 국방 서비스를 시장에서 생산하여 판매하면 국민은 국방 서비스를 구매하지 않을 것이며, 결과적으로 국방 서비스가 과소 생산되는 문제가 발생한다고 하였으므로 적절한 내용이다.
⑤ 1문단에서 라디오 방송 서비스는 본인이 이용한다고 해서 다른 사람의 소비 가능성이 줄어들지 않는다고 하였으므로 적절한 내용이다.

4   정답 ⑤

독해력 UP 지문 분석

분야/주제
사회/자녀의 양육권과 면접교섭권

문단별 중심 내용

1문단	미성년자의 양육은 부모의 공동책임이며 양육 관련 결정은 부모의 협의에 의함
2문단	이혼 시 양육친과 비양육친의 구분과 양육비 지급 및 면접교섭권의 필요성
3문단	비양육친의 양육비 지급 의무와 헌법상 보장된 면접교섭권의 법적 근거
4문단	면접교섭권 행사에 있어 자녀의 복리를 위한 법원의 개입 가능성과 권한

정답 체크

3문단에서 비양육친이 자녀와 연락하고 만나면서 친밀한 인간적 관계를 유지하기 위해 필요한 협력을 양육친에게 요구할 수 있는 권리를 면접교섭권이라 하였고, 4문단에서 법원은 면접교섭권의 합의된 내용이 자녀의 복리를 저해한다고 인정되는 경우에도 개입할 수 있는데, 이때 법원은 직접 면접교섭의 내용을 결정하거나, 당사자의 합의로 정해진 면접교섭의 내용을 제한할 수 있다고 하였으므로 비양육친이 자녀와 친밀한 인간적 관계를 유지하기 위해 요구한 권리에 관하여 양육친과 합의한 내용이라 하더라도 법원에 의해 제한될 수 있음을 알 수 있다.

오답 체크

① 3문단에서 비양육친은 양육친에게 양육비를 지급할 의무를 지는 한편, 자녀와 연락하고 만나면서 친밀한 인간적 관계를 유지하기 위해 필요한 협력을 양육친에게 요구할 수 있는 권리인 면접교섭권을 가진다고 서술하고 있지만, 양육비와 면접교섭권의 관계에 대해서는 다루고 있지 않으므로 적절하지 않은 내용이다.
② 2문단에서 부모가 이혼하여 따로 살게 되더라도 법적으로 공동양육을 유지할 수는 있다고 하였으므로 적절하지 않은 내용이다.
③ 3문단에서 면접교섭권은 이혼을 계기로 비양육친에게 주어질 수 있는 권리라고 하였으므로 적절하지 않은 내용이다.
④ 3문단에서 부부가 이혼하더라도 부모와 자녀 사이의 특별하고 긴밀한 인간관계는 헌법에 보장되는 인격권의 보호 대상이기 때문에 면접교섭권을 가진다고 하였으므로 적절하지 않은 내용이다.

[5-7]

독해력 UP 지문 분석

분야/주제
사회/BIS 비율의 규범성과 바젤 협약의 변화 양상

문단별 중심 내용

1문단	BIS 비율 규제의 규범적 성격
2문단	BIS 비율의 산출 공식 및 산출 방법과 바젤 I 협약
3문단	기존 BIS 비율의 위험가중자산 산정 기준 및 위험 가중치 산정 방법을 개선한 바젤 II 협약
4문단	자기자본에서 단기후순위 채무를 제외하고 위험가중자산에 대한 기본자본 비율을 보완한 바젤 III 협약
5문단	우리나라를 비롯한 수많은 국가에서 바젤 협약을 채택하여 제도화하고 있는 이유
6문단	말랑말랑한 법으로서의 바젤 기준과 딱딱한 법으로서의 조약 및 국제 관습법

핵심 내용 정리

- 바젤 I 협약 대비 바젤 II 협약 개정 내용

바젤 I 협약	- 위험 가중치: 자산 유형별 신용 위험 반영 (OECD 국가 국채=0%, 회사채는 100%로 획일적으로 부여)
바젤 II 협약	- 표준모형: 위험 가중치에 신용도 반영(OECD 국가 국채=0~150%, 회사채=20~150%로 신용도 높을수록 가중치 낮게 부여) - 내부 모형: 은행이 선택에 따른 위험 측정 방식 사용

- 바젤 I, II 협약 대비 바젤 III 협약 개정 내용

바젤 I, II 협약	- 자기자본=기본자본+보완자본+단기후순위 채무 - 기본자본 비율: 기준 없음
바젤 III 협약	- 자기자본=기본자본+보완자본 - 기본자본 비율: 최소 6%

5 정답 ①

정답 체크

이 글은 1문단에서 경제 관련 국제기구인 바젤위원회가 결정한 BIS 비율 규제에 대해 소개한 후, 2~4문단에서 BIS 비율 산출 기준을 정의하는 바젤 협약의 변화 양상을 서술하고, 5~6문단에서 전 세계 수많은 국가가 은행의 신뢰성을 증명하고 불이익을 피하고자 바젤 기준을 자발적으로 시행한다는 내용을 설명하고 있으므로 이 글의 내용 전개 방식으로 가장 적절한 것은 ①이다.

6 정답 ③

정답 체크

6문단에서 딱딱한 법은 조약이나 국제 관습법을 의미한다고 하였고, 1문단에서 이들은 일반적으로 위반에 대한 제재를 통해 국제법의 효력을 확보하는 데 주안점을 둔다고 하였으므로 딱딱한 법에서는 일반적으로 제재보다 신뢰로 법적 구속력을 확보하는 데 주안점이 있다는 것은 아님을 알 수 있다.

오답 체크

① 1문단에서 조약은 국가나 국제기구 간 지켜야 할 구체적인 권리와 의무를 명시적으로 합의한 규범이라고 하였으므로 적절한 내용이다.
② 4문단에서 새롭게 발표되는 바젤 협약은 이전 협약에 들어 있는 관련 기준을 개정하는 효과가 있다고 하였으므로 적절한 내용이다.
④, ⑤ 5문단에서 수많은 국가가 바젤 협약을 채택하여 법제화하고 있는데, 이는 바젤 기준을 따름으로써 국제 금융 시장에 은행이 신뢰할 만하다는 징표를 보여주어야 하며, 재무 건전성을 의심받는 은행은 국제 금융 시장에 자리를 잡지 못하거나 아예 발을 들이지 못할 수도 있기 때문이라고 하였으므로 적절한 내용이다.

7 정답 ④

정답 체크

2문단에서 바젤 I 협약에 따르면 시장 위험 측정 방식은 감독 기관의 승인하에 은행의 선택에 따라 사용할 수 있다고 하였고, 3문단에서 바젤 II 협약에 따르면 내부 모형은 은행이 선택한 위험 측정 방식을 감독 기관의 승인을 받고 사용하는 것을 의미한다고 하였으므로 바젤 II 협약에 따르면 시장 위험의 경우와 마찬가지로 감독 기관의 승인하에 은행이 선택하여 이용할 수 있는 신용 위험 측정 방식이 있음을 알 수 있다.

오답 체크

① 2문단에서 바젤 I 협약에 따르면 위험가중자산은 보유 자산에 위험 가중치를 곱한 값으로, OECD 국가의 국채는 0%, 회사채는 100%의 위험 가중치가 획일적으로 부여된다는 점에서 신용도가 낮아져도 위험가중자산과 BIS 비율은 변하지 않는다는 것을 추론할 수 있으므로 적절하지 않은 내용이다.
② 3문단에서 바젤 II 협약은 필요시 감독 기관이 위험가중자산에 대한 자기자본의 최저 비율이 규제 비율(8%)을 초과하도록 자국 은행에 요구할 수 있도록 하여 자기자본의 경직된 기준을 보완하고자 했다는 점에서 각국의 은행들이 준수해야 하는 위험가중자산 대비 자기자본의 최저 비율은 동일하지 않다는 것을 추론할 수 있으므로 적절하지 않은 내용이다.

③ 3문단에서 바젤 II 협약의 표준 모형에서는 위험 가중치를 OECD 국가의 국채는 0~150%, 회사채는 20~150%까지 구분하여 신용도에 따라 차등 부과한다고 한 점에서 만약 회사채보다 위험 가중치가 낮은 국채를 매각한 뒤 이를 회사채에 투자한다면 위험가중자산은 높아지고 이에 따라 BIS 비율은 낮아진다는 것을 추론할 수 있으므로 적절하지 않은 내용이다.

⑤ 4문단에서 바젤 III 협약이 발표되면서 자기자본에서 단기후순위 채무가 제외되었고, 위험가중자산에 대한 기본자본의 비율을 최소 6%가 되도록 보완했다는 점에서 만약 기본자본의 비율이 6%라면 BIS 규제 비율인 8% 이상을 준수하기 위해 보완자본의 비율이 2%가 되어야 하지만, 기본자본의 비율이 6%보다 높다면 보완자본의 비율은 2%보다 낮더라도 BIS 규제 비율을 준수할 수 있다는 것을 추론할 수 있으므로 적절하지 않은 내용이다.

문제 풀이 TIP

둘 이상의 대상을 비교하며 서술하는 경우 각 대상 간의 공통점과 차이점을 정리하며 문제를 풀이한다.
BIS 비율을 중심으로 바젤 협약의 단계별 변화 양상을 이해한다.

DAY 20 설명문 ⑩   p.154

1 ⑤   **2** ③   **3** ④   **4** ②   **5** ③

6 ④

1   정답 ⑤

독해력 UP 지문 분석

분야/주제
기술융합/미국의 건축물 화재안전 관리체제의 구분 및 적용 기준

문단별 중심 내용

1문단	건축모범규준, 화재안전평가제, 화재위험도평가제로 구분되는 미국의 건축물 화재안전 관리체제
2문단	건축모범규준의 적용 기준 및 화재안전평가제와 화재위험도평가제의 목적

정답 체크

2문단에서 뉴욕주 소방청의 화재위험도평가제는 공공데이터 공유 플랫폼을 통해 수집된 주 내에 존재하는 모든 정부 기관의 정보를 평가자료로 활용한다고 하였으므로 뉴욕주 소방청은 타 기관에서 수집한 정보를 화재위험도평가에 활용함을 알 수 있다.

오답 체크

① 2문단에서 화재안전평가제의 목적은 공공안전성이 강조되는 5개의 용도시설에 대해 화재안전성을 평가하고 대안설계안의 인정 여부를 결정함에 있으며 5개 용도시설을 제외한 건축물에는 건축모범규준 적용이 권고된다고 하였으므로 적절하지 않은 내용이다.

② 1문단에서 건축모범규준과 화재안전평가제는 건축물의 계획·시공단계에서 설계지침으로 적용되고, 화재위험도평가제는 기존 건축물의 유지·관리단계에서 화재위험도 관리를 위해 활용된다고 하였으므로 적절하지 않은 내용이다.

③ 2문단에서 미국화재예방협회가 개발한 건축모범규준은 3년마다 개정되며, 이중 특정 주요 기준은 대부분의 주에서 최근 개정안을 적용하지만 그 외의 기준은 개정 전의 규준을 적용하기도 한다고 하였으므로 적절하지 않은 내용이다.

④ 1문단에서 미국은 공신력 있는 민간기관에서 화재 관련 모범규준 및 평가제를 개발하고, 주 정부에서 주 상황에 맞는 특정 제도를 선택하여 운영하고 있다고 하였으므로 적절하지 않은 내용이다.

> **문제 풀이 TIP**
>
> 글의 내용과 부합하는 선택지를 찾는 문제의 경우 선택지를 먼저 읽고, 반복해서 등장하는 핵심어를 중심으로 지문을 읽는다. 이 때 핵심어와 관련된 세부 내용을 파악한 후 파악한 내용을 선택지와 비교하며 문제를 풀이한다.

2

정답 ③

독해력 UP 지문 분석

분야/주제
과학/인체 호흡 시스템의 폐 용량과 공기량 구분

문단별 중심 내용

1문단	폐의 구조적 특성과 공기량 측정 방법
2문단	폐와 기도의 네 가지 공기량
3문단	두 가지 이상 공기량 합인 폐용량의 분류

정답 체크

ㄱ. 3문단에서 전폐용량은 폐활량과 잔기량을 합친 것이라고 하였고, 2문단에서 잔기량은 공기를 최대한 내쉬고도 여전히 폐와 기도에 남아있는 일부 공기라고 하였다. 1문단에서 폐나 기도에 남아 있는 공기량은 직접 측정할 수 없어 간접적인 방법을 이용해야 한다고 하였다. 따라서 전폐용량은 폐활량계로 직접 측정할 수 없다는 것을 추론할 수 있으므로 적절한 내용이다.

ㄷ. 3문단에서 폐활량은 흡식예비용량, 호식예비용량, 1회 호흡량의 합이라고 하였고 2문단에서 휴식 시 호흡 중에 1회 호흡량을 내쉬었을 때 폐와 기도에 남아 있는 공기량은 호식예비용량과 잔기량의 합이라고 하였다. 따라서 공기를 최대한 들이마신 상태에서 폐와 기도 내에 들어 있는 공기량은 흡식예비용량, 호식예비용량, 1회 호흡량, 잔기량의 합이 되어 폐활량보다 크다는 것을 추론할 수 있으므로 적절한 내용이다.

오답 체크

ㄴ. 3문단에서 기능적 잔기용량이 호식예비용량과 잔기량의 합이고 흡식용량이 1회 호흡량과 흡식예비용량의 합임은 서술하고 있으나, 기능적 잔기용량이 흡식용량보다 크기가 큰 지는 알 수 없으므로 적절하지 않은 내용이다.

> **문제 풀이 TIP**
>
> 기호로 표시하면 가독성이 높아지는 문장은 여백에 정리한다. 폐활량 = 흡식예비용량 + 호식예비용량 + 1회 호흡량, 전폐용량 = 폐활량 + 잔기량, 흡식용량 = 1회 호흡량 + 흡식예비용량, 기능적 잔기용량 = 호식예비용량 + 잔기량으로 정리한다.

3

정답 ④

독해력 UP 지문 분석

분야/주제
인문/고대 수메르 문명의 회계 기록 체계

문단별 중심 내용

1문단	이라크 우루크 지방에서 발굴된 수메르 유적의 진흙 토큰과 진흙 용기
2문단	쐐기문자 도입 시기를 전후로 한 상거래 기록 방식의 발전 양상
3문단	채권자와 채무자 간의 기본적인 거래 기록 방식
4문단	상인이나 기업이 활용한 복수 거래의 회계장부 관리 방법

정답 체크

3문단에서 채권자 A가 채무자 B에게 보리 25단위를 빌려주고 이자로 보리 3단위를 받기로 계약했을 때 A는 용기 속에 보리 1단위를 의미하는 같은 토큰을 28개 넣은 다음 밀봉하여 보관하였는데 상환 시점이 되면 A는 B가 보는 앞에서 밀봉한 용기를 깨뜨려 약속한 원금과 이자를 받았다고 하였으므로 A와 B 사이의 거래 내역을 담고 있는 용기를 깨뜨려 보면 원금과 이자의 총합을 확인할 수 있었음을 알 수 있다.

오답 체크

① 1문단에서 토큰은 대추야자, 보리, 양, 염소, 오리, 사람, 수공업 제품 및 서비스 등과 같은 다양한 재화와 서비스를 각각 상징하는 작은 형상물로 진흙을 구워 만든 것이라고 서술하고 있지만 상거래 규모가 증가함에 따라 재화만 표시하던 토큰을 서비스를 표시하는 데에도 사용했다는 것에 대해서는 다루고 있지 않으므로 적절하지 않은 내용이다.

② 1문단에서 B.C.8000년경부터 B.C.2000년경까지 약 6,000년에 걸쳐 누적된 유적에서 다양한 진흙 토큰이 담긴 진흙 용기가 대량으로 출토되었다고 하였고, 2문단에서는 약 6,000년에 걸쳐 분포된 이 회계 유물을 쐐기문자의 도입 시기인 B.C.3250년경을 기준으로 전후 시기를 나누어 분석하고 있다. 따라서 B.C.2000년경 이후에도 토큰과 용기를 사용했으므로 적절하지 않은 내용이다.

③ 2문단에서 쐐기문자의 도입 시기인 B.C.3250년경 이후 시기에는 토큰의 형태나 색상이 훨씬 다양해지고, 토큰들을 실로 연결한 꾸러미가 사용되기도 했다고 하였으므로 적절하지 않은 내용이다.

⑤ 4문단에서 채무자와 채권자를 쉽게 식별하기 위해 전자의 5개 용기에는 빨간색, 후자의 5개 용기에는 파란색 실을 둘러 표시하였다고 서술하고 있지만, 용기에 담겨 있는 토큰의 형태나 색깔이 달랐다는 것에 대해서는 다루고 있지 않으므로 적절하지 않은 내용이다.

문제 풀이 TIP
본문에서 제시된 문장이 선택지에서 다르게 표현될 수 있음을 유의한다. 본문에서 회계 유물을 쐐기문자의 도입 시기인 B.C.3250년경을 기준으로 전후 시기를 나누어 분석한 결과, 시기별로 차이를 보인다고 했지만 선택지에서는 쐐기문자를 도입이라는 키워드만 사용해서 B.C.3250년경을 나타내고 있다.

4 정답 ②

독해력 UP 지문 분석

분야/주제
사회/계획적 진부화의 시행 목적과 시행에 따른 이익과 비판

문단별 중심 내용

1문단	의도적으로 수명이 짧은 제품 및 서비스를 생산하는 계획적 진부화
2문단	계획적 진부화를 시행하는 이유
3문단	계획적 진부화를 통해 기업의 매출 증대 실현이 가능하지만, 소비자에게는 불필요한 지출 및 실질적 손실 발생함

정답 체크

2문단에서 기업이 새로운 제품을 출시하면 중고품 시장에서 판매되는 기존 제품의 경쟁력이 하락한다고 하였으므로 계획적 진부화가 기존 제품과 동일한 중고품의 경쟁력을 높이는 것은 아님을 알 수 있다.

오답 체크

① 3문단에서 소비자 입장에서는 기존 제품과 크게 다를 것 없는 신제품 구입으로 불필요한 지출 및 실질적 손실이 발생한다고 하였으므로 적절한 내용이다.
③ 2문단에서 계획적 진부화는 소비자 취향이 급속도로 변화하는 시장에서 소비자들의 만족도를 높일 수 있다고 하였으므로 적절한 내용이다.
④ 2문단에서 기업은 기존 제품의 가격 인상이 곤란할 때 계획적 진부화를 통해 신제품을 출시하여 가격을 인상할 수 있다고 하였으므로 적절한 내용이다.
⑤ 2문단에서 계획적 진부화로 제품의 실제 사용 기간이 심리적 영향을 받아 줄어든다고 하였으므로 적절한 내용이다.

[5-6]

독해력 UP 지문 분석

분야/주제
과학융합/개체성의 조건 및 공생발생설에 따른 진핵생물의 발생 과정

문단별 중심 내용

1문단	개체성의 조건(1): 부분들의 강한 유기적 상호작용
2문단	개체성의 조건(2): 두 대상 사이의 인과성
3문단	생명체를 구성하는 세포의 기능과 종류
4문단	미토콘드리아의 고유 DNA와 리보솜 보유 사실이 밝혀지며 새롭게 부각된 공생발생설
5문단	공생발생설에 따른 진핵생물의 발생 과정 및 미토콘드리아가 박테리아의 한 종류였다는 근거
6문단	미토콘드리아와 진핵세포를 공생 관계로 볼 수 없는 이유 및 미토콘드리아가 개체성을 잃고 세포 소기관이 되었다고 보는 근거

핵심 내용 정리

- 미토콘드리아가 박테리아의 한 종류였다는 근거
  - 박테리아와 마찬가지로 새로운 미토콘드리아는 기존의 미토콘드리아의 이분 분열을 통해서만 탄생함
  - 진핵세포막의 수송 단백질과 다른 종류의 수송 단백질 존재
  - 박테리아의 세포막에 있는 카디오리핀 존재
  - 진핵세포의 리보솜보다 박테리아의 리보솜과 더 유사함

- 미토콘드리아가 개체성을 잃고 세포 소기관이 되었다고 보는 근거
  - 진핵세포가 미토콘드리아의 증식 조절 및 자가 복제 증식 시 미토콘드리아도 함께 복제하여 증식시킴
  - 유전자의 많은 부분이 세포핵의 DNA로 이동하여 현저히 짧아진 미토콘드리아의 DNA 길이

5 정답 ③

정답 체크

이 글은 1~2문단에서 어떤 부분들이 모여 하나의 개체를 이룰 때 이를 개체로 보는 조건과 서로 다른 시기에 존재하는 두 대상을 동일한 개체로 판단하는 조건으로 각각 강한 유기적 상호작용과 두 대상 사이의 인과성을 제시하고, 이를 바탕으로 3~6문단에서 진핵세포의 세포 소기관인 미토콘드리아가 원래 박테리아의 일종인 원생미토콘드리아라는 독립된 개체였으나 고세균의 내부에서 공생을 지속하다가 개체성을 잃고 세포 소기관이 되었다는 공생발생설을 여러 근거와 함께 설명하고 있으므로 이 글의 내용 전개 방식으로 가장 적절한 것은 ③이다.

문제 풀이 TIP

특정 대상에 대한 설명문의 내용 전개 방식을 묻는 경우 선택지를 먼저 읽고 선택지에 제시된 대상을 중심으로 글의 전체적인 흐름이 어떻게 전개되는지 주의하며 문제를 풀이한다.

6
정답 ④

정답 체크

3문단에서 진핵세포는 세포질에 막으로 둘러싸인 핵이 있으며 미토콘드리아는 진핵세포의 세포질에 존재하는 막으로 둘러싸인 세포 소기관 중 하나라고 하였고, 6문단에서 미토콘드리아에서 일어나는 대사 과정에 필요한 단백질은 세포핵의 DNA로부터 합성된다고 한 점에서 미토콘드리아의 대사 과정에 필요한 단백질은 세포핵의 막을 뚫고 세포질을 통해 미토콘드리아로 이동해야 함을 추론할 수 있으므로 미토콘드리아의 대사 과정에 필요한 단백질이 미토콘드리아의 막을 통과하여 세포질로 이동해야 하는 것은 아님을 알 수 있다.

오답 체크

① 1문단에서 어떤 부분들이 모여 하나의 개체를 이룬다고 할 때, 부분들 사이의 유사성은 개체성의 조건이 될 수 없으며 그 사례로 일란성 쌍둥이는 DNA 염기 서열과 외모가 동일하지만 같은 개체는 아니라고 한 점에서 유사성이 아무리 강하더라도 개체성의 조건이 될 수 없음을 추론할 수 있으므로 적절한 내용이다.

② 1문단에서 한 대의 자동차는 개체라고 하지만 바닷물은 개체라고 하지 않는다고 하였으며, 부분들이 모여 하나의 개체를 이룰 때 이를 하나의 개체로 보기 위한 조건으로 부분들의 강한 유기적 상호작용이 제시된 점에서 바닷물을 개체라고 하지 않는 이유는 부분들 간의 유기적 상호작용이 약하기 때문임을 추론할 수 있으므로 적절한 내용이다

③ 3문단에서 미토콘드리아는 진핵세포의 세포질 내에 존재하는 세포 소기관 중 하나라고 하였고, 5문단에서 새로운 미토콘드리아는 기존에 존재하는 미토콘드리아의 이분 분열을 통해서만 만들어진다고 한 점에서 새로운 미토콘드리아를 복제하기 위해서는 세포 내 반드시 기존의 미토콘드리아가 있어야 함을 추론할 수 있으므로 적절한 내용이다.

⑤ 2문단에서 '나'가 세포 분열을 통해 새로운 개체를 생성할 때 '나'와 '나'의 후손은 서로 동일한 개체는 아니지만 '나'와 다른 개체들보다 더 강한 인과성으로 연결되어 있다고 하였고, 5문단에서 원생미토콘드리아가 고세균의 내부에서 공생하다가 세포질에 핵이 생기며 고세균은 진핵세포가 되고, 원생미토콘드리아는 세포 소기관인 미토콘드리아가 되어 진핵생물이 발생했다고 한 점에서 고세균과 원생미토콘드리아는 별개의 개체이며 진핵세포가 고세균의 후손이기 때문에 고세균과 진핵세포는 강한 인과성으로 연결되어 있음을 추론할 수 있으므로 적절한 내용이다.

DAY 21 논설문 ①
p.160

| 1 ③ | 2 ④ | 3 ③ | 4 ① | 5 ② |

6 ③

1
정답 ③

독해력 UP 지문 분석

분야/주제
사회/지역문화콘텐츠의 발전과 향유 지속성 문제

문단별 중심 내용

1문단	지방분권화 시대에 지역문화콘텐츠의 중요성과 가치
2문단	지역문화콘텐츠 발전의 장애요인과 문제점
3문단	정부의 유사·중복 축제 통폐합 정책과 그 한계
4문단	향유자 중심 접근과 향유의 지속성 확보를 통한 지역문화콘텐츠 활성화 방안

정답 체크

이 글은 그동안 지역문화 정책과 사업이 새로운 콘텐츠를 발굴·제작하는 데만 주력해 온 탓에 향유의 지속성 측면을 고려하지 못했고, 앞으로 향유자에 초점을 둔 실효성 있는 정책을 실현하기 위해서는 콘텐츠의 지속성까지 염두에 두어야 한다는 내용이므로 이 글의 핵심 논지로 가장 적절한 것은 ③이다.

오답 체크

① 4문단에서 지역문화콘텐츠의 성공을 위해선 향유의 지속성을 고려해야 한다고 서술하고 있지만, 중앙정부와 지방자치단체의 협력에 대해서는 다루고 있지 않으므로 적절하지 않은 내용이다.

② 4문단에서 그동안 지역문화 정책과 사업이 새로운 콘텐츠를 발굴·제작하는 데만 주력해 온 탓에 향유의 지속성 측면을 고려하지 못했다고 서술하고 있으므로 적절하지 않은 내용이다.

④ 4문단에서 향유자가 콘텐츠의 소비·매개·재생산의 주체가 되는 향유를 위한 방안이 개발되어야 한다고 서술하고 있지만, 향유자 스스로가 어떤 인식을 가져야 하는지에 대해서는 다루고 있지 않으므로 적절하지 않은 내용이다.

⑤ 글 전체에서 중앙정부의 경제적 지원이 증대되어야 하는 지에 대해서는 다루고 있지 않으므로 적절하지 않은 내용이다.

문제 풀이 TIP

논지나 주제를 찾는 문제는 선택지 중 지문의 내용을 일부분만 반영한 것과 지나치게 확대 해석한 것은 정답이 될 수 없음을 유의한다.

2
정답 ④

독해력 UP 지문 분석

분야/주제
인문/단어의 의미 확정 방법으로 전체의 의미로부터 그 구성요소의 의미를 결정하는 이론 A

문단별 중심 내용

1문단	언어 행동에 대한 관찰을 증거로 번역되는 언어는 여러 의미로 번역될 수 있어 옳고 그름을 결정할 수 없음
2문단	전체의 의미로부터 그 구성요소의 의미를 결정하는 이론 A

정답 체크

ㄴ. 2문단에서 이론 A는 문장들의 의미가 수많은 문장들로 구성된 과학 이론 속에서 결정되기 때문에 결국 과학 단어의 의미는 과학 이론에 의존한다고 한 점에서 뉴턴 역학에서 사용되는 '힘'이라는 단어의 의미가 뉴턴 역학에 의거하여 결정될 수 있다는 주장은 ⊙을 강화하므로 적절하다.

ㄷ. 1문단에서 일상적인 단어를 번역하기 위해 관찰 가능한 증거들을 활용했을 때 서로 다른 의미로 번역될 수 있어 어느 번역이 옳은지 결정할 수 없어 해결 방안으로 이론 A가 제시되었다는 점에서 토끼와 같은 일상적인 단어는 언어 행위에 대한 직접적인 관찰 증거만으로 그 의미를 결정할 수 있다는 주장은 ⊙을 약화하므로 적절하다.

오답 체크

ㄱ. 2문단에서 이론 A는 문제의 단어를 포함하는 문장들을 모아 각 문장의 의미를 확정한 다음 각 문장의 구성요소에 해당하는 단어의 의미를 결정한다고 한 점에서 "고래는 포유류이다."의 의미를 확정하기 전에 먼저 '포유류'의 의미를 결정해야 한다는 주장은 ⊙을 약화하므로 적절하지 않다.

> **문제 풀이 TIP**
>
> 글의 논증을 약화 또는 강화하는 선택지를 고르는 문제의 경우 선택지에 제시된 핵심어를 중심으로 글의 화자가 어떤 입장을 취하고 있는지 파악하며 문제를 풀이한다.

3
정답 ③

독해력 UP 지문 분석

분야/주제
과학융합/과학 연구에 사용할 수 있는 자원의 합리적 배분 방식

문단별 중심 내용

1문단	제한된 자원을 서로 경쟁적인 관계의 연구 프로그램들에 배분할 때의 올바른 자원 배분 방법
2문단	선택과 집중 전략보다 나누어 걸기 전략이 더 바람직한 이유

정답 체크

한정된 자원을 서로 경쟁 관계에 있는 연구 프로그램에 배분할 때 최종적으로 어떤 프로그램이 성공할지 알 수 없기 때문에 하나를 선택하여 자원을 집중하기보다는 둘 다 작동 가능한 정도로 각 프로그램의 문제 해결 확률을 극대화하는 방향으로 나누어 거는 것이 가장 합리적이라고 한 점에서 상충하는 연구 프로그램들이 모두 작동하기 위해서는 배분 가능한 것보다 많은 자원이 필요하다는 내용은 글의 논지를 약화하므로 가장 적절하다.

오답 체크

① 연구 프로그램의 성패를 파악할 수 없기 때문에 '선택과 집중' 전략보다 '나누어 걸기' 전략이 더 바람직하다고 한 점에서 '선택과 집중' 전략이 기업의 투자 전략으로 바람직하지 않다는 내용은 글의 논지를 강화하므로 적절하지 않다.

② 현재 유망한 프로그램이 쇠락할 수도 있고 현재 성과가 미미한 연구 프로그램이 성공할 수도 있다고 한 점에서 연구 프로그램들에 대한 현재의 비교 평가 결과가 몇 년 내에 확실히 달라질 수도 있다는 내용은 글의 논지를 강화하므로 적절하지 않다.

④ 서로 경쟁관계에 있는 연구 프로그램이 모두 실패할 수도 있다는 내용은 다루고 있지만, 모든 연구 프로그램이 최종 실패할 가능성이 있다는 내용은 글의 논지를 강화하지도, 약화하지도 않으므로 적절하지 않다.

⑤ 과학 연구에 투입되는 자원 배분과 사회적 성패의 관련성에 대한 내용은 다루고 있지 않으므로 적절하지 않다.

> **문제 풀이 TIP**
>
> 글의 논증을 약화 또는 강화하는 선택지를 고르는 문제의 경우 선택지에 제시된 핵심어를 중심으로 글의 화자가 어떤 입장을 취하고 있는지 파악하며 문제를 풀이한다.

4
정답 ①

독해력 UP 지문 분석

분야/주제
과학/계통수 가설에 대한 지지

문단별 중심 내용

1~2문단	지구상의 식물과 동물이 공통 조상을 가진다는 것을 보여주는 증거(1): 유전 암호가 모든 개체에서 공통적으로 나타남
3문단	지구상의 식물과 동물이 공통 조상을 가진다는 것을 보여주는 증거(2): 유전 암호는 어떠한 기능적인 이유 없이 임의적인 상황에서 유사성이 있음
4문단	지구상의 식물과 동물이 공통 조상을 가진다는 것을 보여주는 증거(3): 언어에서도 어떠한 기능적인 이유 없이 임의적인 상황에서 유사성이 발견되는 사례가 있음

정답 체크

ㄱ. 유전 암호가 임의적 상황에서 유사한 것이 아니라 필연적으로 기능적 효용이 있기 때문임을 증명하는 사례에 해당하는 것으로 글의 논증을 약화하므로 적절하다.

오답 체크

ㄴ. 4문단에서 언어가 명백한 기능적 효용성을 가지고 있기 때문에 수에 해당하는 단어가 언어에 포함되어 있다는 것과 일맥상통하는 사례에 해당하는 것으로 글의 논증을 약화하지는 않으므로 적절하지 않다.

ㄷ. 코돈을 이루는 뉴클레오타이드의 개수가 계통수 가설의 근거로 제시되고 있지 않으므로 글의 논증을 약화하지는 않으므로 적절하지 않다.

5
정답 ②

독해력 UP 지문 분석

분야/주제
과학/우주의 탄생을 설명하기 위한 '빅뱅 이전에 아무것도 없었다'는 말의 해석 방법

문단별 중심 내용

1문단	빅뱅 이전에 아무것도 없었다는 말의 의미: 아무런 움직임도 변화도 없었음
2문단	변화가 생기기도 전에 영겁의 시간이 있다면 빅뱅 이전에 대한 설명 자체가 존재할 수 없음
3문단	시간의 시작을 빅뱅의 시작으로 정의할 경우 빅뱅 이전이라는 개념 자체가 성립하지 않아 빅뱅이 발생한 이유도 설명할 수 있음

정답 체크

㉠ 빈칸 앞에서는 우주가 빅뱅으로부터 시작되었다는 말이 사실일 경우 빅뱅 이전에 아무것도 없었을 것이며, 이 말을 영겁의 시간 동안 움직이거나 변화하는 것 없이 시간만 존재했다고 해석할 경우 사물의 변화가 일어날 수 없어 문제가 발생한다는 내용을 말하고 있고, 빈칸 뒤에서는 어떤 사건을 설명하기 위해 그 사건 이전에 일어났던 사건에서 원인을 찾지만, 빅뱅의 경우 그 이전에 아무것도 없었으므로 어떠한 설명도 존재할 수 없다는 내용을 말하고 있다.

㉡ 빈칸 앞에서는 빅뱅 이전에 아무 일도 없었다는 말을 다르게 해석하는 방법이 있다는 내용을 말하고 있고, 빈칸 뒤에서는 빅뱅이 0년을 나타내면 빅뱅 이전이라는 개념 자체가 성립하지 않으므로 그 이전에 아무 일도 없었던 것이 당연해져 빅뱅이 일어난 이유도 설명할 수 있다는 내용을 말하고 있다.

따라서 ㉠과 ㉡에 들어갈 말을 가장 적절하게 나열한 것은 ② 이다.

6
정답 ③

독해력 UP 지문 분석

분야/주제
인문/전통 한지의 가치와 보존 필요성

문단별 중심 내용

1문단	세계적으로 주목받는 문화유산인 전통 한지
2문단	전통 한지의 우수한 보존성
3문단	국내에서 전통 한지는 사용 부진으로 위기에 처해 있음
4문단	전통 한지 계승을 위한 품질 유지와 사용 확대 방안
5문단	전통 한지의 가치를 이어가기 위한 노력이 필요함

정답 체크

이 글은 전통 한지를 계승하고 발전시키기 위한 노력이 필요하다는 주장을 하면서, 이를 위한 구체적 방안으로 품질 유지를 위한 국내산 닥나무 사용, 전통 방식으로 생산 및 기술 전수 교육 실시, 공공 부문 사용 장려 및 문화재 수리에 활용, 활용 분야 확대 등의 사례를 제시하고 있고 특히 5문단에서 전통 한지는 친환경 소재로 주목받아 의류와 침구류 제작에 사용되고 있어, 그 응용 범위가 점차 확대되어 갈 것으로 기대된다는 구체적 사례를 들어 전통 한지 활용 확대의 실현 가능성을 뒷받침하고 있으므로 이 글의 글쓰기 방식에 대한 설명으로 가장 적절한 것은 ③이다.

DAY 22 논설문 ②
p.166

1 ⑤ 2 ③ 3 ② 4 ② 5 ④
6 ①

1
정답 ⑤

독해력 UP 지문 분석

분야/주제
사회/불평등과 재분배 문제를 둘러싼 좌파와 우파의 갈등

문단별 중심 내용

1문단	좌파와 우파의 정치 갈등의 중심에 자리하는 불평등과 재분배의 문제에 관해 불일치하는 지점을 찾아 올바르게 분석해야 함
2문단	우파의 주장: 평등한 재분배를 위해 정부 개입의 규모는 크지 않아야 함
3문단	좌파의 주장: 평등한 재분배를 위해 강력한 정부 개입이 필요함
4문단	사회정의를 바라보는 시각의 차이가 아닌, 불평등의 원인 및 해소 방안을 다루는 사회경제 이론의 차이로 대립하게 된 좌파와 우파
5문단	국가가 사회 구성원 모두 평등권을 누리도록 보장해야 한다는 정의의 원칙을 공통적으로 받아들이는 좌파와 우파
6문단	불평등을 해결하기 위해 두 진영이 협력해야 하는 첫걸음

정답 체크

이 글은 좌파와 우파의 정치적 갈등의 중심에는 불평등과 재분배 문제가 자리하고 있으며 두 진영의 대립 원인은 사회경제 이론의 차이에서 비롯하고 있고, 오히려 사회정의 몇 가지 기본 원칙에 대해서는 합의하고 있으므로 두 진영이 협력하여 공동의 목표를 이루기 위해 서로 불일치하는 지점을 찾아 올바르고 정확하게 분석해야 한다고 하였으므로 이 글의 결론으로 가장 적절한 것은 ⑤이다.

오답 체크

① 좌파와 우파의 문제점 개선 필요성에 대해서는 다루고 있지 않으므로 적절하지 않은 내용이다.
② 좌파와 우파의 정치 갈등 해결 의지에 대해서는 다루고 있지 않으므로 적절하지 않은 내용이다.
③ 좌파와 우파는 사회정의를 위한 몇 가지 기본 원칙에 대하여 합의하였으므로 적절하지 않은 내용이다.

④ 좌파와 우파는 불리한 형편에 놓인 사람들의 처지를 개선하는 등 분배 문제 해결에 국가가 앞장서야 한다는 데 동의한다고 서술하고 있지만, 글의 결론이 아니므로 적절하지 않은 내용이다.

문제 풀이 TIP

두 가지 대상이 구분되어 제시되는 경우 각 대상의 공통점과 차이점을 정리하며 문제를 풀이한다.
좌파와 우파의 갈등 지점과 공동 목표를 이해하며 내용을 이해한다.

2

정답 ③

독해력 UP 지문 분석

분야/주제
사회/소득 불평등의 원인과 뇌 발달 간의 관계

문단별 중심 내용

1문단	소득 불평등이 유전적 자질 차이에서 비롯된다는 주장과 이에 대한 새로운 시각
2문단	A대학 연구팀의 소득수준에 따른 대뇌 회백질 발달 차이 연구 결과
3문단	사회경제적 수준에 따른 해마 발달의 차이와 스트레스 호르몬의 영향
4문단	사회경제적 환경이 뇌 발달과 학습 능력에 영향을 미쳐 소득 불평등으로 연결됨

정답 체크

이 글은 학습 능력에 핵심적 역할을 하는 대뇌 회백질이 영유아 시기에는 그 면적의 차이가 거의 없으나 일정 연령에 도달했을 때 고소득층 아이들의 대뇌 회백질 면적이 저소득층 아이들에 비해 상대적으로 더 큰 것으로 나타나며, 또한 고용 불안, 생계 불안 등의 스트레스에 지속적으로 노출되는 가정에서 자라는 저소득층 아이들이 고소득층 아이들에 비해 학습 과정에서 핵심적인 기능을 하는 해마의 크기가 작은 것으로 나타나 사회경제적 수준에 따라 학습 능력을 담당하는 뇌 기관의 발달 정도에 차이가 있음을 보여주고 이 학습 능력의 차이는 소득 불평등으로 이어질 가능성이 크다는 내용이므로 이 글의 핵심 논지로 가장 적절한 것은 ③이다.

문제 풀이 TIP

지문의 초반에 핵심 논지와 반대되는 내용이 나올 수 있음을 유의한다. 지문은 종종 논지와 상반되는 견해를 먼저 제시한 후, 이를 반박하면서 논지를 전개하는 전략이 사용된다.

3

정답 ②

독해력 UP 지문 분석

분야/논쟁점
인문융합/일반적인 도덕률을 벗어나는 공직자의 행위를 정당화할 수 있는가?

화자의 견해

(가)	공직자의 행동이 일반적인 도덕률을 벗어나더라도 결과적으로 공동선을 증진한다면 정당화될 수 있다.
(나)	공직자도 일반적인 도덕률을 공유하는 시민이므로 도덕률을 어긴 공직자의 행위는 정당화될 수 없다.
(다)	민주사회에서 공직자는 시민으로부터 권력을 위임받은 대리자이므로 공직자의 모든 공적 행위는 정당화될 수 있다.

정답 체크

ㄴ. (가)에서 일반적인 도덕률에서 벗어난 공직자의 행위도 공동선을 증진하는 결과를 가져온다면 정당화될 수 있다고 하였고, (다)에서 민주사회 내에 존재하는 공직자의 모든 공적 행위는 정당화될 수 있다고 하였으므로 적절한 내용이다.

오답 체크

ㄱ. (가)에서 공동선을 증진하는 결과가 따라온다면 공직자의 행위가 일반적인 도덕률을 벗어나더라도 정당화될 수 있다고 하였고, (나)에서 일반적인 도덕률을 어긴 공직자의 행위가 특정 상황에서 최선이었다고 말할 수 있더라도 잘못된 행위임을 부정할 수는 없다고 하였다. 따라서 공직자가 공동선의 증진을 위해 일반적인 도덕률을 벗어난 행위를 하는 경우를 전제하고 있으므로 적절하지 않은 내용이다.

ㄷ. (나)에서 공직자 또한 일반 시민 중 한 사람이라고 하였지만, (다)에서 공직자는 선거를 통해 시민들로부터 권력을 위임받아 시민을 대리한다고 하였으므로 적절하지 않은 내용이다.

문제 풀이 TIP

특정 쟁점에 대해 각각 다른 견해를 설명하는 글의 경우 논쟁점이 무엇인지 파악하고 이를 중심으로 여러 입장의 견해를 이해한다.
이 글에 제시된 (가), (나), (다)의 논쟁점 '일반적인 도덕률을 벗어나는 공직자의 행위를 정당화할 수 있는가?'를 중심으로 글의 내용을 분석한다.

4   정답 ②

독해력 UP 지문 분석

분야/주제
인문/자유로운 토론 및 의사 표현의 중요성

문단별 중심 내용

1문단	인간이 이성적인 방향으로 발전할 수 있었던 이유는 토론과 경험을 통한 과오 수정에 있으므로 민주주의국가에서는 자유로운 표현이 보장되어야 한다.
2문단	정부를 비롯한 어떤 누구도 다른 사람의 의사 표현을 통제해서는 안 된다.

정답 체크

ㄷ. 자유로운 의사 표현의 사례이자 2문단에서 의견을 들어볼 기회까지 봉쇄한다면 사람들이 토론을 통해 잘못을 드러내고 진리를 찾을 기회를 박탈할 수 있다는 주장의 근거가 되어 글의 논증을 강화하고 있으므로 적절한 내용이다.

오답 체크

ㄱ. 경험이 없어도 문제없음을 보여주는 내용으로 1문단에서 경험이 중요하고 경험을 해석하기 위해서는 토론이 필요하다는 내용과 상충하여 글의 논증을 강화하지 않으므로 적절하지 않다.

ㄴ. 의견 표출을 억제하지 않았을 때 문제가 발생할 수 있다는 내용으로 1문단에서 인간이 토론을 통해 내리는 판단과 힘의 가치는 판단이 잘못되었을 때 그것을 고칠 수 있다는 사실에서부터 비롯되며 잘못된 생각과 관행은 사실과 논쟁에 의해 힘을 잃는다는 내용과 상충하여 글의 논증을 강화하지 않으므로 적절하지 않다.

5   정답 ④

독해력 UP 지문 분석

분야/주제
인문/확증 편향에 빠지지 않기 위한 방안

(나) 문단별 중심 내용

1문단	제시된 주제에 대한 개인의 생각에 따라 달라지는 반응
2문단	확증 편향의 정의 및 문제점
3문단	확증 편향에 빠지지 않기 위한 방안(1): 반대 입장에서 생각해 보기
4문단	확증 편향에 빠지지 않기 위한 방안(2): 집단 의사 결정 방법 거치기
5문단	확증 편향에 빠지지 않기 위한 방안(3): 자신의 생각, 판단의 결과를 책임지기
6문단	확증 편향에 빠지지 않기 위해 지속해서 노력을 기울여야 함

정답 체크

1문단에서 미국의 한 심리학자가 사형 제도 효과에 관한 상반된 연구 결과를 제공한 후 반응을 살피는 실험을 수행하였다는 내용을 말하고 있고, 2문단에서 이를 바탕으로 확증 편향의 개념을 설명하였으므로 (가)를 바탕으로 (나)를 쓰기 위해 세운 글쓰기 계획 중 (나)에 활용된 것으로 가장 적절한 것은 ④이다.

오답 체크

① (나)에서 개인적 측면과 사회적 측면으로서의 확증 편향 원인에 대해서는 다루고 있지 않으므로 적절하지 않다.
② (나)에서 확증 편향의 문제점에 대한 상반된 견해에 대해서는 다루고 있지 않으므로 적절하지 않다.
③ (나)에서 확증 편향에 빠지지 않기 위한 방안의 한계와 이를 보완할 방향에 대해서는 다루고 있지 않으므로 적절하지 않다.
⑤ (나)에서 사회적 쟁점을 두고 학교 학생들 간에 벌어진 논쟁에 대해서는 다루고 있지 않으므로 적절하지 않다.

6
정답 ①

독해력 UP 지문 분석

분야/주제
인문융합/혈액은행 시스템에 대한 비판

문단별 중심 내용

1문단	A국의 혈액 공급 시스템이 자발적 기증에서 시장 기반 혈액은행 시스템으로 변화함
2문단	시장 기반 혈액 공급 시스템의 경제적 비효율성
3문단	혈액 상품화가 초래하는 사회적 부정의와 빈곤층 착취
4문단	혈액 상품화가 기증 정신과 이타주의 가치를 훼손함

정답 체크

ㄱ. 4문단에서 혈액의 상품화는 기증 정신을 훼손하고 사회 공동체 전체의 문제를 외면하는 경향을 심화시킨다고 하였다. 따라서 A국에서 혈액의 상품화 이후에 불우한 이웃에 대한 기증이 그 전보다 감소했다면, 이는 혈액의 상품화가 기증 정신을 훼손했음을 보여주어 갑의 주장을 강화하므로 적절하다.

오답 체크

ㄴ. 3문단에서 혈액 상품화로 인해 대부분의 혈액 공급자가 먹고 살기 위해 혈액을 파는 것 이외의 다른 선택지가 없는 사람들로 구성되며 가난한 사람으로부터 부자에게로 혈액이 이전되는 혈액 착취 현상이 발생한다고 하였다. 따라서 A국에서 혈액의 상품화 전후에 혈액을 공급받는 사람들의 소득 수준에 차이가 없다면 가난한 사람으로부터 부자에게로 혈액이 이전되는 혈액 착취 현상이 발생한다는 갑의 주장을 강화하지 않으므로 적절하지 않다.

ㄷ. 혈액의 상품화 이후에 오염되어 폐기되는 수혈용 혈액의 비율이 그 전보다 감소했다는 것과 갑의 주장은 무관하여 갑의 주장을 강화하지 않으므로 적절하지 않다.

DAY 23 논설문 ③
p.172

1 ②   2 ④   3 ③   4 ③   5 ②
6 ②

1
정답 ②

독해력 UP 지문 분석

분야/주제
인문/증거와 가설 간의 관계에서 입증

화자의 견해

갑	증거 발견 후 가설의 확률 증가분이 클수록 증거가 가설을 입증하는 정도가 커진다.
을	증거가 가설이 참일 확률을 높이더라도 그 증거는 가설을 입증하지 못할 수 있으며, 증거 발견 이후 가설의 확률 증가분이 있고 그 후 가설이 참일 확률이 1/2보다 클 경우 증거가 가설을 입증한다.

정답 체크

ㄷ. 갑의 입장에서 증거 발견 후 가설의 확률 증가분이 있다면 증거는 가설을 입증하며, 을의 입장에서 증거 발견 후 가설이 참일 확률이 1/2보다 크다면 증거가 가설을 입증하므로 적절한 내용이다.

오답 체크

ㄱ. 갑은 증거 발견 후 가설의 확률 증가분이 있다면 증거가 가설을 입증한다고 하였으나 증거 발견 후 가설의 확률 증가분이 없다면 그 증거가 해당 가설을 입증하지 못하는지에 대해서는 알 수 없으므로 적절하지 않은 내용이다.

ㄴ. 을은 증거 발견 후 가설의 확률 증가분이 있고 증거 발견 후 가설이 참일 확률이 1/2보다 크다면, 그리고 그런 경우에만 증거가 가설을 입증한다고 하였을 뿐 어떤 증거가 주어진 가설을 입증할 경우 그 증거 획득 이전 해당 가설이 참일 확률이 1/2보다 큰지에 대해서는 알 수 없으므로 적절하지 않은 내용이다.

2　　정답 ④

독해력 UP 지문 분석

분야/주제
인문융합/과학과 예술은 연결되어 있다는 주장

핵심 내용 정리

서술 방식	중심 화제에 대한 주장과 근거를 먼저 제시하고 이를 비판하며 논지를 전개함
주장	과학과 예술이 무관하다는 주장은 과학과 예술을 대립시키는 태도는 과학과 예술의 특성을 지나치게 단순화하는 것이다.
근거 1	과학에는 상상력을 이용하는 주체의 창의적 과정이 개입하며, 예술 활동은 논리적 요소를 포함하는 창작이기 때문이다.
근거 2	과학과 예술은 새로운 과학 이론 발견 및 예술적 성과를 이루는 데 서로 영향을 미치기 때문이다.

정답 체크

ㄴ. 과학에서 이론을 정립하는 과정이 아름다운 작품을 그리는 예술가의 창작 과정과 유사하다는 것은 새로운 과학 이론을 발굴하기 위해 상상력과 예술적 감수성이 필요하다는 글의 논증을 지지하므로 적절하다.

ㄷ. 입체파 화가가 기하학 연구를 자신의 작품에 이용한다는 것은 과학기술의 발달이 예술적 성과를 뒷받침한다는 글의 논증을 지지하므로 적절하다.

오답 체크

ㄱ. 과학자 왓슨과 크릭이 없었더라도 누군가 DNA 이중나선 구조를 발견했겠지만, 셰익스피어가 없었다면 그의 작품은 만들어지지 못했을 것이라는 주장은 글의 논증과 무관하여 글의 논증을 지지하지 않으므로 적절하지 않다.

3　　정답 ③

독해력 UP 지문 분석

분야/주제
인문/윤리적으로 옳은 행위를 판단할 때 주의해야 할 점

문단별 중심 내용

1문단	윤리적 담론의 대상이 되는 윤리적으로 권장되는 행위와 윤리적으로 허용되는 행위
2문단	'윤리적으로 옳음'이라는 속성이 부여되는 윤리적으로 권장되는 행위와 윤리적으로 허용되는 행위
3문단	'윤리적으로 옳음'이라는 용어의 포괄성을 염두에 두고 판단해야 하는 윤리적 행위

정답 체크

ㄱ. 2문단에서 윤리적으로 허용되는 행위는 윤리적으로 그르지 않으면서 정당화할 수 있는 행위를 의미하며 응급 환자를 이송하던 중 신호를 위반하고 질주하는 행위는 맥락에 따라 윤리적으로 정당화할 수 있다고 하였으므로 적절한 내용이다.

ㄷ. 2문단에서 윤리적으로 권장되는 행위나 윤리적으로 허용되는 행위에 옳음 또는 그름이라는 윤리적 가치 속성을 부여하는 경우 윤리적으로 옳음이라는 속성이 부여된다고 하였으므로 적절한 내용이다.

오답 체크

ㄴ. 3문단에서 윤리적으로 옳은 행위가 무엇인지에 대한 질문에 대답하기 위해 적극적인 윤리적 의무가 적용되는 윤리적으로 해야 하는 행위뿐만 아니라 권장되는 행위인지 혹은 허용되는 행위인지를 모두 고려해야 한다고 하였으므로 적절하지 않은 내용이다.

4　　정답 ③

독해력 UP 지문 분석

분야/주제
과학/외계 행성의 생명체 존재 가능성

문단별 중심 내용

1문단	외계 행성은 태양 외 항성 주위를 공전하는 행성으로, 첨단 관측 기술로 발견되고 있음
2문단	식 현상을 이용해 외계 행성의 존재와 크기, 공전 주기를 관측할 수 있음
3문단	행성의 공전 주기와 크기가 지구와 유사하고 항성의 밝기가 태양과 비슷해야 생명체 존재 가능성이 높음

정답 체크

ㄱ. 3문단에서 외계 행성의 공전 주기가 지구와 유사하더라도 항성의 밝기가 태양과 다르다면 생명체가 존재하기 어렵다고 했으므로 항성 Y의 행성의 공전 주기가 지구와 유사한 1년이더라도 항성 Y의 밝기가 태양에 비해 훨씬 어둡다면 ㉠을 약화하므로 적절한 내용이다.

ㄷ. 2문단에서 항성이 식에 의해 어두워지는 비율이 크다면 외계 행성이 크기 때문이라고 했으므로 항성이 식에 의해 어두워지는 비율에 따라 행성의 크기를 알아낼 수 있고 항성 Y에서 식에 의해 항성의 밝기가 어두워지는 비율이 항성 X에서보다 훨씬 크다는 것은 항성 Y의 행성이 항성 X의 행성보다 훨씬 크다는 것을 알 수 있다. 3문단에서 행성의 공전 주기와 크기가 지구와 유사하다면 그 행성에 생명체가 존재할 가능성이 커진다고 했고 <사례>에서 항성 X의 행성의 크기는 지구와 유사함이 밝혀진 바 있다고 함에 따라 지구보다 훨씬 큰 항성 Y의 행성에 생명이 존재할 가능성이 작아진다. 따라서 ㉠을 약화하므로 적절한 내용이다.

오답 체크

ㄴ. 글 전체와 <사례>에서 항성의 행성이 다른 행성에 미치는 영향에 대한 정보는 다루고 있지 않다. 따라서 항성 Y에서 주기가 더 긴 다른 행성에 의한 식 현상이 추가로 발견되더라도 ㉠을 약화하지 않으므로 적절하지 않은 내용이다.

> **문제 풀이 TIP**
> 글의 논증을 약화하는 선택지를 고르는 경우 해당 선택지가 글의 논증에 대한 반례가 될 수 있는지 확인한다.

5
정답 ②

독해력 UP 지문 분석

분야/주제
사회/로봇세 도입에 대한 찬반 논란

(나) 문단별 중심 내용

1문단	로봇세의 개념 및 도입 목적
2문단	로봇세의 도입을 반대하는 이유(1)~(2): 불공정한 과세 및 중복 과세
3문단	로봇세 도입을 반대하는 이유(3): 세금 부담으로 인한 로봇 수요 감소
4문단	로봇 사용이 일자리 감소를 가져올 가능성은 낮다는 사실
5문단	인간의 삶을 편하게 만들어주는 로봇 사용

정답 체크

(나)의 1문단에서 로봇세 도입의 목적은 로봇으로 인해 일자리를 잃은 사람들을 지원하거나 사회 안전망을 구축하기 위해 예산을 마련하기 위해서임을 서술하고 있지만, 로봇 사용으로 얻을 수 있는 편안한 삶에 로봇세가 미치는 영향에 대해서는 다루고 있지 않으므로 적절하지 않다.

오답 체크

① (나)의 1문단에서 로봇세는 로봇을 활용해 이익을 얻는 기업이나 개인이 부담하는 세금이라고 하였으므로 적절하다.
③ (나)의 1문단에서 로봇으로 인해 일자리를 잃은 사람들을 돕거나 사회 안전망을 구축하기 위해 예산을 마련하는 것이 로봇세 도입의 목적이라고 하였으므로 적절하다.
④ (나)의 3문단에서 로봇세를 도입할 경우 기술 개발에 악영향을 미칠 수 있다는 전문가의 견해를 제시하며 세금 부담으로 인해 로봇 수요가 감소할 수 있음을 설명하고 있으므로 적절하다.
⑤ (나)의 4문단에서 역사적으로 볼 때 산업 혁명을 거치면서 산업 환경에서의 일자리는 오히려 증가했다는 점을 들어 일자리 감소 문제의 해결책으로 제기된 로봇세의 필요성을 반박하고 있으므로 적절하다.

6
정답 ②

독해력 UP 지문 분석

분야/논쟁점
기술/기술의 발전에 따른 풍요와 격차 중 무엇이 더 중요한가?

화자의 견해

(가)	기술의 발전은 경제적 풍요와 격차를 모두 가져온다.
(나)	기술의 발전에 따른 격차도 풍요에 기반하기 때문에 기술의 발전에 따른 풍요가 더 중요하다.
(다)	중산층들이 과거보다 경제적으로 더 취약해졌기 때문에 기술의 발전에 따른 격차가 더 중요하다.

정답 체크

ㄴ. (나)에서 기술 발전에 따른 격차가 발생하는 것을 인정하지만 모든 사람의 경제적 삶이 나아지고 있기 때문에 모든 사람의 삶이 풍요로워지는 데 초점을 맞춰야 한다고 한 점에서 기술 발전이 전 세계의 가난한 사람들에게도 도움을 주며, 휴대전화 등의 혁신사례들이 모든 사람의 소득과 기타 행복 수준을 개선한다는 연구 결과는 (나)의 논지를 강화하므로 적절한 내용이다.

오답 체크

ㄱ. (가)에서 기술의 발전은 경제적 풍요뿐만 아니라 부, 소득, 생활 수준, 발전 기회 등에서의 격차를 모두 가져온다고 한 점에서 현재의 정보기술은 덜 숙련된 노동자보다 숙련된 노동자를 선호하고, 노동자보다 자본가에게 돌아가는 수익을 늘린다는 사실은 (가)의 논지를 강화하므로 적절하지 않은 내용이다.
ㄷ. (다)에서 기술 발전에 따른 격차로 인해 삶에서 중요한 항목에 필요한 비용의 증가율이 가계 소득의 증가율보다 훨씬 더 높아지고 있다고 한 점에서 기술 발전에 따른 경제적 풍요가 엄청나게 벌어진 격차를 보상할 만큼은 아님을 보여주는 자료는 (다)의 논지를 강화하므로 적절하지 않은 내용이다.

> **문제 풀이 TIP**
> 특정 대상에 대한 여러 인물의 견해가 제시되는 글의 경우 각각의 주장과 근거, 사실과 견해를 파악하며 문제를 풀이한다.

DAY 24 논설문 ④ p.178

1 ② 2 ⑤ 3 ⑤ 4 ③ 5 ⑤
6 ③

1
정답 ②

독해력 UP 지문 분석

분야/주제
과학/사후확신 편향이 의사결정 평가에 미치는 부정적 영향

문단별 중심 내용

1문단	사후확신 편향은 결과 중심의 평가를 유도하여 의사결정자들에게 불리하게 작용함
2문단	사후확신 편향으로 인해 의사결정자들은 책임 회피를 위해 보수적 결정을 내리게 되므로 과정의 정당성을 반영한 평가가 필요함

정답 체크

이 글은 과정이 아닌 결과로 의사결정의 질을 평가하게 되는 사후확신 편향으로 인해 사람들은 위험을 감수하지 않고 관행적인 방법을 선호하게 되는데, 이는 바람직한 결과를 가져오지 못하기 때문에 의사결정의 질을 평가할 때는 의사결정 과정의 정당성도 반영해야 한다고 주장하는 내용이므로 이 글의 핵심 논지로 가장 적절한 것은 ②이다.

문제 풀이 TIP

지문의 핵심 논지를 찾는 문제의 경우 '~해야 한다'와 같은 당위적 표현이 문장이 지문의 핵심 주장일 가능성이 높으므로 당위적 표현이 나올 경우 이에 주목하며 지문을 읽는다.

2
정답 ⑤

독해력 UP 지문 분석

분야/주제
사회/상류층의 소비행태를 설명하는 베블런의 과시소비이론 및 현대 상류층에서 확인되는 새로운 소비행태

문단별 중심 내용

1문단	사치품 소비를 통해 사회적 지위를 과시하는 상류층의 소비행태를 나타내는 베블런의 과시소비이론
2문단	오늘날 서민들도 사치품을 소비하게 되자 소박함을 추구하는 것으로 변화한 상류층의 소비행태
3문단	서민들처럼 소박하게 생활함을 과시하는 현대 상류층의 소비행태가 지닌 효과
4문단	검소한 소비만 하는 것이 아니라 상황에 따라 고가품 소비를 통해 자신들의 사회적 지위를 과시하기도 하는 현대 상류층의 소비행태

정답 체크

이 글은 현대에 이르러 소득 수준 향상 및 풍부한 물자로 인해 서민들도 사치품을 소비할 수 있게 되면서 오히려 그들과 차별화하기 위해 사치품을 소비하지 않음으로써 겸손한 태도와 검소함으로 자신을 한층 더 드러내지만, 차별화해야 할 아래 계층이 없거나 혹은 경쟁 상대인 다른 상류층 사이에 있을 때는 경쟁적으로 고가품을 소비하며 사회적 지위를 더욱 과시한다는 내용이므로 이 글의 논지로 가장 적절한 것은 ⑤이다.

오답 체크

① 4문단에서 현대의 상류층이 소박한 생활을 과시하는 이유는 겸손한 태도와 검소함으로 자신을 포장하는 극단적인 위세라고 하였으므로 적절하지 않은 내용이다.
② 2, 4문단에서 소득 수준 향상 및 물자가 풍요로워진 현대의 서민들은 상류층을 따라 사치품을 소비한다고 하였으므로 적절하지 않은 내용이다.
③ 4문단에서 차별화할 하위 계층이 없거나 경쟁 상대인 다른 상류층 사이에 있을 경우 경쟁적으로 고가품을 소비하며 자신을 과시한다고 하였으므로 적절하지 않은 내용이다.
④ 3문단에서 현대의 상류층은 사치품을 소비하는 서민들과 구별되기 위해 고급, 화려함, 낭비를 과시하기보다 소비하지 않는 행태를 통해 검소한 생활을 과시한다고 하였으므로 적절하지 않은 내용이다.

3 정답 ⑤

독해력 UP 지문 분석

분야/주제
인문/지식 상대주의에 대한 비판적 고찰

문단별 중심 내용

1문단	지식 상대주의자들은 문화마다 서로 다른 사고방식과 수용 기준을 가지므로 문화 간 합리적 합의가 불가능하다고 주장함
2문단	상대주의자들은 각 문화권이 자신들의 기준에 맞는 이론만 수용하므로 문화 간 합의가 불가능하다고 설명함
3문단	한 이론이 서로 다른 문화권의 기준을 동시에 만족시킨다면 문화 간 합리적 합의가 가능함

정답 체크

이 글은 지식에 대한 상대주의자들은 각 문화마다 고유한 사고방식과 기준이 있어 서로의 이론을 수용하기 어렵다고 주장하지만, 실제로는 다른 문화에도 적용할 수 있으며 뛰어난 이론은 다른 문화에서도 인정받을 수 있다는 내용이므로 이 글의 핵심 논지로 가장 적절한 것은 ⑤이다.

4 정답 ③

독해력 UP 지문 분석

분야/주제
사회융합/대도시 출신과 마키아벨리아니즘 성향이 비례한다는 견해에 대한 반론

문단별 중심 내용

1문단	마키아벨리아니즘을 갖는 학생 중 대도시 출신의 비중이 높다는 조사 결과
2문단	낯선 사람과의 상호작용 과정에서 타인의 협조 성향을 이용하기 위해 필요한 틈새

정답 체크

빈칸 앞에서는 타인의 협조 성향을 이용하여 자신은 도움을 받으면서 타인에게는 도움을 주지 않는 사람이 존재하기 위해서는 일정한 틈새가 존재해야 한다는 내용을 말하고 있고, 빈칸 뒤에서는 기생 식물이 양분을 얻기 위해 건강한 나무가 필요하듯, 낯선 사람과의 상호작용 과정에서 모든 사람이 사기꾼이라면 사기 칠 가능성 또한 없어진다는 내용을 말하고 있다.

따라서 많은 사람들이 진정으로 협조하기 때문이라는 내용이 들어가야 한다.

[5-6]

독해력 UP 지문 분석

분야/논쟁점
철학/공리주의 내에서의 대체가능성 논제와 도덕적 책임에 관한 논쟁

화자의 견해

공리주의자 A	대체가능성 논제를 수용하여 육식이 도덕적으로 정당화될 수 있으며, 존재하지 않는 대상에 대한 도덕적 책임을 인정함
공리주의자 B	존재하지 않는 대상의 고통과 쾌락은 도덕적 판단의 근거가 될 수 없어 대체가능성 논제를 거부함

5 정답 ⑤

정답 체크

ㄱ. A는 대체가능성 논제를 받아들이며 이 대체가능성 논제는 존재하지 않는 대상의 고통과 쾌락을 도덕적 판단의 근거로 삼는 점에서 A는 기다리지 않고 임신하여 심각한 건강 문제를 가진 아이를 낳은 을의 행위가 도덕적으로 잘못된 것이라고 볼 것이므로 옳은 내용이다.

ㄴ. 갑의 사례는 이미 존재하는 아이에게 해악을 끼친 것으로 대체가능성 논제를 수용하는지 여부와 상관없이 B는 갑의 행위가 도덕적으로 잘못된 것이라고 평가할 것이므로 옳은 내용이다.

ㄷ. B가 A의 주장이 틀렸다고 비판하는 이유는 A가 받아들이는 대체가능성 논제가 존재하지 않는 대상의 고통과 쾌락을 도덕적 판단의 근거로 삼기 때문이므로 옳은 내용이다.

문제 풀이 TIP

화자 간 논쟁점을 파악한다. 이 글에서는 대체가능성 논제 인정 여부에 따라 두 화자가 대립하고 있음을 파악한다.

6 정답 ③

정답 체크

㉠은 A가 받아들이는 대체가능성 논제가 존재하지 않는 대상의 고통과 쾌락을 도덕적 판단의 근거로 삼기 때문에 틀렸다는 B의 주장을 재반박하는 내용이다.

- ㄱ. 미래세대 구성원이 달라질 경우 미래세대가 누릴 행복의 총량이 변하는 것은 B의 주장을 반박하는 ㉠과 무관하여 ㉠이 약화되지 않으므로 적절한 내용이다.
- ㄷ. A는 B의 주장에 따르면 일반적인 직관에 반하게 되므로 B의 주장이 옳지 않다고 주장하고 있어, 일반적인 직관에 반하는 결론이 도출된다고 해도 그러한 직관이 옳은지 여부가 별도로 평가되어야 한다면 ㉠은 약화되므로 적절한 내용이다.

오답 체크

- ㄴ. 아직 현실에 존재하지 않는다는 이유로 미래세대를 도덕적 고려에서 배제하는 것이 불합리하다면 B의 주장을 반박할 수 있는 근거가 되는 것으로 ㉠이 약화되지 않으므로 적절하지 않은 내용이다.

DAY 25 논설문 ⑤   p.184

1 ① **2** ② **3** ③ **4** ① **5** ③
6 ① **7** ⑤

1 정답 ①

독해력 UP 지문 분석

분야/주제
과학/물체와 떨어진 거리에 따라 상이한 거리 지각 방식

문단별 중심 내용

1문단	경험을 통한 추론에 의해 이루어지는 물체까지의 거리 지각 방식
2문단	두 눈과 대상이 위치한 점을 잇는 두 직선의 각을 감지하여 이루어지는 손에 닿는 거리 안에 있는 물체까지의 거리 지각 방식

정답 체크

- ㄱ. 1문단에서 물체까지의 거리 판단은 친숙한 물체에 대한 지각 경험에 기초한 추론을 통해 이루어진다고 한 점에서 100m 떨어진 지점에 처음 본 대상만 보이도록 시야 일부를 가리는 경우 그 대상과 얼마나 떨어져 있는지 판단하지 못한다는 내용은 글의 주장을 강화하므로 적절하다.

오답 체크

- ㄴ. 1문단에서 물체까지의 거리 판단은 친숙한 물체에 대한 지각 경험에 기초한 추론을 통해 이루어진다고 한 점에서 아무것도 보이지 않는 밤에 멀리서 반짝이는 불빛을 발견하고 불빛까지의 거리를 쉽게 짐작한다는 내용은 글의 주장을 약화하므로 적절하지 않다.
- ㄷ. 2문단에서 아주 가까이에 있는 물체까지의 거리는 두 눈과 대상이 위치한 한 점을 연결하는 두 직선의 각의 크기를 감지하여 알게 된다고 한 점에서 한쪽 눈이 실명된 사람이 30cm 내 낯선 물체만 보일 때 그 물체까지의 거리를 옳게 판단한다는 내용은 글의 주장을 강화하지 않으므로 적절하지 않다.

문제 풀이 TIP

제시된 사례를 먼저 읽은 뒤 지문에서 해당 내용을 확인한다.
ㄱ과 ㄴ은 100m 떨어진 지점에서 처음 본 대상만 보이거나 어두운 곳에서 멀리 반짝이는 불빛만 보이는 상황을 서술하고 있으므로 1문단에서 관련 내용을 찾을 수 있고, ㄷ은 한쪽 눈으로만 가까운 거리에 있는 낯선 물체를 보는 상황을 서술하고 있으므로 2문단에서 관련 내용을 찾을 수 있다.

2
정답 ②

독해력 UP 지문 분석

분야/논쟁점
과학/유성생식이 자연계에 존재하는 이유에 관한 논쟁

화자의 견해

갑	유성생식은 자손들에게 유전적 다양성을 제공하여 환경 변화에 대응할 수 있는 다양한 형질을 갖게 함으로써 집단 생존에 유리함
을	유성생식은 자손 간 유전적 다양성을 통해 형질을 달라지게 하여 자원 경쟁을 완화시킴으로써 공멸 가능성을 줄여줌

정답 체크

ㄷ. 갑과 을 모두 유성생식이 무성생식보다 유전적 다양성을 더 크게 한다고 주장한 점에서 유성 및 무성생식이 모두 가능한 생물 종 C에 대해, 자손의 유전적 다양성이 유성생식으로 나타난 자손보다 무성생식으로 나타난 자손에서 크다면, 갑과 을의 견해 모두 약화되므로 적절한 내용이다.

오답 체크

ㄱ. 갑이 유성생식은 환경 변화에 대응하기 위한 유전적 다양성을 제공한다고 주장한 점에서 유성 및 무성생식이 모두 가능한 생물 종 A에 대해, 변화가 미미한 환경에서 생존해 온 집단보다 변화가 큰 환경에서 생존해 온 집단에서 유성생식을 하는 비율이 높다면, 갑의 견해는 강화되므로 적절하지 않은 내용이다.

ㄴ. 을이 유전적 차이가 아주 작은 무성생식 집단에서 생존 경쟁이 더 치열할 것이라고 주장한 점에서 유성 및 무성생식이 모두 가능한 생물 종 B에 대해, 유성생식만 하는 집단보다 무성생식만 하는 집단에서 생존 경쟁이 더 치열하다면, 을의 견해는 강화되므로 적절하지 않은 내용이다.

> **문제 풀이 TIP**
> 화자 간 견해 대립이 있더라도 특정 사안에 대해서는 같은 입장을 취할 수 있다는 점을 유의한다.

3
정답 ③

독해력 UP 지문 분석

분야/주제
인문/자연적으로 존재하는 종을 멸종으로부터 보존해야 한다는 생물 다양성의 보존 문제 관련 시각

화자의 견해

A	생물 다양성을 보존해야 한다.
B	생물 다양성 보존이 우리가 원하는 이익을 최선의 수단은 아니며, 자연적으로 존재하는 생명체 보존보다 합성 생물학을 활용해야 이익 실현이 가능해진다.
C	생명체는 단지 도구적 가치만을 지니는 것은 아니며, 모든 종은 보존되어야 한다.

정답 체크

㉠: 빈칸 앞에서 생물 다양성 보존은 의학적, 농업적, 경제적, 과학적 측면에서 이익을 얻기 위한 하나의 수단으로 간주될 수 있다는 내용을 말하고 있고, 빈칸 뒤에서 A의 첫 번째 전제와 두 번째 전제로부터 우리가 생물 다양성을 보존할 의무와 필요성이 있다는 결론이 나온다는 내용을 말하고 있다.

㉡: 빈칸 앞에서 생명체의 내재적 가치 또한 인정해야 하며, 그 생명체들이 속한 종 역시 쓸모에 따라서만 가치가 있는 것이 아니기에 내재적 가치를 지니는 것은 모두 보존되어야 하며, 이에 따라 모든 종이 보존되어야 한다는 결론에 다다른다는 내용을 말하고 있다.

따라서 ㉠과 ㉡에 들어갈 내용으로 적절한 것은 ③이다.

4
정답 ①

독해력 UP 지문 분석

분야/주제
예술/예술 작품의 대중적 성공과 예술 장르의 수용성 변화

문단별 중심 내용

1문단	영화가 다른 예술 장르보다 대중적 성공을 거두는 이유는 이해와 수용이 용이하기 때문이다.
2문단	영화도 시간이 지나면 전문적 이해가 필요한 예술 형태로 변화할 수 있다.
3문단	예술 장르는 오래될수록 내용과 형식이 분리되어 소수만 이해할 수 있게 된다.

정답 체크

(가) 빈칸 앞에서는 예술 작품의 대중적 성공은 그 작품의 미적 수준에 따라 판단할 수 없으며 대중은 예술적으로 가치 있는 것을 작품을 통해 이해하고 수용할 수 있을 때 열광한다는 내용을 말하고 있고, 빈칸 뒤에서는 오늘날 영화가 아닌 그림이나 시 등은 특별한 훈련을 받지 않은 사람이 이해하기 어려운 반면 영화는 초보 관객이라도 이해하기 쉽다는 내용을 말하고 있다.

(나) 빈칸 뒤에서 예술이 오래될수록 내용과 형식 사이의 관계가 복잡해져 이해하기 어려워지고, 특별한 교양을 쌓은 소수만이 이해할 수 있게 된다는 내용을 말하고 있다.

따라서 (가)와 (나)에 들어갈 말을 적절하게 나열한 것은 ①이다.

문제 풀이 TIP

빈칸의 앞뒤에 접속어가 있는 경우 접속어가 나타내는 논리적 관계를 파악한다. (가) 뒤에 '왜냐하면'이라는 접속어가 등장하는 구조는 (가)가 뒷부분에 제시된 내용의 결론 또는 주장에 해당함을 보여준다.

[5-7]

독해력 UP 지문 분석

분야/주제
예술융합/영화의 사료적 특성과 사료로서 영화가 지닌 가치

문단별 중심 내용

1문단	역사학에서 사료가 지닌 의미와 새로운 사료 발굴을 위한 역사가들의 노력
2문단	도상적·지표적 기호로서의 특성을 지닌 영화를 사료로 파악하는 경향의 등장
3문단	영화와 역사의 관계: 역사에 대한 영화적 독해와 영화에 대한 역사적 독해
4문단	사료로서 영화의 대안적 역사 서술 가능성: 사고방식·언어·물질문화 등 동시대의 현실 반영, 사료에 기반한 역사적 서술 보완
5문단	아래로부터의 역사 형성에 기여한다는 점에서 역사 서술 주체로서의 가능성을 지닌 영화

핵심 내용 정리

역사에 대한 영화적 독해	영화라는 매체로 역사를 해석하고 평가하며 서사와 표현기법을 통해 역사를 비평함
영화에 대한 역사적 독해	영화에 담겨 있는 역사적 흔적과 맥락을 검토하여 영화 속 풍속·생활상 등을 통한 역사의 외연 확장 및 집단적 무의식, 지배적 이데올로기 등 가려진 역사를 끌어냄

5 정답 ③

정답 체크

1문단에서 역사가들은 새로운 사료를 발굴하기 위해 알려지지 않았던 사료를 찾아내거나 중요하게 여겨지지 않았던 자료를 새롭게 사료로 활용하는 것뿐만 아니라 기존의 사료를 새로운 방향에서 파악한다고 하였으므로 기존의 사료를 새로운 방향에서 파악하는 것은 사료의 발굴임을 알 수 있다.

오답 체크

① 1문단에서 평범한 삶을 살아가는 사람들의 개인적인 모습을 주로 다루는 미시사 연구에서 재판 기록, 일기, 편지 등 서사적 자료에 주목한 것은 사료 발굴을 위한 노력의 결과라고 하였으므로 적절하지 않은 내용이다.

② 1문단에서 역사가는 사료를 매개로 과거와 만나며, 매개를 거치지 않더라도 손실되지 않은 과거와 만날 수 있다면 역사학이 설 자리가 없을 것이라고 하였으므로 적절하지 않은 내용이다.

④ 2문단에서 문헌 사료의 언어는 대체로 지시 대상과 물리적·논리적 연관이 없는 추상화된 상징적 기호이지만, 영화의 이미지는 닮은꼴로 사물을 지시하는 도상적 기호이자 피사체가 있었음을 지시하는 지표적 기호라고 하였으므로 적절하지 않은 내용이다.

⑤ 2문단에서 카메라 앞에 놓인 물리적 현실을 이미지화한 영화의 이미지는 닮은꼴로 사물을 지시하는 도상적 기호라고 하였으므로 적절하지 않은 내용이다.

6 정답 ①

정답 체크

ㄱ. 허구의 이야기인 판소리에서 당시 시대적 상황인 조선 후기의 음식 문화를 파악하고자 하였으므로 ㉮의 사례에 해당한다.

ㄴ. 경전은 허구의 이야기가 아니며, 사료에 직접적으로 나타나지 않은 과거를 파악하기 위해 허구의 이야기를 활용한 것은 아니므로 ㉮, ㉯ 어느 것에도 해당하지 않는다.

ㄷ. 허구의 이야기인 소설에서 상업 활동과 관련된 공통 요소를 분석하여 당시 시대적 상황인 명나라의 상거래 관행을 연구하고자 하였으므로 ㉮의 사례에 해당한다.

ㄹ. 17세기 사건 기록에 나타난 평범한 여성의 삶에 대한 역사서를 저술하는 과정에서 자료에 나타나지 않은 심리를 묘사하기 위해 허구의 이야기인 동시대의 설화집을 차용하여 사료에 기반한 역사적 서술을 보완하였으므로 ㉯의 사례에 해당한다.

따라서 ㉮, ㉯의 사례를 바르게 짝지은 것은 ①이다.

7
정답 ⑤

정답 체크

㉠에서 역사가는 자료에 기록된 사실이 허구일지도 모른다는 의심을 버리지 말고 진위를 확인해야 한다는 관점을 취하고 있지만, [A]에서는 허구적 이야기에 회고·증언·구전 등의 비공식적 사료를 토대로 역사적 사실을 담아낸 영화는 새로운 사료의 원천이자 대안적 역사 서술의 가능성이 있으며, 역사 서술의 한 주체가 된다고 하였으므로 기억 또는 구술 증언은 거짓이거나 변형될 가능성이 있기 때문에 다른 자료와 비교하여 진위 여부를 검증한 후에야 사료로 사용할 수 있다는 비판이 가장 적절하다.

DAY 26 담화문 ①
p.191

1 ②   2 ⑤   3 ②   4 ①   5 ③
6 ③   7 ⑤

1
정답 ②

독해력 UP 지문 분석

분야/주제

기타/학술연구자정보망 관련 민원 처리 대화문

핵심 내용 정리

상황	학술연구자 A의 기본 정보는 조회되지만, 연구 업적 정보가 조회되지 않음
예상 원인 1	학술연구자가 기본 정보 제공에는 동의하였지만, 연구 업적 정보 공개에 추가 동의하지 않은 경우 → "해당 연구자가 상기 정보의 공개에 동의하지 않았습니다"라는 문구가 표시됨
예상 원인 2	학술연구자의 연구 업적 정보 집적이 완료되지 않은 경우 → "업적 정보 집적 중"이라는 문구가 표시되며, 업적 정보는 2019년 8월 말까지 집적이 완료될 예정임

정답 체크

민원인이 학술연구자정보망에서 학술연구자 A의 기본 정보는 조회되지만 연구 업적 정보가 조회되지 않는다고 하였으며, 연구 업적 정보가 조회되지 않는 이유는 학술연구자가 기본 정보 제공에는 동의하였지만 연구 업적 정보 공개에 추가 동의하지 않았거나 학술연구자의 업적 정보 집적이 완료되지 않았기 때문이다. 따라서 현재 민원인에게 어떤 안내 문구가 표시되는지 알 수 없으므로 빈칸에 들어갈 내용으로 적절한 것은 연구 업적 정보가 조회되지 않는 두 가지 이유에 대해 설명하는 ②이다.

오답 체크

① 학술연구자 A가 연구 업적 정보 제공에 동의하지 않은 경우 2019년 8월 말이 되어도 조회할 수 없으므로 적절하지 않다.
③ 현재 학술연구자 A가 연구 업적 정보 공개에 동의한 상태인지는 알 수 없으므로 적절하지 않다.
④ 민원이 들어온 날짜는 2019년 7월 17일이고, 정보 집적이 끝날 것으로 예상되는 시점은 2019년 8월 말이므로 만약 학술연구자 A가 연구 업적 정보 공개에 동의했다고 하더라도 한 달 안에는 그의 연구 업적 정보를 조회할 수 있는지는 알 수 없으므로 적절하지 않다.
⑤ 학술연구자 A가 연구 업적 정보 공개에 동의하였는지의 여부는 확인할 수 없으므로 적절하지 않다.

2
정답 ⑤

독해력 UP 지문 분석

분야/논쟁점
기타/부정 청탁 신고 관련 대화문

핵심 내용 정리

상황	C의 부정 청탁을 신고해야 하는 상황인지에 대한 판단이 필요함
부정 청탁 신고 원칙	공직자가 부정 청탁을 받았을 때는 거절 표시를 해야 하고, 그 후에도 다시 동일한 부정 청탁이 온다면 소속 기관의 장에게 신고해야 함
세부 기준	- 공직자는 동일인으로부터 명목에 상관없이 1회 100만 원 혹은 매 회계연도에 300만 원을 초과하는 금품이나 접대를 받을 수 없고, 직무 관련성이 있는 경우에는 100만 원 이하라도 대가성 여부와 관계없이 처벌받음 - 여러 사람이 청탁한 경우에는 받는 사람을 기준으로 따지게 되어 한 공직자에게 여러 사람이 동일한 부정 청탁을 하며 금품을 제공하려 하였을 때에도 이들의 출처가 같다고 볼 수 있다면 '동일인'으로 해석되며, 여러 행위가 계속성 또는 시간적·공간적 근접성이 있다고 판단되면, 합쳐서 1회로 간주될 수 있음

정답 체크

을의 첫 번째 발언에 따르면 공직자가 부정 청탁을 받았을 때는 명확히 거절 의사를 표현해야 하고, 그랬는데도 상대방이 이후에 다시 동일한 부정청탁을 해 온다면 소속 기관의 장에게 신고해야 한다. 이때 갑의 네 번째 발언을 통해 X 회사 공장 부지의 용도 변경에 힘써 달라며 200만 원을 주려고 한 C의 청탁에 대해 갑이 명확히 거절 의사를 표현했음을 알 수 있다.
따라서 빈칸에 들어갈 내용은 '현재는 청탁금지법상 C의 청탁을 신고할 의무가 생기지 않지만, C가 같은 청탁을 다시 한다면 신고해야 합니다.'가 가장 적절하다.

오답 체크

① 갑의 네 번째 발언에 따르면 A가 제공하려 한 접대는 대가성과 직무 관련성이 없는 것이고, 을의 두 번째 발언에 따르면 공직자는 명목에 상관없이 1회 100만 원을 초과하는 금품이나 접대를 받을 수 없다. 따라서 X 회사의 A가 제공하려 한 접대는 1인당 1만 2천 원으로 청탁금지법을 위반한 것으로 볼 수 없으므로 적절하지 않다.
② 갑의 네 번째 발언에 따르면 Y 회사의 임원인 B는 관급 공사 입찰을 청탁하며 100만 원을 건네려 했다. 따라서 Y 회사로부터 받은 제안의 내용은 청탁금지법상의 금품에 해당하므로 적절하지 않다.
③ 을의 세 번째 발언에 따르면 한 공직자에게 여러 사람이 동일한 부정 청탁을 하며 금품을 제공하려 하였을 때에도 이들의 출처가 같다고 볼 수 있다면 '동일인'으로 해석된다. 따라서 A와 C는 모두 X 회사 관계자이지만, 동일한 부정 청탁을 하며 금품을 제공하려 한 것이 아니기 때문에 동일인으로 볼 수 없으므로 적절하지 않다.
④ 을의 두 번째 발언에 따르면 공직자는 명목에 상관없이 1회 100만 원을 초과하는 금품이나 접대를 받을 수 없으며, 갑의 네 번째 발언에 따르면 B는 100만 원, C는 200만 원을 건네려 했다. 따라서 직무 관련성이 없더라도 C가 제시한 금액은 청탁금지법상의 허용 한도를 벗어나므로 적절하지 않다.

3
정답 ②

독해력 UP 지문 분석

분야/논쟁점
인문/기술이라는 용어는 어떻게 정의될 수 있는가?

화자의 견해

갑	우리가 기술이라고 부를 수 있는 것은 모두 물질로 구현된다.
을	기술은 근대 과학혁명 이후에 등장한 과학이 개입한 것들로 한정하는 것이 합당하다.
병	과학이 개입한 것들만 기술로 간주하는 정의는 너무 협소하므로 더 넓게 적용할 수 있는 정의가 필요하다.

정답 체크

ㄴ. 을은 '기술'이란 용어의 적용을 근대 과학혁명 이후에 나타난 과학이 개입한 것들로 국한하는 것이 합당하다고 하였고, 병은 근대 과학혁명 이후의 과학이 개입한 것들을 기술이라고 하는 것을 부인하지 않지만, 과학이 개입한 것들만을 기술로 여기는 정의는 협소하다고 한 점에서 을은 '모든 기술에는 과학이 개입해 있다.'라는 주장에 동의하지만, 병은 동의하지 않으므로 적절한 내용이다.

오답 체크

ㄱ. 갑은 기술이라고 부를 수 있는 것은 모두 물질로 구현된다고 하였고, 을은 갑의 견해에 동의하지만, 그렇게 구현되는 것들을 모두 기술로 부를 수 없다고 하였으며 근대 과학혁명 이후에 등장한 과학이 개입한 것들로 한정해야 한다고 하였고, 병은 을의 견해에 동의하지만, 그 정의는 너무 협소하다고 한 점에서 갑보다 을, 병보다 을이 주장하는 '기술' 적용 범위가 더 좁다는 것을 추론할 수 있지만, 갑과 병의 '기술' 적용 범위를 비교할 수 없으므로 적절하지 않은 내용이다.

ㄷ. 갑은 물질을 소재 삼아 물질적인 결과물을 산출하는 것은 모두 기술이라고 부를 수 있다고 하였고, 병은 과학과 상관없이 수많은 시행착오를 거쳐 발전한 방법도 기술이라고 부를 수 있다고 한 점에서 갑과 병 모두 시행착오를 거쳐 발전해온 옷감 제작법을 기술로 인정한다는 것을 추론할 수 있으므로 적절하지 않은 내용이다.

> **문제 풀이 TIP**
>
> 특정 화제에 대해 다양한 견해가 제시되는 경우 각 견해의 중심 주장 및 그 근거를 파악하며 문제를 푼다. 이때 화자 간의 견해 차이가 무엇인지 구분하며 읽어 나간다.

4   정답 ①

독해력 UP 지문 분석

분야/논쟁점
인문/성공적인 설득을 위해 진실과 설득 기술 중 더 중요한 것은 무엇인가?

화자의 견해

갑	진실을 말하지 않더라도 다른 사람을 설득할 수 있지만, 그런 설득은 엉망인 결과로 이어지므로 그렇게 해서는 안 된다.
을	진실을 말하거나 말하지 않는 모든 경우에서 사람을 설득하기 위해 더 중요한 것은 자신이 말하는 바를 사람들이 정의롭고 훌륭한 것으로 받아들일 수 있게끔 설득하는 이야기 기술이다.

정답 체크

갑은 진실을 말한다고 해서 설득할 수 있는 것은 아니라고 주장하고 있으며, 을은 진실을 말하고 있으나 이야기 기술이 없다면 설득할 수 없다고 주장하였으므로 갑과 을은 진실을 이야기한다고 하더라도 설득에 실패할 수 있다는 것에 동의함을 알 수 있다.

오답 체크

② 갑은 이야기 기술만을 사용하여 진실을 말하지 않고 설득이 가능하다고 하였으므로 적절하지 않은 내용이다.
③ 갑과 을의 진실하지 않은 것을 말하는 이야기 기술을 습득하지 말아야 하는 지에 대한 입장은 알 수 없으므로 적절하지 않은 내용이다.
④ 갑과 을의 이야기 기술을 가지고 있다고 하더라도 설득에 실패할 수 있는 지에 대한 입장은 알 수 없으므로 적절하지 않은 내용이다.

⑤ 을은 진실을 말하지 않고 이야기 기술만을 사용하여 도출된 부정적인 결과에 대해 자신의 견해는 다른 사람을 설득하기 위해서는 이야기 기술을 습득하는 것이 필요하다고 한 것뿐이라는 점에서 진실하지 않은 것을 믿게끔 설득하는 것으로부터 야기된 결과가 나쁠 수 있는 것에 대하여 부정하지 않았으므로 적절하지 않은 내용이다.

5   정답 ③

독해력 UP 지문 분석

분야/주제
인문/허생의 처가 추구하는 행복의 조건에 대한 토의

(가) 핵심 내용 정리

쟁점 1	허생의 처가 외적 조건인 부를 추구하는 사람이라고 볼 수 있는가? - 민호: 허생의 처는 빈곤한 형편 때문에 행복하지 않았으므로 외적 조건인 부를 추구한다. - 영수: 허생의 처는 생존을 위한 기본적 요건을 충족하고자 하였으므로 외적 조건인 부를 추구하는 것으로 볼 수 없다. - 결론: 허생의 처가 추구한 조건을 외적·내적 조건의 관점으로만 접근하는 것은 부적절하다.
쟁점 2	허생의 처가 추구하는 행복의 조건을 다른 측면에서 어떻게 접근할 수 있는가? - 민호: 허생의 처는 일방적으로 강요된 희생을 행복하지 않은 이유로 여긴다. - 영수: 허생의 처는 가족 간의 소원한 관계도 행복하지 않은 이유로 여긴다. - 결론: 허생의 처는 강요된 희생과 소원한 가족 관계로 인해 행복하지 않았으며, 가족 구성원 간의 바람직한 관계를 행복의 조건으로 추구한다.

정답 체크

㉮ (가)에서 현지는 첫 번째 발언을 통해 '허생의 처가 추구하는 행복의 조건은 무엇인가?'를 주제로 언급하며 토의를 시작하고 있으므로 적절하다.
㉯ (가)에서 현지는 두 번째 발언을 통해 허생의 처가 추구한 행복의 조건을 외적 또는 내적 조건으로만 접근하는 것은 옳지 않다며 토의 내용을 정리하고 있으며, 세 번째 발언에서 허생의 처가 행복하지 않았던 이유와 허생의 처가 추구한 행복의 조건을 정리하고 있으므로 적절하다.
㉰ (가)에서 현지는 두 번째 발언을 통해 허생의 처가 추구한 행복의 조건을 다른 측면에서는 어떻게 접근할 수 있을지 질문함으로써 다른 관점에서 생각해 보도록 유도하고 있으므로 적절하다.

오답 체크

㉯ (가)에서 현지는 발언 순서를 지정하고 있지 않으므로 적절하지 않다.

㉰ (가)에서 현지는 근거를 함께 제시하도록 요구하고 있지 않으므로 적절하지 않다.

[6-7]

독해력 UP 지문 분석

분야/논쟁점

철학융합/외계 지성체와 지구인 간의 의사소통 가능성 조건

화자의 견해

갑	우주의 보편적 원리를 포함하는 이론을 지닌 외계인이 있으며 그런 외계인과는 의사소통이 가능하다.
을	공통된 생활양식 없이는 의사소통이 불가능하고 외계인과 공통된 생활양식을 함께 할 수는 없다.
병	우주의 보편적 원리를 포함하는 이론과 이를 표현하는 일상 언어가 있다면 의사소통이 가능하다.
정	우주의 보편적 원리와 일상 언어뿐만 아니라 신체 구조 등 생물학적 유사성도 필요하다.

6
정답 ③

정답 체크

ㄱ. 갑이 우주를 보편적으로 지배하는 원리를 포함하는 이론을 외계인이 지니지 않는다면 그 외계인은 은하계를 누빌 수 있는 우주선 제작과 같은 기술력을 갖추지 못할 것이라고 한 점에서 외계인이 은하계를 누빌 수 있는 우주선 제작과 같은 기술력을 갖추었다면, 그 외계인은 우주를 보편적으로 지배하는 원리를 포함하는 이론을 지니고 있다. 또한 갑은 외계인이 그런 이론을 지닌다면, 그 외계인과 지구인 사이에는 의사소통이 가능할 것이라고 하였으므로 외계인이 은하계를 누빌 수 있는 우주선 제작과 같은 기술력을 갖추었다면 그 외계인과 지구인 사이에는 의사소통이 가능하여 적절한 내용이다.

ㄷ. 갑~정 중에서 외계인과 지구인 사이에 의사소통이 가능하다면 그 외계인은 보편적 원리를 포함하는 이론을 표현하는 일상 언어를 사용한다고 주장을 하는 사람은 없으므로 적절한 내용이다.

오답 체크

ㄴ. 을은 상호 의사소통은 오직 공통된 생활양식을 함께했을 때에만 가능한데, 외계인들은 우리와 공통된 생활양식을 절대 함께할 수 없다고 한 점에서 을의 주장들이 참이라면 상호 의사소통을 불가능하다. 병이 결론적으로 만약 어떤 외계인이 우주의 보편적 원리를 포함하는 이론을 지니고 그런 이론을 표현하는 일상 언어를 사용한다면, 그런 이론을 표현하는 일상 언어를 사용하는 지구인과 의사소통이 가능하다고 한 점과 을의 주장들이 참임에 따라 도출된 상호 의사소통이 불가능하다는 점을 고려하면, "지구인과 의사소통이 불가능한 외계인은 우주의 보편적 원리를 포함하는 이론도 지니지 않거나 그런 이론을 표현하는 일상 언어도 사용하지 않는다."가 참이 되므로 적절하지 않은 내용이다.

7
정답 ⑤

정답 체크

ㄱ. 을은 의사소통은 공통된 생활양식을 함께 했을 때에만 가능하다고 하였다. 따라서 지구인 김박사와 외계인 A가 생활양식이 다름에도 의사소통이 가능하다면 을의 입장은 약화되므로 적절한 내용이다.

ㄴ. 정은 보편 원리를 포함하는 이론을 지니고 그것을 표현하는 일상 언어를 사용하며 생물학적 유사성까지 갖추어야 의사소통이 가능하고 신체 구조의 유사성은 생물학적 유사성을 갖기 위해 필요하다고 하였으므로 지구인 김박사와 외계인 A의 신체 구조가 다르다면 생물학적 유사성을 갖지 못하고 이에 따라 의사소통도 가능하지 않다. 따라서 김박사와 A가 의사소통이 가능하다면 정의 입장은 강화되지 않으므로 적절한 내용이다.

ㄷ. 갑은 외계인이 보편적 원리를 포함하는 이론을 지닌다면 의사소통이 가능하다고 하였을 뿐이므로 외계인 A가 보편 원리를 포함하는 이론을 지니지 않고 의사소통이 불가능하다고 해서 갑의 입장과 상충하지는 않는다. 병은 외계인이 보편적 원리를 포함하는 이론을 지니고 그런 원리를 포함하는 일상 언어를 사용해야 의사소통이 가능하다고 하였는데, 외계인 A가 보편 원리를 포함하는 이론을 지니지 않고 일상 언어를 사용하는데 의사소통이 불가능하다고 해서 병의 입장과 상충하지는 않는다. 따라서 김박사가 A와 의사소통이 불가능하다면 갑의 입장도 병의 입장도 약화되지 않으므로 적절한 내용이다.

DAY 27 담화문 ② p.198

1 ③   2 ③   3 ①   4 ②   5 ①
6 ②

1
정답 ③

독해력 UP 지문 분석

분야/논쟁점
철학/심적 상태의 실재성

화자의 견해

갑	통속 심리학이 성공적인 이론이 아니므로 믿음, 욕구와 같은 심적 상태는 존재하지 않는다.
을	통속 심리학은 행동을 성공적으로 예측하고 설명하므로 심적 상태는 존재한다.
병	통속 심리학의 예측력이 높더라도 그것이 심적 상태의 실재성을 보장하지는 않는다.

정답 체크

ㄱ. 갑은 우리가 일상적으로 '믿음'이나 '욕구' 등의 개념으로 지칭하는 심적 상태는 존재하지 않는다고 보아야 한다고 하였고, 을은 어떤 이론이 성공적이라면 그 이론에 근거한 개념이 존재한다고 보고 통속 심리학이 성공적으로 행동에 대학 예측과 설명을 할 수 있어 믿음이나 욕구같은 심적 상태는 존재한다고 하였다. 따라서 갑은 심적 상태가 존재한다는 것에 동의하지 않지만 을은 동의하므로 적절한 내용이다.

ㄴ. 을은 통속 심리학은 믿음이나 욕구와 같은 개념을 통해 우리의 행동을 성공적으로 예측하고 설명한다고 하였고 병은 통속 심리학의 개념을 통해 우리의 행동을 성공적으로 예측하고 설명할 수 있다는 것은 맞다고 하였다. 따라서 을과 병은 통속 심리학에서 사용하는 개념에 의해 인간이 행동을 성공적으로 예측하고 설명할 수 있다는 것에 동의하므로 적절한 내용이다.

오답 체크

ㄷ. 병은 믿음이나 욕구같은 심적 상태는 존재하지 않을 수 있다고 하였고 갑은 '믿음'이나 '욕구' 등의 개념으로 지칭하는 심적 상태는 존재하지 않는다고 하였다. 따라서 믿음이나 욕구와 같은 개념이 지칭하는 것이 존재하지 않을 수 있다는 것에 갑과 병 모두 동의하므로 적절하지 않은 내용이다.

2
정답 ③

독해력 UP 지문 분석

분야/논쟁점
철학/기술의 정의와 자연-인공물의 경계에 대한 논쟁

화자의 견해

| 갑 | 동물이 만든 것도 기술로 볼 수 있으며, 자연스러움과 부자연스러움의 경계는 모호하다 |
| 을 | 기술은 인간이 만든 인공물로 한정되며, 원리에 대한 이해를 수반하고 부자연스러움을 낳는다 |

정답 체크

ㄱ. 갑은 비버가 댐을 만드는 것이 비버가 지닌 본성에 따른 것처럼, 인간이 비행기를 만드는 것도 인간의 본성에 따른 것일 수 있다고 하였고 을은 비버가 본성에 따라 댐을 만들었고 인간의 기술이 인간 본성에서 비롯했다는 점에 동의할 수 있다고 하였다. 따라서 만들어진 모든 것이 본성의 소산이라는 것은, 갑의 입장도 을의 입장도 약화하지 않으므로 적절한 내용이다.

ㄴ. 을은 인공물은 언제나 부자연스러움을 가져온다고 하였다. 따라서 자연을 변화시킨 인공물이지만 부자연스러움을 낳지 않는 물건이 있다는 것은 을의 주장과 상충하여 을의 입장을 강화하지 않으므로 적절한 내용이다.

오답 체크

ㄷ. 을은 어떤 것의 사용에 원리에 대한 이해가 있다면 그 사용은 반드시 부자연스러움을 낳는다고 하였다. 따라서 부자연스러움을 낳는 것 중에 원리에 대한 이해 없이 생겨난 물건이 있다고 해도 을의 입장과 상충하지 않아 을의 입장을 약화하지 않으므로 적절하지 않은 내용이다.

문제 풀이 TIP

화자의 입장을 분명하게 파악하여 선택지 판별 시 혼동하지 않는다. 을은 사용의 원리에 대한 이해가 있다면, 그 사용이 반드시 부자연스러움을 낳는다고 했으므로 을의 입장을 약화하기 위해서는 사용의 원리에 대한 이해가 있지만 부자연스럽지 않은 물건이 있어야 한다.

3
정답 ①

독해력 UP 지문 분석

분야/논쟁점
예술/정격연주가 가능한가?

화자의 견해

A	옛 음악을 작곡 당시에 공연된 것과 똑같이 재연함으로써 정격연주가 가능하다.
B	과거와 현재의 연주 관습상 차이로 인해 옛 음악을 작곡 당시와 똑같이 재연하는 것은 불가능하다.
C	똑같이 재연하는 것이 불가능하더라도 작곡가의 의도를 파악한다면 정격연주가 가능하다.
D	작곡자의 의도뿐만 아니라 연주 관습도 모두 고려해야 정격연주가 가능하다.

정답 체크

ㄱ. A는 과거의 음악을 작곡 당시에 공연된 것과 똑같이 재연한다면 그때와 똑같은 느낌을 구현할 수 있다고 하였고, C에서 작곡자의 의도를 파악해 연주하면 작곡된 시대에 연주된 느낌을 정확하게 구현할 수 있다고 한 점에서 A와 C 모두 옛 음악을 과거와 똑같이 재연한다면 과거의 연주 느낌을 구현할 수 있다는 것을 부정하지 않았다는 것을 추론할 수 있으므로 적절한 내용이다.

오답 체크

ㄴ. B는 과거와 현재의 연주 관습상의 차이로 옛 음악을 작곡 당시와 똑같이 재연하는 것은 불가능하다고 한 점에서 현대에 과거의 연주 관습 그 자체의 재연이 불가능하다고 주장한다는 것을 추론할 수 있지만, D는 작곡가의 의도와 연주 관습을 모두 고려할 때 정격연주를 실현할 수 있다고 하였을뿐 과거 연주 관습을 현대에 똑같이 재현 가능한지에 대해서는 알 수 없으므로 적절하지 않은 내용이다.

ㄷ. C는 작곡가의 의도를 파악하면 정격연주를 할 수 있다고 하였지만, D는 작곡자의 의도와 연주 관습을 모두 고려할 때 정격연주를 실현할 수 있다고 하였으므로 적절하지 않은 내용이다.

문제 풀이 TIP

특정 대상에 대한 여러 인물의 견해가 제시되는 글의 경우 각각의 주장과 근거, 사실과 견해를 파악하며 문제를 풀이한다.

4
정답 ②

독해력 UP 지문 분석

분야/논쟁점
인문/불공정한 법도 준수해야 하는가?

화자의 견해

갑	법의 공정 여부와 무관하게 마땅히 지켜야만 하는 것이 시민의 의무이다.
을	공정한 법에 대해서만 선별적으로 준수의 의무를 부과하는 것이 타당하다.
병	법의 선별적 준수는 전체 법체계의 유지에 큰 혼란을 불러올 수 있으므로 받아들여서는 안 된다.

정답 체크

ㄴ. 을이 준법정신은 공정한 법에 한해서 선택적으로 발휘되는 것이라고 주장한 점에서 법의 공정성을 판단하는 기준이 존재하지 않을 경우 을의 주장은 약화된다는 것을 추론할 수 있으므로 적절하다.

오답 체크

ㄱ. 갑이 법의 공정 여부와 관계없이 법을 지켜야 하는 것이 시민의 의무라고 주장한 점에서 예외적인 경우에 한해 약속을 지키지 않아도 된다면 갑의 주장은 약화된다는 것을 추론할 수 있으므로 적절하지 않다.

ㄷ. 병이 법의 선별적 준수는 전체 법체계의 유지에 혼란을 일으킬 여지가 있어 받아들여서는 안 된다고 주장한 점에서 이민자를 차별하는 법이 존재한다면 병의 주장은 강화된다는 것을 추론할 수 있으므로 적절하지 않다.

문제 풀이 TIP

특정 대상에 대한 여러 인물의 견해가 제시되는 경우 각각의 주장과 근거, 사실과 견해를 파악하며 문제를 풀이한다.

5 정답 ①

독해력 UP 지문 분석

분야/논쟁점
사회/도덕적으로 정당화된 내부자 고발의 핵심 조건에 관한 논쟁

화자의 견해

A	내부자 고발의 도덕적 정당성은 회사가 사회에 미치는 심각한 피해를 방지하는 데 있다
B	내부자 고발의 도덕적 정당성은 고발자가 회사의 잘못에 가담하지 않고자 하는 데 있다

정답 체크

ㄱ. A가 회사가 대중이나 사회에 심각한 피해를 입히고 있어야 한다는 것을 내부자 고발이 정당화되기 위한 조건으로 제시한 점에서 회사가 대중이나 사회에 입히고 있는 피해가 심각하지 않은데도 불구하고 그 회사에 대한 내부자 고발이 도덕적으로 정당하다고 인정되는 사례는 A의 주장을 약화하므로 적절하다.

오답 체크

ㄴ. B가 고발자는 자신이 폭로하려는 내용에 관한 적절한 증거를 가지고 있어야 한다고 한 점에서 고발자가 속한 부서가 잘못하고 있다는 것에 대한 적절한 증거가 없어서 내부자 고발이 도덕적으로 정당하다고 인정되지 않는 사례는 B의 주장을 약화하지 않으므로 적절하지 않다.

ㄷ. A가 고발자가 해당 회사의 잘못을 직속 상관이나 회사 내 다른 구성원에게 보고했지만, 그 어떤 조치도 취해지지 않아야 한다는 조건을 제시한 점에서 회사 내 다른 구성원에게 회사의 잘못을 알려 그 잘못에 계속 일조하지 않을 방법이 있음에도 알리지 않고 제기한 내부자 고발이 정당하다고 인정되는 사례는 A의 주장을 강화하지 않고 B는 내부자 고발이 잘못에 일조하지 않고자 하는 것이 핵심 가치라고 제시한 점에서 회사 내 다른 구성원에게 회사의 잘못을 알려 그 잘못에 계속 일조하지 않을 방법이 있음에도 알리지 않고 제기한 내부자 고발이 정당하다고 인정되는 사례는 B의 주장도 강화하지 않으므로 적절하지 않다.

6 정답 ②

독해력 UP 지문 분석

분야/주제
기타/지방자치단체 조례의 "주민등록 계속성" 요건에 대한 해석

화자의 견해

갑	일시적 전출이 있으면 "계속하여" 요건 미충족으로 지원 불가함
을	출산장려금은 "계속하여" 문구가 없어 지원 가능함
병	출산장려금도 타 지자체 사례처럼 계속성 요건 적용해야 함
정	B시 조례는 주민등록 기간 요건이 다르므로 비교 부적절함
무	판례를 근거로 계속성을 유연하게 해석해 지원해야 함

정답 체크

을은 ㉠에 관한 조항에 나오는 "계속하여"라는 문구의 의미에 대해 언급하지 않았으므로 적절하지 않다.

오답 체크

① 갑과 병은 민원인이 계속성 요건을 충족하지 못해 ㉠을 갖추지 못했다고 판단하나 무는 판례를 고려하여 일부 공백 기간이 있더라도 계속성을 인정해야 한다고 주장하며 민원인이 ㉠을 갖추고 있다고 판단한다. 따라서 갑은 민원인이 ㉠을 갖추었는지 여부에 대한 판단에서 병과는 같고 무와는 다르므로 적절하다.

③ 병은 ㉢이 A시 조례 제7조 즉, ㉡과 같은 취지와 형식의 문구로 되어 있으면서 계속성을 명시하고 다른 지방자치단체들의 조례도 마찬가지라고 말한다. 따라서 병은 ㉢에서처럼 주민등록의 계속성을 명시하는 것이 ㉡과 같은 경우보다 일반적이라고 이해하므로 적절하다.

④ 정은 B시 조례를 잘 보면 출산 전 주민등록의 기간은 A시 조례의 출산 전 주민등록 기간보다 짧다는 점을 지적하며 이를 고려해야 한다고 주장한다. 따라서 정은 조문의 해석에서 ㉢에서의 주민등록 기간이 ㉡에서와 다르다는 점을 고려할 수 있다고 보므로 적절하다.

⑤ 무는 반복된 근로계약에서는 그 사이 일부 공백 기간이 있더라도 근로관계의 계속성을 인정해야 한다는 판례가 있고 이를 고려해서 A시 조례의 산후관리비 지원 자격 요건과 출산장려금 지원 자격 요건의 계속성도 이와 같이 유연하게 해석하자고 주장한다. 따라서 무는 ㉠과 관련하여 일시적인 단절이 있어도 계속성의 요건이 충족될 수 있다고 보므로 적절하다.

문제 풀이 TIP

여러 화자가 등장하는 담화문의 경우 각자 주장하는 바가 다양하므로 견해의 공통점과 차이점을 정리하면서 지문을 읽는다.

DAY 28 담화문 ③   p.204

1 ① **2** ② **3** ① **4** ④ **5** ⑤
6 ④

1
정답 ①

독해력 UP 지문 분석

분야/논쟁점
과학/코페르니쿠스의 태양 중심 체계 옹호에 대한 해석

화자의 견해

갑	코페르니쿠스는 태양 중심 체계에서 발견되는 회전 주기와 반경 간의 일관된 관계를 미적 근거로 자신의 이론을 옹호했다
을	코페르니쿠스의 옹호는 미적 이유만으로는 불충분하며, 조화로운 관계의 이유에 대한 추가 확인이 필요하다
병	코페르니쿠스의 조화 개념은 미적 특징뿐만 아니라 예측 가능성이라는 과학적 특징도 포함한다

정답 체크

ㄱ. 갑은 태양 중심 체계에서는 모든 행성에서 회전 반경이 클수록 회전 주기도 커지고, 을은 태양중심 체계에서 회전 주기와 회전 반경 사이에 일관된 관계가 성립한다는 것은 분명하다고 하였다. 또한 병은 태양 중심 체계에서 회전 주기와 회전 반경은 일관된 관계를 지니고 있다고 하였다. 따라서 코페르니쿠스의 태양 중심 체계에서 행성의 회전 주기와 회전 반경 사이에 일관된 관계가 성립한다는 것에 갑, 을, 병 모두 동의하므로 적절한 내용이다.

오답 체크

ㄴ. 갑은 코페르니쿠스가 태양 중심 체계가 미적으로 뛰어나다는 것을 근거로 자신의 이론을 옹호하고 있다고 하였으므로 코페르니쿠스가 조화로운 관계를 미적으로 뛰어나다고 평가했다는 것에 대해서 갑은 동의한다. 반면 을은 코페르니쿠스가 미적인 이유만으로 자신의 이론을 옹호하지는 않았을 것이라고 하였으므로 코페르니쿠스가 조화로운 관계를 미적으로 뛰어나다고 평가했다는 것에 대해서 을은 동의하지 않는다는 것은 적절하지 않은 내용이다.

ㄷ. 갑은 코페르니쿠스가 태양 중심 체계가 미적으로 뛰어나다는 것을 근거로 자신의 이론을 옹호한다고 하였지만 예측 가능성에 대해서는 언급하지 않았다. 병은 미적 특징과 예측 가능성 모두를 코페르니쿠스의 옹호 근거로 언급했지만 둘 중 어느 것을 더 중시했다고 주장하지 않았으므로 코페르니쿠스가 자신의 이론을 옹호하는 데 미적 우월성보다 예측 가능성을 더 중시했다는 것에 갑과 병이 동의한다는 것은 적절하지 않은 내용이다.

문제 풀이 TIP

부분 부정과 전체 부정을 혼동하지 않는다. 을이 말하는 '코페르니쿠스가 미적인 이유만으로 자신의 이론을 옹호하지는 않았을 것이다.'는 미적인 이유 외에도 다른 이유가 있을 것이라는 의미로 미적인 이유로 옹호하였다는 것을 부정하는 것은 아니다.

2
정답 ②

독해력 UP 지문 분석

분야/논쟁점
예술/위조품도 예술적 가치를 가질 수 있는가?

화자의 견해

갑	예술적 가치는 시각적으로 식별할 수 있는 특성으로 결정되며, 아무리 많은 사람이 위조품과 진품을 식별하지 못하더라도 훈련받은 전문가는 그 차이를 찾아낼 수 있다.
을	예술품은 창의적이어야 예술적 가치를 가지며, 위조품은 창의적이지 않으므로 예술적 가치가 없다.
병	예술적 가치는 작품 자체의 시각적 특징에 부여되므로 위조품이 원작보다 반드시 예술적으로 뒤처진다고 할 수 없다.

정답 체크

ㄴ. 갑은 예술적 가치가 시각적으로 식별 가능한 특성으로 결정된다고 하였고, 병은 원작이라는 사실은 감상 대상이 아니며 예술적 가치는 작품이 가진 시각적 특징에 부여된다고 하였으므로 적절한 내용이다.

오답 체크

ㄱ. 갑은 예술적 가치는 시각적으로 식별할 수 있는 특성으로 결정된다고 하였지만, 을은 예술품이라면 창의적이어야 하며 위조품은 창의적이지 않기 때문에 진품만 예술적 가치를 가질 수 있다고 한 점에서 갑과 을 모두 예술적 가치로서의 창의성과 시각적 특성을 연관 지어 설명하고 있지 않다는 것을 추론할 수 있으므로 적절하지 않은 내용이다.

ㄷ. 병은 위조품인 메헤렌의 작품이 부정적 평가를 받는 이유는 사람들을 속였기 때문이지 예술적으로 열등해서가 아니며 예술적 가치는 작품이 지닌 시각적 특징에 부여된다고 하였지만, 을은 위조품은 결코 예술적 가치를 가질 수 없으며 위작임이 밝혀진 다음에도 그 작품을 칭송하는 것을 이해할 수 없다고 하였으므로 적절하지 않은 내용이다.

3
정답 ①

독해력 UP 지문 분석

분야/주제
기타/A 시의 조례 제정 비율에 대한 대화문

핵심 내용 정리

상황	A 시의 작년 조례 제정 비율 및 올해 현황
조례 제정 비율	그해 1월 1일부터 12월 31일까지 법률에서 조례를 제정하도록 위임한 건 중 12월 31일까지 실제 조례로 제정된 비율

정답 체크

갑의 세 번째 발언에 따르면 현재까지 법률에서 조례를 제정하도록 위임한 10건 중 A 시는 7건을 조례로 제정했고 입법 예고 중인 것은 2건이며, 을의 세 번째 발언에 따르면 모든 조례는 입법 예고를 거친 뒤 시의회에서 제정된다.
따라서 빈칸에 들어갈 내용은 '현재 조례로 제정하기 위하여 입법 예고가 필요한 것이 1건입니다.'가 가장 적절하다.

오답 체크
②, ③, ⑤ 7월 10일 현재로서는 1월 1일부터 12월 31일까지를 기준으로 하는 올 한 해 A 시의 조례 제정 비율과 관련하여 알 수 있는 것이 없으므로 적절하지 않다.
④ 현재 시점을 기준으로 A 시는 법률에서 조례를 제정하도록 위임받은 10건 중 7건을 조례로 제정하여, 조례 제정 비율은 70%이므로 적절하지 않다.

4
정답 ④

독해력 UP 지문 분석

분야/논쟁점
인문/인공지능 로봇에게 도덕적 지위를 부여하는 기준에 관한 논쟁

화자의 견해

갑	의식은 도덕적 지위의 근거이며, 인공지능 로봇도 의식을 갖는다.
을	의식은 도덕적 지위의 근거이나, 기계인 로봇은 의식을 가질 수 없다.
병	의식 유무와 무관하게 도구적 존재인 인공지능 로봇에게는 도덕적 지위를 부여할 수 없다.
정	의식 유무와 무관하게 인간과 유의미한 관계를 맺는 인공지능 로봇에게는 도덕적 지위를 부여해야 한다.

정답 체크
ㄴ. 병은 인공지능 로봇에게 의식이 있을 수도 있지만, 인간의 필요에 의해서 만든 도구적 존재에 도덕적 지위를 부여하는 것은 말이 되지 않는다고 하였으므로 적절한 내용이다.
ㄷ. 을은 도덕적 지위를 결정하는 기준이 의식의 여부이며, 로봇이 기계이기 때문에 의식을 갖는 것이 불가능하여 도덕적 지위를 부여할 수 없다고 한 점에서 인공지능 로봇에게 의식이 있다고 밝혀질 경우 인공지능 로봇에게 도덕적 지위를 부여해야 하는가에 대한 입장을 바꿔야 하므로 적절한 내용이다.

오답 체크
ㄱ. 을은 로봇이 기계이므로 의식을 갖는 것이 불가능하다고 하였지만, 정은 로봇의 의식 여부에 대해서 언급하고 있지 않으므로 적절하지 않은 내용이다.

문제 풀이 TIP
화자 간 복수의 쟁점에 따라 의견이 다르므로 표나 도식을 이용해 정리한다. '의식과 도덕적 지위의 관계', '인공지능 로봇의 의식 유무', '인공지능 로봇의 도덕적 지위'에 관한 갑~정의 입장을 정리한다.

[5-6]

독해력 UP 지문 분석

분야/주제
기타/자연환경이 돋보이고, 전통과 예술이 공존하는 사랑시 소개글 작성 관련 토의

(나) 핵심 내용 정리

작성 목적	다른 지역 학생들에게 자연환경이 돋보이고 전통과 예술이 공존하는 사랑시 소개
세부 내용 1	산할머니 전설에서 유래되어 전통적 특색이 드러나는 사랑시의 명칭 및 문화제
세부 내용 2	아름다운 풍경을 즐길 수 있는 바람맞이 언덕과 사랑시민의 일상과 청정한 자연의 모습이 담긴 작품을 전시하는 사랑미술관의 특징 및 길 안내
세부 내용 3	도시의 청정함을 드러낼 수 있는 반딧불이 축제 소개 및 길 안내

5   정답 ⑤

정답 체크

[A]에서 '학생 3'이 제당에서 바람맞이 언덕까지 찾아가는 길도 안내하자고 하였고, [B]에서 제당 뒤편으로 난 길을 통해 정자를 지나 올라가면 바람맞이 언덕에 도착한다고 하였으므로 [B]에 반영된 내용으로 가장 적절한 것은 ⑤이다.

오답 체크

① [B]에서 산할머니 신을 섬기는 전통을 이어받아 해마다 문화제가 열리고 있음을 서술하고 있지만, 산할머니 문화제에서 열리는 다양한 행사에 대한 안내는 다루고 있지 않으므로 적절하지 않다.
② [B]에서 사랑시 명칭과 관련된 산할머니 전설을 서술하고 있지만, 산할머니 일화와 관련된 은행나무에 대한 소개는 다루고 있지 않으므로 적절하지 않다.
③ [B]에서 사랑시 명칭의 유래를 서술하고 있지만, 명칭의 변화 과정에 대한 설명은 다루고 있지 않으므로 적절하지 않다.
④ [B]에서 바람맞이 언덕 소개와 해마다 문화제가 열리는 이유를 서술하고 있지만, [A]와 [B] 모두 바람맞이 언덕이 사랑시의 전통을 보여준다는 내용은 다루고 있지 않으며, [B]에서 서술하고 있는 해마다 문화제가 열리는 이유와 바람맞이 언덕은 서로 관련 없는 내용이므로 적절하지 않다.

문제 풀이 TIP

두 자료를 비교하여 문제를 풀이하는 경우 선택지를 먼저 보고 파악해야 하는 내용이 무엇인지 확인하고, 이를 본문과 대조하며 문제를 풀이한다.

6   정답 ④

정답 체크

(가)에서 '학생 3'은 도시를 상징하는 반딧불이 그림과 함께 말풍선을 사용하여 문구를 넣자는 제안을 함과 동시에 사랑시의 전통, 자연과 예술 분야의 특색, 사랑시 방문을 통해 얻을 수 있는 좋은 점을 문구에 포함하자고 하였고, '학생 2'는 대조의 표현 방식을 활용하자고 하였으므로 제시된 조건을 모두 포함하고 있는 ④가 가장 적절하다.

사랑시의 전통	효의 정신이 담긴 산할머니 전설
자연과 예술 분야의 특색	(자연) 반딧불, (예술) 화가들의 작품 이야기
사랑시 방문을 통해 얻을 수 있는 좋은 점	여러분들 마음속에 여유가 생길 거예요
대조의 표현 방식	어두운 여름밤 ↔ 밝은 반딧불

오답 체크

① 예술에 해당하는 특색이 누락되어 있으므로 적절하지 않다.
② 사랑시를 방문하면 얻을 수 있는 좋은 점과 대조의 표현 방식이 누락되어 있으므로 적절하지 않다.
③ 대조의 표현 방식이 누락되어 있으므로 적절하지 않다.
⑤ 사랑시의 전통에 해당하는 특색이 누락되어 있으므로 적절하지 않다.

DAY 29 　실용문 ①　　　p.210

1 ②　　2 ③　　3 ④　　4 ②　　5 ④

1
정답 ②

독해력 UP 지문 분석

분야/주제
기술/공간정보 빅데이터 플랫폼의 개선 방향에 대한 연구

문단별 중심 내용

1문단	공간정보의 개념 및 4차 산업혁명 시대에 공간정보의 중요성
2문단	생활의 편리성 향상에 기여한 공간정보 활용 사례
3문단	기존 국내 공간정보 기술력 및 연구개발의 한계
4문단	기존 국내 공간정보 기술력 및 연구개발의 한계를 극복하기 위한 노력
5문단	일부 공공 공간정보 빅데이터 플랫폼의 한계 및 보고서 전개 방향 제시

정답 체크

3문단에서 기존 국내 공간정보 기술에 대한 연구개발은 단편적 수요 대응 차원에서 연구개발 가능한 분야를 중심으로 추진되어 미래 전망 및 수요를 반영하기 어려웠다고 하였으므로 국내 공간정보 기술에 대한 연구개발이 장기적인 필요성을 충족할 수 있는 분야 위주로 진행되어 온 것은 아님을 알 수 있다.

오답 체크

① 5문단에서 공간정보를 4차 산업혁명 핵심 정보인프라로 활용하기에는 일부 공공 공간정보 빅데이터 플랫폼에 대한 사용자의 관심도와 활용도가 낮은 실정이라고 한 점에서 일부 공공 공간정보 빅데이터 플랫폼은 사용자 관심도와 활용도 향상을 위한 개선이 필요하다는 것을 추론할 수 있으므로 적절한 내용이다.
③ 2문단에서 공간정보는 생활의 편리성 향상에 기반이 되기도 하며, 교통카드 데이터와 통신 데이터를 통합·분석하여 대중교통 노선 조정에 활용하거나 건물 용도·카드 매출·승하차 정보 등을 복합적으로 분석하여 토지 이용 개발 계획 수립에 활용한다고 하였으므로 적절한 내용이다.
④ 1문단에서 공간정보는 지형지물과 같은 도형정보뿐만 아니라 그 공간의 자연적·사회적·경제적 특성 등을 기록할 수 있다고 하였으므로 적절한 내용이다.
⑤ 4문단에서 수치지형도 상의 건물 형상과 도로 표현이 일치하지 않는 등 기본공간정보의 체계적인 품질관리가 미흡했다고 하였으므로 적절한 내용이다.

2
정답 ③

독해력 UP 지문 분석

분야/주제
사회/국토교통부 발표 에너지 사용량 통계 결과

문단별 중심 내용

1문단	건축물 에너지·온실가스 정보체계에 따른 건물 에너지 통계 서비스에 따른 결과
2문단	전체 건축물 에너지 사용량 중 용도별, 시도별, 에너지원별 사용량
3문단	단열기준 도입 시점 전후를 기준으로 사용 승인을 받은 건축물 그룹별 연간 단위 면적당 에너지 사용량
4문단	국토교통부 건물 에너지 사용량 및 효율화 기여를 위해 노력 예정

정답 체크

이 보도자료는 국토교통부가 발표한 에너지 사용량 통계 결과를 통해 단위 면적당 에너지 사용량이 계속해서 감소하는 추세이며, 이는 단열기준 도입 이후 건물 에너지 효율 향상을 목표로 지속적으로 추진한 녹색건축정책이 에너지 사용량 감소 효과로 나타난 것으로 해석된다는 내용이므로 이 보도자료의 중심 내용으로 가장 적절한 것은 ③이다.

오답 체크

① 글 전체에서 건물 에너지 사용량에 따른 통계자료의 공개 범위를 확대하겠다는 정부의 방침과 관련하여 국민의 반응이 엇갈리고 있는지에 대해서는 언급하고 있지 않으므로 적절하지 않은 내용이다.
② 2문단에서 건물 부문에서의 에너지원별 사용량 통계 결과 거주 형태에 따라 주거용은 도시가스가, 비주거용은 전기가 가장 많이 사용되는 에너지원인 것으로 확인됐다고 하였으므로 적절하지 않은 내용이다.
④ 글 전체에서 단열기준 도입 이전에 사용 승인을 받은 건축물의 단위 면적당 에너지 사용량이 매년 증가했는지에 대해서는 언급하고 있지 않으므로 적절하지 않은 내용이다.
⑤ 4문단에서 국토교통부는 건물 에너지 사용량 국가 승인 통계를 계속해서 고도화해 나감으로써 공공부문 디지털정보 공유 기반을 갖추어 디지털 플랫폼 정부를 수립하는 데 이바지할 계획이라는 내용은 서술하고 있지만, 글 전체를 포괄할 수 없으므로 적절하지 않은 내용이다.

3

정답 ④

독해력 UP 지문 분석

분야/주제
기타/상반기 근로장려금 신청 안내

정답 체크

보도자료의 6문단에서 근로장려금 신청 시 신청 안내문을 받은 경우 ARS 전화, 손택스, 인터넷 홈택스를 통해 신청 가능하며, 신청 안내문을 받지 못한 경우 인터넷 신청 또는 세무서 방문 후 서면 신청해야 한다고 하였으므로 신청 방법에서 신청 안내문 수신자와 미수신자의 신청 방법을 서로 변경해야 하는 것은 아님을 알 수 있다.

오답 체크

① 보도자료의 3문단에서 본인과 배우자의 2020년 상반기 소득 중 사업소득 및 종교소득이 있다면 정기 신청만 가능하다고 하였으므로 적절한 내용이다.
② 보도자료의 7문단에서 상반기 근로장려금 신청자는 하반기 소득분에 대해서도 신청한 것으로 의제되어 별도로 하반기 신청 및 정기 신청을 하지 않는다고 하였으므로 적절한 내용이다.
③ 보도자료의 2문단에서 근로장려금 반기 지급 제도는 반기별 소득을 파악할 수 있는 근로소득자에 한하여 당해 연도 소득을 기준으로 반기별 근로장려금을 신청·지급하는 제도라고 하였으므로 적절한 내용이다.
⑤ 보도자료의 1문단에서 근로장려금이란 소득과 재산이 일정 금액 미만인 근로자, 종교인, 사업자(전문직 제외) 가구에 대한 복지제도라고 하였으므로 적절한 내용이다.

문제 풀이 TIP

두 자료를 비교하여 문제를 풀어야 하는 경우 선택지에서 키워드를 파악하여 이를 중심으로 빠르게 문제를 풀이한다.

4

정답 ②

독해력 UP 지문 분석

분야/주제
사회/전차선로 지지설비 검사기술 교통신기술 제56호로 지정

문단별 중심 내용

1문단	전차선로 지지설비 검사기술 교통신기술 제56호로 지정됨
2문단	전차선로 지지설비 검사기술 도입 이전의 문제점과 도입 이후의 전망
3문단	교통신기술제도의 의미와 역할
4문단	교통신기술제도 선정 시 혜택과 확인 가능한 사이트

정답 체크

1문단에서 이번에 교통신기술 제56호로 지정된 신기술을 적용할 경우 철도 차량에 탑재된 장비를 통해 전차선로 지지설비를 고속 및 고해상도의 카메라로 촬영할 수 있으며, 이를 딥러닝 기반의 이미지 분석을 거쳐 지지설비의 결함 정보를 즉각적으로 확인할 수 있다고 하였으므로 열차 운행 중에 촬영된 전차선의 상태를 바로 확인할 수 있는 기술이 아직 개발 단계에 있는 것은 아님을 알 수 있다.

오답 체크

① 4문단에서 교통신기술로 지정될 경우 최초 8년, 연장 최대 7년을 합하여 최대 15년 동안 공공기관 우선 적용 및 구매 권고, 입찰 시 가점 부여 등의 혜택을 받을 수 있다고 하였으므로 적절한 내용이다.
③ 2문단에서 전차선로 지지설비 검사기술을 적용하기 전에는 전차선로 지지설비의 상태를 점검할 때 열차가 운행되지 않는 시간에 점검하여 검측의 오류 비율이 높았다고 하였으므로 적절한 내용이다.
④ 1문단에서 전차선로 지지설비 검사기술은 전차선로의 지지설비 상태를 고해상도의 영상을 통해 검사하는 기술이라고 하였으므로 적절한 내용이다.
⑤ 3문단에서 국내에서 최초로 개발되거나 외국에서 도입하여 개량한 교통기술 가운데 신규성, 진보성, 경제성, 현장적용성, 보급 및 활용성이 우수한 기술에 대해 국토교통부 장관이 인증해왔다고 하였으므로 적절한 내용이다.

5 정답 ④

독해력 UP 지문 분석

분야/주제
인문/한옥형 인테리어를 접목한 현대 건축물 사례 연구

문단별 중심 내용

서론	1문단	한옥형 인테리어를 접목한 현대 건축물 사례 연구 필요성
본론	2문단	한옥형 디자인 요소를 반영한 거주지 사례 분석 결과
	3문단	한옥형 디자인 요소를 반영한 대학 사례 분석 결과
	4문단	한옥형 디자인 요소를 반영한 서울시 신청사 사례 분석 결과
결론	5문단	한옥형 인테리어의 효과: 정서적 안정 및 심미적 효과, 한국형 인테리어 브랜드화에 기여, 친환경 건축물로서의 발전

정답 체크

2문단에서 한옥형 인테리어가 적용된 거주지에서 전통 한옥에서만 찾아볼 수 있던 사랑채와 툇마루 등의 공간을 발견할 수 있음을 서술하고 있지만, 한옥형 인테리어가 적용된 아파트가 기존의 침실, 안방 등을 개조하여 새로운 공간을 마련한 것이라는 내용에 대해서는 다루고 있지 않으므로 적절하지 않은 내용이다.

오답 체크

① 3문단에서 전라북도 소재의 ○○대학교는 한옥형 건물을 신축하였으며, 전통 문양 타일 등 한국형 디자인 요소를 반영하였다고 하였으므로 적절한 내용이다.
② 4문단에서 서울시 신청사는 유리벽 위 지붕 끝부분에 전통한옥 처마 형상의 디자인을 통해 냉난방 에너지 절감 효과를 얻는다고 하였으므로 적절한 내용이다.
③ 5문단에서 한국형 주거공간은 주거공간에 대하여 다변화되는 소비자 욕구 충족에 기여할 것으로 사료된다고 하였으므로 적절한 내용이다.
⑤ 1문단에서 복고, 친환경, 웰빙 욕구가 커지며 우리 전통문화의 우수성이 주목받게 되어 주택시장에 한옥 열풍이 불고, 전통 한옥에서만 찾아볼 수 있었던 디자인 요소들이 현대식 공간과 함께 어우러진다고 하였으므로 적절한 내용이다.

문제 풀이 TIP

지문의 분량이 많다면 선택지를 먼저 읽고 어떤 내용을 중심으로 글을 읽어야 하는지 파악한 뒤 지문을 읽는다.

DAY 30 실용문 ② p.216

1 ③   **2** ③   **3** ④   **4** ④   **5** ⑤

1 정답 ③

독해력 UP 지문 분석

분야/주제
사회/산업통상자원부 수소 전(全)주기 안전관리 종합계획 수립

문단별 중심 내용

1문단	산업통산자원부에서 수소 전(全)주기 안전관리 종합계획을 수립할 예정임
2문단	종합계획 수립을 위해 수소 안전관리 정책위원회를 구성하고 수소 안전관리 정책위원회 회의를 개최함
3문단	강원 과학단지 수소탱크 폭발 사고를 계기로 수소 안전관리 종합대책을 수립한 산업부
4문단	안전 기반 수소 산업 발전이 이룩될 필요성 강조

정답 체크

ㄴ. 산업통상자원부는 2019년 5월 발생한 강원 과학단지 수소탱크 폭발 사고를 계기로 삼아 같은 해 12월 「수소안전관리 종합대책」 수립을 통해 실시간 모니터링을 포함한 3중 안전점검 체계 구축 및 수소충전소 안전관리 기준을 강화했다고 하였으며, 수소 추출기 등의 수소용품 안전기준을 마련하여 수소시설이나 제품에 대한 안전관리를 강화한 것은 「수소법」 안전 분야 시행을 통해서라고 하였으므로 적절하지 않은 내용이다.
ㄷ. 산업통상자원부는 지난 2021년 11월 마련한 수소경제이행 기본계획에서 다양한 수소 사용을 위해 전주기에 걸친 안전기준을 마련함과 동시에 수소안전관리 법령 일원화 등의 규제 합리화를 추진한다고 밝혔으며, 올해 11월까지 이를 구체화하기 위한 수소 전주기 안전관리 종합계획을 수립할 계획이라고 하였으므로 적절하지 않은 내용이다.

따라서 다음 보도자료의 내용과 일치하지 않는 것의 개수는 2개이다.

오답 체크

ㄱ. 산업통상부는 산·학·연 전문가가 함께하는 수소 안전관리 정책위원회를 구성하여 수소 신기술 개발 및 도입에 따른 안전기준을 발굴할 계획이며, 안전기준 발굴 시 일반 국민, 기업, 지자체, 유관기관 등의 현장 의견도 모을 방침이라고 하였으므로 적절한 내용이다.

ㄹ. 제1차 수소 안전관리 정책위원회 회의에서는 그동안의 수소 안전관리 추진 실적과 수소 신기술의 동향이 공유되었다고 하였으므로 적절한 내용이다.

2   정답 ③

독해력 UP 지문 분석

분야/주제
기타/추석 연휴 기간 업무 관련 회의

정답 체크

'1-2) 정상 이용 가능 서비스'에서 이용제한 기간 내 체크카드를 통한 국내 ATM의 모든 서비스는 정상 이용할 수 있다고 하였으므로 국내외 모든 ATM 서비스 이용이 제한되는 것은 아님을 알 수 있다.

오답 체크

① '2-1) 보도자료 제작 및 배포'에서 전산시스템 교체 작업 상황에 따라 서비스 이용제한 시간이 달라질 수 있음을 반드시 포함해야 한다고 하였으므로 적절한 내용이다.

② '1-2) 정상 이용 가능 서비스'에서 체크카드 분실신고 및 분실해지는 기존과 동일한 경로에서 정상 이용 가능하다고 하였으므로 적절한 내용이다.

④ '1-1) 중단 서비스'에서 포인트 현금 전환 서비스 신청 업무는 9/30(수) 00:00부터 10/2(금) 06:00까지 중단되며, 이용제한 기간 전에 포인트 현금 전환을 신청한 경우 이틀 뒤 정상적으로 입금된다고 하였으므로 적절한 내용이다.

⑤ '2-1) 보도자료 제작 및 배포'에서 서비스별 이용제한 내용 및 자세한 사항은 홈페이지에서 확인할 수 있음을 반드시 포함해야 한다고 하였으므로 적절한 내용이다.

> **문제 풀이 TIP**
> 회의 내용의 항목을 파악한 후 선택지를 보고 해당 내용을 본문에서 찾아 일치 여부를 확인한다.

3   정답 ④

독해력 UP 지문 분석

분야/주제
과학/면역 항암제에 의한 항암 치료와 간암 급성 진행 현상과의 상관관계 규명 연구

문단별 중심 내용

연구 배경 및 목적	면역 항암제를 투여한 환자에게 발현된 급성 진행 현상
연구 방법	국내 간암 환자를 면역 항암제 투여 그룹, 표적 치료제 이용 그룹, 어떠한 치료도 받지 않은 그룹으로 나누어 급성 진행 현상의 발현 여부 검사
연구 결과	1. 면역 항암제를 투여한 간암 환자 그룹 중 약 12%의 환자에게서만 급성 진행 현상 발현 2. 면역 항암제를 투여한 간암 환자의 혈액 내 호중구/림프구의 비율이 높을수록 급성 진행 현상 발현 비율이 높아지고 항암 치료 반응률은 급격히 감소함
향후 계획	급성 진행 현상을 보이는 환자의 혈액을 검사하여 최적화된 면역 항암 치료법 연구 예정

정답 체크

'연구 결과'에서 급성 진행 현상이 나타난 환자의 암세포 성장 속도와 운동성 모두 치료 전과 비교해 4배 이상 증가했다고 하였으므로 급성 진행 현상이 나타난 간암 환자의 암세포 성장 속도와 운동성이 치료 전과 비교해 4배 이상 활발해졌음을 알 수 있다.

오답 체크

① 간암 환자가 면역 항암제를 이용한 치료를 받았을 때 사망 예후를 보인 이유에 대해서는 다루고 있지 않으므로 적절하지 않은 내용이다.

② '향후 계획'에서 간암에 최적화된 면역 항암 치료법을 개발하기 위해 면역 항암제에 내성을 지닌 인자를 분석할 예정임을 서술하고 있지만, 급성 진행 현상을 보이는 간암 환자에게 최적화된 면역 항암 치료 방법에 대해서는 다루고 있지 않으므로 적절하지 않은 내용이다.

③ '연구 배경 및 목적'에서 면역 항암제는 면역 반응을 보이지 않는 종양에서는 그 효과가 미약하다고 하였으므로 적절하지 않은 내용이다.

⑤ '연구 결과'에서 급성 진행 현상이 나타나는 환자의 혈액 내 호중구/림프구의 비율이 높을수록 항암 치료 반응률이 급격하게 감소한다고 하였으므로 적절하지 않은 내용이다.

> **문제 풀이 TIP**
> 특정 연구 결과에 대한 보고서가 제시된 경우 선택지에서 핵심 키워드를 먼저 확인한다.
> 보고서에서 핵심 키워드에 해당하는 부분을 찾아 일치 여부를 확인한 후 적절하지 않은 선택지를 빠르게 소거한다.

4

정답 ④

독해력 UP 지문 분석

분야/주제
기타/교육지원용 컴퓨터 공개구매 입찰 공고

정답 체크

'4. 입찰 참가 자격-나.'에서 입찰 참가 신청서를 제출하는 날부터 입찰 개시 전까지 입찰대리인을 변경한 경우 변경된 대리인이 입찰에 참가할 수 있다고 하였으므로 입찰 참가 신청서를 제출한 이후에 입찰대리인을 변경한 경우 변경된 대리인이 입찰에 참가할 수 없는 것은 아님을 알 수 있다.

오답 체크

① '3. 입찰서 작성 및 제출에 관한 사항-나.'에서 입찰금액은 총액입찰인 경우 총액을 작성하고, 단가입찰인 경우 단가를 작성해야 한다고 하였으므로 적절한 내용이다.
② '5. 물품 입찰의 견품 제출-나.'에서 낙찰자 외의 입찰자의 견품은 낙찰자 결정 후 1개월 안에 해당 낙찰자 또는 입찰자의 요구에 따라 반환된다고 하였으므로 적절한 내용이다
③ '6. 기타사항-나.'에서 낙찰자는 낙찰 금액에 대한 산출명세를 표시한 명세서를 착수신고서 제출 시까지 발주기관에 제출해야 한다고 하였으므로 적절한 내용이다.
⑤ '3. 입찰서 작성 및 제출에 관한 사항-다.'에서 우편으로 보낸 입찰서는 입찰서 제출 마감일 전날까지 발주기관에 도착한 것만 효력이 있다고 하였으므로 적절한 내용이다.

> **문제 풀이 TIP**
> 공고문의 항목을 파악한 후 선택지를 보고 해당 내용을 본문에서 찾아 일치 여부를 확인한다.

5

정답 ⑤

독해력 UP 지문 분석

분야/주제
기타/예술 연습실 대관 안내

정답 체크

'4. 대관 심사 기간'에서 수시 대관 심사 발표는 신청 기간에 따라 상이하다고 하였으므로 수시 대관 심사에 따른 대관 가능 여부는 신청 마감일로부터 20일 후에 알 수 있는 것은 아님을 알 수 있다.

오답 체크

① '5. 시간당 연습실 대관 비용'에서 3주 이상의 장기 대관 시 총 금액의 20% 할인이 적용된다고 하였으므로 적절한 내용이다.
② '3. 제출 서류'에서 대관 신청 시 A 예술 연습실 대관 신청서 1부와 사업자 등록증 사본 1부를 제출해야 하고, 3주 이상의 장기 대관 시 연습 일정을 제출해야 한다고 하였으므로 적절한 내용이다.
③ '6. 신청 자격 제한'에서 대관 신청자가 미성년자인 경우 신청 자격이 제한된다고 하였으므로 적절한 내용이다.
④ '1. 대관 신청'에서 정기 대관의 경우 매년 4회 신청이 가능하며, 2주간 접수를 진행한다고 하였으므로 적절한 내용이다.

Note

Note

해커스잡 | ejob.Hackers.com

본 교재 인강 · 매일 한 장 어휘/어법 문제 · PSAT형 NCS 온라인 모의고사

한국사능력검정시험 1위* 해커스!
해커스 한국사능력검정시험
교재 시리즈

*주간동아 선정 2022 올해의 교육 브랜드 파워 온·오프라인 한국사능력검정시험 부문 1위

빈출 개념과 기출 분석으로
기초부터 문제 해결력까지
꽉 잡는 기본서

해커스 한국사능력검정시험
한권합격 심화 [1·2·3급]

스토리와 마인드맵으로 개념잡고!
기출문제로 점수잡고!

해커스 한국사능력검정시험
2주 합격 심화 [1·2·3급] 기본 [4·5·6급]

시대별/회차별 기출문제로
한 번에 합격 달성!

해커스 한국사능력검정시험
시대별/회차별 기출문제집 심화 [1·2·3급]

개념 정리부터 실전까지!
한권완성 기출문제집

해커스 한국사능력검정시험
한권완성 기출 500제 기본 [4·5·6급]

빈출 개념과 기출 선택지로
빠르게 합격 달성!

해커스 한국사능력검정시험
초단기 5일 합격 심화 [1·2·3급]
기선제압 막판 3일 합격 심화 [1·2·3급]

수많은 선배들이 선택한
해커스잡
ejob.Hackers.com

1 실시간으로 확인하는 **기업별 채용 속보**

▲ 바로가기

2 해커스잡 스타강사의 **취업 무료 특강**

▲ 바로가기

3 상식·인적성·한국사 **무료 취업 자료**

▲ 바로가기

4 최종 합격한 선배들의 살아있는 **합격 후기**

▲ 바로가기